CIVIL ENGINEERING IN CHINA'S HIGH-SPEED RAILWAY

中国高铁土建技术

主编：范建国　王东元

参编：陈　嵘　徐井芒　苏　谦　黄俊杰

蔺鹏臻　申玉生　刘廷滨

人民交通出版社股份有限公司

China Communications Press Co.,Ltd.

内 容 提 要

本书从轨道、路基、桥梁、隧道、站房及工程实践6个方面系统介绍了中国高铁中的土建技术。轨道技术篇涵盖轨道结构、无缝线路、道岔及扣件;路基工程篇包括路基基床结构、填料、沉降控制、检测评估技术;桥梁工程篇从技术标准、主要结构体系、动力分析、养护维修等方面对高铁系统中的桥梁结构进行介绍;隧道工程篇论述气动效应、缓冲结构、衬砌结构及养护维修;站房工程篇重点叙述了站房及车站的规划、设计与施工技术;最后一篇以京津城际铁路为例介绍中国高铁的工程实践,着重论述了京津城际运用的关键技术、做法及有关成果。从适合当初时速几十公里的"绿皮车"到现在风驰电掣的高速铁路,全方位体现了中国高铁土建技术的进步。

本书可作为高速铁路工程建设的参考资料,为从事该领域工作的设计、施工、科研技术人员提供专业性的参考,亦可作为高校铁道工程及相关专业师生的实用教材。

图书在版编目(CIP)数据

中国高铁土建技术 / 范建国, 王东元主编. — 北京:人民交通出版社股份有限公司, 2019.4

ISBN 978-7-114-15118-7

Ⅰ. ①中… Ⅱ. ①范… ②王… Ⅲ. ①高速铁路—土木工程 Ⅳ. ①U238

中国版本图书馆 CIP 数据核字(2018)第253275号

书　　名:中国高铁土建技术
著 作 者:范建国　王东元
责任编辑:杜　琛　张　晓
责任校对:刘　芹
责任印制:张　凯
出版发行:人民交通出版社股份有限公司
地　　址:(100011)北京市朝阳区安定门外外馆斜街3号
网　　址:http://www.ccpress.com.cn
销售电话:(010)59757973
总 经 销:人民交通出版社股份有限公司发行部
经　　销:各地新华书店
印　　刷:北京印匠彩色印刷有限公司
开　　本:787×1092　1/16
印　　张:33
字　　数:747千
版　　次:2019年4月　第1版
印　　次:2019年4月　第1次印刷
书　　号:ISBN 978-7-114-15118-7
定　　价:99.00元
(有印刷、装订质量问题的图书,由本公司负责调换)

编委介绍

陈嵘　工学博士，教授，西南交通大学博士生导师，主要从事高速、重载及城市轨道工程与动力学的教学和研究工作。主持国家或省(部)级课题近20项，出版学术专著2部、译著2部，发表论文100余篇，获得各种专利18项、软件著作权3项。获教育部科技进步一等奖、四川省优秀博士学位论文、中国铁道学会科学技术奖特等奖项，并获詹天佑铁道科学技术奖青年奖等省部级以上科技成果奖励7项。

徐井芒　工学博士，讲师，西南交通大学硕士生导师，近年来致力于高速、重载、城市轨道交通轨道结构与轨道动力学，以及轮轨滚动接触行为及损伤机理研究，主持、参与国家自然科学基金青年基金、中国博士后科学基金、中央高校科技创新项目等科研项目。获得中国铁道学会科技进步奖一等奖、二等奖等，获国家发明和实用新型专利10余项，发表论文30余篇。

苏谦　工学博士，教授，西南交通大学博士生导师，主要从事高速铁路、公路路基工程方面的研究和教学。主持国家重点研发计划子课题、国家自然基金项目、中国铁路总公司科技研究开发计划课题等课题。曾荣获国家科技进步特等奖、国家技术发明奖二等奖、教育部科技进步奖二等奖等国家级、省部级科技奖10余项。获批专利20余项，发表论文100余篇，出版专著1部，教改论文近10篇，出版教材3本。

黄俊杰　工学博士，讲师，西南交通大学硕士生导师，主要从事铁路、公路路基工程方面的科研与教学工作。中国土工合成材料工程协会和国际土工合成材料学会中国委员会会员，主持和参与了国家重点研发计划子课题、国家自然基金等10余项科研项目，获得教育部科学技术进步奖二等奖、中国铁道学会铁道科技奖特等奖等奖项。在国际和国内期刊上发表论文20余篇，获批专利5项。

蔺鹏臻　工学博士，兰州交通大学博士生导师，甘肃省首批“飞天学者”特聘教授，主要从事桥梁结构设计理论与施工技术领域的教学和科研工作。主持、参与国家基金重大专项、国家自然科学基金、中国博士后科学基金面上项目等项目。获詹天佑铁道科学技术奖（青年奖）、茅以升科学技术奖（铁道科学技术奖）、甘肃省高校青年教师成才奖、甘肃省杰出青年基金、甘肃省科技进步二等奖等10余项。发表学术论文100余篇，主编和参编专著各两部。

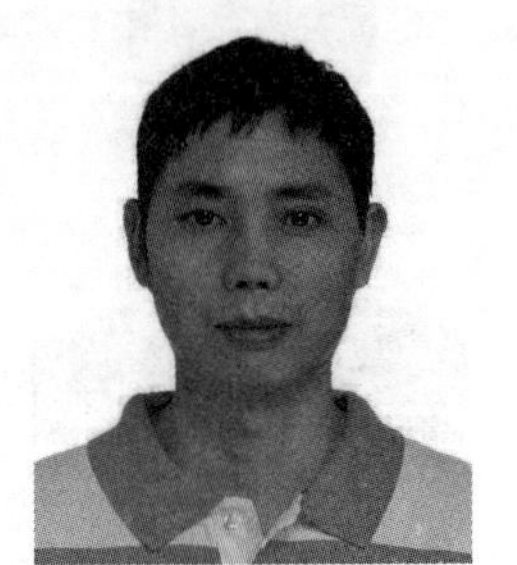

申玉生　工学博士，副教授，西南交通大学博士生导师，主要从事隧道与地下工程方面的教学与科研工作。中国土木工程学会隧道及地下工程分会建设管理与青年工作委员会学术委员、地下铁道专业委员会学术委员。主持、参与国家级、省部级和重大工程技术科研课题30余项。获中国铁道学会科学技术一等奖、二等奖，中国铁道建筑总公司科学技术一等奖等奖项。在国内外期刊发表学术论文60余篇，授权专利10项，教材与著作6部，任多家中外学术期刊审稿人。

刘廷滨　工学博士，副教授，兰州交通大学硕士生导师，主要从事工程结构病害诊治、混凝土结构耐久性、砌体结构加固改造等教学与科研工作。主持参与国家自然科学基金项目1项、甘肃省科技厅自然科学基金2项、甘肃省建设厅科技计划项目3项，发表论文20余篇。

前 言

2016年国家发展和改革委员会、交通运输部、中国铁路总公司联合印发了《中长期铁路网规划》，规划到2020年，铁路网规模达到15万km，其中高速铁路网3万km，覆盖80%以上的大城市；到2025年，铁路网规模达到17.5万km左右，其中高速铁路3.8万km左右；展望到2030年，基本实现内外互联互通、区际多路畅通、省会高铁连通、地市快速通达、县域基本覆盖。

截至2017年年底，中国铁路运营里程已达12.7万km，其中高速铁路通车里程2.5万km，全国铁路复线率和电气化率分别超过50%和60%，“八纵八横”高速铁路网正在加快建设。从时速几十公里的“绿皮车”到时速300km、350km的和谐号、复兴号动车组列车，从普铁、快铁到高铁，现在中国高铁已经成为中国走出去的一张靓丽名片。

2018年是中国首条时速350km高速铁路——京津城际铁路建成通车10周年的日子，从2005年开始建设以来，中国高铁从无到有，从弱到强，走出了一条原始创新、集成创新、引进消化吸收再创新的道路。作为中国高速铁路的代表——京沪高速铁路的试验线，通过京津城际铁路的建设运营，初步形成了中国高速铁路技术标准体系，为大规模高速铁路建设运营起到了非常重要的示范和引领作用，中国高速铁路标准体系日益完善。

本书作者多年来从事高速铁路的设计研究工作，完成了多项中国高铁土建技术的科研攻关，对中国高速铁路建设特别是土建部分有较为深入的理解。先后直接负责、参与设计、咨询、建设的高速铁路工程项目中既有京津城际铁路，又有首条高寒铁路哈大铁路客运专线；既有山区高铁京沈铁路客运专线，又有平原地区高铁石郑客运专线（武广客运专线组成部分）。本书从轨道、桥梁、路基、隧道、站房以及工程实践6个部分，总结中国高铁体系中的土建技术并能够用以工程借鉴。轨道技术，介绍了轨道结构（包括无砟轨道和有砟轨道结构）、区间和岔区无缝线路、道岔、扣件。路基工程，介绍了路基基床结构、填料、沉降控制、检测评估技术。桥梁工程，从技术标准、主要结构体系、动力分析、养护维修方面进行了介绍。隧道工程，论述了气动效应、缓冲结构、衬砌结构及养护维修。以上4个部分基本涵盖了中国高铁体系中的土木工程技术，从当初时速几十千米的“绿皮车”到现在风驰电掣的高速铁路，反映了中国土木工程技术的进步。站房工程，最能体现人文精神、美学和实用价值，是旅客或个人体验最直接相关的设施，该部分重点论述了站房及车站的规划、设计以及施工技术。最后一部分京津城际铁路工程实践，以京津城际铁路为例，着重介绍了其关键技术、做法及有关成果。

本书的读者对象为交通系统的土木工程技术人员、高等院校土木类专业高年级学生和研究生。通过本书的学习，读者能够了解中国高铁土建工程的基本内容和基本知识。本书也可作为工程技术人员进行工程实践的参考书目。

本书由范建国教授级高级工程师和王东元教授主编，系统统筹、编写并完善、审核全部内容。西南交通大学陈嵘教授、苏谦教授、徐井芒博士、黄俊杰博士、兰州交通大学蔺鹏臻教授、西南交通大学申玉生副教授、兰州交通大学刘廷滨副教授编写了相关章节。

在本书的编写过程中，借鉴了京津城际铁路的设计、研究及建造成果，感谢京津城际铁路有限责任公司、铁道第三勘察设计院集团有限公司（现名中国铁路设计集团有限公司）等建设、设计、施工、运营单位领导及同仁的支持与帮助；西南交通大学王迅老师、邵康博士、硕士生韩莹，兰州交通大学的部分教师以及人民交通出版社股份有限公司编辑们在编著过程中也给予了重要的帮助，本书编著者在此一并致谢。

范建国　王东元

2018 年 8 月 30 日于天津空港

目　录

第一篇　轨道技术

第二篇　路 基 工 程

第三篇　桥 梁 工 程

第四篇 隧道工程

第五篇 站房工程

第六篇　京津城际铁路工程实践

第一篇　轨道技术

高速铁路对轨道高平顺性、高稳定性、耐久性和少维修的技术要求促进了我国铁路轨道整体技术的飞跃。我国在总结分析多年科研成果和消化吸收世界高速铁路先进技术的基础上，博采众长、自主创新，形成了具有中国特色的高速铁路轨道技术体系。我国高速铁路轨道系统具有以下主要技术特点：

（1）设计速度300km/h以上高速铁路主要采用无砟轨道，设计速度为200～250km/h的高速铁路主要采用有砟轨道，其中长大隧道采用无砟轨道。根据我国高速铁路不同的工程条件和环境条件，采用了CRTS Ⅰ型板式、CRTS Ⅱ型板式、CRTS Ⅲ型板式、双块式和岔区轨枕埋入式、板式等6种形式无砟轨道结构。无砟轨道扣件系统采用WJ-7型、WJ-8型、300-1型、SFC型及岔区弹性扣件，有砟轨道扣件系统采用弹条Ⅳ型、弹条Ⅴ型及FC型扣件。

（2）采用跨区间无缝线路技术。长轨条贯通高速线路整个区间，并与无缝道岔焊连，消灭了钢轨接头，取消了缓冲区，实现了钢轨无缝化，提高了轨道平顺性。为适应长大桥梁无缝线路梁-轨相互作用，自主研发了设计速度350km/h客运专线无砟轨道60kg/m钢轨伸缩调节器。

（3）高速客运线路采用U71MnG 60kg/m百米定尺长钢轨。自主研发的长钢轨制造、焊接、运输和铺设成套技术为轨道高平顺性、稳定性和安全性提供了可靠保证。

(4)采用大号码可动心轨高速道岔,并应用于路基和高架桥等不同结构物上。高速道岔分客专线、CN和CZ三大系列。其中我国自主研制了侧向通过速度分别为80km/h、160km/h、220km/h的18号、42号和62号客运专线高速道岔。

(5)沿线建立高精度的工程测量平面控制网和高程控制网,为轨道铺设和运营维护提供了可靠的测量控制基准,为高速铁路轨道空间几何形位的建立和长期保持提供了技术保障。

第一章　无砟轨道结构

第一节　高速铁路无砟轨道技术发展及应用

一、高速铁路无砟轨道技术发展

随着列车运行速度的不断提高,有砟轨道道砟粉化及道床累积变形的速率随之加快,必须通过轨道结构强化及频繁的养护维修工作来满足高速铁路对线路的高平顺性和稳定性要求。与有砟轨道相比,无砟轨道具有高平顺性、高稳定性、刚度均匀性和耐久性好、维修工作量显著减少等突出优点。自20世纪60年代,世界各国铁路相继开展了以整体式或固化道床替代散粒体道砟的无砟轨道结构的技术研究,一些国家把无砟轨道作为高速铁路的主要轨道结构形式进行全面推广应用。

1. 国外高速铁路无砟轨道技术发展

国外高速铁路推广应用无砟轨道以日本、德国最为广泛,韩国、法国等国家高速铁路也有无砟轨道应用实践。

日本从20世纪50年代中期开始进行无砟轨道技术的研究,基于日本国情和地形地质条件,把施工费用低、工效高和轨道结构可修复性强作为无砟轨道结构研发的主要原则,确定其新干线采用单元板式无砟轨道结构总体设计方案,通过室内实尺模型试验、20多处现场试验段的建立、动力性能试验和状态观测,不断改进完善无砟轨道结构中的各组成部件和工程材料,技术经济性不断提高,其累计铺设里程约3000km。日本无砟轨道技术最初应用于基础坚固的隧道、高架结构和桥梁地段,逐渐扩大到土质路基上,其在路基地段的推广应用始于20世纪90年代。

德国高速铁路无砟轨道从理论分析、室内试验、运营线上短区段试铺到目前推广应用经过近40年的发展历程,尽管由于初期技术不成熟,造价相对较高而引起了较多的质疑,但随着无砟轨道技术的逐渐成熟、区段试铺无砟轨道的良好效果,20世纪90年代,德国高速铁路根据其咨询公司对有砟轨道和无砟轨道的综合技术经济比较得出的建议,决定在隧道、道岔区以及设计速度300km/h的新线区段采用无砟轨道结构。德国高速铁路无砟轨道结构基于统一的基本设计要求,立足于企业自主研发,因而其无砟轨道结构形式很多,在既有线、城铁及高速铁路等70多处试铺过约几十种结构形式的无砟轨道。德国高速铁路无砟轨道单线延长里程约800km,区间及道岔区主要采用现浇混凝土式无砟轨道结构,部分线路采用了纵向连续的预制板式无砟轨道结构。德国高速铁路无砟轨道的研究与推广应用最开始主要是针对路基和隧道区段,自20世纪90年代开始推广应用到桥梁区段,针对不同线下工程结构物上无砟轨道结构,德国高速铁路在路基、桥梁和隧道等技术规范中均增加了与无砟轨道相关的工程结构物技术要求。

在无砟轨道经济性方面,据德国高速铁路统计结果,其无砟轨道的造价基本为有砟轨道的1.3~1.7倍,但无砟轨道的维修费用比有砟轨道大大减少,在新线建设中采用无砟轨道,可使线路设计的轨道建筑高度和宽度减小,节省了桥隧结构物的造价。另外,由于无砟轨道的稳定性好,轨道几何状态的保持能力强,线路平、纵断面设计参数的选择余地更大,因此对于高速新线建设中采用无砟轨道的综合适价将趋于合理。

2. 我国高速铁路无砟轨道技术发展

我国铁路无砟轨道技术的研究始于20世纪50年代末,从普速铁路无砟轨道的研究与实践、高速铁路无砟轨道的理论研究、室内模型试验、现场试验段建立、性能试验和状态观测到目前高速线路上的规模推广应用,经历了以下几个发展历程。与世界各国无砟轨道技术的发展路线基本相同,我国铁路无砟轨道结构的应用是从基础相对坚实的隧道地段开始,逐步推广到桥梁和路基地段。

(1)普速铁路无砟轨道研究与应用

隧道地段的基础相对坚实,温度变化小,为无砟轨道的应用提供了有利条件。1957—1984年间,在成昆线、京原线、京通线、南疆线等单隧长度超过1000m的142座隧道内先后铺设了总长度约300km的无砟轨道,主要采用钢筋混凝土支承块式无砟轨道结构。

(2)高速铁路无砟轨道技术的前期研究

在国家"九五"攻关项目和原铁道部无砟轨道相关科研课题的支持下,1998—2003年以秦沈客运专线沙河、狗河和双河三座特大桥,渝怀线鱼嘴2号隧道,赣龙线枫树排隧道等为试验工点,开展高速铁路无砟轨道设计理论、方法、参数和结构形式及基础变形对无砟轨道的影响等理论研究,研究确定了单元板式和轨枕埋入式两种无砟轨道结构形式,并建立室内实尺无砟轨道模型,进行了静载、疲劳和落轴冲击试验,验证其结构强度、稳定性和轨道整体刚度。在线路开通运营前,对无砟轨道试验段进行了动力性能试验,并进行了轨道状态长期观测,初步验证了无砟轨道结构的设计方法和参数,为高速铁路无砟轨道技术的理论和试验研究奠定了基础。

(3)遂渝线无砟轨道综合试验段的建立

为研究解决高速铁路无砟轨道关键技术难题,2004—2006年我国在遂渝线建立了第一条无砟轨道综合试验段,总长13.157km。通过遂渝线无砟轨道试验段关键技术系统研究,自主研发单元板式、纵连板式、双块式和岔区轨枕埋入式无砟轨道结构及配套WJ-7型和WJ-8型扣件系统,并首次在路基地段、道岔区、大跨连续刚梅桥及不同工程结构物间过渡段上应用无砟轨道。针对我国高速铁路ZPW-2000高频谐振式无绝缘轨道电路,试验研究了多种无砟轨道设计方案,通过无砟轨道、扣件与轨道电路的系统设计和大量试验,掌握了无砟轨道结构对轨道电路传输特性的影响规律,系统地解决了无砟轨道与无绝缘轨道电路的兼容性难题。

(4)国外高速铁路无砟轨道技术的系统引进

为满足我国高速铁路工程建设需要,2005年原铁道部全面引进了德国、日本等国外高速铁路无砟轨道先进技术,针对京津城际轨道交通工程、武广和郑西高速铁路的工程试验段建设,分别引进了德国博格型板式、雷达2000型和旭普林型双块式以及日本新干线单元板式无砟轨道的设计、制造、施工、检测和养护维修等成套技术，推动了我国高速铁路无砟轨道的技术发展。

(5)高速铁路无砟轨道系统技术再创新

2006年原铁道部组织无砟轨道系统技术研发团队，在总结分析我国前期研究成果和消化吸收国外高速铁路无砟轨道引进技术的基础上，以位于温暖地区的武广高速铁路武汉综合试验段和位于严寒地区的滨绥线成离子无砟轨道试验段为载体，针对我国国情路情，开展了客运专线无砟轨道再创新技术攻关。系统地研究了无砟轨道的设计理论和方法，适应我国高速铁路线下基础工程条件和复杂环境条件的多种无砟轨道结构形式，水泥乳化沥青砂浆、树脂及混凝土等工程材料，无砟轨道制造、施工工艺及成套装备，并将系统研究成果在试验段工程中全面实施和综合试验验证。在研究成果和工程实践的基础上，研究制订了高速铁路无砟轨道相关技术条件和设计通用参考图，形成了高速铁路无砟轨道结构设计、工程材料、制造、施工和质量检测等成套技术。

二、我国高速铁路无砟轨道应用

基于我国高速铁路运输组织模式、桥隧比例较高的线下基础工程条件以及高速行车对轨道结构稳定性、平顺性和耐久性等要求，我国前期通过综合技术经济论证，确定设计速度300km/h及以上高速铁路主要采用无砟轨道结构的总体原则，对于设计速度200～250km/h铁路主要采用有砟轨道，其中维修作业较困难的长大隧道采用无砟轨道。

我国高速铁路无砟轨道总体上分两大类6种结构形式，无砟轨道结构类型及应用见表1-1-1。截至目前，开通运营的无砟轨道线路累计铺设里程超过5500km，位居世界第一。

无砟轨道结构类型及应用 表1-1-1

无砟轨道结构类型		应用线路
预制板式无砟轨道	CRTS Ⅰ型板式	哈大、广深、哈齐、成绵乐、沪宁城际、广珠城际、宁安城际等
	CRTS Ⅱ型板式	京津城际、京沪、沪杭、宁杭、杭长、京石武、合蚌、津秦等
	CRTS Ⅲ型板式	成灌、盘营、武汉城市圈城际铁路、沈丹、成绵乐等
	岔区板式	武广、京沪、京石、石武等
现浇混凝土式无砟轨道	双块式	武广、郑西、成渝、兰新等
	岔区轨枕埋入式	武广、郑西、哈大等

第二节　无砟轨道设计理论和方法

无砟轨道结构是一种长期反复承受列车荷载、环境变化并铺设于弹性地基上的带状结构物，由不同功能的多个部件组成，设计要求在列车荷载和环境因素作用下，轨道结构应具有足够的承载能力、抗变形能力和耐久性能。

一、无砟轨道设计荷载

无砟轨道结构设计荷载包括列车荷载、温度荷载、牵引/制动荷载等，同时考虑下部基础变形(如基础沉降、变形等)对轨道结构的影响，荷载分类见表1-1-2。将荷载按作用性质和发生概率分为主力、附加力和特殊荷载，根据不同结构物上无砟轨道结构的受力特点，考虑不同的荷载组合，进行结构强度、稳定性和疲劳检算。

无砟轨道荷载分类 表1-1-2

荷载分类		荷载名称
主力	恒载	结构自重
		混凝土收缩和徐变
	活载	列车荷载
		温度荷载
		桥梁挠曲
附加力		制动力或牵引力
		基础不均匀沉降
特殊荷载		施工临时荷载

1. 列车荷载

(1)竖向设计荷载

$$P_d = \alpha \cdot P_j \tag{1-1-1}$$

式中：P_d——竖向设计荷载(kN)；

P_j——静轮载(kN)；

α——动载系数，对于设计速度300km/h及以上线路，取3.0；设计速度250km/h线路，取2.5。

(2)横向设计荷载

$$Q = 0.8 \cdot P_d \tag{1-1-2}$$

式中：Q——横向设计荷载(kN)。

(3)疲劳检算荷载

竖向：
$$P_f = 1.5 \cdot P_j \tag{1-1-3}$$

横向：
$$Q_f = 0.4 \cdot P_j \tag{1-1-4}$$

式中：P_f——竖向疲劳检算荷载(kN)；

Q_f——横向疲劳检算荷载(kN)。

2. 温度荷载及混凝土收缩等效降温荷载

对无砟轨道影响较大的环境温度变化主要包括年温度变化和日温度变化，对于现浇混凝土的收缩，设计中一般按等效降温荷载考虑。

年温度变化对纵向连续的无砟轨道结构(如CRTSⅡ型板式无砟轨道、路基地段双块式无砟轨道等)影响较大，设计中一般以最高与最低月的平均温度变化值作为年温度变化幅度。由于年温度变化是长期、缓慢的作用，无砟轨道混凝土结构在温度应力作用下发生徐变，考虑年温度变化引起的结构温度应力时，应考虑混凝土徐变弹性模量。

日温度变化是指以一天为周期的气温变化，主要是由太阳辐射热的变化引起。由于混凝土的热传导性能较差，无砟轨道最上层混凝土轨道板或道床板直接受日照和大气温度的影响，沿高度方向形成温度梯度，使轨道板或道床板产生翘曲变形和翘曲应力。设计中温度梯度的取值需考虑区域气候条件和不同无砟轨道结构特点，一般取45℃/m。

混凝土收缩主要与混凝土的材料性质有关，影响因素比较复杂，主要与混凝土的配合比、施工方法、大气环境和养护水平等有关。设计中参照《铁路桥涵设计规范》（TB 10002—2017），将混凝土收缩的影响折算为等效降温幅度进行计算，一般按等效降温10℃考虑。

3. 基础变形的影响

基础变形主要包括路基不均匀沉降、桥梁挠曲、梁端转角、墩台不均匀沉降等，下部基础的沉降变形将使上部无砟轨道结构产生附加弯矩。

路基不均匀沉降引起的轨道结构附加弯矩视为出现概率较小的偶然荷载，路基不均匀沉降形状取为半波下凹正弦型曲线。无砟轨道承载能力计算中考虑路基一定的不均匀沉降，一般按15mm/20m取值或1‰轨面转角限值。区间路基地段只考虑纵向不均匀沉降，道岔区需同时考虑横向路基不均匀沉降。

桥梁承受列车荷载时的挠曲变形一般按规范要求的梁端转角设计限值要求或按实际运营荷载下的挠曲变形进行计算。对于桥上纵连板式无砟轨道底座板受力检算和单元式无砟轨道梁端轨道结构稳定性及扣件受力检算，需考虑相邻桥墩或桥台基础的不均匀沉降，沉降限值依相应规范取值。

二、无砟轨道列车荷载应力

无砟轨道中各承载层在厚度方向上的尺寸远小于长度和宽度方向，且荷载作用下的挠度远小于其厚度，符合弹性薄板的结构特点，适合于采用板壳模型模拟。钢轨属于细长结构，适合于采用梁模型模拟；扣件弹性、中间层（如砂浆充填层、减振层等）及下部基础支承采用不同的弹簧进行模拟，构成无砟轨道弹性地基梁—板模型，如图1-1-1所示。

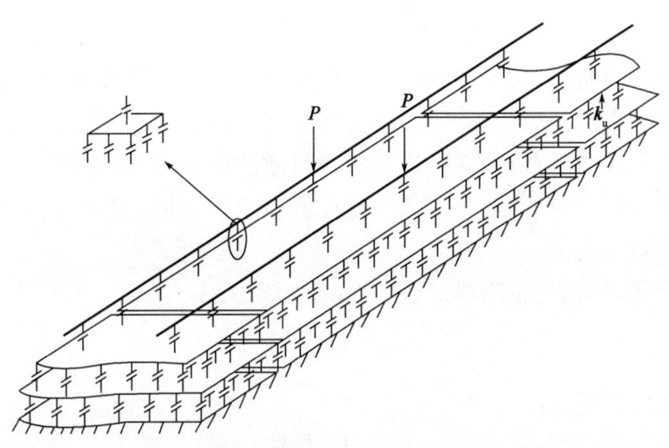

图1-1-1　无砟轨道弹性地基梁—板模型

在无砟轨道弹性地基梁—板模型中涉及钢轨、扣件、轨道板(或道床板)、砂浆充填层、底座(或支承层)和下部基础,计算参数一般按以下原则取值:

(1)钢轨作为弹性点支承梁,抗弯刚度为 $E_R J_R$,设计时取60kg/m 新轨进行计算。

(2)由于无砟轨道承受列车动荷载,钢轨支承弹簧的刚度取扣件系统的动刚度,无动刚度实测数据时可近似取静刚度的1.5倍。钢轨支承弹簧间距取钢轨支点间距 α。

(3)轨道板(或道床板)、底座(或支承层)视为具有弹性模量 E_i 和泊松比 γ_i 的等厚度 h_i 弹性体。

(4)无砟轨道承载层中有预应力混凝土、普通钢筋混凝土、素混凝土和水硬性材料等结构。预应力混凝土结构一般不允许出现裂缝;普通钢筋混凝土结构允许出现裂缝,通过配筋设计限制裂缝宽度;素混凝土及水硬性材料结构允许出现裂缝,设计中采用折减弹性模量进行相关计算。

(5)两层板壳之间弹性体的支承以连续均匀的线性弹簧模拟,弹簧的面支承刚度按如下原则计算:对两层板壳之间各层弹性体连同下层板壳,分别按 $k_i = E_i/h_i$ 计算各层弹性体的面支承刚度,然后按照各层面弹簧之间为串联关系计算两板壳间弹性体面支承刚度,$1/k = \sum 1/k_i$。

(6)由于地基系数受承载板直径影响较大,承载板直径越小,地基系数越大。当承载板直径 $D \geqslant 76$cm 时,其变化对地基系数影响较小。对于无砟轨道而言,轨道板或道床板的支承面积较大,为简便起见,可取76cm直径的荷载板试验值即 k_{76} 值,无 k_{76} 试验值可取 $0.4k_{30}$ 值进行计算。当基床压实指标采用变形模量表示时,可应用层状弹性体系力学理论,计算分析刚性承载板施加均布荷载情况下路基面的位移,推导出路基面支承刚度。

三、无砟轨道温度应力

由年温差、混凝土收缩(等效降温)引起的温度荷载对无砟轨道的结构受力影响较大,尤其对于CRTSⅡ型板式、路基地段双块式等纵向连续式无砟轨道系统,温度变化使轨道结构内部产生较大的拉/压应力,温度荷载是影响无砟轨道结构配筋设计的重要因素。

1. 纵向连续式无砟轨道温度应力

在轴向受拉的钢筋混凝土构件中,裂缝将呈现出不稳定裂缝和稳定裂缝两种不同形式。不稳定裂缝是指随着荷载的增大,最大裂缝宽度保持不变,裂缝数量随之增多、间距随之减小的裂缝形式,而稳定裂缝则是指随着荷载的增大,裂缝数量保持不变,裂缝宽度不断增大的裂缝形式。为了控制连续底座板(或道床板)的裂缝宽度,一般要求将其裂缝控制为不稳定裂缝形式。

在不稳定裂缝状态下,底座板或道床板的最大温度拉力为:

$$P_t = f_t A \tag{1-1-5}$$

此时最大裂纹宽度为:

$$W_{cr,max} = \frac{f_t \alpha d(1 + n\rho)}{E_s \rho^2} \tag{1-1-6}$$

最大钢筋应力为：

$$\sigma_{s,max} = \frac{f_t}{\rho} + nf_t \tag{1-1-7}$$

式中：f_t——混凝土抗拉强度（MPa）；

A——底座板（或道床板）的截面面积（mm^2）；

E_s——钢筋弹性模量（MPa）；

ρ——底座板（或道床板）的配筋率（%）；

α——钢筋形状系数，光圆钢筋取0.16，带肋钢筋取0.14；

d——钢筋直径（mm）；

n——钢筋与混凝土的弹性模量比。

2. 单元式无砟轨道伸缩应力计算方法

对于单元式无砟轨道，当层间连接不强时，板中纵向力受板底当量摩阻力、扣件纵向阻力及限位结构控制。当按单元式无砟轨道结构计算的温度力超过混凝土抗拉强度时，其温度力按纵向连续式无砟轨道进行计算。

四、无砟轨道翘曲应力

由于混凝土为体积敏感性材料，轨道板（或道床板）直接受外界温度和湿度变化的影响而发生温度和湿度状态的日变化和年变化，大气变化的影响随距表面的深度增大而逐渐减弱。温度和温度状态随时间和深度的变化，使轨道板（或道床板）产生翘曲变形和翘曲应力。

为方便计算，对于单元式或连续式无砟轨道的翘曲应力，其上层轨道板（或道床板）的横、纵向翘曲应力和弯矩按无限大板的威氏翘曲应力公式进行计算，即：

$$\sigma_x = \sigma_y = \frac{E_c \alpha \Delta T}{2(1-\gamma)} \tag{1-1-8}$$

$$M_x = M_y = \frac{E_c \alpha \Delta T^2}{12(1-\gamma)} \tag{1-1-9}$$

式中：σ_x、σ_y——轨道板（或道床板）内横、纵向翘曲应力；

M_x、M_y——轨道板（或道床板）内横、纵向翘曲弯矩；

E_c、γ、α——轨道板（或道床板）混凝土材料的弹性模量、泊松比及线膨胀系数；

ΔT——轨道板（或道床板）内纵、横向翘曲弯矩。

五、基础变形

对于正弦型基础变形的影响，可采用刚性基础法或梁-板有限元法进行计算。刚性基础法假设无砟轨道承载层发生与基础沉降相同的变形，由此引起的承载层弯矩为道床板抗弯刚度与变形曲率的乘积。梁-板有限元法采用前述建立的弹性地基梁-板模型，在发生不均匀沉降的区域修改为非线性支承，不同的轨道板长度、沉降范围以及沉降与轨道结构缝的相对位置所得的计算结果将不同。应用梁-板有限元模型详细计算所有荷载与沉降曲线位，以求出沉降引起的附加弯矩最大值是个较复杂的过程，设计计算中一般采用刚性基础法进行计算。

六、无砟轨道结构设计

对于轨道板(或道床板)纵向单元式的无砟轨道结构,如 CRTS Ⅰ型、CRTS Ⅲ型板式轨道及桥上双块式无砟轨道,道床主体结构设计主要考虑列车荷载、施工临时荷载作用、温度荷载及混凝土收缩徐变的影响,同时检算一定限值基础不均匀沉降情况下的结构承载能力及梁端转角或错位对扣件及轨道稳定性的影响。在正常荷载条件下由于单元式无砟轨道结构处于弹性工作状态,目前一般采用容许应力法进行结构配筋设计。

对于轨道板(或道床板)纵向连续的无砟轨道结构,如 CRTS Ⅱ型板式轨道及路基地段双块式无砟轨道,除考虑列车荷裁、混凝土收缩徐变外,其类似"无缝线路"的钢轨受力,受温度荷载的影响较大。将道床混凝土结构作为轴向拉压杆件进行设计,混凝土容许开裂,而开裂后混凝土截面刚度进行相应折减。路基地段轨道结构主要考虑温度荷载、列车荷载作用及混凝土收缩徐变的影响,而对于桥梁地段跨梁缝纵向连续的无砟轨道结构,需考虑牵引/制动荷载作用及桥梁挠曲和梁端转角等变形的影响。根据轴向受拉最不利受力工况,进行轨道结构配筋设计,按正常使用极限状态和承载能力极限状态分别进行混凝土裂缝和承载能力检算;根据轴向受压最不利工况,检算轨道结构的屈曲稳定性。此外,纵向连续式无砟轨道结构的终端、施工中断处需进行竖向抗剪连接设计。

第三节　高速铁路无砟轨道结构及技术要求

一、CRTS Ⅰ型板式无砟轨道

1. 轨道结构组成与功能

CRTS Ⅰ型板式无砟轨道系统由钢轨、扣件系统、混凝土轨道板、水泥乳化沥青砂浆充填层、钢筋混凝土底座、凸形挡台及其周围填充树脂等部分组成,如图 1-1-2 所示。

(1)扣件系统

CRTS Ⅰ型板式无砟轨道配套采用钢轨左右、高低位置调整能力较强的弹性分开式扣件系统(如 WJ-7 型扣件等),其主要功能是保持轨距,提供轨道弹性,调整轨道几何形位,适应轨道绝缘性能要求,调整线路纵向阻力。

(2)混凝土轨道板

轨道板是 CRTS Ⅰ型板式无砟轨道的直接承力结构,根据不同环境条件,轨道板结构类型分为预应力整体式(P)、预应力框架式(PF)和普通混凝土框架式(RF)三种,其主要功能是钢轨和扣件的安装定位;承受荷载,并将竖向荷载传递至砂浆层和底座,水平荷载传递至凸形挡台;提供轨道结构与轨道电路和综合接地的接口。

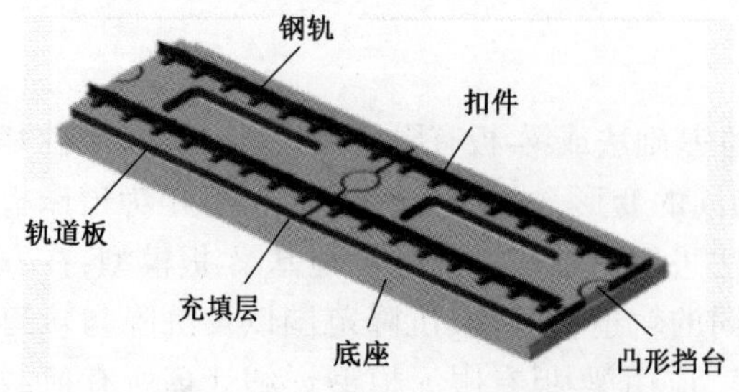

图 1-1-2　CRTS Ⅰ型板式无砟轨道

(3)凸形挡台及其周围填充树脂

凸形挡台是 CRTS Ⅰ型板式无砟轨

道的限位结构，设置于底座两端中部位置，其主要功能是轨道板的纵、横向限位，承受水平荷载并传递至底座及下部基础，同时可作为轨道基准网控制点的安设基础。凸形挡台周围填充树脂主要是充填轨道板与凸形挡台的间隙，缓和水平荷载对凸形挡台的冲击，协调轨道板的温度变形。

(4)水泥乳化沥青砂浆充填层

CRTS Ⅰ型板式无砟轨道系统采用强度和弹性模量较低、施工性能好的水泥乳化沥青砂浆，采用袋装法施工工艺，其主要功能是施工调整，保证轨道板均匀支承，承受并传递荷载，缓和冲击，协调轨道板温度翘曲变形。

(5)混凝土底座

底座为分段设置的钢筋混凝土结构，其主要功能为承受荷载，并将其传递至线下基础、固定凸形挡台，同时为曲线超高的设置提供条件。

2. 轨道结构技术特点

(1)路基、桥梁和隧道等不同线下基础上的轨道结构组成相同，有利于轨道结构及线下基础的标准化设计和建造。

(2)结构受力传递明确，凸形挡台承受水平荷载，轨道板、砂浆充填层及底座主要承受竖向荷载。水泥乳化沥青砂浆采用"袋装法"灌注，轨道板与底座间处于可分离状态，可修复性较强。

(3)严寒及寒冷地区预制轨道板双向施加预应力，轨道板结构设计控制混凝土拉应力，不容许开裂，耐久性较好。温暖地区可采用普通混凝土框架板，其经济性较好，但在运营维护过程中，需保证桂架板内排水通畅。

(4)轨道板一般配套采用无挡肩弹性分开式扣件。钢轨左右位置通过移动设有长圆孔的铁垫板实现无备件、无级调整，钢轨高低位置可采用树脂充填式垫板成调离垫板进行调整，实现轨道的高平顺性。

(5)桥上底座和轨道板单元设置，结构受温度荷载的影响相对较小。通过降低扣件弹条扣压力和配套采用复合垫板，降低线路纵向阻力，减少梁轨间的相互作用，对于温度跨度较大的桥梁，需设置钢轨伸缩调节器。

(6)现浇混凝土施工量少，施工工效较高。

3. 轨道结构及相关接口设计技术要求

(1)混凝土轨道板

混凝土轨道板从外形上分整体式和框架式，如图 1-1-3 所示；从结构上分预应力结构和普通混凝土结构。为保证结构耐久性，寒冷及严寒地区一般采用双向预应力轨道板，温暖地区可采用普通混凝土框架式轨道板。

混凝土轨道板依据其结构设计弯矩进行配筋设计，设计弯矩采用弹性地基上的梁—板模型，考虑列车荷载、温度荷载及吊装、运输和铺设时的临时荷载，通过有限元分析计算确定。预应力轨道板采用双向后张部分预应力结构，内部配置预应力筋和普通钢筋，设计检算其截面边缘混凝土拉应力不超过 $0.71f_{ct}$(f_{ct}为混凝土抗拉强度)，同时检算截面边缘混凝土最大压应力和钢筋应力幅。对于普通混凝土框架式轨道板，设计检算其截面最小配筋率、截面边缘混凝土最大压应力、钢筋最大拉应力及混凝土裂缝宽度，裂缝宽度设计限值 0.2mm。

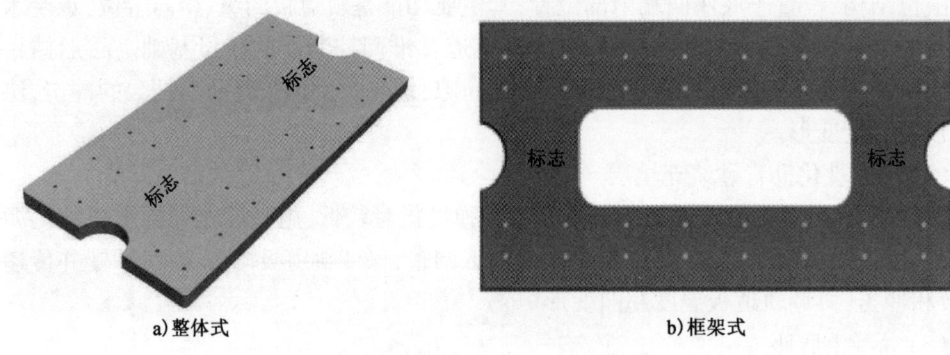

图 1-1-3 CRTS Ⅰ型板式无砟轨道混凝土轨道板

标准轨道板长度为4962mm,宽度为2400mm,厚度不小于190mm,轨道板两端设半圆形缺口,半径为300mm。预应力轨道板混凝土强度等级为C60,普通框架板混凝土强度等级为C50。我国在无砟轨道再创新研究成果和工程实践的基础上,2008年研究制订了《客运专线铁路CRTS Ⅰ型板式无砟轨道混凝土轨道板暂行技术条件》,其中详细规定了轨道板用原材料、制造工艺及质量要求、试验方法、检验规则、存放、运输及装卸等技术要求。

轨道板伤损形式包括混凝土裂纹、缺损掉块、锚穴封端离缝或脱落,运营过程中观测伤损等级达到Ⅱ级应适时进行修补,达到Ⅲ级应及时修补,以保证结构的耐久性。

(2)凸形挡台

凸形挡台按固定于底座上的悬臂构件进行设计。水平设计荷载主要包括温度力、制动力、轮轨横向力及轨道横向阻力等。根据不同荷载组合,将最不利水平荷载以集中力形式作用于凸形挡台,荷载作用点距底座顶面195mm,确定其最大设计弯矩,受力如图1-1-4所示。根据凸形挡台设计弯矩,将圆形挡台换算为矩形截面进行结构配筋计算。对于温度跨度较大的桥梁地段,梁端凸形挡台及其与底座的连接部位受力较大,需特殊设计。

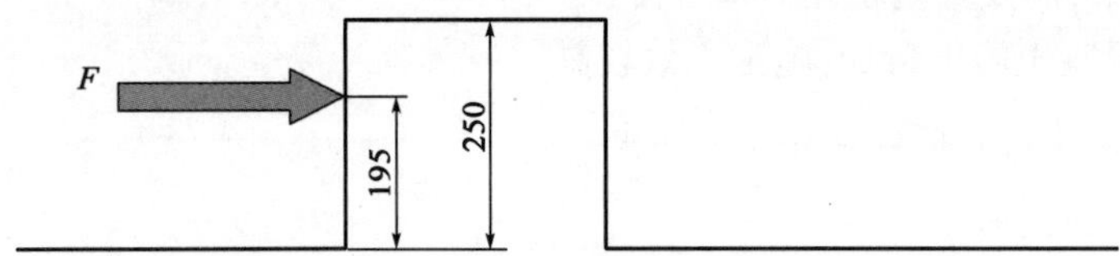

图 1-1-4 凸形挡台受力示意图(尺寸单位:mm)

凸形挡台从形状上分圆形和半圆形,半径一般为260mm,混凝土强度等级为C40。

(3)水泥乳化沥青砂浆充填层

CRTS Ⅰ型板式无砟轨道水泥乳化沥青砂浆由水泥、乳化沥青、聚合物乳液、细集料(砂)、水、铝粉及各种外加剂等多种原材料组成,砂浆充填层设计厚度为50mm,设计要求其厚度施工不小于40mm,且不大于100mm;砂浆厚度施工偏差的大小与混凝土底座顶面高程的控制密切相关。

轨道系统设计要求砂浆具有良好的力学性能、施工性能和耐久性。在力学性能方面,砂浆弹性模量在100~300MPa范围,28d抗压强度大于1.8MPa。在施工性能方面,作为混凝土底座与轨道板间的充填层，要求砂浆灌注饱满，砂浆应具有适宜的流动性、可工作时间和膨胀率，以保证轨道板支承均匀。水泥乳化沥青砂浆性能的好坏直接影响轨道结构的耐久性。影响砂浆质量的因素除了材料本身外，还包括灌注设备的性能、施工工艺及施工温度等，在耐久性方面，要求砂浆具有良好的抗冻性和耐候性。

在消化吸收引进技术和再创新研究成果的基础上，2008 年研究制订了《客运专线铁路 CRTS Ⅰ型板式无砟轨道水泥乳化沥青砂浆暂行技术条件》，其中详细规定了 CRTS Ⅰ型板式无砟轨道用水泥沥青砂浆及其原材料的技术要求、试验方法、施工工艺和质量检验等。针对严寒地区使用条件，对砂浆原材料及性能补充提出相应的技术指标要求。

水泥乳化沥青砂浆层是 CRTS Ⅰ型板式无砟轨道结构的薄弱部位，要求施工龄段精细施作，运营期间加强检查。其主要伤损形式包括砂浆层与轨道板间离缝、边角悬空、砂浆层自身的裂缝、缺损掉块或剥落等，尤其对于离缝伤损，离缝宽度和深度达到一定限值，应及时进行修补，一方面保证轨道板的支承均匀性和稳定性，另一方面防止雨水顺离缝处浸入，加剧伤损发展。

(4)混凝土底座

底座为钢筋混凝土结构，混凝土强度等级为 C40。底座外形尺寸根据设计荷载计算确定，底座结构配筋设计根据列车荷载、温度荷载及混凝土收缩等共同作用进行强度和裂缝宽度检算，同时考虑下部基础一定沉降变形的影响，检算结构承载能力。底座在列车荷载作用下的受力弯矩根据弹性地基梁上的梁-板有限元模型计算，由于其位于轨道板底部，一般不考虑温度梯度引起的翘曲应力。

底座在不同线下基础上沿线路纵向分段设置，底座间设置宽 20mm 的伸缩缝。路基地段，为减小路基不均匀沉降对轨道结构的影响，混凝土底座尽可能纵向连续铺设。根据不同环境条件和裂缝设计限值，底座每隔 10～25m 设置横向伸缩缝，必要时，底座间需设置传力杆结构，以传递剪力，防止相邻成座间产生竖向错位。桥梁地段，为减小桥梁挠曲和梁端转角引起的底应弯曲应力及温度荷载影响，桥上底座伸缩缝对应单块轨道板设置，长度一般在 4～6m。隧道地段底座设计考虑列车荷载和混凝土收缩影响，进行强度和裂缝检算，隧道内温度变化相对较小，不考虑温度荷载的影响，其纵向连续长度可适当延长。

路基地段底座厚度一般为 300mm，桥梁和隧道地段底座厚度为 200mm，考虑轨道结构受力和构造要求，曲线超高地段的混凝土底座最小厚度要求不小于 100mm。

底座结构根据混凝土耐久性要求，按 0.2mm 裂缝限值要求进行配筋设计，运营阶段底座混凝土容许出现裂缝，裂缝宽度超出限值应适时安排修补。底座作为轨道板的支承基础及无砟轨道与线下结构物的接口界面，在施工和运营阶段应重视以下几个关键环节，保证轨道结构的耐久性：

①严格控制底座顶面高程偏差（±5mm），保证水泥乳化沥青砂浆层的厚度在设计容许范围。

②曲线地段轨道板外侧的底座混凝土按设计要求做出反坡，防止雨水侵入砂浆层。

③底座间伸缩缝应做好表面封闭，伸缩缝材料应与混凝土黏结并具有一定的延展性，运营阶段伸缩缝不得因底座混凝土温度变化伸缩出现离缝，离缝达Ⅱ级伤损应采用弹性材料进行修补。

④对于路基地段，除应严格控制基床表层填料细颗粒含量外，底座与路基面防水层或封闭层间的接缝位置，应采取措施防止雨水侵入。

(5)无砟轨道与轨道电路及综合接地的接口

为实现无砟轨道结构与我国高速铁路 ZPW-2000 谐振式轨道电路相匹配，在保证扣件系统绝缘性能的同时，CRTS Ⅰ型板式无砟轨道预制轨道板设计中对普通钢筋网进行绝缘处理，后张法制造工艺的预应力轨道板，纵向双孔锚垫板需分开设置，使纵、横向钢筋不形成闭合回路，以减少对轨道电路的传输衰耗。

接触网高压线故障可能感应产生很高的跨步电压和接触电位，为保护线路设备和人身安全，高速铁路对桥梁、隧道、无砟轨道等提出了综合接地要求，无砟轨道结构设计需与高速铁路综合接地系统相衔接。CRTS Ⅰ型板式无砟轨道混凝土轨道板内设置了综合接地接口，包括纵向接地钢筋、横向连接钢筋及接地端子。无砟轨道约每 100m 段落内的轨道板之间纵向接地钢筋通过接地端子进行等电位连接，并与靠近的线路侧预埋的接地端子单点 T 形连接，如图 1-1-5 所示。

a)

b)

图 1-1-5　CRTS Ⅰ型板式无砟轨道与综合接地系统接口

4. 轨道结构关键技术

CRTS Ⅰ型板式无砟轨道在设计、制造和施工环节涉及多项与轨道系统平顺性、稳定性和耐久性密切相关的关键技术。

(1)轨道板制造质量控制

轨道板直接承受列车荷载作用，受环境因素的影响较大，设计要求轨道板具有足够的强度、表面高平整度和良好的外观质量，同时轨道结构通过轨道板实现与轨道电路和综合接地的接口。轨道板质量控制要点包括混凝土、预应力体系、封锚砂浆等原材料的质量控制；轨道板内钢筋的绝缘处理与接地钢筋和接地端子的设置；预施应力的准确控制；锚穴周围混凝土的粗糙处理和封锚砂浆的冲击压实；轨道板混凝土养护温度控制；轨道板成品顶面平整度及绝缘性能。

(2)水泥乳化沥青砂浆、树脂等高分子材料的制备及灌注

CRTS Ⅰ型板式无砟轨道结构涉及乳化沥青水泥砂浆、树脂等高分子材料，其生产和施工质量直接影响轨道结构的稳定性和耐久性。影响砂浆质量的因素除了材料本身外，还包括灌注设备的性能、施工工艺和施工环境温度等。

水泥乳化沥青砂浆的生产、施工和质量检验的专业性强，砂浆施工前必须进行施工人员的专业培训。现场建立实验室，在标准配合比的基础上针对现场原材料及灌注设备，进行现场工艺性放大试验，并进行揭板验证，确定施工配合比和施工工艺，同时要做好施工组织安排，保证施工环境温度在技术条件规定的范围内。施工过程中每个灌注袋要求一次灌注完成，灌注前要根据底座与轨道板的间隙情况，适时调整灌注袋的尺寸，确保砂浆灌注饱满。

凸形挡台周围树脂材料施工及验收标准按照《客运专线铁路 CRTS Ⅰ型板式无砟轨道凸形挡台填充聚氨酯树脂暂行技术条件》执行，其中详细规定了树脂混合液和浇铸体的性能指标，施工环境温度范围要求在 5 ~ 40℃范围，雨雪天禁止作业。

(3)轨道精调技术

CRTS Ⅰ型板式无砟轨道精调包括轨道板的精确定位和钢轨精度。工程实践表明，轨道板制造和定位精度对后期钢轨精调工作量有显著影响，因此，在轨道板制造、运输和存放过程中，要严格控制板面平整度，并通过 CPⅢ控制网和安设在凸形挡台上的轨道基准点对轨道板进行精确定位。钢轨精调在长钢轨铺设、焊接锁定后进行，是保证 CRTS Ⅰ型板式无砟轨道高平顺性和支承刚度均匀性的关键工序。钢轨精调通 CPⅢ控制网和轨道基准点，利用弹性不分开式扣件系统较强的钢轨高低、左右位置调整能力，精细调整钢轨的空间几何形位。

(4)大跨桥上无砟轨道

与国外相比，我国高速铁路大跨桥梁的数量和类型较多。对于温度跨度较大的桥，CRTS Ⅰ型板式无砟轨道梁端半圆形凸形挡台及周围填充树脂的受力和变形状态受梁轨相互作用的影响较大，设计中在保证无缝线路强度和稳定性的同时，需根据温度跨度、所处地域的气候条件和线路纵向阻力等具体工况，对梁端轨道结构作特殊设计，确保轨道结构的稳定性。

在建设阶段，应严格按照桥上无缝线路设计要求的小阻力扣件布置范围和弹条螺栓扭矩进行铺设；在运营期间，应加强梁端轨道结构的检查和桥上扣件弹条扭矩的定期检测，扣件复合垫板表面严重锈蚀时应进行更换。

二、CRTS Ⅱ型板式无砟轨道

在消化吸收引进技术和再创新研究成果的基础上，针对高速铁路站后工程、线下基础工程和环境条件，我国在 CRTS Ⅱ型板式无砟轨道结构及相关接口的设计、工程材料、建造技术等方面开展了系统技术攻关，形成了轨道系统设计、制造和施工成套技术，再创新成果相继在京沪、沪杭、京石武、合蚌、津秦等多条高速铁路工程中得到全面推广。

1. 轨道结构组成

以轨道结构沿线路纵向连续为主要特征的 CRTS Ⅱ型板式无砟轨道，在路基、隧道地段的结构组成基本相同。而桥梁地段的轨道结构组成较为复杂，与路基、隧道地段有较大差异。

(1)路基和隧道地段由钢轨、弹性不分开式扣件、预制轨道板(带挡肩)、水泥乳化沥青砂浆充填层、支承层等组成。

(2)桥梁地段由钢轨、弹性不分开式扣件、预制轨道板(带挡肩)、水泥乳化沥青砂浆充填层、底座板、滑动层、高强度挤塑板、侧向挡块及弹性限位板等部分组成，桥台后路基设置锚固结构（包括摩擦板、土工布和端刺）及过渡板。

2. 轨道结构技术特点

（1）路基、桥梁和隧道地段的轨道结构沿线路纵向连续，轨道板间通过6根精轧螺纹钢筋纵向连接，轨道板与下部支承基础间设30mm厚的水泥乳化沥青砂浆充填层，其中路基、隧道地段轨道板的下部支承基础为无配筋的支承层，桥梁地段为钢筋混凝土底座板，底座板跨越梁缝纵向连续，实现不同线下基础上预制轨道板的设计、制造和施工标准化。

（2）轨道板工厂化预制，通过布板软件计算出轨道板布设、制作、打磨、铺设等工序所需的全部轨道几何数据，实现了设计、制造和施工阶段的数据共享。

图1-1-6　轨道板承轨部位的数控机床打磨

（3）轨道板配套弹性不分开式扣件，设置挡肩，其承轨部位采用数控机床打磨（图1-1-6），轨道板高精度的制造和测量精确定位，最大限度地降低了轨道精调工作，实现了轨道的高平顺性。

（4）梁面设置"两布一膜"滑动层，减小桥梁伸缩引起的钢轨和底座板内纵向附加力，实现底座板跨梁缝纵向连续，可减少大跨连续梁上伸缩调节器的设置。距梁端一定范围的梁面上设置高强度挤塑板，以减小梁端转角对轨道结构的影响。

（5）桥上底座板两侧设置侧向挡块，提供轨道结构的横向和竖向限位，保证轨道结构在列车荷载、温度荷载作用下的稳定性。

（6）在桥梁固定支座上方，桥梁和底座板间设置剪力齿槽及锚固筋，将制动力和温度力传递到墩台上。台后路基区域设置摩擦板和端刺纵向锚固结构（图1-1-7），承受温度荷载、制动荷载和混凝土收缩等效降温荷载作用下桥上轨道结构传递的纵向力，保证台后路基及轨道结构的稳定性。

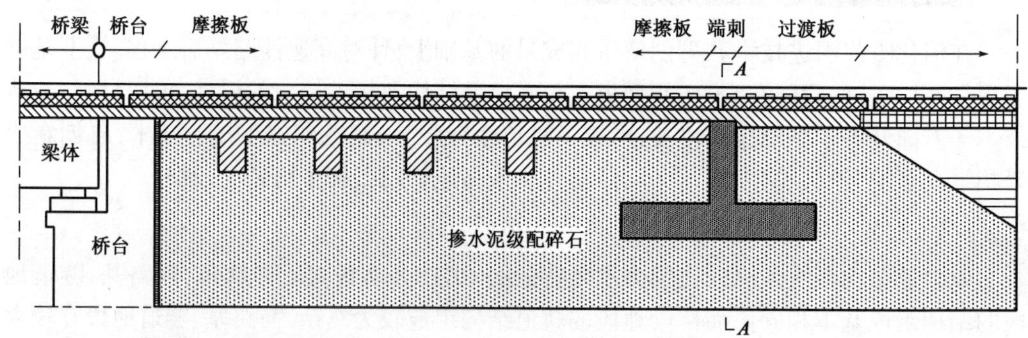

图1-1-7　台后纵向锚固结构

3. 轨道板结构及技术要求

CRTSⅡ型板式无砟轨道预制混凝土轨道板为单向预应力混凝土结构（图1-1-8），混凝土强度等级为 C55。标准轨道板外形尺寸为 6450mm×2550mm×200mm，轨道板上设挡肩，配套 WJ-8 型或 300-1 型弹性不分开式扣件，每块轨道板设 10 对扣件，节点间距 650mm，设置相邻承轨台间的板面横向预裂缝。轨道板横向施加预应力，纵向设 6 根 ϕ20mm 精轧螺纹钢筋，用于轨道板铺设时的纵向连接。

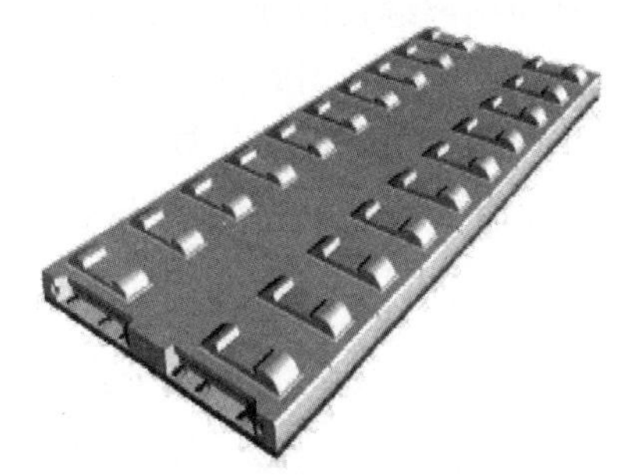

图 1-1-8　CRTS Ⅱ型板式无砟轨道混凝土轨道板

轨道板结构按纵向和横向分别进行设计。纵向设计考虑列车荷载、温度荷载和混凝土收缩等效荷载的作用，列车荷载作用下的纵向弯矩按“弹性地基梁”计算，考虑设置“V”形预裂缝，轨道板计算厚度取 160mm。考虑轨道板与支承层的协同受力，支承层按等效刚度换算，“梁”的换算厚度为 196mm。横向设计将轨道板简化为 650mm 的“宽轨枕”计算模型，考虑其不同的支承工况，确定其最不利承载弯矩，据此进行配筋设计。轨道板间的纵向连接设计考虑列车荷载、温度荷载和混凝土收缩等效荷载作用，对轨道板纵连后的混凝土压应力、钢筋拉应力和接缝处混凝土裂缝宽度等进行检算。

考虑无砟轨道与我国高速铁路轨道电路的兼容性和综合接地系统的接口，轨道板内普通钢筋网片进行绝缘处理设计。轨道板内设置纵向接地钢筋、横向连接扁钢及接地端子，相邻轨道板现场通过连接线进行等电位连接。

轨道板采用长线台座法工艺生产，在无砟轨道再创新研究成果的基础上，2008 年研究制订了《客运专线铁路 CRTS Ⅱ型板式无砟轨道混凝土轨道板（有挡肩）暂行技术条件》，其中详细规定了轨道板原材料、制造工艺、质量要求、试验方法、检验规则及存放、运输和装卸等技术要求。

轨道板伤损形式包括混凝土裂纹（非预设裂缝区域）及缺损掉块，运营过程中观测伤损等级达到 II 级应适时进行修补，达到 III 级应及时修补，以保证结构的耐久性。

4. 水泥乳化沥青砂浆技术要求

水泥乳化沥青砂浆充填层是 CRTS Ⅱ型板式轨道结构中的关键组成部分，其性能直接影响轨道结构的稳定性和耐久性。水泥乳化沥青砂浆由乳化沥青、水泥、细集料、水和外加剂等经特定工艺搅拌而成，应具有良好的力学性能、施工性能和耐久性。砂浆层设计厚度为 30mm，施工允许偏差 ±10mm。

在无砟轨道技术再创新研究阶段，我国通过原材料选择、配合比设计、室内性能试验和现场工艺性放大试验等研究，并经过京津综合试验段工程试验验证，自主研发了满足高速铁路 CRTS Ⅱ型板式无砟轨道系统设计要求的水泥乳化沥青砂浆，形成了材料制备、砂浆灌注施、质量检验、养护维修等成套技术装备和工艺。2008 年我国研究制订了《客运专线铁路 CRTS Ⅱ型板式无砟轨道水泥乳化沥青砂浆暂行技术条件》，其中详细规定了原材料、砂浆性能、施工工艺、试验方法和质量检验等技术要求，为保证无砟轨道水泥乳化沥青砂浆充填层的质量控制提供了技术支撑。

CRTS Ⅱ型板式无砟轨道结构设计要求水泥乳化沥青砂浆与其上部的轨道板及下部的支承层或底座板可靠粘结，要求施工阶段精细施作，运营期间加强检查。砂浆层的主要伤损形式包括砂浆层与轨道板间离缝及砂浆层自身的裂缝、缺损掉块或剥落等。对于较为严重的离缝伤损,应深入分析原因,如离缝贯通、缝隙较大且随环境温度发生变化,很可能是由于温度力引起的轨道板上拱,应在轨道板设计纵连锁定温度范围内对轨道板进行应力放散、重新锁定,并对离缝进行注浆修补。

5. 路基地段 CRTSⅡ型板式无砟轨道结构及技术要求

路基地段 CRTSⅡ型板式无砟轨道结构标准横断面如图 1-1-9 所示。

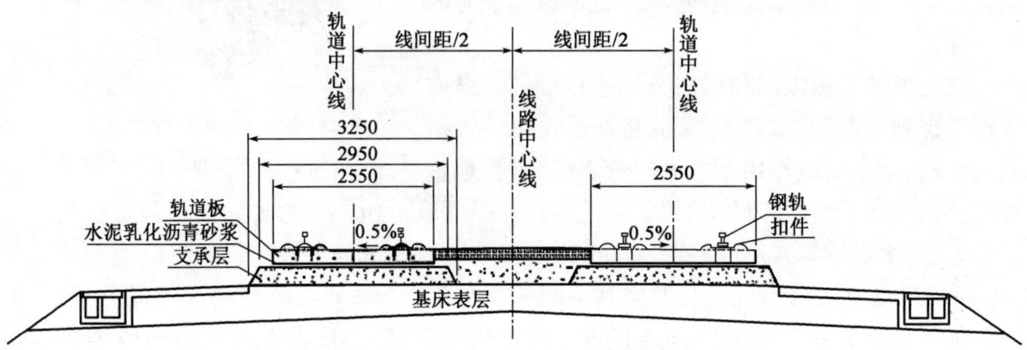

图 1-1-9 路基地段 CRTSⅡ型板式无砟轨道标准横断面(尺寸单位:mm)

(1)路基基床表层

基床表层是无砟轨道结构与路基的接口界面,设计厚度为 0.4m,采用具有粒径和级配要求的级配碎石,分层填筑,除填料及压实指标等须符合高速铁路无砟轨道线路路基相关标准要求外,CRTSⅡ型板式无砟轨道结构对基床表层的超高设置、顶面高程、表面平整度等提出相应的技术要求:曲线超高在基床表层设置;支承层下的基床表层顶面横向坡度,无超高地段至少为 0.5%,边缘区域的横向坡度为 4%;基床表层顶面高程允许偏差 ±20mm;基床表层平整度允许偏差 20mm/4m。

(2)支承层

支承层是路基和隧道地段 CRTSⅡ型板式无砟轨道结构混凝土轨道板的支承基础,设计厚度为 300mm,支承层采用水硬性混合料或低塑性水泥混凝土材料,相应采用滑模摊铺和模筑法施工工艺。其中水硬性混合料由细集料、粗集料、少量胶凝材料和水等配制而成,相对密实度(现场密度与试验室密度的比值)要求 98% 以上,低塑性水泥混凝土是由细集料、粗集料、少量胶凝材料和少量水等配制,坍落度不大于 30mm 的混凝土。与国外高速铁路线下工程条件有所不同,我国高速铁路线路的桥隧比例较大,路基连续里程相对较短,为便于施工组织,一般采用低塑性水泥混凝土材料及模筑法施工方式。

支承层沿线路纵向连续铺设,每 5m 左右切一横向缝,缝深不小于支承层厚度的 1/3。切缝时机根据环境条件确定,一般在铺设后 12h 内进行。

在无砟轨道技术再创新研究阶段,我国通过原材料选择、配合比设计、室内性能试验和现场工艺性放大试验等研究,并经过京津综合试验段工程试验验证,2008 年研究制订了《客运专线铁路无砟轨道支承层暂行技术条件》,其中详细规定了支承层原材料、施工工艺、试验方法、检验规则和质量评定等,技术条件中对支承层的外形尺寸及平整度等提出了相关技术要求:中线位置不大 10mm,与设计高程的偏差不允许超过(-15, +5)mm,表面平整度小于 10mm/3m,厚度允许偏差 ±20mm,宽度允许偏差(0, +15)mm。

支承层为无配筋结构，设计容许开裂，但不得出现竖向贯通裂缝，防止雨水顺裂缝侵入路基基床，如裂缝宽度较大，应采用弹性材料进行封闭处理。

(3)其他技术要求

路基地段线间填筑级配碎石，顶面一般采用强度等级为C25混凝土封闭。直线区段利用线间强度等级为C25混凝土封闭层上的人字坡向线路两侧排水，曲线地段线间设置集水井。当支承层采用水硬性混合料时，轨道外侧支承层表面采用乳化沥青进行表面防水处理。

对于路基地段CRTSⅡ型板式无砟轨道，应采取措施防止雨水侵入基床表层引起翻浆病害，建设期间应严格控制基床表层填料细颗粒含量，加强支承层与路基面及线间封闭层间纵向衔接位置的封闭处理，运营期间应加强检查，出现翻浆病害应及时进行处理。

6. 桥梁地段CRTSⅡ型板式无砟轨道结构及技术要求

桥梁地段CRTSⅡ型板式无砟轨道结构标准横断面如图1-1-10所示，曲线地段轨道超高在底座板上设置。

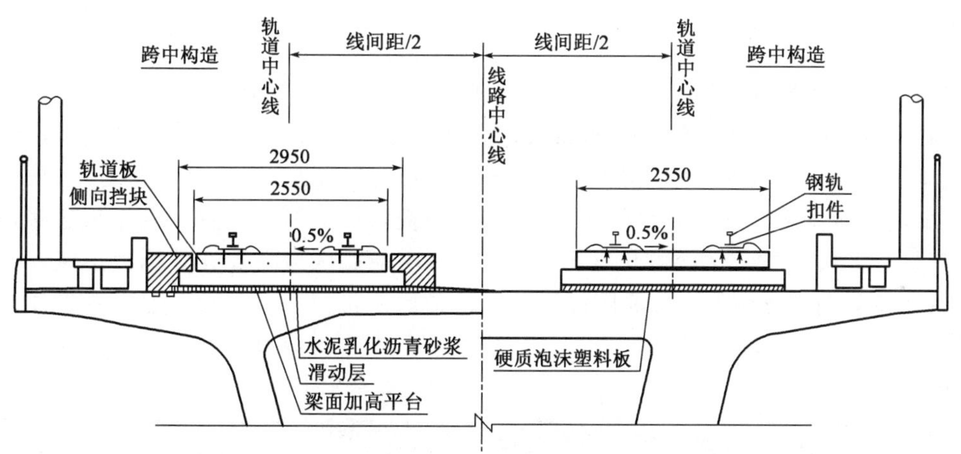

图1-1-10 桥梁地段CRTSⅡ型板式无砟轨道标准断面(尺寸单位：mm)

(1)轨道结构与桥梁间的接口技术要求

除无砟轨道对桥梁基础沉降、桥梁刚度、梁体徐变等有一般性要求外，跨梁缝纵向连续铺设的CRTSⅡ型板式无砟轨道系统对桥梁提出了特殊技术要求。

①桥面构造要求：桥面设六面排水坡，并设置混凝土加高平台。

②梁面平整度要求：梁端高强度挤塑板范围最大允许偏差2mm/1m，挤塑板以外的底座板范围最大允许偏差3mm/4m。

③桥梁架设要求：相邻桥梁接缝处的高差不大于10mm，梁面高程允许偏差(-20，0)mm。

④齿槽及预埋件要求：桥梁固定支座上方设置剪力齿槽，预埋锚固螺栓套管；底座板两侧设置侧向挡块齿槽，预埋钢筋连接套筒。

(2)"两布一膜"滑动层

轨道结构与桥梁间设置的滑动层采用"两布一膜"结构，即两层聚丙烯土工布间夹一层厚度1mm的高密度聚乙烯土工膜，其主要功能是减小桥梁温度伸缩对轨道结构的影响,为底座板跨梁缝连续铺设、不同线下基础上轨道板和扣件结构形式的统一创造条件。滑动层作为无砟轨道系统的主体结构,设计要求其具有良好的物理力学性能和耐久性。在试验研究成果的基础上,2009 年我国研究制订了《客运专线铁路 CRTS Ⅱ型板式无砟轨道滑动层暂行技术条件》,其中详细规定了滑动层原材料的物理力学性能、整体性能、试验方法和检验规则等。

(3)梁端高强度挤塑板

CRTS Ⅱ型板式无砟轨道在梁缝前后一定范围的梁面设有高强度挤塑板,以吸收桥梁挠曲引起的梁端垂向变形,达到减小梁端转角对轨道结构影响的目的。2009 年我国研究制订了《客运专线铁路 CRTS Ⅱ型板式无砟轨道高强度挤塑板暂行技术条件》,其中详细规定了高强度挤塑板原材料、物理力学性能、整体性能、试验方法和检验规则等。

(4)底座板

设置于梁面滑动层上、现场纵向连续浇筑的钢筋混凝土底座板是桥梁地段 CRTS Ⅱ型板式无砟轨道系统的重要受力构件,其宽度 2950mm,厚度 200mm。底座板按轴向拉压杆件采用极限状态法设计,主要设计荷载包括温度荷载(整体温度变化、混凝土收缩等效降温、轨道板与底座板的温差等)、制动荷载、列车竖向荷载等。底座板为设计容许开裂结构,裂缝检算设计限值为 0.3mm,设计考虑混凝土开裂后的刚度折减,根据不同的荷载组合分别进行正常使用极限状态和承载能力极限状态配筋设计检算。

底座板为跨梁缝纵向连续的钢筋混凝土结构,为满足长大桥梁上底座板施工要求,纵连底座板可划分成不同长度的混凝土浇筑段分段施工。根据施工组织设计,连续底座板施工分成常规浇筑区和临时端刺区,常规区底座板每孔梁跨中设置 1 处钢板连接器后浇带(图 1-1-11),常规区两侧长度为 800m 的临时端刺区域布置 6 处钢板连接器后浇带,每孔桥梁固定支座上方的底座板设剪力齿槽后浇带(图 1-1-12)。底座板混凝土浇筑段的纵连锁定有严格的温度要求,需要根据纵连时的环境温度采取相应的技术措施。

图 1-1-11　钢板连接器后浇带

图 1-1-12　剪力齿槽后浇带

纵向连续的底座板在温度荷载作用下混凝土每隔一定间距会出现竖向裂缝,设计允许裂缝宽度为 0.3mm,属于正常工作状态。运营阶段严禁对底座板混凝土裂缝进行注浆修补作业,如在高温季节裂缝仍较大,可在底座板设计锁定温度范围内,采用弹性材料进行封闭或修补。

(5)侧向挡块及弹性限位板

桥梁地段 CRTSⅡ型板式无砟轨道底座板两侧设置侧向挡块,侧向挡块与底座板间设置由橡胶势层、不锈钢钢板等组成的弹性限位板,以保证无砟轨道系统横向和竖向抗屈曲稳定性,实现桥梁与轨道间纵向自由伸缩。侧向挡块主要设计荷载包括风荷载、摇摆力、离心力及温度荷载等。

一孔 32m 简支梁上设 3 排 12 个扣压型侧向挡块,其平面布置如图 1-1-13 所示。

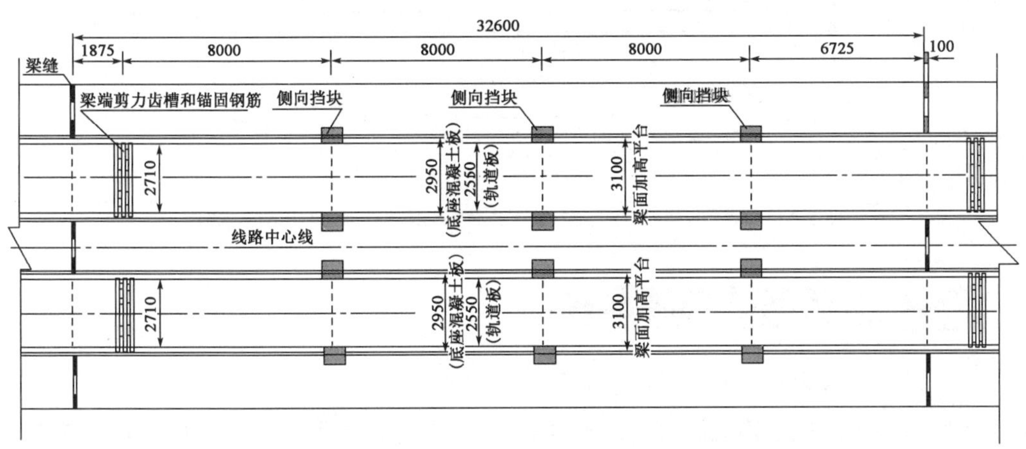

图 1-1-13　32m 简支梁上 CRTSⅡ型板式无砟轨道侧向挡块平面布置(尺寸单位:mm)

2009 年我国研究制订了《客运专线铁路 CRTSⅡ型板式无砟轨道弹性限位板暂行技术条件》,其中详细规定了弹性限位板原材料、物理力学性能、试验方法和检验规则等。

侧向挡块在施工阶段中应避免侧向挡块混凝土与底座板或轨道板黏连,防止桥梁伸缩引起侧向挡块破损。

(6)台后锚固结构

CRTSⅡ型板式无砟轨道系统需在每座桥梁的两端台后路基一定范围设置锚固结构,台后锚固结构主要包括摩擦板和端刺(图 1-1-7),通过带肋摩擦板和端刺结构抵抗来自桥上轨道结构的纵向力(温度荷载及牵引/制动荷载)。台后锚固结构的设计检算主要控制最不利荷载组合作用下端刺的顶部水平位移,以达到不影响路基地段轨道结构稳定性的目的。为实现桥梁和路基地段轨道结构的平顺过渡,在端刺朝向路基侧设置过渡板,过渡板底部铺设有不同厚度的高强度挤塑板。

7. 隧道地段 CRTSⅡ型板式无砟轨道结构及技术要求

隧道地段 CRTSⅡ型板式无砟轨道结构标准横断面如图 1-1-14 所示。

隧道地段 CRTSⅡ型板式无砟轨道中的轨道板、水泥乳化沥青砂浆充填层、支承层等技术要求与路基地段相同,不同的是施工过程中隧道基底表面需进行粗糙处理,支承层切缝分布应考虑隧道衬砌的沉降缝,曲线超高宜在隧道仰拱填充层或混凝土底板上设置,也可在混凝土支承层上设置。隧道洞口区域温度变化较大,轨道板需进行抗剪连接设计。

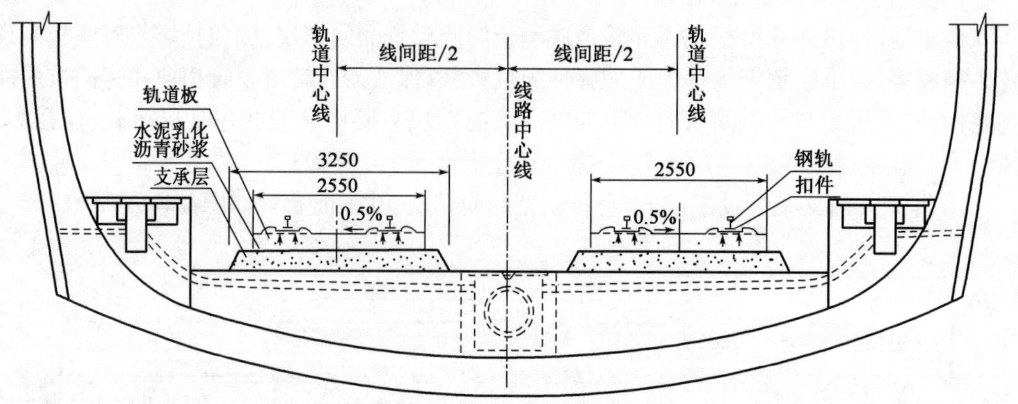

图 1-1-14　隧道地段 CRTS Ⅱ型板式无砟轨道标准横断面(尺寸单位:mm)

三、CRTS Ⅲ型板式无砟轨道

1. 轨道结构组成与功能

为完善我国高速铁路无砟轨道技术体系,进一步提升无砟轨道系统的技术经济性和耐久性,在总结分析成灌线无砟轨道工程优化设计研究成果和国外无砟轨道系统技术的基础上,我国自主研发了高速铁路 CRTS Ⅲ型板式无砟轨道系统,并在盘营、成绵乐客运专线和武汉城市圈城际铁路等线路上推广应用。CRTS Ⅲ型板式无砟轨道在路基、桥梁和隧道等不同线下基础的结构组成基本相同,由钢轨、扣件系统、预制轨道板、自密实混凝土充填层、隔离层及混凝土底座等部分组成,如图 1-1-15 所示。

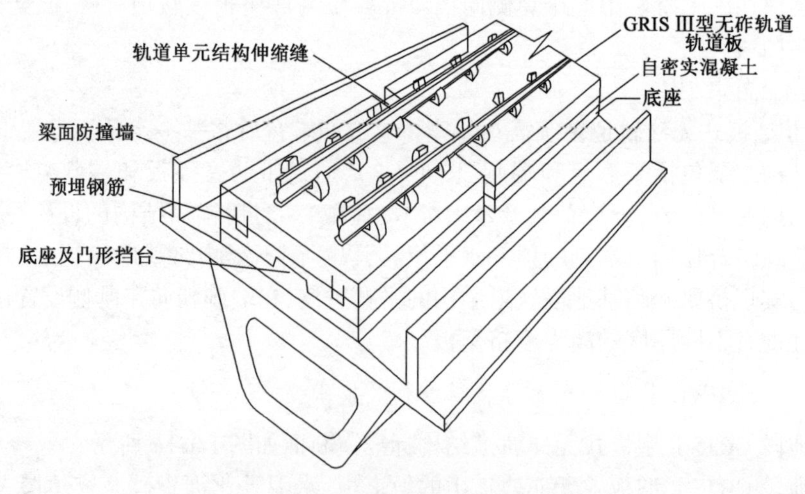

图 1-1-15　CRTS Ⅲ型板式无砟轨道结构组成

(1) 扣件系统

采用弹性不分开式扣件系统(如 WJ-8 型等),其主要功能是保持轨距,提供轨道弹性,调整轨道几何形位,满足轨道绝缘性能要求,调整线路纵向阻力。

(2)预制轨道板

与扣件系统相匹配,板面承轨部位设置挡肩,其主要功能是钢轨和扣件的安装定位;承受荷载,并通过自密实混凝土充填层及其与底座形成的凹凸结构,将竖向和水平荷载传递至下部支承基础;提供轨道结构与轨道电路和综合接地的接口。

(3)自密实混凝土砂浆充填层

采用强度较高、流动性及耐久性良好的自密实混凝土砂浆作为板式无砟轨道充填层是CRTSⅢ型板式无砟轨道结构的主要技术特征,其不仅作为调整层,为预制轨道板提供支承和调整,同时作为结构层,充填完成后,与底座形成凹凸限位结构,承受竖向和水平荷载。

(4)底座、隔离层、限位凹槽及弹性垫层

底座是CRTSⅢ型板式无砟轨道的重要承载结构,沿线路纵向分段设置。底座中部设置限位凹槽(图1-1-16),自密实混凝土砂浆灌注其中,为轨道板提供水平限位,顶面设隔离层(土工布),凹槽侧立面设弹性缓冲垫层。底座的主要功能是承受荷载,并将竖向和水平荷载传递至线下基础;曲线地段的轨道超高在底座上实现。

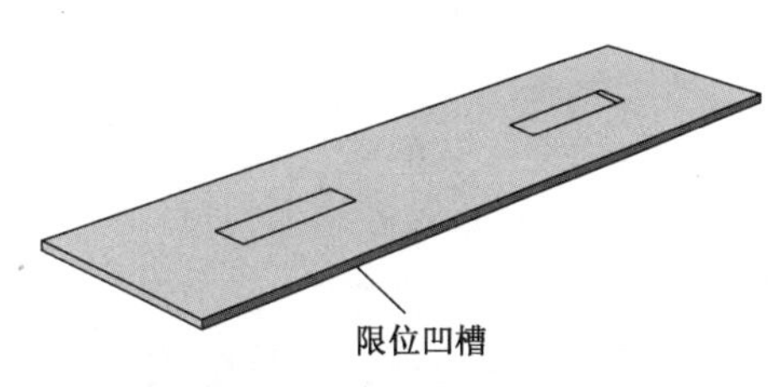

图1-1-16　底座及限位凹槽

2. 轨道结构及相关接口技术要求

CRTSⅢ型板式无砟轨道结构受力明确,垂向荷载从上至下逐层传递,水平荷载通过底座与自密实混凝土层形成的凹凸限位结构传递至底座及线下基础。设计荷载主要包括活载、温度荷载(包括整体温度变化和温度梯度)、混凝土收缩徐变等效降温荷载,同时考虑一定的基础沉降变形对结构承载能力的影响。

(1)混凝土轨道板

预制轨道板与现浇的自密实混凝土充填层组成的复合结构,按弹性基础上的梁-板有限元模型计算列车荷载作用下的受力弯矩,轨道板设计弯矩同时考虑温度荷载、施工临时荷载及基础不均匀沉降等影响。轨道板一般采用预应力混凝土结构,依据其设计弯矩进行配筋设计,设计检算其截面边缘混凝土拉应力不超过$0.7f_t$(f_t为混凝土设计抗拉强度),同时检算截面边缘混凝土的最大压应力和钢筋应力幅。

标准轨道板尺寸为5600mm×2500mm×210mm,扣件节点间距为630mm,轨道板混凝土强度等级为C60。在制造和验收技术要求方面,与CRTSⅠ型预应力轨道板基本相同,CRTSⅢ型轨道板的主要不同点在于挡肩承轨部位的几何尺寸、板底预设连接钢筋及拉锚处理等方面的技术要求。

(2)自密实混凝土砂浆充填层

自密实混凝土砂浆作为CRTSⅢ型板式无砟轨道的调整层和结构承载层,其制备和灌注施工是轨道系统的关键技术,其性能直接影响轨道结构的平顺性和耐久性。自密实混凝土砂浆充填层设计厚度一般在90~100mm范围内,砂浆浇筑时靠其自重作用均匀密实成型,其主要由水泥、矿物掺和料、细集料、粗集料、外加剂、黏性改性材料和拌和水等组成,其中细集料的细度模数范围为2.3~2.7,粗集料最大粒径不大于10mm。自密实混凝土拌和物的性能包括流动性、填充性、间隙通过性和抗离析性,硬化混凝土的性能包括抗压强度、弹性模量、收缩性和耐久性。在理论分析和试验研究成果的基础上，我国研究制订了 CRTSⅢ型板式无砟轨道自密实混凝土技术要求，其中详细规定了自密实混凝土原材料、拌和物及硬化混凝土的技术要求与检测方法、配合比、施工技术要求和质量检验等。

(3)混凝土底座

底座结构的设计方法和技术要求与 CRTSⅠ型板式无砟轨道底座基本相同，底座采用钢筋混凝土结构，混凝土强度等级为 C40，在路基、桥梁和隧道等不同线下基础上沿线路纵向分段设置，底座间设置伸缩缝。路基地段底座根据不同环境条件和裂缝限值，每隔 10～25m 设置横向伸缩缝，必要时底座间可设传力杆；桥梁地段底座伸缩缝对应单块轨道板设置，长度一般为 4～6m，底座通过梁体预埋钢筋连接套管或钢筋与梁体连接；隧道地段温度变化相对较小，不考虑温度荷载的影响，其纵向连续长度可适当延长。

轨道结构水平限位通过底座与自密实混凝土充填层形成的凹凸结构实现，限位结构根据列车荷载、温度荷载、离心力及风荷载等最不利受力工况，计算确定其设计荷载，据此确定其结构尺寸及配筋。

(4)隔离层及弹性缓冲垫层

底座顶面设置隔离层，可实现上部轨道结构特殊情况下的可修复，同时协调轨道板的温度变形。底座凹槽侧面设置弹性垫层，以缓和水平荷载对轨道结构的冲击作用。在理论分析和室内试验的基础上，研究制订了 CRTSⅢ型板式无砟轨道隔离层及弹性缓冲垫层暂行技术要求。

(5)无砟轨道与轨道电路及综合接地的接口

CRTSⅢ型板式无砟轨道与轨道电路及综合接地的接口主要在轨道板结构设计中实现，其接口设计及技术要求与 CRTSⅠ型板式无砟轨道相同。

四、双块式无砟轨道

1. 轨道结构组成

双块式无砟轨道结构组成如图 1-1-17 所示，除钢轨、扣件(弹性不分开式)、双块式轨枕等轨道部件相同外，其在路基、桥梁和隧道地段的道床结构组成有所不同。

(1)路基地段由混凝土道床板和支承层组成，道床板一般沿线路纵向连续，下部设无配筋的低塑性水泥混凝土或水硬性混合料支承层。

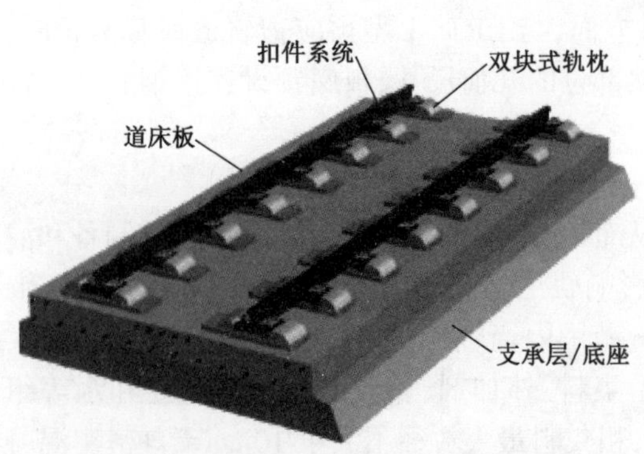

图 1-1-17　双块式无砟轨道结构组成

(2)桥梁地段由混凝土道床板和底座组成，道床板采用单元分块结构，下部设钢筋混凝土底座，分块长度与道床板相对应，底座顶面设置隔离层(土工布)，底座中部设置凹槽，凹槽侧立面粘贴弹性缓冲垫层，道床板混凝土灌注其中，形成凹凸结构，为轨道结构提供水平限位。

(3)隧道地段的结构组成相对简单，根据不同的隧道围岩等级，道床板直接在隧道仰拱回填层或钢筋混凝土底板上构筑。

2. 轨道结构技术特点

与上述三种板式无砟轨道相比，双块式无砟轨道具有以下主要技术特点。

(1)道床主体结构为现浇混凝土道床板，主要承受列车荷载和温度荷载。工厂预制的双块式混凝土轨枕是道床板结构的组成部分，施工过程中利用双块式轨枕组装成轨排，精确调整好轨道几何形位后，再将道床板浇筑成型，轨排与道床板成为一体，共同受力。

(2)工厂化预制双块式混凝土轨枕，承轨枕需与使用扣件相匹配，目前我国主要采用与 WJ-7 型扣件相匹配的 SK-1 型轨枕，以及与 WJ-8 型或 300-1 型扣件相匹配的 SK-2 型双块式轨枕(图 1-1-18)。双块式轨枕采用长线流水法工艺生产，在无砟轨道再创新研究成果的基础上，2008 年我国研究制订了《客运专线铁路双块式无砟轨道双块式混凝土轨枕暂行技术条件》，其中详细规定了双块式轨枕用原材料及成品的质量要求、试验方法、检验规则及存放、运输和装卸等技术要求。

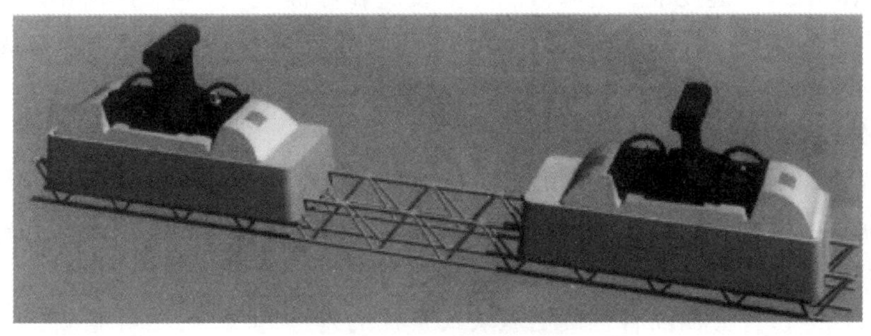

图 1-1-18　SK-2 双块式轨枕

(3)由于道床板现场浇筑成型，不需设置板式轨道结构中的水泥乳化沥青砂浆或自密实混凝土充填层。影响双块式无砟轨道结构耐久性的主要因素是道床板混凝土裂纹及道床板现浇混凝土与双块式轨枕的界面裂纹。

(4)双块式无砟轨道与高速铁路轨道电路和综合接地的接口在现浇混凝土道床板中进行处理。道床板内纵、横向钢筋(包括和架钢筋)交叉点及纵向钢筋搭接处进行绝缘隔离，同时在道床板内设置了接地钢筋和接地端子，钢筋绝缘和接地的接口处理均在施工现场进行。

3. 路基地段双块式无砟轨道结构及技术要求

路基地段双块式无砟轨道系统为道床板、支承层及路基基床表层、基床底层等自上至下刚度递减的层状结构，其标准横断面如图 1-1-19 所示。曲线超高一般在路基基床表层上设置。

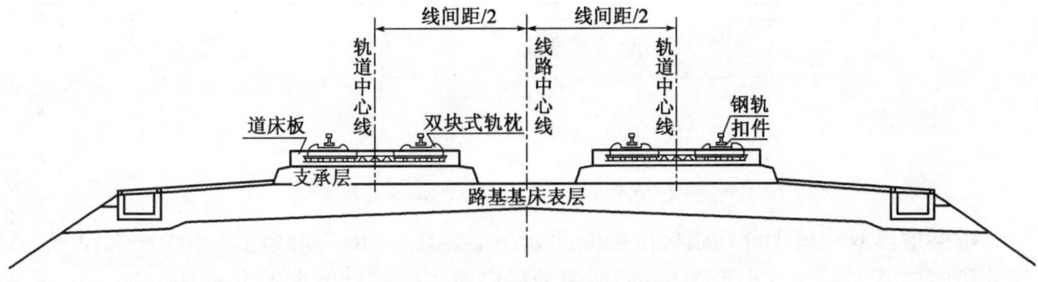

图 1-1-19　路基地段双块式无砟轨道标准横断面

支承层是路基地段双块式无砟轨道的支承基础,其主要功能是承受荷载,并将荷载传递、分散至路基面;作为弹性模量的过渡层,避免道床板与路基基床表层刚度差异较大导致基床表层的应力集中;微小密布的支承层裂纹释放道床纵向温度力,阻断支承基础及道床板的放射裂纹。支承层在路基基床表层上构筑,其技术要求与路基地段CRTSⅡ型板式无砟轨道结构中的支承层基本相同。支承层宽度为3400mm,厚度为300mm,根据线下工程类型情况可选择滑模摊铺或模筑法施工方式,支承层材料相应采用水硬性混合料或低塑性水泥混凝土。为防止温度力作用下出现过大的自由裂缝,支承层在施工阶段每隔5m左右设深度为1/3厚度的假缝。道床板与支承层按有黏结状态设计,因此支承层施工过程中,要求对道床板宽度范围内的支承层表面进行拉毛处理,且道床板混凝土浇筑前需对支承层进行润湿。

路基地段纵向连续的混凝土道床板内部存在随环境温度变化而产生的温度应力,有效地控制道床板混凝土裂缝宽度及双块式轨枕与道床板的界面裂纹是双块式无砟轨道设计和建造过程中的关键技术。道床板混凝土裂缝和界面裂纹产生的影响因素较多,主要包括道床板结构配筋、混凝土配合比、施工工艺、养护制度及环境温度等。在无砟轨道再创新成果的基础上,我国双块式无砟轨道道床板结构采用双层配筋方式,考虑与轨道电路相适应,确定道床板结构厚度为260mm。

双块式轨枕是道床板结构的组成部分,是钢轨和扣件系统的支承平台,设计和施工过程中需采取相应措施保证道床板浇筑成型后,双块式轨枕与现浇道床板成为整体,避免双块式轨枕周围放射状裂缝、界面裂缝及双块式轨枕空吊现象的产生,以保证轨道结构的稳定性和耐久性。设计方面需合理确定双块式轨枕的外形和尺寸,尽可能减少轨枕边角处的应力集中;桁架式结构保证双块式轨枕与道床板混凝土的可靠连接。施工工艺是避免上述问题发生的关键,质量控制要点包括:道床板混凝土浇筑前双块式轨枕侧面的充分润湿或涂界面剂;双块式轨枕底部及周围混凝土振捣密实;适时松开工具轨扣件,避免环境温度变化带动双块式轨枕与道床板现浇混凝土间的相对位移。

道床板按容许开裂结构设计,其主要伤损形式是道床板裂纹宽度超限和轨枕周边界面裂缝,运营期间对于路基地段道床板横向贯通裂缝伤损的处理一般采用表面封闭法或弹性材料进行修补,对于界面裂缝较大及轨枕空吊等伤损可采用注浆修补。

根据结构受力和变形要求,纵向连续道床板的端部(如路桥过渡段区域)需设置纵向锚固结构,如图1-1-20所示。道床板施工中断或施工通道后浇位置,应对已施工道床板进行锚固连接。

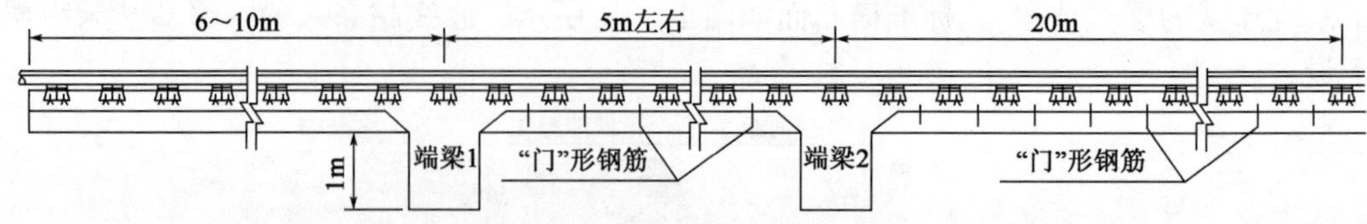

图1-1-20　连续道床板端部锚固结构

4. 桥梁地段双块式无砟轨道结构设计及技术要求

桥梁地段双块式无砟轨道标准横断面如图1-1-21所示。曲线超高在底座上设置,直线地段底座厚度一般不小于210mm,曲线地段底座内侧厚度要求不小于100mm。

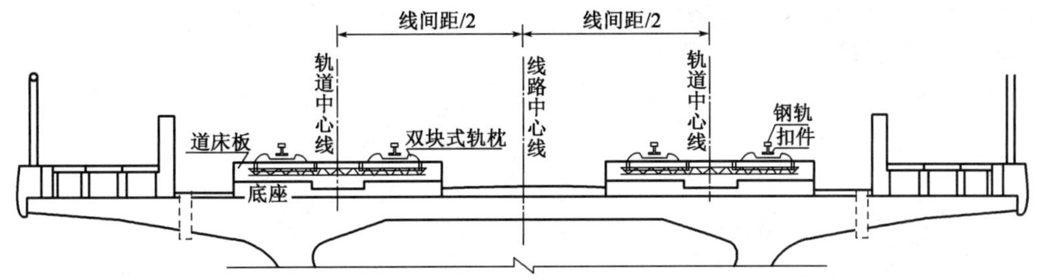

图 1-1-21　桥梁地段双块式无砟轨道标准横断面

道床板和底座均沿线路纵向在梁面上分块构筑，分块长度为 5 ~ 7m。底座通过梁体预埋套筒植筋或预埋钢筋与桥梁连接，轨道中心线 2.6m 范围内，梁面进行拉毛处理，以保证底座与梁体的良好连接。底座顶面设置隔离层（土工布），可实现特殊情况下道床板的可修复性，同时协调道床板的温度变形。每块底座上设置限位凹槽，与道床板现浇混凝土形成凹凸限位结构，凹槽侧面设置弹性缓冲垫层。底座长度与宽度跟道床板的长度与宽度相同。底座上限位凹槽的形式尺寸根据设计水平荷载计算确定。底座范围内的梁面不设防水层和保护层。

根据不同的桥梁类型和跨径，需通过桥上无缝线路设计及梁端轨道结构稳定性分析检算，确定梁端轨道结构及扣件形式、线路纵向阻力要求、伸缩调节器及小阻力扣件布置形式等。

相比于路基地段，桥梁地段的道床板和底座受温度荷载影响较小，出现混凝土裂缝或界面裂缝超限的伤损时可采用注浆或表面封闭法进行修补。

5. 隧道地段双块式无砟轨道结构及技术要求

设仰拱和无仰拱的隧道地段双块式无砟轨道标准横断面如图 1-1-22 所示，曲线超高在道床板上设置。

隧道内双块式无砟轨道的道床板在隧道仰拱充填层（有仰拱隧道）或底板（无仰拱隧道）上纵向连续构筑，其宽度范围内，仰拱充填层或底板表面应进行拉毛处理。距洞口 200m 范围的隧道内道床板结构与路基地段相同，距隧道洞口约 100m 范围，仰拱充填层或底板设置钢筋与道床板连接。

6. 排水系统

多线区段的双块式无砟轨道一般要设置中间排水，也可采用适当措施保证道床表面的水从侧面排出，无砟轨道结构范围内的排水系统设计须同时考虑纵向排水，直线地段道床板需在板面设置横向排水坡，避免道床板表面积水。路基地段双块式无砟轨道线间排水可采用设置集水井（线），可填充级配碎石不设集水井两种方式。对于温暖地区，排水设计一般采用线间设集水井方式，集水井设置间距根据汇水面积和当地气象条件确定；对于寒冷地区，直线地段排水设计采用线间填充级配碎石道床表面排水方式，曲线地段采用设置集水井，将线间水汇集至集水井后，通过基床内预埋的横向排水管排到线路两侧，同时要采取防冻措施。

桥梁地段双块式无砟轨道一般采用桥梁两侧设泄水孔的两列排水方式，泄水孔的纵向位置对应道床板间隔缝。

隧道地段双块式无砟轨道一般采用线间设排水沟槽，线路两侧设线路纵坡的排水方式，必要时需进行特殊的排水设计。

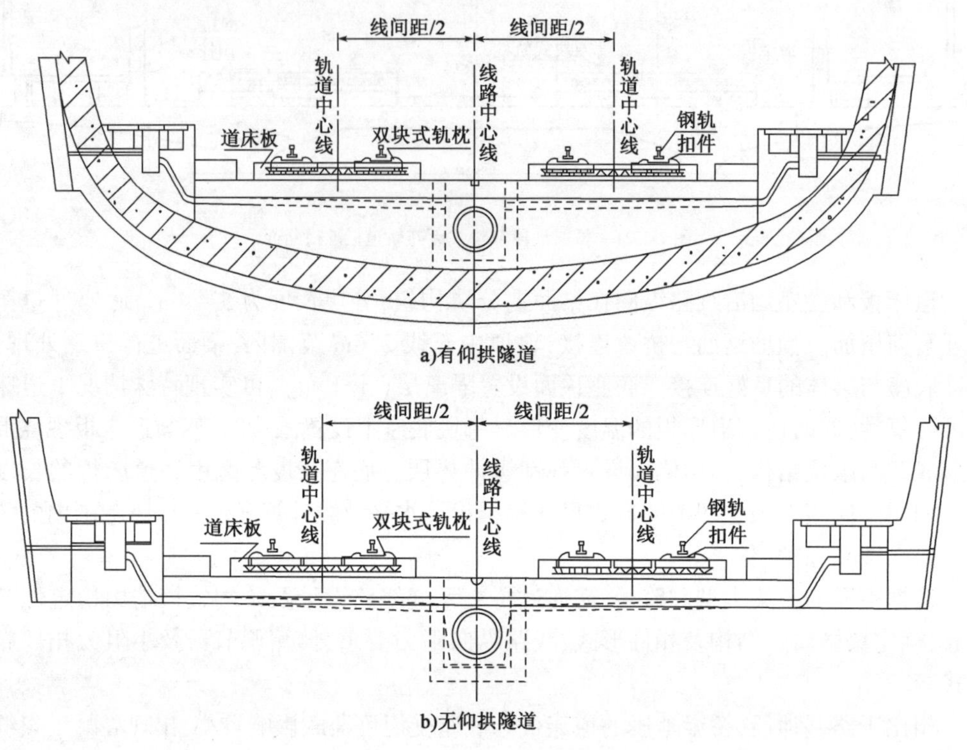

图 1-1-22　隧道地段双块式无砟轨道标准横断面

7. 与轨道电路和综合接地的接口技术要求

双块式无砟轨道与轨道电路、综合接地的接口均在现浇道床板结构中设置。

(1)道床板内的纵横向钢筋交叉处或纵向与纵向钢筋的搭接处，除满足综合接地要求的钢筋需要进行焊接外，其余均采用绝缘卡或绝缘套管进行绝缘处理，如图 1-1-23 所示。道床板钢筋混凝土浇筑前需进行钢筋绝缘性能检测，绝缘电阻不小于 2MΩ。

a)

b)

图 1-1-23　道床板内钢筋绝缘处理

(2)道床板内设置接地钢筋和接地端子。道床板在纵向上划分成长度不大于100m的接地单元,每一单元与贯通地线单点T形连接。接地钢筋采用道床板上层结构钢筋,每接地单元内取一根横向结构钢筋作为横向接地钢筋,接地钢筋进行焊连。

道床板接地端子在靠近接触网支柱位置设置(图1-1-24),桥梁地段单元道床板间通过接地连接线连接(图1-1-25)。

图1-1-24　路基地段轨道综合接地

图1-1-25　桥梁地段道床板间接地连接

五、岔区轨枕埋入式无砟轨道

1. 轨道结构组成

道岔区轨枕埋入式无砟轨道由道岔组件、扣件系统、桁架式预应力岔枕、道床板及底座或支承层等部分组成,如图1-1-26所示。

图1-1-26　路基地段道岔区轨枕埋入式无砟轨道

道岔区轨枕埋入式无砟轨道结构的主要技术特点:①路基地段道床板连续浇筑在支承层上,或道床板分块式浇筑在底座上;②隧道地段道床板采用连续结构,直接浇筑在隧道仰拱回填层或钢筋混凝土底板上;③桥梁地段道床板采用单元分块结构,道床板与底座间设置隔离层(土工布),并设凸台限位结构,凸台周围设置弹性缓冲垫层;④岔区轨道刚度均匀并与区间轨道刚度相匹配;⑤轨道结构设计需考虑道岔电务设备的安装要求。

2. 路基地段岔区轨枕埋入式无砟轨道结构及技术要求

道床板在底座或支承层结构上构筑，下部支承基础为底座时，道床板一般采用分块式结构，下部基础为支承层时，道床板一般采用纵向连续结构。

钢筋混凝土底座厚度为300mm，混凝土强度等级为C30，宽度根据道岔结构尺寸有所不同，底座设置有与道床板连接的钢筋。

支承层的技术要求与路基地段CRTSⅡ型板式无砟轨道基本相同，由于岔区道床板宽度不同，支承层顶面宽度一般要求宽出道床板边缘300mm。

3. 桥梁地段岔区轨枕埋入式无砟轨道结构及技术要求

为适应桥梁与轨道结构的相互作用，桥梁地段道岔区道床板与底座间设置隔离层，为保证道床板与底座的受力传递，道床板与底座间设置凹凸限位结构。底座顶面设置底宽700mm、深130mm的纵、横向限位凹槽，其长度及数量根据分块布置及结构受力要求设计，凹槽侧立面设弹性缓冲垫层。

道床板沿线路纵向单元设置，相邻道床板间应设横向伸缩缝。底座在梁面现浇成型，并通过预埋钢筋或预埋套筒与桥面相连，底座范围内梁面进行拉毛处理。底座分段长度与道床板一致，宽度方向宽出道床板两侧250mm，宽出范围设置坡度不小于3%的横向排水坡。

4. 隧道地段岔区轨枕埋入式无砟轨道

道床板为纵向连续的钢筋混凝土结构，直接在隧道仰拱回填层或底板上构筑。道床板宽度范围内，仰拱回填层或底板表面应进行拉毛处理，并预设钢筋与道床板连接。

5. 轨道结构关键技术

(1)道床板分段长度

道岔区道床板的宽度和厚度沿线路纵向是变化的，特别是道床板宽度取决于道岔上部结构的布置。道床板分段越多，配筋设计越复杂，施工模板投入和工作量越大，需要综合考虑结构受力、道岔上部结构和施工工艺，合理确定分段长度。

(2)转辙机区段设置要求

转辙机区段道床板由于转辙机拉杆净空的要求，必须在道床板设计时预留相应的空间，包括预留坑的宽度、岔枕间距和宽度，同时考虑预留位置的最外层钢筋混凝土保护层厚度。

(3)排水要求

道岔区无砟轨道由于道床板较正线更宽，道床板表面受长岔枕的阻隔，排水不能沿着纵向排出，道床板表面需设横向排水坡，从设计和施工方面保证道床板表面不积水。

六、岔区板式无砟轨道

1. 路基地段岔区板式无砟轨道

(1)结构组成

路基地段岔区板式无砟轨道由道岔组件、预制混凝土道岔板、底座(自密实混凝土层)及找平层等部分组成，如图1-1-27所示。

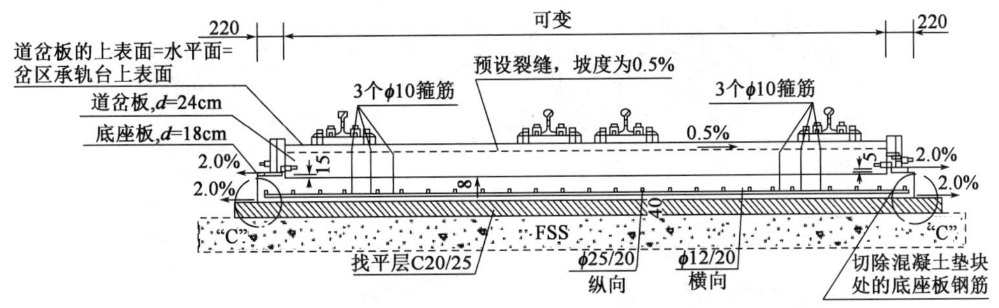

图 1-1-27　路基地段岔区板式无砟轨道结构横断面(尺寸单位:mm)

(2)主要技术特点

在路基基床表层上设置厚度200mm混凝土找平层,找平层采用强度等级为C25的素混凝土结构,纵向连续铺设,每隔5m左右设横向切缝,切割深度为找平层厚度的三分之一,表面拉毛处理。

道岔板单元设置,板间不纵连,道岔板工厂预制(图1-1-28),为普通混凝土结构,厚度240mm,其长度和宽度依据不同类型的道岔几何尺寸确定,板底预设与底座(自密实混凝土充填层)间连接的门形钢筋。道岔板内部钢筋进行绝缘处理,并设置接地钢筋和接地端子。

图 1-1-28　预制混凝土道岔板

道岔板底部设置钢筋网片、充填自密实混凝土砂浆形成钢筋混凝土底座是路基地段岔区板式无砟轨道结构设计的主要特征,其设计厚度为180mm,混凝土强度等级为C40。底座延展贯穿于整个道岔区,横向宽度较相应的道岔板宽出440mm(两侧各220mm),突出的边缘外侧设置坡度为2%的横向排水坡。

2. 桥梁地段岔区板式无砟轨道

(1)结构组成

桥梁地段岔区板式轨道结构组成类似桥上CRTSⅡ型板式无砟轨道,由道岔组件、预制混凝土道岔板、水泥乳化沥青砂浆垫层、底座板、滑动层、高强度挤塑板、纵向限位结构、侧向挡块、弹性限位板及台后锚固结构(端刺及摩擦板)等组成,如图1-1-29所示。

(2)主要技术特点

为减小桥梁与岔区无砟轨道结构的相互作用,梁面钢筋混凝土底座板范围设置“两布一膜”滑动层。底座板是桥上岔区板式无砟轨道的主要受力构件,沿桥梁纵向连续,混凝土强度等级为C30,厚度为180mm,横向宽度较相应的道岔板宽出200mm,突出边缘向轨道系统外侧设置坡度为2%的排水坡,每块道岔板与底座板间设抗剪销钉连接。道岔板底部不设与充填层间连接的门形钢筋,其他技术要求与路基地段道岔板相同。

图 1-1-29　桥梁地段道岔区板式无砟轨道

底座板两侧设置侧向挡块，侧向挡块与底座板间设置由橡胶垫层、不锈钢钢板等组成的弹性限位板，以保证无砟轨道系统的横向和竖向抗屈曲稳定性，实现桥梁与轨道间纵向自由伸缩。

道岔板单元设置，板间不纵连，底座板与道岔板间充填与 CRTSE 型板式无砟轨道技术要求相同的水泥乳化沥青砂浆。

水泥乳化沥青砂浆、滑动层、高强度挤塑板及弹性限位板等性能要求与 CRTS Ⅱ 型板式无砟轨道结构相同。

第四节　高速铁路无砟轨道建造技术

在我国前期研究成果和消化吸收引进技术的基础上，结合我国高速铁路工程条件和无砟轨道的结构特点，通过无砟轨道技术再创新，研发适合我国国情路情的高速铁路无砟轨道生产制造工艺技术、施工装备及工艺，形成了 CRTS Ⅰ 型板式、CRTS Ⅱ 型板式、双块式及岔区轨枕埋入式、板式等不同结构类型无砟轨道成套建造技术。

一、无砟轨道制造技术

无砟轨道中涉及多种结构形式的混凝土预制件，包括 CRTS Ⅰ 型、CRTS Ⅱ 型混凝土轨道板、双块式混凝土轨枕和架式预应力岔枕及混凝土道岔板等。由于我国高速铁路建设规模大，考虑运输成本，混凝土预制件基本上是在工程现场按工厂化标准进行生产。各高速铁路工程根据无砟轨道结构类型及现场条件，依照无砟轨道混凝土预制件技术条件要求，研究编制了详细的制造作业指导书，包括作业流程、制造工艺、原材料、设备机具、生产组织管理（包括预制场总体设计方案、功能设计、劳动力组织、技术文件准备）、质量管理、安全和环保措施等，实现了无砟轨道混凝土预制件的标准化生产和质量控制。以下重点介绍 CRTS Ⅰ 型、CRTS Ⅱ 型混凝土轨道板及双块式轨枕的制造工艺及关键技术。

1. CRTS Ⅰ 型混凝土轨道板

（1）轨道板场总体布置与生产线

轨道板场总体分为生产区、存板区、办公生活区，其中生产区主要包括混凝土搅拌站、蒸汽供应站、钢筋加工区、轨道板预制区、张拉封锚区、水养区、成品检验区。

根据 CRTS Ⅰ型混凝土轨道板的结构设计特点,采用独立台座法制造工艺。图 1-1-30 为 CRTS Ⅰ型混凝土轨道板生产线。

图 1-1-30　CRTS Ⅰ型混凝土轨道板生产线

(2)关键工序及质量控制

①轨道板钢模。模板制造精度是保证轨道板制造质量的关键,设计要求模板精度在轨道板成品允许公差的 1/2 范围内,其中,模板平整度及预埋套管定位精度是技术关键。

②钢筋编组与预埋件安装。钢筋骨架在专用台架上制作成型。为保证轨道板的绝缘性能,钢筋编组过程中除了对钢筋间距进行检查外,关键是做好纵、横向钢筋间的绝缘处理,确保钢筋间的绝缘性能,用 500V 兆欧表确认钢筋骨架的电阻不小于 2MΩ。

③混凝土配合比及温度控制。根据设计要求和现场原材料情况,试验确定混凝土配合比。在混凝土浇筑和蒸养过程中,严格控制拌和物的入模温度,通过自动温控系统,分阶段控制混凝土蒸养阶段的升(降)温速度、时间以及最高蒸汽温度及板内芯部温度。

④轨道板脱模及预应力张拉。轨道板脱模时的混凝土强度应不低于 40MPa,混凝土强度和弹性模量达到设计值的 80% 方可施加预应力。预施应力值采用双控,以张拉力控制为主,以预应力筋伸长值作校核。为保证预应力施工作业质量,轨道板场需配置自动张拉系统。

⑤锚穴封端。锚穴周围应按设计要求进行粗糙处理,采用专用的封锚砂浆材料填充后,冲击压实,分层填压并采用空气锤对砂浆进行振捣。

⑥轨道板水中养生。板场内设水养池,锚穴封端完成后应及时进行水养,轨道板脱模至水养的时间间隔要求在 8 ~ 10h 范围内,水养 3d 以上水温不低于 5℃。

⑦轨道板质量检验关键项目包括原材料(如混凝土、钢材、预埋件等)质量,轨道板扣件预埋套管的位置及抗拔力,轨道板顶的平整度,预应力值的准确控制,锚穴封端质量,成品轨道板的绝缘性能检测。

⑧轨道板存放。为保证轨道板平整度,要求轨道板垂直立放,临时(不大于 7d)平放时,堆放层数不超过 4 层,预埋套管和起吊套管处安装防护盖。

2. CRTS Ⅱ型混凝土轨道板

(1)轨道板场总体设计与生产线

CRTS Ⅱ型混凝土轨道板为单向先张预应力结构,根据其结构设计特点,采用长线台座法生产工艺,结合具体工程情况,板场总体设计做到工序衔接顺畅,物流合理。

轨道板场一般分为既互相独立又互相联系的8个区域,包括钢筋加工区、毛坯板预制区、混凝土搅拌区、轨道板打磨装配区、轨道板存放区、砂石料存放区、辅助生产区和办公生活区。图1-1-31为毛坯板生产线。

图1-1-31　CRTS Ⅱ型混凝土轨道板毛坯板生产线

(2)关键工序及质量控制

①轨道板钢模。为保证轨道板各部形状、尺寸及预埋件的准确位置,轨道板模板应具有足够的强度、刚度和稳定性,并经检验合格后投入使用。模板的平整度、承轨槽细部尺寸、模板间高度偏差、预埋套管的定位精度控制是保证轨道板质量的技术关键。

②混凝土配合比。轨道板混凝土强度等级为C55,批量生产前,根据生产循环时间、轨道板底刷毛效果及轨道板的外观质量等,进行混凝土施工配合比设计和工艺性试验。

③钢筋网片编组。轨道板配置了两层普通钢筋网片,网片编组在专用模具上进行,并按设计要求对钢筋网片交叉处进行绝缘处理,钢筋间的绝缘电阻不小于2MΩ。

④预应力张拉。预应力筋采用整体张拉方式,张拉分初张拉和终张拉两个阶段,初张拉将预应力钢筋张拉至设计值的20%左右,安装中间挡板,并锁定在模具上,终张拉将预应力钢筋张拉至设计值;张拉结束后,利用调整环使液压缸止动并卸压。

预施应力值应采用双控,以张拉力读数为主,预应力筋伸长值作校核。实际张拉力、伸长值与设计值偏差不得超过5%,实际单根预应力钢筋的张拉力与设计值偏差不得超过15%,张拉过程中,始终保持同端千斤顶活塞伸长值间偏差不大于2mm,异端千斤顶活伸长值间偏差不大于4mm。

⑤板底刷毛质量的控制。为保证轨道板与水泥乳化沥青砂浆间的可靠黏结,设计要求轨道板底混凝土表面应具有适宜粗糙度,在混凝土初凝前进行刷毛处理。通过工艺试验,确定混凝土配合比和刷毛时机,确保板底刷毛效果。

⑥温度控制。混凝土浇筑时混凝土拌和物入模温度应控制在 5 ~ 30℃。轨道板混凝土采用保温养护措施，轨道板浇筑成型后应立即进行覆盖养护。养护期间，板体混凝土芯部最高温度不超过 55℃。轨道板脱模时，轨道板表面与周围环境温差不应大于 20℃。

⑦轨道板打磨质量控制。利用数控磨床对轨道板承轨部位进行精细打磨是 CRTS Ⅱ型混凝土轨道板制造工艺的关键环节。轨道板批量生产前需对数控磨床及相关软件进行精确调试和工艺性试验，明确轨道板打磨数据。通过精密测量技术对轨道板承轨台各关键点进行检测，得出相对于磨床给定测量原点的相对三维坐标；将轨道板各点的设计坐标转换为与轨道板相一致的机械坐标，并与实测各点坐标比较，得出各点的打磨量；将实际打磨与磨床设置的最大打磨量相比较，得出打磨次数，根据得出的打磨次数制定生产打磨程序，对轨道板进行精确打磨。

⑧轨道板质量检验的关键项目包括原材料（如混凝土、钢材、预埋件等）质量；轨道板扣件预埋套管的位置及抗拔力；轨道板承轨部位的外形尺寸；预应力张拉值；外观质量；成品轨道板的绝缘性能检测；板底刷毛效果等。

⑨轨道板存放及运输。轨道板存放时，堆放层数要求不超过 9 层。为保证轨道板间的可靠连接，除严格检查验收精轧螺纹钢筋的外形尺寸外，轨道板在存放和运输过程中应对螺纹部位采取保护措施。

3. 双块式混凝土轨枕

(1)轨枕场总体设计与生产线

双块式轨枕为普通混凝土结构，根据其结构设计特点，采用流水机组法制造工艺。图 1-1-32 为双块式轨枕生产线。

图 1-1-32　双块式轨枕生产线

轨枕场总体分 6 个区域，包括原材料区、生产区、辅助生产区、成品检验区、存放区和办公生活区，其中生产区包括钢筋加工生产线和双块式轨枕生产线。

(2)关键工序及质量控制

①双块式轨枕钢模。制造精度要保证其允许偏差在轨枕成品允许公差的 1/2 范围内，其中模板主要质量控制项目包括承轨部位细部尺寸、平整度、模板间高度偏差及预埋

套管的定位等。

②钢筋编组。轨枕所需钢筋包括钢筋网架、箍筋、螺旋筋,其中钢筋网架采用自动化生产线成型加工。

③温度控制。混凝土拌和物入模温度应控制在5~30℃。双块式轨枕采用自然养护或蒸汽养护。如采用蒸汽养护,需通过自动温控系统,分阶段控制混凝土养护阶段的升、降温速度和时间以及最高蒸汽温度及枕芯温度。蒸养结束时,双块式轨枕表面与环境温差应不大于15℃。

④双块式轨枕混凝土脱模强度应不低于40MPa。

⑤双块式轨枕质量检验关键项目包括原材料(如混凝土、钢材、预埋件等)质量、扣件预埋套管的位置及抗拔力、轨枕承轨部位的外形尺寸、轨枕外观质量等。

二、无砟轨道施工技术

无砟轨道施工是保证高速铁路无砟轨道结构高稳定性、高平顺性和耐久性的关键环节,在大量试验研究成果和工程实践的基础上,我国自主研发了CRTSⅠ型板式、CRTSⅡ型板式、双块式、岔区轨枕埋入式和岔区板式等不同类型无砟轨道的成套施工装备及工艺,研究制订了高速铁路无砟轨道工程施工技术指南和无砟轨道工程质量检验评定标准,各工程项目根据其采用的无砟轨道结构形式编制详细的无砟轨道工程施工作业指导书,实现了高速铁路无砟轨道工程标准化施工作业和质量控制。以下重点介绍CRTSⅠ型板式、CRTSⅡ型板式和双块式无砟轨道主要施工设备、施工工艺及关键技术。

1. CRTSⅠ型板式无砟轨道施工

(1)总体施工方案

CRTSⅠ型板式无砟轨道采用“自下至上”的施工方法,即先施工底座及凸形挡台、铺设轨道板、灌注水泥乳化沥青砂浆及凸台周围树脂,然后安装扣件、铺设钢轨。底座和凸形挡台采用“Ⅲ线法”施工,即在线路和施工便道的交汇点处上下线路,以单线基床面或底座作为临时运输通道。首先以Ⅱ线作为材料的运输通道,施工Ⅰ线的底座,其后以Ⅰ线底座作为运输通道,施工Ⅱ线的底座和双线的凸形挡台。受施工环境及交通条件限制的地段,如桥梁较长时,桥上物流组织较困难,材料的运输转场可利用汽车式起重机分段进行吊装散布,混凝土运输采用汽车泵或地泵泵送至桥面。根据现场交通条件、施工环境和周转料配置数量等条件,以方便物流运输及吊运为原则,底座和凸形挡台的施工段落一般控制在3km左右,每个施工段落可设置两个工作面相向进行施工。

轨道板采用“线间轨道法”进行铺设,利用由轨道牵引车和平板车组成的运板车组沿临时运输轨道推送至工作面,随车起重机完成左右线铺板作业。轨道板精调作业和水泥乳化沥青砂浆灌注等紧随其后,每个工作面分轨道板铺设、轨道板状态精调、水泥乳化沥青砂浆灌注三个区段,形成流水施工作业。为了满足轨道板和水泥乳化沥青砂浆原材料上线的需要,轨道板铺设一般以3~5km划分为一个施工段落,在两端分别设置水泥乳化沥青砂浆原材料补给站和轨道板提升站。

根据无砟轨道施工图进行轨道板配置,轨道板用平板载货汽车从存板区运至提升站,轨道板采用汽车式起重机提升上线,直接吊装至运板车组或由随车起重机配合装车,运板车组沿临时运输轨道推送至铺设工作面。

水泥乳化沥青砂浆原材料运送至原材料补给站临时存放，线上运输由搅拌灌注车实现。乳化沥青、聚合物乳液、水等液态材料采用泵送方式装车。水泥和砂等干料提前倒入料斗，用汽车式起重机吊放至水泥乳化沥青砂浆灌注车料仓内。根据砂浆施工配合比，按每次搅拌所需质量对膨胀剂、引气剂、消泡剂和铝粉等小剂量材料，在原材料补给站进行称重分装。

(2)主要施工设备

CRTS Ⅰ型板式无砟轨道施工主要设备包括底座及凸形挡台模板、轨道板运铺一体机、移动式砂浆搅拌灌注车、精调测量系统、混凝土搅拌站、混凝土运输车、振捣棒、手持式搅拌器等，配置混凝土、砂浆、树脂等材料的检测设备和仪器。

(3)关键工序及质量控制

①底座高程控制和凸形挡台的精确定位。底座的高程和凸形挡台的定位直接影响水泥乳化沥青砂浆和凸台周围填充树脂的灌注质量，施工中根据测量规范的相关要求，采用技术措施严格控制底座的高程(允许偏差 ±5mm)、与凸形挡台连接的预埋钢筋位置、准确定位凸形挡台的中线和前后位置(中线允许偏差 3mm，中心距允许偏差 ±5mm)。

②水泥乳化沥青砂浆的灌注。水泥乳化沥青砂浆施工的专业性强，其原材料、施工及验收要严格按《客运专线铁路 CRTS Ⅰ型板式轨道水泥乳化沥青砂浆暂行技术条件》的要求执行，现场需建砂浆实验室，做好专业施工人员培训，合理安排施工组织计划，使砂浆施工时的环境温度在最适宜的温度范围(10 ~ 30℃)。砂浆的灌注应充分饱满密实，轨道板边角悬空不得大于 30mm。施工前必须进行灌注设备和砂浆材料的工艺性试验，并进行揭板试验验证。

③凸形挡台周围树脂灌注。凸形挡台周围树脂材料、施工及验收按照《客运专线铁路 CRTS Ⅰ型板式无砟轨道凸形挡台填充聚氨酶树脂暂行技术条件》的要求执行，施工环境温度适宜范围为 5 ~ 40℃，雨雪天禁止作业，其主要施工工序包括清理灌注位置、安装灌注袋、搅拌、灌注和养护。

④轨道状态精调。CRTS Ⅰ型板式轨道状态的精细调整在长钢轨铺设完成后进行，钢轨的空间几何形位通过 CPⅢ控制网和设在凸形挡台上的轨道基准点精确定位。为保证轨道的高平顺性和钢轨支承刚度的均匀性，钢轨左右位置通过移动设有长圆孔的铁垫板来实现无备件无级调整；高低位置通过调整垫板厚度或调整树脂充填式垫板高度来进行无级调整。扣件弹条和锚固铁垫板的螺栓扭矩严格按无缝线路设计要求及相关技术条件控制。

2. CRTS Ⅱ型板式无砟轨道施工

(1)施工方法和工艺

CRTS Ⅱ型板式无砟轨道采用“自下至上”的施工方法，由于路基、隧道地段 CRTS Ⅱ型板式无砟轨道结构组成与桥梁地段存在很大差异，其施工工艺流程有所不同。

路基隧道地段的主要施工工艺流程包括支承层施工、轨道板铺设并精调固定、水泥乳化沥青砂浆灌注、轨道板纵向连接、板间接缝施工、钢轨铺设与精调等。

桥梁地段的主要施工工艺流程包括滑动层及高强度挤塑板铺设、底座板及台后锚固结构(摩擦板及端刺)施工、轨道板铺设并精调固定、水泥乳化沥青砂浆灌注、轨道板纵向连接、板间接缝施工、侧向挡块施工、钢轨铺设与精调等。

(2)主要施工设备

CRTS Ⅱ型板式轨道主要施工设备包括混凝土拌和站、混凝土运输车、混凝土泵车、混凝土输送泵、滑模摊铺机、钢筋加工设备、轨道板运输车、轨道板铺设门式起重机、轨道板定位精调装置、移动式水泥沥青砂浆拌和车、水泥沥青砂浆灌注设备、定位圆锥体、精调测量系统等。

(3)关键工序及质量控制

①无砟轨道与线下工程的接口。无砟轨道施工前,应严格检查与线下工程的接口施工质量。桥梁地段的主要接口包括梁面高程、梁面平整度及相邻梁端的高差;梁端抗剪齿槽和锚固筋预埋连接件;侧向垫块连接筋的预埋连接件等。路基和隧道地段的主要接口包含路基基床表层和隧底回填层的高程、曲线地段的超高设置等。

②水泥乳化沥青砂浆的制备及灌注设备和工艺。水泥乳化沥青砂浆的组成成分复杂,环境敏感性强,施工专业性强。影响砂浆灌注质量的因素除乳化沥青和干料的质量外,受灌注设备的性能、板底和支承基础的平整度、刷毛质量、施工温度等影响较大。正式灌注前,除按《客运专线铁路 CRTSⅡ型板式轨道水泥乳化沥青砂浆暂行技术条件》的相关要求进行质量检测外,还须建立工艺试验段,进行揭板试验,考察其灌注质量,保证砂浆层与轨道板和下部基础(支承层或底座板)间的可靠粘接。

③桥梁地段底座板施工。底座板施工是 CRTSⅡ型板式无砟轨道的关键工序,除底座板混凝土制备、高程严格控制(允许偏差 ±5mm)外,长大桥梁上纵向连续的底座板施工合拢是其关键工序。底座板合拢施工必须做好施工组织安排,尽可能在设计合拢温度 ±5℃范围内进行施工合拢,避免对底座板进行张拉作业;当底座合拢温度低于设计合拢温度 -5℃时,为按设计合拢温度张拉底座板,需按一定间距设置钢筋连接器后浇带,进行底座板张拉作业;超出底座设计合拢容许温度范围,不得进行底座板合拢作业。

④轨道板纵向连接施工。水泥沥青砂浆强度达到 9MPa、窄接缝处现浇混凝土强度达到 20MPa 后,方可进行轨道板纵向连接施工作业。严格按轨道板纵向连接工序和设计扭矩进行纵向张拉,从拟连接线路段落的中间开始,从中部向两端对称同步进行。先张拉轨道板中间 2 根,由内向两端对称张拉左右筋各 1 根,最后张拉剩余 2 根。

为避免对轨道电路造成影响,张拉锁件与连接钢筋间应设置绝缘垫圈,按设计扭矩进行拧紧施工,扭矩扳手操作拧紧标准为 450N·m。板间接缝处的钢筋网片交叉点需绝缘处理,宽接缝处现浇混凝土施工完成后应及时覆盖养生。

⑤侧向挡块施工。侧向挡块施工前,应检查桥上预留槽内预埋连接钢筋套筒位置,控制内侧预埋套筒中心距底座板边缘距离在容许偏差范围。侧向挡块与混凝土底座间设有弹性限位板,侧向挡块混凝土施工时,应避免混凝土与底座板粘连,否则在温度荷载作用下,桥梁伸缩变形将导致侧向挡块混凝土拉裂。

3. 双块式无砟轨道施工

(1)施工工艺流程

双块式无砟轨道为道床混凝土现浇结构,一般采用“自上至下”的施工方法,即先将双块式轨枕、扣件系统及工具轨组装成轨排,测设并固定轨排几何形位后,浇筑道床板混凝土。由于结构组成差异,路基、桥梁和隧道地段的施工工艺流程有所不同。

路基地段的主要施工工艺流程包括支承层施工、轨排组装并测设固定。

桥梁地段的主要施工工艺流程包括混凝土底座及凹槽施工、底座顶面隔离层及凹槽侧立面弹性垫层铺设、轨排组装并测设固定、浇筑道床板、拆除工具轨、钢轨铺设与精调等。

隧道地段施工工艺相对较为简单，即在隧道仰拱回填层或底板上架设轨排并测设固定，然后浇筑道床板、拆除工具轨、铺设钢轨与轨道精调。

(2)主要施工设备

双块式无砟轨道施工主要设备包括底座及道床板模板、散枕装置、粗调机、螺杆调节器、混凝土浇筑机、模板拆洗机、模板安装机、精调测量系统、滑模摊铺机、自卸汽车、挖掘机、混凝土拌和站、混凝土运输设备、吊装设备及工具轨等。

(3)关键工序及质量控制

①支承层施工。支承层是路基地段双块式无砟轨道的支承基础，其原材料及施工技术标准按照《客运专线铁路无砟轨道支承层暂行技术条件》的相关规定执行。支承层材料优先采用水硬性混合料，配合滑模摊铺机施工，考虑我国高速铁路线下结构物的工程条件，在部分较短的路基区段，支承层无法采用滑模摊铺机施工时，可采用低塑性水泥混凝土材料及模筑法施工工艺。

支承层施工前需进行支承层材料配合比设计和现场工艺性试验，保证其力学和施工性能满足要求。支承层施工质量的关键检验项目包括抗压强度、中线位置、厚度、宽度、顶面高程、切缝间距及深度、表面平整度及拉毛效果等。

②道床板施工。道床板混凝土浇筑前，轨排的精调和固定是确保轨道几何形位的关键工序。按照高速铁路轨道静态铺设精度要求，将轨排的几何形位(包括轨距、水平、高低、扭曲、轨枕间距、轨面高程、轨道中线及线间距等)精细调整到位，同时对道床板内的纵、横向钢筋交叉点进行绝缘处理和质量检测，并按照相关标准要求设置接地钢筋和接地端子。

道床板混凝土浇筑完成后，根据施工环境温度适时松开螺杆调节器和扣件，防止温度变化对轨道几何状态及道床板施工质量的影响。

③双块式无砟轨道施工质量检验关键项目包括混凝土、支承层、钢筋、隔离层、弹性缓冲垫层等原材料的进场验收和检验，轨道几何形位，道床板现浇混凝土与双块式轨枕间的界面裂缝，支承层与道床板的黏结状态，线间、线路两侧路基面封闭层及其与支承层衔接处的封闭质量等。

第二章　有砟轨道结构

第一节　有砟轨道技术发展与应用

一、日本东海道新干线

1964 年开通的世界上第一条高速铁路——东海道新干线，全长 516.6km，采用有砟轨道结构，50kg/m 钢轨，长度为 2.4m 的混凝土轨枕按每千米 1720 根铺设，双重弹性扣件，轨下垫层刚度为 90kN/mm，双层碎石道床，其中碎石面砟层厚 30mm，垫碎层厚 20mm，边坡 1∶1.6。

运营初期，路基下沉严重，1965 年出现路基翻浆冒泥，当时采取了铺设土工纤维布和更换道砟等措施，1966 年轨道状态有所好转。1969 年开始在高架桥等混凝土刚性基础地段，大量出现道砟粉化和道床板结现象，不得不采取在混凝土基础和垫砟层之间垫入 25mm 厚的橡胶垫或铺设弹性轨枕等措施，以延缓道砟的破碎粉化。此外，铝热焊接头损伤严重，从 1964 到 1974 年共折损 153 处。钢轨磨耗也很严重，从 1965 年开始，每年更换磨耗轨 20～30km。钢轨疲劳损伤也比预料的要严重得多，在运营的前 10 年内，因钢轨伤损而中断行车 200 次以上。

为改变轨道在运营中的被动状态，从 1967 年开始在新干线上开始试铺 60kg/m 钢轨无缝线路、60kg/m 钢轨道岔和钢轨伸缩调节器，1973 年开始有计划地用 60kg/m 钢轨更换 50kg/m 钢轨，到 1976 年全部换完。1971 年将全部铝热焊接头加上补强鱼尾板，到 1976 年随着钢轨的全部更换铝热焊接头被全部取消。轨下垫层刚度由 90kN/mm 降到 60kN/mm，以提高轨道弹性。加强混凝土轨枕，由原来每根重 260kg 的 3T 型轨枕逐步更换成每根重 325kg 的 3H、4H 型轨枕。

养护维修过程中，通过钢轨打磨改善轨面的平顺性，以降低轮轨冲击，减缓轨道振动，延长道床维修周期，减小线路养护维修工作量。

东海道新干线设计最高速度为 220km/h，线路最小曲线半径 2500m，实设最大超高 200mm，允许欠超高 110mm。1964 年开通最高运行速度为 210km/h，到 1986 年提高到 220km/h，到 1992 年多数区段提高到 270km/h。由于受线间距 4.2m、双线隧道面积 64m^2 及最小曲线半径 2500m 的限制，在欧洲高速铁路有砟轨道最高运营速度已超过 300km/h 的今天，东海道新干线的最高速度仍保持在 270km/h 的水平。

二、法国高速铁路

法国高速铁路有砟轨道是当今世界高速铁路有砟轨道的典范，在轨道结构方面主要采取了以下技术措施。

1. 降低列车作用到轨道上的动荷载

采用跨区间无缝线路、实现真正意义上的轨道无缝化；采用可动心轨辙叉，消灭道岔上的有害空间；采用新轨预打磨及在线钢轨的预防性打磨和修理性打磨，提高轨面平顺性；提高轨道几何维修标准，控制轨道几何不平顺幅值。通过上述措施明显降低了轮轨间的高频和中频荷载。

2. 加强轨道结构改善轨道部件性能，提高轨道承载能力

推广使用 UIC60 钢轨，提高钢轨强度，其耐磨轨抗拉强度达 950MPa，铬硅合金轨达 1100MPa，淬火轨达 1200MPa；提高钢轨纯净度，出厂前用超声探伤仪探查，根据探伤结果将成品分 6 级管理，0 ~ 1 级用于高速铁路，1 ~ 3 级用于干线，4 级用于站线，5 级不得出厂；采用加强的 U41 型双块式混凝土轨枕，轨枕质量由普通线路的 220kg 提高到高速线路的 250kg，轨枕铺设根数由 1514 根/km 增加到 1712 根/km；采用 Nabal 扣件，扣压力达 11kN，可保持在 35‰的坡道上，在 -20 ~ +50℃的轨温范围内钢轨不爬行。

3. 加强道床断面，改善道砟材质，保证轨道结构的横向稳定性

1981 年投入运营的 TGV 东南线道床厚 50cm（其中面碎 30cm，垫砟 20cm），1989 年开通的大西洋线道床厚 55cm（其中面碎 35cm，垫砟 20cm），肩宽 50 ~ 65cm，肩部堆高 10cm，边坡 1:3 ~ 2:3，采用粒径 22 ~ 55mm 的硬质碎石道砟。

加强道床捣固稳定作业，确保道床密实度，以提高道床横向抗力。据法国试验资料，道砟材质、粒径级配、道床断面及密实状态达到要求的条件下，道床允许的轮轴横向力 H 可按下式计算：

$$H = 0.85\left(10 + \frac{p}{3}\right) \qquad (\text{kN}) \qquad (1\text{-}2\text{-}1)$$

式中：p——轴重（kN）。

4. 提高轨道弹性和轨面平顺性，降低轨道及环境的振动和噪声

法国普通铁路轨下垫层厚 4.5mm，TGV 高速铁路轨下垫层 9mm，垫层刚度为 72.65kN/mm，其弹性增加 1 倍。保持道床清洁和道床弹性，增加轨枕质量，保持轨面平行，都为降低轮轨高频荷载，降低轨道和环境的振动、噪声提供了重要条件。

5. 确保路基填料及道砟质量，严格施工工艺，确保轨下基础结构弹性均匀或平顺过渡

日本东海道新干线出现的早期路基病害对法国 TGV 线路的修建有重要的启迪作用。对于路基和道床质量而言，材质是基础，工艺是根本。首先要严格按规范要求，确保路基填料和道砟质量。不同材质的路基填料和道砟要分段铺设，在分段之间要有良好的过渡，在桥头、隧道、路堤、路堑等线下基础结构及路基断面改变的地段均应有适当的过渡措施。在填筑工艺、夯实质量上应尽量保持沿线路纵向的均匀性，防止病害发生，确保行

车平稳。

6. 加强线路的检测和维修，使轨道处于良好状态

高速铁路上除了进行传统的轨道几何尺寸检测外，还需定期对轮轨相互作用荷载进行检测或监测，对行车安全和乘车舒适性有影响的脱轨系数、减载率和列车振动等参数进行检测和评估，以确保行车安全，并指导对线路的维修作业。高速线路对轨面平顺性有更高的要求，钢轨打磨是轨道维修作业的重要内容。

TGV 东南线 1981 年投入运营，全长 417km，最高运行速度达 270km/h，大西洋线 1989—1990 年开通，全长 280km，最高运行速度达 300km/h，地中海线 2001 年开通，全长 295km，设计速度 350km/h，最高运行速度达 320km/h。

法国高速铁路在有砟轨道线路运行方面不断刷新高速列车试验速度纪录，1972 年利用 TGV001 号列车创造了 318km/h 试验速度，2007 年利用 TGV150 列车创造了试验速度 574.8km/h 的世界纪录。

第二节　高速铁路有砟轨道主要技术要求

有砟轨道采用散粒体道床作为轨下基础，在列车荷载的重复作用下，由于其累积变形导致的轨道几何形变较快。为维持轨道的高平顺性和高稳定性，除加强道床断面、改善道砟材质、提高道床本身的承载能力之外，还应对包括钢轨、轨枕扣件等轨道部件在内的整体轨道结构进行优化设计，对钢轨焊接、无缝线路设计及铺设、道床的填筑及夯实等施工和维修作业进行全面的规范，才能保证有砟轨道满足高速行车的要求。

由于高速铁路钢轨、扣件、道岔和无缝线路有单独章节论述，以下主要阐述高速铁路混凝土轨枕和道床方面的技术要求。

一、混凝土轨枕主要技术要求和设计参数

1. 主要技术要求

（1）混凝土轨枕通过扣件与钢轨形成轨道框架，其整体框架的横向刚度是保持无缝线路稳定性的重要参数。钢轨相对于轨枕的抗扭刚度对整体框架的横向刚度起着至关重要的作用，因此轨枕上的扣件锚固件不仅能保证钢轨的有效扣压，同时也是保证轨道框架刚度的重要部件。

（2）轨枕横向阻力是影响无缝线路稳定性的重要参数。单根轨枕的道床横向阻力是由枕底、枕端和轨枕侧面三个部位产生的阻力所构成，因而，轨枕的长度、断面形式、端面面积、底面花纹及自身的质量都对阻力总值及组成比例产生影响。我国高速铁路设计规定：新线施工验交线路开通前，Ⅲ型轨枕的横向阻力应达到 12kN/枕。根据试验研究，轨枕横向阻力的分配比例约为枕底：枕端：枕侧面 = 40%：30%：30%。

（3）轨枕必须有足够的底面积，以保证通过枕底传到道床顶面的压应力不超过其允许值。

（4）在轮轨动力相互作用体系中，轨枕的质量对降低道床的振动加速度有举足轻重的作用。在高速运营条件下轮轨的动力冲击将比普通线路产生较大的道床振动加速度，

从而加速道床的累积变形及轨道几何状态恶化。增加轨枕的质量是高速铁路轨枕设计中追求的重要指标之一。

(5)轨枕的绝缘性能是保证轨道电路正常运转的前提,因此要求埋设在轨枕内的扣件锚固件有良好的绝缘性能。

(6)轨枕自身的承载能力。通常用轨枕的轨下截面和中间截面的设计承载弯矩表示轨枕的承载能力,我国高速铁路采用的Ⅲ型轨枕设计承载弯矩为轨下截面 19.05kN·m,中间截面 -17.16kN·m。

2. 设计参数

综合上述主要技术要求,最终设计出的高速铁路Ⅲ型枕的形式与尺寸如图 1-2-1 所示,主要设计参数见表 1-2-1。

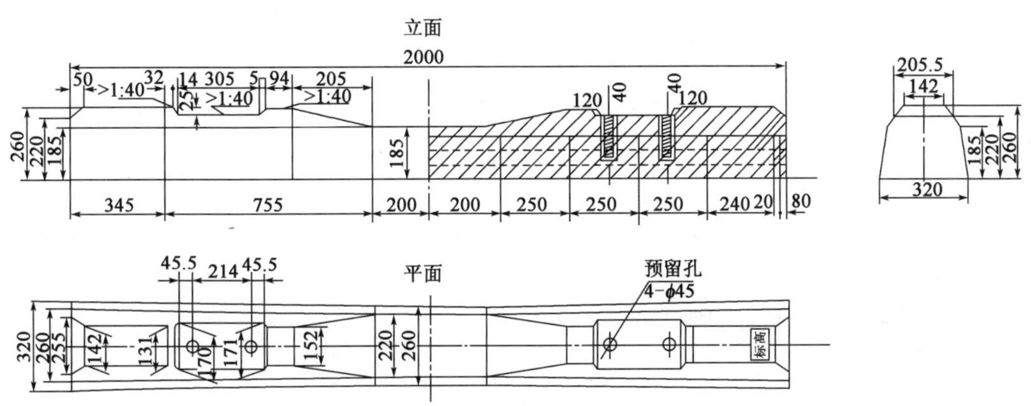

图 1-2-1 Ⅲ型轨枕的形式与尺寸(尺寸单位:mm)

无砟轨道结构类型及应用 表 1-2-1

长度(mm)	轨底面积(cm^2)	端头面积(cm^2)	轨枕质量(kg)	高度(mm)		顶面宽度(mm)		底面宽度(mm)		设计承载弯矩(kN·m)	
				轨下	轨中	轨下	轨中	轨下	轨中	轨下	轨中
2600	7720	590	320	230	185	170	200	300	280	19.05	-17.3

二、道床主要技术要求和设计参数

碎石道床是有砟轨道结构中的薄弱环节,在高速列车的冲击和振动荷载作用下所产生的累积变形直接影响轨道的几何形位,从而影响轨道的平顺性和稳定性,与普通线路相比,高速铁路有砟道床对道砟、道床断面尺寸、道床施工工艺及验收标准提出了更为严格的技术要求。

1. 道砟技术要求

(1)道砟性能

我国高速铁路有砟轨道要求采用特级道砟,道砟材质的各项性能要求见表 1-2-2。

特级道砟材质的性能要求 表 1-2-2

序号	性能	参数	指标	评定方法	
				单项评定	综合评定
1	抗磨耗抗冲击性能	洛杉矶磨耗率 LAA(%)	≤18	—	满足单项评定的全部要求
2		标准集料冲击韧度 IP	≥110	至少有一项满足要求	
		石料耐磨硬度系数 K(干磨)	>18.3		
3	抗压碎性能	标准集料压碎率 CB(%)	<8	—	
4		道砟集料压碎率 CB(%)	<19	—	
5	渗水性能	渗透系数 P_m(10^{-6}cm/s)	>4.5	至少有两项满足要求	
		石料试模件抗压强度 σ(MPa)	<0.4		
		石粉液限 LL(%)	>20		
		石粉塑限 PL(%)	>11		
6	抗大气腐蚀性能	硫酸钠溶液浸泡损失率 L(%)	<10		
7	稳定性能	密度 ρ(g/cm^3)	>2.55		
8		容重 R(g/cm^3)	>2.50		

(2)道砟粒径和级配

特级道砟的粒径和级配要求见表 1-2-3。

特级道砟的粒径和级配要求 表 1-2-3

方孔筛孔边长(mm)		22.4	31.5	40	50	63
过筛质量百分率(%)		0～3	1～25	30～65	70～99	100
颗粒分布	方孔筛孔边长(mm)	31.5～50				
	颗粒质量百分率(%)	≥50				

(3)道砟清洁度

特级道砟的清洁度要求:针状指数不大于 20%,片状指数不大于 20%;风化颗粒及其他杂石含量不大于 2%;道砟成品须水洗,其颗粒表面清洁度不大于 0.17%。

2. 道床断面尺寸

(1)路基地段道床断面

路基地段道床横断面如图 1-2-2 所示。

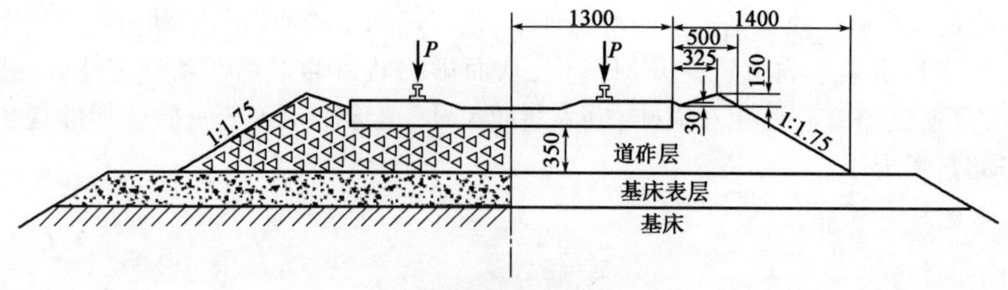

图 1-2-2 路基地段道床横断面(尺寸单位:mm)

路基地段道床顶面宽度3600mm,道床厚350mm,道床边坡1:1.75,道床顶面与Ⅲ型枕枕中部顶面平齐,岔枕、桥枕地段低于承轨面40mm,碎肩堆高150mm。双线道床顶面宽度应分别按单线设计。石质路堑地段采用弹性轨枕或铺设砟下弹性垫层。

(2)混凝土桥上道床断面

按《铁路轨道设计规范》(TB 10082—2017)规定:桥上碎石道床厚度在旅客列车设计行车速度小于或等于120km/h时不应小于25cm。同时还规定:在设计速度小于或等于120km/h的重型线路上在土路基地段采用双层道床,其中道床在砟层的碎石道砟层度为30cm,底砟层厚20cm。这表明,混凝土桥上的碎石道床厚度可以比土路基上的碎石道床厚度薄一些。这是因为在普通铁路上,确定道床厚度的依据是土路基面的容许压应力,道床太薄可能使路基面的容许应力超限。而在混凝土桥上,道床下部为混凝土桥面,容许压应力远比土路基的路面要高,故在桥上的道床厚度可稍薄一些。

高速铁路的有砟道床厚度提高到350mm,加上动车组轴重比普通列车轴重有所降低,道床下部路基面的容许压应力已不是道床厚度的控制因素。高速铁路有砟道床的主要作用是为轨道提供弹性。在混凝土桥上,其刚性的混凝土桥面不具备土质路基的弹性,故即使在土路基和桥上采用相同的道床厚度,桥上轨道较土质路基轨道整体刚度要大,弹性要差,从而导致在桥上的轮轨动力相互作用及轨道噪声比土路基地段要大,其道砟的振动及破碎、粉化比土路基地段要快。因此在混凝土桥上的有砟轨道除了其道床厚度应保持和土路基地段一致之外,还应采取其他结构措施,以提高桥上有砟轨道的弹性,增强其减振、隔振效果。

我国《高速铁路设计规范》(TB 10621—2014)中规定:桥上道床标准应与路基地段相同,应采用弹性轨枕或铺设砟下弹性垫层。砟肩至挡砟墙之间以道砟填平。

(3)隧道内道床断面

隧道内设有混凝土仰拱基础,基于与混凝土桥面刚性基础的相同理由,隧道内刚性基础上的有砟轨道,也应采用与土路基地段相同的道床厚度350mm,还应采取其他减振、隔振措施。《高速铁路设计规范》(TB 10621—2014)中规定:隧道内道床标准与路基地段相同,应采用弹性轨枕或铺设砟下弹性垫层。砟肩至边墙(或高倒水沟)之间以道砟填平。

第三节　高速铁路有砟—无砟轨道过渡段

由于有砟轨道和无砟轨道在结构形式、轨道部件及性能参数上的不同,如果在有砟至无砟轨道之间不设过渡段,列车由有砟轨道直接进入无砟轨道,或者反向运行,轮轨之间就会出现动力附加效应,列车会出现附加荷载和振动,可能影响行车的安全和乘车的舒适性;轨道结构会承受冲击荷裁和振动的作用,可能导致轨道状态的恶化、失效,甚至破坏。

设置过渡段就是要使轨道的结构和性能有一个逐渐的缓变过程,从而降低由于上述突变而导致的列车轨道动力附加作用。

从理论分析不难看出,对动力相互效应影响最大的轨道参数就是轨道支承刚度。过渡段就是要在轨道支承刚度方面实现三个方面的过渡,即轨枕支承(道床)刚度过渡、轨下势层刚度过渡和钢轨支点刚度过渡,从而达到轨道动力学特性和钢轨挠度的平顺过渡。

根据大量测试资料，桥上有砟轨道的轨枕支承刚度约为172kN/mm，路基上有砟轨道轨枕的支承刚度约为140kN/mm，如果按有砟轨道轨下垫层刚度（60±10）kN/mm计，则可根据串联弹簧的计算原理，得出计算结果，见表1-2-4。

轨道支承刚度计算值（kN/mm）　　表1-2-4

轨道道床形式	轨下垫层刚度	轨枕支承（道床）刚度	钢轨支点刚度
桥上有砟轨道	60±10	172	40±6
路基上有砟轨道	60±10	140	42±5
无砟轨道	25±5	∞	25±5

由表1-2-4可知，与无砟轨道相比，有砟轨道由于其轨下垫层刚度大，尽管有道床提供轨枕支承弹性，但综合起来的钢轨支点刚度仍大于无砟轨道的钢轨支点刚度，计算的钢轨动挠度无砟轨道还大于有砟轨道。但这并不表明无砟轨道弹性优于有砟轨道，这是因为无砟轨道的弹性集中由轨下垫层提供，没有有砟轨道中轨枕支承弹簧（道床）和轨枕质量所提供的减振效果。同样在有砟轨道中，路基上的有砟轨道由于砟下路基提供一定的弹性，使之比无砟轨道下弹性支承的桥上有砟轨道的轨枕支承刚度略小，但其轨道的动态性能及使用效果相差甚远。桥上有砟轨道的道砟破碎、粉化比路基上的有砟轨道要严重得多。这就使在有砟至无砟轨道过渡段不仅要努力实现钢轨支点刚度（钢轨动挠度）逐渐过渡，而且还要力争轨下垫层刚度和轨枕支承刚度逐渐过渡的原因。

在实际工程中，改变有砟轨道支承刚度的方法有改变轨枕底面支承面积（改变轨枕长度和间距），进行道床粘接，道床内加设土工纤维布，改变道床厚度，铺设轨下胶垫。改变轨下垫层刚度的方法是铺设不同刚度的轨下弹性垫层。

实际工程中为了降低不同钢轨支点刚度的影响，还采用铺设辅助轨以增大轨排刚度的方法。增加轨排刚度可以减小钢轨动挠度，降低挠度梯度，提高钢轨走行面的平顺性。

（1）路基上有砟—无砟轨道过渡段（过渡段下部基础为路基）过渡段轨道结构形式如图1-2-3所示。

①过渡段总长25m，其中有砟轨道内长20m，无砟轨道内长5m。在过渡段的两基本轨之间设置两根长25m的60kg/m辅助轨，基本轨和辅助轨中心距为500mm，辅助轨配套采用扣板式扣件。

②靠近分界点无砟轨道一侧的轨道板或道床板上，预埋辅助轨扣件套管，在其连续的5块轨道板上采用WJ-7B型扣件，轨下垫层静刚度为（25±5）kN/mm，邻靠分界点有砟轨道一侧的过渡段范围内铺设长度为2.6m的过渡枕，过渡枕上预埋基本轨和辅助轨扣件套管，基本轨配套使用WJ-7A型扣件，其轨下垫层静刚度与有砟轨道的轨下垫层静刚度相同，为（60±10）kN/mm。

③靠近分界点有砟轨道一侧，砟下设置钢筋混凝土搭板，搭板长5m，板厚250mm，混凝土强度等级与无砟轨道底座混凝土相同，搭板范围内的枕下道床厚35cm。

（2）桥上有砟—无砟轨道过渡段（过渡段下部基础为混凝土桥）京沪高速铁路济南黄河大桥和南京大胜关长江大桥上，有砟轨道（钢桥上）和无砟轨道（混凝土桥上）之间过渡段如图1-2-4所示。

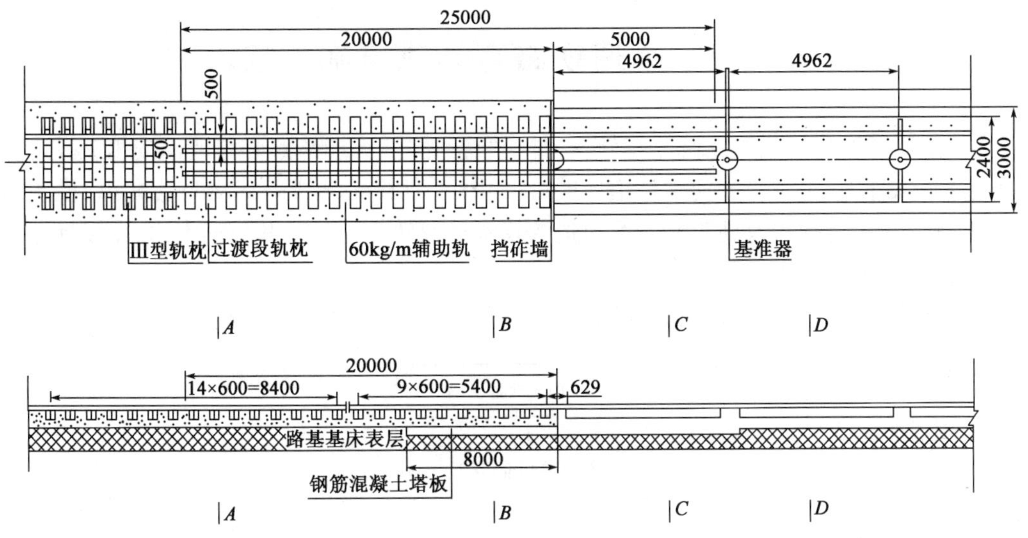

图 1-2-3　路基上有砟—无砟轨道过渡段(尺寸单位:mm)

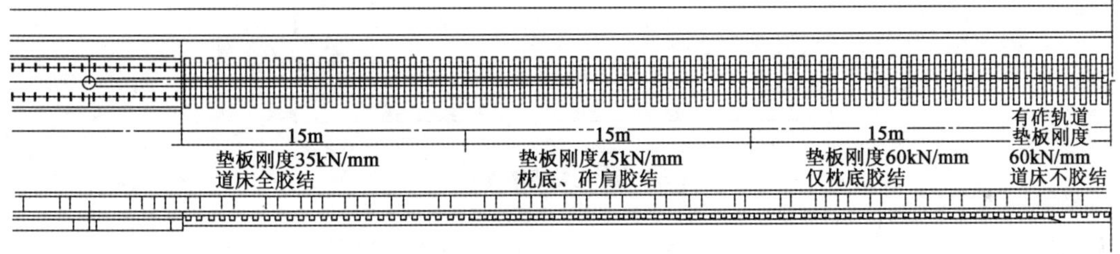

图 1-2-4　桥上有砟—无砟轨道过渡段

①过渡段总长 50m,其中无砟轨道 5m,有砟轨道 45m,在两基本轨道之间设置两根 25m 长的 60kg/m 辅助轨,其中 5m 位于无砟轨道,20m 位于有砟轨道,基本轨与辅助轨中心距 500mm。

②过渡段无砟轨道范围的轨道板内预埋基本轨、辅助轨扣件套管,以安装基本轨、辅助轨扣件。

③靠分界点无砟轨道一侧 20m 范围内,铺设长 2.6m 的过渡枕。过渡枕预埋基本轨和辅助轨预埋扣件套管,基本轨安装 WJ-7 型扣件,辅助轨安装扣板式扣件。

④靠分界点有砟轨道一侧,第一个 15m 范围内轨下垫层刚度 35kN/mm,道床(包括枕底、砟肩、轨枕盒内的道砟)全部胶结;第二个 15m 范围内,轨下垫层刚度 45kN/mm,道床枕底和碎肩部分胶结;第三个 15m 范围,扣件垫板刚度 60kN/mm,仅枕底道床胶结。离分界点 45m 范围以外,为桥上有砟轨道结构(垫层刚度 60kN/mm,道床不胶结)。可见靠分界点有砟轨道一侧,垫层刚度依次为 35kN/mm、45kN/mm、60kN/mm,道床结构依次为道床全部胶结、道床枕底和砟肩胶结,仅道床枕底胶结,以实现轨下垫层刚度、轨枕支承刚度和钢轨支点刚度的逐渐过渡。

第四节　高速铁路有砟轨道施工技术

高速铁路有砟轨道施工除了钢轨、扣件、轨枕、道岔、无缝线路必须严格按相关技术标准进行施工外,其关键是如何保证道床的密实稳定,以给无缝线路提供足够的纵、横向阻力,维持在施工过程中及施工验交后轨道的稳定性及轨道的正常几何形态,并按设计速度开通运营。

有砟轨道主要施工工艺流程如图 1-2-5 所示。

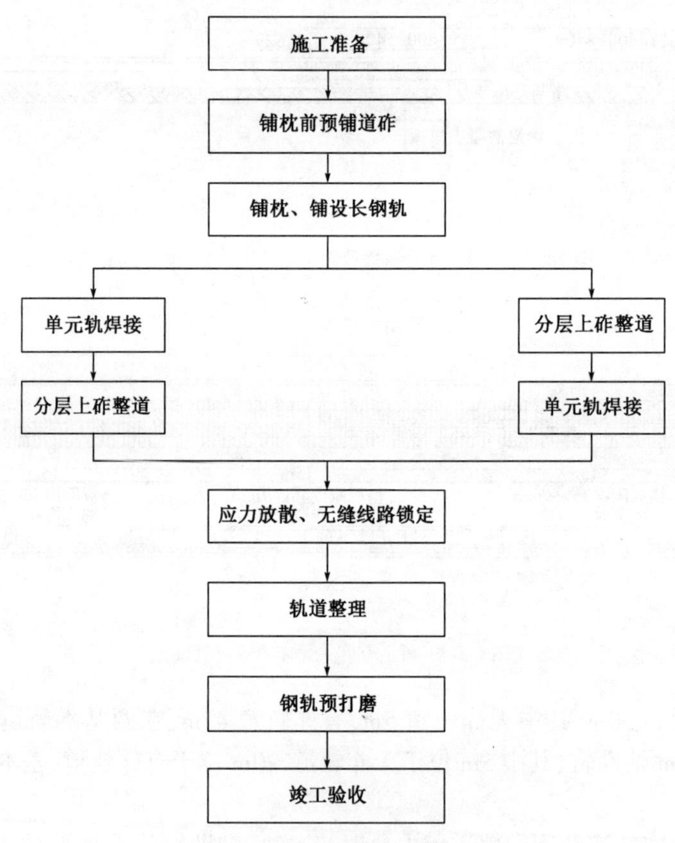

图 1-2-5　有砟轨道主要施工工艺流程

(1)施工准备是指在进行铺砟、铺枕之前,对路基及基床的施工质量进行检查、验收,合格后方能进行有砟轨道铺设施工。

(2)铺枕前预铺道砟是指用道砟摊铺机或其他布碎机配合道砟碾压机械,在路基面上摊铺一层厚约 150mm 的底层道砟,并进行压实,要求达到道砟层密度不小于 $1.6g/cm^3$,底层道砟顶面要求平整轨枕铺设在底层道砟顶面,轨枕中部的道砟不得凸起。

(3)铺枕、铺设长钢轨是指在底层道砟顶面铺设轨枕,在轨枕上铺设钢轨,进行轨排组装。也可用铺轨机将预先在基地组装好的轨排进行吊装。对轨排铺设质量进行相关的检查、验收之后,可视当时当地气候条件选择下一步施工工序,进行单元轨焊接或分层上砟整道。

(4)分层上砟整道是在轨排铺设验收后通常采用的工序。因为铺设在底层道砟顶上的轨排,在分层上砟整道之前,没有足够的轨排纵、横向阻力,如贸然进行单元轨焊接,焊接后的单元轨有可能出现胀轨现象。

上砟整道程序主要由风动卸砟车、机械化整道作业车组(简称 MDZ 车组,由起道、拨道、捣固作业车,配砟整形作业车,动力稳定作业车等设备组成)进行作业,整个程序分为 4 次起道、4 次补砟、4 次捣固稳定作业。其中,第 1 次:起道量不宜大于 80mm→补砟→一遍捣固→二遍稳定;第 2 次:起道量不宜大于 80mm→补砟→一遍捣固→一遍稳定;第 3 次:起道量不宜大于 50mm→补砟→一遍捣固→一遍稳定;第 4 次:起道量不宜大于 50mm→补砟→一遍捣固→一遍稳定。

分层上砟整道后道床应达到初期稳定,道床状态参数指标应达到道床密度不小于 $1.7g/cm^3$、轨枕支承刚度不小于 70kN/mm、道床横向阻力不小于 7.5kN/枕。只有道床达到初期稳定后,才能进行钢轨工地单元轨焊接,否则不能保证单元轨的稳定性。

只有当单元轨焊接后的轨排不会出现胀轨时,才能进行单元轨焊接,然后再进行分层上砟整道的作业程序。

(5)应力放散和无缝线路锁定是在道床达到初期稳定、单元轨焊接完成后,对单元轨节进行应力放散,并在设计锁定轨温允许的偏差范围内,进行锁定焊接,埋设钢轨纵向位移观测桩,全面锁定无缝线路。

无缝线路铺设后至线路开通前,要进行反复的轨道整理作业(起、拨、捣、稳),使道床达到基本稳定状态。线路开通验交时,道床密度不小于 $1.75g/cm^3$,轨枕支承刚度不小于 120kN/mm,纵向阻力不小于 14kN/枕,横向阻力不小于 12kN/枕。试验和工程实践证明,只要按照规定程序进行施工,上述道床状态参数指标完全可以达到。

第三章　跨区间无缝线路

第一节　高速铁路无缝线路技术发展及应用

一、无缝线路发展

无缝线路是把标准长度的钢轨焊连而成的长钢轨线路，又称焊接长钢轨线路。它是当今轨道结构的一项重要新技术，是与高速铁路相适应的新型轨道结构。无缝线路由于取消了大量的接头，因而具有行车平稳、旅客乘坐舒适、机车车辆和轨道的维修费用少、使用寿命长等一系列优点。大量的研究资料表明，无缝线路比普通有缝线路可节约养护维修费用35%～75%。无缝线路在世界各国得到快速的发展，逐渐取代普通有缝线路，目前无缝线路已累计铺设了50多万千米。

20世纪30年代，世界各国开始在铁路上进行无缝线路铺设试验，到50～60年代，由于焊接技术的发展，无缝线路得到推广应用和迅速发展。

德国作为无缝线路发展最早和最快的国家，1935年正式铺设1km长的无缝线路试验段，1945年做出了以无缝线路为标准线路的规定，1974年无缝线路达到5.2万km，至今已达7.6万km，约占全部营业线路的80%。德国目前无缝道岔达10余万组，并与前后的长轨条焊接在一起，构成跨区间无缝线路。

苏联由于大部分地区温度变化幅度较大，最大达到115℃，影响了无缝线路的发展，直到1956年才正式开始铺设。到1961年，铺设无缝线路约1500km，至今已有无缝线路近5万km。由于地区轨温变化幅度较大，苏联的无缝线路除采用温度应力式外，还有一部分为季节性放散应力式。

美国于1930年开始在隧道内铺设无缝线路，1933年开始铺设区间无缝线路，1955年开始进行大量铺设，1970年以后每年以8000km以上的速度增长，最多时年铺设达到10000km，至今已有无缝线路12万km，是世界上铺设无缝线路最多的国家。

法国于1948—1949年间对无缝线路进行了大量的铺设试验后即推广应用，到1970年无缝线路约12900km，并以每年约660km的速度发展，至今无缝线路总长已达20500km，占营业线路的59%。法铁的钢轨焊接技术较为先进，成功地解决了钢轨辙叉和钢轨的焊接技术问题。

日本于20世纪50年代开始铺设无缝线路，60年代东海道新干线首次实现一次性铺设缝线路，长轨两端连接伸缩调节器可以伸缩。日本十分重视轨道结构的强化，同时逐步取消区间钢轨伸缩调节器，加大钢轨连续焊接的长度。

我国于1957年开始在京沪两地各铺设1km无缝线路，1958年开始大规模试铺，至1961年年底我国共铺设无缝线路约150km。20世纪60—70年代对在线路特殊地段（如桥梁、隧道、小半径曲线、大坡道等）铺设无缝线路进行了理论和试验研究，并取得了成功，为连续铺设无缝线路创造了条件。2000—2002年，我国成功完成了秦沈客运专线一次铺设跨区间无缝线路的施工。目前京广、京沪、京哈、陇海等主要干线均已铺成无缝线路。

理论上讲，无缝线路的轨条长度可以无限长，这是发展跨区间无缝线路的理论基础。普通无缝线路轨条长度受信号机位置、道岔、特大桥等因素的限制，一般只有12km，随着胶接绝缘接头和无缝道岔两项关键性技术的发展，跨越闭塞分区、跨越车站的跨区间无缝线路得以实现。随着新建铁路路基填筑质量的提高及工后沉降大幅度降低、道床密实度及稳定性达到设计开通速度要求，新线上可以实现一次铺设跨区间无缝线路，大幅度提高了轨道的平顺性。我国秦沈客运专线一次铺设跨区间无缝线路的成功，标志着我国无缝线路的技术发展跨入了一个新阶段。

跨区间无缝线路具有以下突出优点：

（1）长轨条贯通整个区间，并与车站的无缝道岔焊连，取消了缓冲区和钢轨接头，彻底实现了线路无缝化，全面提高了线路平顺性与整体强度，进一步减少了轨道部件的损耗和养护维修工作量，改善了列车运行条件，充分发挥了无缝线路的优越性。

（2）伸缩区与固定区交界处因温度循环而产生的温度力峰，以及伸缩区过量伸缩不能复位产生的温度力峰，都随着伸缩区的消失而消失，有利于轨道的稳定和维修管理。

（3）防爬能力较强，纵向力分布比较均匀，锁定轨温容易保持，线路的安全可靠性得到提高。

（4）无缝线路的长轨条温度力升降平起平落，不会形成温度力峰，可适度提高锁定轨温，从而提高轨道的稳定性。

二、桥上无缝线路发展

1963年，我国首次在京广线琉璃河大桥上铺设桥上无缝线路，经过几代铁路工作者的不断努力，我国桥上无缝线路的研究成果取得了较大突破。在我国既有铁路上各种类型桥梁数量很多，桥上无缝线路设计理论和对适用于桥上的轨道结构的研究是我国发展无缝线路的关键技术之一。长期以来，我国铁路科研单位进行了桥上无缝线路伸缩力、挠曲力、断轨力、制动力和相关参数的试验研究，并研制成功曲线形钢轨伸缩调节器、小阻力扣件、桥用混凝土枕和高强度高韧性的钢轨胶接接头，建立起我国桥上无缝线路设计理论，并已广泛应用。

我国铁路铺设无缝线路总长度超过200m的桥梁约有500座，其中著名的有武汉（主桥3×128m连续钢桁梁）、南京（主桥3×180m连续钢桁梁）、九江（主桥180m+216m+180m连续钢桁梁）、芜湖（主桥180m+312m+180m连续钢桁混凝土板结合梁）等长江大桥，济南（主桥112m+2×120m+112m连续钢桁梁）、郑州、孙口（主桥4联108.9m+2×108m+108.9m连续钢桁梁）等黄河大桥，广深线石龙大桥、钱塘江二桥（主桥8×80m混凝土连续梁）等。随着我国高速铁路规模建设和无砟轨道结构的应用，长大桥上无缝线路技术在京津城际、京沪、武广、郑西等多条开通运营的高速线路上得到成功应用。

由于桥梁温度跨长的增加,为避免钢轨因梁体伸缩承受过大的附加力作用,20 世纪 50 年代,我国先后开展了斜线形伸缩调节器和折线形伸缩调节器的研究与应用,但由于二者存在技术上的缺陷(运营过程中随着伸缩调节器的伸缩,轨距发生变化,且基本轨弯折影响轨道平顺性),最终放弃了两种钢轨伸缩调节器的试制。

我国曲线形钢轨伸缩调节器的研制始于 1968 年,随着铁路技术的发展,曲线形钢轨伸缩调节器不断吸纳新技术、新工艺而改进结构,使之适应于不同线路条件和运营要求。继 CHN50 型钢轨曲线形伸缩调节器推广应用后,1988 年又研制成功 CHN60 型钢轨曲线形调节器,1995 年试制成功双向曲线形调节器,2002 年研发成功与弹条型扣件配套使用的曲线形调节器。尽管多次改进完善,但曲线形钢轨伸缩调节器设计中的尖轨固定、基本轨伸缩的基本构思一直保持不变。

由于曲线形钢轨伸缩调节器良好的工作性能,已在我国铁路干线上以及城市轨道交通的高架桥上广泛应用。它既能适用于大跨度、大位移量钢衔梁桥的使用要求,也能满足有砟、无砟轨道线路上列车高速下正、逆向运行的要求。自 1969 年以来,曲线形钢轨伸缩调节器在我国累计铺设数千组,武汉、九江、枝城等长江大桥及济南黄河大桥上均铺设了曲线形钢轨伸缩调节器,使用情况良好。

三、无缝道岔发展

无缝道岔是实现跨区间无缝线路的关键技术之一,与德国、法国等国外铁路相比,我国无缝道岔技术虽然起步较晚,但随着铁路既有线六次提速和高速铁路建设,我国无缝道岔的设计理论、结构设计和施工铺设技术迅速发展,在无缝道岔结构形式的改进、电务转换设备对尖轨及心轨伸缩的适应性研究、无缝道岔设计理论与方法、钢轨辙叉式无缝道岔与区间轨条的焊连技术研发、无缝道岔铺设与养护维修等关键技术方面取得了一系列研究成果,为我国高速铁路跨区间无缝线路技术的全面推广应用奠定了基础。

在高速铁路和城际轨道交通的建设和发展中,受环保、地形和地质条件的限制,一些车站必须设置在桥梁结构上,这就必然造成了无缝道岔需设置在桥梁上。桥上无缝道岔技术涵盖了无缝道岔和桥上无缝线路的综合技术,是无缝线路技术的发展和延伸。德国、日本等国家高速铁路上都曾在桥上铺设无缝道岔,我国台湾地区高速铁路也在台南站、彰化站、嘉义站、云林站铺设了无缝道岔,如图 1-3-1 所示。

图 1-3-1　台湾地区高速铁路桥上无缝道岔

我国高速铁路采用的道岔类型及结构、桥梁结构形式、桥上无缝道岔铺设的地理环境和气候条件等与国外有较大差异,为解决桥上无缝道岔设计和建造技术难题,近年来,我国在高速铁路桥上无缝道岔设计理论和方法,道岔、轨道与桥梁接口技术,铺设技术及动力学性能试验等方面开展了系统性的技术攻关,在关键技术方面取得突破。桥上无缝道岔在我国前期开通运营的武广、郑西、京沪等多条高速铁路高架站得到成功应用,经多年运营考验,状态良好。

第二节　我国高速铁路无缝线路技术特点

为保证高速列车的平稳安全运行，高速铁路无缝线路必须具有高平顺性、高稳定性。与传统无缝线路相比，高速铁路无缝线路采用了更高的设计和施工标准。我国高速铁路无缝线路在最大温差幅度为100.5℃的东北严寒地区、西部干旱及强紫外线阳光照射地区以及东南沿海湿热气候地区均得到广泛应用。

一、跨区间无缝线路技术

高速铁路采用跨区间无缝线路，最大限度地减少了钢轨接头，并取消了缓冲区，线路平顺性好，整体强度高，防爬能力强，钢轨纵向力分布均匀，可保证轨道结构的高平顺性、高稳定性，实现高速列车的平稳安全运行。

道岔无缝化是发展跨区间无缝线路的一项重大技术，特别是当轨温相对于锁定轨温变化时，道岔区钢轨承受的纵向力以及产生的位移，将影响道岔的强度和稳定性以及行车的安全性。由于道岔内钢轨接头采用焊接或胶接，而且道岔两端与无缝线路长轨条焊连，形成直股和侧股都无轨缝的道岔，可以说，道岔区钢轨附加温度力和变形分析是无缝道岔设计、铺设和维修的核心和主要难点，关系到跨区间无缝线路技术的成败。

二、无砟轨道无缝线路技术

由于无砟轨道取消了碎石道床，轨道保持几何状态的能力得到提高，轨道稳定性相应增强，维修工作量也随之减少。稳定性高的无砟轨道为无缝线路创造了良好的铺设条件，但无缝线路的设计必须考虑不同形式无砟轨道的结构受力特点、无砟轨道线路纵向阻力及高速铁路对线路高平顺性的技术要求。

三、长大桥上无缝线路技术

为满足高速铁路跨越江河、山谷等的需要，桥梁跨度不断增加，形成高速铁路长大桥上无缝线路。长大桥梁伸缩、挠曲变形大，梁轨相互作用复杂，列车制动或桥上发生断轨对结构施加的附加力也比一般桥梁大。如何减小梁轨相互作用是长大桥上无缝线路的核心技术。

随着我国高速铁路建设的开展，长大桥梁结构形式被广泛采用。长大桥上铺设无砟轨道和无缝线路是我国高速铁路建设的关键技术之一，对桥梁和轨道工程都是一个严峻考验。长大桥上无缝线路在梁端设置钢轨伸缩调节器可以减少梁轨相互作用，但在一定程度上影响了行车舒适性，增加了养护维修工作量，形成轨道结构的薄弱环节。是否设置钢轨伸缩调节器是困扰长大桥上无缝线路设计的难题。

四、高架站上无缝道岔技术

我国高速铁路高架车站较多，高架站上铺设无缝道岔成为高速铁路跨区间无缝线路技术的关键，高架站上无缝道岔涉及无缝道岔、桥上无缝线路、桥梁对道岔的适应性等系统性问题，既要考虑无缝道岔中钢轨受力和变形的复杂关系，又要考虑桥上无缝道岔的梁轨相互作用。

第三节　桥上无缝线路

一、桥上无缝线路计算理论

我国于20世纪60年代初开始桥上无缝线路的理论和试验研究，近年来，针对高速铁路建设出现的新问题，对桥上无缝线路在理论、试验和工程应用等方面进行系统性的深化研究，取得了大量的研究成果，推动了桥上无缝线路技术的进步。

桥上无缝线路与路基上不同，其钢轨除受温度力作用之外，还受桥上附加纵向力作用。梁因温度变化而产生伸缩，在列车荷载作用下梁因挠曲而产生位移，在明桥面上，梁上翼缘的这种纵向变形（即伸缩和位移），将通过梁、轨间的连接约束，使钢轨受到纵向力的作用（在有砟桥上，扣件、道床对梁、轨间的相对位移共同产生约束阻力；在无砟桥上，扣件直接约束梁轨的相对位移）。因梁伸缩而引起的钢轨纵向附加力为伸缩力；因梁挠曲而引起的钢轨纵向附加力为挠曲力。这些附加纵向力同时又反作用于梁跨或固定支座，使墩台产生弹性变形，墩顶发生纵向位移。此外，如果在桥上发生断轨，或是无缝线路的伸缩区设在桥上，钢轨的伸缩也会通过梁、轨间的约束使墩台和固定支座受到断轨力或温度力的作用。

我国早期桥上无缝线路多为有砟轨道结构。有砟轨道桥上无缝线路纵向力采用梁轨相互作用有限元模型进行计算，如图1-3-2所示。模型将钢轨、桥梁离散成有限个梁单元；扣件及道床纵向阻力特征采用非线性弹簧单元；桥梁下部结构纵向刚度采用线性弹簧单元。在计算模型中，考虑桥梁两端路基上一定长度范围内的钢轨及扣件单元，以消除边界条件对于桥上无缝线路纵向力和位移计算的影响。

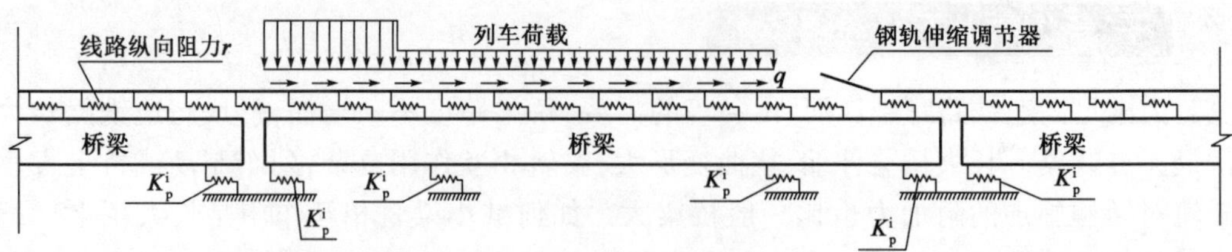

图1-3-2　梁轨相互作用计算模型

近年来，随着我国高速铁路无砟轨道结构的推广应用，长大混凝土桥上铺设无砟轨道无缝线路成为高速铁路无缝线路关键技术之一。我国桥上无砟轨道结构总体上可分为两种类型，一类是梁跨内单元分块、梁缝处断开的轨道结构（如双块式、CRTSⅠ型板式无砟轨道等），另一类是跨裂缝纵向连续的轨道结构（如CRTSⅡ型板式无砟轨道等）。

对于桥上双块式和CRTSⅠ型板式无砟轨道无缝线路，其梁轨相互作用机理与传统的桥上有砟轨道无缝线路类似，但主要通过扣件进行梁轨相互作用力的传递。为减少梁轨相互作用，避免钢轨承受过大的附加力，长大桥上需要采用小阻力扣件或设置伸缩调节器。但在温度荷载作用下,受梁体伸缩的影响,长大桥梁梁端处钢轨爬行量较大。为了防止钢轨爬行或者在低温断轨时钢轨断缝值过大,扣件纵向阻力也不宜太小。

桥梁地段 CRTSⅡ型板式无砟轨道是一种全新设计理念的无砟轨道结构,CRTSⅡ型板式无砟轨道系统通过梁面铺设滑动层以减小轨道和桥梁间的相互作用。CRTSⅡ型板式无砟轨道系统不仅改变了无砟轨道的设计理念,同时也对桥上无缝线路设计产生了较大影响。由于底座板和梁面之间设置了滑动层,改变了传统梁轨相互作用的力学传递机理。为此,我国针对桥上 CRTSⅡ型板式无砟轨道结构及其与桥梁的接口关系,建立了桥上无砟轨道无缝线路空间耦合模型(图 1-3-3),进行桥上无缝线路计算分析。通过理论分析,如果滑动层处于理想状态时摩擦系数比较小,可以减弱温度变化和列车荷载引起的梁轨相互作用,减少轨道和桥梁承受的纵向附加力,有利于桥梁和轨道的受力和变形。

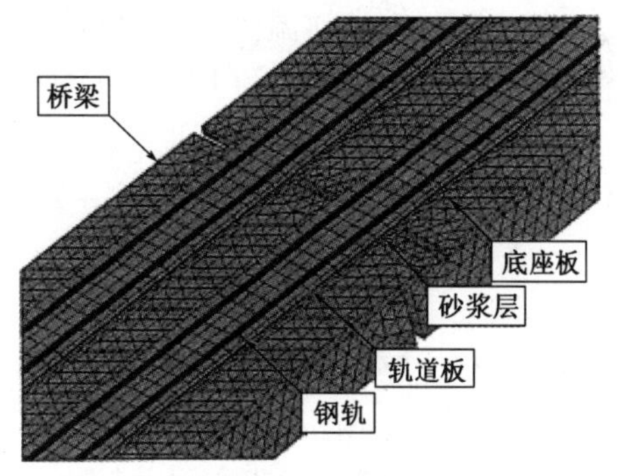

图 1-3-3　桥上无砟轨道无缝线路空间耦合模型

总的来说,我国桥上无缝线路经过近半个多世纪的理论和试验研究,建立起我国桥上无缝线路设计理论,经过大量、多种复杂类型桥梁工况的工程实践验证,安全可靠性已为运营部门认可,技术经济效益明显。

二、桥上无缝线路设计参数

桥上无缝线路设计参数主要包括钢轨温度、梁温差、设计锁定轨温、钢轨容许应力、线路纵向阻力及墩台纵向水平刚度限值等。

1. 钢轨温度

无缝线路钢轨温度与钢轨内部温度力密切相关,直接影响轨道强度和稳定性。钢轨强度是无缝线路设计、施工及养护的重要参数。根据我国 265 座城市近 30 年(1981—2010 年)最高、最低气温资料和钢轨温度的观测和统计分析,最高轨温取近 30 年内最高气温加 20℃,最低轨温取近 30 年的最低气温。

2. 梁温差

梁温差是桥上无缝线路设计的重要参数,它是引起桥梁伸缩对无缝线路施加伸缩附加力的主要因素,因此,桥梁结构温差也是引起梁轨伸缩附加力的温度荷载。桥梁结构温差的确定一方面要结合梁体温度变化的实测数据,另一方面要考虑足够的安全储备。

德国规范中规定梁温度差一般按 ±30℃考虑。法国对于梁温差的取值与国际铁路联盟(UIC)一致,即对于混凝土梁及结合梁桥,采用 ±35℃的温差进行计算。日本规定一般地区梁温度差为 ±20℃;寒冷地区梁温度差为 ±25℃。

德国规范和 UIC 标准采用的是年温差。我国研究认为桥上无缝线路伸缩力并非长年积累,而是随着列车的运行有所放散,德国规范和 UIC 标准取值偏于保守。我国高速铁路桥上无缝线路设计时,梁温差的取值为有砟轨道混凝土梁 ±15℃,无砟轨道混凝土梁

±20℃,钢梁±25℃。

3. 设计锁定轨温

锁定轨温是指施工锁定时的轨温,又称为零应力轨温,设计锁定轨温是根据气象资料、无缝线路允许温升和允许温降计算确定的无缝线路锁定轨温。锁定轨温是决定钢轨温度力水平的基准,是指导运营维修的依据。

德国《铁路轨道结构设计规范》(DS820)规定,德国最高轨温 $T_{max}=65℃$,最低轨温 $T_{min}=-25℃$,锁定轨温范围为中间轨温±3℃,即20℃±3℃。法国与国际铁路联盟《无缝线路轨道铺设和养护》(UIC-720)锁定轨温按下式计算:

$$T_s = T_m + X \tag{1-3-1}$$

式中:T_m——中间轨温,$T_m=(T_{max}+T_{min})/2$;

X——锁定温度的修正值,取0~10℃。

法国与国际铁路联盟无缝线路的实际锁定轨温范围按设计锁定轨温±3℃考虑。日本桥上无缝线路设计锁定轨温以中间轨温为基准,根据压屈强度和断缝检算结果适当调整,实际锁定轨温范围按设计锁定轨温±5℃计。

我国幅员辽阔,南北方温差较大,无缝线路设计锁定轨温确定的主要原则是根据当地气象资料,无缝线路的允许温升、允许温降,并考虑一定的修正量计算确定。我国高速铁路有砟轨道无缝线路锁定轨温的确定方法较为成熟,设计锁定轨温 T_c 宜按下式计算:

$$T_c = \frac{T_{max}+T_{min}}{2} + \frac{[\Delta T_d]-[\Delta T_u]}{2} \pm \Delta T_k \tag{1-3-2}$$

式中:T_{max}——最高轨温,取历年最高气温加20℃;

T_{min}——最低轨温,取历年最低气温;

$[\Delta T_d]$——允许降温;

$[\Delta T_u]$——允许升温;

ΔT_k——设计锁定轨温修正值,一般为0~5℃。

结合京津城际、武广、京沪等高速铁路无缝线路的设计、铺设及养修经验,为避免引起钢轨胀弯,影响轨道平顺性和列车平稳运行,同时便于无砟与有砟轨道相邻区间无缝线路的养护,高速铁路无砟轨道无缝线路的设计锁定轨温不宜过低。设计锁定轨温 T_e 一般根据下式进行计算:

$$T_e = \frac{T_{max}+T_{min}}{2} \pm \Delta T_k \tag{1-3-3}$$

4. 钢轨容许应力

钢轨强度检算是桥上无缝线路设计的主要内容,钢轨容许应力是无缝线路设计的关键控制参数。国内外在钢轨强度检算方法和参数取值上存在差异,德国钢轨强度的确定是采用极限状态法,桥上无缝线路设计以钢轨附加应力作为检算的控制条件,根据Smith图考虑钢轨温度变化引起的钢轨应力 σ_T、疲劳强度 σ_A、残余应力 σ_E、垂直轮载下钢轨动弯应力 σ_d,确定有在砟轨道附加拉应力为92MPa,附加压应力为72MPa;无砟轨道附加拉应力为92MPa,附加压应力为92MPa。

根据我国多年无缝线路设计的经验,高速铁路无缝线路钢轨强度检算采用容许应力法，以总的钢轨工作应力小于钢轨容许应力（即屈服强度除以安全系数 $K=1.3$）为控制条件，即：

$$[\sigma]=\frac{\sigma_s}{K} \tag{1-3-4}$$

式中：$[\sigma]$——钢轨容许应力（MPa）；

K——安全系数，取1.3，考虑疲劳应力、残余应力、焊接接头缺陷等影响；

σ_s——钢轨屈服强度（MPa）。

我国高速铁路采用U71MnG钢轨，钢轨的屈服强度为457MPa，容许应力为351MPa。

5. 线路纵向阻力

线路纵向阻力是抵抗钢轨伸缩、防止线路爬行的重要参数，也是桥上无缝线路计算的重要参数。无砟轨道无缝线路纵向阻力取扣件纵向阻力；有砟轨道除采用小阻力扣件地段外线路纵向阻力取道床纵向阻力；铺设小阻力扣件地段线路纵向阻力取扣件纵向阻力。

由于线路纵向阻力具有结构相关性及离散性，国内研究单位对线路纵向阻力做了大量的室内实验及现场测试工作，通过对大量阻力试验数据的统计回归分析，确定了不同条件线路的阻力函数，用于早期无缝线路的解析计算。高速铁路建设以来，由于桥上无缝线路结构复杂，模型求解时间较长，为提高计算速度，同时保证计算精度，与实际位移-阻力曲线非常接近的双线性阻力函数得到广泛应用。

（1）有砟轨道道床单位长度纵向阻力

有砟轨道采用Ⅲ型混凝土轨枕或Ⅱ型混凝土轨枕时，单位长度道床纵向阻力 r 按表1-3-1取值。

有砟轨道道床纵向阻力 r 取值（kN/m/轨）　　表1-3-1

轨枕类型及铺设数量	有载		无载
	机车下	车辆下	
Ⅲ型混凝土轨枕（1667根/km）	$r=11.6x, x\leqslant 2.0$mm $r=23.2, x>2.0$mm	$r=7.5x, x\leqslant 2.0$mm $r=15.0, x>2.0$mm	$r=7.5x, x\leqslant 2.0$mm $r=15.0, x>2.0$mm
Ⅱ型混凝土轨枕（1760根/km）	$r=6.8x, x\leqslant 2.0$mm $r=13.6, x>2.0$mm	$r=4.4x, x\leqslant 2.0$mm $r=8.8x, x>2.0$mm	$r=4.4x, x\leqslant 2.0$mm $r=8.8x, x>2.0$mm

注：x 为轨枕位移。

（2）无砟轨道单位长度扣件纵向阻力

无砟轨道采用WJ-7型或WJ-8型扣件、扣件节点间距为625mm时，单位长度扣件纵向阻力 r 可按表1-3-2取值。

WJ-7型或WJ-8型扣件纵向阻力 r 取值（kN/m/轨）　　表1-3-2

扣件类型	有载		无载
	机车下	车辆下	
WJ-7型、WJ-8型扣件	$r=18.6x, x\leqslant 2.0$mm $r=37.2, x>2.0$mm	$r=12.0x, x\geqslant 2.0$mm $r=24.0, x>2.0$mm	$r=12.0x, x\leqslant 2.0$mm $r=24.0, x>2.0$mm

注：x 为钢轨位移。

第三章　跨区间无缝线路

(3)采用小阻力扣件时单位长度扣件纵向阻力

有砟轨道采用弹条Ⅴ型小阻力扣件、扣件节点间距为600mm时，单位长度纵向阻力 r 可按表1-3-3取值。

有砟轨道采用弹条Ⅴ型小阻力扣件纵向阻力 r 取值(kN/m/轨)　　表1-3-3

扣件类型	有载		无载
	机车下	车辆下	
弹条Ⅴ型小阻力扣件	$r=24.8x, x\leq 2.0$mm $r=12.4, x>2.0$mm	$r=16.0x, x\leq 2.0$mm $r=8.0, x>2.0$mm	$r=16.0x, x\leq 2.0$mm $r=8.0, x>2.0$mm

注：x 为钢轨位移。

无砟轨道采用WJ-7型或WJ-8型小阻力扣件、扣件节点间距为625mm时，扣件单位长度纵向阻力 r 可按表1-3-4取值。

WJ-7型或WJ-8型小阻力扣件纵向阻力 r 取值(kN/m/轨)　　表1-3-4

扣件类型	有载		无载
	机车下	车辆下	
WJ-7型、WJ-8型小阻力扣件	$r=20.2x, x\leq 2.0$mm $r=10.1, x>2.0$mm	$r=13.0x, x\leq 2.0$mm $r=6.5, x>2.0$mm	$r=13.0x, x\leq 2.0$mm $r=6.5, x>2.0$mm

注：x 为钢轨位移。

6. 墩台纵向水平刚度限值

墩台纵向水平刚度是指桥梁墩、台支承垫石顶产生单位纵向水平位移时所需的纵向作用力。墩台顶纵向水平刚度影响在列车制动作用下桥梁墩台产生的墩台顶纵向制动附加力及其分布，墩顶刚度越小，桥梁所受墩顶制动力越小，但钢轨制动附加力越大。增大墩顶刚度可使钢轨制动附加力减小，但会使墩顶制动力增大、工程造价提高且影响桥梁整体美观性能。因此，确定合理的墩顶刚度限值对桥梁及无缝线路设计尤为重要。

国内外对于墩台顶纵向水平刚度的计算方法是一致的。我国桥梁墩台纵向水平线刚度的确定主要考虑桥上无缝线路轨道强度、稳定性和制动力作用下梁轨相对位移的大小，同时考虑钢轨断缝值和桥梁墩台自身受力等。在总结分析国内外桥梁墩台纵向水平线刚度研究成果的基础上，我国针对等跨布置的20m、24m、32m、40m和48m简支梁，提出了满足桥梁轨道受力(不需设置钢轨伸缩调节器)的墩台顶最小线刚度限值，并纳入了《高速铁路设计规范》(TB 10621—2014)，见表1-3-5。

墩台顶纵向水平线刚度限值　　表1-3-5

类型	跨径(m)	最小水平线刚度(kN/m)	
		双线	单线
桥墩	≤12	100	60
	16	160	100
	20	190	120
	24	270	170
	32	350	220

续上表

类　型	跨径(m)	最小水平线刚度(kN/m)	
		双线	单线
桥墩	40	550	340
	48	720	450
桥台		3000	1500

三、钢轨伸缩调节器

钢轨伸缩调节器的研发是高速铁路大跨桥上无缝线路关键技术之一。调节器的主要功能是协调长大桥梁因梁体温差引起的梁端伸缩位移和长钢轨的伸缩位移,使桥上无缝线路在运营过程中自动放散温度力,从而减小轨道及墩身所承受的无缝线路纵向力。我国铁路经过多年的理论和试验研究,自主研发了适应不同线路条件和运营条件的曲线形钢轨伸缩调节器。

2007 年我国自主研发了设计速度 350km/h 客运专线无砟轨道 60kg/m 钢轨伸缩调节器 TKY60 系列,产品系列号有 TKY60-400DZ(伸缩动程 ±400mm + 单向伸缩 + 轨枕埋入式无砟轨道)、TKY60-400DB(伸缩动程 ±400mm + 单向伸缩 + 板式无砟轨道)、TKY60-400SZ(伸缩动程 ±400mm + 双向伸缩 + 轨枕埋入式无砟轨道)和 TKY60-400SB(伸缩动程 ±400mm + 双向伸缩 + 板式无砟轨道)。

我国曲线形钢轨伸缩调节器具有以下技术特点:

(1)允许伸缩动程大,最大可达 1000mm,适应我国铁路各种不同类型、不同跨度桥梁上铺设无缝线路的使用要求。

(2)尖轨固定,基本轨伸缩。曲线形单向伸缩调节器仅基本轨伸缩,轨距保持不变。曲线形双向调节器因尖轨自锁,且采用双向基本轨,与调节器毗邻的长轨条仅与基本轨焊接,因而长轨条伸缩仅带动基本轨,尖轨并不移动,轨距可得到良好保持。

(3)尖轨尖端采取藏尖方式,并与基本轨保持密贴,尖端及附近与基本轨的缝隙不超过0.2mm,其余断面与基本轨的缝隙不超过 0.5mm,列车逆向运行也能确保安全。

(4)采用分开式小垫板。铁垫板采用分开式小垫板,扩大了调节器的使用范围,能广泛使用于钢梁桥、混凝土梁桥、有砟轨道和无砟轨道。

(5)虽然曲线形钢轨伸缩调节器伸缩时轨距不发生变化,但由于组装、铺设有可能存在轨距偏差,运营过程中,列车动力作用可能导致轨距改变。曲线形钢轨伸缩调节器设有尼龙轨距调整片,轨距可调量为 -12 ~ +16mm,便于调节器的铺设和养护维修。

在我国既有线钢轨伸缩调节器实践经验和高速铁路研究成果的基础上,2008 年我国研究制订了《时速 350km 客运专线无砟轨道 60kg/m 钢轨伸缩调节器暂行技术条件》,其中详细规定了钢轨伸缩调节器的制造、厂内组装、现场铺设、养护维修的技术要求、检验方法、检验规则以及标志、包装、运输、储存等,为高速铁路钢轨伸缩调节器的设计、制造、施工及运营养护提供了技术依据。

第四节　岔区无缝线路

一、无缝道岔计算理论

1. 无缝道岔受力与变形特点

无缝道岔是跨区间无缝线路的关键技术，与普通无缝线路、桥上无缝线路相比，其受力与变形特点不同。根据轨下基础的不同，无缝道岔分为有砟道岔和无砟道岔两种类型。有砟轨道无缝道岔由钢轨、扣件、岔枕、限位器及间隔铁等组成，其力学特点如下：

(1)无缝道岔两端温度力不平衡，如图 1-3-4 所示。当道岔直股、侧股均与区间线路焊连时，右边将承受 4 根钢轨所传递的固定区温度力穴，而左边只承受两根钢轨所传递的固定区温度力 P_t；而当无缝道岔仅直股与区间线路焊连时，右边将有两根钢轨承受 P_t，两根钢轨承受接头阻力 P_h。这样无缝道岔左右端承受的温度力是不平衡的，必将引起无缝道岔中钢轨与岔枕向左端位移。

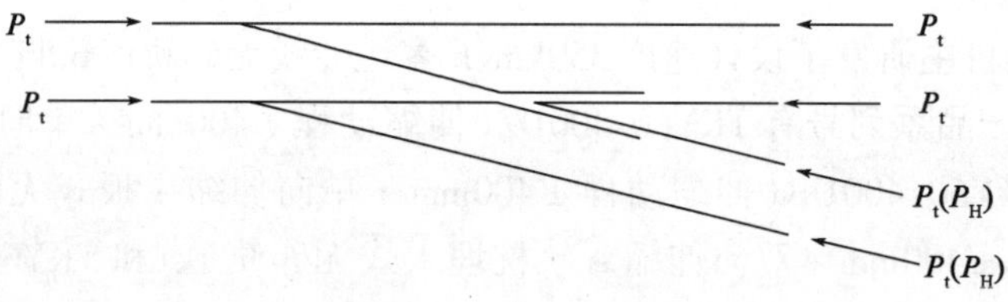

图 1-3-4　无缝道岔受力图

无缝道岔中有多根钢轨参与温度力的传递。即使在道岔侧股不焊接的情况下，由于岔枕的纵向移动侧股普通短轨中的温度力也将发生变化，反过来又影响岔枕的位移、直股钢轨的温度力及位移。

(2)岔枕在无缝道岔温度力的传递中起着重要作用。道岔里轨类似于无缝线路的伸缩区，起着主动力的作用，引起岔枕的纵向位移及偏转、弯曲，进而引起道岔外轨的位移，产生伸缩附加力。

(3)无缝道岔直侧股钢轨间存在着限位器、间隔铁等传力部件。为了限制心轨和尖轨的伸缩位移，通常在尖轨跟端或可动心长翼轨末端设置一定数量的传力部件，将道岔导轨的温度力向基本轨传递。

(4)影响无缝道岔温度力和变形的因素很多，如道岔连接类型、直侧股焊接方式、线路爬行、道岔间及与区间线路的锁定轨温不同等，均可能导致无缝道岔温度力和变形发生较大的变化。

随着既有线提速及高速铁路的发展岔区无砟轨道得到了广泛应用，形成无砟轨道无缝道岔。由于无砟轨道无缝道岔以道岔板、底座板(支承层)等取代了碎石道床，轨下基础具有更好的结构稳定性，限位器、间隔铁等传力结构在温度力的传递中起着主要作用。传力结构在限制尖轨、心轨位移的同时，将部分温度力传递至基本轨，产生伸缩附加力，引起基本轨位移。此外，道岔受力变形也受到温度梯度、刚度变化等岔区无砟轨道因素的影响。

与路基上无缝道岔相比，桥上无缝道岔受力变形除受到限位器、间隔铁等道岔结构的直接影响外，同时受到梁体伸缩、桥梁挠曲等的影响，受力和变形机理更为复杂。

2. 无缝道岔计算方法

随着跨区间无缝线路技术的发展和广泛应用，国内在无缝道岔计算理论方面提出了多种计算方法，对于路基上有砟轨道无缝道岔，比较有代表性的计算理论有以下几种：

(1)固定辙叉无缝道岔超静定结构二次松弛法。

(2)基于非线性分析和力图叠加原理，建立无缝道岔的当量阻力参数法计算理论。

(3)运用两轨相互作用原理，建立无缝道岔纵向力和位移的非线性阻力计算方法。

(4)基于两轨相互作用原理的无缝道岔的解析算法。

(5)无缝道岔的非线性计算理论。

(6)基于能量变分的原理提出了铁路无缝道岔结构体系分析广义变分法。

以上各种无缝道岔计算理论和方法是在我国无缝道岔的不同发展时期建立起来的，在计算假定、参数取值、温度力的传递机理等方面所做的数学简化不同，因而计算结果与实际情况有所偏差。只要计算假定科学合理，参数正确，各种方法所得结果无明显差异。上述理论均曾使用于有砟轨道无缝道岔的养护维修，推动了岔区无缝线路技术的发展。

我国高速道岔区多采用无砟轨道结构，为保证列车在高速条件下的平稳安全运行，需要对道岔横向变形等进行计算分析。传统有砟道岔计算理论多仅考虑道岔的纵向力学特性，已不适用于高速无砟道岔。为此，我国高校和科研单位对路基上无砟轨道无缝道岔进行了大量研究，形成了多种计算方法，有效指导了无砟道岔的结构设计和养护维修。

在路基地段无缝道岔研究的基础上，开展了桥上无缝道岔的理论研究，在桥上有砟道岔、桥上长枕埋入式无砟道岔、桥上底座纵联式无砟道岔等方面均取得了丰硕的成果。在静力学研究方面，我国比较有代表性的计算方法有以下几种：

(1)桥上无缝道岔计算模型。该计算模型包括平面模型和立面模型，平面模型用于分析无缝道岔里轨和基本轨的纵向相互作用，立面模型用于分析钢轨与桥梁的纵向相互作用。

(2)桥上无缝道岔的"道岔-桥梁-墩台"一体化计算模型。该方法将钢轨、岔枕、桥梁及墩台视为相互作用、相互影响的综合系统，根据不同结构力与位移的相互关系，建立钢轨、岔枕、桥梁、墩台受力及变形的平衡方程，采用牛顿迭代法求解。

(3)基于变分原理的桥上有砟轨道无缝道岔有限元模型。该模型中把梁体和钢轨考虑成杆单元，岔枕划分为弹性点支承梁单元，固定支座处桥梁墩台视为线性弹簧单元，道床纵向阻力、扣件纵向阻力、扣件阻矩、限位器阻力和间隔铁阻力用非线性弹簧模拟。

(4)桥上无缝道岔纵-横-垂向空间耦合有限元模型。该模型考虑了轨道结构、桥梁实际尺寸、钢轨实际截面、碎弯变形及列车碾压影响等多种细部因素，真实反映了钢轨、轨下基础、桥梁及墩台的精合作用。该方法除用于高速铁路桥上无缝道岔计算外，也可对桥上无缝道岔的空间力学特性进行系统分析研究。

在动力学研究方面，有限元法得到了广泛应用。目前我国比较有代表性的包括车辆与桥上道岔动力耦合分析程序、桥上无缝道岔空间振动模型、基于 Fortran 和 Ansys 协同仿真的车辆与桥上无缝道岔空间耦合动力分析程序等。

总体上看，国内桥上无缝道岔除强调控制岔桥相对变形外，还要求道岔及桥梁受力变形合理,动力性能良好,高速列车运行安全平稳。国内桥上无缝道岔的设计突出体现了安全、舒适并重的特点。

二、无缝道岔设计参数

限位器及间隔铁阻力是影响高速铁路道岔力学特性的关键参数,直接影响道岔的使用和维护。国内外高速铁路无缝道岔均采用长翼轨式可动心轨辙叉结构,通过翼轨末端的间隔铁等传力部件将区间长轨条的纵向力传递至导轨,从而减小心轨的伸缩位移。另外,我国和德国的高速铁路无缝道岔在尖轨跟端多采用限位器结构,在将导轨温度力传递至基本轨的同时,控制尖轨位移,避免发生卡阻。我国按不同的试验条件,实测未采取加强措施的间隔铁阻力,得出间隔铁阻力与翼轨和心轨的相对位移 x(mm)的关系,见表1-3-6。

间隔铁阻力位移函数 表1-3-6

试验条件	阻力位移函数
普通螺栓 M27,扭力矩 400N·m	$Q=5.0x^{2.4}$(kN)
10.9S 级螺栓 M27,扭力矩 900N·m	$Q=15.8x^{2.4}$(kN)
10.9S 级螺栓 M27,扭力矩 1200N·m	$Q=120.5x^{1.8}$(kN)

根据试验结果,单个未采取加强措施的间隔铁,使用10.9S级螺栓M27,当间隔铁产生微量位移时,螺栓受剪,最大阻力约为420kN,实测结果为480kN。如将间隔铁与钢轨胶接起来,测到单个间隔铁最大阻力可达750kN。由于单个限位器和间隔铁与钢轨贴合面积相等,所用螺栓的公称直径也相等,因此可将实测单个间隔铁的阻力近似作为限位器的阻力。

对秦沈客运专线18号可动心轨无缝道岔中的限位器和间隔铁阻力特性分别进行了测试。限位器阻力测试时,螺栓扭矩分别取为400N·m、600N·m和900N·m。

间隔铁阻力测试采用偏载试验和不偏载试验两种方法。在偏载试验中,螺栓扭矩为600N·m,并测量了间隔铁与翼轨贴靠处的位移 u_1、间隔铁与心轨贴靠处的位移 u_2 和直接加载心轨的位移 u_3。考虑间隔铁偏心受载,会发生一定的侧向变形,在消除这一影响后,间隔铁所连接的两钢轨相对位移为 $u_3-u_2+u_1$。在不偏载试验中,螺栓扭矩分别取为400N·m、600N·m和900N·m,并测量了间隔铁与翼轨贴靠处的位移 u_1、间隔铁与心轨贴靠处的位移 u_2,荷载为 P。

由于限位器、间隔铁需要将纵向力传递至基本轨或导轨,因此摩阻力的取值也是高速道岔计算的重要参数。摩阻力与螺栓拉力及传力结构与钢轨间的摩擦系数有关,其中螺栓拉力与螺栓扭矩有关,摩擦系数与传力结构、钢轨件间的表面状态有关。经过多次测试并考虑一定的安全储备,摩擦系数采用0.2,得出两条直径27mm高强度螺栓连接的间隔铁摩阻力,见表1-3-7。

间隔铁摩阻力 表1-3-7

螺栓扭矩(N·m)	500	600	700	800	900
间隔铁摩阻力(kN/块)	34	40	48	54	60

三、路基上无缝道岔设计

由于无缝道岔基本轨要承受附加温度力，同时道岔有关部件也要承受剪力，尖轨和可动心轨还要产生较大的伸缩位移，为了保证无缝道岔的安全运行，必须确定合理的设计检算项目和安全评价指标，并对无缝道岔进行严格的检算，以确定锁定轨温初值是否恰当，确保受力和变形不超过安全允许值。

本书所述的无缝道岔设计不是指道岔结构、平面布置及几何尺寸的设计计算，而是指道岔焊接以后，计算无缝道岔两端温度力对道岔变形、强度和稳定性的影响，重点是对无缝道岔钢轨纵向力和位移进行计算，并对无缝道岔进行强度和稳定性计算及部件强度检算。

无缝道岔设计主要包括无缝道岔钢轨强度、岔前稳定性、尖轨及可动心轨位移、传力部件及螺栓剪切强度等。

1. 无缝道岔钢轨强度和稳定性检算

低温时，无缝道岔基本轨存在附加拉应力，为保证低温时钢轨不被破坏，必须进行钢轨强度检算。钢轨强度检算采用容许应力法。夏季高温期在辙跟附近的基本轨存在较大的附加温度力，为避免转辙器部分道岔区轨道胀轨，应进行无缝线路稳定性检算，从而确定无缝线路允许温升和允许温降，为确定锁定轨温提供条件。

2. 钢轨伸缩位移检算

尖轨、心轨伸缩位移检算是为了保证尖轨、心轨上各牵引点处伸缩位移不超过转换设备的允许值。尖轨、心轨伸缩位移过大可能产生无缝道岔转换卡阻、尖轨侧拱、心轨爬台等病害，为保证道岔结构及转辙机械满足正常功能要求，应检算无缝道岔尖轨尖端、可动心轨尖端的位移。

道岔尖轨尖端与基本轨的相对位移和可动心轨尖端与翼轨的相对位移应满足道岔结构及转辙机性能的要求，不同的转换系统所容许的尖轨和心轨伸缩位移也不同。尖轨和可动心轨允许伸缩位移根据道岔结构及转辙机性能确定，我国自主研发的高速铁路 18 号道岔尖轨尖端允许伸缩位移为 30mm、可动心轨允许伸缩位移为 20mm，高速铁路 42 号道岔尖轨尖端允许伸缩位移为 40mm、可动心轨允许伸缩位移为 30mm。

3. 道岔部件强度检算

道岔部件强度检算主要包括限位器、间隔铁连接螺栓的抗剪强度检算。限位器和间隔铁是无缝道岔的关键连接部件，在温度变化较大时，无缝道岔限位器和间隔铁将承受较大纵向力，为保证无缝道岔的安全运营，应进行限位器或阋隔铁强度检算，必要时采取以下加强措施：

(1)对于已上道的无缝道岔，将间隔铁、限位器与钢轨进行胶接。这种加强措施在大秦、京包、京广线上使用，实践证明效果良好。根据相关试验结果，采取加强措施后单个间隔铁的抗剪能力由 420kN 提高到 750kN。

(2)采用铸钢实心间隔铁结构。

(3)连接螺栓采用直径为 27mm 的高强度螺栓，以提高螺栓的抗剪切能力；紧固螺母采用大扭矩防松螺母，以提高限位器与间隔铁的摩擦阻力。

(4)铺设时应使限位器子母块处于居中位置，避免限位器承受过大的作用力。

4. 确定设计锁定轨温

锁定轨温是无缝道岔设计的重要参数,它直接影响无缝道岔的受力和变形。确定无缝道岔的锁定轨温,应进行无缝道岔纵向力计算,根据无缝道岔纵向附加力确定允许温升和允许温降,同时进行无缝道岔尖轨、心轨位移以及道岔连接部件强度的检算,最终确定无缝道岔的合理锁定轨温范围。对于高速道岔群,还应考虑不同道岔间的相互影响。为保证列车高速过岔时的平稳安全,在确定道岔锁定轨温范围时,必须对其横向变形进行检算。

四、桥上无缝道岔设计

1. 桥上无缝道岔设计要求

桥上无缝道岔设计除了要考虑道岔和桥梁的强度、稳定性等安全性因素之外,还需考虑结构耐久性、道岔转辙设备可靠性、列车运行平稳性及旅客舒适性等因素。桥上无缝道岔的设计应满足下列要求:

(1)控制道岔尖轨尖端和心轨尖端的位移,防止尖轨和心轨位移过大发生转辙机卡阻。

(2)考虑桥上无缝道岔的各项附加力,控制长钢轨纵向压力,防止桥上无缝道岔失稳,特别是岔前线路的胀轨跑道。

(3)控制长钢轨纵向拉力,以确保钢轨强度。

(4)控制道岔传力部件的受力,以确保道岔传力部件的强度。

(5)控制钢轨折断时断缝值,以确保行车安全。

(6)控制作用于桥梁墩台的纵向水平力,以确保桥梁的安全使用。

(7)为保证道床稳定,确保制动力作用下梁轨快速相对位移值不超过4mm、有伸缩调节器时的梁轨快速相对位移不超过30mm,控制桥梁墩台的最小纵向水平刚度。

(8)无缝道岔应铺设在连续梁上,若受到条件限制,道岔必须跨越梁缝时,道岔的转辙器和辙叉部分不能跨越梁缝。钢轨伸缩调节器铺设于连续梁端部时,应确保尖轨不跨越桥梁伸缩缝。

(9)合理选择轨道部件参数,尽量延长轨节长度。

(10)尽量使桥上无缝道岔锁定轨温与路基无缝线路锁定轨温一致,便于现场管理。

2. 桥上无缝道岔的设计内容和流程

(1)道岔、桥上的道岔和桥跨的布置原则

①客运专线正线无缝道岔应尽量布置在一联梁上,正线道岔应采用连续梁和小跨度刚构,道岔岔头、岔尾距离梁端应不小于18m。

②站线道岔在困难条件下可以在道岔连接部分设置梁缝。

③为减小梁、轨相对位移及钢轨附加纵向力,八字渡线区两联连续梁之间宜布置一孔以上简支梁。

为实现道岔梁结构形式和布置形式的标准化设计,根据桥上无缝道岔最新研究成果和高速铁路应用经验,18号高速道岔与桥梁布置关系可采用以下典型布置形式:

a. 单短道岔。桥跨布置形式为:4×32m 连续梁。

b. 单渡线。桥跨布置形式为:6×32m 连续梁。

第一篇 轨道技术

c. 八字渡线。

a) 方案一,桥跨布置形式为:6 ×32m 连续梁 +32m 简支梁 +6 ×32m 连续梁。

b) 方案二,桥跨布置形式为:6 ×32m 连续梁 +2 ×32m 简支梁 +6 ×32m 连续梁。

d. 典型中间站。

a) 越行站桥跨布置形式为:6 ×32m 连续梁 +2 ×32m 简支梁 +6 ×32m 连续梁 +2 ×32m 简支梁 +4 ×32m 连续梁。

b) 中间站桥跨布置形式为:6 ×32m 连续梁 +2 ×32m 简支梁 +6 ×32m 连续梁 +2 ×32m 简支梁 +4 ×32m 连续梁 +3 ×32m 连续梁。

(2) 钢轨力和位移计算

采用相关程序对道岔在桥梁伸缩、列车竖向荷载及列车制动/加速力作用下的伸缩力、挠曲力、制动力及相应位移进行计算。

(3) 梁轨相对位移检算

道岔是轨道结构的薄弱环节之一,为保证道岔正常使用,其关键部位的位移和变形必须加以限制,否则会影响道岔转辙设备的正常运转,甚至危及行车安全。桥上无缝道岔设计除了满足强度和稳定性要求之外,还应严格控制道岔位移。

为了保证列车运行的安全和舒适性,桥上无缝道岔在桥梁伸缩、列车竖向荷载及列车制动/加速力作用下,应检算转辙器和辙叉部分钢轨和桥梁之间的相对位移。道岔基本轨总位移图绘制到道岔梁轨相对位移包络图内,通过基本轨总位移图与梁轨相对位移包络图比较,检算道岔转辙器、辙叉处位移是否小于允许限值。

(4) 道岔设计检算

道岔检算内容包括道岔钢轨强度、有砟道岔稳定性、钢轨位移、连接部件剪切强度、断缝检算。此外,还应对道岔横向变形,包括轨距变化量/率、轨向变化量/率、密贴变化量等进行检算。

(5) 岔区轨道设计的一般要求

①道床。对于有砟道床,除碎石道床材质、道床断面尺寸符合有关规定外,要求线间道砟饱满,不留沟槽。对于岔区无砟轨道,分轨枕埋入式和板式两种道床结构形式。

②道岔焊接。道岔内的钢轨接头焊接采用闪光焊,道岔钢轨锁定焊可采用铝热焊。道岔内钢轨焊接前需作配轨设计,考虑闪光焊顶锻留量及铝热焊预留焊缝。焊接质量、力学性能指标、焊接接头平直度应符合钢轨焊接的相关规定。铝热焊焊缝距轨枕边缘不得小于 100mm,道岔始、终端左右股钢轨焊接接头相错量不宜大于 100mm,由道岔前端和辙叉跟端接头焊接决定的道岔全长偏差不得超过 ±20mm。

③单元轨节布置。一般每组无缝道岔应按一个单元轨节计,单渡线道岔可作为一个单元轨节。

④设计锁定轨温。无缝道岔设计锁定轨温应满足强度、稳定性、相对位移限值、断缝检算及横向变形限值的要求。无缝道岔应在设计锁定轨温范围内锁定,且相邻单元轨节间的锁定轨温差不应大于 5℃。无缝道岔设计锁定轨温宜与两端区间无缝线路保持一致。

⑤位移观测桩的布置。道岔应设置位移观测桩,在距离道岔前后 50m 处各设 1 对位移观测桩。多组焊连道岔位移观测桩位置与单组道岔基本相同每联或每跨梁固定墩处均

需设置位移观测桩。

⑥钢轨绝缘接头。采用胶接绝缘接头,其钢轨应与道岔钢轨同轨型、同钢种。绝缘接头性能应符合《铁路钢轨胶接绝缘钢轨技术条件》(TB/T 2975—2010)的规定。绝缘接头轨缝绝缘端板距轨枕边缘不宜小于100mm。

(6)道岔梁结构设计

①桥梁结构形式。桥梁上部结构采用整体性较好的箱形截面连续梁。为保持外观的连续性,道岔梁高度宜与两侧标准简支梁保持一致。箱梁横向内力分析采用整体分析,宽跨比较大的箱梁,在截面设计和刚度计算时应考虑剪力滞的影响。

②支座布置形式。对于纵向固定支座的布置,需通过道岔—桥梁相互作用的分析,进行纵向固定支座布置形式的比选;对于横向固定支座的布置,要求相邻梁梁端两侧的钢轨支点横向相对位移不大于1mm。

③墩台检算。铺设无缝线路的墩台除按桥梁设计有关规定进行检算外,应进行纵向力组合作用下的检算。墩台纵向水平线附度应满足高速列车运行安全性和旅客乘车舒适性的要求,对最不利荷载作用下墩台顶弹性水平位移进行检算。典型道岔梁墩台纵向水平线刚度应不小于表1-3-8的限值。

典型道岔梁墩台纵向水平线刚度限值 表1-3-8

道 岔 梁	道岔类型	水平线刚度限值
4×32m 连续梁	单组道岔	1000kN/cm·双线
6×32m 连续梁等宽梁	渡线道岔	800kN/cm·双线
4×32m 连续梁变宽梁	咽喉区道岔	1600kN/cm·双线

④车-岔-桥动力响应分析。道岔梁除静力分析应满足有关规定的要求外,尚应按实际运营客车通过桥梁的情况进行车-岔-桥动力响应分析,评估列车安全性、舒适性和桥梁动力特性。

⑤桥面设计。桥面布置应满足桥面设施的布置及养护维修的要求。铺设无砟轨道的桥面应设置性能良好的防、排水系统,确保排水通畅。桥面横向设置排水坡坡度不小于2%。

第五节 跨区间无缝线路施工技术

近年来,我国高速铁路无缝线路施工技术装备和施工工艺技术水平得到了大幅提升,一次铺设无缝线路技术得到普遍应用。我国高速铁路钢轨定尺长100m,全路设置了12个焊轨基地、厂焊长轨条500m,自主研发了有砟轨道500m长钢轨铺轨机组(图1-3-5)和无砟轨道WZ500型铺轨机组(图1-3-6),机械化和自动化水平、铺轨精度和质量均显著提高,为高速铁路平稳舒适运行提供了有力的技术保障。

无缝线路铺设主要施工设备包括机车,长钢轨运输车,长钢轨铺设机组,移动闪光焊接作业车,拉轨、锯轨、打磨、正火、调直和探伤等设备。

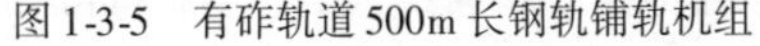

图 1-3-5　有砟轨道 500m 长钢轨铺轨机组

图 1-3-6　无砟轨道铺轨机

一、无砟轨道长钢轨铺设

长钢轨铺设主要有拖拉法和纵向推送法两种施工方法。拖拉法主要铺轨设备组成包括机车、长轨运输车、分轨推送车、顺坡小车、引导车及其他辅助部件等。纵向推送法主要铺轨设备组成包括机车、长钢轨运输车、长钢轨推送车(含过渡车)、顺坡架等。长钢轨铺设施工工艺流程如图 1-3-7 所示。

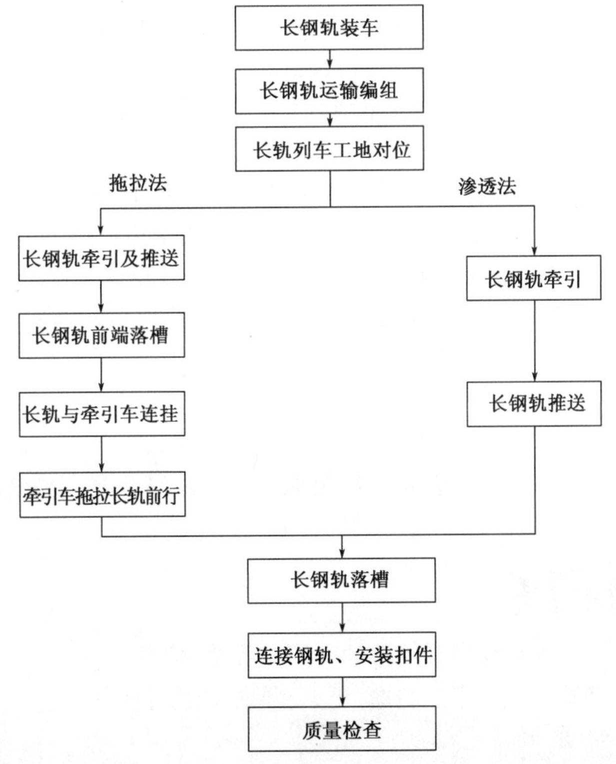

图 1-3-7　长钢轨铺设施工工艺流程

铺轨作业按照“配轨表”铺轨编号依次进行,按铺轨计划表组织长钢轨运输车在存轨场装车线装车,每层钢轨经核对无误后,进行加固锁定,防止运输途中钢轨窜动,危及行车安全。经列检作业后,采用机车将长轨车推送到位。按照装车表,将已选配并标识好的长轨按顺序装车,装车时由内向外,卸车时由外向内。长轨列车在施工地段运行限速 5km/h,

在接近已铺长钢轨轨头10m处应一度停车,再以0.5km/h速度对位。对位时在钢轨上面做出停车标记,并安放铁鞋和止轮器。长钢轨铺设前,提前将支撑滚筒每5~10m均匀放置在承轨槽之间的道床上。长钢轨落槽就位,人工每隔5~8个钢轨支点安装一组扣件,接头前后两组扣件应安装齐全。铺轨时,长钢轨始、终端落槽时的轨温平均值为长钢轨铺设轨温,铺轨时记录铺设轨温。铺轨后应检查施工质量,做好路工记录,及时向铺轨基地反馈到达里程、接头相错量等信息。

二、有砟轨道铺枕铺轨

高速铁路有砟轨道采用单枕铺设法进行铺枕铺轨施工,单枕铺设法铺枕铺轨作业主要机械设备为DZM铺轨机组:牵引车、铺轨机、枕轨运输列车及运枕龙门式起重机等。施工工艺流程如图1-3-8所示。

铺轨作业前根据设计要求精确测量线路中心线,并按铺轨机作业要求设置铺轨机走行标示线或设置导向边桩及钢弦。按枕轨运输列车技术要求装载长钢轨和轨枕。长钢轨装车完毕后要保证其锁定牢固,轨枕装车时严禁发生碰损、装偏、倾斜、漏垫支垫物等现象。机车推送铺轨列车进场时运枕龙门式起重机应在铺轨机上锁定牢固。在预铺道砟上按纵向10m、横向3~3.25m间距成对布放拖轨滚筒,牵引车或长钢轨拖放车在长钢轨推送装置的配合下,将长钢轨沿滚筒拖放到线路两侧。轨枕转运宜分层进行,避免各运输平车之间由于载重悬殊产生车面高差。铺轨机沿线路中心线匀速前行,轨枕布设装置按规定间距在平整的底层道砟上布设轨枕,避免在布枕前扰动破坏砟面的平整性。布枕作业过程中随时检查轨枕间距及轨枕的传送状态,发现异常及时纠正。收轨装置在铺轨机前进时自动将长钢轨收至轨枕承轨槽中,长钢轨间用临时连接器连接,就位应准确,并避免碰伤轨枕挡肩或预埋铁座。长钢轨就位后,安装部分扣件,保证铺轨机组安全通过,铺轨机组通过后再及时补充安装全部扣件,并对施工现场进行收尾作业。

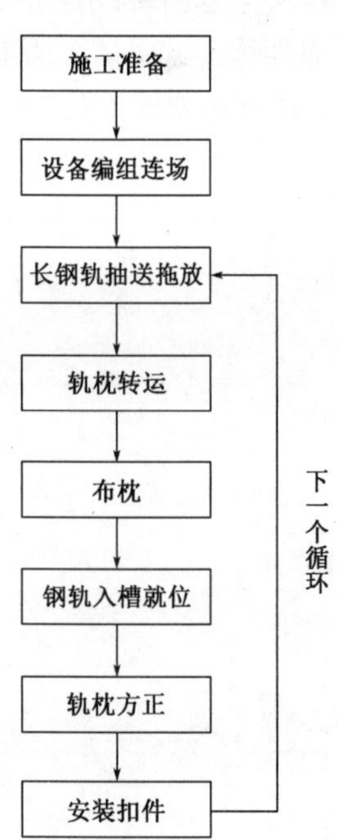

图1-3-8　单枕铺设法施工工艺流程

三、工地钢轨焊接

我国高速铁路工地钢轨焊接采用移动式闪光焊接,配有移动式闪光焊接作业车、拉轨、锯轨、打磨、正火、调直、探伤等设备。移动式闪光焊接施工基本工艺流程如图1-3-9所示。

移动式闪光焊接前,需通过型式检验确定工艺参数。拆除待焊轨头前方长钢轨全部及轨头后方10m范围内的扣件,并校直钢轨。根据轨枕和扣件类型适当垫高待焊轨头后方的钢轨,保证焊头轨顶平直度。在待焊轨头前方长钢轨下,每隔12.5m安放一个滚筒,以便钢轨可纵向移动焊接。

打磨两待焊轨轨端和焊机电极钳口的轨腰接触区,呈现光泽后方可施焊。将两待焊轨端抬起一定高度进行焊机对位夹轨,根据轨枕和扣件类型确定抬起高度。

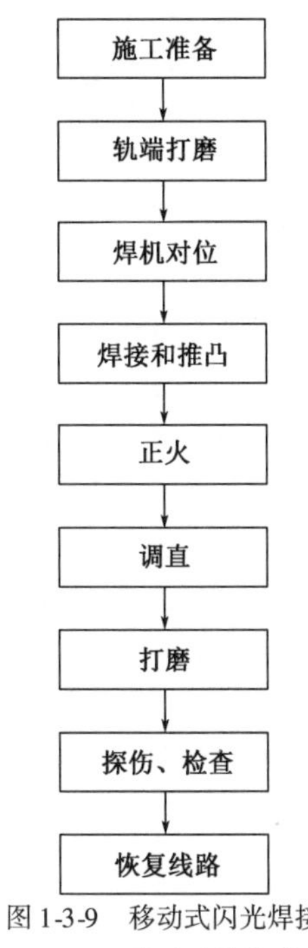

图 1-3-9　移动式闪光焊接施工工艺流程

焊轨作业车一侧钢轨轨下通过垫胶垫等措施实现轨面高度平顺过渡，尤其是焊轨作业车前轮对下方应垫实；推进移动焊轨车初定位，并采取措施防止钢轨外翻，焊轨车掉道；由吊机的液压系统吊起焊机进行精确定位；焊机夹紧钢轨并自动对正；焊机自动焊接钢轨、顶锻并推除焊瘤。

正火作业在焊接接头不受拉力的条件下进行。焊接接头温度低于 500℃（轨头表面）时方可正火加热，移动式闪光焊接焊头可采用气压焊加热器火焰摆动方式加热，加热温度控制在 850～950℃范围。轨头冷却一般采用风冷。

粗磨作业保证钢轨焊接接头的表面粗糙度能够满足探伤扫描的要求；焊头非工作边的垂直、水平方向错边应进行纵向打磨过渡；手砂轮粗打磨时应纵向打磨，使火花飞出方向与钢轨纵向平行；打磨过程中，不应使砂轮在钢轨上跳动冲击钢轨母材，不应出现打磨灼伤。焊缝及焊缝中心线两侧各 450mm 长度范围内的轨顶面、轨头内侧面使用仿形打磨机精细打磨，打磨时焊头温度不宜大于 50℃。

工地移动式闪光焊接接头要进行超声波探伤，检查焊头质量、焊头平直度允许偏差。焊接接头发现不合格需切除重焊。

四、无缝线路应力放散及锁定

无缝线路应力放散及锁定采用拉伸器滚筒法或滚筒法。当施工作业时的轨温低于设计锁定轨温时，采用拉伸器滚筒法施工；当施工作业时的轨温在设计锁定轨温范围内时，采用滚筒法施工。无缝线路应力放散及锁定施工主要设备包括钢轨拉伸器、撞轨器、锯轨机、滚筒、轨温计、扭力扳手、工地钢轨焊接设备等。无缝线路应力放散及锁定施工基本工艺流程如图 1-3-10 和图 1-3-11 所示。

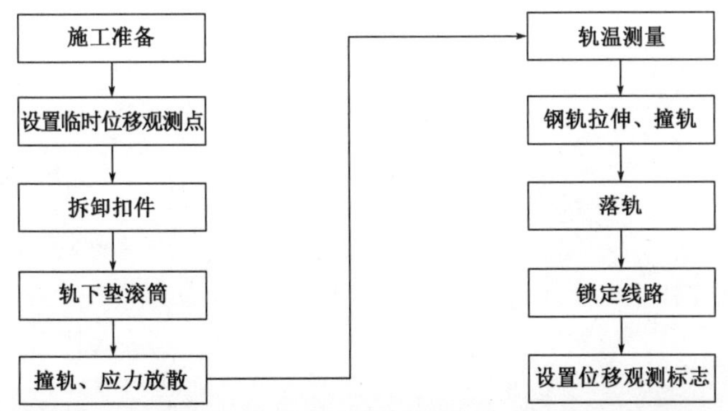

图 1-3-10　拉伸器滚筒法施工工艺流程

线路锁定前需掌握当地轨温变化规律，并根据作业区段的时间间隔，选定锁定线路的最佳施工时间。测量轨温时要对钢轨的不同位置进行多点测量，取其平均值。

拆除待放散单元轨节的全部扣件，每隔一定距离垫入一个滚筒，每隔一定距离设置一台撞轨器。放散应力时，每隔 100m 左右设一临时位移观测点观测钢轨的位移量，及时排除影响放散的障碍，达到应力放散均匀、彻底。

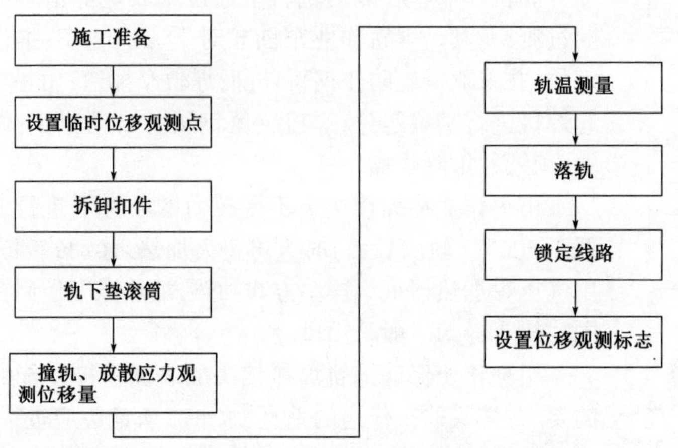

图 1-3-11　滚筒法施工工艺流程

在单元轨节的终端每股钢轨设置一台拉伸器拉伸钢轨,必要时撞轨,使拉伸量传递均匀。钢轨拉伸器拉伸钢轨前,滚筒按要求垫放到位,钢轨拉伸量达到计算值后,钢轨拉伸器保压,撤出滚筒,安装扣件,锁定线路,此时的锁定作业轨温加上钢轨拉伸换算轨温为实际锁定轨温。

线路锁定后,立即在钢轨上设置纵向位移观测的"零点"标记,按规定开始观测并记录钢轨位移情况。无缝线路锁定时需准确确定并记录锁定轨温。两股钢轨宜同步锁定,线路锁定后才能撤出钢轨拉伸器。锁定日期及实际锁定轨温列入竣工资料。

高速铁路无缝线路技术包含内容广泛,涉及技术难点多。列车运行的高舒适性与平稳性、轨道与线下基础的适应性、各种参数的合理匹配等均对无缝线路铺设、应用及养护维修提出了更高的要求。随着高速铁路的大规模建设及应用,我国已积累了大量高速铁路无缝线路的使用经验。

第四章　钢轨

钢轨是轨道结构的重要部件,主要承担着引导车轮、传递载荷的作用。高纯净度、高尺寸精度、高平直度的长定尺钢轨是实现高速列车安全、平稳、舒适和高速运行的重要保证。

自1998年以来,我国铁路和冶金行业以系统研究高速铁路钢轨技术要求为突破口和切入点,经过十多年的不断努力,通过引进国外先进的关键生产设备,完成了钢轨生产的现代化技术改造,钢轨的生产设备达到了世界一流水平,并围绕高洁净度钢轨钢冶炼技术、高尺寸精度钢轨的轧制技术、高平直度复合矫直技术、高表面质量钢轨生产技术,进行自主创新和技术攻关,使钢轨内部和外观质量水平达到甚至超过了高速铁路发达国家钢轨的质量水平,实现了高速铁路钢轨的自主研发和生产,形成了具有世界先进水平的、体现自主创新的高速铁路钢轨标准。同时,成功解决了百米长定尺钢轨的运输、焊接等配套技术,使高速铁路钢轨的推广应用得以顺利进行。中国铁路总公司还采取有效措施,对高速铁路钢轨的质量实施全程监督和控制,有力地保证了钢轨的铺设质量。

第一节　高速铁路对钢轨的要求

为保证高速铁路的高可靠性和高平顺性,要求钢轨具有更好的安全使用性能、更好的几何尺寸精度和平直度。

高安全性不仅体现在钢质洁净、表面无缺陷、低的残余拉应力、优良的韧塑性及焊接性能,而且还要求钢轨质量稳定可靠、便于生产。与此同时,高速铁路钢轨还要求脱碳层厚度小,通过钢轨的预打磨能消除轮轨作用面的脱碳层,使轨面的组织和硬度均匀一致,以防止和减少在使用中产生波磨。

为达到高速铁路钢轨性能指标要求,钢轨生产需采用“精炼”“精轧”“精整”“精检”和“长尺化”等技术,即采用炉外精炼、真空脱气、大方坯连铸等先进技术进行钢轨钢的精炼,以保证钢轨钢的洁净度;采用包括步进式加热炉加热、多道次高压水除鳞、万能轧机轧制等精轧技术,保证钢轨的几何尺寸精度;采用热预弯、平立复合矫宜、四面液压补矫等精整技术,使钢轨具有高的平直度;采用长尺矫直冷锯定尺工艺,利用热轧头尾余量切除矫直盲区和过渡区,使整股钢轨尺寸高度一致,提高钢轨整体的平顺性,同时大幅度减少钢轨焊接接头。通过“精检”,对钢轨内部质量进行超声波探伤、对表面质量进行涡流探伤、对钢轨平直度和几何尺寸精度进行在线自动检测,保证出厂钢轨的内在和外观质量。

第二节　高速铁路钢轨断面

目前,国外高速铁路钢轨除日本使用 JIS60 断面外,法国、德国、西班牙、意大利以及韩国等均使用国际铁路联盟标准规定的 UIC60 断面。欧洲钢轨标准(EN13674-1)颁布后,将国际铁路联盟标准 UIC860 规定的 UIC60 钢轨断面称之为 60E1,为了区别,我们称之为 EN60E1。德国铁路因与其他欧洲国家的轨底坡不同(德国为 1:40,其他为 1:20),为了改善轮轨接触关系,对轨头廓形进行了优化,优化后的钢轨称之为 60E2,2007 年纳入了欧洲钢轨标准 EN13674-1:2007。德国在修建曼海姆—斯图加特、汉诺威—威尔茨堡和汉诺威—柏林高速铁路(运行速度为 250km/h)时,采用 EN60E1 钢轨断面。在建设科隆—法兰克福高速铁路(运行速度为 300km/h)时,采用了 EN60E2 钢轨断面;随后钢轨的打磨,包括对铺设 EN60E1 断面钢轨的高速铁路,全部按 EN60E2 的轨头廓形进行。日本新干线先期采用 JIS50 钢轨,由于承载能力不足,伤损较为严重,在东海道新干线使用不到 10 年就全部被更换下道。

我国铁路标准中 60kg/m 钢轨断面与欧洲高速铁路广泛使用的 EN60El 断面钢轨断面,除了高度差 4mm 以外,其他尺寸基本一致。考虑与我国既有铁路的兼容性,我国高速铁路采用 60kg/m 钢轨断面,从承载能力角度考虑是可行的,但我国铁路的轨底坡、轮背内侧距、车轮形而与国外不完全相同,为了改善轮轨接触关系,故对轨头廓形进行了优化。我国高速铁路使用的 60kg/m 钢轨断面如图 1-4-1 所示。

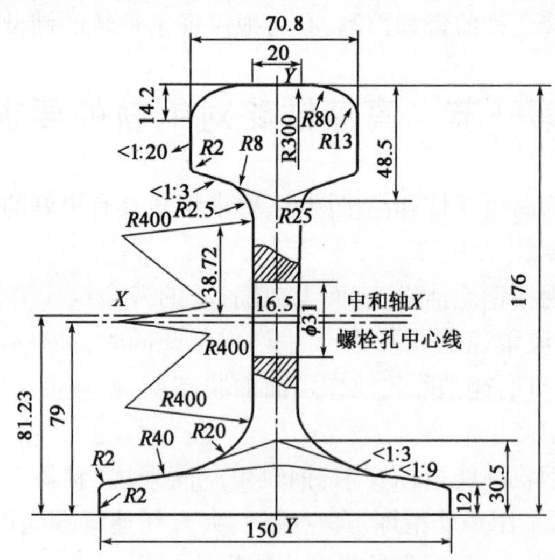

图 1-4-1　中国高速铁路使用的 60kg/m 钢轨断面(尺寸单位:mm)

第三节　钢轨定尺长度

通常钢轨的轧制长度为 75 ~ 120m,为了横移方便和缓冷需要,轧制后热锯截成几根,入坑去氮缓冷,然后进行矫宜、探伤等。一根钢轨经矫直后,形成 5 个区域,即在钢轨两端各形成一个非矫直区和一个过渡区,中部形成矫直变形区。各个区域的轨高、头宽尺寸都有不同程度的变化。

钢轨长尺化生产采用长尺矫直冷锯定尺工艺，利用热轧头尾余量切除非矫直区和过渡区，使整股钢轨尺寸高度一致，可大大提高钢轨整体的平顺性。钢轨长尺化生产不仅便于对其进行热预弯，减少钢轨矫直前的弯曲度，以降低钢轨因矫直引起的残余应力和表面损伤，同时可提高其成材率。由于探伤后再锯切，钢轨端头的探伤盲区不复存在，可保证钢轨端头的内部质量。增加定尺钢轨的长度，可大幅减少焊接接头的数量，提高轨道的平顺性及安全可靠性。因此，采用长定尺钢轨是高速铁路的基本要求。

随着炼钢技术的进步，特别是炉外精炼、真空脱气以及大方坯连铸技术的配套使用，使取消钢轨缓冷成为可能，为钢轨长尺化生产创造了条件。为适应铁路的发展要求，国外许多钢厂纷纷进行钢轨长尺化生产的技术改造，日本钢轨的交货定尺长度为25m、50m，法国为36m、80m，奥钢联和德国为36m、120m。

钢轨定尺长度的确定既要考虑生产厂进行技术改造的可行性也要考虑使用中与既有技术的衔接。根据我国高速铁路发展需要，将发展100m长定尺钢轨确定为我国铁路的技术政策，并规定了与百米定尺长度配套的3种规格的短尺轨长度，分别为95m、96m和99m。图1-4-2所示为百米定尺钢轨生产线。

图1-4-2　百米定尺钢轨生产线

第四节　高速铁路钢轨材质

一、国外高速铁路钢轨材质

国外高速铁路基本采用800～880MPa强度等级的热轧钢轨。从材料角度来看，钢轨强度等级低，虽然耐磨性要差一些，但韧性、塑性、焊接工艺性、打磨工艺性较好，抗擦伤能力较强，钢轨的安全储备大、质量可靠性高，这正是高速铁路钢轨所要求的最重要性能指标。

日本新干线一直采用强度等级为800MPa、轨面硬度大于235HB的热轧钢轨。法国在20世纪80年代建设的第一条高速铁路即东南线时，采用700MPa的热轧钢轨

(UIC700),该线路自1983年开通,使用25年未大修换轨,后来修建的高速铁路均采用强度等级为880MPa的UIC900A钢轨。客货混线的德国高速铁路及西班牙、意大利、韩国等修建的高速铁路均采用强度等级为880MPa的UIC900A钢轨。中国、日本、欧洲等国高速铁路钢轨的化学成分及力学性能见表1-4-1。

中国、日本、欧洲高速铁路高速铁路用钢轨的材质及其性能 表1-4-1

国别	钢种	化学成分(%)						力学性能		
		C	Si	Mn	S	Pi	其他	R_m(MPa)	A(%)	HB
中国	U71MnK	0.65~0.75	0.10~0.50	0.80~1.30	≤0.025	≤0.025	—	≥880	≥10	260~300
	U75V	0.70~0.78	0.50~0.70	0.75~1.05	≤0.025	≤0.025	V 0.04~0.08	≥980	≥10	280~320
日本	JISE 60	0.63~0.75	0.15~0.30	0.70~1.10	≤0.030	≤0.025	—	≥880	≥10	≥235
欧洲各国家	UIC900A	0.60~0.80	0.10~0.50	0.80~1.30	≤0.040	≤0.04	—	≥880	≥10	260~300
	EN-R260	0.62~0.80	0.15~0.58	0.70~1.20	0.008~0.025	≤0.025	—	≥880	≥10	260~300

注:新颁布的欧洲标准将UIC900A改为R260,并优化了化学成分。

由上可知,无论是采用动力集中的法国高速铁路(TGV,轴重较大,19~21t),还是采用动力分散的日本高速铁路(轴重较轻,11~14t),客货混线的德国以及其他国家的高速铁路,除在小半径曲线外,所采用的钢轨强度等级均未超过880MPa。

二、我国U71Mn和U75V钢种钢轨的性能特点

我国既有铁路目前广泛使用的钢轨主要有强度等级为880MPa的U71Mn和980MPa的U75V。

U71Mn钢轨为我国使用时间最长的强度等级为880MPa的C-Mn钢轨。钢中含碳量较低,Mn含量较高,有较好的韧性和塑性,尤其低温性能较好,焊接性能优良。U71Mn钢轨当含碳量较高时,易发生锰的微观偏析,不太适合进行钢轨的全长热处理,通常以热轧态使用。

U75V钢轨为20世纪90年代攀钢集团有限公司研制开发的V合金钢轨(在TB/T 2344—2003颁布之前,称之为PD3,即攀钢集团有限公司第三代钢轨,纳入铁道行业标准后,改为U75V),在U71Mn钢轨的基础上,增加了碳、硅含量,添加了微合金化元素钒,降低了锰含量,热轧后强度等级为980MPa。1998年前,由于实际平均强度达到1080MPa,现场使用比U71Mn耐磨,但焊接较为困难;因韧性和塑性不足,钢轨脆性偏大,断轨现象时有发生。为此,1998年调整了轨钢的化学成分(降低了钢中的碳、硅、钒等含量,据统计实际平均强度为1040MPa),提高了韧性和塑性,改善了焊接性能,但耐磨性也随之有所降低,在既有繁忙干线及重载运煤铁路的直线上使用反映较好,但在小半径曲线上使用,其耐磨性明显不足。

在韧塑性方面,U75V钢轨的平均伸长率比U71Mn低,裂纹扩展速率比U71Mn高。

在生产成本方面，U75V 钢轨因含有价格较贵的 V 合金等因素，售价要比 U71Mn 高。

既有线使用结果表明，U75V 钢轨在使用初期，在未及时进行钢轨打磨的情况下，容易出现剥离掉块，尤其在曲线上股；U71Mn 钢轨在使用初期易出现肥边，而不易出现剥离掉块。

三、轮轨硬度匹配

曾有观点认为，钢轨的硬度应该高于车轮的硬度，这主要是从车轮的维修和更换比钢轨容易的角度考虑，在轮轨磨耗均相当严重的情况下，是一种经济的选择。客、货分线后，在高速铁路上由于曲线半径大（R3500m 以上），钢轨的磨耗轻微，此时若车轮的硬度高于钢轨的硬度可使车轮在使用中磨耗少，同时能促使钢轨有一定的磨耗，对保证良好的轮轨接触关系有利。相反，若钢轨硬度比车轮高出很多，造成车轮磨耗严重而钢轨磨耗轻微，这种情况下，会导致车轮出现凹磨；另一方面，由于钢轨磨耗轻微，容易出现滚动接触疲劳伤损。从国外高速铁路轮轨硬度匹配的实际情况来看，日本新干线车轮硬度（311 ~ 363HB）明显高于钢轨轨面的硬度（≥235HB），欧洲轮轨硬度较低且基本相当，均为 260 ~ 300HB。车轮硬度高于钢轨硬度未见出现问题的报道。而当钢轨硬度明显高于车轮硬度时，会使车轮使用寿命大幅降低，同时并没有提高钢轨的使用寿命。俄罗斯成段铺设热处理钢轨（直线和曲线均铺设热处理钢轨）造成车轮寿命的大幅度降低，南非铁路全线铺设轨面硬度大于 320HB 的合金轨造成轮轨总体寿命下降，均说明了钢轨硬度高于车轮硬度会带来不良后果。

我国 CRH1 ~ CRH5 动车组均采用欧洲标准规定的 ER8 材质的车轮，车轮踏面硬度为260 ~ 302HB。从轮轨硬度匹配的角度考虑，钢轨的硬度应控制在 260 ~ 300HB 范围内，即高速铁路使用强度等级为 880MPa 的钢轨，对轮轨匹配比较有利。

四、道岔钢轨材质的选用

高速铁路钢轨材质及强度等级的选用应同步考虑道岔用钢轨问题。

1. 国外道岔用轨的材质

日本高速道岔尖轨采用与区间钢轨强度等级相同的 800MPa 热轧轨，根据用户的要求也可对其进行热处理，热处理后的强度等级为 1080MPa，轨面硬度大于 340HB。

法国高速道岔尖轨强度等级与区间钢轨强度等级相同（即 880MPa 级的 UIC900A），使用结果表明，直向尖轨磨耗极少。同时，法国还研制了高速铁路用微合金道岔轨。根据用户的需要，也对尖轨进行淬火，为保证尖轨尖端的淬火硬化效果，采用预留一定尺寸淬火后再加工的办法进行。

德国高速道岔用轨多数采用奥钢联生产的在线热处理钢轨（ENR350HT），即轨头硬化轨，强度等级达到 1180MPa，轨面硬度为 350 ~ 390HB。

综上所述，日本和法国道岔尖轨的强度等级为 800 ~ 880MPa，只有在磨耗严重时对尖轨进行热处理以提高强度改善耐磨性能，热处理后强度等级为 1080 ~ 1180MPa，轨面硬度大于 340HB。德国高速铁路道岔除了可动心轨尖端部分采用锻造后热处理外，均采用在线热处理钢轨加工而成。

2. 我国道岔钢轨材质的选用

借鉴国外经验,结合我国实际,我国高速铁路道岔钢轨材质选用情况为 300 ~ 350km/h 的高速铁路道岔选用强度等级为 880MPa 的 U71MnG 热轧钢轨或在线热处理钢轨;200 ~ 250km/h 兼顾货运的高速铁路道岔,选用 U75VG 在线热处理钢轨,包括 60kg/m、60D40 等断面的钢轨,在线热处理钢轨轨面硬度大于 340HB,硬化层深度大于 30mm。由中德合资的新铁德奥公司生产的高速铁路道岔则采用奥钢联生产的在线热处理钢轨制造,轨面硬度大于 350HB,轨头硬化层深度大于 30mm。

五、我国高速铁路钢轨材质的选用

高速铁路不宜选用强度等级/硬度过高,耐磨性能太好的钢轨。目前我国 200km/h 以上高速客运铁路选用 U71MnG 钢轨,200 ~ 250km/h 兼顾货运铁路选用 U75VG 钢轨。$R \leqslant 2800$m 曲线铁路,包括动车组运行入库和出库正线、联络线等均选用相应的热处理钢轨,即铺设 U71MnG 钢轨的线路,选用 U71Mn 或 U75V 热处理钢轨;铺设 U75VG 钢轨的线路,选用 U75V 热处理钢轨。

伸缩调节器用钢轨,选用与区间钢轨同材质的在线热处理钢轨,厂制胶结绝缘接头钢轨优先选用与相邻钢轨相同材质的在线热处理钢轨。

第五节　高速铁路钢轨的主要技术指标

一、内部洁净度

钢材质内部高洁净有利于提高其疲劳性能和安全使用性能,是高速铁路对钢轨的基本要求,具体指标如下:严格控制钢中的有害元素如 P、S 含量以及气体含量,要求 $P \leqslant 0.025\%$,$S \leqslant 0.025\%$;$[H] \leqslant 25 \times 10^{-14}\%$,$[O] \leqslant 20 \times 10^{-14}\%$。

为了有效减少钢中的氧化铝夹杂物,要求采用无铝脱氧,钢中铝含量≤0.004%,并严格控制纲中的残留元素。

严格控制钢中夹杂物含量,要求 A 类夹杂物 A 级≤2 级、B 级≤2.5 级,B 类、C 类和 D 类夹杂物 A 级≤1 级、B 级≤1.5 级。

二、表面缺陷

钢轨表面基本无原始缺陷,不仅对保证钢轨安全使用有益,而且可以减少表面接触疲劳伤损的出现,延长钢轨的使用寿命。高速铁路要求严格控制钢轨表面缺陷,要求在热状态下形成的钢轨表面缺陷深度,走行部位不大于 0.35mm,钢轨其他部位不大于 0.5mm;在冷状态下形成的钢轨表面缺陷深度,钢轨走行面和轨底下表面不大于 0.3mm,钢轨其他部位不大于0.5mm。同时,还规定了钢轨表面缺陷的修磨要求,包括修磨处所、深度,修磨后应达到的质量要求等。

三、脱碳层深度

钢轨表层脱碳会造成表面硬度降低,耐磨、耐剥离性能下降,导致波状磨损等表面伤损过早出现，因此，高速铁路在轨道精调后正式开通运行前要利用打磨列车对钢轨进行打磨。一般要求高速铁路钢轨的轨头表面脱碳层深度（近似全脱碳深度）应不大于0.5mm。若正常的钢坯加热方式达不到此要求则应对加热前的连铸钢坯顶面（轧制后为轨头顶面）涂刷防脱碳涂料。

四、残余拉应力

钢轨轨底残余拉应力对钢轨的使用有很大的影响，残余拉应力的存在将增加钢轨发生脆断的危险以及降低钢轨疲劳寿命。客运专线钢轨技术条件规定轨底最大纵向残余拉应力应不大于250MPa。

五、断裂韧性和疲劳裂纹扩展速率

一般钢轨标准采用断后伸长率A来衡量钢轨的塑性，而对韧性指标没有明确的要求。我国高速铁路钢轨技术标准对钢轨断裂韧性、疲劳裂纹扩展速率等韧性指标作出了如下规定：

在试验温度$-20℃$下测得的断裂韧性K_{ic}的最小值及平均值应分别不小于$26MPa \cdot m^{1/2}$和$29MPa \cdot m^{1/2}$。

疲劳裂纹扩展速率（da/dN）规定：当$\Delta K = 10MPa \cdot m^{1/2}$时，$da/dN \leqslant 17m/Gc$；$\Delta K = 13.5MPa \cdot m^{1/2}$，$da/dN \leqslant 55m/Gc$。

六、几何尺寸精度和平直度

钢轨几何尺寸高精度、高平直度是高速铁路轨道高平顺性的重要保证。我国铁路行业标准《高速铁路用钢轨》（TB/T 3276—2011）中对钢轨的几何尺寸公差以及钢轨端部和本体的平直度、扭曲等都作出了明确规定。

七、其他要求

钢轨的强度和伸长率是钢轨的重要指标，对于U71MnG和U75VG钢轨，其最低抗拉强度R_m分别大于等于880MPa和980MPa，伸长率A大于等于10%，其中U71MnG钢轨的实际伸长率A可达12%以上。

去掉表面脱碳层后，U71MnG和U75VG钢轨的轨面硬度分别为HB260～300和HB280～320。

第六节　高速道岔尖轨和翼轨用轨

我国设计速度250km/h高速道岔用大号码辙叉可动心轨和尖轨，由断面为60D40的U75V钢轨制造，并进行全长热处理；速度350km/h高速道岔用大号码辙叉可动心轨和尖轨，采用U71Mk热轧轨制造也有采用全长在线热处理钢轨（如350HT，欧洲标准规定的在线热处理钢轨），断面有60D40也有采用Zul-60；我国自行研制的特种断面轧制翼轨60TY，用于翼轨的制造。

道岔用轨存在的主要问题是尖轨和辙叉使用寿命短,不能与钢轨大修周期相匹配,应通过优化结构、采用新材料和新工艺,以延长使用寿命。为满足我国高速道岔研发的需要,中国铁道科学研究院与钢厂合作,开展了高速道岔用 60D40 和特种断面轧制翼轨 60TY 的研制。

既有道岔可动心轨辙叉的翼轨采用 60AT 钢轨制造,即将 60AT 钢轨的一端采用热锻压的方法锻压成 60kg/m 标准钢轨,另一端同样采用热锻压的方法,锻压出翼轨断面和 60kg/m 标准轨断面,然后焊接上一段 60kg/m 标准轨,制成特种断面翼轨。采用 60AT 钢轨通过两次锻压和一次焊接制造的特种断面翼轨(或称之为锻焊翼轨)存在质量稳定性差等问题,为此我国研发了轧制翼轨 60TY。

目前,60D40 钢轨和 60TY 翼轨均已用于我国高速道岔,该项技术填补了国内空白,为高速道岔的自主研发提供了技术保障。

第七节　钢 轨 焊 接

中国铁路钢轨焊接技术经历了几十年的发展,取得了巨大进步,近年来随着我国高速铁路的快速发展,通过技术攻关和大量工程实践,研究制订了高速铁路钢轨环境成套技术标准,包括《钢轨焊接》《百米定尺钢轨装卸、存放规定》《焊接长钢轨吊运、存放规定》《钢轨焊接接头标识规则》《钢轨焊接管理办法(基地焊接)》《钢轨焊接接头电子平直仪测结果评判准则》《钢轨固定式闪光焊接工艺规程》等,形成了具有完全自主知识产权的高速铁路钢轨焊接成套技术。

我国高速铁路无缝线路由百米定尺钢轨焊接而成,钢轨焊接包括基地焊接和现场焊接两部分。基地焊接是在百米钢轨焊接基地采用固定式闪光焊接方法,将百米定尺钢轨焊接成 500m 的焊接长钢轨。现场焊接分单元焊接和锁定焊接两个阶段:采用移动式闪光焊接方法,在线路上将 500m 焊接长钢轨焊接成 1500 ~ 2000m 的单元轨节,称为单元焊接;单元轨节之间的焊接称为锁定焊接。道岔区钢轨采用铝热焊方法现场焊接。

一、钢轨基地焊接

1. 钢轨焊接基本工序和工位布局

(1)基本工序

钢轨基地焊接的基本工序包括百米钢轨卸车和存放、钢轨焊前检查与选配、焊前除锈、焊接和推凸、粗磨、热处理、时效、冷矫直、精磨、成品检验(超声波探伤和外观检查)、焊接长钢轨存放和装车。

(2)工位布局

钢轨基地焊接工位布局分 U 形和 N 形两种。

①U 形布局:钢轨焊接生产线的各个工位呈"U"字形排列,也就是有两条生产线,分别称为焊接线(或热加工线)和精整线(或冷加工线),通过时效台上的横移作业将二线联系起来。U 形布局实现了钢轨焊接接头的自然冷却,各工位间距为 100m。新建焊轨基地全部采用 U 形布局。

②N 形布局：改建的焊轨基地，因受场地条件限制，将成品台与时效台放在一起，形成了"N"字形布局，其原理和功能与 U 形布局相同。

2. 钢轨焊接工位的功能及要求

(1) 百米钢轨卸车和存放

存放基础为混凝土地基梁，地基梁上设钢质横担，基础应保持水平无下沉。存放时钢轨不应叠压，层间垫物厚度一致、上下对齐，并与地基梁横担对齐，不同钢轨分开存放，存放的钢轨应有标识。

(2) 钢轨焊前检查

焊前检查的目的在于保证采用合格的钢轨进行焊接，主要检查钢轨的表面质量(轨底表面采用镜面检查)、端部平直度和扭曲、主要几何尺寸。

(3) 焊前除锈

钢轨与闪光焊机电极接触的表面应进行除锈处理，除锈不好可能引起电极灼伤，或影响焊接质量。已除锈表面受油污染后应重新除锈。钢轨顶面除锈深度不宜过大，以免影响接头的平直度。正常生产时的除锈效果应该与型式试验期间的除锈效果一致。

(4) 焊接和推凸

焊前对中钢轨应保证钢轨顶面对齐、工作边对齐，焊接前使钢轨适当起拱。GAAS80 焊机一般采用电阻预热闪光焊接工艺，K1000 焊机一般采用脉动闪光焊接工艺或连续闪光焊接工艺。焊接前应检查记录电网电压和钢轨炉号，焊接后应检查接头表面质量、推凸质量、有无电极灼伤、接头错边量、顶锻量，应按照《钢轨焊接接头标识规则》对接头进行标识，保证钢轨炉号与接头标识对应，便于质量追溯。

闪光焊接过程一般分闪平、预热、烧化、顶锻四个阶段。每焊接一个接头，焊机自动记录压力、电流、行程随时间的变化历程，焊接时间一般在 90 ~ 120s 之间。顶锻量是反映焊接质量的重要参数，一般情况下，不同强度级别的钢轨顶锻量有所不同。

接头错边也称为"错牙""错口"或"错位"，是两根钢轨由于没有对正，焊缝两侧钢轨表面之间出现的平行偏差。在接头未经打磨处理的情况下进行接头错边量的检查，高速铁路钢轨顶面和工作边的接头错边量要求不超过 0. 2mm，否则应切掉重焊。

(5) 粗磨

粗磨的对象是钢轨接头底面、轨脚上表面和侧面、轨头非工作边的焊筋，其目的是保证焊接接头的表面粗糙度满足探伤扫查的需要。粗磨的基本要求：应沿钢轨纵向打磨；打磨表面不应出现打磨灼伤；焊接接头非工作面的错边应采用纵向打磨过渡；粗磨后轨底焊筋高度为0 ~ 0. 5mm(测量时以大尺寸钢轨为基准)，不应磨伤钢轨底面。有条件时也可以对轨腰焊筋进行打磨，以便于探伤。粗磨可能会产生马氏体组织，因此要求粗磨作业工位应在热处理工位之前。

(6) 热处理

热处理的目的是细化晶粒，提高接头韧性以及保证接头的硬度与母材相匹配。热处理工艺参数应经过试验确定。采用中频电感应方式对钢轨实施全断面加热，轨头加热温度一般应达到 880 ~ 920℃，轨脚加热温度应不低于 830℃，使接头显微组织完全奥氏体化。加热到温后立即对接头进行喷风冷却，喷风压力影响到接头硬度，热处理钢轨焊接接头的喷风冷却压力一般高于热轧钢轨。

(7)时效

时效的目的是使热处理后的接头自然冷却至常温，使接头平直度尽量趋于稳定，时效时间要求不少于24h。

(8)冷矫直

冷矫直是采用三点弯曲方法对时效后的常温接头进行矫直。矫直作业质量是影响平直度的主要因素，经过矫直后的接头平直度（不计推凸余量）应符合标准要求，或在标准值基础上预留0.05mm的沉降量。设置合适的焊接预拱度，可以减少矫直工作量甚至无需矫直。另外，不应采用矫直的方法纠正超标的接头错边量。

(9)精磨

采用精磨机对焊接接头的顶面和轨头侧面工作边进行打磨，精磨的主要对象是接头的焊筋，要求精磨长度越短越好，最长不超过焊缝两侧各450mm。精磨应保持轨头轮廓形状，同时注意精磨作业导致接头升温对平直度测量结果的影响。精磨作业应避免焊接接头或钢轨母材产生任何机械损伤或热损伤，不能采用精磨方法来纠正超标的平直度偏差和接头错边。

(10)成品检验

成品检验是非破坏性检验，主要包括超声波探伤和接头外观检查。超声波探伤分别采用单探头和双探头对接头进行全断面探伤扫查，每班探伤前应采用标准试块和对比试块校核仪器，热处理加热温度不足或焊筋棱角可能产生回波。接头外观检查包括接头表面质量检查和平直度检查，采用电子平直仪测量接头平直度。钢轨存放基础和钢轨的摆放情况对测量结果有影响。

(11)焊接长钢轨存放和装车

钢轨存放时应无叠压，层间垫物厚度一致，上下对齐，且与地基梁横担对齐。左右股钢轨有明确标识，防止装车时装错。焊接长钢轨吊运保持水平，同时吊运的多台起重机升降、走行要同步。

二、钢轨现场焊接

1. 焊接作业条件

钢轨的现场焊接目前多采用移动式闪光焊接方法。生产设备及配套机具主要有焊轨车、切轨机、拉伸器、端面打磨机、手持砂轮机、钢轨及接头矫直设备、热处理设备（含加热、冷却装置）、仿形打磨机、起道机具、垫轨滚筒、焊接试验台等。检验设备和量具主要有钢轨平尺（1m、2m）、塞尺、直角尺、轨型样板、游标卡尺、钢轨波磨尺、电子平直仪、红外测温仪、超声波探伤仪、轨温表等。

现场焊接作业的环境条件要求：气温低于0℃时，不宜进行现场焊接。气温低于10℃时，焊接前用火焰预热轨端0.5m长度范围，预热温度保持均匀，钢轨表面预热温度至35～50℃。雨量或风力较大时不应进行焊接作业。

铺设前应对焊接长钢轨进行编号，记录铺设位置，测量长度，登记基地焊接的接头标识号，同时确认焊接长钢轨的股别。

2. 焊接工艺

钢轨移动式闪光焊接的基本工序包括焊前准备与检查、焊接和推凸、粗磨、热处理、外形精整(矫直及精磨)、成品检验(外观检验和超声波探伤)。

(1)焊前施工准备:拆除待焊钢轨接头前方全部长钢轨及后方不少于10m范围内的扣件,待焊钢轨接头前方长钢轨下至少每隔12.5m安放一个滚筒,适当垫高待焊钢轨接头后方的钢轨,保证两待焊钢轨顶面水平垫起后的两待焊钢轨应无倾斜。

(2)轨端平直度及端部扭曲超标应进行矫直或锯切;若钢轨端面存在伤损(比如轨脚碰伤等),应将伤损段锯切掉;若端面斜度超标,采用钢轨端面打磨机磨平端面。焊前除锈时,将电极夹持范围内的钢轨表面热轧凸起标志打磨平整,其余要求与固定式闪光焊接相同。

(3)焊接和推凸移动式闪光焊接一般采用连续闪光焊接或脉动闪光焊接工艺,其要求可参考固定式闪光焊接。必须注意的是:如果待焊钢轨一端扣件没有完全拆除并垫好,将会增加钢轨拉伸阻力,影响焊接质量。拉伸锁定焊接时采用保压推凸,焊接接头冷却到400℃以下方可去除牵拉力。高温接头不应承受拉应力,推凸不当可能引起沿晶裂纹,如推凸失败,须切掉重焊。

(4)粗磨、热处理、外形精整、成品检验的技术要求可参考固定式闪光焊接,必须注意的是热处理作业在接头不承力的条件下进行,按照热处理工艺要求对接头进行加热和冷却。

3. 道岔的铝热焊接

焊接道岔区接头一般采用铝热焊接方法,铝热焊接是一种填充焊,焊接前应预留轨缝。焊接基本工序包括焊前准备、对轨、装卡砂型、预热、焊接、推凸、打磨、探伤和平直度检验。焊接工艺按照铝热焊接材料供应商提供的工艺手册,并通过型式检验确定。砂型或焊剂受潮、预热温度偏低等因素对焊接质量有显著影响,焊接缺陷主要是气孔、夹渣和咬边。道岔内铝热焊接头的焊接顺序根据道岔设计和铺设的相关要求执行。

三、钢轨焊接接头主要技术指标和质量控制

1. 主要技术指标

(1)焊接接头平直度

采用电子平直仪,测量以焊缝为中心1m范围内的接头平直度。

接头顶面平直度的测量部位是钢轨顶面的纵向中心线。高速铁路焊接接头顶面平直度要求不大于0.2mm,不允许有低接头(平直度不小于零)。如果在焊轨基地验收,考虑吊装和运输过程中接头平直度的沉降,一般应预留0.1mm的沉降量,即大于或等于0.1mm、小于或等于0.3mm。

轨头侧面工作边平直度的测量部位是在轨顶面下16mm处(轨距线位置)。钢轨工作边平直度要求不大于0.3mm,对于弯曲方向,高速铁路接头平直度只允许使轨距加宽、不应使轨距变窄。

(2)焊接接头表面质量

焊接接头的平面度要求在焊缝中心线两侧各100mm范围内不大于0.2mm。轨顶面及轨头侧面工作边母材打磨深度要求不超过0.5mm。

焊接接头及其附近钢轨表面不得有裂纹、明显压痕、划伤、碰伤、电极灼伤、打磨灼伤等伤损。

(3)焊接接头力学性能

焊接接头力学性能指标主要包括静弯、拉伸、冲击、硬度。在钢种和焊接方法相同的

情况下，力学性能主要取决于焊接和热处理工艺。

①静弯是针对整个焊接接头实物进行的，反映了接头的综合性能。静弯载荷反映了接头的强度，静弯挠度反映了接头的塑性。

②硬度也是针对整个焊接接头实物进行的。钢轨接头顶面布氏硬度综合反映了接头的耐磨性，一般希望接头的硬度与钢轨母材的硬度相当，或略高于母材；钢轨接头纵断面洛氏硬度直接反映了接头轨头、轨腰、轨底各部位的硬度，能够反映出微小区域的硬度情况以及热处理的宽度。

③拉伸性能试验是采用由钢轨焊接接头实物取样加工制成的拉棒试样进行的。试样分别取自接头的轨头、轨腰、轨底部位。焊接和热处理工艺将直接影响拉伸性能。

④冲击性能试验是采用由钢轨焊接接头实物中取样加工制成的冲击试样进行的。试样分别取自接头的轨头、轨腰、轨底部位。冲击性能反映了接头的韧性，与热处理工艺关系较大。

(4)焊接接头显微组织及晶粒度

焊缝、热影响区的显微组织为珠光体以及少量铁素体，不得有马氏体、贝氏体和魏氏组织，主要取决于热处理工艺。

(5)疲劳性能

实物疲劳试验在室温条件下进行。试件简支于试验机两支座上，支距为1.0m，轨头向上，支距中央轨头焊缝中心处承受集中载荷，进行脉动弯曲疲劳试验。根据钢轨轨型确定载荷，载荷比为0.2。对于60kg/m闪光焊接头，最小载荷为95kN，最大载荷为470kN，载荷循环次数达到200万次以上时接头不断为合格。焊接接头内部存在缺陷、推凸不良，或接头表面打磨不良都会显著降低接头的疲劳强度。

(6)落锤和断口

落锤试验主要是检查焊接缺陷，连续落锤试验可检查焊接质量的稳定性。对于60kg/m钢轨闪光焊接头，试件支距1m、落锤高度(指锤头落下时刻，锤头底面至钢轨顶面的垂直距离)3.1m时，应达到两次锤击不断；落锤高度5.2m时，应达到1次锤击不断。锤头质量1000kg。砧座质量不小于10t，刚性基础。

对落锤后未断的接头补加锤击砸断，检查断口缺陷，单个灰斑面积不超过10mm^2，累计灰斑面积不超过20mm^{2}为合格，且不得有未焊合、过烧缺陷。

2.质量控制

(1)优化焊接工艺参数。优化焊接工艺参数的目的是控制灰斑缺陷。一套焊接参数，如果按此参数焊接的接头，不能达到连续25个接头落锤试验合格，在对断口形态和焊接记录曲线分析的基础上，必须调整焊接参数继续试验，直至通过落锤试验。通过连续落锤试验控制灰斑缺陷，是我国铁路钢轨焊接技术的显著特点。

(2)生产检验期间，根据落锤和断口的情况，可以对焊接参数进行局部小量调整，调整后的参数，一定要建立在试验合格的基础上，经锤能力提高，灰斑面积减少，使参数优化到预期效果。

(3)保持焊接设备状态稳定。焊接设备状态稳定是保证焊接质量稳定的基础，焊接关键设备包括焊机电极、推凸刀、焊机绝缘、伺服控制系统、液压油、冷却系统等。

(4)保持环境温度、环境湿度、电网电压、钢轨温度等焊接条件稳定。

(5)正确进行焊接操作，保证除锈质量、焊前预拱等符合技术要求。

第五章　高速道岔

高速道岔是影响行车安全性和平稳性的关键轨道部件,是高速铁路建设中的关键技术之一。2005 年原铁道部制订了引进法国道岔技术、中德合资生产、自主研发并行的技术路线,并成立了高速道岔联合攻关组,历经理论研究、结构设计、试制试铺和动测试验,成功研制了具有自主知识产权的设计速度 250km/h、350km/h18 号、42 号、62 号系列高速道岔,并在沪杭、京石、哈大等客运专线中全面推广应用,有力推动了我国铁路道岔行业的技术进步。

第一节　高速道岔技术要求与特点

一、高速道岔分类

高速道岔的分类如下:

(1)按直向容许通过速度,分为 250km/h、350km/h 两种类型。

(2)按侧向容许通过速度,分为 80km/h、160km/h、220km/h 三种类型。

(3)按道岔功能,分为正线道岔、渡线道岔和联络线道岔三种类型。正线道岔位于车站咽喉区,实现列车由正线进出到发线的功能;渡线道岔位于车站咽喉区外,实现列车在上下行线间换线运行的功能;联络线道岔也位于车站咽喉区外,实现列车在两条高速线间换线运行的功能。其中正线道岔侧向容许通过速度为 80km/h,渡线道岔侧向容许通过速度为 80 ~ 160km/h,联络线道岔侧向容许通过速度为 120 ~ 220km/h。

(4)按轨下基础类型,分为有砟道岔、无砟道岔两种类型。

(5)按技术类型,分为我国自主研发的高速道岔(简称客专线系列高速道岔)、引进法国技术的道岔(简称 CZ 系列高速道岔)、中德合资生产的高速道岔(简称 CN 系列高速道岔)。

(6)按道岔号码,分为 18 号、42 号、62 号道岔,采用法国与德国技术的高速道岔号码与我国有所差别,分为 18 号、41 号、58 号及 18 号、42 号、50 号道岔。

二、高速道岔技术要求

1. 高速度

高速道岔要求直向容许通过速度能与区间线路相同,不能成为高速铁路线路的限速设备,侧向容许通过速度也相对较高,不能影响高速铁路的通过能力。为确保其安全性,直向设计速度尚需预留 10% 的安全余量,侧向设计速度尚需预留 10km/h 的安全余量。

2. 高安全性

高速道岔要求动车组以设计速度直、侧向通过时，其减载率、脱轨系数等安全性指标与区间线路相同；尖轨及可动心轨的开口量在容许限度内，不得导致车轮撞击尖轨及心轨尖端；道岔转换设备显示正常，不得出现“红光带”及信号异常现象；可动轨件锁闭牢固，不得因异物落入尖轨与基本轨、心轨与翼轨密贴区段或因异物撞弯转换杆件而导致车轮掉道等。

3. 高平稳性

高速道岔要求动车组以运营速度直、侧向过岔时，竖向不出现“跳车”现象，不致因岔区轨道整体刚度分布不均而出现过大的竖向振动；横向不出现明显的“晃车”现象；在竖、横向与区间线路具有相同的旅客乘坐舒适度。

4. 高可靠性

高速铁路采用的是白天全线封闭运行、夜间开“天窗”维修养护运营模式，要求高速道岔具有更高的可靠性，不出现提速道岔中常见的转换卡阻、密贴检查失效等病害。

5. 高平顺性

高速铁路要求所有的轨道结构必须具有高平顺性，高速道岔当然也不例外，只有轨道的高平顺性才能确保高速列车运行的高安全性和高平稳性。对于高速铁路，需要重点关注的是与列车自振频率相对应的长波长不平顺及影响轮轨关系的轨面短波不平顺，需要在制造、铺设和养护维修中予以重视。道岔的高平顺性还体现在尖轨与基本轨、滑床台板、顶铁的密贴，心轨与翼轨、滑床台板以及顶铁的密贴上，要求各部位的离缝不得影响高速道岔的工作性能。道岔中的长大轨件在转换过程中要求各牵引点能同步、平稳转换到位而不致引起转换不足位移、轨距减小或与基本轨、翼轨或顶铁的密贴超限。

6. 高精度

道岔由数千个零部件组合而成，各零部件均有严格的制造公差要求，为满足高速道岔对组装几何尺寸及密贴的高平顺性要求，需要高速道岔的制造和组装必须具有高精度。因此道岔制造厂商需进行设备改造和技术更新，以满足高精度制造要求；需建立高精度的组装平台，在组装平台上对高速道岔进行逐组组装，以满足高精度组装要求；需采用大型吊装设备装卸道岔部件，采用牢固支撑系统进行无砟道岔铺设，采用大型养路机械进行有砟道岔铺设，以满足高精度铺设要求。

7. 高稳定性与少维修

高速道岔要求在高速列车及温度等荷载的作用下具有足够的强度储备，不易发生较大的残余变形，具有较高的结构稳定性和较少的养护维修工作量。

8. 易维修

随着运营时间延长和通过总重增加，一旦出现岔区轨道不平顺超限、部件严重伤损需进行维修或更换时，应能在天窗时间内方便快捷地进行处理，并能尽快按正常速度开通线路，要求高速道岔结构的研制必须考虑维修作业手段和维修工艺，易于维修。

三、高速道岔技术特点

1. 工电一体化的整体系统

高速道岔是由工务和电务两部分所组成的，两者是实现道岔转线功能所必需的、确保其高技术性能、不可分割的有机组成部分。一方面,工务部件要为电务部件预留足够的安装空间和便利的安装条件,因而应注重工电接口部位的制造和组装精度;另一方面,电务部件应能确保工务部件的平稳转换而不致导致尖轨及心轨的侧拱、转换不到位,应能允许尖轨和心轨的自由伸缩,确保尖轨和心轨的密贴及可靠锁闭、在雨雪天气能正常转换,实时监测尖轨与基本轨、心轨与翼轨的密贴状态等。因此,可以说高速道岔是高精密的机电设备。

2. 安全、成熟、可靠的道岔结构

高速道岔的高技术性能要求决定了以可动心轨辙叉结构为主,且以单开道岔为其结构类型,没有普速道岔中的对称道岔、三开道岔、曲线道岔、交叉渡线、交分道岔等复杂的结构形式;均铺设于跨区间无缝线路中,直、侧股均为焊接接头;尖轨及心轨第一牵引点为外锁闭结构;侧向高速道岔采用缓和曲线线形及双肢弹性可弯心轨结构;设置有轨底坡或轨顶坡,导曲线上不设置超高和轨距加宽;采用弹性扣件、混凝土岔枕或无砟轨道基础等。

3. 良好的国情、路情适应性

我国速度300~350km/h高速线路为纯客运,速度200~250km/h高速铁路有部分线路设计为客货共线,高速道岔必须能适应不同的运营条件;我国幅员辽阔,南北地区温差较大,高速道岔要能适应在不同轨温差地区跨区间无缝线路的铺设;我国高速铁路岔区轨下基础类型较多,既有有砟轨道,也有轨枕埋入式和板式无砟轨道,高速道岔要能适应不同的轨下基础;为节约土地、控制沉降,我国高速铁路线上建设有大量的高架车站,车站咽喉区可能位于桥梁上,这就要求高速道岔既要适应铺设于路基上,也要适应铺设于桥梁上。

4. 现代化的生产工艺和系统集成

为满足高速道岔的技术性能要求,道岔制造要求采用长大的数控龙门铣床、高精度的数控锯钻、大吨位的压力机、先进的焊轨机、大型的吊装机械设备、高精度的组装平台等现代化的生产装备、工艺及检测设备,制订严格的原材料、外购件及生产过程质量管理体系,形成以道岔厂为责任主体的集成供货和驻厂监造制度。

5. 机械化、标准化和专业化的铺设工艺

高速道岔铺设是确保其高技术性能的极其重要环节,开通即达到容许通过速度是高速道岔铺设成功的标志。高速道岔主要采用原位铺设法,也有少量的移位铺设法。有砟道岔的铺设主要控制“装”和“养”两个核心环节,在吊装、运输及铺设中采用平板车,大吨位起重机、专用吊具、专用移位台车。养护维修作业中采用道岔捣固车进行作业,保证道床的密实和稳定,以形成对道岔的稳定支撑。对于轨枕埋入式无砟道岔,一般采用“工厂预组装、分节段运输、现场精调并灌注道床混凝土”的施工方法,配套应用牢固的道岔竖向和侧向支撑调整系统,避免施工过程中移位或形成空吊。板式无砟道岔的铺设应重视预制混凝土道岔板的平整度、钉孔距的精度,并采用精密测量技术,准确确定道岔的几何形位。无砟道岔的精细调整需要轨道检测小车、全站仪和相应的调整软件支持,通过调高、调距弥补道岔施工中出现的几何状态超限,最终达到铺设技术要求。

6. 信息化、科学化的维修管理

为长期保持道岔的高技术性能,减少养护维修工作量,且能对其工作状态做到有序可控，需要采用信息化、科学化的养护维修方法。应用道岔监测系统，实现高速道岔的信息化管理，实现故障修向状态修的转变。针对其高速度和高平顺性要求，应注重长波长和短波长不平顺的控制；针对其高安全性和高平稳性要求，应注重尖轨与基本轨顶面高差、滑床台板及顶铁离缝、轨底坡、钢轨顶面轮廓等轮轨关系的维护；针对其高舒适性要求，应注重轨道刚度的维护；针对其高可靠性要求，应注重钢轨几何状态检测、钢轨探伤、电务转换测试、融雪装置及监测系统的配置等。

四、高速道岔关键技术

高速道岔的研制需要从研究、设计、制造、铺设等各个环节，系统解决动力学、可靠性、适应性和技术标准等关键技术。

1. 动力学

动力学方面需解决的是高速道岔的安全性、平稳性关键技术。

(1)满足动车组安全、平稳运行的高速铁路道岔轮轨关系设计。道岔轮轨关系是高速道岔设计中最为关键的技术，如果设计不合格，是造成道岔结构不平顺、导致轮轨动力作用加剧而影响行车平稳性甚至脱轨的根源。

(2)满足动车组行车舒适性的高速铁路道岔轨道刚度的合理匹配和均匀化设计。道岔轨道刚度的不合理、不均匀是导致行车舒适性降低的主要因素，也是限制列车速度提高的重要因素。

(3)满足高速铁路道岔高平顺性要求的长大轨件和双肢弹性可弯心轨结构设计。过去我国道岔长大轨件转换过程中，存在着较大的转换不足位移而影响行车平稳性。

2. 可靠性

可靠性方面解决的是道岔中长期存在的尖轨侧磨、转换卡阻、密贴检查失效等技术问题。

(1)做好与我国运营条件相适应的高速铁路道岔平面线形设计。由于我国铁路大轴重、高速度、高密度的客货共线运营条件，普速、提速道岔尖轨及心轨磨耗、伤损较严重，需在速度200～250km/h客、货共线高速道岔中予以重点解决。

(2)适应跨区间无缝线路的高速铁路道岔无缝化优化设计。重点要解决转换卡阻、碎弯变形等病害。

(3)确保高速道岔可靠性和稳定性的工电一体化系统设计。工电结合部是道岔结构中的设计难点，尤其是心轨一动处的“翻背”及检测失效等问题。

3. 适应性

适应性方面需解决的是高速道岔在无砟轨道及桥梁上铺设的相关接口技术。

(1)高速道岔无砟轨道基础设计与施工。无砟轨道是我国速度350km/h高速铁路的主要轨道结构类型，岔区长枕埋入式和预制板式无砟轨道的设计与施工技术当时在我国尚属空白。

(2)桥上无缝道岔设计理论和设计方法。我国高速铁路有大量高架车站，桥上无缝道岔综合了桥上无缝线路、无缝道岔、无砟轨道、车岔系统动力学、车桥系统动力学的相关技术，是一项综合性技术难题。

4. 技术标准

满足高技术性能要求的高速铁路道岔设计、制造、组装、运输、铺设和维护的成套技术标准急需制订。

第二节　高速道岔概况及平面线形

一、高速道岔概况

道岔是铁路线路的重要设备，也是制约列车运行速度的关键因素之一。自1996年既有线提速以来，随着列车运行速度的不断提高，提速道岔经历了多次更新换代，这也充分说明铁路道岔与列车运行速度之间的密切关系。

高速道岔是指高速铁路、客运专线或城际铁路正线铺设的道岔，直向容许通过速度不小于250km/h。广义上的高速道岔除包括道岔本身外，还包括混凝土岔枕和转换设备。

国外高速铁路已有几十年的发展史，在高速道岔的研究和应用方面积累了丰富的经验，形成了技术较为成熟的系列产品，其中以德国、法国为代表。目前除日本外，其他国家的高速铁路基本上均采用的是德、法两国高速道岔产品，如西班牙、意大利、韩国、荷兰、比利时及我国台湾等。德、法两国的高速道岔都是根据本国高速铁路的实际情况，自主研发并自成技术体系，互不兼容，道岔设计参数取值、平面布置及尺寸、结构、岔枕、电务转换设备均不相同，没有互换性。

1. 我国高速道岔的自主研发

我国从"八五"期间就开始进行高速道岔的研究，并完成了结构设计，但由于多方面原因，没有进行试制。此后陆续进行了高速道岔技术的研究，如秦沈客运专线的60-18号和-38号道岔，代表了当时国内道岔研究的最高水平，但这些道岔都是在提速道岔的基础上研制的，且上道使用后，列车运营速度长期没有达到设计速度，难以反映列车高速运行时道岔的实际状况。

2004年国内开始大规模的客运专线建设，面临着客运专线道岔选型问题。此后与国外进行了多次的技术交流与谈判，探讨合资建厂与技术引进的可行性。

为满足我国客运专线建设需要，2005年原铁道部组织国内相关单位开展了高速道岔的国产化研发，同年完成了速度250km/h客运专线60-18号道岔的结构设计。2006年中铁山桥集团有限公司和中铁宝桥集团有限公司完成了道岔的试制和厂内试铺、试验，并在胶济线的胶州预留站铺设了4组60-18号有砟道岔，进行了列车直向、侧向通过试验和现场动力测试，结果表明，道岔的状态良好，满足速度250km/h客运专线的使用要求。2007年初，在第6次提速的郑武、沪宁线速度250km/h提速区段铺设了57组60-18号客运专线有砟道岔，使用情况良好。2006年10月在遂渝线无砟轨道试验区段，铺设了两级60-18号客运专线无砟道岔，并进行了列车通过试验和现场动力测试。

从2007年开始，我国开展速度350km/h客运专线60-18号和60-42号道岔的研究，60-18号无砟道岔在武广客运专线武汉试验段乌龙泉车站铺设了4组，2009年通过了速度350km/h动车组的试验，道岔的平稳性、舒适性良好。2010年在沪杭线铺设的我国自主研发的60-18号无砟道岔，创造了410km/h的过岔速度记录。60-42号有砟道岔于2009年通过了达成客运专线的上道试验，列车通过时的平稳性、舒适性良好。

2010年开始，原铁道部组织开展速度350km/h客运专线60-62号道岔(图1-5-1)的研发，2011年3月在哈大客运专线长春西站完成铺设。

2. 国外高速道岔技术引进

2006年3月，原铁道部针对11条客运专线正线用道岔进行招标，中铁山桥集团有限公司与德国BWG公司建立了合资厂，为京津、武广、京沪等高速铁路提供道岔，如图1-5-2所示。法国科吉富公司对中铁宝桥集团有限公司进行了技术转让，为合宁、合武和郑西等客运专线提供道岔。

图1-5-1 广内试铺的60-62号道岔

图1-5-2 京沪高速铁路徐州东站桥上42号道岔

因此目前国内有3个系列的高速道岔，分别为德国技术、法国技术和国内自主研发的高速道岔。短期内将出现3种道岔并存的局面，但从长期来看，由于3种道岔互不兼容，为方便站场设计和养护维修，有必要对道岔进行统一。

二、高速道岔特征

客运专线系列高速道岔是在充分吸收国外高速道岔的基础上，结合国内的实际情况研究开发的，具有完全自主知识产权，其主要特征如下：尖轨采用60D40钢轨制造；尖轨跟端采用间隔铁、限位器或无传力结构；翼轨采用轧制的特种断面翼轨，翼轨与长心轨或岔跟尖轨胶接；岔跟尖轨用60kg/m钢轨制造；部分滑床板间隔设置施维格辊轮，辊轮高度可方便地进行调整；扣件铁垫板采用硫化处理，扣压件为Ⅱ型弹条；牵引点设两岔枕之间，尖轨采用多机多点、分动转换；混凝土岔枕采用长岔枕，垂直于道岔直股布置。

德国技术的高速道岔历经多年的研究，具有非常鲜明的技术特点，其主要特征如下：尖轨采用Zul-60钢轨制造，尖轨跟端采用限位器结构；基本轨设有轨距加宽(即FAKOP)；翼轨采用普通钢轨制造；心轨前端采用整体锻制，岔跟尖轨用厚腰钢轨制造；转辙器部分间隔设置滚轮滑床板，滚轮设在滑床板中间；扣件为窄形弹条，滑床板部分用两根分体弹条扣压，扣件铁垫板采用硫化处理(大号码道岔可动心轨辙叉部分不采用硫化处理)；混凝土长岔枕采用铰接，按扇形布置；尖轨采用多机多点、分动转换，有砟道岔牵引点设钢岔枕;无砟道岔可动心轨设有下拉装置。

法国技术的高速道岔技术也较为成熟,近年来也开发了适用于无砟轨道的道岔,其主要特征如下:尖轨采用60D40钢轨制造,尖轨跟端不设传力结构;翼轨采用高锰钢铸造与A74钢轨焊接的方式;心轨采用60D40钢轨拼接,岔跟尖轨用60D40钢轨制造;铁垫板不采用硫化处理;转辙器部分间隔设置辐轮滑床板;扣件为窄形弹条,滑床板部分用弹性夹扣压;混凝土岔枕采用长岔枕;牵引点设置在混凝土岔枕上;尖轨采用一机多点、联动转换。

三、高速道岔线形设计与主要技术参数

1.平面线形设计参数

国外高速铁路道岔平面设计参数见表1-5-1。

法、德、日高速铁路道岔设计参数比较 表1-5-1

设计参数	法国	德国	日本
未平衡的离心加速度 a(m/s^2)	0.33~0.66	0.4~0.55	0.45~0.47
未平衡的离心加速度 φ(m/s^2)	0.20~0.49	0.4	0.53~0.55
夹直线长度 L(m)	0.4V	0.4V	19

注:V表示列车运行时速。

由表1-5-1可以看出,未被平衡的离心加速度及时变率为迄今国内外普遍采用的道岔设计参数,且仅基于质点运动理论(车辆进入或驶出导曲线时,动力性能考虑了车辆转向架中心距的影响)。UIC规程规定,道岔在侧向速度120~220km/h时,标准欠超高为60mm,最大为80mm。

(1)我国高速道岔的设计参数采用标准如下:

①未被平衡的离心加速度最大容许值小于等于0.5m/s^2。

②未被平衡的离心加速度增量最大容许值小于等于0.4m/s^2(尖轨尖端除外)。

③道岔尾部两支反向缓和曲线起点可直接连接或插入任意长度的直线段;用于单渡线的两组18号道岔的反向圆曲线间,或用于到发线的18号道岔的圆曲线与岔后反向圆曲线间插入直线段,其长度不小于20m。

上述标准中①和②分别相当于欠超高75mm和欠超高时变率60m。

(2)除了根据上述平面设计参数确定道岔侧线半径和线形外,一般采用以下方法选定道岔线形:

①运用列车—道岔耦合动力学相关理论,分析列车过岔的脱轨系数、减载率、轮轨横向力、横向和垂向加速度等动力学指标,进行道岔线形比选,确定道岔线形。

②根据现有道岔的动力学测试结果和运营实践选定道岔线形。根据道岔实车试验与运营实践经验选定的车辆-道岔动力学性能评价指标见表1-5-2。另外,道岔本身的动力响应还包括道岔磨耗指数、轮轨接触动应力等。

车辆-道岔动力学性能评价指标 表 1-5-2

序号	动力学评价指标	限 值	备 注
1	脱轨系数	≤0.8	安全性指标
2	减载率	≤0.8	
3	轮轴横向力(kN)	≤10 + P/3(P为静轴载)	
4	车轮横向加速度($g/m \cdot s^{-2}$)	≤0.1	舒适性指标
5	车体垂向加速度($g/m \cdot s^{-2}$)	≤0.1	

从国内外投入运营的高速道岔应用实践看,提高列车通过道岔侧线的舒适度为第一重点,因此多控制圆曲线的欠超高;在侧向允许通过速度较高的大号码道岔中,由于导程长,为设置缓和曲线提供了可能性,对于侧向通过速度达 160km/h 以上的道岔侧线一般采用三次抛物线,并控制其欠超高时变率。

2. 高速铁路道岔线形设计

(1)CN 系列(德国技术)高速道岔有 4 种号码,即 18 号、39.173 号(只在京津城际铺设了 2 组)、42 号和 50 号,京沪高速铁路使用了 18 号和 42 号道岔。

(2)客专线系列高速道岔有 3 种号码,即 18 号、42 号和 62 号。

(3)CZ 系列(法国技术)高速道岔有两种号码,即 18 号和 41 号(其中 41 号道岔只在郑西高速铁路上使用)。

(4)CN18 号道岔、客专线 18 号道岔和 CZ18 号道岔均采用单圆曲线线形,曲线半径 1100m,主要尺寸和动力学指标见表 1-5-3。其中 CZ18 号道岔总图尺寸大部分与客专线道岔相同。

CN18 号道岔和客专线 18 号道岔、CZ18 号道岔主要尺寸和动力学指标比较 表 1-5-3

参 数	客运线 18 号道岔和 CZ18 号道岔	CZ18 号道岔
导曲线半径 R	1100	1100(外股)
角度	3°10′47.4″	3°10′47.4″
道岔全长 L(m)	69.000	69.000
道岔前长 a(m)	31.729	31.729
道岔后长 b(m)	37.271	37.271
未被平衡的离心加速度 a(m/s^2)	0.44	0.44
未被平衡的离心加速度时变率 φ(m/s^3)	054(出岔和入岔)	054(出岔和入岔)

侧向过岔速度为 80km/h 的 CN18 号道岔与客专线 18 号道岔平面线形和主要尺寸基本一致。客专线 18 号道岔采用了我国特有的相离式平面线形设计,即在尖轨尖端附近,为改善机车车辆逆向进岔和顺向出岔的运行条件,R1100m 导曲线起点与基本轨相离 12mm,并在 26mm 断面处斜切,该设计可增加 32mm 断面前尖轨厚度,有利于延长曲尖轨的磨耗寿命。

客专线 42 号道岔采用圆缓线形,前部为圆曲线,后部为缓和曲线。考虑到 42 号道岔侧向速度为 160km/h,并按 170km/h 进行校核,据此确定导曲线半径不小于 4500m,客专线 42 号道岔最终确定的导曲线半径为 5000m,相当于未被平衡的离心加速度 0.40m/s^2。

CN42 号道岔采用缓圆缓线形,道岔前部为缓和曲线的一段,从半径 10119m 至半径 4100m 全长 37.735m;中部为圆曲线,半径为 4100m;后部为缓和曲线,半径由 4100m 至无穷大。为调整后长和客专线 42 号道岔一致,缓和曲线后连接一段直线。缓圆缓线形尖轨前端断面薄弱部分较长,采用了轨距优化(FAKOP)技术,将尖轨前部轨距加宽 15mm(将两基本轨分别外弯)以加大尖轨薄弱断面厚度。CN42 号道岔和客专线 42 号道岔的主要尺寸和动力学指标见表 1-5-4。

CN42 号道岔和客专线 42 号道岔主要尺寸和动力学指标 表 1-5-4

参　数	客运线 42 号道岔	CN42 号道岔	备　注
角度	1°21′50.13″	1°21′50.13″	
线形	圆曲线 R5000m + 缓和曲线	缓 + 圆 + 缓曲线 10000m + R4100m + ∞	
道岔全长 L(m)	157.200	157.200	
道岔前长 a(m)	60.573	60.573	
道岔后长 b(m)	96.627	96.627	
未被平衡的离心加速度 a (m/s^2)	0.40	0.48	
未被平衡的离心加速度时变率 φ(m/s^3)	0.22(0.98)	0.38(0.83)	括号内数值为尖轨尖端发生值

利用动力学仿真计算软件对以上两种线形道岔的脱轨系数、减载率和车体横向加速度等指标的动力学性能仿真计算表明,采用圆缓线形的道岔,车体横向加速度在尖轨处由于导向产生峰值性的变化,采用缓圆缓线形的道岔则变化比较平稳,原因是前者尖轨为定半径的圆曲线,后者则为缓和曲线的一部分,尤其前部尖轨半径较大。在辙叉位置情况则相反,虽然两种线形的辙叉均处于缓和曲线区段,但辙叉心轨处曲率不同导致采用缓圆缓线形的道岔在辙叉部分的横向加速度增量大于采用圆缓线形的道岔。减载率和脱轨系数的变化趋势与加速度及其增量类似。

从实车试验结果看,客专线 42 号道岔由于采用了较大的曲线半径,列车侧向通过道岔的平稳性为优。

客专线 62 号道岔采用圆缓线形,前部为半径为 8200m 的圆曲线,后部为缓和曲线。

CN50 号道岔采用缓圆缓线形,道岔前部为缓和曲线的一段,曲线半径从 17000m 变至 7300m,全长 63.312m;中部为圆曲线,半径为 7300m,全长 67.049m;后部为缓和曲线,曲线半径从 7300m 至无穷大,全长 49.731m。同样在转辙器区域采用动态轨距优化(FAKOP)技术,将尖轨前部轨距加宽 15mm(将两基本轨分别外弯)以加大尖轨薄弱断面厚度。

CN50 号道岔和客专线 62 号道岔的主要尺寸和动力学指标见表 1-5-5。

CN50 号道岔和客专线 62 号道岔主要尺寸和动力学指标 表 1-5-5

参　数	客运线 62 号道岔	CN50 号道岔	备　注
角度	55′26.56″	1°08′44.75″	
线形	圆曲线 R8200m + 缓和曲线	缓 + 圆 + 缓曲线 17000m + R7300m + ∞	

续上表

参　数	客运线 62 号道岔	CN50 号道岔	备　注
道岔全长 L(m)	201.000	181.363	
道岔前长 a(m)	70.784	90.502	
道岔后长 b(m)	130.216	90.861	
未被平衡的离心加速度 a (m/s^2)	0.46	0.51	
未被平衡的离心加速度时变率 φ(m/s^3)	0.20(1.53)	0.41(0.99)	括号内数值为尖轨尖端发生值

第三节　高速道岔设计理论

为解决高速道岔关键技术问题,我国建立了高速道岔设计理论体系。

一、高速道岔动力学设计理论

基于轮轨系统动力学和道岔区轮轨间复杂的多点接触轮轨关系,建立了较完善的列车-道岔系统耦合动力学,综合研究列车通过道岔时的动态运行行为及其对道岔结构的动力破坏作用。理论模型是动力学研究的核心,建立了机车车辆-道岔统一模型,包括各种典型机车、客车、货车模型,有砟、无砟轨道道岔模型及动态轮轨耦合关系模型;提出了多根钢轨共同承载时轮轨接触力与蠕滑力的分配理论;考虑道岔尖轨、心轨顶面降低及逐渐加宽所引起的结构不平顺、可动轨件与滑床台板、基本轨、顶铁等不密贴时的状态不平顺、轨道几何不平顺等影响;用于仿真分析列车直、侧向过岔时的动力性能,指导道岔平面线形、轮轨关系、轨道刚度等结构的设计及相关技术标准的制订。该理论经过了十余年的发展和完善,并得到多次实车试验验证。

二、无缝道岔设计理论

无缝道岔设计理论将道岔群和区间线路视为跨区间无缝线路中的单元轨节,综合研究无缝道岔及其群组在路基、桥上跨区间无缝线路中的纵向受力和变形行为。功能全面、结构详尽的无缝道岔计算模型中考虑了无缝道岔扣件、轨下基础及传力部件在温度力传递中的作用,考虑了钢轨温度力对其横向变形的影响,考虑了多组道岔群的温度力相互作用,考虑了桥上铺设无缝道岔时的岔桥相互作用,可用于指导道岔扣件阻力、锁闭机构容许尖轨及心轨伸缩位移等设计参数确定、传力部件结构设计、桥梁结构及岔桥相对位置设计等。该理论得到了提速干线及客运专线上各种类型无缝道岔的纵向力和变形测试验证。

三、道岔转换设计理论

道岔转换设计理论是考虑在牵引点处的转换力、长大轨件的变形反弹力、尖轨(心轨)与基本轨(翼轨)贴靠时的密贴力、滑床台板摩阻力的共同作用下,研究高速道岔长大尖轨及可动心轨在转换过程中的受力和变形行为。通过分析尖轨及心轨牵引点布置、滑床板摩擦系数、牵引点动程等因素对转换力、不足位移的影响,用于指导道岔转换结构、侧向高速道岔双肢弹性可弯心轨辙叉结构、减缓不足位移的预设反拱结构、减摩滑床台板结构、同步转换控制等设计。该理论得到了室内和现场道岔转换力测试验证。

四、工电一体化设计理论

工电一体化设计理论基于系统工程观念,考虑道岔工(工务:轨道结构)电(电务:信号及转换结构)接口处关键零部件的列车荷载及转换荷载的共同作用,研究工电结构的匹配性及结构的可靠性,基于工电各结构部件等强度的设计原则,指导各牵引点处工电接口结构、转换及锁闭结构设计,工电状态监测系统及融雪系统的研制与安装设计。该理论得到了多次现场动测试验的验证。

五、高速道岔设计仿真技术

基于高速道岔设计理论及数值仿真方法,自主开发了高速道岔设计仿真技术,编制了具有自主知识产权的系列专用设计软件:道岔动力学仿真分析软件、路基上无缝道岔计算软件、桥上无缝道岔计算软件、道岔转换计算软件。该仿真技术推动了我国铁路道岔设计技术由过去的静力及准静力设计上升到了动力设计新阶段。

六、高速道岔动态设计安全评估技术

基于上述理论及仿真技术建立了一套列车过岔安全评估技术体系,包括列车过岔安全性、平稳性评价指标、道岔结构稳定性与可靠性评价指标,道岔动力性能优化设计评估方法,室内组装检测及现场实车动测试验评估技术。大量的现场试验验证了该设计理论及仿真技术的正确性,同时通过胶济、合宁、京津、武广、郑西等客运专线上所铺设的高速道岔与从法国、德国引进的高速道岔各项技术指标对比试验表明,我国高速道岔整体技术已达到国际先进水平,且在轮轨关系、轨道刚度、结构稳定性等方面研究具有一定优势。该评估技术大幅度缩短了道岔新产品的研发周期。

第四节　高速道岔结构和技术特点

道岔结构设计是保证道岔满足使用要求的前提,道岔的平顺性、稳定性等都需要良好的道岔结构来保证,因此在高速道岔设计中,结构设计起着至关重要的作用。高速道岔由于使用条件的不同,在结构设计方面与既有道岔有较大的区别,其主要设计原则如下:保证道岔的高平顺性;提高道岔的稳定性;保证道岔具有合适的刚度,在整个岔区实现刚度的均匀化;工电接口相互协调,保证道岔转换和锁闭的可靠性;道岔适用于跨区间无缝线路,并与轨下基础相配套。

一、高速运岔技术特点

高速运岔的技术特点主要有:

(1)道岔种类较为单一,以单开道岔为主。

(2)道岔号码较大,一般在 18 号以上,最大可达 65 号。

(3)道岔具有高平顺性、高稳定性,保证列车平稳、舒适运行。

(4)辙叉普遍采用可动心轨辙叉。

(5)道岔适用于跨区间无缝线路。

(6)电务转换采用外锁闭装置。

(7)轨下基础采用混凝土长岔枕,并与道床相匹配。

(8)道岔配有监测系统,用于严寒地区的道岔装有融雪装置。

(9)道岔具有较高的制造、组装、铺设精度,道岔铺设采用专用设备。

正是由于高速道岔的以上特点,因而高速道岔的研究具有较高的技术含量和技术难度。

二、钢轨件

客运专线系列高速道岔的基本轨、导轨、岔跟轨采用中国 60kg/m 钢轨制造;CN 道岔的基本轨、导轨前期均采用进口钢轨制造,断面尺寸与中国 60kg/m 钢轨相同,后期导轨改用中国 60kg/m 钢轨制造,岔跟轨用厚腰钢轨制造。

设计速度 250km/h 的钢轨材质为 U75V,设计速度 350km/h 的钢轨材质为 U71MnK。

客专线系列高速道岔的尖轨和心轨用 60D40 钢轨制造(70kg/m),钢轨断面尺寸如图 1-5-3 所示,其优点是高度较小,便于滑床板的结构设计,横向刚度较小,有利于减小扳动力。

CN 道岔采用 Zul-60 轨,断面尺寸如图 1-5-4 所示。

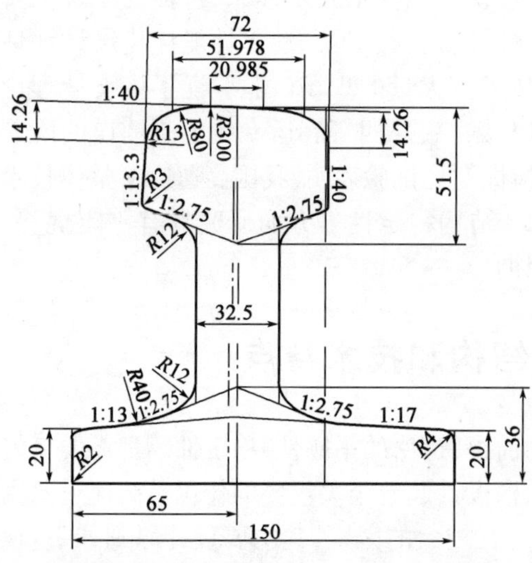

图 1-5-3　60D40 钢轨断面尺寸(尺寸单位:mm)

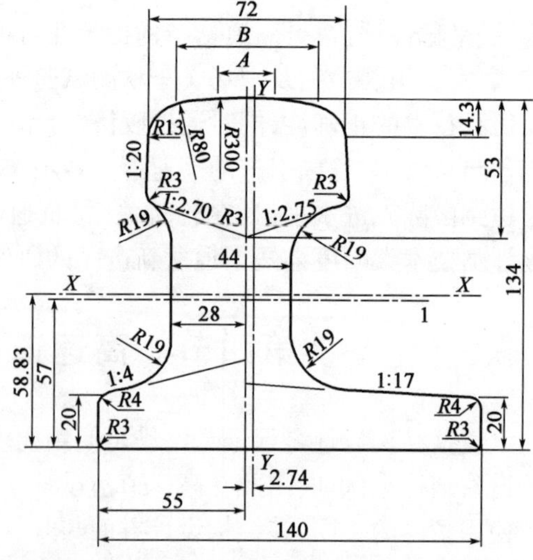

图 1-5-4　Zul-60 钢轨断面尺寸(尺寸单位:mm)

目前国内钢厂轧制的 60D40 钢轨长度为 50m 定尺。国内自主研发的 60-62 号道岔,尖轨长度为 54.44m,用整根钢轨制造,中间不焊接,为此专门轧制了 55m 长的 60D40 钢轨。客运专线系列高速道岔的尖轨跟端锻压成 60kg/m 钢轨断面,成型段长度为 450mm,过渡段长度 150mm,与提速道岔相同。CN 道岔的尖轨跟端成型段长度一般为 600mm,如图 1-5-5 所示。

图 1-5-5　尖轨跟端成型段

客运专线系列高速道岔的 18 号道岔侧线均设置护轨，护轨按《33kg/m 护轨用槽型钢》(TB/T 3110—2005)制造，侧面工作边做淬火处理；大号码道岔侧线均不设置护轨。而 CN 道岔的 18 号及大号码道岔侧线均不设置护轨。

客运专线系列高速道岔的钢轨件材质与线路钢轨相同，速度 250km/h 客运专线道岔轨头顶面作淬火处理，速度 350km/h 客运专线道岔不淬火。CN 道岔由于采用进口钢轨，钢轨材质采用 900A，与我国线路钢轨材质不同，对钢轨焊接提出了较高的要求。

客运专线系列高速道岔的心轨采用 60D40 钢轨拼接，CN 道岔的心轨为整铸式，前部采用与钢轨同一材质的钢坯经机械加工而成的三角形块，后部拼焊普通钢轨制造的长、短心轨。

三、转辙器结构

各国技术的道岔尖轨尖端均采用藏尖结构，藏尖深度均为 3mm，但尖轨尖端降低值不尽相同。CN 道岔在尖轨尖端附近采用了轨距加宽 15mm 的处理技术(即 FAKOP 技术)，如图 1-5-6 所示。目的是改善尖轨范围内的动力不平顺，减轻蛇行摆动，加厚尖轨从而延长使用寿命，但制造较为复杂。

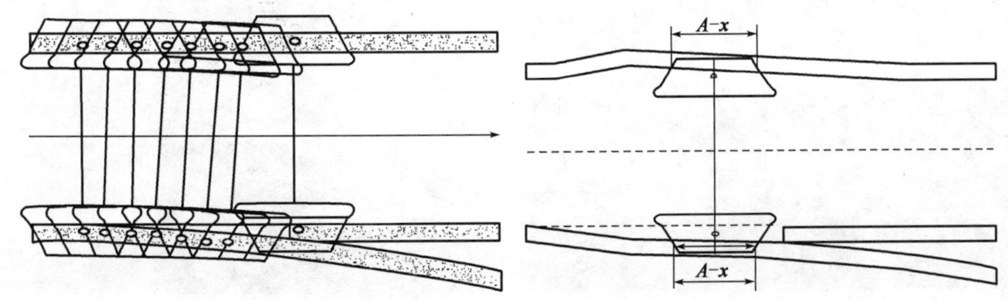

图 1-5-6　基本轨外侧加宽以减缓蛇形运动

18 号道岔尖轨伸缩位移设计值见表 1-5-6，其主要由两部分组成：一是尖轨跟端的伸缩位移；二是自由段的伸缩位移。为了防止尖轨伸缩位移过大产生卡阻，两种道岔均采取了不同的无缝道岔技术。

18 号道岔尖轨伸缩位移量设计值 表 1-5-6

道岔种类	自主研发道岔	CN 道岔
尖轨伸缩位移设计值(mm)	±30	±40

客运专线系列高速道岔的尖轨跟端传力结构有三种方式:一是设间隔铁(图 1-5-7);二是设限位器(图 1-5-8);三是不设任何传力结构,只用扣件固定。

图 1-5-7 尖轨跟端的间隔铁

图 1-5-8 尖轨跟端的限位器

设限位器的优点是传力较为明确,基本轨所受的附加力较小,但尖轨的位移较大。限位器受力时,容易造成尖轨的方向不准确,且多个限位器也很难同时受力。设间隔铁的优点是尖轨的固定比较牢固,尖轨的位移较小,也有利于保持尖轨的线形;缺点是基本轨承受的附加力较大,间隔铁本身的受力也较大。尖轨跟端只用扣件固定,结构较为简单,但尖轨的位移较大且难以控制,国内也缺少使用经验。

客运专线系列高速道岔按不同轨温差选用不同的传力结构。需要说明的是,对于限位器结构,在道岔锁定时,必须保证限位器子母块两侧的间隙偏差不大于 1mm。CN 道岔的尖轨跟端设置限位器(图 1-5-9、图 1-5-10),以减少尖轨跟端位移(不同号码的道岔设置不同数量的限位器)。

图 1-5-9 CN 道岔尖轨跟端的限位器

图 1-5-10 CN 大号码道岔的限位器

提速道岔在滑床板范围的基本轨内侧普遍采用弹片扣压,安装和拆卸不便,扣压力损失较大,为此客专线系列高速道岔改用弹性夹扣压,如图 1-5-11 所示。其优点是扣压力大,安装和拆卸较为方便。

CN 道岔采用滑床台与滑床板分离的方案,滑床台两侧采用两个单体弹条扣压基本轨。

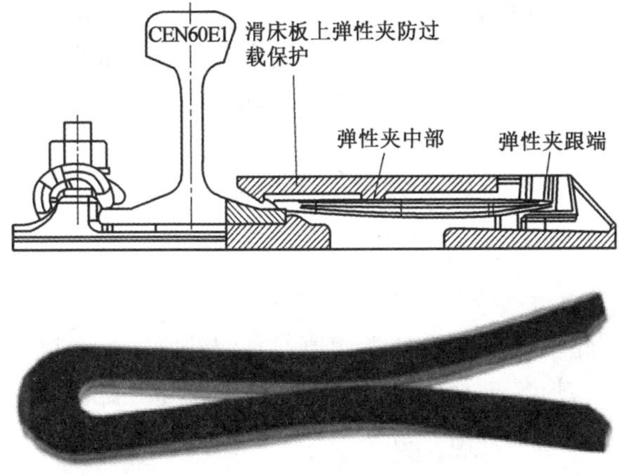

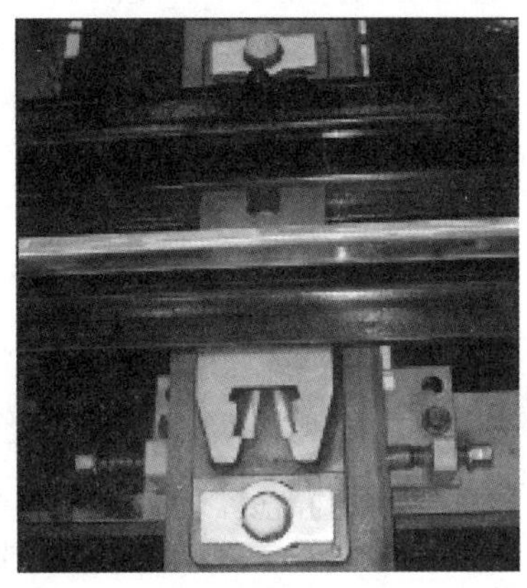

图 1-5-11　CN 施维格弹性夹

为减小振动和不足位移，尖轨和心轨的滑床台板必须采取减磨措施，客运专线系列高速道岔的方案是尖轨和心轨的滑床台板表面增设镍基合金—自润滑复合镀层。对于尖轨部分，每隔 3m 左右增设一对辊轮滑床板，辊轮结构如图 1-5-12 所示。采用该辊轮结构可以实现无级调高，最大调高量达 6mm，可以方便地保证辊轮与滑床台板的接触；缺点是对辊轮的安装调整有一定要求，否则达不到辊轮的效果。

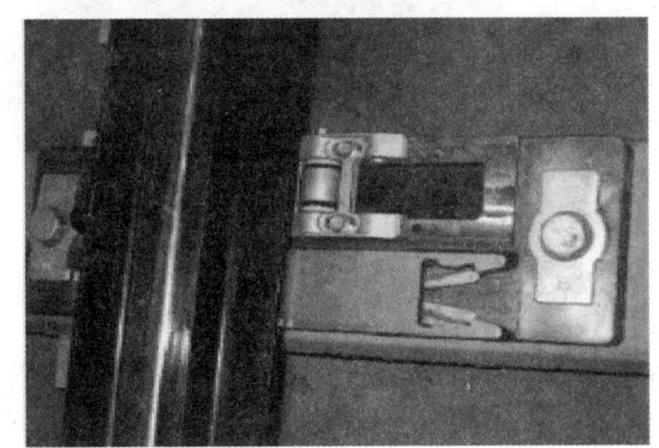

图 1-5-12　施维格辊轮

CN 道岔的方案一般采用减摩滑床板，如图 1-5-13 所示，高速道岔和普通道岔都用。

图 1-5-13　CN 道岔减摩滑床板

CN 道岔的减摩滑床板与法国的一样，分为带辊轮与不带辊轮两种，不同的是，德国的滑床台面上是一层灰黑色的减摩材料，表面还有一层蜡样物质，德国辊轮组件下部粘有一层厚 25 ~ 30mm 的弹性材料，且长度方向弹性呈梯度变化，最外侧辊轮高出台板 3mm，降低斥离尖轨在滑床板上的振动。

四、辙叉结构

提速道岔采用 60kg/m AT 钢轨锻压的特种断面翼轨，虽然满足了工电接口的要求，但使用中也出现了磨耗不均等问题。为此客运专线系列高速道岔专门轧制了特种断面翼轨，断面尺寸如图 1-5-14 所示。在心轨一动处，要对翼轨轨底和心轨轨底进行机械加工，如图 1-5-15 所示。心轨一动处工电接口如图 1-5-16 所示。

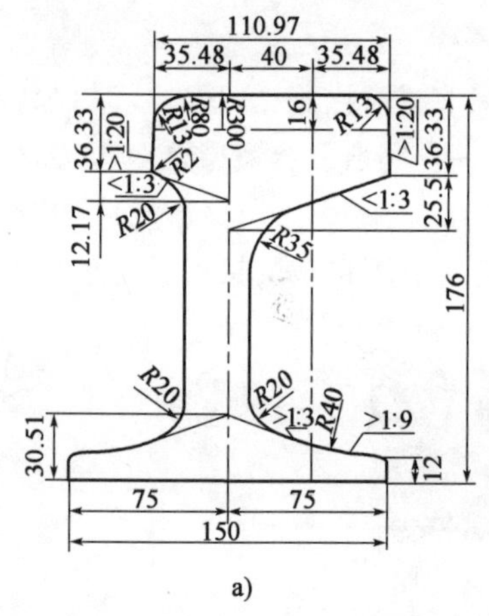

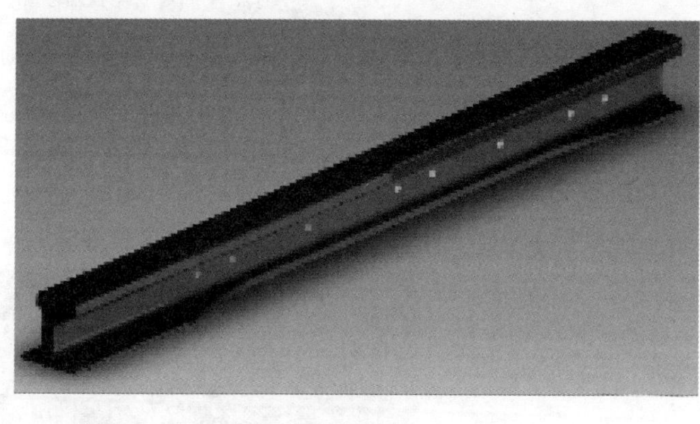
b)

图 1-5-14　特种翼轨断面(尺寸单位:mm)

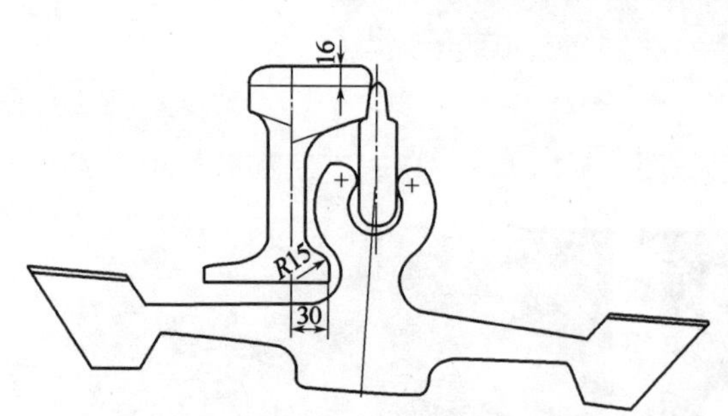

图 1-5-15　心轨一动处翼轨加工示意图(尺寸单位:mm)

图 1-5-16　心轨一动处工电接口示意图

由于目前的轧制特种断面翼轨定尺长度只有 22m，而 42 号、62 号道岔的翼轨长度分别为 27.45m 和 36.45m，考虑到 42 号、62 号道岔数量较少，而长定尺轨的运输较为不便，因此这两种道岔的翼轨采用特种断面翼轨与普通 60kg/m 钢轨厂内焊接的方式。

CN 道岔可动心轨辙叉的翼轨采用普通钢轨制造。心轨的牵引杆件穿过翼轨轨腰的长圆孔(图 1-5-17)，翼轨轨底不作切削。18 号道岔从翼轨轨底牵引的方式与国内类似。

客运专线系列高速道岔的心轨采用 60D40 钢轨组合的结构，具有制造简单、实现容易的特点，缺点是工电结合部的设计较为困难，整体性较差，但国内有多年的使用经验，技术相对成熟，如图 1-5-18 所示。CN 道岔的心轨为整铸式，如图 1-5-19 所示。

图 1-5-17　CN 道岔可动心轨的牵引方式

图 1-5-18　60D40 钢轨拼装式心轨

图 1-5-19　CN 道岔整铸式心轨

客运专线系列高速道岔取消了心轨前端的转换凸缘，采用机加工方式进行制造。心轨前端的结构如图 1-5-20 所示。

客运专线系列高速道岔和法国技术的 CZ 时速 350km 系列道岔，心轨前端采用水平藏尖结构，如图 1-5-21 所示。为此心轨与时速 250km 的高速道岔有所不同，心轨采用水平藏尖结构，道岔铺设时需保证心轨尖端至翼轨前端的距离。

18 号道岔尖轨跟端采用斜接，与岔跟钢轨拼接，如图 1-5-22 所示。42 号、62 号道岔采用双肢弹性可弯结构，如图 1-5-23 所示。

心轨的跳动除影响列车运行的平稳性外，对道岔的影响也较大，因此必须严格控制心轨跳动。客运专线系列高速道岔心轨采用顶铁扣压尖轨或心轨轨底、在翼轨上设置防跳卡铁、将心轨前端伸到间隔铁下三种防跳措施，如图 1-5-24 ~ 图 1-5-26 所示。

CN 高速道岔除在心轨尖端和顶铁上采取措施外，还采用了液压式防跳结构，即心轨转换密贴后，通过穿过心轨的杆件压住心轨。

图 1-5-20　心轨前端结构

图 1-5-21　道岔的水平藏尖结构

图 1-5-22　道岔心轨跟端的斜接头

图 1-5-23　道岔双肢弹性可弯心轨

翼轨跟端结构是指翼轨与心轨或岔跟尖轨的连接方式，长期以来，国内采用间隔铁连接，并在间隔铁与钢轨之间采用胶接，取得了较好的使用效果，为此客运专线系列高速道岔客专道岔也采用该跟端结构，在翼轨与心轨或岔跟轨之间设置两个大间隔铁，并在厂内胶接，如图 1-5-27 所示。对于 42 号道岔，在岔后两心轨间，增设了两个间隔铁，并与大垫板相连，如图 1-5-28 所示。

图 1-5-24　顶铁防跳

图 1-5-25　翼轨上的防跳卡铁

图 1-5-26　心轨前端防跳结构

图 1-5-27　翼轨跟端结构

图 1-5-28　道岔后端心轨与大垫板的连接

CN 道岔大号码道岔心轨拼接分开点为 250～270mm 断面，接着为 4～5 块间隔铁式顶铁，再往后一直到固定点为内轨撑。辙叉跟端下部为很长的大垫板，心轨—心轨、翼轨—心轨间长大间隔铁通过螺栓与大垫板连接，同时还有横向螺栓连接。其不足位移通过预加反变形消除，控制标准为 0.5mm/2m，全长 2mm，如图 1-5-29 所示。特别指出的是 CN 道岔的 18 号道岔的岔跟尖轨用厚腰钢轨制造。

图 1-5-29　CN 道岔翼轨跟端结构

客运专线系列高速道岔的 18 号道岔侧线设置护轨，护轨采用 UIC33 槽型轨制造，护轨垫板内侧采用弹性夹扣压基本轨，如图 1-5-30 所示，而 CN 道岔的 18 号道岔不设置护轨。

a)

b)

图 1-5-30　护轨及护轨垫板

五、扣件系统

客运专线系列高速道岔采用弹条Ⅱ型扣件，通过铁座和轨距块扣压基本轨，结构形式与提速道岔相同。轨下设有 5mm 厚橡胶垫板，在可动心轨辙叉的翼轨前半部分轨下设 7mm 厚橡胶垫板，后半部分不设橡胶垫板(铁垫板上焊有台板)。

在辙后、叉前等安装支距扣板的位置及可动心轨辙叉安装轨撑、扣铁等位置，T 形螺栓需从上向下安装，到底后旋转 90°上提，再拧紧螺母。平时需保持螺栓的紧固状态，防止螺栓脱落，如图 1-5-31、图 1-5-32 所示。

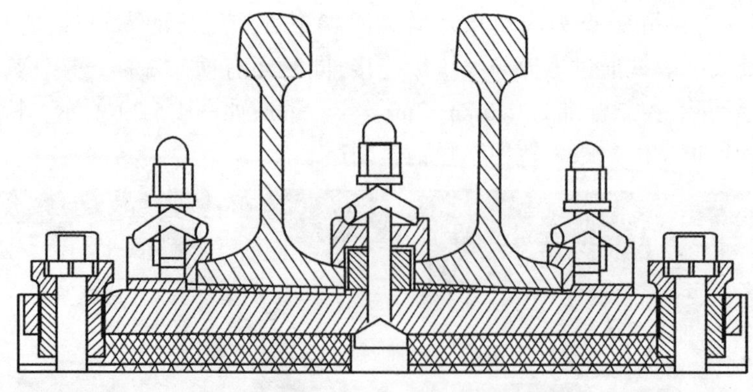

图 1-5-31　轨距扣板安装

翼轨外侧设置了轨撑，为增加翼轨的稳定性，轨撑结构与提速道岔有较大不同，如图 1-5-33、图 1-5-34 所示。

CN 道岔在尖轨跟端采用了窄小的弹性扣件(SKL12 弹条扣件)，扣压力为 10～12kN。该扣件系统简单实用，能很好地保持道岔线形。在支距更小的部位也采用刚性扣压，如图 1-5-35 所示。

图 1-5-32 辙叉双边扣板示意

图 1-5-33 自主研发道岔翼轨轨撑结构

图 1-5-34 BWG 道岔翼轨轨撑结构

图 1-5-35 CN 道岔在尖轨跟端的扣件类型

六、转换设备

客运专线系列高速道岔及 CN 道岔均采用多机多点转换方式，转换设备主要包括转辙机、外锁闭装置、密贴检查器、安装装置等。CN 道岔还包括液压下拉装置。自主研发道岔可采用 ZDJ9 电动转辙机、ZYJ7 电液转辙机和 S700K 电动转辙机，CN 道岔主要采用 S700K 电动转辙机。

客运专线系列高速道岔尖轨各牵引点均采用钩形外锁闭，主要由连接铁、销轴、锁钩、限位夹板、锁闭框、锁闭铁、锁闭杆及连接紧固件等组成。心轨一动处锁闭采用的结构形式主要由锁钩、锁闭杆、锁闭框、锁闭铁及连接紧固件等组成。

CN 道岔采用 HRS 外锁闭机构，其适应尖轨伸缩能力强，道岔开口相对较小，但结构复杂，零部件较多，对尖轨与基本轨的配合尺寸要求高。

七、无砟道岔与有砟道岔主要区别

对于无砟道岔和有砟道岔，客运专线系列高速道岔的钢轨件基本相同，但由于无砟道岔按 350km/h 设计，因此心轨采用水平藏尖轨结构，可动心轨辙叉部分尺寸不同。除此之外，两者主要区别如下：扣件系统的刚度不同，扣件节点刚度有砟为 50kN/mm，无砟为 25kN/mm；由于可动心轨辙叉的尺寸变化，辙叉的电务转换设备不同；混凝土岔枕不同。

八、客运专线系列高速道岔主要技术创新点

客运专线系列高速道岔主要技术创新点主要有：

(1)18 号道岔平面线形采用相离半切线形曲线尖轨(相离值为 12mm),从而加厚了尖轨轨头宽度,延长了尖轨使用寿命。

(2)采用专门轧制的 60D40 钢轨制造尖轨和心轨。

(3)研发了轧制特种断面钢轨,用以制造翼轨,使心轨和翼轨均采用机械加工的方式制造,提高了翼轨的整体性和强度,避免了热加工对心轨、翼轨的不利影响。

(4)尖轨跟端有三种不同方式的传力结构,可适应不同的无缝线路轨温变化幅度。

(5)优化了尖轨、心轨顶面降低值和加工轮廓,有利于提高列车运行平稳性。

(6)研发了 42 号、62 号道岔可动心轨辙叉的双肢弹性可弯结构。

(7)转辙器部分设置了辊轮滑床板,有效减少了扳动力。

(8)滑床板和护轨垫板部分采用弹性夹扣压基本轨,不仅提高了扣压力,也方便了扣件的装卸。

(9)铁垫板采用全硫化技术,提高了铁垫板的整体性,实现了道岔区刚度均匀化。

(10)优化了工电连接方式,方便了转换设备的调整。

(11)62 号道岔尖轨长度为 54.44m,采用整根 60D40 钢轨制造,中间不焊接。

第五节　高速道岔制造技术

一、轨件制造工艺

客运专线系列高速道岔尖轨和长心轨采用 60D40 钢轨制造,跟端模锻成 60kg/m 标准断面钢轨。CN 高速道岔尖轨采用 60E1A1(即 Zul-60)钢轨制造,跟端模锻成 60kg/m 标准断面钢轨。客运专线系列高速道岔尖轨和长心轨的锻压跟端有 1:40 的斜度,而 CN 高速道岔尖轨的锻压跟端无 1:40 的斜度。

两种道岔均采用电加热方式,同时采用温控仪控制加热温度,以保证在工艺规定的温度范围内锻压尖轨跟端,并进行热处理,如图 1-5-36 所示。热处理完成后,通过机械加工,形成普通标准钢轨断面,并进行磁粉或超声波探伤。

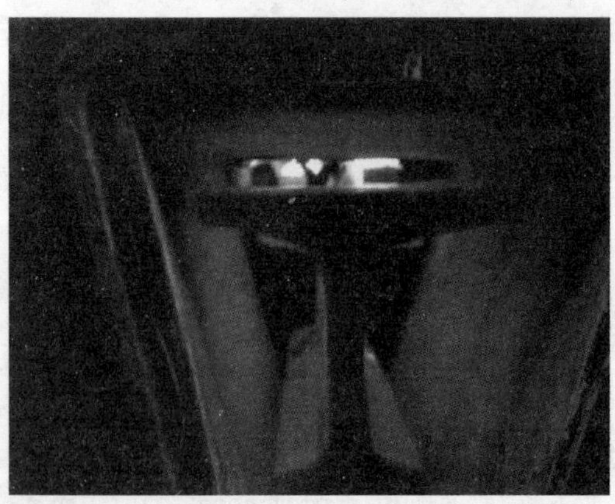

图 1-5-36　钢轨加热

钢轨件下料通常采用钢卷尺测量再加上温度补偿确定下料尺寸,或采用先进的锯钻一体机数控系统自动下料,可以自动补偿温度影响。钢轨钻孔一般采用联合锯钻、数探钻床或普通摇臂钻床,采用摇臂钻床时需设计专用样板,以保证高度和长度方向的钻孔精度。

钢轨件的调直、顶弯采用避免产生压痕工艺施工,如图 1-5-37 所示,顶弯的检测在

专用平台上完成，保证单件加工顶调的质量。

CN 高速道岔心轨锻造叉尖的主要工艺流程为：毛坯锻造→预加工→热处理→焊接跟部连接轨→精加工。毛坯锻造强度等级为 R260 钢轨等级，预加工工序中轨头预留加工量，其他部位加工到位。通过热处理工序将叉尖轨头部位强度等级达到 R350HT 钢轨等级。跟部两根连接轨的焊接采用闪光对接焊工艺，焊缝位置热影响区的强度和范围达到相应的技术要求。对锻造叉尖轨头部位进行精加工，并延长加工跟部的连接轨部分区域，使轨头工作边线形满足设计要求。

钢轨件的轨头和轨底采用专用数控铣床加工，如图 1-5-38 所示。为保证加工精度和较好的表面粗糙度要求，各加工工序根据需要采用多次铣削方式进行粗铣和精铣，以保证加工尺寸和外观质量要求。客运专线系列高速道岔尖轨、心轨的工作边和轨顶纵坡分别用不同的刀具加工，CN 高速道岔尖轨、心轨的工作边和轨顶纵坡采用一体刀具加工。

图 1-5-37　钢轨顶调

图 1-5-38　龙门数控铣床加工轨件

二、垫板制造工艺

客运专线系列高速道岔和 CN 高速道岔均采用了铁垫板整体硫化技术。国产高速道岔铁垫板一般用钢板加工，滑床台板、护轨台板、撑板结构较为复杂，采用精密铸造后加工的方法进行生产。CN 高速道岔除了支距垫板为钢板加工和铁座焊接而成，其余均为锻造件，铁座与基板锻造为一体。

客运专线系列高速道岔滑床台板与底板采用焊接。滑床台板尾部结构形状复杂，各部尺寸关联紧密（图 1-5-39），对尺寸公差要求非常严格，为此需严格控制机加工的偏差。通过专用的工装，控制垫板组焊时铁座、滑床台板的定位精度。垫板焊缝探伤检测如图 1-5-40 所示。

CN 高速道岔滑床台板与底板为分体方式。滑床台板和底板均为锻造件，仅个别部位需进行少量机加工，滑床台板表面采用铝硅涂层减小摩擦及防腐。

三、高速道岔组装和系统集成

道岔组装是道岔制造的关键工序，是保证道岔整体质量的重要环节。道岔组装包括基尖轨组装、可动心轨辙叉组装和整组道岔的厂内预铺。道岔组装在专用的高精度检测平台和组装平台上进行，组件组装合格后，对轨件进行单件柔性起吊，并放置在专用吊篮中进行转运，严格保证轨件在运抵试铺场地后保持优良的质量状态，如图 1-5-41、图 1-5-42 所示。

图 1-5-39　滑床台板示意

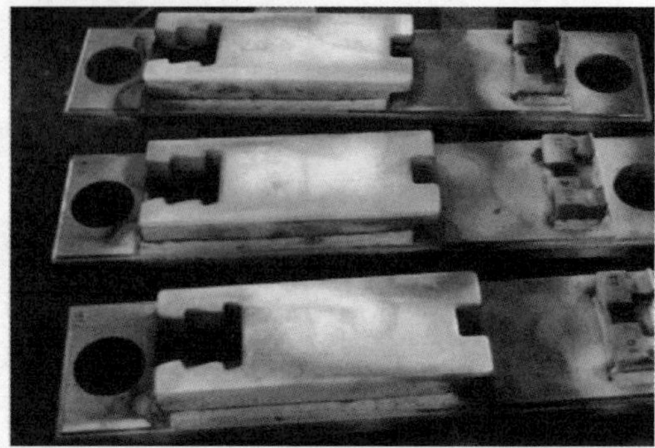

图 1-5-40　垫板焊缝着色检验探伤

图 1-5-41　道岔转运吊篮

图 1-5-42　道岔长大轨件柔性调运

道岔组装分初装和精调。道岔初装包括试装平台调试、岔枕摆放、道岔部件连接等，重点控制道岔试装平台的正确性、岔枕摆放的位置及方正、轨件和垫板件连接的正确性。道岔精调的目标是使道岔铺设质量状态达到技术标准要求，精调重点解决道岔线形、轨向、水平、结构、密贴等问题，如图 1-5-43 所示。

道岔试制按系统集成的方式，将道岔钢轨件、连接设备、扣件系统、岔枕及转换相关设备作为统一整体进行考虑。

图 1-5-43　高精度试铺平台

CN 高速道岔设计、制造、运输按系统集成的方式考虑，轨枕埋入式无砟道岔经预组装后，整体发运到施工现场，板式无砟道岔同样在工厂内逐组用岔枕进行预组装，预组装包括所有工务和电务装置。基尖轨组装无需进行单独的组装，直接进行道岔预组装。叉心在专门的组装平台上进行组装。道岔整体预组装即在工作台上将岔枕、轨件、各种零配件、锁闭装置和转换设备等所有工务和电务设备全部组装在一起进行调试。

第六节　高速道岔运输和铺设技术

高速道岔的运输和铺设是道岔技术的关键组成部分，与道岔的设计和制造环节并重。

德、法两国均采用专用的道岔运输车和机械化铺设作业，其目的是为了保证高速道岔的高平顺性，在吊装、运输和铺设中采用长达 20m 的平板车、大吨位起重机、吊具、移位台车等专用设备。为了保证道岔组装质量，德国道岔采用带轨排的分段整体发运方式，并为此研发了道岔岔枕的铰接技术。有砟道岔铺设后的养护维修采用道岔捣固车进行作业，保证道床的密实和稳定以形成对道岔的稳定支撑；无砟道岔铺设使用并发展了精密测量技术，在道岔精调中使用了调试软件。

在我国高速铁路道岔的铺设过程中，管理部门特别重视道岔的铺设技术和道岔铺设质量，编制了《道岔铺设技术条件》和《铺设手册》，规范了道岔施工作业，并对道岔铺设提出了严格要求；成立了专业化道岔铺设队伍，研发了道岔铺设专业机械设备和工装，发展和形成了多种道岔铺设方法和工艺；开发了道岔精调软件，使用并发展了精密测量技术。从道岔铺设验收质量和运营实践来看高速铁路道岔铺设质量优良、可控。

道岔铺设要重点把握吊装、运输、存放、组装、焊接和精调等几个关键环节。

一、道岔铺设特点

道岔铺设的主要特点有：

(1) 高速道岔现场组装后，其几何尺寸要达到毫米级精度（轨距、支距：±1mm；水平、高低、轨向：±2mm），对道岔组装和铺设质量要求高。

(2)高速道岔长大钢轨件、钢轨组件和轨排的装卸、移位铺设需采用专门的机械设备,如长达20m的平板车、大吨位起重机、大型捣固机和稳定车、专用吊具等。

(3)道岔铺设,尤其是无砟道岔铺设需要和精密测量相结合,准确测定道岔的三维空间坐标。道岔调试需要轨道检测小车、全站仪和相应的调整软件支持。无砟道岔铺设包括基础沉降变形的严格控制及混凝土道床的施工,技术较复杂。

(4)预制板式无砟道岔的铺设技术包含道岔板的制造和铺设,道岔板的制造和铺设精度是影响道岔铺设质量的重要因素。

(5)高速铁路道岔铺设验交后需满足列车以设计速度通过,线路开通即达到设计速度是高速道岔铺设的显著特点。

二、道岔的吊装、存放和运输

高速道岔轨件为细长结构,在吊装、存放和运输中极易发生不能恢复的塑性变形,影响道岔的精度和铺设质量。为此针对道岔运输,编制了道岔装载方案,并经过运输部门的审批,道岔装载完毕后,要经过道岔监造单位逐车检查,符合装载方案的规定后方可发运出厂。

《高速道岔技术条件》和《铺设手册》等相关技术文件对道岔吊装、存放和运输提出了如下严格要求:

(1)道岔吊装、运输与存放不得损坏、污染所有组件。吊装应使用满足要求的起重机械及吊具,按标记位置起吊道岔组件。

(2)码放尖轨和基本轨组件、可动心轨辙叉组件、配轨、轨排的场地应平整,道岔钢轨件分类存放,并保留临时固定装置。尖轨和基本轨组件、可动心轨辙叉组件、配轨、轨排码垛层数不宜多于4层,每层用木质垫块垫实垫平,垫块应按高度方向垂直设置。岔枕按长短顺序码垛,每层岔枕间应有竖向对齐的两块垫木,码垛不应超过5层。道岔所有的零部件应采取防雨措施。

(3)尖轨和基本轨组件、可动心轨辙叉组件、配轨、轨排,应采用不致使其产生塑性变形的运输方式。岔枕采用平板车或专用车辆运输,多层码垛时,每层应用木质垫块垫实垫平,组装有铁垫板的岔枕,层间垫块的高度应高于铁垫板。道岔宜采用整体分段(带岔枕)运输方式。转换设备应采用专用包装箱包装运输。道岔所有的零部件(钢轨件除外)应采取防雨措施。

高速铁路道岔的运输方式分散件运输和整组分段运输两种。

散件运输如图1-5-44所示,即将尖轨和基本轨组件(包括基本轨、尖轨和连接件)、辙

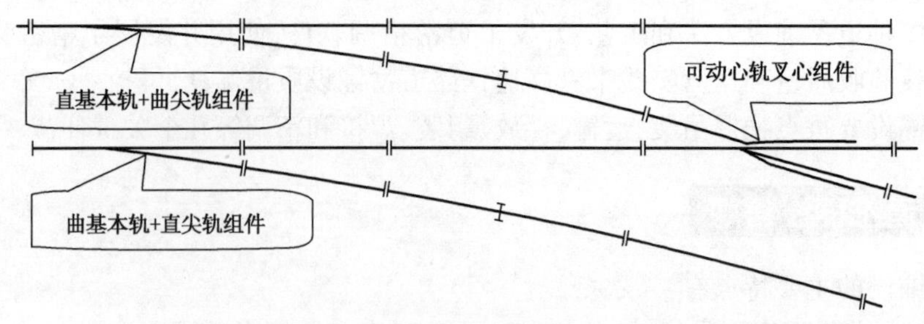

图1-5-44 道岔散件运输方式

叉组件(含翼轨、心轨、连接件和铁垫板)和其他轨件、垫板、岔枕等道岔散件运输至铺设现场。所有客运专线18号道岔和板式无砟轨道的CN18号道岔采用散件运输的方式,大于18号的高速铁路道岔则全部采用散件运输方式。

整组分段运输,即将道岔钢轨件、扣件和轨枕在工厂内组装成轨排,一组道岔分成几段整体运输。为解决岔枕过长带来的运输超限问题,长度超过3.2m的轨枕在道岔侧股断开,中间采用铰接结构连接。CN18号有砟道岔和轨枕埋入式无砟道岔采用整组分段运输方式。

相对于散件运输,整组分段运输能够保证道岔的制造质量和组装精度,有利于提高道岔铺设质量。

三、道岔铺设方法和工艺

道岔铺设分原位铺设法和移位铺设法两种。原位铺设法即道岔部件散件运输至铺设现场,在具体的铺设地点将散件一一组装成整组道岔。移位铺设法包含两种形式:一种是道岔在工厂内组装,分段运输,采用专用施工机械现场拼接铺设;另一种是采用散件运输,在施工现场设置专用组装平台进行组装,再采用专用施工机械整体移位至铺设地点并进行铺设的方法。可视不同的铺设条件选用相应的铺设方法。

下面以无砟道岔铺设为例,简要介绍道岔铺设工艺。

无砟道岔铺设方法分三种,即轨枕埋入式无砟道岔原位铺设法、轨枕埋入式无砟道岔移位铺设法和预制板式无砟道岔铺设法。

1. 轨枕埋入式无砟道岔原位铺设法施工工艺

(1)施工工序与工艺

①测量定位。分别测设岔首、岔尾及轨排接缝的中桩及外移桩。通过吊垂球或工装辅助的方法定位。

②铺设组装平台。根据轨排铺设位置在支承层或桥面保护层顶面摆放方钢(矩形管),根据施工特点不同,也可在已经绑扎的钢筋网上摆放方钢(矩形管),注意避开竖向支撑螺杆位置。方钢矩形管顶面高程应低于岔枕桁架钢筋底面设计高程10~20mm。

③道岔组装。道岔的组装步骤为:岔枕安装与初调(水平和位置调整)、道岔扣件垫板安装与定位、摆放可动心轨辙叉、安装基本轨和尖轨组尖、摆放连接轨和连接件。

④竖向支撑螺杆安装和高程调整,地锚或侧向支撑安装,横向调整。

⑤拆除组装平台、绑扎钢筋、立模板。

⑥道岔的一次精调(校核精调)。

⑦道岔电务转换设备安装。

⑧工电联调。

⑨拆除转换设备。

⑩检查、精调和固定。

⑪混凝土浇筑、养生拆除支撑系统,拆模。

⑫检查、精调。

⑬焊联道岔。

⑭安装转换设备、工电联调。

⑮检查、调整、维护、验收。

逐条按照铺设技术条件要求进行检查、调整和复检。二次精调完毕后，对各部螺栓进行再次复紧。

(2)关键技术

①无砟轨道道岔区的精调和固定采用道岔侧向和竖向支撑调整系统实现，该系统包括侧向支撑调整装置和长岔枕区域竖向辅助支撑调整装置，其与道岔专用测量系统配合使用，完成无砟轨道道岔的精调和固定。支撑调整系统的精度、调整能力和稳固性是轨枕埋入式无砟道岔铺设关键技术之一。

②轨道系统精密测量技术和岔枕轨道几何状态精调技术。

2. 轨枕埋入式无砟道岔移位铺设法施工工艺

移位法铺设道岔和原位法铺设道岔的区别在于完成测量定位和铺设组装平台后，直接吊装轨排并连接成整组道岔，省去了道岔的组装环节。其他工艺与原位铺设法相同。

3. 预制板式无砟道岔铺设法施工工艺

(1)轨下基础结构形式

预制道岔板厚度为240mm，其上设置宽340mm、纵向间距600mm的横向承台，承台表面水平。承台间的道岔板表面设置0.5%的横向排水坡及横向预裂缝，缝深4cm，混凝土强度等级为C55，设置HRB335级钢筋，钢筋混凝土结构，工厂预制。

混凝土底座厚度为180mm，底座混凝土强度等级为C40，采用流动性好的混凝土(自密实混凝土)现场浇筑。底座板延展贯穿于整个道岔，横向宽度较相应的道岔板宽220mm，突出的边缘向轨道系统外侧设置2%的排水坡。

找平层厚度为200mm，横向宽度较相应的底座宽180mm，突出的边缘向轨道系统外侧设置2%的排水坡。混凝土强度等级为C25，不配筋，素混凝土结构。

(2)施工工艺

①基板安装。

②基本轨和尖轨安装。其安装顺序为依次安装基本轨、尖轨滑板、尖轨和扣件。

③辙叉安装。辙叉为整体结构，钢轨件与扣件系统组装成一个整体，安装重点在调高垫片上。

④导由线安装。放置中间垫片，注意型号和方向。导曲线和基尖轨的轨缝控制在4~6mm范围。曲股绝缘部分通过样冲点调整。

⑤安装锁闭装置。

⑥安装下拉装置。

⑦安装转辙机和液压机。

⑧安装密检装置。

⑨安装动作杆。

(3)板式无砟道岔铺设关键技术

①道岔板的精调测量。精调测量是实现道岔板铺设高精度的关键技术，其主要步骤包括数据准备；道岔板基准点、角点和精调抓垫块等特征点的放样；道岔板基准点测设和平差计算；道岔板的精调及复测；道岔板底座板灌浆后的验收复测。

②自密实混凝土制备及施工。为保证精调完成的道岔板精度和底座板灌注质量，底

座板采用自密实混凝土施工,自密实混凝土施工质量是道岔板式整体道床施工质量的关键,其特点是低水胶比、多掺合料、多细集料、粒径锦小的高流动性、高黏聚性、不需要振捣、防收缩性混凝土,其配合比需要既能满足混凝土强度、密实度、耐久性等的内在质量要求,也能满足高流动性、空间填充性的施工工艺要求。

4. 无砟道岔铺设经验总结

(1)严格按技术条件要求吊装、运输、存储道岔钢轨组件和零部件,防止其产生变形或损坏,尤其对大号码道岔钢轨件和轨排的吊装进行有针对性的研究和机具准备。

(2)与铺设道岔类型相匹配的施工机具的准备,包括道岔部件和轨排的吊装、运输设备,现场移位机具,钢轨焊接设备,轨道检查车和配套的测量系统。

(3)与有砟道岔施工不同,无砟道岔一经浇筑混凝土即完成定位,出现位置不准确等问题很难进行调整,因此应准确测设道岔位置并布设控制桩,道岔严格按控制桩铺设就位。

(4)对于运输条件好、工期较紧的大号码无砟道岔施工项目,“工厂预组装、分节段运输、现场精调并灌注混凝土”的轨枕埋入式无砟道岔施工方法是保证道岔施工质量较好的选择。道岔区的精调和固定采用道岔侧向和竖向支撑调整系统实现,支撑系统的调整能力和稳固性是保证最终铺设精度的关键。

(5)对于板式无砟道岔,道岔板的制造和铺设精度、自密实混凝土制备和灌注是保证道岔整体质量的技术关键。

(6)道岔调整宜采用专用分析软件进行分析,以达到用最小调整量换取最佳轨道线形的目的。

(7)重视道岔区钢轨焊接和接头打磨。

四、道岔精调

道岔精调是高速铁路轨道施工的关键环节。要保证高速动车组安全、平稳、舒适运行要求,必须在联调联试之前及期间进行系统的轨道检测和精细调整。

1. 道岔精调分类

道岔精调分为静态精调和动态精调。

静态精调是根据对道岔结构和轨道几何的测量、计算和分析,通过起、拨道和调换扣件部件等方法,将道岔及两端线路状态调整至规范允许的范围内,满足设计要求。

联调联试阶段,综合检测车可以检测道岔安全性指标、平稳性指标及车体加速度,轨道检查车可以检测道岔区动态几何不平顺,车载式线路检查仪可以检测列车通过道岔时的车体加速度。根据上述检测指标,对道岔局部缺陷进行修复,对道岔及两端几何尺寸进行微调,对轨道线形进一步优化,使轮轨关系匹配良好,进一步提高高速行车的安全性及平稳性,是对轨道状态及精度进一步完善和提高的过程,称为动态调整。

2. 道岔精调内容和目的

道岔精调的主要内容有道岔构造尺寸、岔区轨道几何平顺性以及转换锁闭设备性能的调整。其中,道岔构造尺寸包括轨距、支距、各部间及间隙尺寸、部件匹配尺寸等,轨道几何平顺性包括轨向、高低、水平和扭曲等,转换锁闭设备性能包括锁闭设备适应尖轨伸缩的能力、各牵引点同步性、转换锁闭设备的锁闭和探测能力等。

道岔精调的主要目的是消除或改善由道岔制造、运输造成的变形和缺陷;消除或改善由于测量造成的误差积累和施工工艺引起的道岔状态变化(如焊轨、锁定等);弥补由于道岔施工工艺不当和过程质量控制不严造成的轨道状态不良;与区间轨道顺接,消除长波不平顺。

3. 道岔静态精调技术

(1)施工准备

①人员和设备准备。根据高速道岔的技术特点、工况条件和施组安排,合理配置精调施工所需的测量人员和现场其他作业人员。

②根据《高速铁路工程测量规范》(TB 10601—2009)的有关要求,对 CPⅢ控制网进行复测。

③轨道检查及处理。

(2)检测

采用全站仪、轨道检测仪等检测设备对道岔构造尺寸、岔区轨道及前后过渡段范醋的轨道几何平顺性进行系统测量并采集数据。使用弦绳、板尺、塞尺、轨距尺、支距尺和游标卡尺等进行辅助和核对。

①设站。全站仪自由设站时,至少后视 8 个 CPⅢ控制点,如果现场条件不满足,至少后视 6 个 CPⅢ控制点。全站仪后视时,与最近控制点之间的距离大于 15m。

②数据采集。数据采集前,复核输入的 CPⅢ数据库、线路设计数据和精测系统参数等;数据采集时,轨道检测仪由远及近向全站仪方向进行测量,且与全站仪最小距离不宜小于 5m,并保证工作的连续性;第一站采集完成后,下一测站与上一测站最后一个测点距离约 50m,且两站后视至少有 4 个 CP 固点相重叠,采集数据重叠至少 10 根岔枕,下测站依此类推。

(3)调整量模拟分析及调整方案的制订

轨道检测仪数据报表主要有 8 项,包括轨枕号、里程、竖曲线和平曲线绝对精度,水平、轨距、竖曲线和平曲线相对精度(高低和方向)。将采集的数据以 Excel 方式导入精调软件即可得到道岔在水平、轨距、高低、方向等的偏差,并自动给出每根岔枕位置钢轨的左右和高低位置调整量。根据上述分析数据,并结合道岔结构特点制订调整方案。

(4)精细调整

道岔精调的原则为先直股后曲股、先水平后方向、先整体后局部、直曲兼顾。

①水平和高低调整。根据报表中竖曲线整体数据分析结果,对超限处所更换调离垫板进行水平和高低精调。

②轨距和方向调整。根据报表中平曲线数据分析结果,对超限处所更换调距备件进行轨距和方向调整。固定好弦线架,用板尺逐个测量岔枕与弦线的距离并记录,通过更换轨距调整备件调整轨距和钢轨的方向。

③钢轨件间密贴、钢轨件与顶铁间密贴调整。用塞尺逐一检查钢轨件间密贴、钢轨件与顶铁间密贴,间隙超过 1mm 时要予以调整。

④尖轨和心轨轨底与辊轮滑床板密贴调整。用塞尺检查轨底与滑床板的密贴,当尖轨和心轨锁闭时,且轨底与滑床板的间隙超过 1mm 时要予以调整。调整方法一般为:将滑床板滑床台上表面调整到同一高程,调整辊轮符合技术条件要求,尖轨和心轨弓腰时要及时维修或更换。

⑤降低值调整。尖轨相对于基本轨的降低值偏差超过 1mm 且影响行车稳定性时,可通过更换不同厚度基本轨轨下橡胶垫板,调整尖轨相对于基本轨的降低值。调整方法一

般为:降低值调整量大于1mm且小于2mm时,设置两级过渡。降低值调整量大于等于2mm时,应更换尖轨和基本轨组件。

(5)工电联调

道岔线形调整到位后,对密贴、间隙及转换设备的状态和性能进行工电调整。工电联调内容包括转换杆件沿线路纵向偏移量,转辙机安装螺栓孔与基本轨直线距离偏差,各牵引点两侧锁闭框中心位置偏差,各牵引点心轨外锁闭两侧锁闭量相差,尖轨和心轨转换阻力及转换设备在牵引点和牵引点间的探测能力。

4.道岔动态精调技术

(1)动态检测手段及数据分析

动态检测手段包括综合检测车、轨道检查车、车载式线路检查仪等,主要检测道岔安全性指标、平稳性指标、车体加速度和动态几何不平顺等指标。

轨道动态精调前,应全面分析动态检测相关报表和波形图。轨道检测资料有轨道Ⅰ~Ⅳ级超限报告表、公里小结报告表、TQI指数、波形图及动力学报告等。缺陷类型主要有高低、水平、三角坑、轨向、轨距、垂向加速度、水平加速度及动力学指标超限。

导致减载率超标的主要原因是轨面高低短波不平顺(波长0.1~3.0m,波幅0.5~1.0mm),主要表现为接头平直度超限、扣件缺陷或轨下支撑刚度突变等,现场核查时应重点检查焊缝平直度及扣件、垫板的状态等。

导致横向力偏大的主要原因是轨向连续多波不平顺、轨向和水平的复合不平顺、接头工作边平直度超限等,现场核查时应重点检查轨向和水平,可结合波形图一并检查分析,同时检查扣件、垫板的密贴状况。

导致脱轨系数超标的主要原因是轮轨水平力偏大或轮轨垂直力偏小,现场核查时应重点检查焊缝和扣件状况、轨向和水平偏差及两者复合不平顺。

导致车体加速度超标的主要原因是中长波的轨向和高低不平顺,应重点检查道岔尖轨顶面光带、道岔和区间轨道的顺接情况。

(2)现场复查与调整

综合汇总各种检测报表,对轨道检测报告中Ⅱ~Ⅳ级偏差、轨道检测波形图中突变点、动力学检测指标超限点、动车添乘明显晃车处所等进行静态检查,分析静态复测资料,确定缺陷类型。对报表缺陷里程前后各50m范围采用轨道检测仪、轨距尺、弦线、1m平尺、塞尺等进行检查,必要时适当扩大检查范围。

首先对区段范围内的扣件、垫板进行全面检查,确认无异常后开始轨道几何尺寸检查。轨向用10m、20m弦线和轨道检测仪检查,轨距用轨距尺检查,水平、高低用轨距尺、弦线和轨道几何测量仪检查轨向、轨距、高低、水平均逐根轨枕连续测量。三角坑(基长2.5m)根据水平测量值,每隔3根轨枕计算水平变化率。

对轨道质量指数TQI明显偏大(3.6及以上)区段、轨道检测几何尺寸成区段连续多点接近Ⅱ级偏差、轨道检测波形图中存在连续多波不平顺区段、动车添乘成区段连续晃车等地段采用轨道检测仪对轨道状态进行全面、系统测量。查找到缺陷后,按照静态调整方法进行调整。

动态调整往往不能一次就位,需要结合动态检测数据进行重复调整才能消除各种动态缺陷,甚至需要调整尖轨降低值等道岔本身构造缺陷来实现道岔高平顺性。

第六章　扣件系统

第一节　主 要 性 能

高速线路的高安全性和高平顺性对扣件系统提出了更高的技术要求,高速铁路扣件系统应具有以下主要性能。

一、保持轨距能力

扣件系统应保持由钢轨和混凝土轨枕(或轨道板)组成的轨道框架几何特征稳定,即保持轨距和防止轨距扩大,同时增强轨道框架的弯曲和扭转刚度,以保证轨道框架的稳定性。

二、防爬阻力

扣件系统应能防止钢轨相对于轨枕的纵向位移,即防止钢轨爬行,这就需要扣压件有足够的扣压力,扣压力衰减要小。桥上轨道结构设计必须要考虑无缝线路由于温度变化或在列车荷载等作用下梁轨间发生相对位移而产生的相互作用力,而梁轨间相互作用力的大小与线路纵向阻力值密切相关,线路纵向阻力太大,将会相应增加线路传递到桥梁墩台的纵向力和钢轨应力;如果太小,可能导致钢轨爬行或冬季发生断轨时断缝过大而影响行车安全,因而桥上扣件系统设计应考虑这些影响,扣件阻力应满足无缝线路的铺设要求。扣件纵向阻力的大小与扣压件扣压力、轨底与轨下垫层的摩擦系数密切相关。为保证扣件受力均匀,桥上扣件的布置不应采用松紧相间的形式,而应根据桥上无缝线路设计要求的线路纵向阻力,调整扣件弹条扣压力值,以保证在全桥一定范围内扣件螺栓扭矩大小一致。

三、零部件和维修工作量

高速铁路轨道维修作业一般在较短的夜间天窗时间内进行,要求扣件系统零部件少和养护维修工作最少,这就要求扣件系统在期望的使用寿命周期内,各部件不产生疲劳伤损和显著的残余变形;当扣压件和轨下弹性垫层产生磨耗和残余变形时,扣件阻力减小不大,扣件螺栓无需经常进行复拧。

四、钢轨高低与左右位置调整性能

高速铁路的高平顺性要求扣件系统采用较少备件、作业方便、能精细地调整钢轨的高低和左右位置。无砟轨道由于受施工误差和基础沉降变形等因素的影响,钢轨高低和轨向的变化不能像有砟轨道那样进行起道和拨道作业,只能通过扣件进行调整,因此要求其配套扣件系统具有较强的钢轨高低和左右位置调整性能。

五、减振性能

为缓和高速列车对轨道的动力作用,要求扣件系统具有良好的弹性。有砟轨道弹性道砟层可缓和轮轨相互作用及其对碎石道床的冲击。无砟轨道由于取消了提供线路弹性的道砟层,轨道弹性主要由扣件系统提供,要求扣件系统在保证轨距保持能力和弹条疲劳性能的前提下,具有良好的减振性能。

六、绝缘性能

道床漏泄电阻是影响轨道电路正常使用、制约轨道电路传输长度的重要参数,其与扣件系统绝缘性能、道床洁净程度和轨道电路传输信号频率等有关,其中扣件系统绝缘性能是影响道床漏泄电阻的主要因素。为保证高速铁路信号系统轨道电路的正常工作,特别是针对无砟轨道与 ZPW-2000 谐振式无绝缘轨道电路的使用环境,要求扣件系统在特大降雨条件下具有较高的绝缘性能。

第二节　技术发展与应用

世界各国高速铁路采用扣件结构形式多种多样,均有成功的工程实践。为保证高速列车安全、舒适运行,要求轨道系统具有足够的稳定性和高平顺性。扣件系统是保持轨道状态稳定的关键部件,成为高速铁路轨道工程的关键技术之一。

一、有砟轨道扣件系统的技术发展

日本是最早将高速铁路付诸实际运营的国家。1964 年正式运营的东海道新干线有砟轨道采用了 102 型扣件,该扣件为有挡肩结构,采用弹片扣压件,由锚固螺栓与预埋于轨枕的塑料套管配合紧固扣压件,其特点是以横向弹性挡板保持轨距并提供弹性,以楔形座进行轨距无级调整。该扣件胶垫静刚度从最初的 90kN/mm 降为 60kN/mm,以改善扣件的减振性能。目前该扣件系统已成为日本有砟轨道的主型扣件。

英国 PANDROL 扣件在世界铁路有砟轨道线路上广泛应用,其使用范围遍及 70 多个国家和地区,其中美国、比利时、西班牙、意大利、韩国、日本等高速铁路也采用或部分采用 PANDROL 扣件。PANDROL 公司近年来研发了 FASTCLIP 型扣件,其吸收了 e 系列扣件无螺栓和少维修的特点,弹条垂直钢轨方向安装,更不易脱落,已应用于法国、西班牙、日本等国家的高速铁路,轨下弹性垫板静刚度为 80 ~ 100kN/mm。

德国 VOSSLOH 公司开发了多种扣件系统,W14 型扣件系统主要应用于高速铁路有砟轨道,其结构为单弹性垫层、不分开式、有螺栓扣件;混凝土轨枕设混凝土挡肩,以承受钢轨传来的横向荷载;轨下弹性垫板静刚度为 50 ~ 70kN/mm。

法国高速铁路采用带挡肩的 Nabal 扣件,结构也为单弹性垫层、不分开式、有螺栓扣件;混凝土轨枕设混凝土挡肩,以承受钢轨传来的横向荷载;扣压件为双曲拱弹片,静刚度为70kN/mm。

我国从1957年开始普通铁路混凝土枕用扣件系统的研究，开发了多种扣件形式，如螺栓扣板式扣件、63型扣板式扣件、67型拱形弹片式扣件、70型扣板式扣件、弹条Ⅰ型扣件、弹条Ⅰ型调高扣件、弹片Ⅰ型调高扣件、弹条Ⅱ型扣件、弹条Ⅲ型扣件等。针对高速铁路有砟轨道，自主研发了弹条Ⅳ型扣件系统和弹条Ⅴ型扣件系统，两种扣件均为弹性不分开式扣件，采用单弹性垫层，具有零部件少、结构紧凑、扣压力大、保持轨距能力强、维修工作量少等优点。其中弹条Ⅳ型为不带混凝土挡肩的无螺栓扣件系统，弹条Ⅴ型为带混凝土挡肩的有螺栓扣件系统。

世界各国高速铁路有砟轨道采用的扣件系统均为单弹性垫层的弹性不分开式扣件，日本102型扣件、法国Nabal扣件、德国VOSSLOH扣件和我国弹条Ⅴ型扣件在轨枕上设置混凝土挡肩承受横向力，PANDROLFC型扣件和我国弹条Ⅳ型扣件在轨枕上预埋铁座挡肩承受横向力。日本102型扣件和法国Nabal扣件扣压件采用弹片式，德国VOSSLOH扣件、PANDROLFC型扣件和我国弹条Ⅳ型、弹条Ⅴ型扣件扣压件为弹条式，高速铁路有砟轨道扣件弹性垫层的静刚度范围一般为50～80kN/mm。

二、无砟轨道扣件系统的技术发展

在无砟轨道结构中，扣件系统直接将钢轨与混凝土轨下基础连接在一起。由于无砟轨道对扣件系统设计的特殊要求，各国铁路针对具体的运营条件与线路条件，采用不同的扣件形式。

荷兰是最早采用无砟轨道的国家，扣件系统结构为带铁垫板的弹性分开式扣件。采用方形截面的DE弹条扣压钢轨，扣压件无需螺栓紧固，钢轨轨底与铁垫板间及铁垫板与基础间均设置软木胶垫起缓冲减振作用，轨下胶垫刚度190kN/mm，铁垫板下胶垫刚度63kN/mm。

苏联很早就研发了无砟轨道用扣件系统，在隧道内整体道床上一般采用KB型扣件，桥上板式轨道采用双层铁垫板分开式扣件系统，轨道板设有承轨槽，采用扣板扣压钢轨，钢轨与铁垫板间及铁垫板与基础间均设置弹性垫板。

日本研发了多种用于板式无砟轨道的钢轨扣件，从直结4型、直结5型、直结7型、直结8型扣件发展到目前的直结8K型扣件。直结8K型扣件为带铁垫板的弹性分开式扣件，采用扣压力仅为3kN的弹片式扣压件，轨道板不设混凝土挡肩，铁垫板开设长圆状螺栓孔，以移动铁垫板来实现无级调整钢轨的左右位置，轨下胶垫静刚度为60kN/mm，近年来开始试用静刚度为30kN/mm的轨下胶垫。

英国PANDROL公司近年来开发了无砟轨道用SFC型扣件，该扣件系统曾在日本板式无砟轨道上试用，结构为带铁垫板的弹性分开式，铁垫板上部结构与FASTCLIP扣件结构相同，采用FAST弹条扣压钢轨，轨枕或轨道板不设混凝土挡肩，钢轨传来的横向荷载主要由铁垫板的摩擦力克服和锚固螺栓承受。铁垫板上设置长圆孔，移动铁垫板可实现钢轨左右位置，钢轨轨底与铁垫板间设置静刚度为30～50kN/mm的橡胶垫板，铁垫板下为刚度很大的绝缘缓冲垫板。

法国在英吉利海峡隧道内采用弹性支承块式无砟轨道，在枕下或混凝土支承块下采用靴套式弹性垫层以替代有砟道床所提供的弹性，扣件与有砟轨道相同，为纳布勒扣件。德国VOSSLOH公司开发了多种无砟轨道扣件系统，目前使用的主要有四种形式，即336

型扣件、300 型扣件、DFF300 型扣件和 DFF14 型扣件,300 型扣件适用于有挡肩轨下基础,其他三种类型的扣件适用于无挡肩轨下基础。德国的高速铁路采用 300 型扣件,结构为带铁垫板的弹性不分开式,弹性主要由铁垫板下的弹性垫层提供,静刚度为 20 ~ 25kN/mm。

我国从 20 世纪 60 年代开始进行无砟轨道扣件系统的研究,采用过多种扣件类型,如 TF-M 型、TF-Y 型和 64 Ⅲ型扣件,秦岭隧道整体道床用弹性扣件,弹条 Ⅰ、Ⅱ、Ⅲ型弹性分开式扣件,WJ-1 型和 WJ-2 型扣件等。为适应高速铁路无砟轨道工程建设需要,我国自主研发了WJ-7 型和 WJ-8 型无砟轨道扣件系统。WJ-7 型扣件采用带铁垫板的无挡肩弹性分开式结构,轨枕或轨道板不设置挡肩,钢轨轨底与铁垫板间可设橡胶垫板,铁垫板上钢轨挡肩与钢轨间设有绝缘块,与轨枕或轨道板间设置绝缘缓冲垫板,以提高绝缘性能。钢轨高低和左右位置调整通过移动带有椭圆孔的铁垫板实现,为连续无级调整。WJ-8 型扣件采用带铁垫板的弹性不分开式结构,轨枕或轨道板设挡肩,铁势板上挡肩与钢轨间设置绝缘块,铁垫板与混凝土挡肩间设置绝缘轨距挡板来保持和调整轨距,采用的弹条类型与 WJ-7 型扣件相同,铁垫板下设具有良好弹性的弹性垫层。

从上述国内外高速铁路无砟轨道扣件技术总结分析可以看出,世界各国在满足高速铁路扣件系统的基本功能前提下,根据国情与使用习惯,研发并应用了不同的扣件系统,其差异主要体现在扣件承受横向力方式、弹性垫层设置方式、钢轨高低和左右位置调整方式等方面。

(1)承受横向力方式。扣件承受横向力方式基本分为有挡肩结构和无挡肩结构。有挡肩结构,轨枕或轨道板上设置承轨槽,钢轨传来的横向荷载主要由混凝土挡肩承受;无挡肩结构,轨枕或轨道板上不设置承轨槽,横向荷载主要由铁垫板与缓冲垫板间的摩擦力克服。WJ-7 型、直结 8 型和 SFC 型扣件用于无挡肩无砟轨道结构,WJ-8 型和 300 型扣件用于有挡肩结构无砟轨道。

(2)弹性垫层设置方式。无砟轨道扣件系统一般采用双垫层,一层起缓冲作用,一层起弹性减振作用。WJ-7 型、直结 8 型和 SFC 型扣件均在轨下设置弹性垫层,铁势板下设置缓冲垫层;WJ-8 型和 300 型扣件在轨下设置缓冲垫层,铁垫板下设置弹性垫层。高速铁路无砟轨道扣件弹性垫层静刚度一般在 20 ~ 60kN/mm,我国通过动力仿真、弹性垫层刚度对钢轨倾翻的影响等理论分析,考虑弹条扣压件在较大振幅下的疲劳强度,并通过大量试验验证,确定高速铁路无砟轨道扣件弹性垫层静刚度范围为 20 ~ 30kN/mm。

(3)钢轨左右位置调整方式。WJ-7 型、直结 8 型和 SFC 型扣件是通过移动设有长圆孔的铁垫板,实现无备件的、连续无级调整钢轨左右位置;WJ-8 型和 300 型扣件是通过更换不同规格的轨距挡板,有级调整钢轨左右位置。

(4)钢轨高低位置调整方式。WJ-7 型、直结 8 型扣件通过在钢轨与铁垫板间、铁垫板与绝缘缓冲垫板间采用调高垫板进行高低调整;SFC 扣件在铁垫板与耦合垫板间采用不同厚度搭配的调高垫板进行调整;300 型和 WJ-8 型扣件通过轨下微调垫板和铁垫板下调高垫板进行调整。

三、我国高速铁路扣件系统的研发与应用

针对高速铁路运营条件,在我国前期研究成果和充分吸收国外高速铁路扣件系统设计、运营经验的基础上,采用先进技术,国内制造,考虑扣件系统的统一性、通用性、互换性

和经济性，取得了一系列研究成果，为我国高速铁路轨道技术发展提供了有力支撑。

(1)通过国内外扣件系统的总结分析和理论研究，研究编制了《客运专线扣件系统暂行技术条件》，提出了我国高速铁路有砟和无砟轨道扣件系统的结构选型。

(2)研究提出了轨道刚度和扣件系统弹性指标的评价方法及我国高速铁路扣件系统的弹性指标，通过室内外试验，验证了其合理性。

(3)研发了适用于我国高速铁路不同运营条件和线路条件的成套扣件系统，即有砟轨道用弹条Ⅳ型和弹条Ⅴ型扣件系统，无砟轨道用WJ-7型和WJ-8型扣件系统。首次将一般地段与桥上小阻力扣件结构统一，实现了不同地段同类轨道结构的扣件通用。采取技术措施，提高了扣件系统的绝缘性能，使其远高于国际同类扣件指标，满足了我国高速铁路轨道电路的绝缘性能要求。

(4)研发了适应高速铁路扣件高弹性垫层及相匹配的高疲劳强度弹条。

(5)研究编制了高速铁路扣件系统组装和零部件制造验收技术条件及铺设和养护维修要求，为扣件的制造、检验和铺设提供了技术依据。

我国高速铁路采用了多种扣件形式，其中无砟轨道线路采用300-1型、WJ-7型、WJ-8型和SFC型四种类型扣件，有砟轨道线路采用了弹条Ⅳ型、弹条Ⅴ型和FC型三种类型扣件，应用情况见表1-6-1。

我国高速铁路扣件系统应用情况 表1-6-1

扣件类型		应用线路
无砟轨道扣件	300-1型	京津、武广、京沪等
	WJ-7型	武广、沪宁、广珠、广深港、哈大等
	WJ-8型	郑西、沪杭、京石、石武、津秦等
	SFC型	石太、合武等
有砟轨道扣件	弹条Ⅳ型	合宁、甬台温、温福、福厦等
	弹条Ⅴ型	合宁、甬台温、温福、福厦、厦深等
	FC型	石太、合武等

第三节 结构特征及设计参数

一、300-1型扣件

300-1型扣件为带铁垫板的弹性不分开式结构，结构组成如图1-6-1所示。

(1)300-1型扣件分为300-1a型和300-1u型两种。扣件由弹条、绝缘垫片、轨距挡板、螺栓、轨下垫板、铁垫板、弹性垫板、预埋套管及满足高低调整需要的调高垫板等组成。

(2)弹条分SKL15型弹条(直径为15mm)和SKLBIS型弹条(直径为13mm)两种，其中桥上采用小阻力扣件时使用SKLBIS型弹条。SKL15型弹条设计扣压力9kN，弹程15mm，单股钢轨单个节点纵向阻力不小于9kN；SKLBIS型弹条扣压力5～7kN，可提供单股钢轨大约7kN的纵向阻力。弹条通过螺栓与预埋套管配合紧固，预埋套管抗拔力不小于60kN。

(3)轨距调整量16mm，为有级调整，通过更换不同规格的轨距挡板进行钢轨左右位置调整。标准规格轨距挡板分为 Wfp15a 型挡板（适用于 300-1a 型扣件）和 Wfp15u 型挡板（适用于 300-1u 型扣件）两种。为满足钢轨左右位置调整需要，配有 Wfp15a（Wfp15u）~（Wfp15a）（Wfp15u）共 16 种规格。

（4）钢轨高低调整量为 -4 ~ +26mm。通过更换不同厚度轨下垫板实现 -4 ~ +6mm 的调整量，标准规格轨下垫板（Zw692 -6）厚度为 6mm，为满足高低调整需要，配有厚度为 2mm、3mm、4mm、5mm、7mm 和 8mm 的轨下垫板。通过在铁垫板下放入调高垫板实现更大的调整量，根据高低调整量选择相应长度的螺栓。

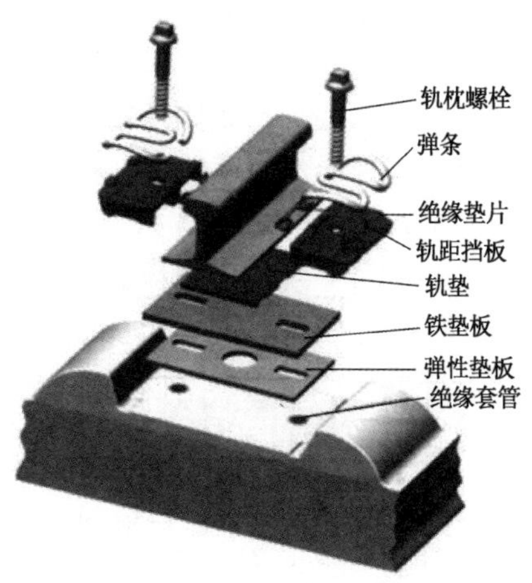

图 1-6-1　300-1 型扣件结构组成

（5）轨下垫板刚度较大，基本不提供弹性，主要起缓冲作用，弹性主要由铁垫板下的弹性垫层提供，垫板静刚度为 20 ~ 25kN/mm。

（6）为满足轨道电路的绝缘要求，除采用具有绝缘性能的轨下弹性垫板、轨距挡板和塑料套管外，在轨底表面设绝缘垫片隔离弹条与钢轨，以提高扣件系统绝缘性能。

二、WJ-7 型扣件

WJ-7 型扣件为弹性分开式结构，其结构组成如图 1-6-2 所示。

（1）WJ-7 型扣件由 T 形螺栓、螺母、平垫圈、弹条、绝缘块、铁垫板、轨下垫板、绝缘缓冲垫板、重型弹簧垫圈、平垫块、锚固螺栓和预埋套管等组成。为满足高低调整需要，还包括轨下调高垫板（或充填式垫板）、铁垫板下调高垫板。

（2）弹条分 W1 型弹条（直径为 14mm）和 X2 型弹条（直径为 13mm）两种，其中桥上采用小阻力扣件时使用 X2 型弹条。W1 型弹条设计扣压力 9kN，单股钢轨单个节点纵向阻力不小于 9kN；X2 型弹条扣压力 6kN，可提供单股钢轨大约 4kN 的纵向阻力。

图 1-6-2　WJ-7 型扣件结构组成

（3）轨下垫板分为 A、B 两类，A 类用于兼顾货运的高速线路（厚度为 12mm），B 类用于客运高速线路（厚度为 14mm），每类又分为橡胶垫板和桥上采用小阻力扣件时配套使用的复合垫板。

（4）铁垫板上设置 1:40 轨底坡，通过锚固螺栓与预埋套管配合紧固，紧固扭矩 300 ~ 350N · m，预埋套管抗拔力不小于 100kN。

（5）轨距调整量为 ±12mm。铁垫板上设长圆孔，通过移动铁垫板实现钢轨左右位置的无级、无备件调整。

（6）钢轨高低调整量为 -4 ~ +26mm。通过更换绝缘缓冲垫板实现钢轨高低负调整，调高量小于 10mm 时，在轨下铁垫板下面放入调高垫板，调高量超过 10mm 时，在铁垫板与绝缘缓冲垫板间放入调高垫板总厚度不超过20mm。

(7)铁垫板下垫板刚度较大,基本不提供弹性,主要起缓冲作用,弹性主要由轨下弹性垫板提供,B类轨下垫板,垫板静刚度为20~30kN/mm;A类轨下垫板,垫板静刚度为30~40kN/mm。

(8)扣件系统绝缘设计通过采用具有绝缘性能的绝缘轨距块、绝缘缓冲垫板和塑料套管实现。

三、WJ-8型扣件

WJ-8型扣件为带铁垫板的弹性不分开式结构,其结构组成如图1-6-3所示。

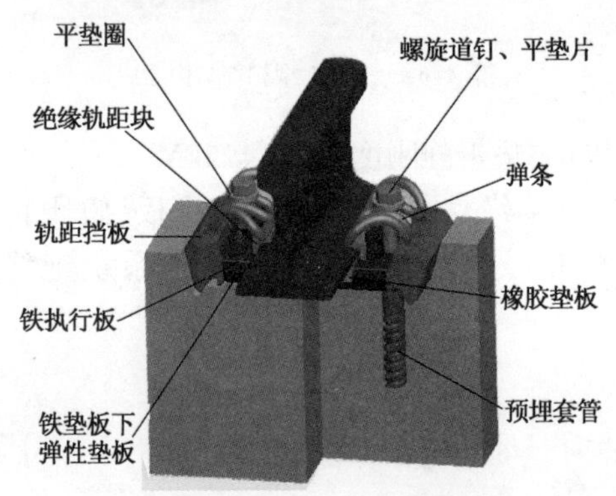

图1-6-3 WJ-8型扣件结构组成

(1)WJ-8型扣件由螺旋道钉、平垫圈、弹条、绝缘轨距块、轨距挡板、轨下垫板、铁垫板、铁垫板下弹性垫板和预埋套管等组成。为满足高低调整需要,还包括轨下微调垫板和铁垫板下调高垫板。

(2)弹条分W1型弹条(直径为14mm)和X2型弹条(直径为13mm)两种,其中桥上采用小阻力扣件时使用X2型弹条。W1型弹条设计扣压力9kN,单股钢轨单个节点纵向阻力不小于9kN;X2型弹条扣压力6kN,可提供单股钢轨大约4kN的纵向阻力。弹条通过螺栓与预埋套管配合紧固,预埋套管抗拔力不小于60kN。

(3)铁垫板下弹性垫板分为A、B两类(厚度均为12mm),A类弹性垫板用于兼顾货运的高速铁路,B类弹性垫板用于客运高速铁路。

(4)轨距调整量为±10mm。通过更换不同规格的轨距挡板进行钢轨左右位置调整。铁垫板挡肩与钢轨间设置有绝缘轨距块,除起绝缘缓冲作用外,钢轨左右位置可调整±2mm。

(5)钢轨高低调整量为-4~+26mm。通过更换不同厚度轨下垫板实现-4~+26mm的调整量,通过在铁垫板下放入调高垫板实现更大的调整量,根据高低调整量选择相应长度的螺栓。

(6)轨下垫板刚度较大,基本不提供弹性,主要起缓冲作用,弹性主要由铁垫板下的弹性垫层提供,B类铁垫板下弹性垫板,垫板静刚度为20~26kN/mm;A类铁垫板下弹性垫板,静刚度为30~40kN/mm。

(7)扣件系统绝缘设计通过采用具有绝缘性能的绝缘轨距块、轨下垫板、轨距挡板和塑料套管实现。

四、弹条Ⅳ型扣件

弹条Ⅳ型扣件为无螺栓结构,其结构组成如图1-6-4所示。

(1)弹条Ⅳ型扣件系统由弹条、绝缘轨距块、橡胶垫板和预埋铁座等组成。

(2)弹条分一般地段安装的弹条(直径为20mm)和夹板处安装的弹条(直径为18mm)两种。绝缘轨距块分一般地段使用的绝缘轨距块和夹板处使用绝缘轨距块两种,每种绝缘轨距块各有7号~13号共7个规格。

(3)轨枕中预埋铁座承受横向荷载,轨枕承轨部位设置1:40轨底坡,预埋铁座抗拔力不小于60kN。

(4)轨距调整量为-8~+4mm,通过更换不同号码的绝缘轨距块实现钢轨左右位置调整,扣件不能进行高低调整。

(5)弹性由橡胶垫板提供,垫板静刚度为50~70kN/mm。

五、弹条Ⅴ型扣件

弹条Ⅴ型扣件为弹性不分开式结构,其结构组成如图1-6-5所示。

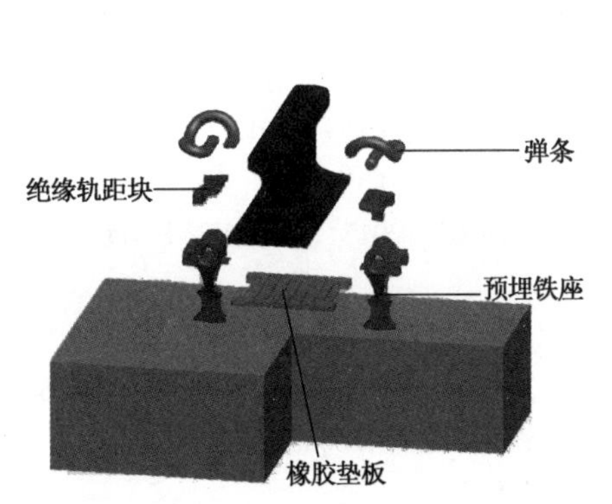

图1-6-4 弹条Ⅳ型扣件结构组成

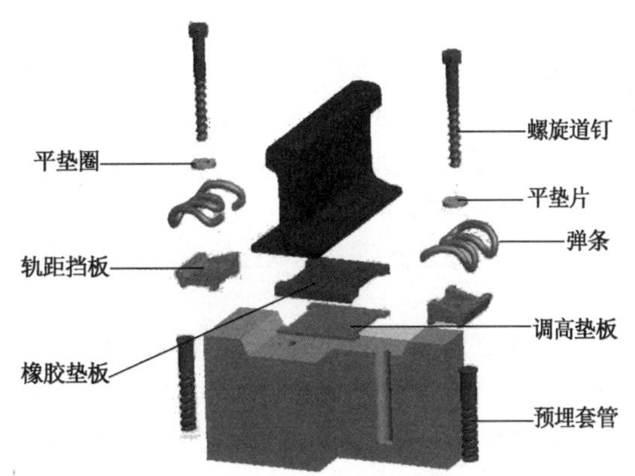

图1-6-5 弹条Ⅴ型扣件结构组成

(1)弹条Ⅴ型扣件系统由螺旋道钉、平垫圈、弹条、轨距挡板、轨下橡胶垫板和预埋套管等组成。为满足高低调整需要,还包括调高垫板。

(2)弹条分一般地段使用的W2型弹条(直径为14mm)和桥上小阻力扣件使用的X3型弹条(直径为13mm)两种。轨下垫板分橡胶垫板和桥上小阻力扣件使用的复合垫板两种。W2型弹条设计扣压力10.5kN,单股钢轨单个节点纵向阻力不小于9kN;X3型弹条扣压力为4.5kN,配用复合垫板,可提供单股钢轨约4kN的纵向阻力。

(3)轨枕挡肩承受横向荷载,轨枕承轨部位设置1:40轨底坡,弹条通过螺旋道钉螺栓与预埋套管配合紧固,预埋套管抗拔力不小于60kN。

(4)轨距调整量为-8~+4mm。通过更换不同号码的轨距挡板实现钢轨左右位置调整,轨距挡板分为2~8号共7种规格,标准轨距时采用4号和6号。

(5)高低调整量0~10mm。通过在轨下垫板和轨枕承轨面间安放调高垫板进行高低调整,调高垫板按厚度分1mm、2mm、5mm和8mm四种规格。

(6)弹性由轨下橡胶垫板提供,垫板静刚度为50~70kN/mm。

(7)扣件系统绝缘设计通过具有绝缘性能的轨距挡板和塑料套管部件实现。

本篇参考文献

[1] 班霞.温度作用下CRTSⅡ型无砟轨道结构体系的性能分析[D].长沙:中南大学,2012.

[2] 蔡文锋,王平,殷明旻.遂渝线无砟轨道综合试验段轨道平顺状态研究[J].铁道工程学报.2009,26(02):47-51.
[3] Coenraad Esveld.王平等译.现代铁路轨道[M].北京:中国铁道出版社,2014.
[4] 蔡小培,李成辉.不足位移对高速道岔动力特性的影响[J].铁道学报,2011,33(7):86-90.
[5] 柴强.高速铁路 CRTSⅡ型板式无砟轨道养护维修技术研究[D].北京:中国铁道科学研究院,2014.
[6] 陈东生,田新宇.中国高速铁路轨道检测技术发展[J].铁道建筑,2008(12):82-86.
[7] 陈鹏.高速铁路无砟轨道结构力学特性的研究[D].北京:北京交通大学,2009.
[8] 陈文豪.无砟轨道高速铁路最小曲线半径研究[D].成都:西南交通大学,2008.
[9] 陈秀芳,王午生.轨道工程[M].北京:中国建筑工业出版社, 2006.
[10] 陈岳源.铁路轨道[M].北京:中国铁道出版社,1998.
[11] 陈知辉.铁路曲线轨道[M].北京:中国铁道出版社,2011.
[12] 戴公连,朱俊樸,闫斌.30t 轴重重载铁路简支梁桥上无缝线路纵向力研究[J].土木工程学报.2015(08):60-69.
[13] 范俊杰.现代铁路轨道[M].北京:中国铁道出版社,2001.
[14] 高亮.轨道工程[M].重庆:重庆大学出版社,2014.
[15] 高亮.高速铁路无缝线路关键技术研究与应用[M].北京:中国铁道出版社,2012.
[16] 高亮.铁路工务管理[M].北京:中国铁道出版社,2004.
[17] 中国铁路总公司.高速铁路轨道工程施工技术规程:Q/CR 9605—2017[S].北京:中国铁道出版社,2018.
[18] 国家铁路局.高速铁路设计规范:TB 10621—2014[S].北京:中国铁道出版社,2015.
[19] 高增增.路基不均匀沉降对双块式无砟轨道结构受力影响分析[J].中国铁路.2010(07):74-76.
[20] 广钟岩,高慧安.铁路无缝线路(第四版)[M].北京:中国铁道出版社,2005.
[21] 郭福安.我国高速道岔技术体系[J].中国铁路,2011(4):1-5.
[22] 韩峰.铁道线路工程施工[M].北京:中国铁道出版社,2007.
[23] 郝瀛.铁道工程[M].北京:中国铁道出版社,2000.
[24] 何华武.无砟轨道技术[M].北京:中国铁道出版社,2005.
[25] 何华武.中国铁路高速道岔技术研究[J].中国工程科学,2009,11(5):23-30.
[26] 何华武.中国铁路既有线 200km/h 等级提速技术[M].北京:中国铁道出版社,2007.
[27] 江成.客运专线无砟轨道结构及关键技术[A]//铁道部工程管理中心、中国铁道学会铁道工程分会、中国中铁股份有限公司、中国铁道建筑总公司.客运专线工程技术学术研讨会论文集(下)[C].铁道部工程管理中心、中国铁道学会铁道工程分会、中国中铁股份有限公司、中国铁道建筑总公司,2008:14.
[28] 蒋金洲,卢耀荣.客运专线钢轨断缝允许值研究[J].中国铁道科学,2007(06):25-29.
[29] 中铁第四勘察设计院集团有限公司.客运专线 CRTSⅡ型板式无砟轨道设计技术研究[R].武汉:中铁第四勘察设计院集团有限公司.2011:9.
[30] 中铁第四勘察设计院集团有限公司.客运专线无砟轨道维修技术研究[R].武汉:中铁第四勘察设计院集团有限公司.2013.
[31] 雷晓燕,圣小珍.现代轨道理论研究[M].北京:中国铁道出版社,2006.
[32] 李成辉.轨道[M].成都:西南交通大学出版社,2004.
[33] 李建平.CPⅢ控制网精度控制及数据处理方法研究[D].北京:中国地质大学,2013.
[34] 李明华.铁路工务[M].北京:中国铁道出版社,2006.
[35] 李秋义,孙立,杨艳丽.客运专线桥上无缝道岔设计方法研究[J].铁道工程学报,2008(12):50-53.
[36] 李秋义.武广铁路客运专线桥上无缝道岔设计研究[J].铁道标准设计,2010(01):55-58.

[37] 李思云,杨荣山. CRTS-Ⅰ型板式无砟轨道疲劳寿命研究[J]. 铁道标准设计. 2016(03):34-37.
[38] 李向国,鲍怀义,岳渠德. 提速道岔转换力计算机模拟研究[J]. 石家庄铁道学院学报,2002,15(3):76-78.
[39] 李向国. 高速铁路技术[M]. 北京:中国铁道出版社,2008.
[40] 李怡厚. 铁路客运专线架梁铺轨施工设备[M]. 北京:中国铁道出版社,2003.
[41] 练松良. 轨道工程[M]. 上海:同济大学出版社,2006.
[42] 刘建华,冯毅. 单开道岔结构与维修养护[M]. 北京:中国铁道出版社,2014.
[43] 刘学毅,赵坪锐,杨荣山,等. 客运专线无砟轨道设计理论与方法[M]. 成都:西南交通大学出版社,2010.
[44] 刘学毅. 车辆—轨道—路基系统动力学[M]. 成都:西南交通大学出版社,2009.
[45] 卢耀荣. 无缝线路研究与应用[M]. 北京:中国铁道出版社,2004.
[46] 卢祖文. 高速铁路轨道技术综述[J]. 铁道工程学报,2007 (1):41-54.
[47] 卢祖文. 客运专线铁路轨道[M]. 北京:中国铁道出版社,2005.
[48] 马迪. 我国高速铁路无砟轨道经济性研究[D]. 成都:西南交通大学,2009.
[49] 马明正. 跨区间无缝线路维修养护技术研究[D]. 成都:西南交通大学,2002.
[50] 潘自立,姚力. 遂渝线无砟轨道设计[J]. 铁道工程学报,2007(S1):187-189.
[51] 钱仲候. 高速铁路概论[M]. 北京:中国铁道出版社,1994.
[52] 铁道科学研究院铁建所. 秦沈客运专线综合试验科技攻关项目试验研究总报告[R]. 北京:铁道科学研究院铁建所. 2004.
[53] 沈东升. 客运专线无砟轨道技术再创新总体方案设计[C]. 客运专线工程技术学术研讨会. 2008.
[54] 孙国瑛. 铁路工务[M]. 成都:西南交通大学出版社,1998.
[55] 中华人民共和国行业标准. 铁路轨道设计规范:TB/T 10082—2017[S]. 北京:中国铁道出版社,2017.
[56] 中华人民共和国行业标准. 铁路无缝线路设计规范:TB 10015—2012[S]. 北京:中国铁道出版社,2013.
[57] 铁路总公司工务局. 铁路工务技术手册——轨道[M]. 北京:中国铁道出版社,1997.
[58] 童大埙. 铁道轨道及路基[M]. 北京:中国铁道出版社,1979.
[59] 王进. 铁路工程施工[M]. 北京:中国铁道出版社,2002.
[60] 王平,刘学毅,陈嵘. 我国高速铁路道岔技术的研究进展[J]. 高速铁路技术,2010 (2):6-13.
[61] 王平,刘学毅. 无缝道岔计算理论与设计方法[M]. 成都:西南交通大学出版社,2007.
[62] 王平. 高速铁路道岔设计理论与实践[M]. 成都:西南交通大学出版社,2011.
[63] 王平. 桥上无缝道岔设计理论[M]. 成都:西南交通大学出版社,2011.
[64] 王平. 无缝道岔计算理论与设计方法[M]. 成都:西南交通大学出版社,2007.
[65] 王平,肖杰灵,陈嵘,等. 高速铁路桥上无缝线路技术[M]. 北京:中国铁道出版社,2016.
[66] 王其昌,韩启孟. 板式轨道设计与施工[M]. 成都:西南交通大学出版社,2002.
[67] 王森荣,孙立,李秋义,等. 无砟轨道轨道板温度测量与温度应力分析[J]. 铁道工程学报,2009(2):52-55.
[68] 王森荣. 板式无砟轨道温度力研究[D]. 成都:西南交通大学,2007.
[69] 王树国,葛晶,王猛,等. 高速道岔关键技术试验研究[J]. 铁道学报,2015,37(1):77-82.
[70] 王午生,许玉德,郑其昌. 铁道与城市轨道交通工程[M]. 上海:同济大学出版社,2003.
[71] 魏峰. 制动力作用下铁路桥墩墩顶纵向水平刚度变化模型试验研究[C]. 客运专线工程技术学术研讨会. 2008.
[72] 伍曾,刘学毅,王平. 应用车辆-道岔-桥梁耦合动力学分析道岔-桥梁合理相对位置[J]. 铁道学报,2011,33(8):88-92.

[73] 许实儒,童本浩. 铁路轨道基本理论[M]. 北京:中国铁道出版社,1997.
[74] 阎红亮. 客运专线轨道结构选型研究[J]. 铁道建筑,2005(02):26-28.
[75] 俞醒. 浅析无缝线路锁定轨温衰减规律[J]. 上海铁道科技. 2005(03):49-51.
[76] 曾树谷. 铁路轨道测试技术[M]. 北京:中国铁道出版社,1998.
[77] 曾志平,陈秀方. 铁路无缝道岔计算方法的研究[J]. 中国铁道科学,2003(06):46-49.
[78] 张定贤. 机车车辆轨道系统动力学[M]. 北京:中国铁道出版社,1996.
[79] 张东风. 时速 350km 客运专线铁路 60kg/m 钢轨 42 号单开道岔结构设计[J]. 铁道标准设计,2009(5):6-9.
[80] 张未,张步云. 铁路跨区间无缝线路[M]. 北京:中国铁道出版社,2000.
[81] 张银花,陈朝阳,周清跃. 钢轨屈服强度指标取值研究[J]. 铁道建筑. 2006(3):92-94.
[82] 张志宏. 无砟轨道道床板混凝土裂缝成因及处理[J]. 江西建材. 2012(1):205-205.
[83] 赵国堂. 高速铁路无砟轨道结构[M]. 北京:中国铁道出版社,2006.
[84] 赵健. 高架车站到发线框架梁式无砟轨道结构研究[D]. 成都:西南交通大学,2012.
[85] 赵立冬. 铁路线路养护与维修[M]. 北京:中国铁道出版社,2016.
[86] 赵坪锐,刘学毅. 连续道床板温度应力计算方法研究[J]. 铁道标准设计. 2008(10):6-8.
[87] 赵坪锐,章元爱,刘学毅,等. 无砟轨道弹性地基梁板模型[J]. 中国铁道科学. 2009,30(3):1-4.
[88] 赵坪锐. 客运专线无砟轨道设计理论与方法研究[D]. 成都:西南交通大学,2008.
[89] 赵志军,陈秀方. 无缝线路稳定性计算模型的研究[J]. 长沙铁道学院学报,2001(3):31-36.
[90] 中国铁路总公司. 中国高速铁路工务技术[M]. 北京:中国铁道出版社,2014.
[91] 中铁第四勘察设计院集团有限公司. 桥上 CRTSⅡ型板式无砟轨道无缝线路设计技术研究[R]. 武汉:研究报告,2012:9.
[92] 周清跃,刘丰收,朱梅,等. 轮轨关系中的硬度匹配研究[J]. 中国铁道科学,2006,27(5):35-41.
[93] 周清跃,张银花,陈朝阳,等. 客运专线钢轨的强度等级和材质选择[J]. 中国铁路,2007(7):41-45.
[94] 周清跃,张银花,陈朝阳. 高速铁路用钢轨的若干问题[J]. 铁道建筑技术,2004(2):54-57.
[95] 周清跃,周镇国,张银花,等. 客运专线钢轨技术条件的研究及起草[C]. 铁路客运专线建设技术交流会论文集,2005.
[96] 朱高明. 国内外无砟轨道的研究与应用综述[J]. 铁道工程学报. 2008,25(07):28-30.
[97] 祖文. 客运专线铁路轨道[M]. 北京:中国铁道出版社,2005.
[98] 佐藤吉彦. 徐勇译. 新轨道力学[M]. 北京:中国铁道出版社,2001.

第二篇　路基工程

随着铁路线路基础设施和机车车辆设计、建设和运营维护等理论和技术水平的提高，铁路运营速度从100km/h以内相继提高至100～200km/h、200～300km/h及300km/h以上，铁路从普速时代跨入高速时代，极大缩短了区域之间物资和人员流通时间，成为21世纪促进经济发展的主大动脉。目前，国际上对高速铁路有不同的定义标准，自日本东海道新干线投入运营后，常将最高运营速度超过200km/h的铁路称为高速铁路；1985年联合国欧洲经济委员会国际铁路干线协议中将新建高速客运专线的最高速度规定为300km/h及以上，新建客货混运线最高速度规定为250km/h级以上；国际铁路联盟（UIC）则将新建专线最高速度至少达到250km/h、既有线改造最高速度达到200km/h及以上线路称为高速铁路。

高平顺、合理刚度匹配的线路基础是高速铁路舒适和安全运营的重要保障之一，路基作为线路基础不可或缺的组成部分，是经过开挖或填筑而形成的一种层状土工结构物，是支承轨道结构的重要基础。为确保列车高速、安全、平稳地运行，路基工程应具有足够的强度、适宜的刚度、高稳定性和耐久性，为此经过数十年的攻关研究和工程应用实践，高速铁路路基设计理念从强度设计转变为变形设计，突破了传统路基的结构形式，采用多层强化路基体系，形成了由土基层、基床底层、基床表层等构成的多层次路基结构。路基结构各层主要采用天然散粒岩土体分层填筑而成，受到列车的重复荷载和自然营力的长期作用，会产生永久变形和弹性变形，为了控制路基结构变形，在各国高速铁路设计规范中对路基结构各层的填料选型和级配组成、压实质量控制指标和压实工艺均提出了明确的规定。路基结构承受上部荷载，并将其和自重往下传递至地基，地基产生附加应力，引起地基发生沉降变形，变形会反射至路基上的线路结构，改变线路结构几何状态，影响线路的平顺性。为了确保线路高平顺性，提出了工后沉降控制的概念，高速铁路路基工后沉降主要由路基填土压密下沉、行车引起基床累计变形和地基沉降变形，前两者可通过路基结构设计和填料选型与压实得到有效控制，而地基沉降变形是一个相当复杂的问题，其涉及地质情况和水文特性等，为了有效控制地基沉降变形，形成了排水固结法、柔性桩和刚性桩地基等多种加固技术，建立了多种地基沉降计算方法和沉降预测理论模型，并且随着高速铁路的发展，形成了桩网结构路基和桩板结构路基等新型的地基沉降控制技术。虽然高速铁路路基经过设计参数严格控制和建设过程质量的严格管控，但其投入运营后还是不可避免的会产生沉降变形。为了掌握、评判和控制路基投入运营后沉降变形发展趋势，确保线路运营安全，必须有完善的路基运营状态监测与评估技术，以指导高速铁路路基运营维护工作的开展。

本篇综合了高速铁路路基既有和最新发展的理论和技术，从高速铁路路基技术特点和面临的问题、路基设计荷载与基床结构、高速铁路路基填料及压实质量检测技术、高速铁路路基沉降控制技术、高速铁路路基状态监测与评估技术5个方面，重点介绍高速铁路路基工程方面的基本知识和技术。

第一章　高速铁路路基技术特点和面临的问题

第一节　高速铁路路基技术特点

一、路基结构形式变化

为保证路基强度大、变形小,并具有足够的稳定性和耐久性,高速铁路路基结构的形式较传统铁路路基有明显的变化。

高速铁路一般为双线路基,有路堤、路堑、半路堤半路堑等形式。高速铁路线间距考虑到高速列车相遇时风压及将来铺设渡线道岔等条件而增大,而且由于高速铁路列车行驶时产生较强的风速,在列车尾部通过时产生轨侧涡流效应而直接影响到路肩作业人员的安全,故还需加大路肩宽度。

高速铁路轨道结构主要有有砟和无砟轨道两种类型。从技术看,两类轨道结构都能满足高速行车的要求。作为传统轨道结构的重要组成部分,碎石道床在列车重复荷载作用下承受来自轨枕的压力和振动,并传递到路基,以及担负抵抗轨枕纵向和横向移动、缓和机车车辆冲击等作用,具有弹性良好、价格低廉、更换与维修方便、吸噪特性好等优点,自有铁路一百多年来,碎石道床仍保持其旺盛生命力。

高速铁路有砟轨道线路结构已经突破传统的轨道—道床—土路基这种结构形式。在高速铁路发达国家,铁路路基基床结构各有不同,有各自的特点。如日本基床表层材料选择比较特殊;法国路基结构基床厚度的确定与线路运营养护结合起来;德国路基结构有严格的防冻要求。但都具有强化基床表层的共性,而且都采取了路基基床防水措施,以保护基床下部填土不受水影响。如日本以沥青层或水硬性级配矿渣防止雨水渗透;德国对路基保护层进行强化;法国则增设防水层以保证路基土不受水侵蚀。我国高速铁路有砟轨道基床厚度为2.5~3.0m,基床表层采用0.6~0.7m后的级配碎石,这也是与传统轨道路基基床结构明显不同的地方。除此之外,为控制路基工后沉降和保证路基刚度,高速铁路对路基填料及压实标准较传统铁路有更严格的要求,并且对路基各部位的地基系数K_{30}、变形模量E_{v2}和动态变形模量E_{vd}有严格的要求。

高速铁路的另一种轨道类型为无砟轨道。目前国外有板式、双块式无砟轨道和长轨枕埋入式、弹性支撑块式无砟轨道,此外还有整体浇筑式PACT型无砟轨道及浮置板式轨道。无砟轨道以其轨道弹性均匀、线路状态稳定、养护维修工作量少、行车安全性和舒适性好等优点,在高速铁路中呈不断发展态势。如日本新建铁路无砟轨道已超过全线的

80%，德国新建高速铁路中无砟轨道占线路总长的70%以上。我国在秦沈客运专线上也铺设了板式轨道和长枕埋入式无砟轨道，在秦岭隧道铺设了弹性支撑块式无砟轨道，在郑西、武广等客运专线均大量采用无砟轨道。

我国在客运专线路基上采用无砟轨道主要有板式轨道和双块式无砟轨道。板式无砟轨道结构由钢轨、扣件、轨道板、CA砂浆调整层组成。双块式无砟轨道结构由钢轨、扣件、混凝土道床板组成。无砟轨道基床表层由混凝土底座和级配碎石组成，这也与有砟轨道结构上有明显的不同之处，基床目前统一为3.0m，表层厚0.7m，底层厚2.3m。在路基与其他结构连接处，为保证差异沉降小和纵向刚度均匀，过渡段路基的结构形式与一般地段不同。

二、控制路基工后沉降是高速铁路路基设计关键

路基工后沉降包括长期行车引起的基床累计下沉以及路基本体填土和地基的压缩下沉。路基工后沉降是高速铁路设计所考虑的主要控制因素，尤其是路基，强度不是问题，因为一般来说在达到强度破坏前，已经出现了不能容许的过大有害变形。

世界各国高速铁路都十分重视路基沉降的控制。日本第一条高速铁路——东海道新干线，修建时，由于对高速铁路路基重要性重视不够，标准偏低，致使通车后出现大量路基下沉，基床翻浆病害，轨道难以达到正常的工作状态，列车运行速度无法达到设计速度目标值。日本修建高速铁路初期拟定的工后沉降为10cm，年沉降量为3cm，而在后来修建高速铁路时，工后沉降已经按3cm控制，对无砟轨道工后沉降的控制更为严格。

法国修建高速铁路时前，通过研究，发现道床下增加一定厚度的垫层对防止路基病害有重要作用，因而在制订TGV(法国高速铁路)线路技术标准中，明确了强化基床表层的措施。要求路基工后沉降小于2cm，并在最后一次捣固和运行第一列高速列车之前，沉降应完全稳定。

德国在修建高速铁路时，充分吸取既有线的经验，采用了较高的路基标准，认为在列车开始运行后，路基工后沉降不应大于1cm，沉降速率不应超过2mm/年，并应避免在短距离内发生不均匀沉降，在桥台附近不应有任何不均匀沉降。

我国对路基工后沉降标准的认识和制订也有一个过程。传统的铁路路基是按强度设计的，对路基变形不作要求，由此带来的经验教训是惨痛的，许多线路运营后就出现相当多的病害，铁路工务部门只有通过加大维修工作量来保证列车正常运营。随着路基变形对铁路运行影响的逐步认识，铁路特殊土路基设计规范第一次对工后沉降提出了要求。高速铁路对路基工后沉降有严格的标准，例如速度为200～250km/h的客运专线，有砟轨道路基一般地段工后沉降分别要求小于10～15cm，路桥过渡段工后沉降分别小于5～8cm；而对于无砟轨道，由于基础一旦出现变形或破坏，其整治和修复较困难，资金和人力投入很大，维修耗时长，对无砟轨道的变形控制较有砟轨道更为严格。我国对无砟轨道的路基工后沉降要求一般不应超过扣件允许的沉降调高量15mm，路桥或路隧交界处的差异沉降不应大于5mm，过渡段沉降造成的路基与桥梁或隧道的折角不应大于1/1000。可以说对路基沉降的高标准，是高速铁路区别传统铁路路基的一个最大技术特点。

三、与列车相匹配的路基刚度是实现列车高速和舒适的根本

构成线路的路基和轨道，在荷载作用下，两者相互作用、相互影响，但从线路供列车运

行这一点来看,它们各自所需要的性能是相互依存、相互补充的。

与高速列车、轨道系统相匹配的路基刚度问题,不仅关系到高速列车运行的舒适性和安全性,而且还直接影响到路基的设计、施工和线路维修标准。路基的刚度过大或过小不利于高速行车或各部分的使用寿命。刚度小,会影响行车的速度、平稳和安全;刚度大,则轨道车辆系统振动加剧。对路基而言,既要为轨道提供列车运行时的较小弹性变形基础,又必须具有适宜的刚度以降低系统的动力作用。路基刚度的重要性,同时表现在不同结构类型之间的过渡段上,包括路桥过渡、路涵过渡、路隧过渡、堑堤过渡、无砟轨道与有砟轨道的过渡等。过渡段由于下部结构本身的刚度差别大,线路刚度产生突变,高速运行下轮轨间动力作用大大增加,而且还会直接影响行车安全性和舒适性。因此,过渡段结构设计与施工都应围绕实现纵向刚度均匀来进行。

第二节　高速铁路路基面临主要问题

我国高速铁路的建设起步较晚。在建设之初,路基工程的设计、施工和养护技术与世界高速铁路发达国家相比还存在较大的差距。

一、技术标准修改完善

1. 路基工后沉降控制标准

我国现行的高速铁路路基设计、施工技术指南等标准,更多的是吸收借鉴了国外高速铁路建设的经验。

对高速铁路路基工后沉降控制标准,直接关系到列车能否高速安全、舒适运行以及建设的工程费用,其标准与今后我国高速铁路运营的管理模式有关。

对有砟轨道而言,工后沉降量控制过严,会使地基处理费用大幅上升,在某些地质条件下,即使采取一些地基处理措施,绝对消除工后沉降也是非常困难的。因此比较现实的办法是将工后沉降控制在允许的范围之内,一方面使其不影响列车的高速、安全、舒适运行,另一方面又不因维修过多而影响线路通过能力及费用太高,这就需要对工后沉降与工程建设费用关系、线路维修与工后沉降量的关系进行深入的研究。

对无砟轨道路基,目前的工后沉降控制标准是根据轨道扣件的调高量制订的。且不说不同的无砟轨道类型,其抗不均匀变形的能力不一样,采用统一的标准是否合理,对于路桥、路涵过渡段沉降造成的折角,日本新干线板式轨道线路规定不大于1/1000,德国高速铁路无砟轨道技术标准中规定不大于1/500,我国采用不大于1/1000进行控制。

2. 无砟轨道路基基床厚度

基床是铁路路基最重要的关键部位,受列车动荷载的影响很大,其填料和压实标准很高。我国现行的《客运专线无砟轨道铁路设计指南》中,没有区分200~350km/h速度等级的影响,暂时均取基床厚度为3m。

3. 地基刚度标准

K_{30}是表征路基刚度指标,列车运行时路基弹性变形的大小与K_{30}有关。从列车荷载产生的路基动应力分布规律来看,当深度在2.5m时,动应力一般已衰减到路基面的

20%，列车荷载的影响也很小，也就是说路堤高度大于2.5～3.0m时，地基面的刚度对列车运行时的弹性变形影响不大。在工后沉降(塑性变形)能满足要求的前提下，对一般路堤地基面 $K_{30}\geq 85\text{MPa/m}$ 的要求是否合理，直接关系到地基处理的费用。因此，明确或统一对地基面 K_{30} 的标准非常必要。

《新建时速200公里客货共线铁路设计暂行规定》对一段路堤地段的地基面没有作 K_{30} 要求，而在《新建时速200公里客货共线铁路工程施工质量验收标准》中，要求地基面表土整平碾压后，$K_{30}\geq 85\text{MPa/m}$，$K\geq 0.85$。

二、理论研究

现代高速铁路技术必须从整体系统的观点出发进行研究，高速的实现需要路基、轨道、车辆三者之间的合理匹配，从而使各个组成部分相互协调并保证高速系统以最优方式运行。普通铁路行车速度慢、运量小，因此在以往的设计中，往往只孤立地研究轮轨的相互作用，而忽略了路基的影响。对于高速铁路，车—轨—路系统应该是车轮、轨道、路基整个系统各部分相互作用的整体，必须把路基放到整个系统中去考虑，建立适当的模型，着眼于各自的基本参数和运用状态，进行系统的最佳设计，实现车—轨—路系统的合理匹配，以保证列车的高速、安全运行。

三、设计施工面临的问题

有了技术标准，在工程实践中，如何实现并满足标准，是高速铁路设计和施工技术人员面临的一个问题。

1. 路基工后沉降预测技术

由于现阶段没有可靠路基工后沉降计算理论，因此在工程中，主要利用实测的沉降—时间的关系，选择有关函数对沉降曲线进行拟合，进而推断工后沉降并指导下一步施工，如合理的铺轨时间等。常用的经验公式有双曲线法、指数曲线法、星野法和浅岗法。显然，采用现有的预测方法，难以满足高速铁路路基工后沉降高标准的技术要求，迫切需要可靠的、高精度的沉降预测模型。

2. 特殊土地区低路堤、土质路堑设计

现行的设计规定，对高度小于基床厚度的低路堤和土质路堑的换填厚度已作了相应的规定。如对土质路堑，规定当土质不满足基床底层填料条件时，应换填A、B组填料或改良土，厚度小于0.5m。但对一些特殊土(如膨胀土、湿陷性黄土、季节性冻土等)，应根据特殊土的成因类型、地下水情况、土的工程地质性质和当地的气候情况等进行换填厚度、封闭防水、排水等设计，即要求进行个别设计。

3. 改良土施工技术

我国地域辽阔，地质及地理条件复杂，在各种特殊条件下，形成了各种具有明显区域性的特殊类型的土，如膨胀土、湿陷性黄土等。当这些填料不能直接用于路基填筑时，可通过改良的方法，使之满足作为路基填料要求的土体。因此，在设计和施工前，应根据土的类型、矿物成分、物理力学性质等进行改良措施的室内试验研究，并对改良土的拌和工艺、压实工艺进行现场试验，提出质量保证措施，从改良土的拌和质量、工效特点、工艺的适用性、经济指标和环境保护等方面进行综合分析,确定合适的拌和工艺,指导全线或大面积施工。

4. 复杂地质条件下路基设计

复杂地质条件下的路基设计包括:岩溶地基、液化地基的处理措施,区域地面沉降对高速铁路路基的影响及对策等。为防治地面沉降对铁路的影响,应采取合理控制地下水开采、建立沿线地面沉降监测网络和选择合理的轨道结构类型等对策。

四、新技术应用

为适应高速铁路建设的需求,近年来在高速铁路路基设计中,采用了 CFG 桩(水泥粉煤灰碎石桩)、PHC 管桩(预应力高强度混凝土管桩)桩网结构加固软弱地基和桩板结构的新技术,用动态变形模量测试仪测试动态变形模量的新检测手段;在施工方面引进和研制了一些土石方挖、装、运及碾压设备,施工机具效率有了很大提高。

桩网结构是路堤、桩(如 CFG 桩、PHC 管桩等)、网(如土工格栅等)及桩间土构成的复合系统,其中的 CFG 桩桩网结构和 PHC 桩桩网结构分别在郑西、武广客运专线和温福铁路中得到了应用。目前的 CFG 桩桩网结构有带桩帽和无桩帽两种结构形式。

桩板结构路堤是一种用于高速铁路无砟轨道新的结构形式,由下部钢筋混凝土桩基与上部钢筋混凝土承载板组成,承载板直接与轨道结构连接,已在遂渝线进行试验研究。

第二章　路基设计荷载与基床结构

第一节　路基静动荷载特征

路基的荷载是指作用在路基面上的应力。它包含两部分：一部分是线路上部结构的重力作用在路基面上的应力，即静荷载；另一部分是列车行驶时轮载力通过上部结构传递到路基面上的动应力，即动荷载。

普通铁路路基设计需要考虑荷载的影响时，计算中常把静荷载和动荷载一并简化作为静荷载处理，即通常的换算土柱法。但是高速铁路的路基设计必须进行动态分析，这就不能简单地把动荷载作为静荷载处理，此时，需要计算列车动荷载的作用在路基中所产生的动应力的大小和分布规律。

一、静荷载

1. 中—活荷载

列车(活)荷载按照规范规定采用《中华人民共和国铁路标准活载》(简称"中—活载")。标准活载的计算如图2-2-1和图2-2-2所示。该活载通过轨道传播到路基面上，在横断面上的分布宽度自轨枕底两端向下按45°扩散角计算，如图2-2-3所示。

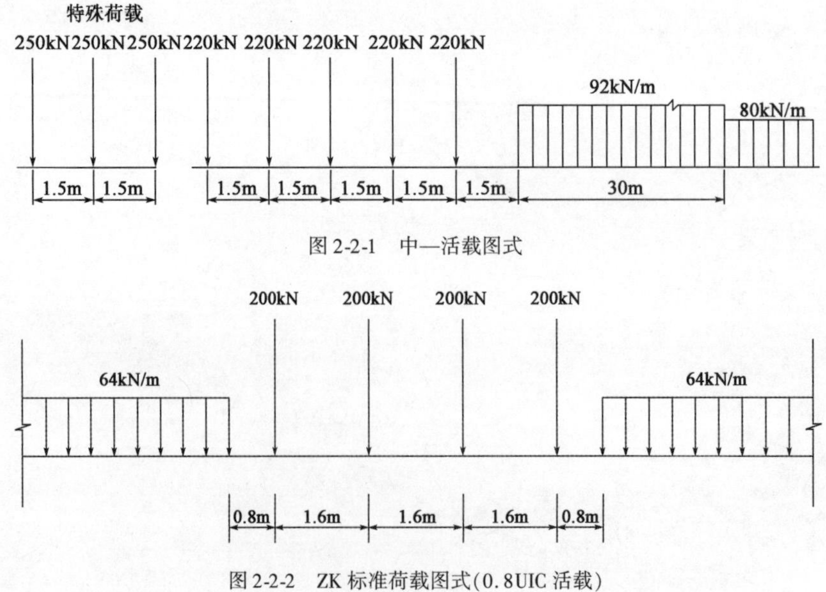

图2-2-1　中—活载图式

图2-2-2　ZK标准荷载图式(0.8UIC活载)

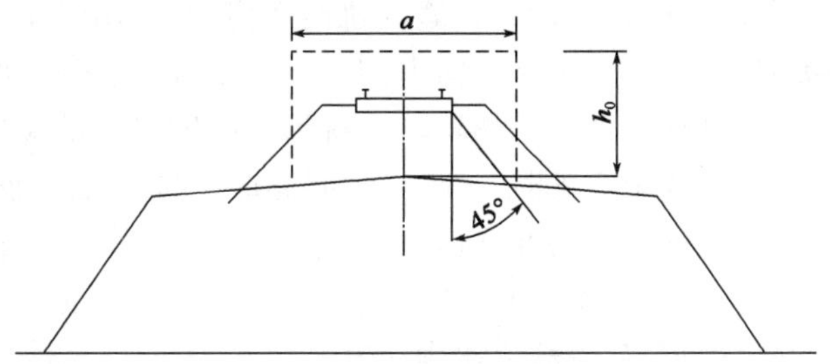

图 2-2-3　换算土柱示意图

在横断面设计中,路堤、路堑或挡土墙等路基建筑物的设计理论是按平面问题考虑的。因此横断面设计的计算图式为沿线路纵向取一单位厚度。这时作用在路基面上的活载若按最不利情况计算,则只需考虑轴重即可,不需考虑后面车辆部分的分布力。但是轴重是集中力,因此在具体计算时又把它简化成纵向均布的线荷载,并假定每个轴重的分布宽度等于轴距。最后得到沿纵向作用在路基面上的列车(活)荷载分布强度:

$$q = \frac{220}{1.5} = 146.67(\text{kN/m}) \tag{2-2-1}$$

2. 换算土柱

普通铁路路基设计,对路基荷载做了两个简化处理:

(1)把列车(活)荷载作为静荷载处理。

(2)把列车(活)荷载和轨道静荷载的总重 P 简化为与路基土同质的土柱,均匀地作用在路基面上。该土柱的高度称换算高度,$h_0 = P/(\gamma \cdot a)$,式中 a 为换算土柱的宽度,按荷载扩散角 45°计算。γ 为路基土的容重。

换算土柱计算算例,如图 2-2-4 所示。

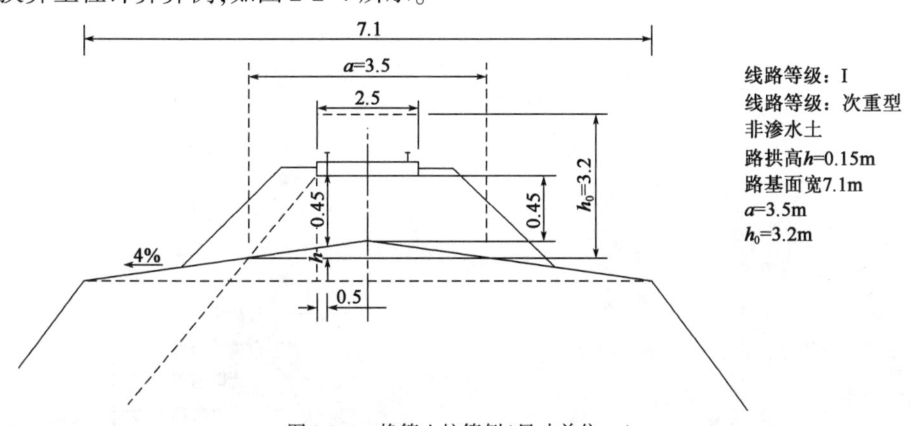

图 2-2-4　换算土柱算例(尺寸单位:m)

二、动荷载

1. 动荷载性质

列车以一定速度通过铁路时产生的荷载一般介于简谐荷载和随机荷载之间,并具有周期性和重复性,周期性和重复性主要是指列车荷载作用次数重复性。作用在路基上的动荷载通常视为重复荷载,对路基中的某一点,每通过一个轮轴则加载和卸载一次。对路基作数值计算和进行模拟试验时按简谐荷载考虑。

当车轮通过低接头、错牙接头、接头轨缝及轨面剥离处时,出于车轮瞬时转动中心的突然改变,致使车轮对轨道产生一个垂直向下的冲击速度,而当车轮驶离这些部位之后,这一冲击速度即刻消失,其作用效果是使轮轨系统形成时间极短的突发冲击与振动。类似地,当扁疤车轮在平顺轨面上行驶时,也将出现同样形式的冲击振动。由此产生的动荷载为冲击荷载,与之相对的速度即为冲击速度,由冲击作用产生的动荷载比静荷载大,动荷载与静荷载的差值称动轮载增量,动轮载增量与静轮载的比值即为冲击系数。其中,由行车速度引起的动轮载增量与静轮载之比为速度系数。计算轨道结构时冲击系数和速度系数的取值比较大。而路基中的取值本可以较小些,因为冲击作用的能量很快被粗颗粒散体的道床和级配碎石层吸收,动应力向下面路基中的传播急剧衰减,也就是说,冲击作用对路基的影响相对小。但是目前仍沿用轨道设计中的取值。

2. 动荷载扩散与传播

(1)动应力沿深度的分布特征

列车荷载以应力波形式通过道床传递到基床面,再向深层传播。在应力波传播过程中要消耗能量,或者说由于阻尼作用土要吸收能量,因此,动应力沿竖向深度增加而衰减。动应力沿深度衰减可从两个方面进行探讨:一是实测;二是理论计算。图 2-2-5 给出了衰减变化的规律,一般地说,路基面以下 0.6m 范围内动应力的衰减最急剧。根据西南交通大学在大秦线的实测资料,基面下 0.6m 深处的动应力已衰减 60%,即若基面动应力为 100kPa,则该深度处为 40kPa。中国、欧美国家的实测资料表明动应力的最大影响深度约 4.0m。因此进行现场实测时,测量基桩的设置深度应达到 4.0m 以上。

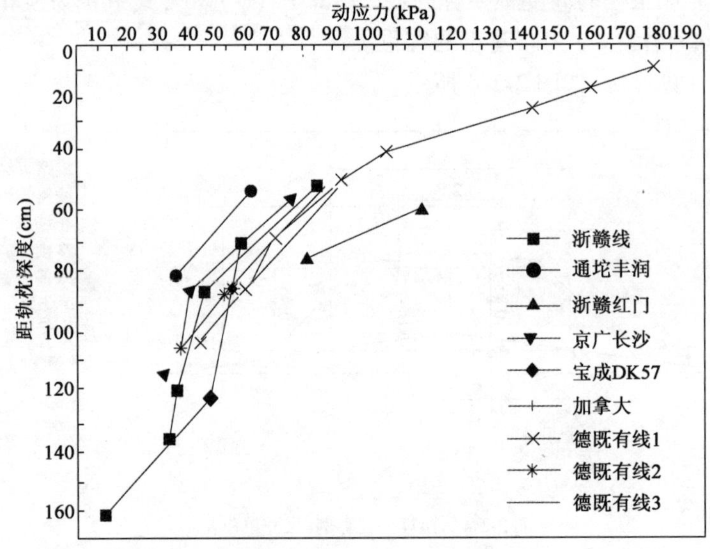

图 2-2-5 路基面动应力及其沿深度衰减

日本的资料认为基面下 3.0m 处的动应力约为自重应力的 10%,它对路堤变形的影响已可忽略不计,因此日本把 3.0m 范围定为基床厚度。路基面动应力的大小及其沿深度的衰减可按半空间弹性理论公式计算。

(2)动应力沿纵向分布特征

在列车荷载重复作用下,路基不良的动态行为是产生路基病害的重要原因。因此分析动应力沿线路纵向分布特征的影响是十分重要的。

图 2-2-6 为西南交通大学在大秦线实测的多个轮载所产生的动应力沿纵向的典型分布特征图。对路基面上某一点,每当一个轮轴通过时都有一次加载和卸载循环。卸载时的最小值 P' 与加载时的最大值 P 之比 P'/P 表示分布特征的不均匀性,这种不均匀性反映荷载重复作用的次数。对于线路与机车车辆之间具有理想匹配的情况,应当使比值 P'/P 最大。

这样,每通过一个转向架虽然有两个轮载力,但只有一次应力变动(加、卸载)而不是两次,因而大大延长线路的维修周期。比值 P'/P 与车辆的轴重、轴距、轨型、枕型、枕距、道床厚度、道床和基床的弹性系数(这些因素综合反映轨道的刚度)等有关。

另外,中国铁道科学研究院提出单轮载作用下动应力在线路纵向路基面上分布的计算图式,如图 2-2-7 所示。其中扩散距离 L 与路基面的最大动应力 σ_{max} 有如下关系:

$$L = \frac{\sigma_{max}}{82.9 + 6.17\sigma_{max}} \times 10^{-2} \tag{2-2-2}$$

式中,σ_{max} 的单位为 kPa,L 的单位为 cm。

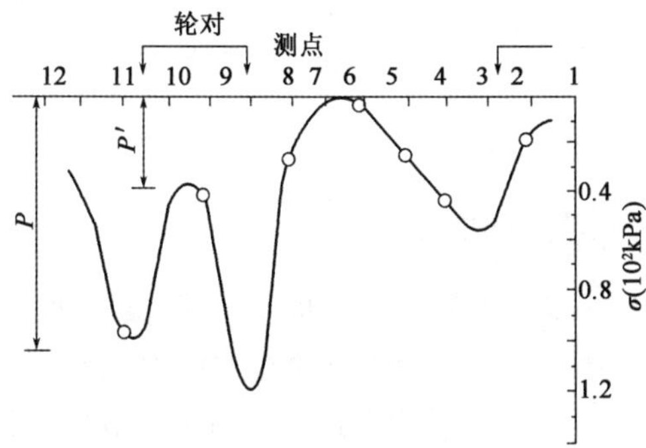

图 2-2-6　动应力沿线路纵向分布特征

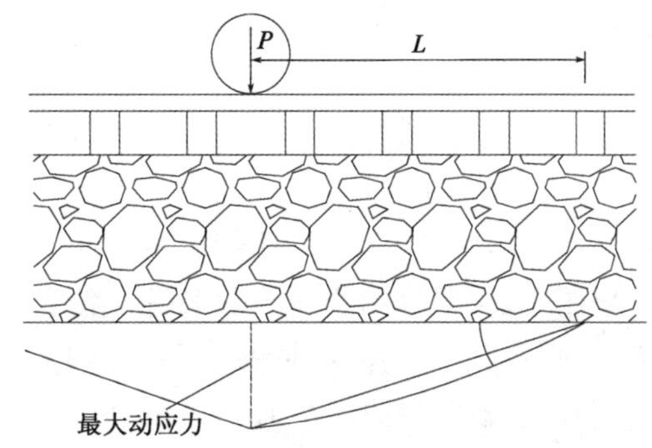

图 2-2-7　动应力沿线路纵向在路基面上扩散情况

第二节　路基基床结构

基床是铁路路基最重要的关键部位,一般将动荷载作用区域考虑为路基面下 3.0m,并将其定义为路基基床,基床上部约 60cm,即基床表层,所受动应力较大,需对其进行加强处理。

路基顶面以下 3.0m 范围是列车动荷载的主要影响范围,并把它定义为基床的厚度。基床的作用以及对基床的要求主要有以下三个方面:

(1)强度要求。应有足够的强度以抵抗列车荷载产生的动应力而不致破坏;能抵抗道砟压入基床土中从而防止道砟陷槽等病害的形成;在路基填筑阶段能承受重型施工车辆走行而不形成印坑,以免留下隐患。

(2)刚度要求。在列车荷载的重复作用下,塑性累积变形要小,以避免形成过大的不均匀下沉造成轨道不平顺,增加养护维修的困难。在列车高速行驶时,基床的弹性变形应满足高速走行的安全性和舒适性要求。

(3)优良的排水性。能够防止雨水浸入软化及冻害等自然条件的危害。

一、基床动力特性

1. 基床土疲劳特性与临界动应力概念

基床土体承受列车荷载是长期重复作用的动应力,基床的破坏或过大变形不是短期发生的，而是长期累积发展的结果。这就是疲劳破坏的表现形式。

Heath 在研究土的疲劳特性时，用伦敦黏土试样在动三轴仪上做三轴重复加载试验。根据测试结果整理了累积应变与荷载重复次数的关系，如图 2-2-8 所示。

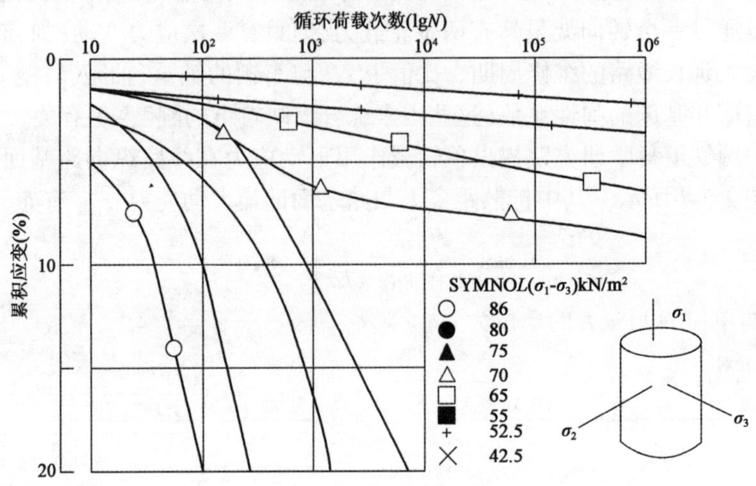

图 2-2-8　累积应变与荷载重复次数关系曲线(Heath)

图 2-2-9 是西南交通大学采用成都黏土试验获得的相似试验结果。由图 2-2-9 可见，有二组不同形状的试验曲线。其中一组为破坏形曲线，其变形随试验振次的增加而逐渐发展直到破坏，如曲线 9、10、11、12；另一组为衰减形曲线，其变形速率逐渐缓慢最后达到稳定状态(弹性条件)，如曲线 1、2、3、4、5。介于这两组曲线之间的摆动形曲线如曲线 7、8。显然，摆动形曲线的应力水平标志着一个区分破坏形和衰减形的界限。为了更清晰地显示出这个界限，可以把图 2-2-8 的数据另外整理变换成另一种表达形式，如图 2-2-10 所示。这样一来，可以发现一个很有意义的结果：左部点的累积应变达到 10%，右部点则未达到 10%，两者之间有一个界限，即图中虚线所示，相应的弹性应变称为临界弹性应变(因用词不一致，文献中或称极限弹性应变，门槛弹性应变等)。

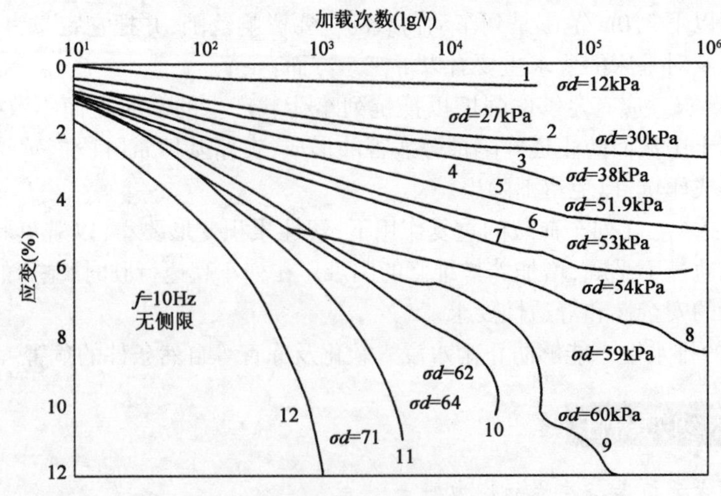

图 2-2-9　累积应变与荷载重复次数关系曲线(西南交通大学)

第二篇　路基工程

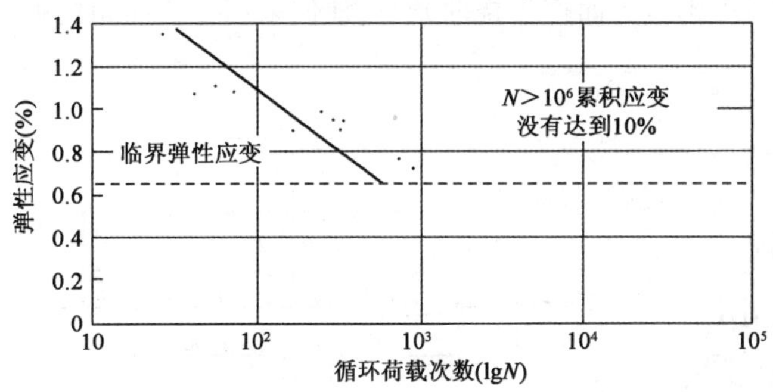

图 2-2-10　经过处理后的累积应变与荷载重复次数关系曲线

显然,与 10% 累积应变或该临界弹性应变相对应的动应力就是临界动应力。如果基床动应力小于该临界动应力,则基床累积永久变形便会得到有效的控制。这个概念启发我们,各种不同的基床结构形式包括道床的厚度和基床加固厚度的设计都应当使基床土的动应力控制在临界动应力的范围内。

临界动应力的大小与土的种类、含水率、密实度、围压大小、荷载的作用频率等因素有关,其中围压大小相当于深度大小,荷载频率相当于列车速度。

图 2-2-11 表示临界动应力随加载频率的提高而减小,因此对路基而言,当列车速度低时,路基病害较少,随着列车速度的提高,路基病害迅速增加,这已被既有线的实际情况所证实。临界动应力也是动强度的反映。通过不同围压的试验,可以求得土的动强度指标,例如 $C_{静}=33.1\text{kPa}$,$\phi_{静}=9°$;而 $C_{动}=27\text{kPa}$,$\phi_{动}=9°$。从静、动强度比较可知,动强度一般是静强度的 60% ~70%。这又给我们一个概念:荷载的动应力小时虽然能满足静强度,但小应力的多次重复作用可能导致两种不利后果,一是动强度不足而破坏;二是虽不破坏,但变形不断发展,结果累积永久下沉很大。可见,传统的按静强度作标准的设计方法是不完善的,只不过因为普通铁路速度低,变形问题不突出而已。对于高速铁路而言,频繁出现过大的累积下沉是不允许的。因此大的动应力要关注,小的动应力也不能忽视。

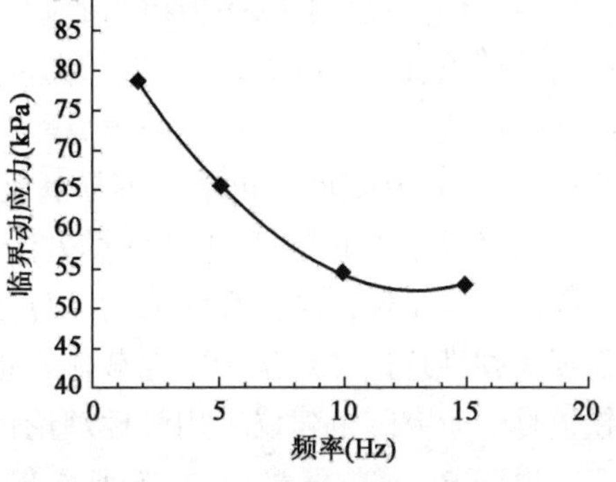

图 2-2-11　加荷频率与临界动应力关系

2. 基床表层厚度确定原则

基床表层厚度的确定方法有 4 种:一是变形控制法,它是以在列车荷载作用下路基顶面变形量不大于一定值为控制条件;二是路基顶面变形模量 E_{v2} 控制方法;三是强度控制法,它是以作用在基床表层下填土上的动应力不大于填土允许动应力(临界动应力)为控制条件;四是累积塑性应变控制法。

二、变形控制法

变形控制的目的是保证列车运行平顺,基床表层产生的变形不会导致表面铺装开裂或塑性变形过大降低基床表层寿命。

日本采用强化基床结构,在基床表面覆盖沥青混凝土,用于防水,为了保证表层结构不至于因弹性变形过大而产生挠曲开裂,他们采用了挠曲角的概念来控制变形,由图 2-2-12 所示。

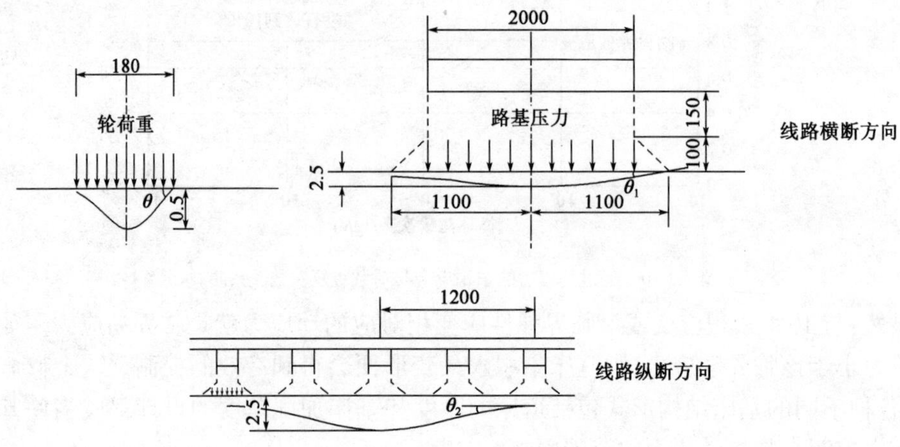

图 2-2-12　控制变形的挠曲角图式(尺寸单位:mm)

借鉴公路沥青混凝土路面的经验,以公路路面弹性变形 0.5mm 作为控制开裂的标准,与之相应的挠角为 θ,然后把这个挠角 θ 用到铁路基床表层中去,与该挠角相应的挠度值正是2.5mm,这就是沥青混凝土强化基床的弹性变形控制值。日本从路基表面沥青层的要求出发,规定路基面的动变形应小于 2.5mm,变形计算采用 Boussinesq 公式,并考虑不同层之间模量的当量转换,以此来设计不同情况下的基床表层厚度,在我国的高速铁路研究中则取3.5mm作为控制值。不管是 2.5mm 还是 3.5mm,均不是轨道结构和列车行驶的要求,而且在国内外所做的大量测试中,包括普通土质基床表层在内,路基面的动变形一般仅为 1mm 左右,在采用级配碎石等强化基床表层时动变形更小,如要求动变形小于 2.5mm,在实际上可能很容易满足。

这里要指出的是,日本的计算方法是从三维有限元计算转换成易于计算的弹性理论计算法。为了保证转换算法后两种算法算得的路基面变形值相等,即 $\delta_1 = \delta_2 = 2.5\text{mm}$,需要对弹性理论计算法中的轮载作修正,即 $P_{计算} = \alpha P$,式中的 α 为荷载修正系数。中国铁道科学研究院也建议采用弹性理论计算法,但没有考虑对计算荷载的修正。

根据 Boussinesq 理论,长方形均布荷载作用在双层弹性地基上,均布荷载中心点的沉降可用下式计算:

$$S_0 = \frac{4bP_0(1+\mu^2)}{\pi E^2}\left\{\left[\ln\frac{\sqrt{1+m^2+n_1^2\times q^{\frac{2}{3}}}+m}{\sqrt{1+m^2+n_1^2\times q^{\frac{2}{3}}}-m} + m\times\ln\frac{\sqrt{1+m^2+n_1^2\times q^{\frac{2}{3}}}+1}{\sqrt{1+m^2+n_1^2\times q^{\frac{2}{3}}}-1} - \frac{1-2\mu}{1-\mu}\times n_1\times q^{\frac{2}{3}}\times\arctan\frac{m}{n_1\times q^{\frac{1}{3}}\times\sqrt{1+m^2+n_1^2\times q^{\frac{2}{3}}}}\right]\left(1-\frac{1}{q}\right) + \frac{2}{q}\left[\ln\left(1+\sqrt{1+m^2}+m\right)+m\times\ln\frac{\sqrt{1+m^2}+1}{m}\right]\right\} \tag{2-2-3}$$

$$m = \frac{a}{b};n_1 = \frac{h}{b};q = \frac{E_1}{E_2}$$

式中：P_0——荷载强度；

a——1/2 的荷载长边；

b——1/2 的荷载短边；

h——基床表层厚度；

E_1——基床表层变形模量；

E_2——基床底层变形模量。

根据上述公式就可以算出在不同基床土弹性模量和基床表层材料弹性模量的基础上满足路基变形条件的基床表层厚度(图 2-2-13)。

由于基床表层接近轨道,上下部分产生的动应变差别明显,同时道砟的粒径大,填土的粒径小,为与上下接触面之间粒径相匹配,一般又把表层分成上、下两部分。上层较薄,大多为 0.2 ~0.3m,要求模量高,对颗粒的耐磨性有一定要求,应尽量选用石英质的砂砾石,相当于道床底砟;下层的作用偏重于保护基床底层填土,颗粒粒径应与填土匹配,使填土颗粒不能进入基床表层,同时要求渗透系数小。

确定了基床表层材料和基床底层填土的模量后,就可以根据图 2-2-14 确定需要的基床表层厚度。如当基床表层材料的动弹性模量 E_1 取 180MPa,基床底层填土模量采用 30MPa 时,需要的基床表层厚度约为 120cm。

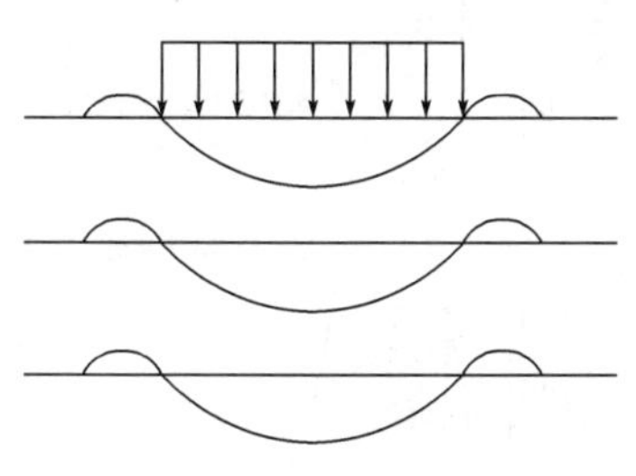

图 2-2-13　计算图式

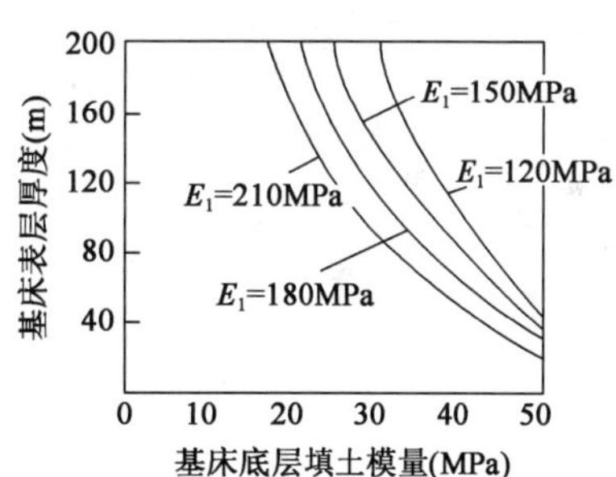

图 2-2-14　满足变形条件的基床表层厚度与基床表层材料、基床底层填土模量关系

三、路基顶面变形模量 E_{v2} 控制方法

德国根据路基面对 E_{v2} 的要求确定基床表层的厚度。该方法来源于公路设计,计算采用层状地基理论,计算不同底层时要达到规定的路基面 E_{v2} 值所需的基床表层厚度。对于公路,E_{v2} 的试验荷载与使用荷载是接近的,达到试验荷载时,一般也满足使用荷载。但对于铁路,由于 E_{v2} 的试验荷载与使用荷载在作用范围上存在较大的差异,对于表面达到相同 E_{v2} 的路基,在使用时却可能有不同的表现。对不同等级铁路路基面所要求 E_{v2} 限值的原理未见明确的解释,可能是由动力学计算和基床表层振动速度的限值所确定。

四、强度控制法

该方法为英国、美国、南非等确定道床和垫层厚度的方法,以保护下部填土为目的,要求作用在下部填土上的应力小于其允许应力。允许应力的确定有多种衍生形式,有采用静强度的,有考虑孔压系数不利状态影响的,有采用动强度的。各种强度的确定方式有多种多样。

在我国的高速铁路研究中也讨论了下部填土的动强度问题。该方法适用于重载铁路和路基基床病害等基床破坏性问题,而高速铁路对变形有严格要求的情况难以实施。在微小变形的要求下,强度的定义以及确定方法就成了难以突破的问题。

强度控制法的基本出发点是列车荷载通过基床表层传给基床底层填土产生的动应力必须小于其允许强度。该方法的主要内容是:确定作用于路基面上的设计动应力;确定路基基床底层填土的允许动强度(临界动应力)。

试验结果表明,临界动应力与围压大致呈线性关系,即随深度而增加,如果把荷载沿深度的传播曲线叠加在该图上,如图 2-2-15 所示,它们的交点则表示所要求的深度。在此交点以上的部分,荷载的动应力大于临界动应力,因此需要加固处理或换填优质填料,以提高临界动应力。这就是基床表层厚度的确定原则。但是,由于确定临界动应力的试验工作量很大,常用静强度乘以 0.6 的动力折减系数来替代,如图 2-2-16 所示。一般情况下,基床表层的厚度建议取 0.7 ~ 0.8m。因为该法的临界动应力是根据土的疲劳变形特性确定的,因此其实质也是变形控制法。

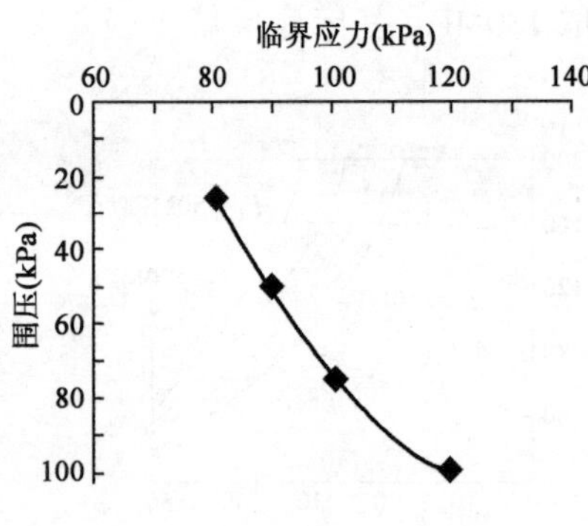

图 2-2-15　临界动应力与围压关系

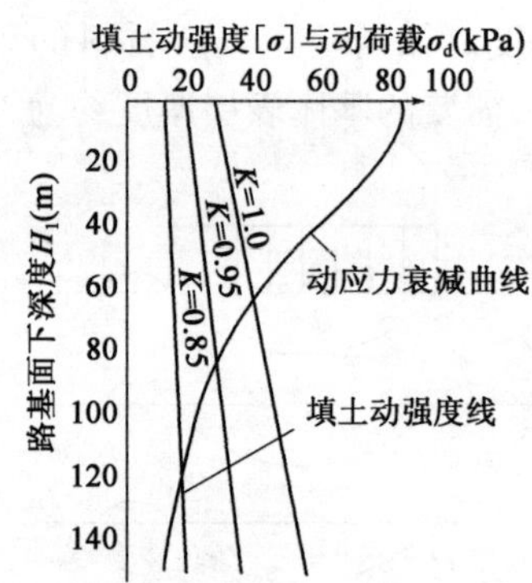

图 2-2-16　基床表层厚度的确定(摘自 Heath 及中国铁道科学研究院)

五、累积塑性应变控制法

D. Q. Li 和 E. T. Selig 提出为防止细粒土路基面出现渐进剪切破坏,由外荷载引起的路基面的累积塑性应变 ε_p,应小于该路基土的允许值 ε_{pa},即:

$$\varepsilon_p \leqslant \varepsilon_{pa} \tag{2-2-4}$$

$$\varepsilon_p(\%) = a\left(\frac{\sigma_d}{\sigma_s}\right)^m N^b \tag{2-2-5}$$

式中:σ_d——列车轴重在路面引起的动偏应力 $(\sigma_1 - \sigma_3)$;

σ_s——路基土的静压强度;

N——荷载重复次数;

a、b、m——参变数,与路基土的类型有关。

该方法实际上是针对重载铁路,而且累积塑性变形允许值的确定存在困难。

六、基床结构

基床结构基本上分两种:二层系统和多层系统或强化基床结构。

1. 二层系统

传统的普通有砟轨道线路多为道床与土质基床直接相连的二层系统,称为土基床。土基床要求用优质填料填筑。表 2-2-1 为中、日两国有关土基床土质条件的长期研究和实践的总结。在此基础上,我国现行规范规定使用 A 组填料。

中、日两国有关土基床土质条件 表 2-2-1

发生翻浆的土质			日本优质土条件
中国	日本		
$P_{0.05}/P_{0.5}>0.7$ $P_{0.05}>80\%$ $W_P>12$ $W_L>32$ $q_u<1kg/cm^2$ $N<3$	$d_{max}<75mm$ <74μm—>10% <420μm—>70% $W_L>50$(填) $W_L>30$(挖) $I_P>20$(填) $I_P>10$(挖)	$P_{0.05}/P_{0.4}>0.65$ $P_{0.4}>80\%$ $W_L>35$ $W_P>9$	$d_{max}<75mm$ <74μm—2%~20% <42μm—≤40% $d_{60}/d_{10}>6$ $W_L<35\%$ $I_P<9$

2. 多层系统或强化系统

设计规范对基床的土质及填土密度有一定的要求。但实际上我国既有线基床病害十分严重,年复一年不断发展。其主要原因是既不严格控制土质,又不重视压实质量。由于病害的困扰,人们对防治病害进行了长期的研究和实践。认识到基床表层的重要性,即在道床和路基之间再设置一层过渡层,称为保护层或垫层。

基床表层的功能是承载轨道结构物、并给予轨道适当的弹性、防止基床的软化、向基床扩散荷载、通过设立排水沟迅速排水等。为保持这种功能,基床表层应有充分的刚性和承载力、自身不变形等。实践还证明,设置保护层是提高路基的承载力、消除基床病害的根本措施。我国重载铁路大秦线的道床有一层底砟,其作用同保护层的作用是相同的。

第三节 路基本体结构

我国高速铁路有砟轨道路基面形状为三角形,并设置由路基面中心向两侧 4% 的横向排水坡。曲线加宽时,仍应保持路基面三角形形状。无砟轨道直线地段路基面形状为梯形,混凝土支承层基础边缘以外设 4% 的横向排水坡。路基基床底层顶面及基床下路基面自中心向两侧设 4% 的横向排水坡。路基自上而下分基床表层、基床底层和路堤下部。

有砟轨道基床由表层和底层组成,表层厚度应为 0.7m,底层厚度应为 2.3m,总厚度应为 3.0m。一般情况下,基床表层由 5~10cm 厚的沥青混凝土和 60~65cm 厚的级配碎石组成。无砟轨道路基表层厚度与无砟轨道的混凝土支承层或混凝土底座的总厚度不应小于 0.7m,底层厚度为 2.3m。混凝土支承层或混凝土底座以外的路基面应设防排水层。路基标准横断面如图 2-2-17 ~ 图 2-2-19 所示。

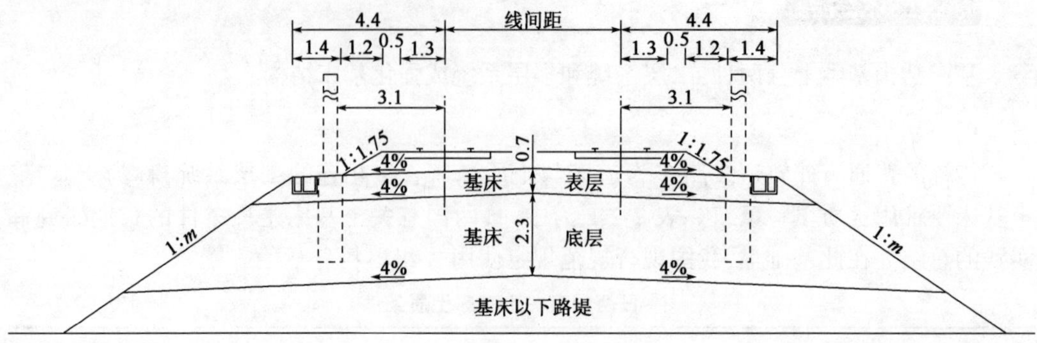

图 2-2-17　有砟轨道双线路基标准横断面示意图(尺寸单位:m)

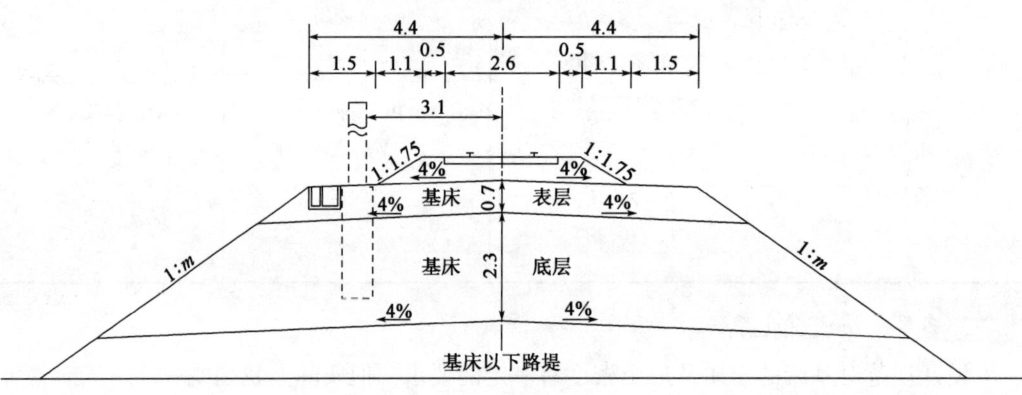

图 2-2-18　有砟轨道单线路基标准横断面示意图(尺寸单位:m)

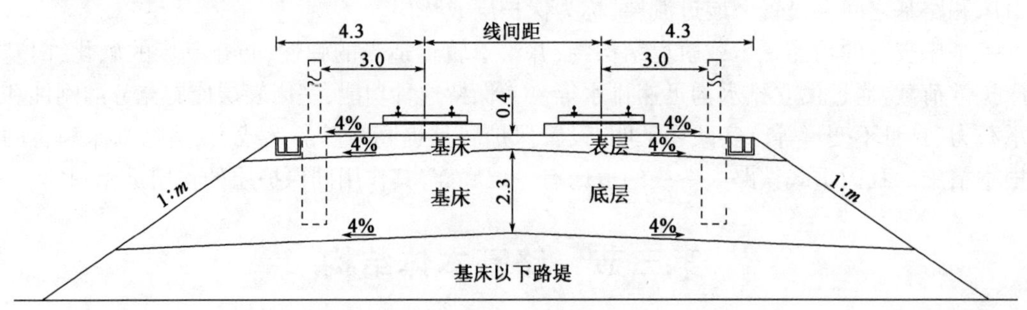

图 2-2-19　无砟轨道双线路基路堤标准横断面示意图(尺寸单位:m)

路基标准横断面应符合以下的规定。

区间路基面宽度应根据旅客列车设计行车速度、远期采用的轨道类型、正线数目、线间距、曲线加宽、路肩宽度、考虑路基沉降路基面两侧加宽、养路形式、接触网立柱的设置位置等,通过计算确定,必要时还应考虑光、电缆槽及声屏障基础的设置。有砟轨道路堤、路堑的两侧路肩宽度,双线不应小于 1.4m;单线不应小于 1.5m。直线地段路基面宽度不应小于表 2-2-2 的规定值。

路 基 面 宽 度 表 2-2-2

轨道类型	设计最高速度(km/h)	线间距(m)	路基面宽度	
			单线(m)	双线(m)
有砟轨道	250	4.6	8.8	13.4
	300	4.8		13.6
	350	5.0		13.8
无砟轨道	250	4.6	8.6	13.2
	300	4.8		13.4
	350	5.0		13.6

注:1. 有砟轨道路基接触网支柱内侧距线路中心 3.1m,无砟轨道路基接触网支柱内侧距线路中心 3.0m。

2. 电缆槽宜设置于接触网支柱外侧。电缆槽内部净高不大于 30cm,通信信号电缆槽外部宽度不大于 70cm。单通道电力电缆槽设于路肩上时,内部净宽不大于 20cm。

有砟轨道正线曲线地段路基面加宽值应在曲线外侧按表 2-2-3 的规定加宽。曲线加宽值应在缓和曲线内渐变。无砟轨道时一般不加宽,当轨道结构和接触网支柱等设施的设置等有特殊要求时,根据具体情况计算确定。

有砟轨道曲线地段路基面加宽值 表 2-2-3

最高设计速度(km/h)	曲线半径 R(m)	路基外侧加宽值(m)
250	$R \geqslant 10000$	0.2
	$10000 > R > 7000$	0.3
	$7000 \geqslant R \geqslant 5000$	0.4
	$5000 \geqslant R \geqslant 4000$	0.5
	$R < 4000$	0.6
300	$R \geqslant 14000$	0.2
	$14000 > R > 9000$	0.3
	$9000 \geqslant R \geqslant 7000$	0.4
	$7000 \geqslant R \geqslant 5000$	0.5
	$R < 5000$	0.6
350	$R \geqslant 12000$	0.3
	$12000 > R > 9000$	0.4
	$9000 \geqslant R \geqslant 6000$	0.5
	$R < 6000$	0.6

第三章　高速铁路路基填料及压实质量检测技术

第一节　概　　述

为列车高速而舒适运行提供一个高度平顺而稳定的轨下基础是高速铁路必备条件之一。路基作为轨下基础的组成部分,应具有与同为钢轨下基础的桥梁、隧道等结构物同等的重要性。但相对于桥、隧结构物,路基则是轨下基础中较为薄弱而不稳定的部分,这缘于路基一般均是天然土(石)颗粒材料构筑而成,而天然土(石)是一种不连续散粒材料,这种散粒材料是多种矿物的组合体,同时也是一种非均匀体,其工程性质复杂而多变,以致由其构成的路基其强度和抗变形的能力较弱,容易产生变形。对速度不高的一般铁路,路基的变形给列车运行造成的影响不太突出,即使出现局部不均匀沉降,通常认为可以通过抬道作业来改善这一现象,这也是长期以来,路基不被重视的症结所在。在高速情况下,这种由散粒材料构成的路基则是轨道变形的主要来源。它们在重复列车荷载与自然应力的作用下,所产生的积累沉降和不均匀沉降,将造成轨道的不平顺。控制变形是高速铁路轨下基础设计的关键,无论永久变形还是弹性变形超出允许值后,将影响列车安全性、舒适性、高速运行能力和增大养护维修工作量。

因此,构筑一个有足够强度和适宜刚度的路基是必不可少的。而这则依赖于组成路基这一土工结构物的材料——填料。必须将填料作为路基土工结构物的工程材料对待,根据路基结构各部分对填料要求选用合理的填料,了解和掌握不同种类填料的工程特性,作好填料设计是非常重要的。

第二节　填料基本要求

填料是路基土工结构的基本材料。实践证明,填料质量的好坏直接关系到路基土工结构物的强度和稳定性。

一、填料优劣对路基状态影响

日本第一条高速铁路——东海道新干线修建时,由于缺乏经验,对路基的重要性重视不够,为了节省工程费用,降低了填料标准。大量地利用弃土作填料,加上填料压实管理不到位,以至开通运营后频繁发生翻浆冒泥、路基下沉、降雨引起边坡溜坍等大量的路基病害,运营速度达不到设计标准。因此,日本在总结东海道新干线建设经验的基础上,在修建山阳、上越等新干线时,对路基填料、基床结构、地基等提出了严格要求,特别是对填料给予了足够重视。日本的实测表明:不良路基其轨道下沉量是良好路基下沉量的1.46~2.64倍,同时不良路基的轮轨作用力要比良好路基大得多,大约在1.5倍左右,且轨道维修工作量也大于50%以上。法国TGV的试验表明:轴重16~17t的高速列车在平顺性良好的轨道上以300km/h的速度运行时,其轮轨间的动力作用并不比轴重20t左右的货车在平顺状态中等的轨道上以100km/h速度运行时的动力作用大,甚至当速度达到515.3km/h时,TGV列车作用的垂直动力也不大于120kN(仅为静轴重的70.6%),水平力不大于60kN。由此可见,高标准的路基是保持轨道高度平顺的基础,也是确保轮轨动力作用状态良好的重要影响因素之一。

20世纪70年代,是德国经济迅速发展阶段,铁路运量激增、轴重加大、速度加快,但随之而来的,是路基病害日趋严重,使铁路运输受到制约。为此,德国为消除路基病害,进行了深入研究,提出了在路基顶部设置级配粗粒土等优质填料,减少了病害,满足大运量、高速度的运输需求。

法国在制定TGV线路的技术标准前,也对全国既有路基做了详细调查,并进行了试验研究后,提出在路基顶部增设级配良好的砂砾碎石垫层,对防止路基病害发生起到了重要的作用。

我国铁路建设发展迅速,铁路跨越式发展取得了惊人成绩。但长期以来,由于对路基这一土工结构物特性认识不足,因而重视不够,在铁路工程建设中,往往对桥、隧等结构物很重视,将路基则简单视作"土石方工程"而被忽视。同时,路基技术标准偏低,特别是对构筑路基基本材料的填料未给予应有的重视,没有将其当作建筑材料看待,加上投资等因素,在填挖平衡、移挖作填、就近取土的原则下,对填料优劣与否,不加选择的取之填筑,再加上施工质量不高,以致铁路建成后,路基病害随之发生,且随运量的增长及速度的提高病害也随之增加。

在铁路不断提速的今天,路基病害已成为限制提速的主要原因之一。近年来,各路局加大了对路基病害的整治力度,改造了一些影响行车安全的病害地段。

二、高速铁路路基对填料基本要求

安全、高速、舒适运送旅客是高速铁路的主要特点,要达到这一目标,对线路来说必须确保轨道结构几何尺寸高度平顺和稳定,而这些则依赖于给轨道结构提供一个足够的强度、适宜的刚度且高度平顺、长久稳定的路基。

路基这一土工结构处在一个复杂、多变的自然环境之下,受水、气候、地震、地质等诸多自然营力的侵袭和破坏,而填料的工程性质对自然因素的变化十分敏感,同时路基承受上部结构及列车荷载的作用,路基土体在重复列车荷载作用下,将产生累计变形,而且土体强度将降低,表现出疲劳特性。因此,作为土工结构物的路基对其填筑用的填料应满足以下要求:

(1)强度

在列车或在长期动力作用下保持必需的强度、不至出现不允许的塑性变形。

(2)刚度

经碾压形成的密实土工结构物,在列车荷载与自重作用下,变形小,既要有适宜的刚度不致发生不允许的变形,同时还要有适度的弹性,以满足舒适性要求。

(3)稳定性与耐久性

能抵御各种自然营力的作用(如地震、水、气温等),有足够的水稳性,能承受冻融与干湿循环反复作用而保持稳定与耐久性。

作为基床表层还应能防止冻害的发生,防止表水下渗而导致路基土体强度降低。

第三节　填料分类与路基结构各部位填料要求

一、影响填料工程性质主要因素

1. 粒度组成

土的粒度组成是指构成土的颗粒大小、形状、表面性质及相对数量的比例关系。粒度组成与其性质的关系十分明显;砾石、砂、黏土等的性质相差悬殊,其主要原因就是组成颗粒的大小、成分不同。一般颗粒越大,土的摩擦角越大,其强度越高。自然土层体边坡坡率即反映了这种情况。此外,颗粒形状的表面性质对土的性质影响也是显而易见的,例如等粒的尖棱状砂的孔隙度较等粒的浑圆式圆棱状砂为大,相反,浑圆式圆棱状砂的透水性则较尖棱状砂大。但最主要的是反映各颗粒间相互关系的颗粒级配的影响更为显著,如透水性,稳定性,压实性质及静、动力作用下的力学性质。这些在很多情况下,都取决于其粒度和级配特征。级配好坏表示土中粒径的分布范围宽窄,颗粒级配好,表示土颗粒粒度分布宽大。如果颗粒级配不好,表示颗粒粒度范围窄或呈台阶状(有颗粒缺失),如级配砂砾石、级配碎石,它就是用粒径大小不同的粗细砾(碎石)集料和砂各占一定的比例的混合料,其颗粒组成符合密实级配要求,其中包括一部分细颗粒土,填充颗粒粒间空隙并起黏结作用,经压实后形成密实结构。其强度形成是靠颗粒间的摩擦力和细颗粒的黏结力,因而有较高的力学强度和水稳定性。因此,选择填料时,级配良好的填料,才有较好的压实性、较高的强度和稳定性。对粗粒土来说一般认为当细粒土含量 $<5\%$ 时,细粒土基本不影响粗颗粒土的性质,当粗粒土的细粒土含量 $>5\%$ 时细粒土的塑性开始起一定的作用。

各国对细颗粒土粒径划分标准略有不同,我国和日本这一标准为0.075mm,德国为0.063mm,法国为0.08mm。

细粒土含量和细粒成分将影响土的物理力学性质。土粒表面的活性随着粒径的减小而增大。随着粒径的减小,阳离子交换量、塑性、最大吸湿量都随之急剧增大。研究表明,土粒间的凝聚上限粒径分别为0.02mm和0.005mm。颗粒间的胶结力、可塑性、黏性、膨胀性在大于0.005mm的颗粒中几乎是没有的,而在小于0.005mm的黏粒,尤其是小于0.002mm的胶粒中,这些特性甚为显著,小于0.001mm的则特别强烈,这是因为0.005mm颗粒是黏粒和胶粒的过渡粒级,0.005~0.002mm颗粒已具有了薄膜水的吸附作用,也能反应与水的相互作用的性质。国内外岩土工程一般都认为当细粒含量 $<5\%$ 时,细粒土对土整体的工程性质基本无影响。但当细粒土含量逐渐增加时,将改变土的性质,影响土的物理力学指标,而当细粒土含量达一定数量时,某些土由于粉粒、黏粒含量的增多,其亲水性和黏聚性都增强,因而其强度也发生变化,并随着细粒的增多变化幅度也增大。

2. 矿物成分

对土(特别对细粒土)来说,影响其工程性质的因素除粒度组成外,更为重要的是它的矿物成分、交换阳离子成分及其水化能力等。而综合反映这些因素的指标或综合反映细粒土与水相互作用所表现的特性为塑性。

土的塑性常常通过塑限(W_p)、液限(W_L)及塑性指数(I_p)等指标来表示,塑性指数反映细粒土具有可塑性能的湿度变化程度。

液限是反映细粒土的粒度、矿物组成、交换阳离子成分等特征的灵敏指标。塑限与液限都随黏粒含量的增多而增大,但液限却有更好的线性关系。

但对土来说影响其工程性质主要是矿物成分及其含量。岩石经物理风化后破碎成为碎屑,但其矿物成分并不改变,主要还是构成岩石的那些原生矿物,如石英、长石、云母等。岩石经化学风化后,其原生矿物发生了化学变化而形成了次生矿物。黏土矿物是由不可溶的次生矿物(原生矿物经溶滤过后的次生变质物质)构成。因此,矿物成分是决定土的物理性质和工程性质的重要因素。最常见的黏土矿物成分为高岭石、蒙脱石和伊利石。高岭石是在地面常温、常压及热液影响下从长石类及云母类矿物转变而来,特别是在酸性介质中对其形成有利。由于其结晶构造的结构特点是晶格不能自由活动,不允许有水分子进入晶包之间,是透水较为稳定的黏土矿物。因此,以高岭石矿物为主要成分的细粒土,其水稳性较好。蒙脱石的化学成分复杂,在火山岩分布区较多常见,蒙脱石晶格结构的特点是晶体框架具有异常大的活动性,透水很不稳定,水分子可以无定量的进入晶格之间而产生膨胀。

3. 水作用影响

路基这一条带状土工结构物,常年经受水的作用,降水、蒸发、地下水等都会直接影响路基填料的强度和变形而危及路基的状态与稳定。

地表水、地下水及人为活动带来的水,都将使路基土体含水率发生变化,在强降雨或洪水侵蚀下土体将饱和,而气温的变化又使土体经受干、湿循环的作用。这些都使路基土体的结构发生变化,强度降低,因而在列车荷载的作用下,使路基产生病害,严重时将影响路基的稳定性,危及行车安全。因水而引起的路基病害屡见不鲜。

4. 温度影响

寒季冻胀、暖季融化、冻融循环作用影响土体强度:当填料为冻胀敏感性土时,冬季将发生冻胀,随着气温升高到融季土体融化,在列车动力作用下,将产生翻浆冒泥、路基下沉、边坡失稳等病害。季节的交换,使土体在冻结与融化反复作用下,导致土体结构破坏,强度降低。

冻胀是指冻结过程中,土体中水分(包括土体孔隙原有水分及外界水分向冻结缝面迁移的水分)冻结成冰,以冰晶侵入土体孔隙,当冰晶体积超过土体空隙时,引起土颗粒间的相对位移,使土体体积产生不同程度的体积膨胀变形现象。

在一定的土质条件下,冻结前的土中水分及冻结过程中的水分迁移量是土体冻胀性强弱的基本要素之一,导致土体潮湿的来源一般为:大气降水、地下水补给、人为活动的水分等。实践与试验证明:并非所有含水的土体都会产生冻胀,只有当土体含水率超过起始冻胀含水率时,才能产生冻胀。

5. 动荷载反复作用影响

土的动力特性与静力特性有较大的差别,土体在反复动荷作用下,会发生疲劳破坏、变形失稳。

路基土体在长期列车荷载反复作用下将产生疲劳,其强度较土体在静态时的强度有不同程度的衰减,有的土体动强度较静强度衰减较少,而有的则急剧衰减,因此,路基填料必须满足在长期反复荷载作用下的强度要求。

国内外试验研究表明,土体在重复荷载作用下,其塑性变形随重复荷载作用次数的增加而增加。路基基床土体在列车荷载作用下,通过轮对加荷与卸荷的反复作用,对基床土产生动应力。当荷载产生的动应力水平较低时,基床土体在低应力和小应变条件下工作,土体变形主要表现为弹性变形,塑性应变积累很小,随着动应力的增大,基床土颗粒之间相互移动而压密变形增加。当动应力增大到土体孔隙水压和塑性应变积累而趋于停止,变形趋于稳定,土体达到强化,对应于土体这种强化状态的最大动应力称为"临界动应力"。当荷载产生的动应力大于临界动应力时,孔隙水压力和塑性应变迅速增加而使土体破坏。

铁路路基土体由于填料欠佳、压实密度不够等使土体强度不足,运营后,随着运量的增加、轴重的加大和速度的提高,在列车荷载作用下,塑性变形不断积累,是造成大量基床变形和破坏的主要原因。

每一种土,在重复荷载作用下,都存在一个临界动应力。不同土的性质和应力状态具有不同的临界动应力,通常粗粒土的临界动应力比细粒土的临界动应力大。对同一种土压实密度越大、饱和度越低,则临界动应力越大。

已有的资料研究表明:对一般正常固结黏性土,临界动应力值范围一般为静强度的10% ~80%,其大小取决于土的类型、性质和所处状态。

二、高速铁路路基填料分类

路基填料分类是针对天然结构已被破坏的土、石,将其按粒径组成、级配情况、细粒土含量、细粒土的物理性质等情况划分。

1. 粒径分类与填料分组

根据土颗粒粒径分类,粒径划分如表2-3-1,最大粒径为75mm。

粒组划分 表2-3-1

颗粒名称		粒径 d(mm)
砾、砂	粗砾	$19 \leq d \leq 75$
	中砾	$4.75 \leq d \leq 19$
	细砂	$0.075 \leq d \leq 0.425$
粉土		$0.005 \leq d \leq 0.075$
黏土		$d \leq 0.005$

注:1. 粒径在0.075 ~75mm为粗粒成分。
2. 粒径在0.075mm以下为细粒成分。

在土颗粒粒径分类的基础上,对填料进行分组,路基填料分组见表2-3-2。

填料分组 表2-3-2

组符号	土质及岩质	
	土的分类符号	备注
A组	(G)、(G-S)、(GS)	
	(G-F)、(G-FS)、(GS-F)	细粒成分主要为有机质土者除外
	(S)、(S-G)、(SG)	不均匀系数 $C_u \geqslant 5(1 < C_c$(曲率系数)$<3)$即级配良好
	(S-F)、(S-FG)、(SG-F)	细粒成分主要为有机质土或者火山灰质土除外
	硬岩弃渣	风化严重者除外
B组	(G-F)、(G-FS)、(GS-F)	细粒成分主要为有机质土
	(GF)、(GF-S)、(GFS)	细粒成分主要为有机质土或者火山灰质土者除外
	(S)、(S-G)、(SG)	不均匀系数 $C_u \geqslant 5(1 < C_c$(曲率系数)$<3)$以外的即级配不良好
	(S-F)、(S-FG)、(SG-F)	细粒成分主要为有机质土或者火山灰质土
	(SF)、(SF-G)、(SFG)	细粒成分主要为有机质土或火山灰质土者除外
	软岩弃渣、脆岩弃渣	属于〔D1组〕者除外
C组	(GF)、(GF-S)、(GFS)	细粒成分主要为有机质土或火山灰质土
	(SF)、(SF-G)、(SFG)	细粒成分主要为火山灰质土
	(ML)、(CL)	
D1组	(MH)、(CH)	
	脆岩弃渣	已黏性化施工后风化继续发展，碾压时泥土化
D2组	(SF)(SF-G)、(SFG)	细粒成分主要为有机质土
	(OL)、(OH)、(OV)、(Pt)、(Mk)	
V组	(VH)、(VH1)、(VH2)	
其他	人工材料(Wa)、(I)	

2. 各组填料的特点

(1)A组填料

A组填料为能够容易地确保 K_{30} 值≥110MN/m^3，且自重压缩沉降、疲劳荷载作用的永久沉降、弹性变位量等都极小的优质填料，是最适宜作为路基填土的填料。但是，因优质填料即使碾压不充分也易于确保 K_{30} 值≥110MN/m^3，而存在压实度不均一的可能性。一旦碾压不充分，则有可能在列车疲劳荷载作用下发生较大的塑性变形，因此有必要充分把握填料的碾压特性。

(2)B组填料

B组填料为能够容易地确保 K_{30} 值≥70MN/m^3，且自重压缩沉降无长期影响、经改良处理能够容易地确保 K_{30} 值≥110MN/m^3 的施工性良好的填料，也是适宜作为路基填土的填料。

(3)C组填料

C组填料为含有机物或者火山灰质细粒土的砾质土及细粒土等低液限的土。如果实施充分的施工监理，有时能够确保 K_{30} 值≥70MN/m^3。并且，填料经过改良处理，能够确保 K_{30} 值≥110MN/m^3。可是，在压缩性等方面是劣于B组的填料。

(4)D1 组填料

D1 组填料为压缩性高、施工性不良、用于路堤填料时需经改良处理的土。若使用优质的远运填料,不如使用改良土更为经济时,应在进行充分的调查和试验的前提下使用改良土。

(5)D2 组填料

D2 组填料与 D1 组填料同样为压缩性高,且施工性不良、用于路堤填料时需经改良处理的土。由于是有机质土,与 D1 组填料相比,属于难以改良处理的土,应尽量不采用为宜。

(6)V 组填料

V 组填料从工程学特性上碾压后出现软化且强度显著降低、与其他土相比施工效率很差,容易发生翻浆冒泥,一般不适宜作为路堤填料。然而,日本的火山灰质黏性土的分布面积广,达 40% ~50%,尤其是在北海道、东北、关东、九州等地广为分布。在这些地区难以取得其他的优质填料,当与其使用其他优质的商品填料,不如使用现场经过改良处理的火山灰质黏性土更为经济时,应在进行充分的调查和试验的前提下使用这种改良土。

3. 作为填料应谨慎使用的特殊土

A 组、B 组、C 组填料中具有工程学的性质和特征,为未扰动原状土时属于稳定土,但必须谨慎作为路堤填料使用的特殊土,包括火山灰砂质土和砂质黏土。这类土为未扰动原状土时处于稳定,但作为路堤填料来处理时必须充分注意。

(1)具有代表性的火山灰砂质土,白砂作为填料划分为 C 组,粒径分布为优良的砂质土,但其土粒子的密度极小,容易受路堤边坡流水的冲沟侵蚀。另外,一般认为纯白砂在地震时会发生液化。凝灰质山砂作为填料划分为 A 组、B 组,其粒子富有棱角且多孔质,具有一旦处于含水的扰动状态,则与粉质土同样很难排除水分的特性。火山灰砂质土作为填料使用时,有必要根据现场的实际状况,事先进行充分的调查,并采取对策使得填土内部不会发生孔隙水压以致边坡表面发生雨裂。

(2)砂质黏土为各种花岗岩类的风化土。作为填料按照其粒径分布划分为 A 组至 B 组。其土粒子的矿物成分和风化程度是重要因素,必须注意的是这类土的工程学特性受这些要素变化的左右。砂质黏土作为填料使用时,尤其必须注意的事项是其相对于流水的稳定。

三、路基结构层对填料要求

1. 基床

有砟轨道之沥青基床表层由沥青混合物层和级配碎石组成;无砟轨道之混凝土基床表层和沥青基床表层分别由钢筋混凝土板、沥青混合物层和级配碎石组成。

(1)沥青混合物和级配碎石材料

要求沥青混合物采用加热混合式的粗集料沥青混凝土,材料配比见表 2-3-3。

(2)级配碎石

①粒径大于 1.7mm 的集料的洛杉矶磨损率不大于 50%。

②粒径大于 1.7mm 的集料的硫酸钠溶液浸泡损失率不大于 12%。

③粒径小于 0.5mm 的细集料的液限不大于 25%,其塑性指数小于 6。

④黏土及其他杂质含量的质量百分率小于等于 0.5%。

⑤级配碎石的粒径级配应符合表 2-3-4 中规定。

沥青混合物材料的级配 表 2-3-3

沥青混合物种类		细粒径沥青混合物	粗粒径沥青混合物
竣工尺寸(mm)		30 ~ 50	40 ~ 60
集料最大粒径(mm)		13	20
通过质量百分率(%)	26.5mm	—	100
	19.0mm	100	95 ~ 100
	13.2mm	95 ~ 100	70 ~ 90
	4.75mm	55 ~ 70	35 ~ 55
	2.36mm	35 ~ 50	20 ~ 35
	600μm	18 ~ 30	11 ~ 23
	300μm	10 ~ 21	5 ~ 16
	150μm	6 ~ 16	4 ~ 12
	75μm	4 ~ 8	2 ~ 7
沥青用量(%)		5 ~ 7	4.5 ~ 6.0

基床表层级配碎石粒径级配范围 表 2-3-4

通过方孔筛孔边长(mm)	45	25	16	7.1	1.7	0.5	0.1	0.075
过筛质量百分率(%)	100	82 ~ 100	67 ~ 91	41 ~ 75	13 ~ 46	7 ~ 32	0 ~ 11	0 ~ 7

基床表层填料材质、级配必须经室内试验及现场填筑压实工艺试验,保证其孔隙率、地基系数、变形模量及动态变形模量符合设计要求并确定填筑工艺参数,方可正式填筑。

(3)级配炉渣

炉渣厂有两种炉渣碎石:级配高炉炉渣碎石(Mechanical stabilized Slag,MS);水硬性高炉级配炉渣碎石(Hydraulic Mechanical stabilized Slag j,HMS)。

基床表层材料应选用经过级配的 MS 和 HMS,炉渣的质量要求是:细长或者薄片、垃圾、有机物等不得达到有害程度的含量,不得产生黄色污水及硫化物气味等。强度等质量标准见表 2-3-5、粒径级配标准表 2-3-6。

路基用级配炉渣碎石质量标准 表 2-3-5

种　　类	修正 CBR%	单轴抗压强度(N/mm^2)	单位体积的质量(kN/m^3)
级配炉渣碎石(MS)	80 以上	—	15 以上
水硬性级配炉渣碎石(HMS)	80 以上	14d 强度达 1.2 以上	15 以上

注:1. 粒径是依据 JISA 1102“集料的筛分试验方法”。

2. 修正 CBR 试验是依据《铺装试验方法便览》中“修正 CBR 试验方法”,取相当于最大干密度的 95% CBR。

3. 单轴抗压强度是依据 JISA5015 标准。

4. 单位体积重量是依据 JISA1104“集料的单位容重及实体积率试验方法”。

炉渣碎石粒径级配标准 表 2-3-6

尺　　寸		通过质量百分率(%)									
		50	40	30	25	20	13	5	2.5	0.4	0.075
种类名称	MS-25	—	—	100	95 ~ 100	—	55 ~ 85	30 ~ 65	20 ~ 50	10 ~ 30	2 ~ 10
	HMS-25	—	—	100	95 ~ 100	—	60 ~ 80	35 ~ 60	25 ~ 45	10 ~ 25	3 ~ 10

注:筛子网符合 JISZ8801 之规定,分别为 53.0mm、37.5mm、26.5mm、19.0mm、13.2mm、4.75mm、2.36mm、0.425mm、0.075mm。

2. 基床以下路基本体

铁路填土自施工基面3m高度(基床表层除外)范围称为上部填土,其下称为下部填料。自施工基面3m高度范围的列车荷载影响较大,且该范围内也包含基床表层。因此,上部填土有必要使用列车疲劳荷载作用下累积变形小,且能够获得适宜的刚度的填料。不同性质等级的路基填料要求见表2-3-7。

性能等级与相应填料　　表2-3-7

性能等级	适用于上部填料的填料	适用于下部填土的填料
Ⅰ	A组经改良处理; B组(限于细粒成分少的材料)作为再生资源的工业废料等	A组经改良处理; B组(限于细粒成分少的材料)作为再生资源的工业废料等
Ⅱ	A组、B组经改良处理、C组、D1组、V组作为再生资源的工业废料等	A组、B组经改良处理; C组、DI组、D2组、V组作为再生资源的工业废料等
Ⅲ	A组、B组经改良处理C组、D1组、V组作为再生资源的工业废料等	A组、B组、C组经改良处理; C组、D1组、D2组、V组作为再生资源的工业废料

注:1. Ⅰ级:平时变形极小,对于极少发生的偶发作用L2地震振动和暴雨,具有不会产生过大变形的性能的路基,如无砟轨道路基。

2. Ⅱ级:平时不会发生通常维护方法能够应对程度的变形,但对于极少发生的偶发作用L2地震振动和暴雨,具有不至于造成毁灭性破坏程度的性能的路基,如重要程度高的有砟轨道路基。

3. Ⅲ级:允许平时发生变形,具有对于较为偶发作用L1地震振动和降雨具有不会受到破坏的性能的路基。如一般线路的有砟轨道路基。

4. L1地震振动:结构物的设计使用寿命期限内发生概率为数次的地震振动。

5. L2地震振动:结构物的设计使用寿命期限内发生概率低的强烈地震振动。

(1)表2-3-7中再生资源的工业废料必须经对于列车重复荷载和雨水等自然条件的耐久性试验研究,证明其具有充分的适用性时方可作填料,对混凝土再生碎石(再生级配碎石和再生未分选碎石等)与自然材料相比,混凝土再生碎石有对于列车重复荷载作用下容易发生破碎的特点,须经过列车重复荷载和雨水的耐久性试验证明,充分判断能用于上部填料,但须用于距施工基面下1.0m以下。

(2)不宜作为填料的有:

①膨润土、酸性白黏土、硫气软黏土等膨胀性的岩、土。

②蛇纹岩、崩解率为50%以上的泥岩等因吸水膨胀而显著风化的岩。

③高有机质土等压缩性高的土。

④冻土。

(3)下部填土应尽量有效利用工程弃土。

第四节　填料适应性与改良

一、填料的适应性

路基是由天然土(石)散粒材料经碾压而构成的土工结构物。与其他工程结构物一样,都需要掌握组成工程结构的各种材料的强度和变形特性。但对散粒的天然土(石)作为工程材料要掌握其强度与变形特性，相对于其他连续介质组成的物体材料（如木材、钢材、混凝土等）要困难很多。其原因如下：

（1）散粒的土（石）是不连续的物体，是由粒状的固体颗粒所组成。土的本构关系有其突出的特点：应力应变关系的非线性、弹塑性、剪胀性、压密性、蠕变性及受应力水平、应力状态、应力路径和应力历史的影响，表现出极其复杂的关系。这些性质从本质上都与土中颗粒相互作用有关。与各种连续介质组成的材料不同，土的变形与强度特性决定于颗粒的接触面的性质，以及颗粒在接触面上的位移和变形。

（2）土是非均质的，即使取自于同一地点的土，其性质也不完全相同，将其经开挖取土、运输、摊铺碾压后组成的土体同样也是一个非均质体。

（3）天然土（石）是多矿物组合体，特别是土的矿物颗粒是岩石风化的产物，矿物成分是决定土的物理性质和工程性质的重要因素，亦是鉴别区域土质特征的重要标志。因此所取用土质不同，组成路基土体的工程性质就随之不同。

路基作为轨下结构物的组成部分，为确保轨道结构物几何尺寸的稳定与运行的平稳，应具有与桥、隧等结构物同等的重要性，日本2008年1月出版的《铁道构造物标准及解说——土构造物》中明确指出："路基作为铁道构造物，分别与由混凝土和钢结构以及隧道等各种不同结构物联成线形结构体，一旦发生局部坍塌也会直接影响系统整体的功能。因此，相对于地震和降雨等相同外力作用，原则上不宜使得多种结构物具有不同等级的性能。"而德国则在其DS 836标准（即路基标准）中，对路基工程规定："如果没有其他规定，路基工程的静态、稳定的结构应该设计120年的使用期限。"可见，各国都很重视路基这一土工结构物，对其在使用上有与桥、隧等结构物等同的要求。

路基是土或石填筑碾压而构成的土工结构物，要满足对其要求，则对构成的填筑材料，也就有相应的要求。并非任何天然土（石）碾压填筑都能满足要求，亦即对填料具有选择性，或对某些填料必须进行相应处理后方可用于路基填筑。

我国幅员辽阔，区域地质条件复杂，加上有些地区有独特的地理与气候环境，造就了独特的区域工程地质环境，不同地质环境有不同的特殊岩土，如西北干旱气候条件下形成的黄土，华中、华南、西南等地区含亲水矿物较多的膨胀土和膨胀岩以及各种风化条件下形成的风化岩和残积土，华南、华东湿热气候条件下形成的红土，及西南山地的残积为主、广泛发育着的残积红土，东北和西北高原寒冷气候条件下的冻土，西部内陆盆地与东部滨海地区的盐渍土等。这些特殊岩土的性质不同于常见的一般岩、土，在这些地区，取用这些特殊性质的岩、土作填料时，必须掌握其工程性质，确定所采取的措施，有条件的采用。

路基作为铁路的基础设施，按土工结构物进行设计、施工。因此对路基结构各部位的填料与填筑压实标准都提出了更高的要求。

近年来，不少新建铁路路基就近取用的填料不符合路基填料的要求。有的填料虽符合填料要求，但用于路基填筑时，达不到相应的压实标准。如在秦沈客运专线施工中，出现C组粉黏土、B组细砂、中砂，甚至局部地段粗砂都达不到要求的压实密度或K_{30}值，不得不进行改良，或外运填料。

我国正在进行大规模的铁路建设，同样也应做到在满足技术要求的前提下，应尽最大可能地就地取用填料，以提高工程的经济效益，节省投资，使工程做到安全、经济、合理，并具可持续发展。近年来我国在铁路路基工程建设中，通过对一些岩（土）做填料的科研试验及总结以往工程的经验及教训，对填料认识与合理利用积累了大量的宝贵资料与经验。

二、填料改良

近年来随着我国铁路建设跨越式发展，铁路标准的提高，对铁路路基填料的要求也提出了较高的标准，在一些铁路建设中，出现了就近取用的填料不符合路基结构相应各部位对填料的要求，或虽然符合路基结构相应各部位对填料的要求，但达不到其相应的压实标准。如：秦沈客运专线在建设中便出现填料符合要求，但经碾压达不到要求的压实标准的情况。在这些情况下，如远运取合格填料不经济时，应对就近取用填料采取一些措施，如进行土质改良。

填料密实性得到改善，能抵御各种自然营力的作用，使土的水稳定性、抗冻性等显著提高我国公路、铁路等部门，对填料进行改良的常用方法，一般多为在土体中掺入石灰、水泥、粉煤灰、石灰或水泥与粉煤灰混合及固化剂等材料，这些掺料常称为无机结合料，在国外则常称为水硬化结合料。我国公路、道路、建筑部门一般将改良土称为稳定土或固化土。

水泥、石灰和粉煤灰改良土在公路和其他部门已经大量使用了多年，积累了丰富的经验。这些传统的无机结合料改良土比起改良前土，其工程技术性能得到了很大的改善。改良土技术已得到普遍的认同，并在20世纪50年代以后广泛应用于机场和道路工程中。国外目前使用的改良土掺合剂主要有水泥、石灰、石灰和粉煤灰、沥青、沥青和焦油、有机阳离子化合物以及氯化钠、氯化钙等。另外，由于环境保护意识的逐渐提高和环境保护要求的日益严格，结合各种工业矿渣和工业废弃物的处理，许多新型的改良材料大量涌现，促进了改良填料在道路和土建工程中的进一步发展和应用。

三、物理改良

如秦沈客运专线东段，地处辽河冲积平原，沿线地层表为第四系冲洪积：粉质土、粉细砂等，是本段路基填料的主要来源。A17 ~ A20标段，各施工单位在填筑试验路堤时，发现的粉、细砂及粉黏土填筑时虽经多种施工工艺进行碾压，均达不到要求的压实标准。为此，进行了专项试验研究，通过室内外大量的试验进行了物理、化学改良的多种方案，经比选后，确定采用物理改良方法。根据试验结果，采用粉黏土掺入20%中粗砂；粉砂掺入60% ~70%角砾土；细砂掺入50%圆砾土进行拌和满足要求的改良方法改变土的颗粒级配。

粉黏土掺入中粗砂改良，填筑试验表明：其压实系数K为0.89 ~0.96，一般能满足$K \geq 0.9$的要求。但地基系数K_{30}较小，仅41.4 ~70.0MPa/m^3，远不能满足$K_{30} \geq 90$MPa/m^{3}的要求。改良后，经室内外掺砂多种配比试验后，确定粉黏土中掺中粗砂的比例为100：20，粉粒土掺砂后，室内试验测出结果仍为C组细粒土。

四、化学改良

在土中掺入一定比例的无机（或有机）结合料，如石灰、水泥、粉煤灰或其他化学改性剂等，利用土作为化学反应的对象，使土中最活跃的黏土部分发生物理化学反应，从而达到从本质上改变土工程性质的目的。

1. 石灰改良土

生石灰是用煤、焦炭的重油、煤气等将石灰石加热到1000 ~1200℃烧成的，其密度为

$3.2 \sim 3.4g/cm^3$，呈白色块状式粉末状，一般氧化钙（CaO）的含量高，二氧化碳（CO_2）含量低为高质量的石灰。

2. 石灰改良土强度形成原理

在水的作用下石灰与土之间发生的化学作用十分复杂，主要有离子交换反应、$Ca(OH)_2$的结晶反应、碳酸化反应和火山灰反应。石灰土初期主要发生离子交换作用，减薄了土粒吸附水膜厚度，使土粒凝聚，形成团粒结构。土体颗粒变粗，塑性降低。后期变化主要表现为结晶结构形成，使石灰土板结性、强度和稳定性提高。

3. 离子交换作用

生石灰由于其主要成分为 CaO，加入水后发生消解反应时，生成 $Ca(OH)_2$和少量的 $Mg(OH)_2$。$Ca(OH)_2$是一种强电解质，与土中水的作用下将发生电离作用，离解出钙离子 Ca^+与氢氧根离子 $2(OH)^{-1}$。而高价 Ca^{++}、Mg^{++}与黏土胶体颗粒所吸附的低价 K^+、Na^+、Mg^+等离子产生交换并吸附，改变黏土胶体颗粒表面的带电状态，并因水化膜变薄而凝聚成团粒化，使黏土的分散性、亲水性和膨胀性等降低，塑性指数下降。由细颗粒变成较粗颗粒，从而改变了土的物理力学性质，增强了土的抗剪强度，这个反应过程是随着 $Ca(OH)_2$的电离和 Ca^{++}在土中的扩散过程逐渐进行的，这个作用在消化作用早期进行迅速，是形成石灰土早期强度的主要原因之一。

4. $Ca(OH)_2$结晶作用

生石灰掺入土中的反应受水分、黏土矿物含量和 CO_2含量等因素的影响，实际产生的离解、化学反应仅有部分，未被电离的 $Ca(OH)_2$继续和水作用，生成含水晶格的 $Ca(OH)_2 \cdot nH_2O$。$Ca(OH)_2 \cdot nH_2O$ 使 $Ca(OH)_{22}$由胶体变逐渐成为晶体，所生成的晶体相互结合，并与土粒结合起来形成共晶体，将土粒胶体结成整体。结晶的 $Ca(OH)_2$比非晶体的 $Ca(OH)_2$溶解度更小（约为 1/2），因而石灰土的水稳性得到提高。

5. 火山灰作用

在进行离子交换反应的后期，土中的活性 SiO_2和 Al_2O_3在石灰强碱环境的激发下将发生火山灰反应，生成胶凝状的石灰水化物，含水硅酸钙（$CaO \cdot SiO_2 \cdot nH_2O$）、铝酸钙（$CaO \cdot Al_2O_3 \cdot nH_2O$）及钙铝长石（$2CaO \cdot Al_2O_3 \cdot 6H_2O$）等，这种胶凝物质具有水硬性，是一种水稳性良好的结合料，能够在固体与水二相环境下发生硬化，在土的黏粒外围形成一层稳定的保护膜，具有的黏结力，将土粒黏结在一起，使灰土强度增高并长期保持稳定。同时，保护膜还能起到隔离作用，阻止水分进入。结晶作用和火山灰作用使土的工程性的发生本质改变，大幅度土的抗剪强度，是石灰获得强度和水稳性的重要因素。

6. 碳酸化作用

土中消解后的 $Ca(OH)_2$和 $Mg(OH)_2$，还将不断与空气中 CO_2反应生产 $CaCO_3$和 $Mg\ CO_3$。

$$Ca(OH)_2 + CO_2 \longrightarrow CaCO_3 + H_2O$$
$$Mg(OH)_2 + CO_2 \longrightarrow MgCO_3 + H_2O$$

$CaCO_3$是坚硬的结晶体，具有较高的强度和水稳性，对土也有一定的胶结作用使土得到加固，由于 CO_2可能由石灰土混合料的孔隙渗入或随雨水渗入，也可能由土体自身产生，当石灰土的表层发生碳酸化后会形成一层硬壳，从而阻碍 CO_2的进一步渗入，因而

$Ca(OH)_2$的碳酸化是一个相当长的反应过程，也是石灰土后期强度增长的主要原因之一。

此外，生石灰在水的消解过程中还有吸水、发热膨胀作用，生石灰在土中伴随消解、放出热量，同时体积膨胀。根据研究：1kg 的 CaO 与水反应后能放出约 280kCal 热量，体积膨胀近 1 倍。这尤其适用于含水率较高的黏性土。这一反应能促进土体挤密、脱水，减少土中含水率，提高土体强度。

综上所述，石灰加入土中后，在水的作用下，经过物理作用和化学作用，石灰改良土发生团聚，随之有凝胶物生成，构成了凝胶团聚结构。随着龄期的增长，棒状及纤维状结晶体生成，并不断生长，构成了结晶体的网架结构。随着龄期的继续增长，胶凝结构层加厚，结晶的网架结构加密，形成了胶凝—结晶的网状混合结构。离子交换反应使黏土胶体絮凝，土的湿化性得到改善，使石灰土获得初期的水稳性；碳酸化反应与火山灰反应对提高石灰土的强度与稳定性起有决定性的作用。当它们的生成物处于凝胶状态时，石灰土结构属凝聚结构，随着结晶网架的生成，逐渐向结晶缩合结构转化，其刚度不断增大。

第五节　改良土填料设计

一、外掺料选取

改良土外掺料主要分水泥和石灰系列，粉煤灰一般与水泥或石灰一起作为改良剂，以改善改良土的防开裂性能、防腐性能，降低改良土的成本。

我国公路部门在《公路路面基层施工技术细则》(JTG/T F20—2015)中对水泥稳定土规定：对于高速公路和一级公路水泥稳定土做底基层时，宜选用塑性指数小于 12 的土。塑性指数大于 17 的土，宜采用石灰或石灰水泥稳定。而国外的经验，对水泥改良土而言，稳定效果最好的是砂砾质土，其次是粉质土、黏性土。塑性指数与饱和强度增长倍数关系如图 2-3-1 所示。

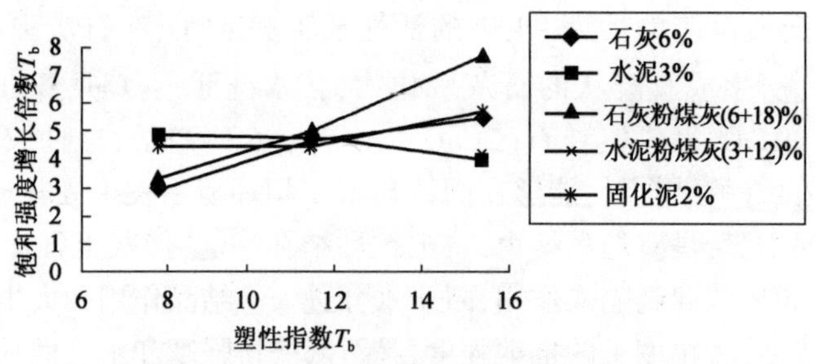

图 2-3-1　塑性指数与饱和强度增长倍数关系

因此，《铁路工程地基处理技术规程》(TB 10106—2010)中规定：用水泥改良的土，其塑性指数宜小于 12，有机质含量不宜超过 2%，硫酸盐含量不大于 0.25%。水泥宜采用普通硅酸盐水泥或矿渣硅酸盐水泥，强度等级为 32.5 或 42.5，初凝时间不宜小于 3.0h，终凝时间不宜小于 6.0h，不应使用快硬水泥、早强水泥，不得使用受潮变质水泥。用石灰改良的原土料，其塑性指数宜大于 12，有机质含量不大于 5%，硫酸盐含量不大于 0.8%。石灰宜采用一等建筑钙质生石灰粉或合格建筑钙质生石灰，其石灰的 CaO + MgO 含量不小于 80%，CO_2含量不大于 9%，未消化残渣含量(5mm 圆孔筛余)不大于 15%。粉煤灰中的(SiO_2 + Al_2O_3 + Fe_3O_4)含量不小于70%,其质量应符合现行《粉煤灰标准》(GB1596)Ⅱ级粉煤灰的要求,即细度(0.045mm分孔筛余)不大于20%,SO_3 不大于3%,烧失量不大于8%。

二、配比设计

高速铁路要求路基改良土的配比必须满足在最不利气候条件下的强度、刚度和变形要求,为此需进行强度设计、变形设计和水稳定性设计。

三、强度设计

1. 容许动应力确定

高速铁路路基基床改良土动强度(图2-3-2)必须满足下式要求。

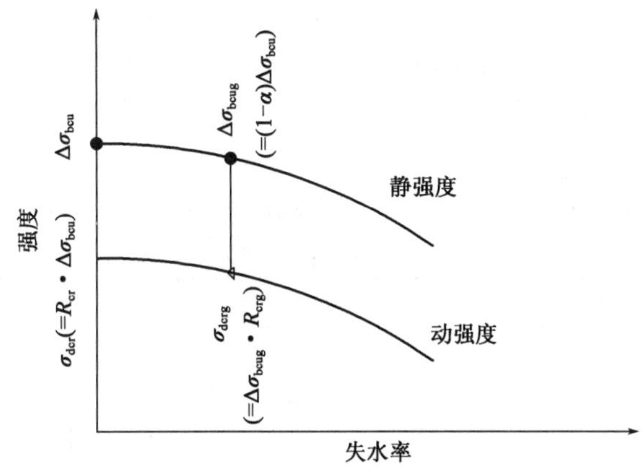

图2-3-2　强度衰减示意图

$$[\sigma_d] \geqslant \beta \cdot \sigma_{zL} \tag{2-3-1}$$

式中:$[\sigma_d]$——最不利条件下改良土的容许动应力;

β——列车动应力波动系数;

σ_{zL}——基床表面以下任意深度 Z 处的列车动应力。

$$[\sigma_d] = \frac{\sigma_{dcrg}}{K} \tag{2-3-2}$$

式中:K——安全系数;

σ_{dcrg}——干湿循环作用下改良土的临界动应力。

$$\begin{aligned} &\sigma_{dcrg} = \Delta\sigma_{bcug} \cdot R_{crg} = (1-\alpha)\Delta\sigma_{bcug} \cdot R_{crg} \\ &QR_{crg} \subseteqq R_{cr} \\ &\sigma_{dcrg} = (1-\alpha)\Delta\sigma_{bcu} \cdot R_{cr} \end{aligned} \tag{2-3-3}$$

图2-3-2及式(2-3-3)中:

$\Delta\sigma_{bcu}$——浸水饱和静强度(固结不排水剪);

$\Delta\sigma_{bcug}$——干湿循环后浸水饱和静强度(固结不排水剪);

α——干湿循环后静强度损失率;

σ_{dcrg}——临界动应力(浸水饱和);

R_{cr} ——动静比；

R_{crg} ——干湿循环作用后动静比。

浸水饱和固结不排水剪静强度 $\Delta\sigma_{bcu}$，一般应根据试验确定，当缺少资料时，可用式(2-3-4)计算。

$$\sigma_{bcu} = \eta b \cdot \Delta\sigma_{cu} \tag{2-3-4}$$

式中：ηb ——浸水饱和静强度衰减系数；

$\Delta\sigma_{cu}$ ——最优含水量时固结不排水剪强度。

2. 参数确定

(1)列车动应力

路基面动应力是与列车速度、轴重、机车车辆动态特性、轨道结构、轨道不平顺、距轨底深度及路基状态有关的一个随机函数。路基设计动应力幅值，根据铁道科学研究院高速铁路路基技术参数研究成果：

$$\sigma_{zl} = 0.26 \cdot P \cdot (1 + \alpha v) \tag{2-3-5}$$

式中：α ——系数，高速铁路无缝线路 α =0.003，其他铁路无缝线路 α =0.004；

P ——机车车辆的静轴重(kN)；

v——列车速度(km/h)。

有砟轨道铁路路基基床任意深度的列车动应力可按表2-3-8确定。

基床列车动应力 表2-3-8

路基面以下深度 Z(m)	动应力衰减系数 η	任意深度的列车动应力
0	1.0	$\sigma_{zL} = \eta\sigma_1$
0.3	0.75	
0.4	0.67	
0.5	0.61	
0.7	0.50	
1.0	0.39	
2.5	0.22	

注：1. 表中动应力随深度衰减系数引自《广深线基床质量评估方法的研究》。

2. 路基面列车动应力根据《高速铁路路基设计技术条件研究》推荐公式计算确定。

(2)动应力波动系数 β

国内外实测结果表明，动应力的波动大小与上部建筑的状态有关，上部建筑状态越好，动荷载波动越小。高速铁路、客运专线线路状态将优于一般铁路，但仍有一定的波动，采用 β=1.2，客货混线采用 β=1.5。

(3)干湿循环强度衰减系数 η_g(或强度损失率 α)

改良土的干湿循环强度损失率与强度衰减系数主要与土性及失水率有关、失水率值取决于所在地区的气候条件及在工程中所处的位置。在我国北方地区，因干旱季节蒸发量大，地表失水率高，干湿循环作用强烈，一般路基基床表层改良土最大失水率可采用45%，基床底层失水率可采用30%，基床以下改良土可采用15%。对于我国南方潮湿多雨地区，因干湿循环作用强度低，失水率可适当降低。

(4)冻融循环强度衰减系数 η_d

铁路路基基床土在雨季常常因排水不良达到饱和状态，使基床土承载力大大降低。

京沪高速铁路改良土填筑是在基床底层，由于基床表层为级配碎石（或级配砂砾石），仍有表水下渗饱和的可能，从安全出发其设计强度应按饱和强度设计。

（5）动静比 R_{cr}

基床改良土必须满足列车动应力要求。但在实际工程中，很难逐一进行动力学试验得出土的临界动应力，以确定能否达到要求。因而为简化试验，可以静强度为基点，乘以动静比 R_{cr}，则可求得临界动应力。

通过对多种改良土的大量动力试验，发现各改良土动静比 R_{cr} 变化范围很小，且与土质及掺合料无明显的关系，比较稳定，平均值为 0.5，中小平均值为 0.45。这与国内外对素土的研究结果也很近似。苏联拉皮杜斯将黏土的动静比确定为 0.4，砂黏土的动静比为 0.5；中国铁道科学研究院研究级配砂砾石的动静比为 0.54，这些都从另一个侧面证明了动静比的稳定性与可靠性。

综合以上因素，建议改良土动静比值采用 $R_{cr}=0.50$。

（6）安全系数 K

在强度计算中无论动强度还是静强度都是采用极限强度，尽管已考虑了气候因素，列车动应力的波动等因素，但仍有诸多不可预见的不利因素，因此，应留有一定的安全度。建议安全系数采用 $K=1.5\sim2.0$。

四、变形设计

根据中国铁道科学研究院和西南交通大学的研究成果，当表层级配碎石 $E_1=180\text{MPa}$，基床底层 E_2 大于 34MPa 时，即能满足弹性变形要求。改良土在干湿循环作用下的动弹性模量在 50～183MPa 之间，远大于 34MPa 的要求，故对高速铁路和客运专线铁路改良土配比设计时变形设计可不考虑，但对于Ⅰ、Ⅱ级铁路应根据基的实际情况进行变形检算。

五、水稳设计

改良土，尤其是一些特殊土的改良土，其工程应用失败，不仅与强度有关，还与水稳性有关。试验表明，当掺灰量达到某一掺合比后，其崩解不再发生。因而，高速铁路改良土配比设计必须满足养生 28 天后试件崩解量为零的要求。

对于某些特殊土，如膨胀土，还应进行多次湿化试验，以得出最低掺灰量。一般按照满足强度要求而确定的改良土配比进行改良土试样制备、养生和湿化试验，崩解量为零时，设计配比满足水稳性要求。

六、注意的问题

（1）改良土设计中应综合考虑改良土结构层及以下路堤、地基的相互作用，以保证改良土结构层有一个良好的基础。

（2）改良土结构层应有足够的厚度，不得小于 0.5m。

（3）应做好改良土路基的排水，尤其是对严寒地区地下水位较高时，以保证改良土免受地下水、毛细水的影响。

（4）改良土结构层边坡应采取边坡防护措施，使改良土层免受破坏，同时美化环境。

(5)软土地区改良土填筑路基时,应采取可靠的地基加固措施使路基不发生不均匀沉降,以防止改良土结构层横、纵向开裂,尤其在过渡区段附近。

(6)采用新型外掺料时,应通过室内和现场试验确认其适用性后方可应用。

第六节　路基压实质量检测技术

与普通铁路相比,高速铁路轨道线路的高平顺性和高稳定性对路基作为土工结构物的耐久性和刚度提出了更高的要求,即基床和地基必须具有足够的承载力和密实度以满足以下要求:

(1)在列车高速行驶时产生的动荷载引起的弹性变形限制在一定的范围内(弹性要求)。

(2)在动应力长期作用下,路基不产生破坏性的塑性变形积累,即耐久性,主要表现为沉降不能太大。

为满足这些要求并确保质量控制,世界上开展高速铁路建设的国家都建立了一套相应的路基压实质量控制体系。

一、路基填料压实质量检测方法简述

检测填土压实质量的仪器和方法随着科技的发展在不断地发生变化,总的趋势是应快速、准确地满足施工的需要。1930 年,美国工程师 Proctor 通过试验提出,在相同的压实功作用下,同一种土的干容重 γ_d 随土中含水率 w 的不同而变化,应用室内击实试验设备和现场碾压机械都可获得最佳含水率和与之对应的最大干密度。之后,各国均以压实理论和试验方法指导施工,并以压实度作为控制填土压实效果的标准。早期的压实度检查,主要用环刀法、灌沙法(灌水法)。

传统的环刀法、灌沙法(灌水法)等测定填土密度的方法,需要烘干后才能确定土的含水率,需要几个小时或更长的时间,这与现代化高效率的施工碾压机械常常发生矛盾。为此,利用微电子技术,通过放射性元素测量填土的密度、含水率的仪器自 20 世纪 70 年代产生。该方法能在现场快速、方便地测定填土的容重和含水率,但由于其精度问题,常常与传统方法配合使用。

随着公路交通的发展,公路垫层石砟在交通荷载作用下,有可能被压入下覆的填土层中,造成公路路面损坏。为此,美国加利福尼亚公路局首先提出了加州承载比试验(CBR 试验),来预估压实土抵抗石砟压入的强度。但该方法由于贯入头直径只有 5cm,贯入的深度也较小,不能较好地反应填料的压实程度,于是将承载板试验方法应用到填土压实质量的检测,用承载板试验确定的地基系数或变形模量的大小作为判别填料压实质量的标准。国内外承载板直径多采用 30cm、40cm、50cm 或 75cm,能反映 2 ~ 3 倍承压板直径深度范围内填土抵抗变形的能力,我国铁路采用 K_{30} 试验方案。

无论是地基系数 K_{30}、变形模量都是通过施加静荷载测得的,不能完全反映列车在动荷载作用下路基的特性。随着高速铁路的出现,在高速列车动荷载作用下,路基表现为动态行为,必须对路基的动变形加以控制,同时要全面反映路基的质量状态。德国铁路咨询公司首先提出了反映路基动态特性的指标动模量 E_{vd},并于 1997 年用于高速铁路路基的压

实检测。我国也已研制出动态变形模量测试仪，并已开始应用研究。该设备具有轻便、检测省时的特点。但动态变形模量 E_{vd} 代替地基系数 K_{30} 检测前，必须建立不同填料类型的 K_{30} 与 E_{vd} 的相关关系，才能建立以 E_{vd} 为指标的控制标准。

综上所述，国内外对路基压实质量检验总体上可分为两类：一类是密度检验，包括压实系数、孔隙率；另一类是检测填土的力学性质，主要包括地基系数 K_{30}、变形模量 E_{v2}、动态变形模量 E_{vd}、CBR 试验等。各国对高速铁路路基压实质量采用的标准并不一致，如法国采用压实试验，日本主要采用 K_{30} 检验，德国采用压实度及变形模量双指标控制。

我国高速铁路采用地基系数 K_{30}、压实系数 K（细粒土）、孔隙率 n（粗粒土和碎石土）、动态变形模量 E_{vd} 和变形模量 E_{v2} 控制压实质量。从理论上讲，K_{30}、E_{vd}、E_{v2} 有一定的关系，但由于图的非线性性质和各种试验方法在操作程序和误差因素上的不同，还缺乏可靠的对应关系，因此采用多指标控制。在这些参数中，变形模量 E_{v2} 和动态变形模量 E_{vd} 的规定主要参考德国技术要求。

二、路基压实质量检测方法

1. 压实度检测方法

路基的压实度主要通过压实系数 K 或孔隙率 n 来表征，细粒土压实系数 K 的定义为路基现场土体压实后的干密度与其在重型击实试验中测定的最大干密度的比值。一般而言，某种土质的最大干密度是变化不大的，因而路基压实系数的检测其实质是检测现场土压实后的干密度。当前测定路基土密度的主要方法有环刀法、灌沙法、灌水法及核子湿度密度仪法等。

2. 地基系数 K_{30} 试验

基床系数 K_{30} 试验是采用直径为 30cm 的刚性荷载板进行单向循环试验，通过加载试验确定荷载板的单位面积压力与荷载板中心点实测沉降的关系曲线，通过线性内插求出荷载板沉降为 1.25mm 所对应的荷载板单位压力（$\sigma_{1.25}$）。基床系数 K_{30} 定义为 $\sigma_{1.25}$ 和 1.25mm 的比值，即：

$$K_{30} = \frac{\sigma}{S} = \frac{\sigma_{1.25}}{1.25(\mathrm{mm})} \tag{2-3-6}$$

式中，K_{30} 的单位为 MPa/m。

3. E_{vd} 动态平板载荷试验

当路基受到高速列车荷载的动力作用时，表现出动态行为，产生的变形为动态变形。为保证列车的安全、舒适运行，必须对路基的动变形加以控制，因此为了全面地反映路基的质量和状态，国内外都在积极研究和使用直接描述路基动态特性的指标，目前路基动态变形模量 E_{vd} 是使用较为广泛的指标。动态变形模量是指路基填料或土体在一定大小的竖向力 F_s 和冲击时间 t_s 作用下抵抗变形能力的参数，其大小与填土种类、含水率、密实度、强度、应力状态等参数有密切关系。动态变形模量 E_{vd} 可由下式计算：

$$E_{vd} = 1.5 \cdot r \cdot \frac{\sigma}{S} \tag{2-3-7}$$

式中：E_{vd}——动态变形模量（MPa）；

r——圆形刚性荷载板的半径（mm），实用时取 r 等于150mm；

σ——荷载板下的最大冲击动应力，它是通过在刚性基础上，由最大冲击力 F_s = 7.07kN且冲击时间 t_s = 18ms 时秒定到的，在 r 等于150mm 情况下的 σ 等于0.1MPa；

S——实测荷载板下沉幅值，即荷载板的沉陷值（mm）；

1.5——荷载板形状影响系数。

4. 变形模量 E_{v2} 试验

变形模量 E_{v2} 试验是通过圆形承载板和加载装置对地面进行第一次加载和卸载后，再进行第二次加载，用测得的承载板下应力 σ 和与之相对应的承载板中心沉降量 S 来计算变形模量 E_{v2} 及 E_{v2}/E_{v1} 值的试验方法。

无砟轨道客运专线的路基填筑质量控制指标增加了变形模量 E_{v2}，其试验方法与地基系数 K_{30} 试验相似，它们的主要差别在于操作步骤、数据整理和计算方法的不同。

变形模量计算的理论基础是弹性半空间体上圆形局部荷载的公式：

$$E_0 = 0.79(1-\mu^2)d \cdot \frac{\sigma}{S} \tag{2-3-8}$$

式中：d——荷载板直径。

取 μ 为0.21，并采用增量形式，即：

$$E_{v2} = 1.5r\frac{\Delta\sigma}{\Delta S_2} \tag{2-3-9}$$

第四章　高速铁路路基沉降控制技术

第一节　概　　述

沉降变形控制问题相当复杂,是一个世界性的难题。控制沉降变形是路基设计的关键,为了给高速列车提供一个高平顺、均匀和稳定的轨下基础而采用了各种不同路基结构形式。由散体材料组成的路基是整个线路结构中最薄弱、最不稳定的环节,是轨道变形的主要来源。日本及欧洲国家虽然实现了高速,但他们都是通过采用高标准、高费用的强化线路结构和高质量的养护维修技术来弥补这方面的不足。

随着我国客运专线大规模建设工程的开展,路基沉降变形控制问题越来越引起建设者的重视,路基的沉降变形标准经历了认识、实践、再认识的发展历程,沉降控制标准也逐渐提高。满足高速铁路的轨道平顺性除要求,除了要求路基刚度均匀过渡外,严格控制路基的工后沉降和不均匀沉降也是必不可少的环节。从概念上来看,不均匀沉降、均匀沉降则包含在工后沉降中。路基设计、施工的目的就是要最大限度地减小工后沉降,消除不均匀沉降。

第二节　路基工后沉降控制标准

一、工后沉降定义

工后沉降是指建(构)筑物"上部关键部位竣工验收后整个构筑物体系所产生的沉降量",也可称为"残余沉降量",其数量的大小对高速列车的安全运行、线路养护、维修工作量及车辆轨道结构设施的使用寿命等有重要影响,无砟轨道路基的工后沉降一般要求不大于轨道扣件允许调高量。路基建成后发生的沉降变形主要有:在列车荷载作用下基床发生的变形;路堤本体在自重作用下的压密沉降;支承路基的地基压密沉降。路基在列车动荷载作用下会产生弹性变形,路基弹性变形是一种可恢复的变形,其与基床面支承刚度密切相关,采用强化基床,该值一般较小,国内外实测资料表明一般在1mm以内。因此路基工后沉降管理的重点主要是地基工后压密沉降、路堤压密沉降以及路基基床在长期动荷载作用下的累积变形。

路基基床累积变形是基床岩土体在列车动荷载反复作用下出现的不可恢复的塑性变形,与基床岩土性质、压密度密切有关。采用强化基床,基床累积变形很小。路堤采用优质填料并控制压实度,工后沉降较小,一般小于路堤高度的1/1000,且大部分在竣工后

6～12 月完成，通过合理安排无砟轨道施工时间，可减小或消除路堤压密沉降的影响。大量实测数据表明控制工后沉降主要是控制地基的工后沉降，特别是软弱地基，不仅沉降量大而且沉降需延续较长时间，因此地基工后压密沉降是工程建设管理重点中的重点。地基处理的目标是使地基工后沉降在允许范围内，地基工后沉降限值＝路基面工后沉降限制－路堤本体工后压密沉降。因此，地基工后压密沉降值与路堤竣工后放置时间长短有关系，如路堤竣工后放置 12 月以上，可认为路堤工后压密沉降已完成。

地基工后沉降控制标准的确定，既要考虑列车对路基的要求及线路维修能力，也要考虑前期建设投资与后期养护费用的经济比较，在保证客运专线列车高速、安全与平稳运行的前提下，取得经济上的合理平衡。

二、工后沉降控制标准

通过工程处理措施消除工后沉降是不可能的，可行的办法是将工后沉降控制在允许范围之内，使其不影响列车运行的高速、安全和舒适。对于有砟轨道，工后沉降标准主要从两方面来考虑：首先，要确保构筑物自身及交通运输系统的安全；其次，减少工后维修工作量。各国根据自身情况对沉降控制都提出了严格标准，日本新干线规定：有砟轨道工后沉降量一般地段应≤10cm，沉降速率应＜3cm/年，桥路过渡段应≤5cm。法国高速铁路规定：滤水层验收后最初沉降应＜2cm，最后一次捣固之后和运行第一列高速列车前，或在滤水层验收后 18 个月内沉降完全稳定，30m 范围内每年的最大沉降差为 4mm，200m 范围内每年的最大沉降差为 10mm。德国有砟轨道要求路基每年沉降不超过 1～2cm，路基不均匀沉降造成的轨道变形按轨道竖曲线半径 $R_a \geqslant 0.4v^2$，其中 R_a 为竖曲线半径，v 为列车速度。随着高速铁路的发展，德、法等国甚至提出了交付运营后“零沉降”的控制标准。

我国《高速铁路设计规范》(TB 10621—2014)中对路基工后沉降量应符合下列规定：

(1)无砟轨道路基工后沉降应满足扣件调整能力和线路竖曲线圆顺的要求。工后沉降不宜超过 15mm；沉降比较均匀并且调整轨面高程后的竖曲线半径满足规范中式(2-4-1)的要求时，允许的工后沉降为 30mm。

$$R_{sh} \geqslant 0.4V_{sj}^2 \tag{2-4-1}$$

式中：R_{sh} ——轨面圆顺的竖曲线半径，(m)；

V_{sj} ——设计最高速度(km/h)。

路基与桥梁、隧道或横向结构物交界处的差异沉降不应大于 5mm，过渡段沉降造成的路基与桥梁、隧道的折角不应大于 1/1000。

(2)有砟轨道路基工后沉降应满足表 2-4-1 要求。

路基工后沉降控制标准 表 2-4-1

设计速度(km/h)	一般地段工后沉降(cm)	桥台台尾过渡段工后沉降(cm)	沉降速率(cm/年)
250	10	5	3
300/350	5	3	2

从国内外资料看，无砟轨道的沉降控制，尤其是差异沉降控制均高于有砟轨道，甚至追求“零”沉降。同时，工后沉降控制标准与地质勘察手段、沉降观测精度、计算与预测方

法、轨道结构形式及扣件调整范围、养护维修标准和维修周期等有关,关键是将工后沉降限制在可控制和可调整的范围,同时还有由于地质风险而出现问题时的处理措施。因此,建议结合轨道结构考虑沉降和差异沉降控制标准,设计可按“零”沉降标准考虑。一方面,应加强勘探,查明拟铺设无砟轨道地段的地基条件;另一方面,加强地基处理,强化路基本体、基床施工质量控制,困难地基路段可以较高置换率的复合地基或新型路基结构通过,确保沉降变形控制能满足无砟轨道技术要求。

三、工后沉降的几个关键问题

路基工后沉降控制是一个复杂的系统工程,涵盖了工程的勘察、设计、施工、质量控制、沉降观测分析全过程。从满足列车舒适、平顺、安全运营的角度分析,对轨道不平顺影响最大的是工后沉降和不均匀沉降控制。在工程设计时,应根据地层结构采取合理的地基处理方法,最大程度地减小工后沉降,消除不均匀沉降或使其发生在较长的区段内。工后沉降控制应着重把握以下几个方面的问题:

(1)首先应采用现场钻探、土工试验和原位测试相结合的综合勘察方法,详细查明地基土成因类型、空间分布、地层结构、物理力学指标,特别是不同荷载水平的变形指标,以及变形与时间的关系。

(2)高速铁路路基设计时通常按“零”沉降考虑,排水固结法由于存在太多不确定因素且需要很长的工期,已难以适应高速铁路路基地基处理的要求,应以改善地基总沉降的复合地基处理方法为主,对于沉降难以有效控制的困难地段,应以新型路基结构方案或桥梁方案通过。

(3)在路基施工过程中必须开展动态观测分析,通过沉降观测资料预估后期沉降量及其发展趋势,经工后沉降评估分析后,作为设计修改和下一步施工安排的依据,达到有效控制工后沉降的目的。

(4)高速铁路施工组织设计应为路基工程安排合理的工期,保证路基施工完成后有一定自然沉降时段的放置调整期,直到沉降分析满足要求后方可进行上部结构施工,这与普通铁路建设中将长隧大桥视为控制工程提前开工,路基工程很少提前施工的施工组织设计有所不同。

(5)设计时应考虑不同处理方法和不同结构物之间的纵向差异沉降,设置过渡措施,有效减小路基与不同工程类型之间的差异沉降,实现不同工程结构之间的刚度平顺过渡。特殊条件下用于维持轨道结构的纵向稳定。

四、工后沉降组成

1. 路基填土压密下沉

路基填土压密下沉,是由填土的自重引起的。它发生在两个阶段:一是施工阶段的下沉,不计入工后沉降;二是施工完成后对后期运营有影响的工后沉降。由散体材料填筑而成的路基本体产生一定的压密下沉是正常的,其大小取决于填料和施工质量。如果下沉过大,说明填土的压实密度不足、强度低,容易形成不均匀变形。

目前,世界各国关于路基填土的压密下沉通常都是通过压实密度予以保证的。日本对填土的压实质量采用 K_{30} 值做指标,规定的 $K_{30} \geqslant 70\text{MPa/m}$ 的控制标准,并对满足此条件的许多工点进行了实测。日本的经验认为,路堤本体的压缩下沉约为填土高度的0.1% ~0.3%(砂性土)和0.5% ~2.0%(黏性土),并在通车一年后逐渐稳定。

西班牙在修建高速铁路时,曾对20多处路堤在施工期间和施工以后的沉降进行过观测,观测结果显示,施工期间的沉降量较大,约为路堤高度的1% ~3.6%,工后沉降约为0.1% ~0.4%。

路堤填土的总压密下沉量中有相当一部分是在施工期间就完成了。对于剩余的工后沉降部分,目前还没有较好的算法。根据日本的观测数据,工后沉降大概只占总压密下沉量的1/3。另外,德国和日本还采用了一个经验公式进行估算工后沉降,即:

$$S = \frac{h^2}{3000} \tag{2-4-2}$$

式中:S——路堤压密工后沉降量(m);

h——路堤高度(m)。

该公式估算的工后沉降与路堤高度的比值$S/h = h/30$(%)。

2. 行车引起的基床累积下沉

运营阶段由行车引起的基床累积下沉是由列车通过道床传递到路基面的动荷载引起的。这类下沉是一个累积过程,为使列车安全运行和保持乘车的舒适性,使轨道结构处于良好的几何形位和动力状态,需经常进行轨道的维修作业。因此,累积下沉量的大小关系到养护工作量。为了预测路基的累积下沉量,各国都十分重视下沉规律的研究,做了大量的室内外试验。动三轴和模型试验研究表明,如列车荷载在基床产生的动应力在基床填料的临界动应力以内,则累积下沉量在经过一段时间行车后逐渐趋于稳定。图2-2-8为英国学者heath用伦敦黏土试样所做的三轴重复加载试验。图2-9-9为西南交通大学采用成都黏土所做的动三轴试验曲线。从图中可以看出,有两种不同类型的试验曲线:一类为衰减型曲线,其变形速率逐渐变缓最后达到稳定状态;另一类为破坏型曲线,其变形随实验振次的增加而逐渐发展直到破坏。介于这两组曲线之间的为摇摆性曲线,摇摆性曲线的应力水平标志着一个区分破坏型和衰减型曲线的界限,这个应力为临界动应力,如果基床动应力小于该临界动应力,则基床累积永久变形便会得到有效控制。

临界动应力的大小与土的种类、含水率、密实度、围压大小、荷载作用频率等有关。一般而言,临界动应力随加载频率提高而减小,因此对路基而言,当列车速度较低时,路基病害减少;随着列车速度提高,路基病害迅速增加,这已被既有线的实际情况所证实。

根据日本的资料,对于强化基床表层结构,当基床表层的$K_{30} \geqslant 150$MPa/m时,道床嵌入基床的下陷量甚微。当基床底层的$K_{30} = 68.6 \sim 108$MPa/m,荷载作用次数为150万次(相当于日本主要干线一年的作用次数)时,累积下沉量约为1 ~2.5mm且经过一年时间行车后便能趋于稳定而不会发展。

3. 地基引起的工后沉降

由路基填土压密下沉、行车引起的基床塑性变形,其工后沉降数值是很小的。对于5m高的路堤,两者相加一般不会超过1m。因此,控制路基工后沉降主要是控制地基的工后沉降。

地基引起的工后沉降大小主要与地基类型及土层性质、填土高度、施工周期等因素有关。对一般的地基而言,其工后沉降量是有限的,都能满足要求。但对软土地基来说,由于软土的压缩性大、渗透系数小等特性，路基建成后，不仅沉降量大而且需延续较长时间才能完成。因此，对软土地基应做工后沉降分析。

第三节　路基沉降计算方法与预测

一、地基最终沉降量的计算方法

1. 弹性理论法

从弹性理论的应力应变关系出发，计算各土层的应变和压缩模量。

$$\varepsilon_z = \frac{1}{E}[\sigma_z - \mu(\sigma_x + \sigma_y)] \tag{2-4-3}$$

$$E = \frac{(1+\mu)(1-2\mu)}{(1-\mu)} \cdot \frac{1}{m_v} \tag{2-4-4}$$

$$S_c = \sum (\varepsilon_z \cdot d_z)_i \tag{2-4-5}$$

但不同学者有不同假设，并推导出不同的沉降计算公式。

2. 黄文熙(1957)法

黄文熙(1957)建议在沉降计算中考虑土体三维变形情况。在三维应力状态下、竖向应变表达式为：

$$\varepsilon_z = \frac{1}{E}[\sigma_z - \mu(\sigma_x + \sigma_y)] = \frac{1}{E}[(1+\mu)\sigma_z - \mu\Theta] \tag{2-4-6}$$

其中，$\Theta = \sigma_x + \sigma_y + \sigma_E$

在球应力张量作用下土体体积应变为：

$$\varepsilon_p = \frac{1-2\mu}{E}\Theta = \frac{e_1 - e_2}{1 + e_1} \tag{2-4-7}$$

式中：e_1、e_2——压缩前和压缩后的孔隙比。

由上式可得：

$$E = (1-2\mu)\frac{1+e_1}{e_1 - e_2} \tag{2-4-8}$$

将式(2-4-8)代入式(2-4-6)，得：

$$\varepsilon_z = \frac{1}{1-2\mu}\left[(1+\mu)\frac{\sigma_z}{\Theta} - \mu\right]\frac{e_1 - e_2}{1+e_1} \tag{2-4-9}$$

因此，总沉降为：

$$S_c = \sum\left\{\frac{1}{1-2\mu}\left[(1+\mu)\frac{\sigma_z}{\Theta} - \mu\right]\frac{e_1 - e_2}{1+e_1}\Delta h\right\}_j \tag{2-4-10}$$

式中：e_1——未受荷载时土的孔隙比；

e_2——加荷后土的孔隙比；

Θ——三个法向应力之和（$\Theta = \sigma_x + \sigma_y + \sigma_E$）；

Δh——第 j 层土层厚度。

$\frac{e_1 - e_2}{1 + e_1}\Delta h$ 相当于一维沉降量；可把 $K = \frac{1}{1-2\mu}\left[(1+\mu)\frac{\sigma_z}{\Theta} - \mu\right]$ 作为三维沉降修正系数。

3. 魏汝龙(1987)法

仍然从弹性理论的应力应变基本方程出发：

$$\begin{aligned}\varepsilon_x &= \frac{1}{E}[(1+\mu)\sigma_x - \mu\Theta] \\ \varepsilon_y &= \frac{1}{E}[(1+\mu)\sigma_y - \mu\Theta] \\ \varepsilon_z &= \frac{1}{E}[(1+\mu)\sigma_z - \mu\Theta]\end{aligned} \tag{2-4-11}$$

其中，$\Theta = \sigma_x + \sigma_y + \sigma_z$

得出：

$$\varepsilon_v = \varepsilon_x + \varepsilon_y + \varepsilon_z = \frac{1}{E}(1-2\mu)\Theta \tag{2-4-12}$$

变形模量 E 与体积压缩系数 m_v 之间的关系为：

$$E = \frac{(1+\mu)(1-2\mu)}{1-\mu}\frac{1}{m_v} \tag{2-4-13}$$

将式(2-4-13)代入式(2-4-11)中最后一式即得：

$$\varepsilon_z = \frac{1-\mu}{1-2\mu}\left[\sigma_z - \frac{\mu}{1+\mu}\Theta\right]m_v \tag{2-4-14}$$

则各土层总沉降计算公式为：

$$S_c = \Sigma\left\{\frac{1-\mu}{1-2\mu}\left[1 - \frac{1}{1+\mu}\frac{\Theta}{\sigma_z}\right]m_v\sigma_z\Delta z\right\}_i \tag{2-4-15}$$

式中：m_v——土的体积压缩系数。

可把 $K = \frac{1-\mu}{1-2\mu}\left[1 - \frac{1}{1+\mu}\frac{\Theta}{\sigma_E}\right]$ 作为三维沉降修正系数。

在魏汝龙的公式中，用 m_v 代替了 E，使 m_v 的值有了确定方法，但 μ 如何取值仍较困难。最关键的问题是计算公式虽然考虑了三维应力的影响，但土体必须处于并服从弹性理论才能符合基本假定。由于路基工程的安全系数较低，土中已局部达到屈服，不宜用弹性理论来计算。

4. 有限单元法

理论上，这一方法可适合于任意的边界条件和加载方式，可计入土层的不均匀性和土层性质的非线性特征等。自计算机功能飞跃提高和普及以来，许多学者为用有限元法，研究提出了非线性弹性、弹塑性、黏弹塑性等多种描述土的应力应变关系的模型。

近三十年来，已经提出了大量的土体本构关系模型理论，归纳起来，有两大类：一是弹性非线性本构模型理论。它以弹性理论为基础，在各微小的荷载量范围内，把土看成弹性材料，从一个荷载增量变化到另一个荷载增量，土体的弹性常数发生变化以考虑非线性；二是弹塑性本构模型理论，认为土体的变形包括弹性变形和塑性变形两部分，把弹性理论和塑性理论结合起来建立土的本构关系模型。

在弹性非线性模型方面，最常用的有 E-μ 和 K-G 非线弹性模型。在软土问题计算中,Duncan-Chang 的 E-μ 模型应用最广。他的主要特点在于模型概念明确,简单实用,可以利用常规三轴剪切试验测定所需的计算参数。另外,其计算结果近似地反映工程的实际情况,特别是计算的沉降值与观测值具有较满意的一致性,但计算的水平位移与观测值相差较大。

用弹塑性模型成功地解决实际的土工问题不是很多。多数集中在应用改进的剑桥弹塑性模型上。国内沈珠江、黄文熙和殷宗泽各自的弹塑性模型的应用也取得了较为满意的结果。一般认为,弹塑性模型的计算结果略小于实际值。

对土体本构关系的研究应注重两个方面。一方面要注意发展能深入揭示土体特性的较复杂的模型;另一方面本构关系的研究要更加注重实用性和可操作性,模型参数的确定尤为如此,如不能很好地确定参数,本构关系理论再严密也无法应用。

法国路桥研究中心(LPC)在 Cubzac-les-Ponts 所做的四个填土试验,其结果曾被许多文献所引用。该试验的勘探化验数据和各种测试项目较完整,观测时间较长。LPC 曾利用多种有限元法对该实验堤的沉降、孔隙水压力、侧向变化和时间沉降趋势等进行了大量的分析,如弹性理论、二维弹塑性(含剑桥和 Tavanas 的模型),弹塑性各向异性和强度增长,黏弹性和黏塑性,以及一维固结法(含考虑蠕变和流变参数)等等。然而都不能准确地描述试验堤所观测到的垂直沉降、侧向变形和孔隙水压力消散等。

有限元法或其他数值分析法用于研究土的性状,是一种有效的手段,但在目前的生产中尚很少被采用。许多国家的规程和手册中仍建议采用传统的、更简单的一维固结理论来计算软土地基的沉降和沉降发展过程。

5.传统一维固结理论

目前工程上广泛应用的方法是以单向压缩试验的压缩参数为依据,用分层总和法计算沉降,计算所得的沉降为最终沉降。以土体受荷的不排水与排水过程来分析,总的沉降 S 应包括三部分:

$$S = S_i + S_c + S_s \tag{2-4-16}$$

式中:S_i——瞬时沉降;

S_c——主固结沉降;

S_s——次固结沉降。

二、瞬时沉降计算

填土期间的瞬时沉降一般按弹性理论计算,即:

$$S_i = qb\left(\frac{1-\mu}{E}\right)I \tag{2-4-17}$$

或取 $\mu=0.5$(不排水),则:

$$S_i = qb\frac{I}{2E}$$

式中:q——填土重;

b——填土底宽;

I——应力传递系数;

E——土的弹性模量。

在路堤填筑阶段,如果不控制施工速率,则当应力水平较高时,因剪切变形的影响，由式(2-4-17)计算得到的沉降 S_i 需予以调整。

三、固结沉降计算

在工程上，固结沉降的计算通常采用一维压缩计算法，即假设地基土在建筑物的附加荷载下不发生侧向应变，在软土中，则只有在可压缩土层与基础宽度比较特别小时，才是合理的。因此在有些情况下，应考虑三维的变形条件计算沉降才是合理的。

(1)一维压缩计算法常用正常固结土的沉降计算式有：

$$\Delta S_c = \frac{\Delta e}{1+e_0}\Delta H \tag{2-4-18}$$

或

$$\Delta S_c = \frac{a}{1+e_0}\Delta H \cdot \Delta p = m_r \cdot \Delta H \cdot \Delta p \tag{2-4-19}$$

或

$$\Delta S_c = \frac{C_c}{1+e_0}\Delta H \cdot \lg\frac{p'_0+\Delta p}{p'_0} \tag{2-4-20}$$

式中：Δp ——附加应力；

Δe ——与 Δp 相应的孔隙比变化；

e_0 ——与土的自重应力 p'_0 相应的初始孔隙比；

a ——土的压缩系数 $\left(a=-\dfrac{\Delta e}{\Delta p}\right)$；

m_r ——体积压缩系数 $\left(m_r=\dfrac{a}{1+e_0}\right)$；

ΔH ——土层厚度。

$$\Delta S_c = \left(\frac{p_2}{E_{c2}}-\frac{p_1}{E_{c1}}\right)\cdot \Delta H \tag{2-4-21}$$

$$\Delta S_c = \left[\frac{E_{0t}\Delta p}{(E_{0t}+mp_1)(E_{0t}+mp_2)}\right]\cdot \Delta H \tag{2-4-22}$$

式中：p_1、p_2 ——分别为初始应力和加上附加应力后的应力；

E_{c1}、E_{c2} ——分别为压力 p_1、p_2 下的割线压缩模量；

E_{0t} ——土的初始模量，即 $P=0$ 时的切线模量；

m—— $\dfrac{p}{\varepsilon}$-p 直线的斜率（ε 即压缩应变，等于试样厚度压缩量 Δh 与试样初始厚度 h_0 之比）。

(2)Skempton 和 Bjerrum(1957)提出用单向压缩试验所得的体积压缩系数 m_v 计算固结沉降 S'_c。固结沉降表达式为：

$$S'_c = \int_0^u m_v \Delta u \mathrm{d}z \tag{2-4-23}$$

$$\Delta u = \Delta\sigma_1\left[A+\frac{\Delta\sigma_3}{\Delta\sigma_1}(1-A)\right] \tag{2-4-24}$$

式中：　Δu ——超孔隙水压力增量；

$\Delta\sigma_1$ 、$\Delta\sigma_3$ ——分别为产生 Δu 的竖向和水平向应力增量，由弹性理论可计算得出。

单向压缩过程中压缩量为：

$$S_c = \int_0^u m_v \Delta\sigma_1 dz \tag{2-4-25}$$

比较公式(2-4-23)和式(2-4-25)可得：

$$S_c = C_p S_c \tag{2-4-26}$$

式中：C_p ——Skempton-Bjerrum 修正系数。

对于同一土层 m_v 和 A 均为常数，则 C_p 为：

$$C_p = A + \frac{\int_0^H \Delta\sigma_3 dz}{\int_0^H \Delta\sigma_1 dz}(1 - A) \tag{2-4-27}$$

式中：A——孔隙水压力系数；

H——压缩土层厚度。

C_p 修正系数可由公式(2-4-27)求解，也可根据图 2-4-1，按 $\frac{H}{B}$ 、A 可确定 C_p 。图 2-4-1 中 B 为圆形荷载的直径或条形荷载得宽度。

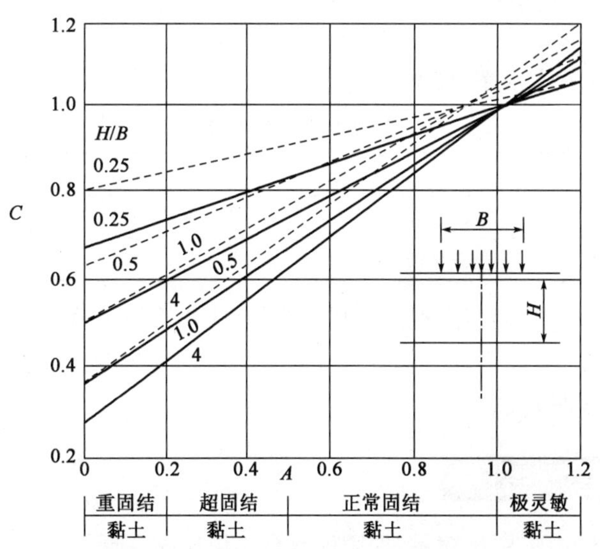

图 2-4-1 C_p(Skempton & Bjerrum, 1957)修正系数确定

四、次固结沉降计算

在固结试验中，人们发现当超孔隙水压力消散后，试样的变形随时间发展而继续增大，这一现象称为次固结，变形称为次固结变形。对应于次固结，将孔隙水压力消散土体固结过程称为主固结。Casagtande(1936)给出了固结试验过程中主次固结的图解法，如图 2-4-2 所示。e-lg$t$ 曲线上两段直线段的延长线的交点被认为是主固结阶段和次固结阶段的分界点。

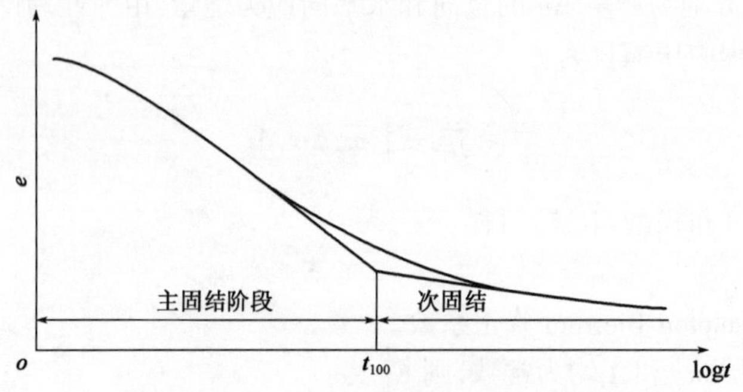

图 2-4-2 主固结和次固结

次固结沉降与时间的对数接近于直线，其计算式为：

$$S_s = \sum \frac{\Delta H}{1 + e_0} C_a \tan \frac{t_2}{t_1} \tag{2-4-28}$$

式中：C_a——次固结系数，为 e-lg$t$ 曲线在主固结完成后直线段的斜率 $C_a = -\Delta e/\lg(t/t_1)$；

t_1——相当于主固结达 100% 的时间；

t_2——需要计算次固结沉降的时间。

C_a 可参考表 2-4-2 或按式(2-4-29)估算(Simons，1975)：

$$C_a = 0.00018\omega \tag{2-4-29}$$

式中：ω——土的天然含水率(%)。

次固结系数参考值 表 2-4-2

土 类	C_a	土 类	C_a
正常固结黏性土	0.005 ~ 0.02	超固结黏性土(OCR > 2)	< 0.001
高塑性有机土	≥0.03		

实际工程建筑物的长期沉降观测资料表明，有些建筑的次固结沉降是严重的，但也有建筑的次固结沉降很小，甚至可以忽略。次固结沉降的差异与土的类型、土的长期强度、应力水平、排水路径等有关。

五、复合地基沉降计算

复合地基的沉降由垫层压缩量、加固区复合土层压缩变形量(s_1)和加固区下卧土层压缩变形量(s_2)组成。垫层压缩量小，且在施工期已基本完成，可不考虑。故复合地基沉降宜按下式计算：

$$s = s_1 + s_2 \tag{2-4-30}$$

式中：s_1——复合地基加固区复合土层压缩变形量(mm)；

s_2——加固区下卧土层压缩变形量(mm)。

复合地基加固区复合土层压缩变形量(s_1)宜根据复合地基类型分别采用下述计算式计算。

对散体材料桩复合地基和柔性桩复合地基可采用下式计算：

$$s_1 = \psi_{s1}\sum_{i=1}^{n}\frac{\Delta p_i}{E_{spi}}l_i \tag{2-4-31}$$

式中：Δp_i ——第 i 层土的平均附加应力增量(kPa)；

l_i ——第 i 层土的厚度(mm)；

ψ_{s1} ——复合地基加固区复合土层压缩变形量计算经验系数，根据复合地基类型地区实测资料及经验确定；

E_{spi} ——第 i 层复合土体的压缩模量(MPa)。按下式计算：

$$E_{sp} = mE_p + (1 - m)E_s \tag{2-4-32}$$

式中：E_{sp} ——复合地基压缩模量(MPa)；

E_p ——桩身压缩模量(MPa)；

E_s ——桩间土压缩模量(MPa)，宜按当地经验取值，如无经验，可取天然地基压缩模量。

对刚性桩复合地基可采用下式计算：

$$s_1 = \psi_p \frac{Ql}{E_pA_p} \tag{2-4-33}$$

式中：Q ——刚性桩桩顶附加荷载(kN)；

l ——刚性桩桩长(m)；

E_p ——桩身压缩模量(MPa)；

A_p ——单桩截面积；

ψ_p ——刚性桩桩身压缩经验系数，综合考虑刚性桩长径比，桩端刺入量，根据地区实测资料及经验确定。

复合地基加固区下卧土层压缩变形量 s_2 可采用下式计算：

$$s_2 = \psi_{s2}\sum_{i=1}^{n}\frac{\Delta p_i}{E_{si}}l_i \tag{2-4-34}$$

式中：Δp_i ——第 i 层土的平均附加应力增量(kPa)；

l_i ——第 i 层土的厚度(mm)；

E_{si} ——基础底面下第 i 层土的压缩模量(MPa)；

ψ_{s2} ——复合地基加固区下卧土层压缩变形量计算经验系数，根据复合地基类型地区实测资料及经验确定。

当复合地基加固区下卧土层压缩性较大时，复合地基沉降主要来自加固区下卧土层的压缩。复合地基加固区下卧土层压缩。复合地基加固区下卧土层压缩变形量 s_2 计算中，作用在复合地基加固区下卧层顶部的附加压力较难计算。作用在复合地基加固区下卧层顶部的附加压力宜根据复合地基类型分别采用下述计算方法计算。

对散体材料桩复合地基宜采用压力扩散法计算(图 2-4-3)：

$$N = LBp_0 \tag{2-4-35}$$

$$p_z = \frac{LBp_0}{(a_0 + 2h\tan\theta)(b_0 + 2h\tan\theta)} \tag{2-4-36}$$

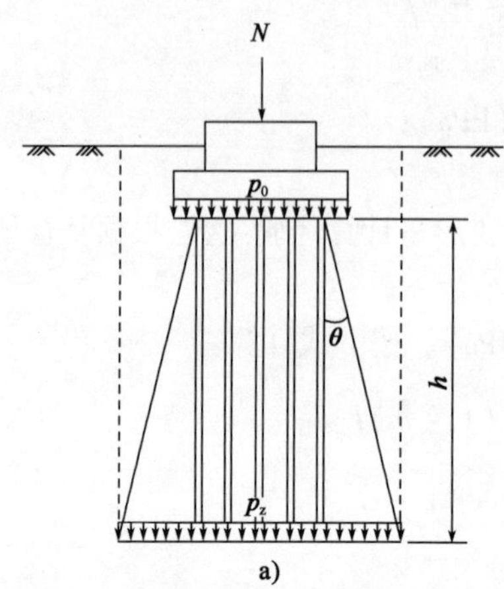

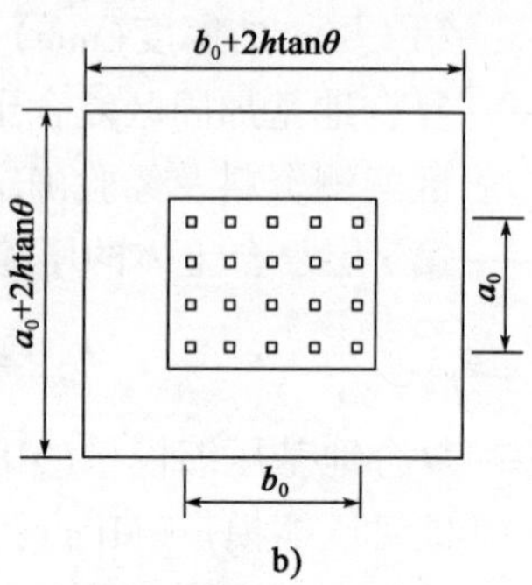

图 2-4-3　压力扩散法计算简图

对刚性桩复合地基宜采用等效实体法计算(图 2-4-4):

$$p_z = \frac{LBp_0 - (2a_0 + 2b_0)hf}{LB} \tag{2-4-37}$$

图 2-4-4　等效实体法计算简图

以上三式中:p_z——荷载效应标准组合时,软弱下卧层顶面处的附加压力值(kPa);

L——矩形基础底边的长度(m);

B——矩形基础或条形基础底边的宽度(m);

h——复合地基加固区的深度(m);

a_0——基础长度方向桩的外包尺寸(m);

b_0——基础宽度方向桩的外包尺寸(m);

p_0——复合地基加固区顶部的附加压力(kPa);

θ——压力扩散角(°);

f——复合地基加固区桩侧摩阻力(kPa)。

对柔性桩复合地基视桩土模量比采用压力扩散法或等效实体法计算。

采用压力扩散法计算较困难的是压力扩散角的合理选用。研究表明:虽然式(2-4-30)同双层地基中压力扩散法计算第二层土上的附加应力计算式形式相同,但要重视复合地基中压力扩散角与双层地基压力扩散角数值是不同的。

根据已往学者的分析,在荷载作用下双层地基与复合地基中附加应力场分布及变化规律有着较大的差别,将复合地基认为是双层地基,低估了深层土层中的附加应力值,在工程上是偏不安全的。采用压力扩散法计算作用在加固区下卧土层上的附加应力时,需要重视压力扩散角的合理选用。

刚度较大时,选用误差可能较小。当桩土相对刚度较小时,侧摩阻力 f 变化范围很大,f 选值比较困难,很难合理估计其平均值。事实上,将加固体作为一分离体,两侧面上剪应力分布是非常复杂的。采用侧摩阻力的概念是一种近似,应用等效实体法计算作用在加固区下卧土层上的附加应力时,需要重视 f 的合理取值。当桩土相对刚度较大时,采用等效实体法计算作用在加固区下卧土层上的附加应力时误差可能较小，而当桩土相对刚度较小时，采用压力扩散法计算作用在加固区下卧土层上的附加应力时误差可能较小。建议采用上述两种方法进行计算，然后通过比较分析，并结合工程经验，作出判断。

当采用长短桩复合地基时，复合地基的沉降由垫层压缩量、加固区复合土层压缩变形量(s_1)和加固区下卧土层压缩变形量(s_2)组成。加固区复合土层压缩变形量分为短桩范围内复合土层压缩变形量(s_{11})和短桩以下只有长桩部分复合土层压缩变形量(s_{12})。垫层压缩量小，且在施工期已基本完成，可不考虑。故长短桩复合地基的沉降宜按下式计算：

$$s = s_{11} + s_{12} + s_2 \tag{2-4-38}$$

六、路基沉降预测方法

地基在荷载作用下，其沉降将随时间而发展。地基的沉降变形一般通过土体固结原理，结合各种土体的本构模型，计算最终沉降量。但由于各种理论计算方法本身的局限性以及工程地质条件的复杂性，加上钻探取样、试验方法可能导致的计算参数不准确，造成了理论分析结果只能是一个估算值，因此国内外为得到较准确的沉降值，大都通过沉降原位监测的实测资料来进行最终沉降的分析与预测。高速铁路的建设，对路基的地基勘察、加固处理、路基填筑质量均提出了高标准的要求，利用实测的荷载—时间—沉降资料进行地基沉降预测与评估，使设计估算总沉降量与通过实测资料预测的总沉降量尽可能接近。这样，一方面可为路基沉降控制提供依据，确保路基的稳定安全，同时，也有利于指导施工，实施有效的沉降控制措施。

地基沉降变形的预测，需要一定的监测时间，根据国内外的经验，一般不少于 6 个月。当监测数据不足以评估或预测沉降不能满足设计要求时，应继续监测或者采取必要的加速或控制沉降的措施，如超载预压等。

沉降过程曲线通常可以用如下经验公式表示：

$$S_t = S_d + (S_f - S_d)U \tag{2-4-39}$$

式中：S_t——时间 t 时的沉降；

S_d——瞬时沉降；

S_f——最终沉降；

U——时间 t 的函数，通常可以用双曲线函数或指数函数表示，$U = f(t)$ 。

式(2-4-39)表现具体经验公式有：

$$S_t = S_d + (S_f - S_d)\frac{t}{a + t} \tag{2-4-40}$$

$$S_t = S_d + (S_f - S_d)(1 - e^{-rt}) \tag{2-4-41}$$

$$S_t = S_d + (S_f - S_d)(1 - \alpha_0 e^{-\beta t}) \tag{2-4-42}$$

$$S_t = S_d + (S_f - S_d)(1 - \alpha e^{-\beta t}) \tag{2-4-43}$$

这些经验公式都存在原点 O 及瞬时沉降 S_d 不容易确定、带有随意性等问题。为了避免这些问题给最终沉降值带来误差，常采用下面介绍的方法。

1. 双曲线法

双曲线法是假定下沉平均速率以双曲线形式减少的经验推导法。从填土开始到任意时间 t 的沉降量 S_t 可用式(2-4-43)求得：

$$S_t = S_0 + \frac{t}{a + bt} \tag{2-4-44}$$

$$S_f = S_0 + \frac{1}{b} \tag{2-4-45}$$

式中：S_t——时间 t 时的沉降量；

S_f——最终沉降量($t=\infty$)；

S_0——初期沉降量($t=0$)；

a、b——将荷载不再变化后的实测数据经过回归求得的系数。

沉降计算的具体过程如下：

(1)确定起点时间($t=0$)，可取填方施工结束日为 $t=0$。

(2)就各实测值计算 $t/(S_t-S_0)$，如图 2-4-5 所示。

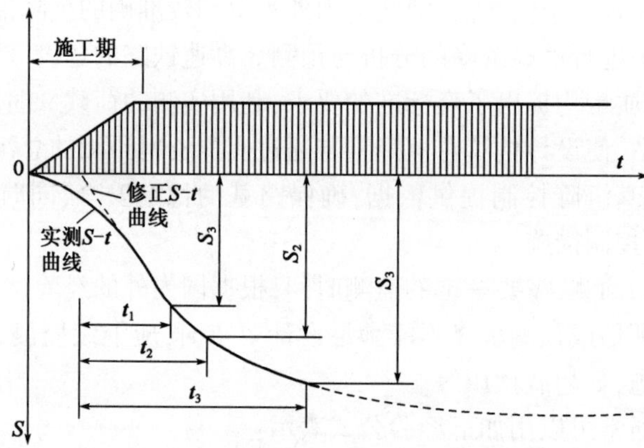

图 2-4-5　双曲线法示意图

(3)绘制 t 与 $t/(S_t-S_0)$ 的关系图，并确定系数 a、b 如图 2-4-6 所示。

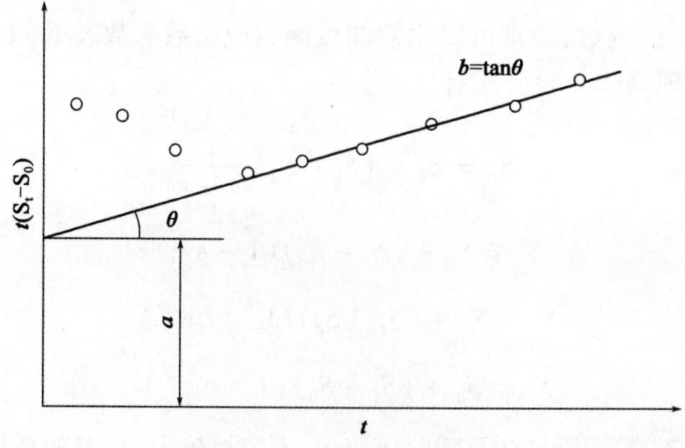

图 2-4-6　a、b 常数的意义

(4)计算 S_t,由双曲线关系推算出沉降 S-t 曲线。双曲线法要求恒载开始后的沉降实测时间至少 6 个月以上。

2. 指数函数法

指数法方程为:

$$S_t = (1 - Ae^{-Bt})S_f \tag{2-4-46}$$

式中:S_f——最终沉降量($t=\infty$);

A、B——常数。

指数曲线法和双曲线法简单实用,但是前提是假定荷载是一次施加或者突然施加的,这与实际情况不符,因此其方法尚待改进,下面的修正双曲线、修正指数函数线法将路堤荷载分为若干个加载阶段,将各级荷载增量所引起的沉降叠加。

3. 修正双曲线法与修正指数函数法

对于多级加荷的、路堤沉降曲线台阶状发展的情况,可把常规的双曲线或指数函数模型拓展为:

$$S_t = \sum_{k=1}^{m}\left(S_{0k} + \frac{t}{a+bt}S_k\right) \tag{2-4-47}$$

$$S_t = \sum_{k=1}^{m}[1 - Ae^{-Bt}]S_k \tag{2-4-48}$$

式中:m——加荷的总级数;

t——沉降预测时刻 t_i 到第 k 级荷载施加时刻 t_k 的时间间隔;

S_k——第 k 级荷载增量所引起的最终沉降量,当加荷速率与土层状况不变时,不考虑地基土的非线性特性,S_k 与荷载大小成正比。则有:

$$S_k = C\Delta P_k \tag{2-4-49}$$

式中: ΔP_k——第 k 级荷载增量;

a、b、A、B、C——反映土体固结性质的参数,其与荷载的施加无关,视为常量。

式(2-4-47)和式(2-4-48)变为:

$$S_t = \sum_{k=1}^{m}\left(d + \frac{t}{a+bt}\right)C\Delta P_k \tag{2-4-50}$$

$$S_t = \sum_{k=1}^{m}[1 - Ae^{-Bt}]C\Delta P_k \tag{2-4-51}$$

$$d = \frac{S_{0k}}{C\Delta P_k} \tag{2-4-52}$$

根据沉降实测值,采用试算法确定式(2-4-50)、式(2-4-51)和式(2-4-52)中的参数;将已确定出的参数带回上述经验公式中,分别计算各级荷载在 t_i 时刻所引起的沉降量,将各级荷载在 t_i 时刻所引起沉降量进行叠加,即得 t_i 时刻总沉降量(图 2-4-7)。

修正指数曲线法与修正双曲线法,还可以预测后期增加荷载(如对未设预压土地段、对后期增加的轨道及列车荷载)的沉降。设已有 m_1 级荷载有沉降监测资料,要预测 m_2 级荷载作用后的 t_i 时刻沉降,则先令 $m=m_1$,用实测资料拟合式(2-4-47)或式(2-4-48)中的相关参数。再令 $m=m_2$,将拟合的参数代入用上两式中的任何一式可求得 t_i 时的沉降。参数拟合用 0.618 优选法,使各监测时刻的计算沉降与实测沉降之差的平方和最小者,即为所要求的参数。

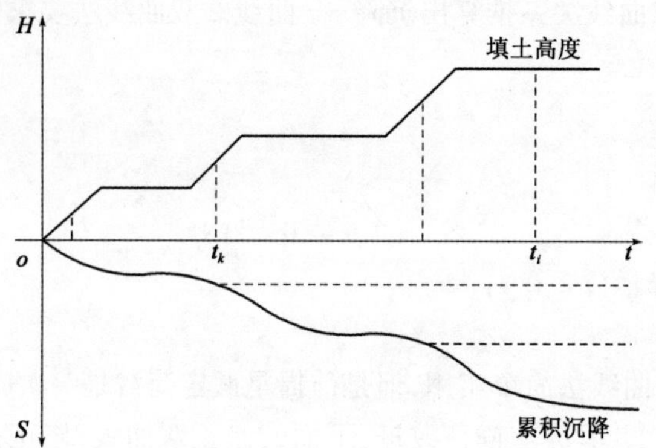

图 2-4-7　加荷与沉降发展曲线

对路堤,填土荷载宽度随路堤的升高而变小,荷载增量在地基中应力扩散影响的深度也变小。考虑这一因素,参照分层总和法计算沉降的原理,认为与沉降直接相关的是地基中的附加应力。沉降与附加应力沿深度分布图的面积成正比,而不是与作用在地面的荷载强度成正比,因此对不同荷载宽度,按在地基中相应的附加应力沿深度分布图的面积比,将上部填土荷载打折来计算沉降。

4. 沉降速率法

假设:

$$S_\infty = mS_c \tag{2-4-53}$$

$$S_t = \left[(m-1)\frac{p_t}{p_0} + U_t\right]S_c \tag{2-4-54}$$

$$S_t = \left[(m-1)\frac{p_t}{p_0} + 1 - \alpha \cdot e^{-\beta \cdot t}\right]S_c \tag{2-4-55}$$

式中:t——经过时间;

S_∞——最终沉降;

S_t——t 时的沉降量;

S_c——固结沉降;

p_t——t 时累计荷载;

p_0——总的累计荷载;

m——综合性修正系数;

β——回归计算得到的系数;

α——用户交互参数,取 $\alpha = \frac{8}{\pi^2}$ 或根据地基固结排水条件取值。

在恒载的条件下:

$$S_t = AS_c e^{-\beta \cdot t} \tag{2-4-56}$$

$$A = \frac{8}{p_0 \pi^2}\sum_1^n q_n\left(e^{\beta \cdot t_n} - e^{\beta \cdot t_{n-1}}\right) \tag{2-4-57}$$

式中:q_n——第 n 级的加载速率;

A——常数;

t_n、t_{n-1}——第 n 级的加载的终点和起点时间。

通过对 $\ln(s_t)$ 和 t 的数据进行线性回归分析，求出 A、S_c、β，根据沉降量计算公式和 α 值，反算各级荷载的 m，取平均值为 m 的最终值，即可求出任意时间的沉降。

此外，也可以根据下面两式求竖向与水平固结系数。

只有竖向排水时：

$$\beta = \frac{\pi^2 C_v}{4H^2} \tag{2-4-58}$$

竖向排水与水平向共排水存时：

$$\beta = \frac{\pi^2 C_v}{4H^2} + \frac{8C_h}{F(n)d_e^2} \tag{2-4-59}$$

式中：$F(n)$——函数，$F(n) = \frac{n^2}{n^2-1} \times \ln n + \frac{3n^2-1}{4n^2}$；

H——最大排水距离；

d_e——地下排水体的有效排水直径；

n——井径比，即排水体的有效排水直径与排水体直径之比；

C_v——水平固结系数；

C_h——竖向固结系数。

沉降速率法要求输入各个监测时刻的沉降速率作为分析依据，使用于软土层较厚且填土速率比较均匀的情况，同时要求恒载开始后的沉降实测时间至少 6 个月以上。

5. 灰色理论

灰色理论属于系统科学理论，它提供了在贫信息情况下求解系统问题的新途径。它将一切随机变量看作是在一定范围内变化的灰色量，将随机过程看作是在一定范围内变化的、与时间有关的灰色过程。对灰色量用数据生成的方法，将杂乱无章的原始数据整理成规律性较强的生成序列，然后建立模型而进行预测。这样，就能在较高的层次上处理问题，从而较全面揭示系统的长期变化规律。

灰色系统法预测的基本思路是：把随时间变化的一随机正的数据列，通过适当的方式累加，使之变成非负递增的数据列，用适当的方式逼近，以此曲线作为预测模型，对系统进行预测。

一般意义的灰色模型为 $GM(n,h)$，表示对 h 个变量建立 n 阶微分方程。做预测用的模型一般为 $GM(n,i)$，在沉降预测中实际运用最多的是 $GM(i,i)$ 模型。

$GM(i,i)$ 模型都是以等时间间隔序列建模，而在工程实践中，沉降观测资料一般都是不等时间间隔的数据序列，所以必须把观测到的原始数据变成等时距的时间序列。可以利用 Lagrange 插值法将不等时距沉降序列转变为等时距序列。

设不等时距沉降时间序列为：

$$X^{(0)} = \{x^{(0)}(t_i) \mid t_i \in R^+, i = 1,2,\cdots,n\} \tag{2-4-60}$$

计算平均时间间隔 Δt_0：

$$\Delta t_0 = \frac{1}{n-1}(t_n - t_1) \tag{2-4-61}$$

计算等时间间隔点的灰色沉降值 $x_1^{(0)}(i)(i = 1,2,\cdots,n)$

当 $i=1$ 时：

$$x_1^{(0)}(1) = x^{(0)}(t_1) \tag{2-4-62}$$

当 $i=n$ 时：

$$x_1^{(0)}(n) = x^{(0)}(t_n) \tag{2-4-63}$$

当 $i=2,3,\cdots,n-1$ 时，利用 Lagrange 插值函数分段线性插值，则有

$$x_1^{(0)}(i) = x^{(0)}(t_{i-1}) + \frac{x^{(0)}(t_i) - x^{(0)}(t_{i-1})}{t_i - t_{i-1}}[t_1 + (i-1)\Delta t_0 - t_{i-1}] \tag{2-4-64}$$

从而得到了等时距沉降时间序列：

$$X_1^{(0)} = \{x_1^{(0)}(i) \mid i = 1,2,\cdots,n\} \tag{2-4-65}$$

等时距沉降序列的 GM(i,i) 模型，对上式作一次累加生成(i-AGO)，得到生成序列

$$X_1^{(1)} = \{x_1^{(1)}(i) \mid i = 1,2,\cdots,n\} \tag{2-4-66}$$

其中：

$$x_1^{(0)}(i) = \sum_{k=1}^{i} x_1^{(0)}(k) \qquad (i = 1,2,\cdots,n) \tag{2-4-67}$$

由 $X_1^{(1)}$ 可以建立 GM(i,i) 模型，其白化形式的微分方程为：

$$\frac{\mathrm{d}x^{(1)}}{\mathrm{d}t} + ax^{(1)} = u \tag{2-4-68}$$

时间响应方程为：

$$\hat{x}^{(1)}(t) = \left| x^{(0)}(1) - \frac{u}{a} \right| \mathrm{e}^{-\mathrm{at}} + \frac{u}{a} \tag{2-4-69}$$

离散响应方程为：

$$\hat{x}^{(1)}(k+1) = \left| x^{(0)}(1) - \frac{u}{a} \right| \mathrm{e}^{-\mathrm{ak}} + \frac{u}{a} \tag{2-4-70}$$

灰色参数列为：

$$\hat{a} = [a,u]^{\mathrm{T}} = (B^{\mathrm{T}}B)^{-1}B^{\mathrm{T}}y_{\mathrm{N}} \tag{2-4-71}$$

其中：

$$B = \begin{bmatrix} -\frac{1}{2}[x_1^{(1)}(1) + x_1^{(1)}(2)] & 1 \\ -\frac{1}{2}[x_1^{(1)}(2) + x_1^{(1)}(3)] & 1 \\ \cdots & \cdots \\ -\frac{1}{2}[x_1^{(1)}(n-1) + x_1^{(1)}(n)] & 1 \end{bmatrix} \tag{2-4-72}$$

$$y_N = [x_1^{(0)}(2), x_1^{(0)}(3), \cdots, x_1^{(0)}(n)]^{\mathrm{T}} \tag{2-4-73}$$

为了能与原始数据进行比较，将不等时距沉降时间序列中的时间 t_i 代入模型中，即：

$$\hat{x}^{(1)}(t_i) = \left| x^{(0)}(1) - \frac{u}{a} \right| \mathrm{e}^{-a(t_i - t_1)/\Delta t_0} + \frac{u}{a} \tag{2-4-74}$$

经还原得到还原序列，即为预测的沉降值：

$$\hat{x}^{(0)}(t)=\begin{cases}\hat{x}^{(1)}(t_i) & (i=1)\\ \hat{x}^{(1)}(t_i)-\hat{x}^{(1)}(t_i-\Delta t_0) & (i=1,2,3,\cdots,n)\end{cases} \tag{2-4-75}$$

GM(i,i) 模型的精度检验：通常采用后验差方法对模型的精度进行检验。记 i 时刻残差为：

$$q^{(0)}(t_i)=x^{(0)}(t_i)-\hat{x}^{(0)}(t_i) \qquad (i=1,2,3,\cdots,n) \tag{2-4-76}$$

残差均值为：

$$\bar{q}=\frac{1}{n}\sum_{i=1}^{n}q^{(0)}(t_i) \tag{2-4-77}$$

残差方差为：

$$S_2^2=\frac{1}{n}\sum_{i=1}^{n}[q^{(0)}(t_i)-\bar{q}]^2 \tag{2-4-78}$$

原始数据均值为：

$$\bar{x}=\frac{1}{n}\sum_{i=1}^{n}x^{(0)}(t_i) \tag{2-4-79}$$

原始数据方差为：

$$S_1^2=\frac{1}{n}\sum_{i=1}^{n}[x^{(0)}(t_i)-\bar{x}]^2 \tag{2-4-80}$$

为此有后验差检验指标如下：

(1)后验差比值 $C=\dfrac{S_2}{S_1}$

(2)小误差概论 $P=P\{|q(i)-\bar{q}|<0.6745S_1\}$

按照上述两个指标，精度检验等级如表 2-4-3。

后验差检验等级表 表 2-4-3

预测精度等级	好	合格	勉强	不合格
C	$C\leqslant0.35$	$0.35<C\leqslant0.50$	$0.50<C\leqslant0.65$	$0.65<C$
P	$0.95\leqslant P$	$0.80\leqslant P<0.95$	$0.70\leqslant P<0.80$	$P<0.70$

尽管 GM(i,i) 模型可以预测未来时刻的沉降，建模时对观测数据样本量也没有要求，但随着施工的进行，将会不断获得新的沉降观测资料，由于各种因素的扰动，原有的预测模型会老化，预测精度衰退，为保持较好的预测精度，预测模型需要不断更新优化。所以，在建立 GM(i,i) 模型时应用新陈代谢法则，同时考虑到观测数据的连续性和新增性，用等维处理的方法来建立 GM(i,i) 模型，即等维的新陈代谢 GM(i,i) 模型。它的建模方法是根据已有序列建立 GM(i,i) 模型，预测下一个值，然后把这个预测值补充到已知序列后，同时去掉第一个数据，保持数列等维，接着再建立 GM(i,i) 模型进行预测。新陈代谢模型除了用预测值递补外，还可以用新近得到的实测数据补充到原始数据列中，同时剔除不适合新情况的旧数据，保持序列的等维，以此建立 GM(i,i) 模型，如此逐步预测下去。

随着时间增长，地基沉降速率会慢慢减小，也就是说，沉降的增长是呈衰减趋势的，但是，GM(i,i) 模型是增长的指数模型，具有无限增长的特性。这表明，GM(i,i) 模型作为短期预测是合适的，作为中期预测可以参考，而作为长期预测可靠性明显降低。实际沉降曲线是由速率不同的两段曲线组成：加载期间沉降速率呈增长趋势；预压期沉降速率呈衰减趋势，沉降趋于稳定。为此，可以将第一段沉降数据进行某种“弱化”，取得与第二段相同的沉降趋势,由此来预测,则有可能获得较精确的结果。

6. 人工神经网络

神经网络模型就是采用物理可实现的系统来模仿人脑神经细胞的结构和功能的系统,它是由大量功能简单的神经元相联结而成的高度非线性动力系统,是并行的结构;并有较强的容错能力,少量的神经元和连接发生差错对整体功能影响较小;同时具有很强的自适应性能,可通过自身学习,以适应外部环境的变化。

神经网络模型在处理信息复杂、背景不清楚、规则不明确等问题方面,体现出其独特的优越性。

利用神经网络较强的非线性映射能力,根据实测沉降资料,通过神经网络的 BP 网络进行建模,具有很强的客观性和适应性。

地基沉降受多种因素的影响和制约,其变化的自然规律很难用一个显式的数学公式予以表示。而人工神经网络是这一领域的一个突破,该方法视传统函数的自变量和因变量为输入和输出,将传统的函数关系转化为高维的非线性映射,而不是显式的数学表达式。该方法在处理非线性问题上,具有独特的优越性。在针对软土地基沉降预测时,就是利用实测资料对复杂的非线性的土工结构进行直接建模。

具体做法是:先应用 ANN 建立沉降影响因素参数(如处理方式、软土层厚度、地基硬壳层厚度、软土的压缩模量、硬壳层的压缩模量、路堤高宽比、施工期和竣工时沉降量)与沉降之间的非线性关系,再将待测点的实测沉降影响因素参数输入到已训练好的网络中,即可得到预测的沉降量。

在实际应用中,较多采用多层前馈神经网络中的误差逆向传播模型(简称 BP 模型)。BP 网络模型为前向多层网络,网络有输入层(n 个神经元)、输出层(q 个神经元)和隐含层(p 个神经元)。是对非线性可微分函数进行权值训练的多层前向网络,属于 δ 算法,是一种监督式的学习算法。其主要思想为:对于 q 个学习样本:$p^1,p^2,\cdots,p^q$,已知与其对应的输出样本为:$T^1,T^2,\cdots,T^q$。学习的目的是用网络的实际输出 $A^1,A^2,\cdots,A^q$ 与目标矢量 $T^1,T^2,\cdots,T^q$ 之间的误差来修改其权值,使实际输出值 $A^1,A^2,\cdots,A^q$ 与期望值 $T^1,T^2,\cdots,T^q$ 尽可能地接近。

误差逆向传播过程通过一个能量函数 E 最小化过程来完成输入到输出的映射,将能量函数定义为输出层单元的均方误差。设有 L 个学习样本,则:

$$E=\frac{1}{Lq}\sum_{i=1}^{L}\sum_{j=1}^{q}(C_j^i-O_j^i)^2 \tag{2-4-81}$$

式中:C_j^i、O_j^i——分别为样本 i 的实际输出与希望输出。

BP 网络的学习过程由前向计算过程和误差逆向传播过程组成,学习步骤如下:

(1)网络初始化:输入学习率 α、β;给定最大的学习误差 ε,给输入层至隐含层连接权矩阵 U、隐含层至输出层的权矩阵 V 赋[$-1,+1$]区间的随机值。

(2)为网络提供一组学习样本,为不使输入节点的绝对值影响网络的学习性能首先对变量进行归一化处理,即:

$$X^*=\frac{X-X_{\min}}{X_{\max}-X_{\min}} \tag{2-4-82}$$

式中:X^*——归一化处理后的值;

X——真实值;

X_{max}、X_{min} ——分别为变量的最大值和最小值。

(3)对每个模式对 $A_m, C_m (m = 1,2,\cdots,L)$ 进行以下操作：

①计算各层加权输入和输出值；

②计算各层误差；

③调整各层取值；

④学习样本结束，进入下一轮的学习；

⑤判断：如果 $E > \varepsilon$，学习结束，否则继续。

它是通过连续不断地在相对于误差函数斜率下降的方向上计算网络权值和偏差的变化而逐渐逼近目标的。每一次权值和偏差的变化都与网络误差的影响成正比，并以反向传播的方式传递到每一层的。

第四节　地 基 处 理

一、软土地基处理综述

软土是指在静水或缓慢的流水环境中沉积，具有含水率大($w \geq w_L$)、孔隙比大($e > 1.0$)、压缩性高($a_{0.1\sim0.2} \geq 0.5\ MPa^{-1}$)、强度低($P_s < 800kPa$)等特点的黏性土。软土在我国的沿海和内陆地区都有相当大的分布范围，铁路建设中经常遇到软土地基，在大量工程实践中积累了宝贵的经验教训。但是软土地区的路基沉降问题一直未得到解决。萧甬线始建于抗日战争前，解放初恢复通车，1959 年修至宁波。1991 年调查，余姚江大桥桥头路堤高 4~7m，以反压护道原理，总下沉量 2.4m，至今每年仍有 10cm 左右的下沉。长杭线软土地基段长约 52km，1970 年建成，1972 年通车。1991 年调查路堤沉降为：沉降小于 30cm 占 23%，沉降大于 30cm 占 77%，其中沉降近 100cm 占 7%。湖州大桥和南苕溪中桥的桥头路堤，地基均采用砂井加固，运行 20 年沉降很小。靠近太湖一带的路堤高 4.1~4.5m，地基未加固但以反压护道处理，后期沉降量很大，道床厚达 1.6~1.7m。陇海线徐连段中云一带自 1987 年 4 月 26 日建成通车以后，至 1995 年工后沉降最大下沉量达 2.5m，成为全国铁路软土地基下沉严重的典型。衡广复线、三茂线等也存在路基工后沉降过大情况。为维护行车安全，养护部门需要频繁地大量添砟起道，不但给养护工作带来很大困难，而且消耗了大量劳力、财力。估计工后沉降直接关系到今后高速铁路的运行能力、维修模式和成本。

随着对软土路基沉降对铁路运行影响的逐步认识和列车速度的提高，对软土路基的工后沉降要求也越来越高。《时速 160km 新建铁路线桥隧站设计暂行规定》规定：路基工后沉降不应大于 20cm，沉降速率小于 5cm/年；时速 200km 及以上的高速铁路更是对路基的沉降提出了严格的要求。

地基处理的目的是为了提高地基承载力，减小地基沉降(或工后沉降)。当天然地基不能满足构筑物稳定或变形控制条件时，就要对天然地基进行处理。由各种地基处理方法获得的人工地基可以分为两类：一类是对天然地基土体进行土质改良，如预压(排水固结)法、强夯法、原位压实法、换填法等；另一类是形成符合地基，它可以由人工增强体与天然地基土体形成，如水泥复合地基；也可以由扦入(包括置换)的天然材料与天然地基土体形成,如低强度桩复合地基法;也可以由扦入的材料与得到的改良(挤密)的天然土体形成,如振冲挤密碎石桩复合地基;还可设置水平向增强体(铺设加筋材料)形成复合地基。近年来,国内外学者在进一步研究竖向增强体和水平向增强体特点的基础上,为充分发挥桩间土的承载能力,提出了桩网复合结构或桩网复合地基结构,建立了相应的理论并应用于工程实践,取得了较好的效果。

要选择符合要求且最经济的地基处理方法,必须深入研究地基处理的依据条件和处理目的,并考虑地基性状、路堤标准、对环境的影响等因素。在工程中按不同的地质条件、外荷条件,因地制宜采用软基处理方法,可取得良好的质量、经济效果并能加快工期。对路基工程利用路堤加载是最经济的处理方案,加固效果好,消除工后沉降作用明显。深层搅拌桩具有减少桩身范围沉降量、减少侧向变形和加快工期等优点。但若未能穿透软土层,其优点将受到一定的限制。在桥路过渡段为避免桥台施工与后台填土的矛盾,使用搅拌桩可以减少软土侧向变形对桥基的影响,并保证工期。

二、排水固结法

排水固结法是一种使用多年的方法,至今仍被普遍采用,其主要特点是理论成熟,施工设备简单,费用低。但由于排水固结法需要预压荷载,且预压时间长,对工期紧迫、缺乏压载条件的工程是难以采用的。此外,排水固结法只能加速固结沉降而不能减少固结沉降量,对于对沉降和不均匀沉降要求严格的工程必须慎重选择。大量的工程实测资料表明,排水固结法的有效处理深度为12~15m,超过这个深度,孔隙水压力消散相当困难和缓慢,故设计时应加以考虑。

1. 加(超)载预压

在建造建筑物之前进行预压,以消除大部分沉降。当预压荷载超过建筑物永久压力时,可以消除部分次固结沉降为超载预压。

2. 真空预压

通过增设于地面砂垫层中的吸水管不断抽气造成负压而使软土层排水固结,砂垫层下如设砂井或塑料排水带,效果更佳。真空预压法利用大气加固土体,不需要大量的堆载预压材料,在真空吸力的作用下易使土中的封闭气泡排出,从而使土的渗透性提高、固结过程加快,有利于在有限的时间内最大限度地消除工期沉降和工后沉降,同时有利于路基稳定性控制,是一种值得推广的软基处理方法。适用于能在加固区形成(包括采取措施后形成)稳定负压边界条件的软土地基。

3. 真空预压与堆载联合作用法

原理是当真空预压达到要求的预压荷载时,可与堆载预压联合使用,其堆载预压荷载和真空预压荷载可叠加计算。适用于软黏土、粉土、杂填土、冲填土、泥炭土地基等。

4. 砂井及各种塑料排水带

增加土层排水通道,缩短固结沉降时间,同时提高强度。砂井是加速软土地基排水固结的最有效措施,在地基中灌注圆柱形的砂排水体,形成以砂井为中心的辐射向渗流体系。塑料排水带的排水性能低于砂料,但其耐压、透水性强,耐腐蚀、化学稳定性高;不易折断或剥脱,对软土变形适应性强;施工速度较快,经济效益高。适用于透水性低的软弱黏性土,但对于泥炭土等有机质沉积物不适用。

5. 降低地下水位

通过与透水层联系的排水井(管)中直接抽水降低地下水位,使土层固结。适用于地下水位接近地面而开挖深度不大的工程,特别适用于饱和粉、细砂地基。

6. 砂垫层

换土和横向排水。排水砂垫层一般小于1m,最薄0.4m,通常直接铺设于地表,有时也可以挖除表层极软土层或薄层硬壳,部分在地表以下,兼有换土的作用而又借以缩短软土中孔隙水的渗流途径。由于软土的渗透性弱,常需为加速排水固结而采取措施,排水砂垫层是一项最简单的方法。该方法常用于基坑面积宽大和开挖土方量较大的回填土方工程,一般适用于处理浅层软弱土层(淤泥质土、松散素填土、杂填土以及已完成自重固结的冲填土等)与低洼区域的填筑。一般处理深度为2~3m。适用于处理浅层非饱和软弱土层、素填土和杂填土等。

三、水泥土搅拌桩复合地基

水泥土搅拌桩是利用水泥或水泥系材料为固化剂,通过特制的深层搅拌机械,在地基深处就地将原位土和固化剂(浆液或粉体)强制搅拌,形成水泥土圆柱体。由于固化剂和其他掺合料与土之间产生一系列物理化学反应,使圆柱体具有一定强度,桩周土得到部分改善,组成具有整体性、水稳性和一定强度的复合地基,也可做成连续的地下水泥土壁墙和水泥土块体以承受荷载或隔水。

自1824年英国人阿斯琴首先制造出硅酸盐水泥并取得专利以来,利用水泥灌浆止水、利用水泥和土拌和作为道路基层已得到应用,但主要是作土的浅层处理。美国在第二次世界大战后研制成功一种就地搅拌桩(MIP),即从不断回转的螺旋钻中空轴的端部向周围已被搅松的土中喷出水泥浆,经叶片的搅拌而形成水泥土桩,桩径0.3~0.4m,长度10~12m。1953年日本清水建设株式会社从美国引进这种方法,继而又开发出以螺旋钻机为基本施工机械的CSL法,MR-D法(以开发公司名称的首字母命名)。CSL法和MR-D,都是采用螺旋钻杆上带有特殊形状的搅拌翼片,并通过钻杆供给水泥浆,与土进行强制搅拌。

以上采用喷射水泥浆的湿法工艺成桩的工法统称CDM法。深层搅拌水泥土桩问世以来,发展迅速,应用广泛。日本大量用于各种建筑物的地基加固、稳定边坡、防止液化、防止负摩擦等。CDM法在日本及其他发达国家还广泛用于海上工程,如海底盾构稳定掘进、人工岛海底地基加固,桥墩基础地基加固、岸壁码头地基加固、护岸及防波堤地基的加固等。日本由于其特殊地理环境,其海上工程的投入相当巨大,也促进了CDM工法的迅速发展。

国外的深层搅拌机械采用了高新技术,动力功率大,穿透能力强,实现了施工监控的自动化,确保了施工质量,目前尚未见到失败的工程例证。其工程应用中,设计方法比较保守,置换率高达40%~80%,桩体设计强度取值一般不超过0.6MPa。由于理论研究投入不够,没有取得完整的应力场和变形场数据,使其设计方法不尽人意。

20世纪70~80年代,我国的水泥土搅拌桩广泛应用于多层建筑的软基处理、基坑支护重力式挡墙、基坑止水帷幕或被动区加固、路基软基加固、堆载场地加固等领域,少数高层建筑也采用过水泥土搅拌桩复合地基。由于我国研发的搅拌机械为轻型机械，功率较小、穿透能力不足，规范规定仅适用于承载力特征值$f_{ak}\leqslant 140\text{kPa}$的软土，应用范围受到限制，同时也出现了不少质量事故。20 世纪 90 年代水泥土搅拌桩已淡出建筑物地基处理，但在路基、堆载场地软基加固及基坑工程中的仍在应用。

21 世纪初 SMW 工法（新型水泥土搅拌桩墙）在我国发展迅速，除了在基坑支护结构支护中大量应用外，还采用三轴搅拌机械施工止水帷幕，效果良好。三一重工股份有限公司等厂家生产的国产单轴、三轴搅拌机已接近国际先进水平。其显著的特点是加固深度大、穿透能力强、效率高，加固深度已达 35m，拓宽了应用范围，不再局限于软土中使用，在中密粉细砂、中密粉土、稍密中细砂中均可应用。因此规范取消了不能用于承载力特征值$f_{ak}>140\text{kPa}$土中的限制。

四、桩网结构

桩-网复合地基，是指天然地基在地基处理过程中，下部土体得到竖直向增强体——“桩”的加强从而形成桩-土复合地基加固区，而在该区上部得到水平向增强体——“网”的加强从而形成加筋-土复合地基加固区，并能使网-桩-土三者协同作用、共同承担荷载的人工地基。

桩-网复合地基较传统的复合地基形式而言，是一种新型的地基处理理论与方法，这种复合地基形式相对来说，不仅实际应用不多，而且理论研究更是滞后，其原因在于国内外对桩-网复合地基的工作机理了解尚不十分清楚，既没有现成的设计理论和设计方法，也没有成熟的施工工艺和控制措施，处于边实践应用边摸索总结的状态。但是，其有限的应用却显示出了非常良好的技术经济效益，有开展进一步深入研究的巨大价值。

桩-网复合地基具有桩体、垫层、排水、挤密、加筋、防护等综合效能；具有沉降变形小而且完成快、工后沉降较易控制、稳定性高、不需预压期、工期短、施工方便等优点；具有可布置成疏桩、减少用桩数量，进而大幅度降低工程建设成本的长处。桩-网复合地基技术很适合于在天然软土地基上快速修筑铁路、公路、城市道路、长大堤坝、大面积填方类工程，应用前景广阔。

在桩-网复合地基中，“桩”可以是任意的刚性桩或非刚性桩。“网”是一个综合概念，是指具有加筋补强、均匀应力、提高承载力、减少沉降、稳固边坡、排水反滤、隔离渗透、增强抗疲劳能力等功能，并与所包裹或接触的土体共同作用的工程材料的总称。

桩-网复合地基的基本组成部分为：上部（路堤）填土；上部网（一层或几层，铺设于桩头之上）；中间砂石褥垫层及可能存在于垫层中的网；下部一般为非刚性桩（如散体材料桩或柔性桩、木桩，当然也可能会是刚性桩）及桩间土（一般为天然软黏土）；桩土复合地基加固区下的天然软土层或持力层。

其中的核心部分是桩和网，如图 2-4-8 所示。

桩-网复合地基是“网—桩—土”协同作用，桩和土共同承载的人工地基。网与土组成加筋土，也称为水平向增强体复合地基。网与土之间存在着共同作用，网主要处于受拉状态，这种共同作用是通过界面阻力（界面摩阻力 = 咬合力 + 摩擦力 + 黏着力）来实现，也称为“张力膜”效应。在工作过程中，网的拉力作用发挥不甚明显，拉力的发挥往往还不到其极限抗拉强度的 10%。由于网的铺加和张力膜效应，网将网上土体自重连同上部荷载传递给下部桩土复合地基。

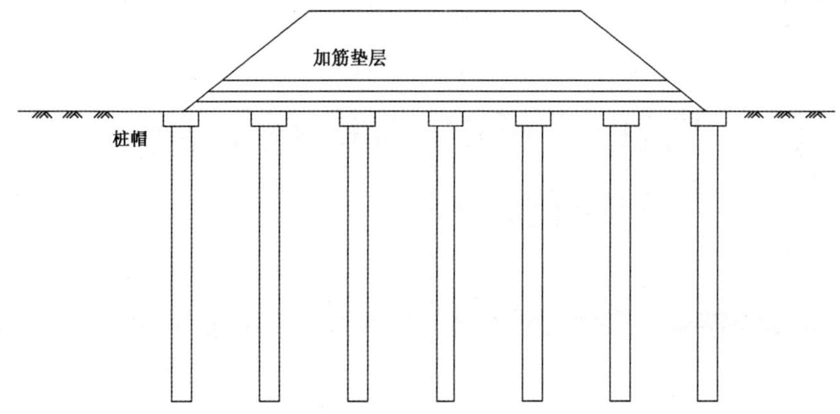

图 2-4-8　桩-网结构示意图

褥垫层一般用级配粗砂、砂碎石、碎石等材料做成。不宜用卵石，因为其咬合力弱，易受施工扰动而使厚度不均匀。所用砂石等散体材料的粒径宜为 0.8 ~ 2cm。褥垫层厚 10 ~ 50cm，均匀压密。为保证其具有适当的刚度和整体性以更好的传递荷载，根据需要，可将网与砂石共同组成一个复合褥垫层。

褥垫层主要起下述作用：保证桩土共同承担荷载，调整桩土竖向荷载分担比，调整桩土水平荷载分担比，缓解基础底面的应力集中。

第五章　高速铁路路基状态监测与评估技术

第一节　概　述

高速铁路对路基工后沉降的要求非常严格,要精确控制路基的工后沉降,必须开展施工控制的动态设计。所谓动态设计就是对预先埋设的原位监测设备按规定频率、精度进行监测,从而得到荷载-时间-地基沉降的变化曲线,通过对此曲线的分析推算并结合其他原位监测成果,来调整、修改设计,并以调整后的设计去指导施工,再利用施工过程中反馈回来的信息再次调整、修改设计,优化工程措施和施工方案,如此循环往复,直至竣工,以达到有效控制工后沉降及沉降速率的目的。因而,现场原位监测与评估工作是动态设计与信息化施工的关键。

另外,高速铁路的轨道结构需要持久稳定的高平顺性,同时要做到少维修、甚至免维修。因而,在轨道结构施工前,必须对路基、桥梁、隧道等线下工程结构开展全面系统的评估工作,以确认各线下工程结构的沉降变形是否已趋稳定,工后沉降、沉降速率和结构间的差异沉降是否达到轨道结构铺设的要求。

本章将在分析高速铁路线下工程变形监测与评估工作特点的基础上,主要介绍路基沉降监测与评估的作用、内容,监测网的布设原则、元器件的选择,监测精度与频次,未来沉降预测的方法与评估等内容。

高速铁路要求构成其系统的各个方面都要具有高品质和高可靠性,线下工程的稳定与纵向平顺是其必不可少的条件之一。线下工程是由不同特点、性质迥异的构筑物(桥梁、隧道、路基等)构成的,它们相互作用、相互依存,共同构成结构持久稳定、纵向高度平顺的轨下基础。因而,高速铁路线下工程的变形监测与评估工作,必须讲究整体性与系统性。

基本的工作思路应该是:依据线下工程的特点,划分出路堑、路堤、桥梁、涵洞、隧道与过渡段等基本单元,对每个基本单元分别开展沉降位移等原位监测与评估,以指导动态设计与施工。轨道结构铺设前的评估,也需要在每个基本单元评估工作的基础上进行的整体集成与系统分析。

高速铁路的变形监测与评估工作,始于勘测阶段。

在勘测阶段,平面控制网与高程控制网的规划,特别是其基桩的布设与保护,就必须考虑后续施工与运营维护阶段沉降变形监测与评估工作的需要。

在设计阶段，需要根据线下工程的沉降控制标准、线路工程地质条件、工程结构设置与地基加固措施等，进行沉降变形监测方案的详细设计，包括变形监测网的布设要求、监测断面与监测点的设置原则、监测仪器与元器件的选型、监测精度与频率以及拟采用的沉降预测方法等。

在运营阶段，需要监测重要地段或病害易发地段路基状态，根据对监测数据的比较分析预测路基的质量状况，对路基进行维修和保护。

施工阶段是变形监测与评估工作的主要实施阶段。从地基加固处理开始，贯穿填土、预压、铺轨、调试的整个施工过程。每层填土速率的控制、预压土的填筑高度调整与卸除、运架梁施工工期安排以及铺轨计划的实施等，每一工序的完成，都离不开变形监测与评估。到了运营维护期，为确保轨道结构的高平顺与日常行车的安全，也需要进行必要的变形监测与分析评估，以便为运营维护工作提供必要的依据。

第二节　现场原位监测

一、作用

通过现场原位监测，可以检验工程勘察资料的可靠性，验证设计理论的正确性，分析施工对地基沉降变形的影响，监视可能发生危险的征兆，分析事故发生的原因，积累地区性的建设经验等。对于高速铁路来说，最主要的有三个方面的作用：一是控制施工速率，保证施工期间路堤的安全稳定；二是为动态设计与信息化施工提供基础和保证，从而有效地控制工后沉降；三是为铺轨前的评估工作提供依据。

在上述三大评估内容方面，路基各结构层的填料规格与压实程度是否完全满足设计要求以及路肩高程是否符合设计要求，主要通过审查施工单位提交的路基填筑调查表、现场随机取样检测以及采用地质雷达扫描等手段进行。路基工后沉降及沉降速率否满足要求的评估则是通过对贯穿施工全过程的沉降监测资料的分析以及对未来沉降的预测来实现的，是评估工作中最为重要的工作，也是本章要着重介绍的内容。

二、内容

现场原位监测的内容根据工程的实际情况和工程师所关心的重点而有所不同，但是通常应包含以下这些项目：沉降监测、水平位移监测、土压力监测、孔隙水压力监测以及地下水位监测等。

三、沉降监测

在所有的原位监测项目中，沉降监测是最为关键、最为重要的项目。原位监测的主要目的是要为控制路基工后沉降提供依据，而沉降监测数据是最直接的依据。沉降监测包括路基沉降监测、地基表面沉降监测以及地基深层沉降监测。

路基沉降监测、地基表面沉降监测以及地基深层沉降监测主要是通过在路基表面埋设沉降监测桩、在路基本体内埋设横剖面管、在路基基底设置沉降板或横剖面管以及在地基中设置分层沉降管或多点沉降计等元器件来实现。

四、水平位移监测

确定路基的边坡稳定、路堤地基的稳定以及由于地基的侧向变形引起的地基沉降等都需要对地基的水平位移进行监测。

水平位移监测的手段通常包括在地表设置位移边桩和在地基深层设置测斜管,分别通过经纬仪+测距仪(或者全站仪)和测斜仪来进行测试。

位移边桩能够反应地表的水平位移,实施和测试起来都比较方便,易于开展大面积的应用。而测斜管由于可以深入到地下很深的深度,一般可以达到几十米甚至上百米深,可以全面了解地基不同深度的水平位移的分布、变化规律,结合地层情况可以对地基的变形做深入、透彻的分析,对于研究型的课题意义很大。

五、土压力监测

路基填筑过程中、完成后以及运营期,基底土压力的分布情况如何、加固处理后的地基中桩土受力性状如何、桩土的应力比是如何发展变化的等等这些信息必须通过土压力的监测来实现。对路基基底土压力的分布特征与大小幅值的研究分析,对于揭示各种地基处理方法的工作原理、工作性状以及优化设计很有好处。土压力的监测主要是通过在路基基底埋设土压力盒来实施。

六、孔隙水压力监测

路基的沉降控制本质上是控制工后沉降,而工后沉降的发生是在路基及上建施工完成以后。此时地基的瞬时沉降已经完成,所剩的工后沉降主要是由固结、流变引起的变形组成,其中固结沉降的发展过程与孔隙水压力的消散是息息相关的,监测孔压的变化就可以了解固结沉降的过程。同时,结合孔隙水压力和沉降这两个内容的监测也可以更好地了解流变引起的沉降,因为孔压消散完成后的沉降则完全是由流变引起的。所以孔隙水压力监测对于了解沉降的发生、发展的规律是很有帮助的。

孔隙水压力的监测主要是通过埋设孔隙水压力探头来实现。

七、地下水位监测

通常对于地基中的孔隙水压力的变化我们只关心超静水孔隙压力部分(简称超孔压),而地基中埋设的孔隙水压力探头测量出来的则是包含静水压力和超孔压两部分的总和,即总孔隙水压力。为了能区分开静水压力和超孔压,通常需要对地下水位进行测试,以便知道静水头可能产生的压力大小。

此外,对于有些地区,地下水位往往会受到抽取地下水等环境因素的影响而发生较大幅度的变化,而地下水位的升降使得土体的容重在天然容重、饱和容重和浮容重之间来回发生变化,也就是会使地基实际承受的外荷载发生变化。因此,为了更好地分析地基沉降变形的各种因素,监测地下水位的变化也是十分必要的。

第三节　路基监测系统

现场原位监测系统应以路基面沉降、地基沉降以及地基的水平位移等变形监测为主，科学试验或有其他需要时，辅以地基深层沉降、深层水平位移、基底土压力、孔隙水压力以及地下水位等监测内容。监测系统的布设，主要包括两个层次的内容：变形监测网的布设与监测断面的元器件布置。变形监测网一般独立建网，但应该充分利用为高速铁路施工、运营而布设的平面控制网和高程控制网，并必须与之联测，以保证整个测量系统的一致性。

一、路基沉降变形监测系统的布置

1. 监测断面设置

路基沉降变形监测断面的设置及监测内容应根据地形地质条件、地基处理方法、路堤高度、堆载预压等具体情况，结合沉降预测方法和工期要求具体确定，同时还应根据施工核对的地质、地形等情况调整或增设。

路基沉降监测断面沿线路方向的间距一般不大于50m；地势平坦、地基条件均匀良好的路堑、高度小于5m的路堤可放宽到100m；地形、地质条件变化较大地段及过渡段范围应适当加密。

一般监测断面的布置原则与监测内容可参照表2-5-1。对于有特殊研究目的的监测断面的布置原则与监测内容可参照表2-5-2。

一般监测断面的布置原则与监测内容　　　　表2-5-1

监测内容	断面布置	监测断面间隔	适用条件
路基面沉降	路基两侧路肩或路基中心设置沉降监测点	100m	(1)地势平坦、地基条件良好； (2)路堑或高度小于5m的路堤
路基面沉降与地基沉降	(1)路基两侧路肩或基底设置沉降监测点； (2)代表性断面在基底和基床表层底面位置设置剖面沉降管	50m	其他路基，复杂条件下需要加密
路基面沉降与地基沉降	(1)路基两侧路肩或地基设置沉降监测点； (2)沿线路方向斜向对角线布置剖面沉降管	紧靠桥台设一个断面，10m、30m处各设一个断面	过渡段

特殊监测断面的布置原则与监测内容　　表 2-5-2

监测内容	断面布置	
地基分层沉降	仪器或设施	路基中心或路基两侧路肩、坡脚设置分层沉降仪
	埋设要求	深度一般要求达到压缩层以下，沉降磁环的位置和间距根据地基的地层情况和地基处理的具体情况来确定
地表沉降	仪器或设施	沉降板、沉降水杯、横剖面沉降管等
	埋设要求	（1）沉降板、沉降水杯根据需要可以设置在路基中心、线路中心、路肩下以及坡脚下等位置处的地表或者路基某个高度处； （2）横剖面沉降管则可以贯穿整个路基设置在地表或者路基某个高度处
孔隙水压力	仪器或设施	孔隙水压力计
	埋设要求	深度依据地层情况和地基处理的具体情况来确定
地下水位	仪器或设施	地下水位井
	埋设要求	深度要超过常年最低地下水位以下
土压力	仪器或设施	土压力计或者经改造后的力传感器
	埋设要求	设置在桩间土或者桩头，可以在地面，也可以在地下某个深度
水平位移	仪器或设施	位移边桩或者测斜管
	埋设要求	（1）平面位置在位移影响范围之内； （2）位移边桩通常设置在地表 1～2m 的深度范围内，测斜管一般要求深度达到压缩层以下

2. 监测点设置

各部位监测点一般设在同一横断面上，这样有利于测点看护，便于集中监测，统一监测频率，更重要的是便于各监测项目数据的综合分析。

剖面沉降管一般垂直线路埋设于路基基底。基底或压缩层底平坦，横坡缓于 1∶5 时，沉降板可埋设于基底线路中心处；否则，可视需要适当增加沉降板个数。加堆载预压的路堤填筑至基床底层顶面后，部分监测断面可增设沉降板或剖面管以监测预压过程中路堤本体和地基的沉降。

一般路基填筑至路基基床表层顶面，加堆载预压的路堤填筑至基床底层顶面后，埋设沉降监测桩，卸载后同时于基床表层顶面埋设沉降监测桩，进行路基面（预压时为基床底层顶面）沉降监测。

监测期不少于 6 个月，监测数据不足以评估或工后沉降评估不能满足设计要求时，应延长监测期或采取必要的加速或控制沉降措施，同时监测评估资料作为竣工验收时控制沉降量的依据。

测点及监测元器件的埋设位置应按设计图进行，且标设准确、埋设稳定。监测期间应对监测点采取有效的保护措施，防止施工机械的碰撞，人为因素的破坏，务必使监测工作能善始善终，取得满意成果。

3. 一般监测断面元器件

一般监测断面的监测内容与元器件布设可参照以下方法:典型观测断面布置可参考图 2-5-1 和表 2-5-3。

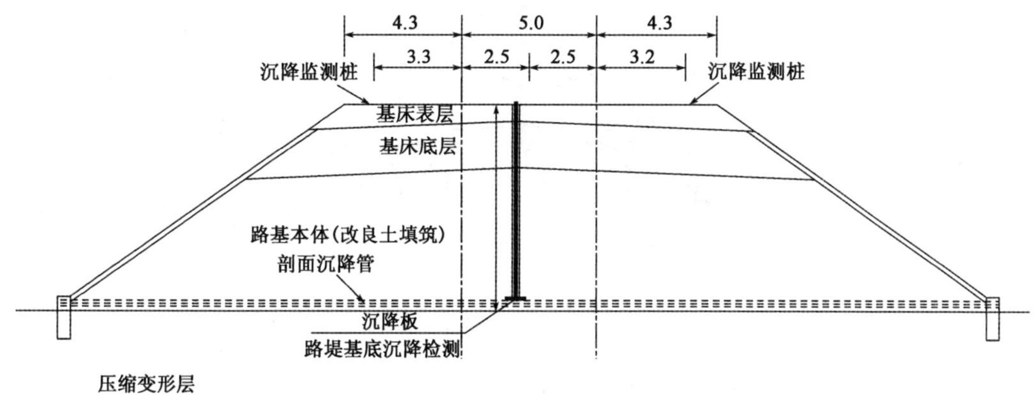

图 2-5-1　典型沉降监测断面元器件布置示意图(尺寸单位:m)

典型监测断面元器件布设要求　　表 2-5-3

序号	监测内容	监测元件	监测点数量与位置	断面间距	附　注
1	路基面沉降监测	监测桩	3 个/断面,两侧路肩、线路中心	≤50m	地势平坦、地基条件良好地段或高度小于 5m 路堤地段可 100m
2	地基沉降监测	沉降板	1 个/断面,路基基底线路中心	≤50m	当地基面横坡大于1∶5 时,视地层情况适当增加监测点数量
3	全断面沉降监测	剖面沉降管	1 个/断面,路基基底	代表性断面	布置剖面沉降管的断面,可不布置沉降板

4. 路堤堆载预压地段

在路堤填筑到基床底层顶面后,可按如图 2-5-2 所示,布设预压期临时监测元器件,基床底层顶面两侧设监测桩,监测堆载预压期间路基沉降。待预压土卸除、基床表层填筑后,在路基面两侧及线路中心设置长期监测桩,并将临时监测桩高程数据转换至长期监测桩。

5. 土质路堑地段

土质路堑(含基岩全风化层)一般地段只设路基面沉降监测桩(图 2-5-3),2～3 个/断面,断面间距一般不大于 50m,地势平坦、地基条件均匀良好地段间距 100m。

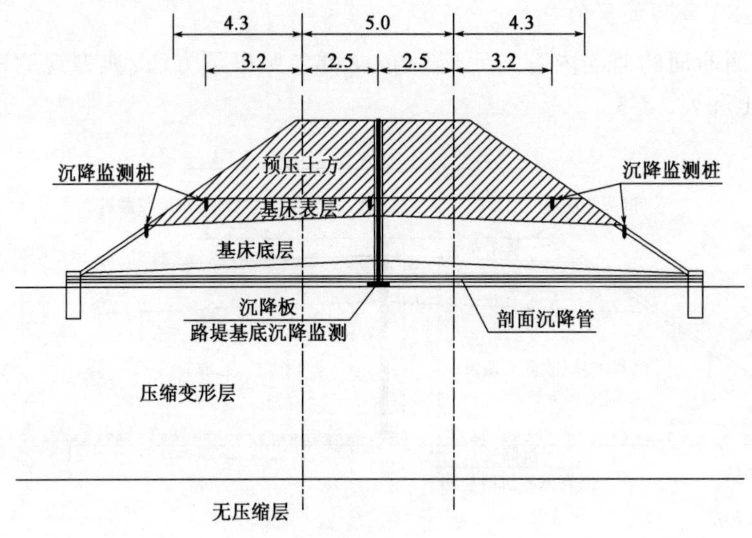

图 2-5-2　堆载预压地段沉降监测断面元器件布置示意图(尺寸单位:m)

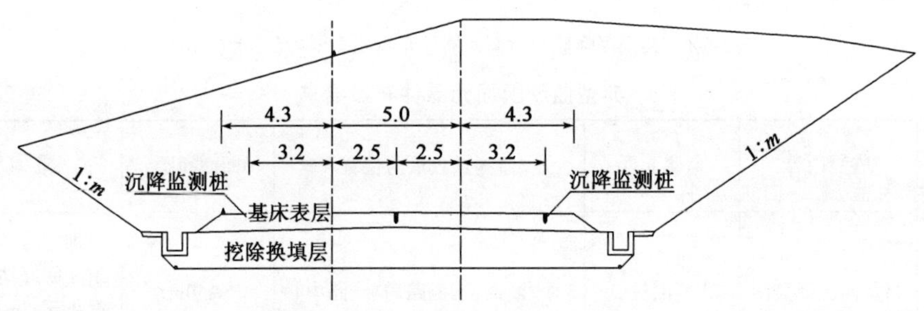

图 2-5-3　路堑地段沉降监测断面元器件布置示意图(尺寸单位:m)

6. 对路涵过渡段

一般在横向结构物两侧过渡段内按照上述相应要求各布置一个横向监测断面,同时要在横向结构物顶面沿线路方向斜向对角线布置剖面沉降管,以便监测路涵过渡段的纵向沉降差异(图 2-5-4、图 2-5-5)。

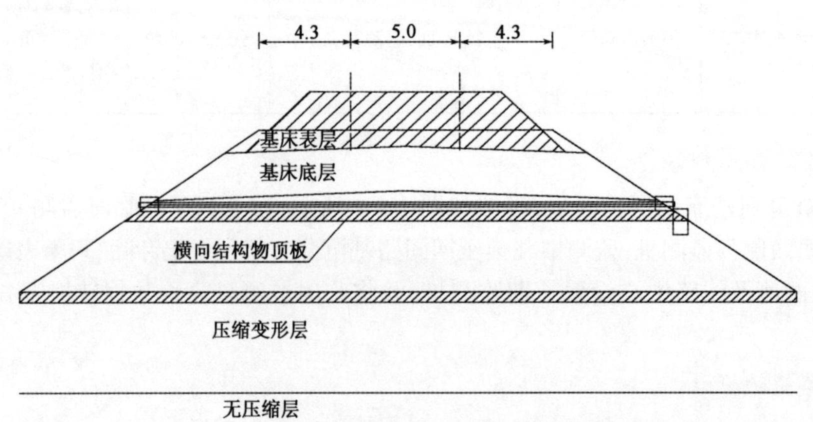

图 2-5-4　路涵过渡段监测剖面元件布置示意图

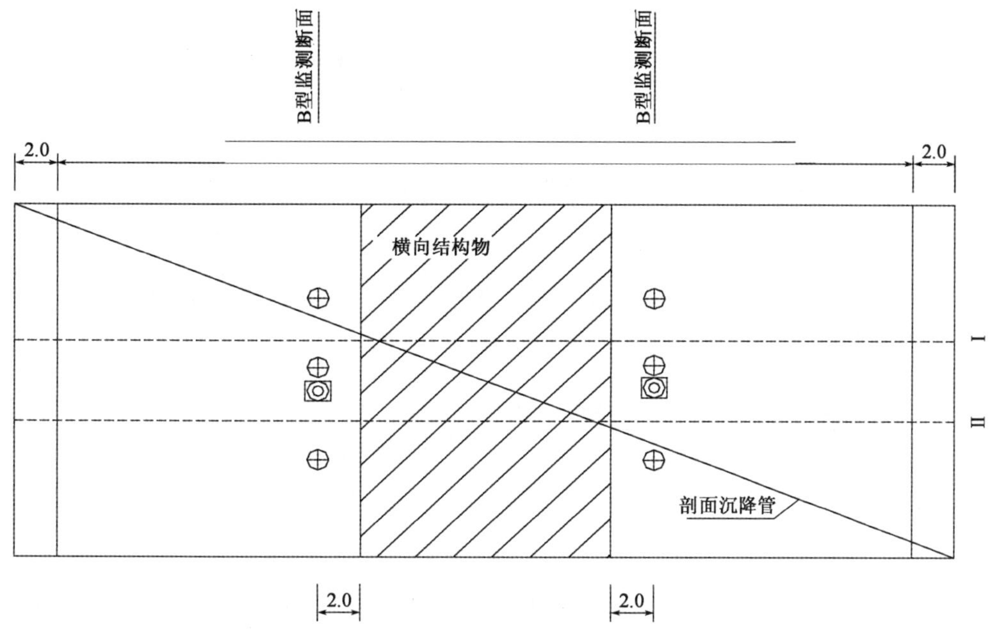

图 2-5-5 过渡段沉降监测断面元器件布置示意图(尺寸单位:m)

7. 特殊监测断面元器件

对于有特殊研究目的的工点或路堤高度较高、软土深厚地基沉降控制困难的地段,可根据具体研究内容及工点具体情况,进行有针对性的监测元器件布设,一般可参照图 2-5-6 做法。

二、测仪器与元器件

1. 沉降监测仪器与元器件

(1)沉降板

沉降板(图 2-5-7)由钢板或钢筋混凝土板、测杆和保护套管组成,底板尺寸一般为 50cm × 50cm × 3cm,测杆常用 ϕ40 钢管,与底板固定在垂直位置上,保护套管采用塑料套管,套管尺寸以能套住测杆并使标尺能进入为宜,随填土的增高,测杆和套管相应加高,每节不宜超过 50cm。接管时应分别测出接管前高程和接管后高程,以推导出接管长度。

(2)横剖面沉降管

横剖面沉降管主要用于监测路堤基底连续的沉降变形。

横剖面沉降测量采用滑动式横剖仪(图 2-5-8),仪器组成与原理同滑动式测斜仪)或滑动式剖面沉降测试压力计。测量时,先做好仪器的率定工作,在孔口水平处设置水平点,使仪器在孔口处调零。一端缓慢地拉钢丝绳,另一端缓慢地放电缆,使测头在管道内行走平稳。拉绳放线二者动作要协调,最好配对讲机联络。

每测量一次,在管道的两个出口处都需测一次水平高程。

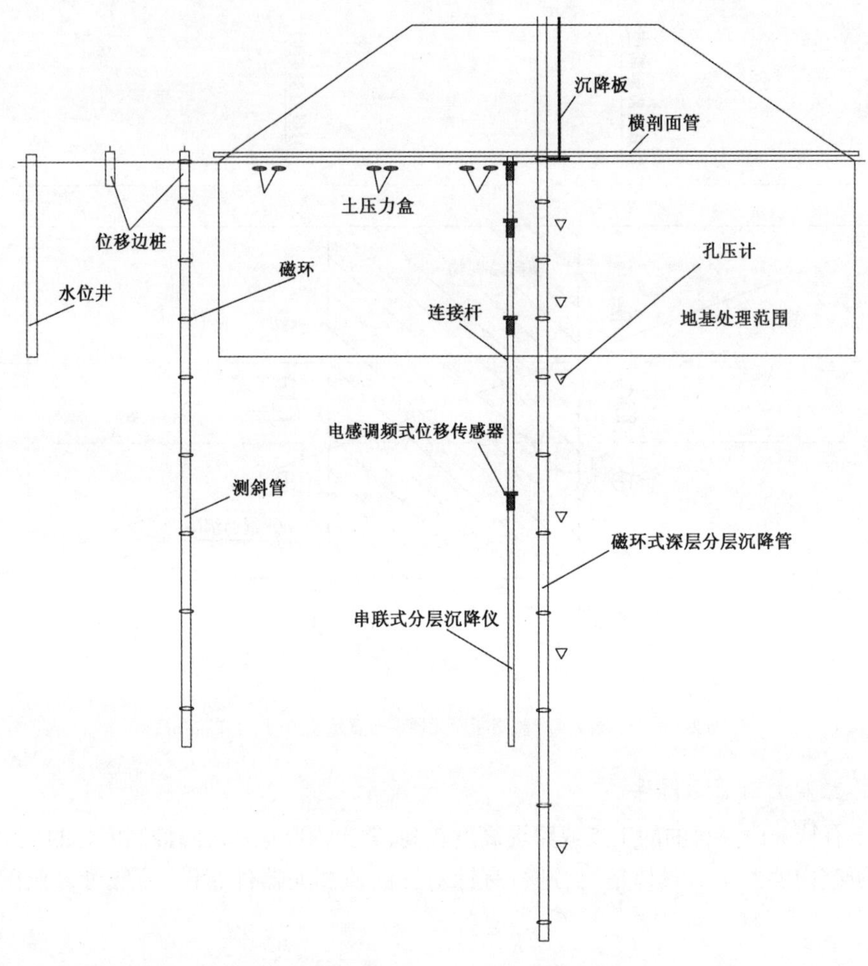

图 2-5-6　特殊监测断面元器件布置示意图

图 2-5-7　焊制好的沉降板

图 2-5-8　滑动式横剖仪

(3)单、多点沉降计

①组成及原理

单、多点沉降计由测头、测杆、锚头组成，如图 2-5-9 所示。由测杆把测头和锚头连接起来，锚头埋设于土体内，当发生沉降或者隆起时，锚头随土体发生位移，从而带动测杆移动，测杆拉伸传感器，表现为电子信号的变化，实现了沉降的监测。传感器为电位计式，测量精度高，性能稳定，不受温度影响，且在使用期间不会影响地表以上施工、不破坏上部结构物完整、可根据施工进程实现24h实时监控。

a)

b)

图2-5-9　单、多点分层沉降计

②测试

a. 单、多点沉降计埋设完成后，将电缆插头与测试仪连接好，进行测试；

b. 打开测试仪，校对好时间、日期、测头编号；

c. 等待数据稳定后进行读数并记录；

d. 也可采用多通道数据采集系统进行数据的自动化采集和处理。

(4)分层沉降仪

①组成及原理

分层沉降仪如图2-5-10所示，由磁感式，由测头、测尺、信号指示器等部分组成。分层沉降仪主要工作部位是测头内的磁感传感器，当测头到达磁环位置时，传感器产生感应使得发声器发声，根据发声时测尺的标度就可以读取磁环所在的深度。

a)磁环式分层沉降管

b)分层沉降仪测头

图2-5-10　磁环式分层沉降仪

②测试

a. 使用前,检测仪器是否能正常工作。打开仪器,使测头通过磁环,仪器蜂鸣,说明仪器工作正常。

b. 取出探头,打开仪器电源开关,并将探头放入沉降管内。

c. 使探头匀速下降,当遇到磁环时,仪器连续发出“嘀嘀…”声表示测到磁环。

d. 提升探头,待“嘀…”声停止后,继续缓慢降下探头,当听到“嘀…”声后,立即停止探头下降,读取测尺在沉降管管口处的刻度值,并记录。以此方法测量全部磁环所在的深度。

e. 根据发声时测尺的读数,结合以前的测试数据我们可以算出磁环所在的位置的沉降情况。假如当前测试读数为 R,初始读数为 H,则沉降量为 $h = H - R$。

f. 重复测试,取平均值,整理并记录。

2. 水平位移监测

(1)地表水平位移监测桩

通过土体表面水平位移的监测,以确定土体深层侧向位移在地表的反映,监视土体滑动。

一般布设位移桩作为监测点。位移桩一般由木桩或混凝土桩制成。

边桩设置在路堤坡脚外侧 2 ~ 10m 范围内,按顺线路方向布置 1 ~ 2 排(如仅布置一排则应在距路堤坡脚外侧 2 ~ 4m 范围),桩与桩间距以 10 ~ 20m 为宜。

边桩的监测采用视准线监测法。监测时,在工作基点 A(或 B)上,架设经纬仪,后视工作点 B(或 A),设置准直线,测量各监测点相对于准直线的垂直偏移量。也可用经纬仪和测距仪直接监测点的坐标。

位移监测应用精度较高的经纬仪进行监测。

水平位移监测是控制填土加荷速率的重要手段之一,加荷速度过快,荷重接近地基当时的极限承载力,地基塑性变形增大,地基土发生较大的侧向挤出,水平位移明显增大,这是地基即将发生剪切破坏的前兆。因此,在加荷过程中,必须严格控制坡脚边桩水平位移量。水平位移速率接近或达到限定值时,应立即停止加荷。

(2)土体深层侧向位移测斜仪

①组成及原理

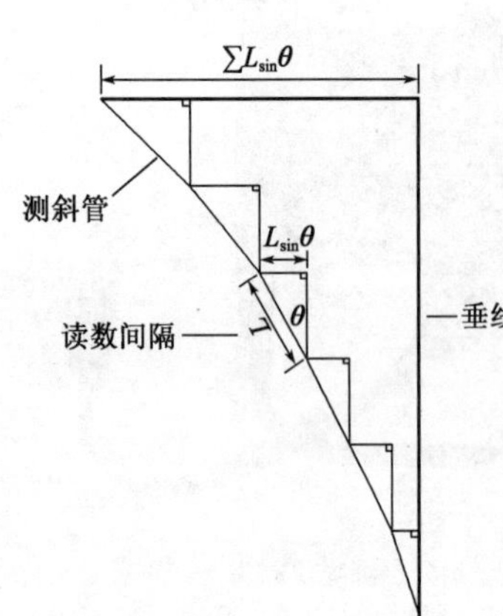

图 2-5-11　测斜原理图

通过监测土体深层侧向位移可以了解地基由于深层的侧向位移引起的沉降大小。监测土体深层侧向位移,通常采用滑动式测斜仪。整个水平位移监测系统主要由测斜管以及滑动式测斜仪组成。监测系统的工作原理如图 2-5-11 所示。

测斜仪主要有四部分组成,即测头、接收指示器、连接电缆和测斜导管。

其中电缆采用有距离标记的电缆线。用时在测头重力作用下不应有伸长现象;测斜导管的性能是影响精度的主要因素,要求导管的模量与土体的模量相近,又不会因土压力压扁导管,一般常采用塑料管。导管内导槽的成形精度是关键因素。

地基发生变形时,测斜管与土体一起发生位移,当测头在测斜管里滑动时,其倾斜角度也随之变化。则前一测点到该测点所产生的水平位移为 $L\sin\theta$,其中 L 为测试间隔(通常为0.5m)。依此类推(默认测斜管的基座埋设在硬层上,无位移),则整个测斜管的位移 Δ_n 为:

$$\Delta_n = \sum_{i=1}^{n} L_i \sin\theta_i \tag{2-5-1}$$

通过对同一测点不同时间段的测试数据进行比较,就可得出此时间段内该测点发生的位移。测斜管的尺寸一定要和测斜仪配套。

②测试

测试时,将测头的感应方向对准水平位移方向的导槽,放至导管的最底部,然后将电缆与接收指示器连接。指示器读数稳定后,提升电缆线至欲测的位置。一般从底部往上量测,间隔0.5m。将测头提升至导管口处,旋转180°,再按上述步骤进行量测,这样可消除测斜仪本身的固有误差。

以底部固定端或管口校正值为零点,将各区段位移量累积起来,得出水平位移曲线。为了了解水平位移随时间和荷载变化情况,应将相应的监测值绘于同一图上,以便分析水平位移的趋势。

如果使用自动存储式测试仪,与计算机连接,用后处理软件对数据进行处理,可直观看出实测管形图以及位移图。配合测试时间的选择,可查询对比任意一个时间段内测斜管的位移情况,用后处理软件使数据的整理更为简单方便、形象直观。

(3)土压力计

土压力计分弦式、应变式和硅压力式多种传感器。当土压力计的壳体因土压力而产生形变时,这个变化可以通过电路反映到测试仪上。

数据的采集可用便携式测试仪读取,也可用多通道数据采集仪进行巡回采集和自动化监测。

便携式测试仪读取的不是压力值,需要按式(2-5-2)进行计算才能得出所受压力。

$$P = (R - R_0) \cdot k \tag{2-5-2}$$

式中:P——压力;

R——测试仪当前读数;

R_0——初始读数;

k——土压力计率定系数。

由式(2-5-2)可计算出土压力计当前所承受的绝对压力值。再结合不同时间测量的压力值,就可以看出土压力计所在位置的土压力的具体变化。

(4)孔隙水压力计

孔隙水压力计主要由传感器、滤水石、压力传感系统以及传输电缆构成,传感器分为弦式、应变式和硅压力式。当孔隙水压变化时,水压经过滤水石到达传感器,传感器膜片感受到的压力随之变化,经过传感器最终反映为输出信号的变化,信号可用便携式测试仪接受,也可用多通道工程测试仪进行数据的自动化采集和处理。

孔隙水压力计埋设完成后,将电缆插头与测试仪连接好,进行测试;记录好时间、日期、测头编号,需要等待数据稳定后进行读数并记录;也可采用多通道数据采集系统进行数据的自动化采集和处理。

测试仪的显示值需要进一步的计算才能转换为压力值。测试仪的显示数值与膜片所受的压力成正比关系，其公式为：

$$P = (I - I_0) \cdot k \tag{2-5-3}$$

式中：P——压力；

I——测试仪当前读数；

I_0——初始读数；

k——孔隙水压力计率定系数。

由式(2-5-3)可计算出孔隙水压力计所在位置的孔隙水压力值。再结合不同时间测量的压力值，就可以看出压力计所在位置的孔隙水压力的消散情况，进而了解到土体的固结情况。

三、监测精度与频次

现场原位监测中最主要的工作内容是地基的沉降变形监测，沉降板、沉降监测桩，其监测精度可以采用容许的路基工后沉降控制值的 ±1/20。如高速铁路铺设无砟轨道，路基工后沉降控制值为 20mm，沉降监测精度可以采用 ±1mm。

横剖面沉降变形的监测精度可以采用 8mm/30m。地基分层沉降的监测精度，一般要求 ±1mm。

孔隙水压力、土压力的监测精度，一般要求 ±0.1kPa。

地基深层水平位移的监测精度，一般要求 ±0.02mm。

路基沉降监测的频次不低于表 2-5-4 的规定。其他项目的监测频次，可以根据试验研究的目的来确定。当环境条件发生变化或数据异常时，应加密监测频次。

路基沉降监测频次 表 2-5-4

监测阶段	监测频次	
路堤或预载土填筑期	一般	1 次/天
	沉降量突变	2～3 次/天
	两次填筑间隔时间较长	1 次/3 天
堆载预压或路基静置期	第 1 个月	1 次/周
	第 2、3 个月	1 次/2 周
	3 个月以后	1 次/月
轨道结构铺设后	第 1 个月	1 次/2 周
	第 2、3 个月	1 次/月
	3～12 个月	1 次/3 月

第四节　地基沉降评估

根据施工的进展情况，分阶段提出评估报告，可以很好地指导路基的动态设计与施工。

一、调整预压期

路基填筑(包括预压土)完成至铺轨为预压期,设计预压期可根据理论计算的沉降量、允许工后沉降量及允许第一年沉降速率确定。此时,应满足:

$$\begin{aligned} S_{计\infty} - S_{计预} &< S_{工后} \\ S_{(计预+1)} - S_{计预} &< S_{速率} \end{aligned} \tag{2-5-4}$$

式中:$S_{计\infty}$——理论计算最终沉降量;

$S_{计预}$——至设计预压期时的沉降量;

$S_{(计预+1)}$——至设计预压期一年后的沉降量;

$S_{工后}$——允许工后沉降量;

$S_{速率}$——允许工后第一年沉降速率。

施工时,根据工期安排,如实际预压期不能满足设计要求,可根据现场实测的沉降数据推算未来沉降,并据此调整预压土高度。调整预压土高度及预压土卸载时,应满足:

$$\begin{aligned} S_{推\infty} - S_{推预} &< S_{工后} \\ S_{(推预+1)} - S_{推预} &< S_{速率} \end{aligned} \tag{2-5-5}$$

式中:$S_{推\infty}$——由实测资料推算的最终沉降量;

$S_{推预}$——由实测资料推算至设计预压期时的沉降量;

$S_{(推预+1)}$——由实测资料推算至设计预压期一年后的沉降量。

二、基床底层顶面抬高值的确定

在填筑级配碎石前,可对全线路基进行沉降分析,并根据沉降预测结果,调整基床底层顶面抬高值。抬高值的调整依据可按公式(2-5-6)确定:

$$\Delta_1 = S_{验交} - S_1 \tag{2-5-6}$$

式中:Δ_1——基床底层顶面抬高值;

$S_{验交}$——由实测资料推算至验交时的沉降量;

S_1——由实测资料推算至设置基床底层顶面抬高值时的沉降量。

三、路基抬高值的确定

基床表层施工完和验交一般并不同时,为保证验交时路肩高程满足要求,可以设置路肩抬高值。抬高值的计算按式(2-5-7)进行:

$$\Delta_2 = S_{验交} - S_2 \tag{2-5-7}$$

式中:Δ_2——路肩抬高值;

$S_{验交}$——由实测资料推算至验交时的沉降量;

S_2——由实测资料推算至设置路肩抬高值时的沉降量。

基床底层顶面高程和路肩高程验收标准为一范围值,实际确定基床底层顶面和路肩抬高值时,应将验交标准与计算抬高值进行比较,当计算抬高值超出验交标准的允许范围时,方设置抬高。具体设置时,既要保证满足验交标准、路基工后沉降和沉降速率的要求,又要考虑施工因素,综合分析确定。

四、铺轨前路基评估

高速铁路验交标准较高,对基床底层、表层、路肩高程及道砟厚度等都有严格标准,对土质路基的工后沉降和沉降速率同样要求严格。

根据路基沉降预测结果可以确定铺轨后的路基工后沉降。工后沉降的评估应结合路基各监测断面以及相邻桥(涵)隧的沉降预测情况,从线路整体上进行评价。当预测的路基工后沉降值满足相应的沉降、沉降速率等标准时,方可进行上部轨道结构的铺设施工。

评估工作应根据下列资料综合分析:

(1)路基沉降监测资料。

(2)路基地段的线路设计纵断面图、工程地质纵横断面图、设计图纸和说明书、沉降计算报告(包括不同阶段的设计沉降值与时间的关系曲线)等相关设计资料。

(3)施工过程、施工核查以及填料、级配、地基和压实检验情况等施工资料。施工质量控制过程和抽检情况等监理资料。

根据德国高速铁路的建设经验,一般先根据实测观测数据作多种曲线回归分析,某种曲线作为预测曲线时,曲线回归的相关系数应不低于 0.92,所确定的沉降变形趋势才是稳定的;间隔不少于一定时间(一般 3 个月)的两次预测,其最终沉降的差值不大于 8mm 时,说明预测是可靠的。但要达到工后沉降的准确预测,还要求铺轨时间 t 应满足:

$$\frac{S(t)}{S_{(t=\infty)}} \geqslant 75\% \tag{2-5-8}$$

式中:$S(t)$ ——预测时的沉降监测值;

$S_{(t=\infty)}$ ——预测的最终沉降值(沉降和时间以路基填筑完成或堆载预压后为起始点)。

本篇参考文献

[1] ClausGobel, KlausLieberenz, FrankRichter. 铁路路基工程[M]. 北京:中国铁道出版社, 2007.

[2] Heath D L, Shenton M J, Sparrow R W, et al. DESIGN OF CONVENTIONAL RAIL TRACK FOUNDATIONS[J]. Institution of Civil Engineers Proceedings, 2015, 51(2):251-267.

[3] Li D, Selig E T. Resilient Modulus for Fine-Grained Subgrade Soils[J]. Journal of Geotechnical Engineering, 1994, 120(6):939-957.

[4] Skempton A W, Bjerrum L. A Contribution to the settlement analysis of foundations on clay[J]. Géotechnique,1957,7(4):168-178.

[5] 国家铁路局. 高速铁路设计规范:TB 10621—2014[S]. 北京:中国铁道出版社,2014.

[6] 陈善雄,等. 高速铁路沉降变形观测评估理论与实践[M]. 北京:中国铁道出版社,2010.

[7] 陈震. 高速铁路路基动力响应研究[D]. 武汉:中国科学院研究生院(武汉岩土力学研究所),2006.

[8] 崔令,窦远明. 人工神经网络在软土地基沉降预测中的应用[J]. 路基工程,2006(4):54-56.

[9] 冯震,许兆义,王连俊,等. 路基沉降的灰色理论预测及其应用[J]. 北京交通大学学报,2004, 28(4).

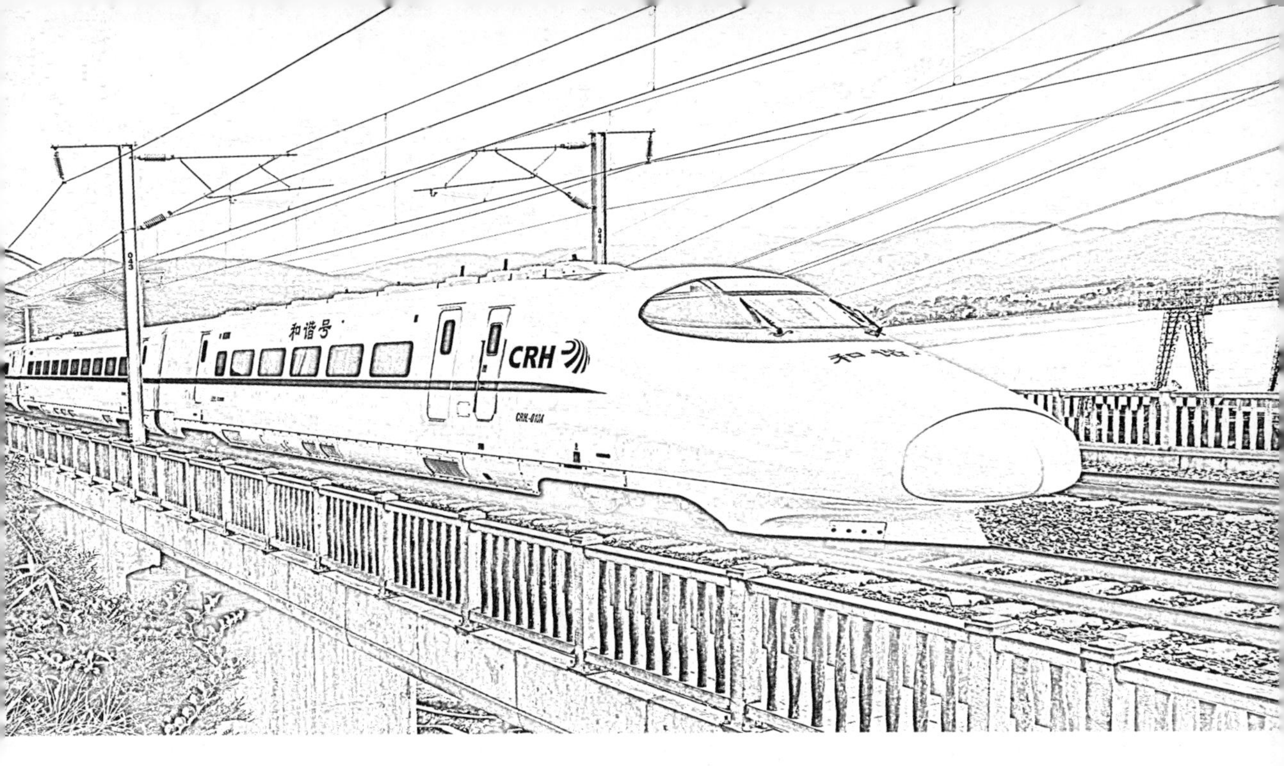

第三篇 桥梁工程

21世纪初是我国铁路建设发展的黄金机遇期,也是中国高速铁路桥梁建设的快速进步期。随着客运专线建设的全面推进,中国高速铁路桥梁建设取得了实质性进展。经过了这10多年来以引进消化吸收为主要战略的快速发展期,我国高速铁路桥梁建设取得了重大成就,具有自主知识产权的高速铁路桥梁技术标准体系基本形成,为继续推进国内高速铁路建设、服务“一带一路”和“高铁走出去”等国家战略提供了基础技术保障。

多年来,中国铁路一直在学习借鉴世界发达国家高速铁路建设技术和成功经验,在与铁路相关高校、科研院所、设计院、施工企业和建设单位等的共同努力下,探索和积累符合国情的高速铁路桥梁建设的技术标准,学习先进的设计技术、建造技术,在高速铁路桥梁设计、施工、科研以及建设管理等方面实现了重大跨越。

我国高速铁路大量线路基础设施采用桥梁结构,其中95%以上的桥梁均使用标准梁桥,已系统地设计了跨度24m、32m简支箱梁和主跨48~100m连续梁系列标准图,解决了我国高速铁路建设环境复杂、建设规模大、推进速度快、技术标准要求高等难题和对重大技术需求。在此基础上建成了世界最大跨度高速铁路悬索桥、斜拉桥、拱桥、连续梁等大跨度桥梁结构;建立了高速铁路列车荷载图式;系统地建立了高速铁路桥梁静力分析、刚度和强度控制、抗震性能、高速铁路车-线-桥系统动力学分析和设计方法;形成了包括勘测设计、施工技术、建造管理和运营维护的全过程技术标准体系。我国在高速铁路桥梁的建设中,积极研发更高强度等级钢材、应用新型空间结构、研制大跨重载桥梁专用装置、采用深水基础施工新工艺、注重技术标准建设等,确保了我国大跨度高速铁路桥上速度目标值与其他路段保持一致的良好性能。

新时期,面向我国高速铁路的建设从速度向质量、效益和运营维护等方面转变,高速铁路桥梁相关理论与实践还需进一步完善。结合高速铁路建设向祖国四面八方和海外发展,还需进一步研究特殊复杂建设和运营环境下的桥梁结构体系、设计、施工和运营管理技术;研究采用高性能混凝土、高强度钢材等优异材料,提高桥梁结构性能和耐久性;进一步整合高速铁路桥梁规范与接口专业规范的系统性和科学性,综合高速铁路桥梁与轨道、桥梁、路基、通信、信号、电力、牵引、供电、环保等专业技术的创新成果,在高速铁路的大系统中统筹考虑桥梁技术发展,协调设计、施工、运营、养护维修技术的系统推进;进一步适应大量运营高速铁路所需求的开展运营及养护维修技术研究,形成我国高速铁路桥梁运营养护维修的技术与管理体系。

第一章　中国高速铁路桥梁的技术概况

第一节　高速铁路桥梁特点

我国高速铁路技术的研究始于20世纪80年代。随着国家“八五”“九五”有关高速铁路成套技术系统研究的不断深入和大量科研成果的取得，原铁道部组织有关单位，在充分借鉴国外成熟经验的基础上，相继编制了“时速200km、250km、350km新建铁路线桥隧设计暂行规定”，并于1999年开工兴建我国第一条设计速度为200km/h以上客运专线——秦沈客运专线，秦沈客运专线于2002年正式开通运营。截至2016年年底，中国高铁总里程22000km，占世界总高铁里程的60%，位居全球第一，形成了“四纵四横”的高速铁路网。桥梁是高速铁路土建工程的重要组成部分，与普通铁路桥梁相比，在数量、设计理念及方法、耐久性要求、养护维修等诸多方面都存在较大差异。

（1）桥梁比例大、长桥多

高速铁路对线路的平纵断面和坡度要求很高，同时考虑铁路限界、节约土地等因素，因此高速铁路中桥梁所占比例较普通铁路有很大提高（表3-1-1）。

桥 梁 占 比　　表3-1-1

线 路 名 称	正线长度(km)	桥梁总延长(km)	桥梁所占线路比例(%)
石太客专	189.93	39.2	20.6
京津城际	115.2	100.2	87.7
合宁铁路	187.07	31.25	16.7
郑西客专	486.9	283.5	58.0
武广客专	968.2	465.24	48.1
京沪高速	1318	1060.9	80.5
甬台温铁路	282.4	91.4	32.4
温福铁路	298.4	77.1	25.8
合武客专	359.4	115.9	32.2
福厦铁路	274.9	84.8	30.8
广深港	104.4	59.2	56.7
广珠城际	142.3	134.1	94.2
厦深客专	502.4	204.16	40.6
胶济四线	169.91	30.93	40.6

续上表

线路名称	正线长度(km)	桥梁总延长(km)	桥梁所占线路比例(%)
哈大客专	903.9	663.3	73.7
海南东环	308.11	102.95	33.4
长吉城际	96.26	30.3	31.5
昌九城际	91.58	31.96	34.9
宝兰高铁	400.64	101.6	25.3
兰新高铁	1775.67	414.2	23.3
西成高铁	508.77	174.1	34.2
成贵高铁	632.6	151	29.7

(2)桥梁的刚度大

随着运行速度的提高,为确保列车的运营安全和乘坐舒适,对线路的平顺性、稳定性要求很高,因此高速铁路桥梁应有足够的抗弯和抗扭刚度,桥梁墩台应有足够的纵横向刚度,以保证桥上无缝线路的稳定,桥梁上部结构的长期变形及下部结构的沉降应满足轨道调整的要求等。我国现行的《高速铁路设计规范》(TB 10621—2014)对于大于80m的多跨梁,梁体竖向挠跨比应不大于1/1000。

(3)高架桥为主

高速铁路桥梁可分为高架桥、谷架桥和特殊结构桥梁。一般均选择刚度大的结构,如简支梁、连续梁、钢构、拱结构等,截面形式多为双线整孔箱形截面;较小跨度也可采用多片T形梁及板梁等,并以预应力混凝土梁为主;钢-混结合梁及小跨度钢筋混凝土结构也常有使用。我国新建客运专线和高速铁路桥梁中90%以上为预应力混凝土简支箱梁结构,采用现场预制、架桥机架设的施工方法。最长的高架桥为京沪高速铁路丹阳至昆山段特大铁路桥,全长164.851km,是目前世界第一长桥,如图3-1-1所示。

图3-1-1 京沪高速铁路丹阳至昆山段特大铁路桥

(4)全面采用无砟轨道是高速铁路发展趋势

高速铁路采用无砟轨道后具有以下优点:

①弹性均匀、轨道稳定、乘坐舒适度进一步改善。

②养护维修工作量明显减少。

③线路平、纵断面参数限制放宽,曲线半径减小,坡度增大。

④避免了高速行车时有砟线路的道砟飞溅。对于桥梁还可以有效减少二期恒载、降低建筑高度,因此无砟轨道是高速铁路的发展方向。

截至2003年,日本铺设无砟轨道已超过2700km,德国已超过600km。我国新建客运专线中设计时速300km及以上的线路全部采用无砟轨道,设计时速250km客运专线也部分采用无砟轨道。图3-1-2为大西客专桥上无砟轨道施工照片。

a)成型图

b)施工图

图3-1-2　大西客专无砟轨道

第二节　中国高速铁路桥梁的建设理念

一、保证高速条件下的安全与舒适

高速铁路桥梁与普通铁路桥梁的显著区别在于列车运行速度,确保设计速度目标值条件下的安全与舒适性,是高速铁路桥梁建设的关键之一,涉及动力响应、桥梁结构非弹性变形、稳定频率和路桥刚度过渡、大跨度桥梁低频振动、桥面构造以及高速铁路线形要求等方面。

(1)动力响应问题是高速铁路桥梁设计的关键。高速列车在桥梁上运行时,列车与桥梁之间的互动影响明显,在结构设计中除满足常规桥梁的静力强度、刚度要求外,对结构的动力特性必须高度重视。梁跨结构必须具有足够的刚度和自振频率,宜采用箱梁等刚度大、动力性能好的结构形式。

(2)控制桥梁结构非弹性变形对轨道持续稳定性和平顺性的影响。高速铁路桥梁结构在与跨区间无缝轨道的相互作用以及在各种荷载工况下的变形,会直接导致桥上轨道结构的变形,影响高速列车运行的安全性和乘坐的舒适性。必须对梁轨作用的位移差值、桥墩台的水平刚度、基础的沉降变形、梁体挠度、梁端转角、预应力混凝土梁体的弹性变形及后期收缩徐变变形进行控制,使线路轨道平顺性保持在允许的范围内。

(3)保持良好的线路动力性能。由于线路、水文、地质、立交等要求,高速铁路的长桥较多,有的长达数十千米,甚至上百千米,列车匀速行驶所引起的等跨简支长桥与列车达到某一稳定频率的问题需引起关注,并应避免对列车行驶造成不利影响。路基填土相对于桥梁结构具有可压缩性,提供的竖向刚度也比桥梁弱。为了保证高速行车的安全性和舒适性,必须重视路桥刚度过渡问题,做好刚度过渡措施,减少路基、桥梁交变地段竖向刚度突变对高速行车的影响。

(4)研究大跨度桥梁低频振动影响。在大跨度桥梁设计中,除常规动力学问题外,还需对高速行车条件下的低频振动问题进行专题研究与分析,把握其对行车以及对结构自身的影响。

(5)合理设计桥面构造系统。高速铁路桥梁的桥面除布置轨道系统外,还设置电力、电气化、通信、信号、声屏障等相关设施。桥面在施工期间有施工运载机具通过,在运营阶段不仅行驶高速列车,还有机械化养护维修设施通过。列车在高速行车时产生的风吸附作用,也将对桥面设施产生影响,进而影响高速行车安全。要重视桥面构造系统研究,综合考虑各种因素,合理布置桥面形式。

(6)优化高速列车的运行条件。高速铁路的平面曲线半径大,不能按照传统桥梁的概念控制线路走向,除个别特大桥外,大多数桥梁的桥位受线形控制,需采用技术措施,以实现高速运行为前提。对于技术复杂、具有控制性要求的个别特大桥的桥梁设计,要在充分研究水文、地质、河道、航道及道路设施的通行条件等因素的基础上进行综合比选,采用有利于缩短行车时间、技术经济条件好的方案,并结合施工条件,选择合理的桥式结构、桥跨布置、墩台基础形式。

二、注重环境与景观的适应

高速铁路桥梁建设,必须充分研究建设地区的环境因素,预判环境对桥梁的影响,解决不同自然环境条件下的基础设计、结构选型、环境相融性、构造措施等问题。

(1)注重节约用地。建造高架桥梁与修建路基相比,能够少占良田,节约土地资源。我国高速铁路多位于东、中部地区,该地区人口稠密、道路纵横交错,采用高架桥能更好地适应城市的规划与发展,方便沿线两侧居民的出行。

(2)减少噪声影响。列车高速运行时,轮轨碰撞、列车受电弓与接触网摩擦、列车与空气摩擦、结构物自身振动都会产生很大噪声,需采取有效措施,重视减隔振设计,尽量减少噪声影响。目前桥梁支座普遍采用橡胶支座,轨道采用弹性橡胶垫来减振消振、降低噪声,减少对环境的影响。穿越城镇或居民区的桥梁,在桥面外侧设置声屏障等措施。在建设与运营各阶段,要严格控制对水体、土壤、大气的污染,减少对生态的破坏。

例如在建设深茂高速铁路时,途径江门新会区天马村,有一块约1万m^2的小岛,一棵大榕树历经400余年繁衍,覆盖全岛,独木成林,周围被清澈的天马河环绕。岛及周围湿地已形成以鹭鸟为主,兼有20多种国家二级保护鸟类的栖息地,可谓世界一大奇观。该地是1933年著名作家巴金游览和写出散文名篇《鸟的天堂》的地方。据环保部门测评,小鸟天堂白天的自然声级为49.1dB,而高速铁路声级在距线路中心25m以及轨面以上3.5m处,运行速度200km/h为76.5dB,运行速度250km/h为80.5dB。为了减少高速铁路运行对环境的影响,研究人员从在桥上使用全封闭声屏障选型与结构设计、高韧性ECC混凝土、结构气动力选型和声屏障降噪效果实验等多个方面入手,通过计算机模拟、动力学试验及实测等手段,最终推荐了金属吸声板与改性ECC混凝土两种材料,构成3段圆弧状外形的拱形全封闭声屏障,对小鸟天堂核心区的声级仅增加0.2dB,几乎可以忽略不计,如图3-1-3所示。

(3)重视耐久性。优先采用预应力混凝土结构,根据我国高速铁路成网运输、维修天窗时间短的国情,按照环境类别或环境作用等级,进行桥梁的耐久性设计、施工,建造出少维护易维修的耐久性工程。

(4)塑造桥梁景观。高速铁路桥梁尤其是穿越优美自然景区、经过城市范围的桥梁,作为永久性工程和标志性建筑,必将融入所经地区人们的生活,给环境带来影响和变化。

桥梁在发挥交通设施主要功能的前提下，还要体现出与环境和谐统一的美学特性，形成与环境相协调的桥梁景观。在实用、安全、经济的原则下，更加突出美学要求，塑造出体现时代特征、新颖美观的桥梁建筑造型。

a）外形图

b）内部结构

图 3-1-3　高速铁路拱形全封闭声屏障

三、注重服务运输与综合效益

路网资源不足、运输能力短缺是制约中国铁路运输的主要问题，必须加快客运专线建设速度，尽早实现客、货分线，大幅提升铁路运输能力。缩短高速铁路桥梁设计和施工周期是加快铁路建设的关键所在。

（1）优化建设工期。为保证建设工期能够控制在较短的周期内，对于个别控制全线工期、技术复杂的特大桥，如京沪高速铁路南京大胜关特大桥、武广客运专线天兴洲公铁两用斜拉桥等，均采用单独立项、先期开工的方式解决工期问题，既保证了桥梁工程的合理周期，又加快了全线的建设速度。银西高速铁路银吴客专段，通过快速施工关键技术攻关，优化银川机场黄河特大桥、银川南特大桥等控制性工程工期，对 13 孔 56m 简支梁优化节段预制拼装为支架现浇，对 1～128m 简支系杆拱桥优化为墩梁同步、先梁后拱施工方案，对 3×168m 连续钢桁柔性拱桥优化为梁拱同步悬臂拼装方案，缩短施工工期，产生了巨大的综合效益。

（2）工业化施工组织。高速铁路的桥梁所占线路比重很大，有的高达正线总长的 80% 以上，大多是标准跨度的简支梁长桥，数量巨大，有利于工厂化制梁；采用架桥机组织快速铺架，有利于加快桥梁建设速度。

（3）集成专业技术。为满足少维护易维修的需求，优先采用耐久性预应力混凝土结构。要重视接口设计，协调桥梁与轨道、接触网、通信、信号、电力电缆线、综合接地等各专业之间的接口关系，综合考虑专业之间的系统集成技术，满足养护维修作业需要。

第三节　中国高速铁路桥梁关键技术

一、车桥线动力响应仿真技术

列车通过桥梁时将引起桥梁结构的振动，而桥梁的振动又反过来影响车辆的振动，这种相互作用、相互影响的问题就是车辆与桥梁之间振动耦合的问题。为保证列车高速、舒适、安全的行驶，高速铁路桥梁必须具有足够大的刚度和良好的整体性，以防止桥梁出现较大挠度和振幅。我国从 20 世纪 80 年代初就开始进行车-线-动力相互作用理论和应用研究，建立和发展了多种分析模型，制定了相应的评定标准。在原铁道部组织的桥梁动力性能综合试验中，试验车创造了 300km/h 以上的运行速度纪录，验证了我国车-线-桥动力仿真分析方法的有效性和评定标准的可信性。通过多年科研攻关和工程实践，掌握了高速铁路车-线-桥动力响应作用机理，图 3-1-4 为动力分析中考虑车体的 6 个空间自由度，图 3-1-5 为高速列车-轨道-桥梁动态相互作用模型。

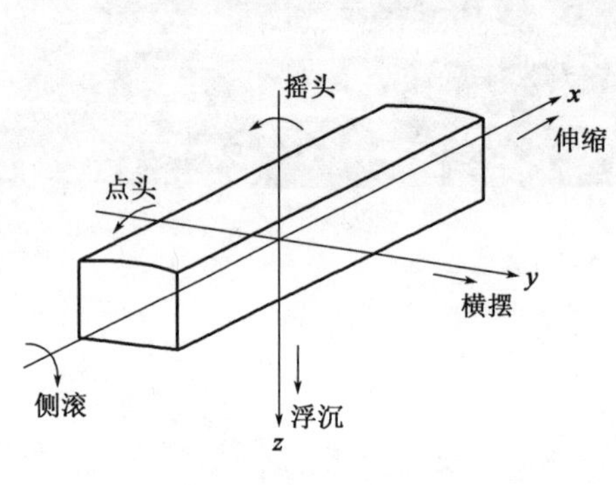

图 3-1-4　高速列车的振动空间自由度

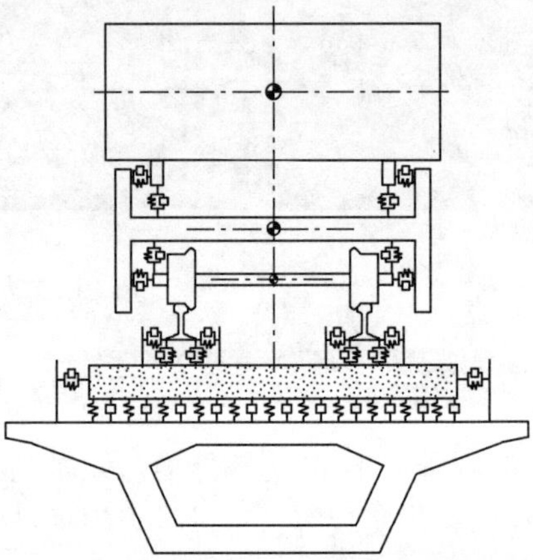

图 3-1-5　高速列车-轨道-桥梁动态相互作用模型断面图

二、无缝线路桥梁设计建造技术

桥上无缝线路钢轨受力与路基上钢轨受力不同，桥梁自身变形和位移将使桥上钢轨承受额外的附加应力。为了保证桥上行车安全，设计应考虑梁轨共同作用引起的钢轨附加力，并采取措施将其限制在安全范围内。钢轨附加应力包括制动力、伸缩力和挠曲力。经过多年的专题研究，目前我国已系统建立了无缝线路梁-轨作用的力学模型，通过相应的模型试验和实桥测试验证了分析模型和理论的可靠性，制定了相应的技术控制指标。

三、无砟轨道桥梁设计建造技术

在无砟轨道桥梁设计中为了追求构造简洁、美观，力求标准化、便于施工架设和养护维修，确保其具有足够的耐久性和良好的动力性能，关键在于解决梁体的刚度和变形控制技术。通过对梁体的竖向挠度、水平挠度、扭转角、竖向自振频率等主要技术参数的研究，以及对预应力混凝土梁徐变上拱的控制研究，使桥梁结构能够满足无砟轨道铺设条件。目前我国已基本掌握了高速铁路无砟轨道桥梁的设计建造技术。

四、大跨度桥梁设计建造技术

高速铁路桥梁通常宜采用小跨。但由于跨越大江、大河和深谷的需要，高速铁路大跨度桥梁的修建也不可避免，而我国高速铁路大跨度桥上速度目标值与其他路段保持一致，这也增加了大跨度桥梁的设计建造难度。主要设计建造技术包括：采用更高强度等级钢材、应用新型空间结构、研制大跨重载桥梁专用装置、采用深水基础施工新工艺等(图3-1-6、图3-1-7)。

图3-1-6　京广客运专线武汉天兴洲大桥成桥照片

图3-1-7　京沪高速铁路南京大胜关长江大桥

五、高架长桥快速施工技术

正在建设的高速铁路桥梁长度占线路长度的比例远远大于普通铁路,并出现了一些长度大于10km、甚至达到上百千米的特长高架桥。标准跨度简支梁一般采用在沿线现场预制梁厂集中预制箱梁,并以配套运架设备逐孔架设的施工方法(图3-1-8),特殊跨度的连续梁采用现场浇筑的施工方法。通过工程实践,形成了一系列成熟的标准制、运、架梁工艺及相应装备,高质量、高速度地实现了特长桥梁的建造。

图3-1-8　京津城际架桥机施工技术

六、车站桥梁设计建造技术

集铁路、地铁、地面交通为一体的大型综合交通客站从桥梁角度来说有两种类型,为房内设桥和桥上设房。北京南站、上海虹桥站采用房内设桥方式,要综合考虑各种因素,重点解决温度应力缝设置、结构综合受力分析以及合理控制工程量等问题;新武汉站(图3-1-9)、新广州站采用桥上设房的“桥建合一”方式,桥梁承载了巨大的站房荷载,且多以集中荷载的方式作用于桥上,桥梁结构设计极其复杂,其关键是要上下结合巧妙布置,使站房的力尽快传于桥墩上,并合理控制桥梁桥墩变形对站房结构的影响。

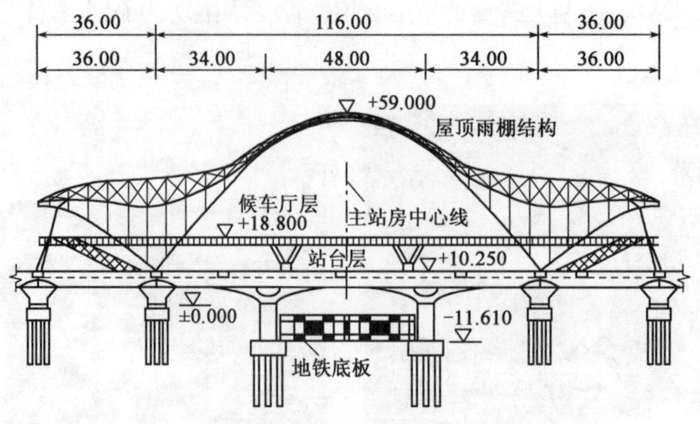

图 3-1-9　新武汉站结构剖面图(尺寸单位:m)

七、岔区桥梁结构设计建造技术

道岔构造复杂,其岔心结构是薄弱环节,岔前岔后温度力不均衡,对变形要求严格,跨区间无缝线路道岔更为复杂。在高架车站咽喉区,为确保道岔平面几何尺寸控制在允许的变形范围内,应将一副道岔全部铺设于一联连续梁结构上,其岔尖、岔根距连续梁端缝均有一定的距离要求。

大型高架车站咽喉区道岔很多,有的多达数十副,难以将道岔群完全置于一个整体结构之上,需由若干不同类型的梁体结构共同支撑。在梁体接缝处将出现纵向、横向、竖向变位和水平面、竖立面转动变位。这些变位对钢轨和道岔的受力和行车安全性、舒适性都有影响,高速行车时,这个问题更为突出。因此,解决好道岔区桥梁三维变形控制难题,确保道岔和钢轨变形控制在允许的范围之内是道岔区桥梁设计的关键技术(图 3-1-10)。

图 3-1-10　广州高铁站道岔区桥梁

八、900t 级整孔简支梁制造运输架设技术

为解决 32m 整孔预制箱梁的运架施工问题,国内自主研制了多种形式的 450t 级提梁机、900t 级架桥机、900t 级运梁车、900t 级移动模架造桥机等,从建场、制梁、移运、架设等方面摸索出整套制梁技术,目前已有 95 台套在各线投入使用,安全架梁近 3 万孔,具有较

好的施工效率、安全性与可靠性，为今后客运专线建设积累了宝贵的经验（图 3-1-11、图 3-1-12）。

图 3-1-11　TY900 轮胎式运梁车

图 3-1-12　TJ900 导梁式定点起吊架桥机

九、桥梁基础沉降控制技术

在地层为软土、松软土地段，沉降是桥梁基础设计的主控因素，对工程投资影响巨大。通过对大量实测数据进行沉降曲线与沉降趋势的分析比较，提出桥梁群桩基础沉降计算采用“剪切变形传递法”及“分层总合法”；桥梁明挖基础及涵洞基底不处理基础沉降计算采用“规范法”（分层总和法）；基底为换填或旋喷桩处理的涵洞基础沉降计算则采用“复合模量法”（EC 法）与“分层总和法”相结合的方法。目前，我国基本掌握了高速铁路桥梁基础沉降控制技术。

十、高速铁路桥梁支座应用技术

桥梁支座是连接桥梁上部结构和下部结构的重要组成部件。随着材料和加工技术的进步，目前我国桥梁支座已经形成了多种材料系列化定型产品，同时也形成了系列化设计、加工、安装、养护维修方面的技术规程。为满足高速铁路桥梁更高的刚度需求、适应某些区域沉降地区特点、预留建成后沉降的调整条件，我国已研发了满足调高需求的可调高盆式橡胶支座。

十一、高性能混凝土材料应用技术

结合我国环境特点和材料、工艺、装备水平，高速铁路桥梁工程多采用高性能混凝土。高性能混凝土是选用优质原材料，掺加矿物细掺料和高效外加剂，采用现代技术制作的混凝土，具有低水胶比配制特点，能满足结构耐久性、体积稳定性等要求。目前我国已初步掌握高性能混凝土工作机理、材料控制标准、工艺等主要技术，系统制定了设计、施工、验收规范规程。

第二章　高速铁路桥梁技术标准

第一节　设 计 荷 载

一、设计荷载分类

我国高速铁路桥梁根据结构设计的特性和检算内容,按表3-2-1所列荷载的最不利组合进行设计。

荷载分类及组合　　表3-2-1

荷载分类		荷　　载
主力	恒载	结构构件及附属设备自重; 预加应力; 混凝土收缩和徐变的影响; 土压力; 静水压力及水浮力; 基础变位的影响
	活载	列车竖向静活载; 公路竖向静活载; 列车竖向动力作用; 长钢轨伸缩力、挠曲力; 离心力; 横向摇摆力; 列车活载所产生的土压力; 人行道及人行荷载; 气动力
附加力		制动力或牵引力; 风力; 流水压力; 冰压力; 温度变化的影响; 冻胀力

续上表

荷载分类	荷　　载
特殊荷载	列车脱轨荷载； 船只或排筏的撞击力； 汽车撞击力； 施工荷载； 地震力； 长钢轨断轨力

在荷载组合时，尚需考虑以下几种情况：

(1)当杆件主要承受某种附加力时，该附加力应按主力考虑。

(2)长钢轨伸缩力、挠曲力、断轨力及其与制动力或牵引力等的组合应符合《铁路无缝线路设计规范》(TB 10015—2012)的规定；CRTSⅡ型板式无砟轨道作用力应根据实际情况另行研究。

(3)流水压力不宜与冰压力组合。

(4)当考虑列车脱轨荷载、船只或排筏的撞击力、汽车撞击力以及长钢轨断轨力时，应只计算其中的一种荷载与主力组合，且不应与其他附加力组合。

(5)地震力与其他荷载的组合应符合《铁路工程抗震设计规范》(GB 50111—2006)的规定。

二、设计活载标准

1. 标准活载

为了适应中国高速铁路的发展，在研究中国高速铁路运营速度、编组特征等因素的基础上，通过对比分析，选择基于国际铁路联盟 UIC(International Union of Railways)活载图式。由于 UIC 图式是为适应欧洲各国活载图式而定，因此可以分级使用，而且它不仅可以在整个图式基础上等比例分级，还可以根据需要对集中荷载和均布荷载分别确定提高或降低系数。所以，采用中间 4 个集中荷载、两边对称均布荷载的 UIC 图式比较适合我国国情。当前，中国高速铁路桥梁设计的 ZK 设计活载相当于 0. 8UIC 荷载，设计活载图式如图 3-2-1、图 3-2-2 所示。

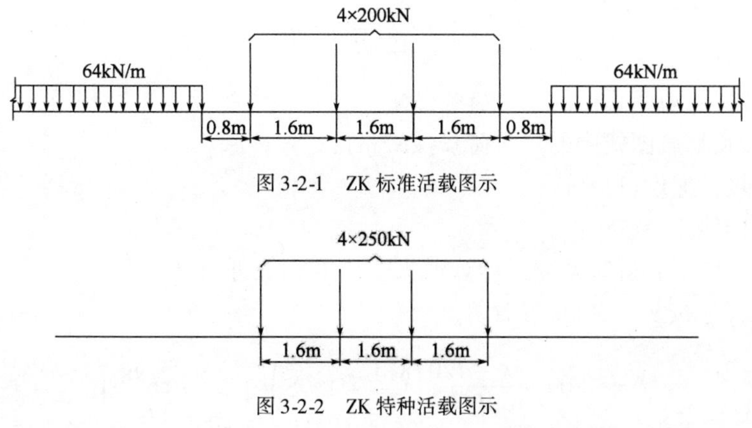

图 3-2-1　ZK 标准活载图示

图 3-2-2　ZK 特种活载图示

列车竖向静活载计算时,还应符合下列规定:

(1)单线或双线的桥梁结构,各线均应计入 ZK 活载作用。

(2)多于两线的桥梁结构应按以下最不利情况考虑:按两条线路在最不利位置承受 ZK 活载,其余线路不承受列车活载;所有线路在最不利位置承受 75% 的 ZK 活载。

(3)设计加载时,活载图式可任意截取。对多符号影响线,可在同符号影响线各区段进行加载,异符号影响线区段长度不大于 15m 时可不加活载;符号影响线区段长度大于 15m 时,可按空车静活载 10kN/m 加载。

(4)用空车检算桥梁各部分构件时,竖向静活载应按 10kN/m 计算。

2. 冲击系数

桥涵结构的计算应考虑列车竖向活载动力作用,可按竖向静活载乘以动力系数($1+\mu$)确定。实体墩台、基础、土压力计算可不考虑动力作用。

桥梁结构动力系数应按式(3-2-1)计算,且不应小于 1.0。

$$1+\mu = 1+\left(\frac{1.44}{\sqrt{L_{\varphi}-0.2}}-0.18\right) \tag{3-2-1}$$

式中:L_{φ}——加载长度(m)。加载长度小于 3.61m 时,应取 3.61m。简支梁应取梁的跨度;连续梁可按平均跨度乘以跨度调整系数确定(表 3-2-2),且不应小于最大跨度。

连续梁跨度调整系数 表 3-2-2

跨数	2	3	4	≥5
跨度调整系数	1.2	1.3	1.4	1.5

3. 离心力和横向摇摆力

曲线桥应考虑列车竖向静活载产生的离心力作用,离心力按水平向外作用于轨顶以上1.8m处。离心力应按式(3-2-2)、式(3-2-3)计算。

集中活载 N:

$$F_{\mathrm{N}} = \frac{v^2}{127R}(f \cdot N) \tag{3-2-2}$$

分布活载 q:

$$F_{\mathrm{q}} = \frac{v^2}{127R}(f \cdot q) \tag{3-2-3}$$

式中:N——ZK 活载图式中的集中荷载(kN);

q——ZK 活载图式中的分布荷载(kN/m);

v——设计速度(km/h);

R——曲线半径(m);

f——竖向活载折减系数。计算值大于 1.0 时,f 取 1.0;当设计速度 $v>250$km/h 时,f 按 $v=250$km/h 计算。

$$f = 1.00-\frac{v-120}{1000}\left(\frac{814}{v}+1.75\right)\left(1-\sqrt{\frac{2.88}{L}}\right) \tag{3-2-4}$$

式中：L——桥上曲线部分荷载长度（m），当 $L>150\text{m}$ 时，f 按 $L=150\text{m}$ 计算。

当设计速度大于 120km/h 时，离心力和竖向活载应考虑以下三种情况：

（1）不折减的 ZK 活载和按 120km/h 速度计算的离心力（$f=1.0$）。

（2）折减的 ZK 活载（$f\cdot N, f\cdot q$）和按设计速度计算的离心力（$f<1.0$）。

（3）曲线桥梁还应考虑没有离心力时列车活载作用的情况。

横向摇摆力应按 100kN 水平作用于钢轨顶面计算。多线桥梁只计算任一线上的横向摇摆力。

4. 制动力和牵引力

桥上列车制动力或牵引力的计算应符合下列规定：

（1）桥上列车制动力或牵引力应按列车竖向静活载的 10% 计算；其与离心力或列车竖向动力作用同时计算时，制动力或牵引力应按列车竖向静活载的 7% 计算。具体作用位置应符合《铁路桥涵设计规范》（TB 10002—2017）的规定。

（2）区间双线桥应采用单线的制动力或牵引力，车站内双线桥梁应根据结构形式考虑制动和启动同时发生的情况进行设计；三线或三线以上的桥梁应采用双线的制动力或牵引力。

5. 列车脱轨荷载

长度大于 15m 的桥梁应考虑列车脱轨荷载。列车脱轨荷载不计动力系数。多线桥上只考虑单线脱轨荷载，且其他线路上不作用列车活载。列车脱轨荷载应按下列两种情况考虑：

（1）列车脱轨后一侧车轮仍停留在桥面轨道范围内时，荷载为两条平行于线路中线、相距为 1.4m 的线荷载，作用于线路中线一侧 2.2m 范围以内且不超过挡砟墙或防护墙内侧的最不利位置上。该线荷载在长度为 6.4m 的一段上为 50kN/m，前后各接以 25kN/m，如图 3-2-3a）所示。

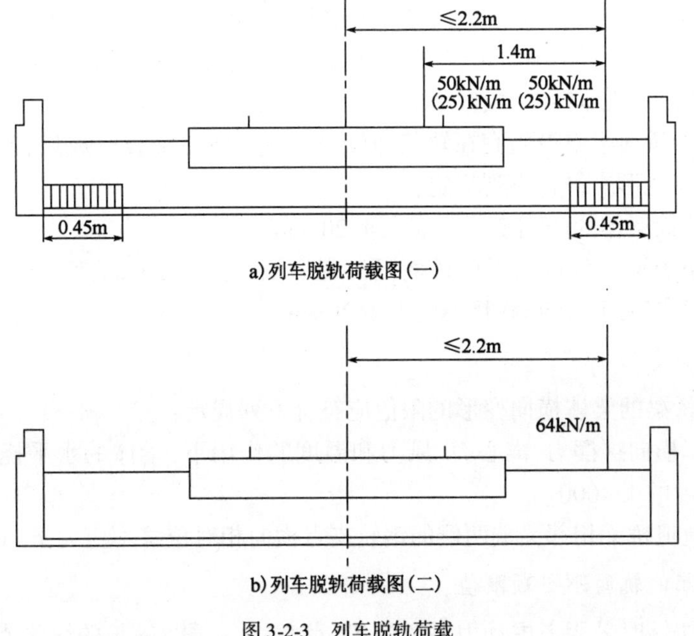

a）列车脱轨荷载图（一）

b）列车脱轨荷载图（二）

图 3-2-3　列车脱轨荷载

(2)列车脱轨后已离开轨道范围但仍停留在桥面边缘时,列车脱轨荷载应考虑竖向脱轨荷载和水平脱轨荷载作用。竖向脱轨荷载按图3-2-3b)所示计算,荷载为一条长度为20m平行于线路中线的线荷载,作用于防护墙壤内侧,离线路中心的最大距离为2.2m,其值为64kN/m。

第二节 限值标准

一、静态限制

1. 挠跨比限值

挠跨比是反映桥梁刚度,特别是活载刚度的重要指标,中国高速铁路对于3跨及以上的双线简支梁桥梁挠度限值见表3-2-3。

梁体竖向挠度限值(mm) 表3-2-3

设计速度(km/h)	跨度范围(m)		
	$L\leqslant40$	$40<L\leqslant80$	$L>80$
250	$L/1400$	$L/1400$	$L/1000$
300	$L/1500$	$L/1600$	$L/1100$
350	$L/1600$	$L/1900$	$L/1500$

对于3跨及以上一联的连续梁,梁体竖向挠度限值按表3-2-3中数值的1.1倍取用;2跨一联的连续梁、2跨及以下的双线简支梁,梁体竖向挠度限值按表3-2-3中数值的1.4倍取用;单线简支梁或连续梁的梁体竖向挠度限值按相应双线桥限值的0.6倍取用。

对于拱桥、刚架及连续梁桥的竖向挠度,除应考虑列车竖向静活载外,尚应计入温度的影响。梁体竖向挠度应按下列情况之不利者取值,并满足表3-2-3所列限值的要求。

(1)列车竖向静活载作用下产生的挠度值与0.5倍温度引起的挠度值之和。

(2)0.63倍列车竖向静活载作用下产生的挠度值与全部温度引起的挠度值之和。

高速铁路的桥面附属设施宜在轨道铺设前完成。轨道铺设完成后,预应力混凝土梁的竖向残余徐变变形应符合下列规定:

(1)有砟桥面梁体的竖向变形不应大于20mm。

(2)跨度小于等于50m的无砟桥面竖向变形不应大于10mm;跨度大于50m的无砟桥面竖向变形不应大于$L/5000$且不应大于20mm。

2. 梁体横向变形

高速铁路桥梁的梁体横向变形的限值应符合下列规定:

(1)在列车横向摇摆力、离心力、风力和温度的作用下,梁体的水平挠度应小于或等于梁体计算跨度的1/4000。

(2)无砟轨道桥梁相邻梁端两侧的钢轨支点横向相对位移不应大于1mm。

3. 扭转引起的轨面不平顺限值

计算桥梁扭转时采用考虑动力系数的ZK荷载,在一段3m长的线路范围内一线两根钢轨的竖向相对变形量 t,评价 K 静活载作用下梁体扭转引起的轨面不平顺限值。中国高速铁路桥梁的扭转限值不应大于 1.5mm,如图 3-2-4 所示。

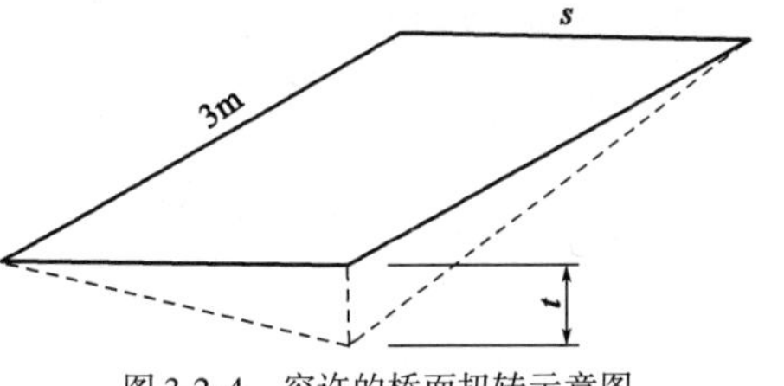

图 3-2-4 容许的桥面扭转示意图

4. 梁端竖向转角

高速铁路桥梁在 ZK 竖向静活载作用下产生梁端转角(图 3-2-5),影响线路平顺性。桥梁梁端竖向转角限值应符合表 3-2-4 的规定。无砟轨道桥梁的梁端转角限值不满足表中限值要求时,应对梁端轨道结构和扣件系统受力进行检算。相邻两孔梁的转角之和($\theta_1+\theta_2$)除应满足规定限值外,每孔梁的转角尚应满足本条中"桥台与桥梁间转角限值"规定。

图 3-2-5 梁端转角示意图

梁端转角限值 表 3-2-4

桥上轨道类型	位置	限值(rad)	备注
有砟轨道	桥台与桥梁之间	$\theta \leq 2.0‰$	
	相邻两孔梁之间	$\theta_1+\theta_2 \leq 4.0‰$	
无砟轨道	桥台与桥梁之间	$\theta \leq 1.5‰$	梁端悬出长度≤0.55m
		$\theta \leq 1.0‰$	0.55m<梁端悬出长度≤0.75m
	相邻两孔梁之间	$\theta_1+\theta_2 \leq 3.0‰$	梁端悬出长度≤0.55m
		$\theta_1+\theta_2 \leq 2.0‰$	0.55m<梁端悬出长度≤0.75m

5. 墩台变形

(1)位于有砟轨道无缝线路固定区的混凝土简支梁,墩台顶部纵向水平线刚度应满足表 3-2-5 限值要求。高架车站到发线有效长度范围内双线桥梁墩台的最小水平线刚度限值按表内单线桥梁墩台的最小水平线刚度限值的 2.0 倍取值。

墩台顶纵向水平线刚度限值 表 3-2-5

桥墩/桥台	跨度(m)	最小水平线刚度(kN/cm)	
		双线	单线
桥墩	≤12	100	60
	16	160	100
	20	190	120
	24	270	170
	32	350	220
	40	550	340
	48	720	450
桥台		3000	1500

(2)墩台横向水平线刚度应满足高速行车条件下列车安全性和旅客乘车舒适度要求,并对最不利荷载作用下墩台顶横向弹性水平位移进行计算。在 ZK 活载、横向摇摆

力、离心力、风力和温度的作用下，墩顶横向水平位移引起的桥面处梁端水平折角应不大于1.0‰rad。梁端水平折角如图3-2-6所示。

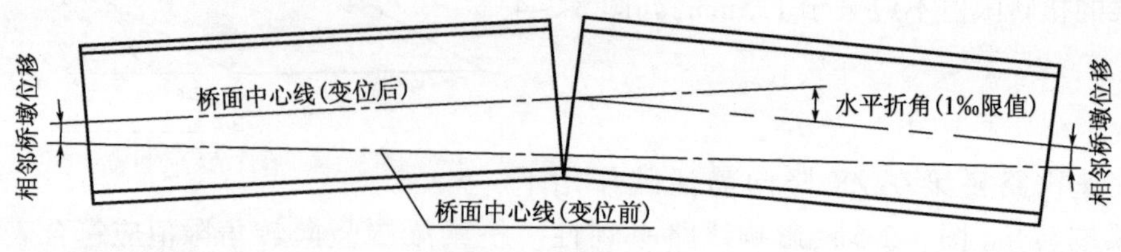

图3-2-6　水平折角示意图

(3)墩台基础的沉降应按恒载计算，其在恒载作用下产生的工后沉降量不应超过表3-2-6规定的限值。特殊条件下无砟轨道桥梁无法满足沉降限值要求时，可采取预留调整措施的方式满足轨道平顺要求。超静定结构相邻墩台沉降量之差除应满足上述规定外，尚应根据沉降差对结构产生的附加应力的影响确定。

静定结构墩台基础工后沉降限值　　表3-2-6

沉降类型	桥上轨道类型	限值(mm)
墩台均匀沉降	有砟轨道	30
	无砟轨道	20
相邻墩台沉降差	有砟轨道	15
	无砟轨道	5

二、动态限制

1. 竖向自振频率

简支梁竖向自振频率限值不应小于表3-2-7规定的限值。

简支梁竖向自振频率限值　　表3-2-7

跨度 L(m)	$L \leqslant 20$	$20 < L \leqslant 96$
限值(Hz)	$80/L$	$23.58L^{-0.692}$

运行车长24～26m动车组、跨度不大于32m的混凝土双线简支箱梁，当梁体自振频率不低于表3-2-8规定的限值要求时，梁部结构设计可不再进行车桥耦合动力响应分析。

常用跨度双线简支箱梁不需进行动力检算的竖向自振频率限值(Hz)　　表3-2-8

跨度 L(m)	设计速度(km/h)		
	250	300	350
20	$100/L$	$100/L$	$120/L$
24	$100/L$	$120/L$	$140/L$
32	$120/L$	$130/L$	$150/L$

2. 动力响应

简支梁外的其他结构类型桥梁设计除应进行静力分析外，尚应按实际运营列车通过桥梁情况进行车桥耦合动力响应分析，并符合表3-2-9规定。

车桥动力响应指标　　表 3-2-9

运行安全性指标	限　　值	运行平稳性指标	限　　值
脱轨系数 Q/P	≤0.8	车体竖向振动加速度 a_z	≤0.13g
轮重减载率 $\Delta P/P$	≤0.6	车体横向振动加速度 a_y	≤0.10g
轮对横向水平力 Q	≤10+静轴重/3	斯佩林舒适度指标 W	见表 3-2-10

斯佩林舒适度指标　　表 3-2-10

斯佩林舒适度指标	$W≤2.50$	$2.50<W≤2.75$	$2.75<W≤3.00$
评价等级	优	良	合格

第三节　桥面布置

一、无砟桥面

高速铁路桥上无砟桥面根据排水方式,可分为三种形式,如图 3-2-7 所示。

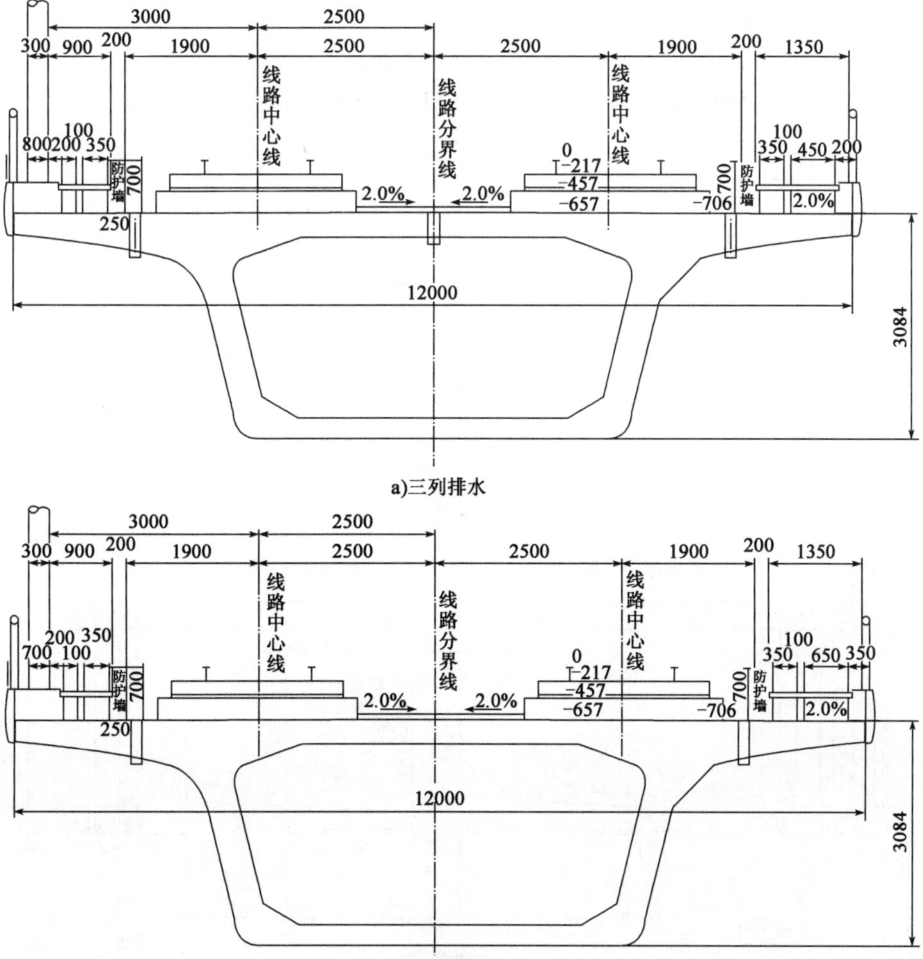

a)三列排水

b)两列排水

图　3-2-7

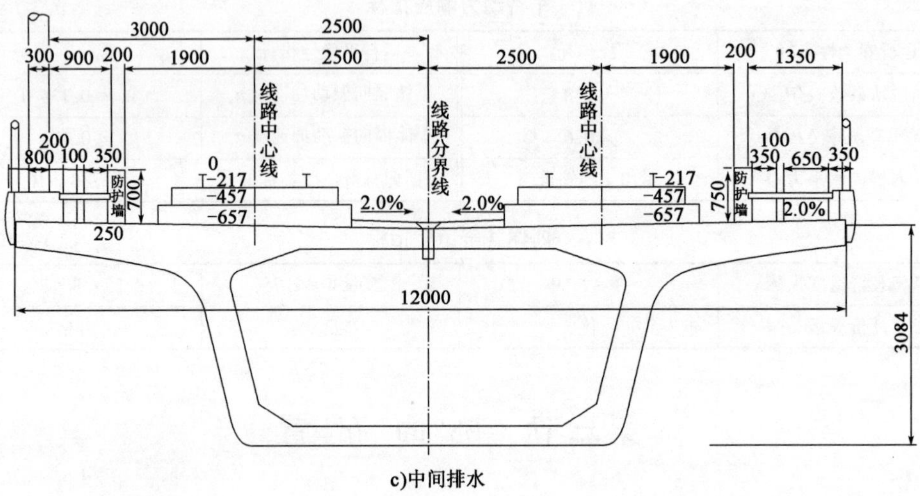

c)中间排水

图 3-2-7　时速 350km/h 无砟轨道桥面布置示意图(尺寸单位:mm)

二、有砟桥面

有砟轨道桥面布置如图 3-2-8 所示。

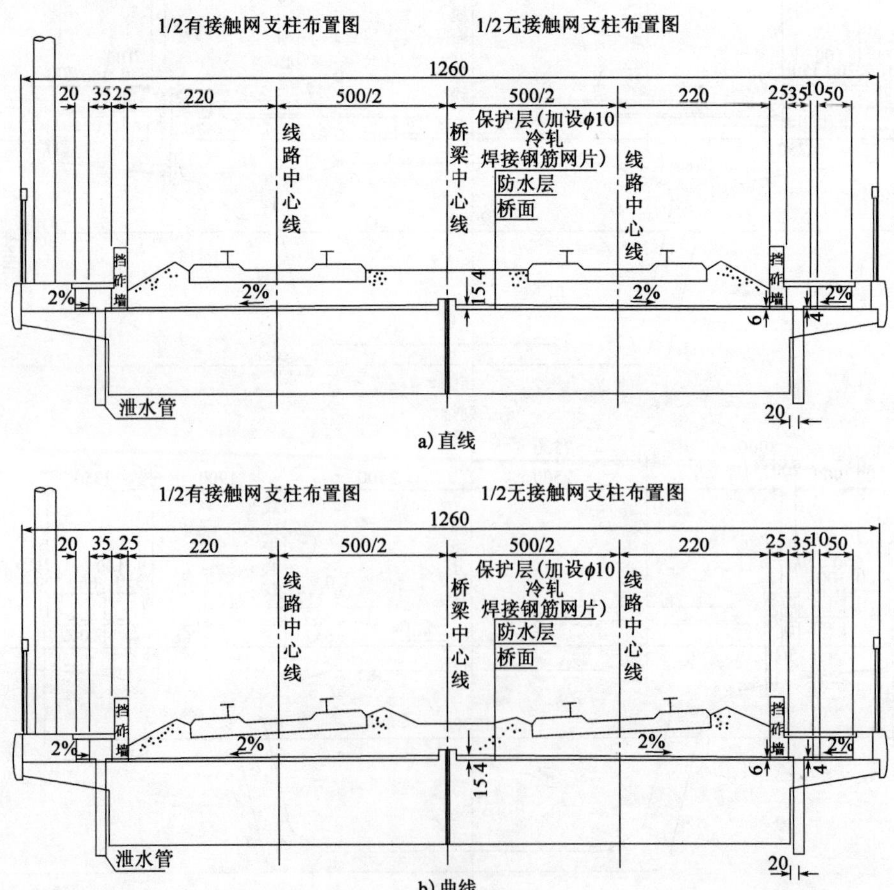

图 3-2-8　有砟轨道桥面布置示意图(尺寸单位:cm)

三、伸缩缝

为防止梁端雨水漫流，保证封锚混凝土耐久性，梁端设置高出梁面保护层的挡水台，同时在梁端挡水台缝隙内设置伸缩缝，伸缩缝可采用耐候钢伸缩缝（图 3-2-9）。底座板施工时，同时浇筑挡水台混凝土，再施工伸缩缝。挡水台尺寸根据伸缩缝类型确定。当有中继站电缆上桥时，应在桥面板开槽处断开伸缩缝，但需设置挡水台，防止雨水在此处漫流。

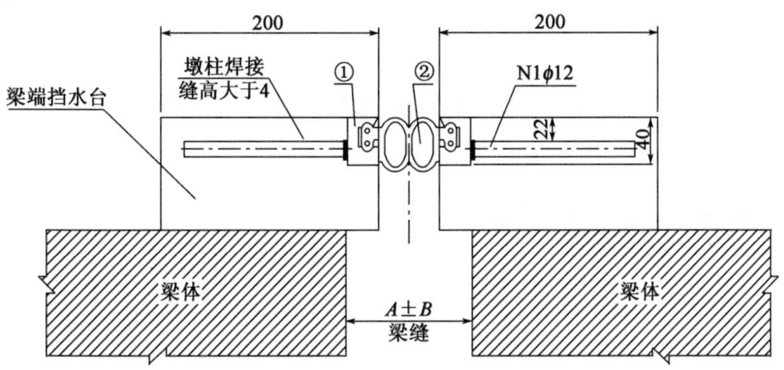

图 3-2-9　耐候钢伸缩缝（尺寸单位：mm）

第三章　高速铁路桥梁的主要结构体系

第一节　高速铁路简支梁桥

一、混凝土简支梁桥

我国高速铁路多采取“以桥代路”策略，各条高速铁路桥梁所占比例均较高，其中以跨度32m预应力混凝土简支箱梁桥为主，部分采用跨度24m简支箱梁，少量采用跨度40m、44m、56m简支箱梁。跨度32m及以下箱梁主要采用沿线设制梁场集中预制、架桥机架设的方法施工，跨度32m以上简支箱梁主要采用现场浇筑或节段拼装的方法施工。

我国高速铁路桥梁里程占线路里程的比例最高达82%，其中常用跨径混凝土简支箱梁桥占桥梁总里程的比例基本在80%以上，最高达96%。

1.32m简支箱梁

32m简支箱梁的通用设计指标见表3-3-1，跨中截面尺寸如图3-3-1所示。

高速铁路跨度32m预制箱梁设计参数统计　　表3-3-1

线路类型	设计速度(km/h)	设计活载	参考图图号	轨道类型	竖向挠度	梁端转角(10^{-3}rad)	二期恒载(kN/m)	基频(Hz)	基频限值(Hz)
客运专线	350	ZK活载	通桥(2008)2322A-Ⅱ	无砟	L/5132	0.8	120.0	5.07	4.76
							140.0	4.95	4.76
							160.0	4.84	4.76
							180.0	4.73	4.76
			通桥(2008)2321A-Ⅱ	有砟	L/5278	0.76	211.0	4.68	4.76
			通桥(2008)2322A-Ⅵ	无砟	L/5298	0.7	120.0	5.33	4.76
							140.0	5.20	4.76
							160.0	5.07	4.76
							180.0	4.95	4.76
	250	中—活载	通桥(2008)2321A-Ⅱ	有砟	L/3913	1.00	206.5	4.40	3.81
			通桥(2008)2322A-Ⅴ	有砟	L/4071	1.00	206.5	4.52	3.81

续上表

线路类型	设计速度(km/h)	设计活载	参考图图号	轨道类型	竖向挠度	梁端转角(10^{-3}rad)	二期恒载(kN/m)	基频(Hz)	基频限值(Hz)
城际铁路	250	ZK 活载	通桥(2008)2229-Ⅰ	有砟	L/3698	0.87	209.0	3.90	3.81
			通桥(2008)2229-Ⅳ	无砟	L/3795	0.83	80.0	4.80	3.81
							100.0	4.63	3.81
							120.0	4.48	3.81
							140.0	4.35	3.81
							160.0	4.22	3.81
							180.0	4.11	3.81

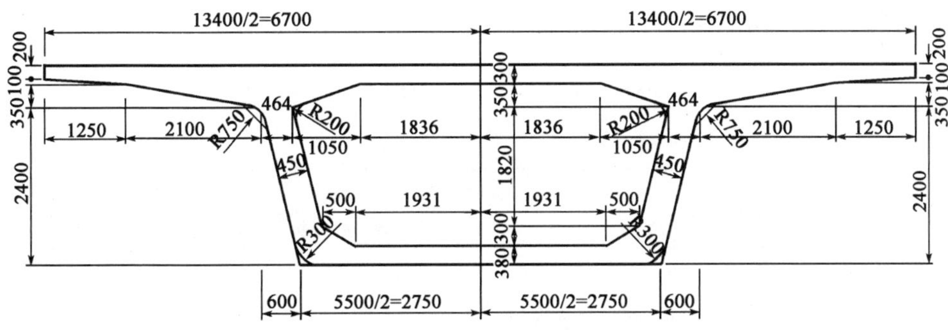

图 3-3-1　武广客运专线铁路 32m 简支梁跨中截面(尺寸单位:mm)

研究表明,跨度 32m 箱梁的竖向基频设计值稍大于规范规定的基频限值,梁端转角富余度较高,基频限值控制箱梁的设计。

2. 40m 跨度简支梁

当桥梁跨度大于 32m 时,多采用现浇桥梁(包括简支梁、连续梁、连续刚构等),其经济性下降,且质量控制难度较大。如果能够实现基于预制架设施工模式的更大跨度预应力混凝土简支箱梁规模化应用,将能够进一步扩大混凝土简支梁的适用范围。

为适应更高运营速度、更大跨越能力以及高墩条件下标准梁桥建造需求,根据高速铁路建设、综合试验和运维实践经验,我国提出了发展基于“制、运、架”技术的高速铁路更大跨度标准梁。考虑到高速列车运营性能、运架能力、经济性等因素,综合论证将梁体跨度确定为 40m。

高速铁路 40m 预制简支梁建造成套技术在世界上尚无先例,其技术突破对于铁路自身发展和“走出去”战略实施意义重大。发展高速铁路 40m 简支梁建造技术,将使梁体和桥墩数量减少 1/5,每延米质量比 32m 梁低 6%,可提高桥梁布置的灵活性和建设工效,并节省用地。此外,40m 跨度简支梁不但满足 250km/h、350km/h 运营速度要求,在 400km/h 等更高速度条件下也有较好的适应性。2018 年 5 月 18 日,我国首榀工程化应用 40m 简支箱梁在郑济铁路中铁二局原阳制梁场成功预制,标志着中国高铁 40m 简支箱梁预制技术从研究阶段向工程化应用阶段顺利实施。

时速 350km 高速铁路无砟轨道后张法预应力混凝土双线简支箱梁(足尺试验梁),计算跨度为 39.3m,截面中心梁高为 3.235m,桥面宽度为 12.6m。梁体跨中及支座截面如图 3-3-2 所示。

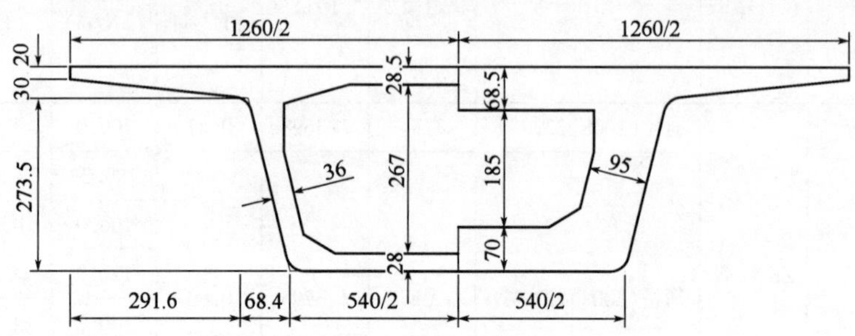

图 3-3-2　跨中和支座截面示意图(尺寸单位:cm)

与 32m 等跨度简支梁相比,40m 简支梁接近车长的 1.5 倍,有效避开了 1 阶共振点,车桥动力响应较小,最大动力系数远小于容许动力系数(图 3-3-3)。

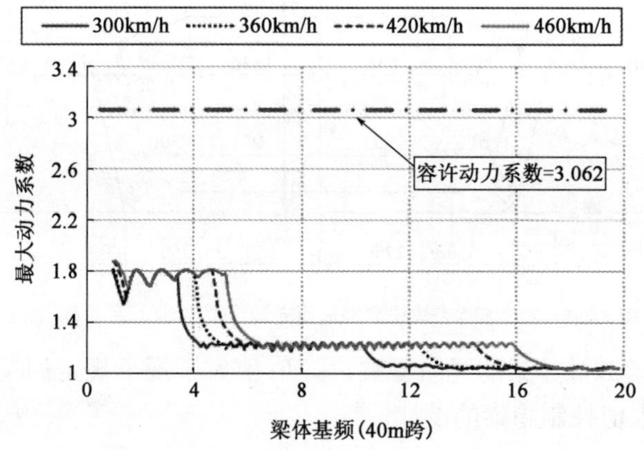

图 3-3-3　高速铁路 40m 简支梁动力系数

2016 年 12 月 7 日,中国铁路总公司科技管理部组织在北京房山开展了高速铁路 40m 简支梁 2.0 倍荷载结构强度破坏性能试验(图 3-3-4),这是高速铁路标准梁由设计走向

图 3-3-4　高速铁路 40m 简支梁静载试验

工程应用的重要技术环节,是全面检验结构受力性能和设计状态的重要手段。试验取得了圆满成功,科学验证了40m箱梁的结构设计和预制技术水平,标志着我国高速铁路大跨度简支梁建造技术取得突破性进展。

根据40m简支梁结构设计,提运架设备的能力要达到950t。为此,提出了轮胎式提梁机、轮轨式跨线提梁机、运梁车、架桥机的设备设计方案。

3. 56m跨度简支梁

银西高铁银吴客专段银川机场黄河特大桥引桥采用56m简支梁(图3-3-5),梁全长56m,计算跨度为53.8m,每孔箱梁重2140t。梁体采用单箱单室等高预应力混凝土简支箱梁,梁顶宽12.2m,底宽6.7m,箱梁端部支点位置横向支座间距5.2m,梁高5.1m。跨中截面顶板厚35cm,底板厚35cm,腹板厚52cm。在支点附近根据预应力布置和计算情况顶底板及腹板适当加厚。梁顶横向设2.0%的排水坡。在箱梁两端支座处设置带过人孔的横隔墙,横隔墙厚150cm。腹板上设置两排通风孔。

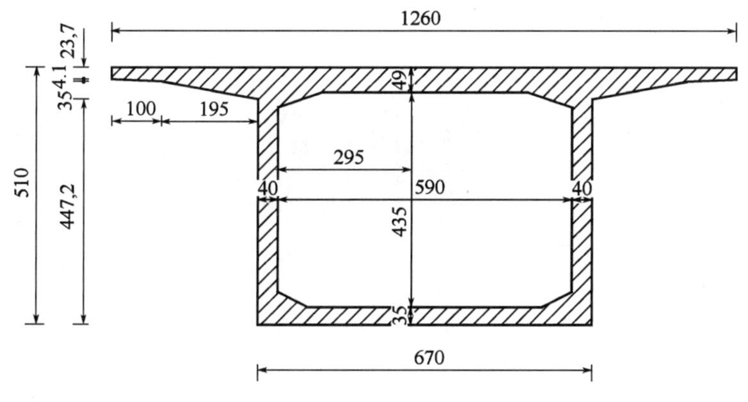

图3-3-5 高速铁路56m简支梁跨中截面图(尺寸单位:cm)

桥梁原设计采用节段预制胶缝拼装施工方案,每跨箱梁采用奇数分块,跨中不设接缝,对称布置,共分13个块段,12个接缝。预制节段长度分为3.25m和4.5m两种。其中两端节段长度3.25m,其余中间节段长度4.5m,梁段最大吊重为两端节段,重212t。采用短线匹配法预制、节段法拼装施工,投入两台2200t造桥机架设,两台套250运梁台车,一台用于桥下由梁场向提升站运梁,另一台用于桥上运梁,由引桥小里程向大里程方向逐孔拼装施工。箱梁接缝采用胶接缝,接缝面密封胶需采用无溶剂型双组分触变性环氧黏结剂,涂抹厚度及工艺根据试验情况参照相关规定执行。接缝面临时预压应力不小于0.3MPa,最大不超过0.6MPa,临时预应力在箱梁第一批纵向预应力张拉完成后方可拆除。

由于银吴客专全线仅有13孔56m简支梁,架桥机、节段预制梁场等的配备不能取得较好的经济和工期效益,经优化比选后采用支架现浇施工方案。现浇支架采用墩梁体系(图3-3-6),下部结构采用钻孔灌注桩基础、钢管桩立柱,上部结构采用刚度大、跨越能力强的新型组合式桁梁,侧模高空自动纵移,支架的转运采用整孔分组整体拆除、转运、安装。投入3跨支架及底模、1套外模、1套内模。

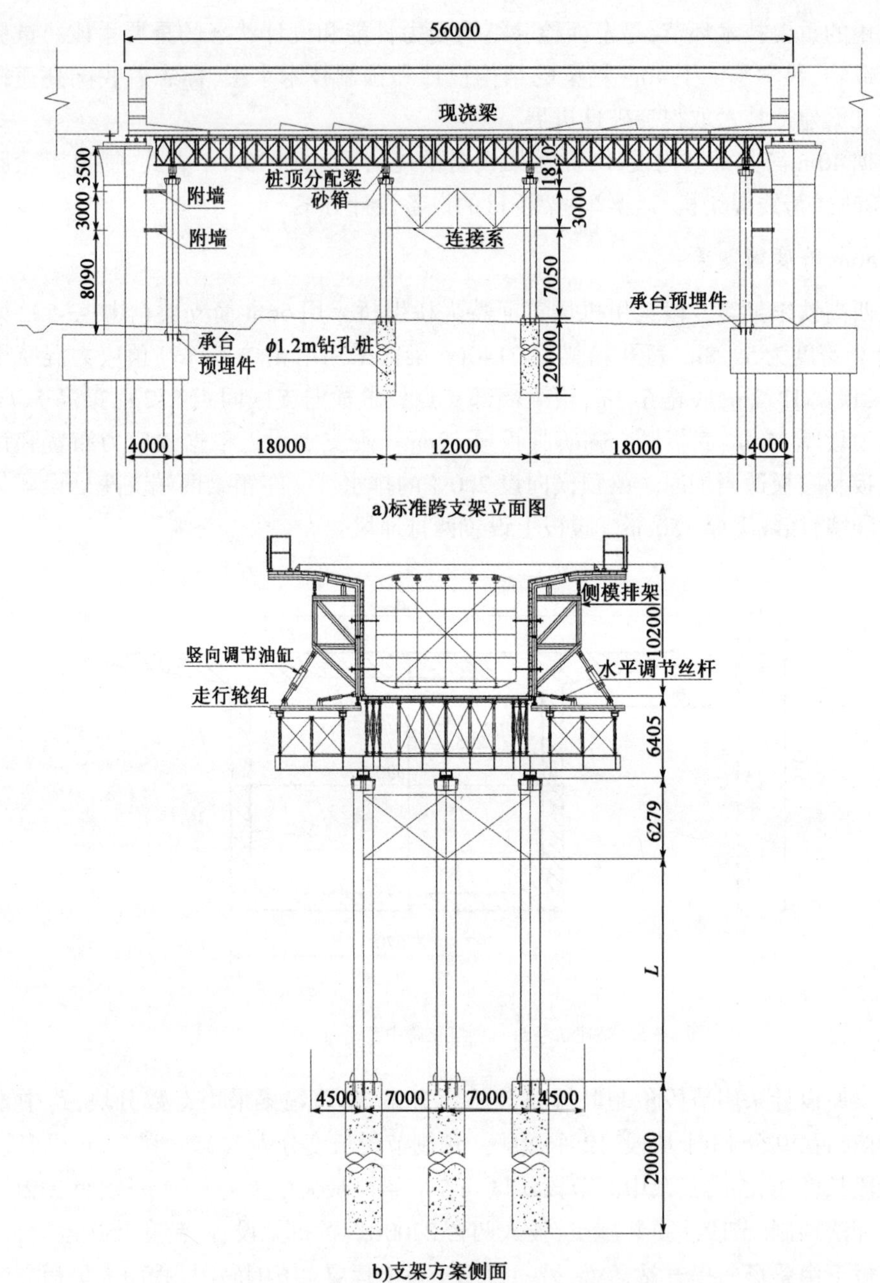

图 3-3-6　高速铁路 56m 简支梁现浇支架布置图(尺寸单位:mm)

箱梁模板采用整体式钢模板,带有走行纵梁的液压内模,每个循环设置四套箱梁底模、一套箱梁外侧模、一套箱梁全液压收缩式内模、一套钢筋绑扎胎具。施工顺序依次为底模→侧模→内模→端模板。支架施工完,第一孔至第四孔底模及外侧模铺设完成后,对第一孔支架进行预压,同时在第二孔支架上拼装外侧模,待第一孔支架预压完成,对第一孔箱梁底模按预压数据进行标高调整;然后外侧模滑移至第一孔就位,同时第二孔支架进行预压,预压完成后调整底模标高,而后在第二孔箱梁底模上拼装内模板;待第一孔箱梁底腹板钢筋绑扎完成及波纹管定位完成,内模滑移就位,同时第二孔支架上拼装钢筋绑扎胎具;胎具拼装完成以后开始第二孔箱梁底腹板钢筋绑扎及波纹管定位施工,第三孔支架开始预压。第一孔箱梁混凝土浇筑完成后，待强度达到要求，滑移钢筋绑扎胎具至第三孔支架上；下落及外移侧模，滑移外侧模至第二孔就位，收缩内模，内模滑移至第二孔就位。依次循环施工，直至 13 孔箱梁全部施工完成。

二、简支钢桁梁

高速铁路简支钢桁梁桥，常采用跨度 48m、64m、84m、96m 等跨度。目前，高速铁路简支钢桁梁最大跨度为西成客专跨西宝高铁及西安机场高速 132m 钢桁梁。桥址处为四层立交，下层为福银高速公路，福银高速公路为双向六车道，路面宽为 38m，路堤高度约 4m，本桥与高速路交角为 74°；中间层为郑西客专北环线的咸阳渭河桥，本桥与咸阳渭河桥交角为 14°，郑西客专北环线以(54 +90 +54)m 的预应力混凝土连续梁跨越福银高速公路，桥面距地面高 17m。桥梁设计需考虑跨越对正在运营的郑西客运专线干扰、大跨度跨越郑西客运专线、桥梁位于第四层立交施工空间狭小等特殊条件。经方案比选后，最终确定采用 132m 简支钢桁梁顶推横移施工方案。

1. 主桁及桥面系

桥梁采用 1 孔 132m 无竖杆整体节点平行弦再分式三角桁下承式钢桁梁，桁高 20m，节间长度 11m，共 12 个节间，两片主桁中心距为 13.9m(图 3-3-7)。主桁上、下弦杆均采用焊接箱形截面，竖板高 1300mm，内宽 1100mm，板厚 16 ~40mm。腹杆采用箱形及 H 形截面，箱形截面高 1100mm，外宽 1000mm，板厚 16 ~46mm；H 形截面高 1000mm，外宽 800mm，板厚 16 ~24mm 主桁节点采用整体节点形式，上下弦杆在节点外拼接，腹杆插入节点板之间拼接，弦杆采用全截面拼接，腹板采用两面拼接主桁弦杆及腹杆的连接采用 M27 的高强度螺栓(ϕ29mm 孔)。

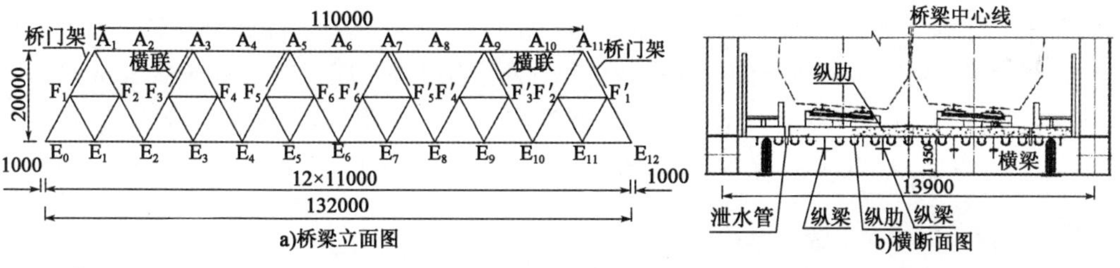

图 3-3-7 132m 简支钢桁梁横断面(尺寸单位：cm)

桥面系采用正交异形板无砟轨道方案桥面钢板厚 16mm，下设 4 根 T 形纵梁，高 600mm，下翼缘板宽 240mm，19 道 T 形纵肋，高 280mm，下翼缘板宽 180mm；该桥顺桥向每隔 2.725m 设 1 道横梁，根据其所处的部位分为主横梁和次横梁，端横梁采用箱形横梁，其余截面形式均采用倒 T 形，横梁的高度均为 1350mm，主横梁翼缘板宽 800mm，次横梁翼缘板宽 600mm 桥面钢板上现浇 30cm 厚钢筋混凝土，采用预埋件与无砟轨道连接横梁与整体节点纵梁与横梁纵梁横联与纵梁的连接螺栓采用 M24 的高强度螺栓(ϕ26mm 孔)。

2. 联结系

在上弦杆平面内设置交叉式上平纵联。考虑到受桥门架偏心荷载的影响，端横撑采用扭转刚度较大的箱形截面，高 450mm，宽 500mm 其余横撑和交叉斜杆均采用 H 形截面,高 450mm,宽 420mm(横撑)和 400mm(交叉斜杆)所有杆件均采用插入式连接。联结系上的连接螺栓采用 M24 的高强度螺栓(ϕ26mm 孔)。

3. 桥门架、横联及端横梁

钢桁梁支点处均设斜向桥门架,每隔 2 个节间斜杆上设中间横联,桥门架及横联均采用桁式结构。桥门架及横联上的连接螺栓采用 M24 的高强度螺栓(ϕ26mm 孔)。

无砟轨道条件下,桥梁上部结构除需满足规范要求的梁端转角外,还必须考虑到由于梁端竖向转角的影响,造成梁缝处轨道的局部隆起引起的钢轨上拔或下压现象。通过计算,本桥在静 ZK 活载作用下,梁跨中竖向位移为 45.5cm,挠跨比为 1/2900;梁端转角为1.8‰。由于本桥梁端转角不能满足小于 1‰的要求,而用加大拱肋或系梁截面的方法减少转角显得很不经济合理,为适应无砟轨道行车要求,需在本桥与相邻梁之间采取设置过渡梁等措施(如图 3-3-8)。设置过渡梁梁端转角为 0.7‰,满足规范要求。

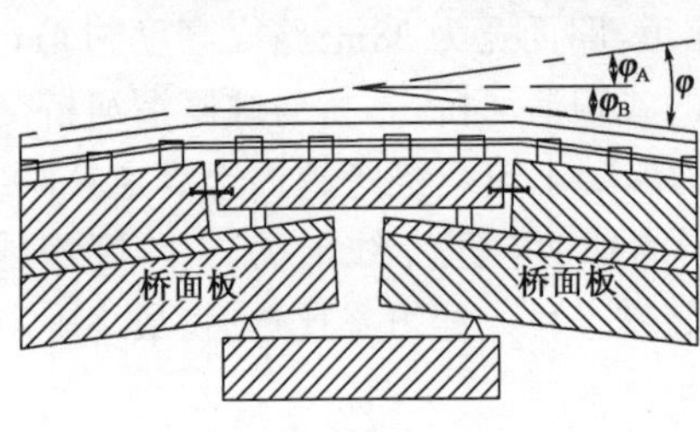

图 3-3-8　过渡结构设置示意

4. 下部结构

桥墩均采用实体矩形墩,其中固定墩墩身纵向 5m,顶帽横向 16.4m,墩身 11.2m,纵向坡率 42∶1,横向直坡。

5. 施工方案

先在平行于既有郑西客运专线一侧施工临时钢支墩,在钢支墩上拼装钢桁梁,同时施工钢桁梁墩台,再要点顶推横向钢滑道,最后横向顶推钢桁梁就位,安装支座及施工桥面系铺装。

在平行于桥位右侧高速上方搭设拼装钢支架平台,钢梁支架平台长 187m 宽 22.5m,钢梁组拼平台横跨通往咸阳机场的福银高速公路,钢桁梁组拼完成后向南侧横移 38m 至桥位区域进行落梁,然后完成安装。钢桁梁横移架设施工工艺流程为:支架施工平台搭设→滑道梁安装→杆件拼装→横移施工→落梁。桥梁横移施工布置如图 3-3-9、图 3-3-10 所示。

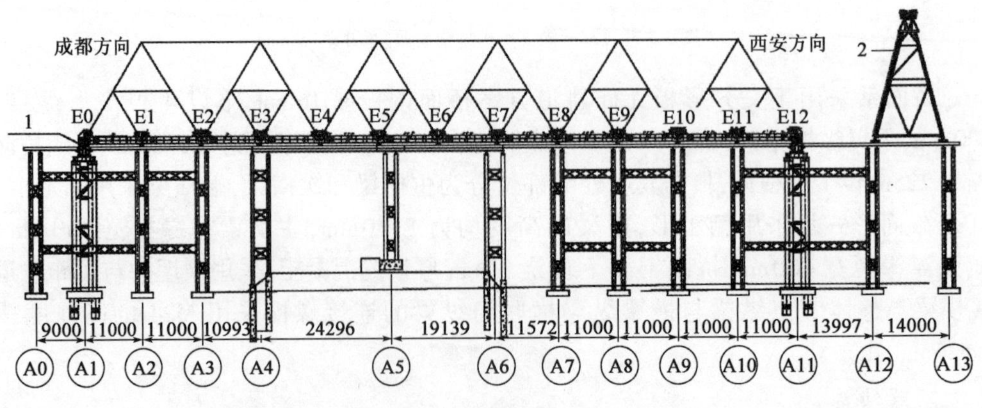

a)立面图

图　3-3-9

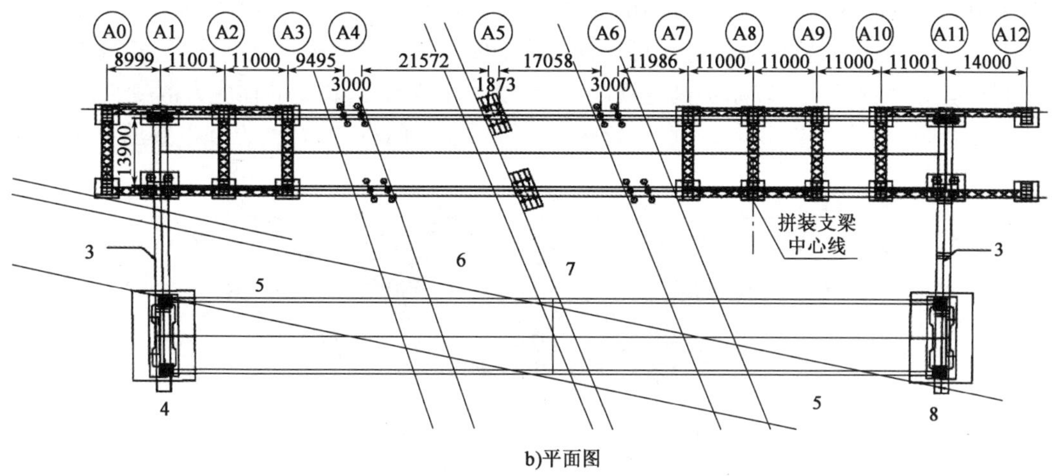

b)平面图

图 3-3-9　拼装横移布置(尺寸单位:mm)

1-滑移系统;2-龙门式起重机;3-滑道梁;4-237 号墩;5-西宝客专;6-机场高速;7-上行高速;8-236 号墩

a)横移前

b)横移后

图 3-3-10　横移施工照片

第二节　高速铁路连续梁桥

连续梁桥具有整体性能好、结构刚度大、变形小、抗震性能好等优点,更突出的是在使用上,主梁变形挠曲线平缓、桥面伸缩缝少、行车舒适。连续梁(刚构)是高速铁路中等跨越中的常见桥梁结构,也是高速铁路桥梁中的常见桥梁结构体系。高速铁路连续梁桥主要有预应力混凝土连续梁、连续钢构梁等类型。

一、预应力混凝土连续梁

目前,高速铁路中预应力混凝土连续梁的结构形式常根据线路的地形条件和施工要求而选择。小跨径连续梁多用于地质条件较好、基础沉降容易控制的工点,或桥隧之间需要采用现场浇筑的桥梁工点,常见跨度有 2×24m,3×24m,2×32m 及 3×32m 等,一般采用等高度箱梁,满堂支架法施工。图 3-3-11 为银吴客专 6×32m 连续梁截面图。

中等跨径的连续梁多用于跨越既有线路和障碍,或用于工期较为紧张的地段,其中主跨为 40m,48m,56m,64m,72m 和 80m 的桥型较为常见,常采用变高度截面,外形美观且符合连续梁的受力特性,施工方法可根据结构的实际情况选择采用支架现浇、浇筑或节段预制拼装等多种形式。在京沪高速铁路中,跨度大于或等于 40m 的预应力混凝土连续梁共有 291 联,总长度 42.3km,占京沪高速铁路桥梁总长的 90% 以上,设计参数见表 3-3-2。

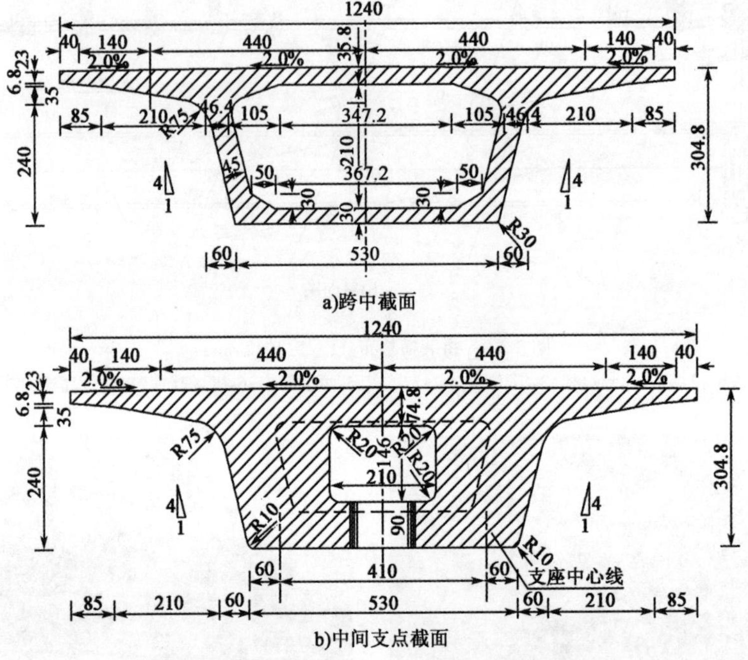

图 3-3-11　银吴客专 32m 连续梁截面(尺寸单位:cm)

西成线嘉陵江特大桥采用了(76 + 144 + 76)m 预应力混凝土连续梁,梁体为单箱单室变高度变截面箱梁,梁体全长 297.8m,主跨跨中 10m 梁段和边跨端部 10m 梁段为 6.6m 等高梁段,中支点附近 9m 处梁高为 12m,其余梁段梁底下缘按二次抛物线 $y = 6.6 + x^2/7233.8$ 变化。主跨支点及跨中截面见图 3-3-12,是目前高速铁路预应力混凝土连续梁的最大跨度。

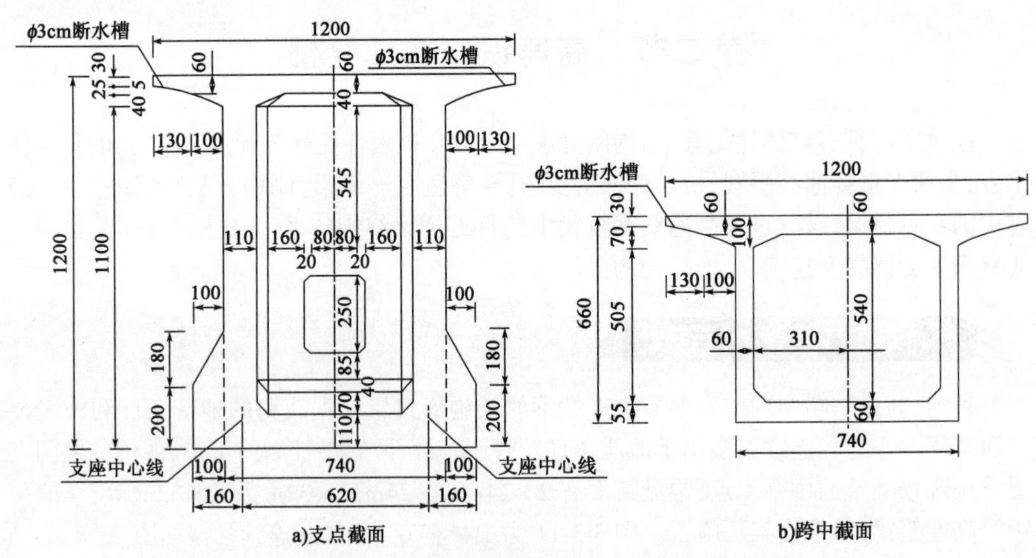

图 3-3-12　连续梁支点及跨中截面(尺寸单位:cm)

京沪高速铁路中等跨径连续梁主要设计参数

表 3-3-2

跨度(m)	桥面形式	施工方法	跨中梁高(m)/支点梁高(m)	顶板宽度(m)	底宽(m)	顶板(cm)	腹板(cm)	底板(cm)	竖向刚度	混凝土体积(m^3)	钢绞线预应力(10^4N)	钢筋预应力(10^4N)
24.65 +40 +24.65	无砟	支架现浇	3.05/3.05	12	5.5/6.7	34	50 ~80	30 ~60	1/8000	960.6	45.3	183.9
32.5 +40 +32.5	无砟	支架现浇	3.05/3.05	12	5.5/6.7	34	50 ~80	30 ~60	1/7168	1117.3	54.6	220.9
33 +40 +33	无砟	支架现浇	3.05/3.05	12	5.5/6.7	34	50 ~80	30 ~60	1/5882	1127.3	56.4	216.6
33 +40 +33	有砟	支架现浇	3.05/3.05	12.6	5.5/6.7	39	50 ~80	30 ~60	1/7273	1146.3	56.0	230.4
32.5 +2 ×40 +32.5	有砟	支架现浇	3.05/3.05	12.6	5.5/6.7	39	50 ~80	30 ~60	1/6780	1570.0	90.6	310
32.12 +56 +32.12	无砟	悬臂现浇	3.05/4.35	12	6.7/7.7	40	48 ~80	48 ~80	1/5333	1677.5	81.4	346.0
40.75 +56 +40.75	无砟	支架现浇	3.05/4.35	12	6.7/7.7	40	48 ~80	48 ~80	1/4956	1869.2	89.62	357.8
40.75 +2 ×56 +40.75	无砟	悬臂现浇	3.05/4.35	12	6.7/7.7	40	48 ~80	48 ~80	1/088	2661.7	141.5	548.0
40.75 +56 +40.75	有砟	悬臂现浇	3.05/4.35	12.6	6.7/7.7	45	48 ~80	48 ~80	1/4667	1903.8	98.3	383.7
40.75 +2 ×56 +40.75	有砟	悬臂现浇	3.05/4.35	12.6	6.7/7.7	45	48 ~80	48 ~80	1/4179	2703.5	152.4	547.4
40.75 +64 +40.75	有砟	悬臂现浇	3.05/6.05	12.6	6.7/7.7	43.9	48 ~80	48 ~80	1/3048	2175.4	112.2	435.5
40.75 +2 ×64 +40.75	有砟	悬臂现浇	3.05/6.05	12.6	6.7/7.7	43.9	48 ~80	48 ~80	1/2319	3192.4	161.1	628.6
40.75 +2 ×64 +40.75	无砟	悬臂现浇	3.05/6.05	12	6.7/7.7	40	48 ~80	48 ~80	1/2286	3152.6	167.0	649.4
40.75 +72 +40.75	有砟	节段现浇	3.60/6.20	12.6	6.7/8.1	43.9	48 ~60 ~90	40 ~100	1/5088	2526.4	125.1	447.3
40.75 +72 +40.75	有砟	悬臂现浇	3.60/6.20	12.6	6.7/8.1	43.9	48 ~60 ~90	40 ~100	1/5088	2512.3	107.6	488.75
48.75 +80 +48.75	有砟	悬臂现浇	3.85/6.65	12.6	6.7/8.1	45	45 ~65 ~85	42 ~77.2	1/4067	2851.3	155.9	550.0
48.75 +2 ×80 +48.75	有砟	悬臂现浇	3.85/6.65	12.6	6.7/8.1	45	45 ~65 ~85	42 ~77.2	1/3460	4153.0	245.5	809.3
48.75 +2 ×80 +48.75	无砟	悬臂现浇	3.85/6.65	12	6.7/8.1	40	45 ~65 ~85	42 ~77.2	1/3404	4208.2	219.0	798.6
48.75 +3 ×80 +48.75	无砟	悬臂现浇	3.85/6.65	12	6.7/8.1	40	45 ~65 ~85	42 ~77.2	1/2898	5546.3	294.8	1060.4

预应力混凝土连续梁桥的施工方法多种多样，包括支架现浇法、悬臂浇筑法和悬臂拼装法、顶推法、移动模架法、转体施工法以及大型浮吊施工等多种形式。其中：支架现浇法和悬臂浇筑法出现较早，应用范围较广，施工技术成熟，是高速铁路上中小跨径连续梁常用的施工方式。图 3-3-13 为西成线嘉陵江特大桥成桥图。

图 3-3-13　西成线嘉陵江特大桥成桥图

1. 支架现浇法

支架现浇法即采用就地搭设支架的方法，分段绑扎钢筋，分段、分层浇筑混凝土，施工流程如下：

地基处理→搭设支架→预压→安装底模和支座→绑钢筋（底、腹板、横梁）→安装侧模→浇筑底、腹板和横梁→安装内模→绑扎顶板钢筋→浇筑顶板→拆除模板和支架。这种施工方法不需要大型的吊装设备和专门的预制场地，包括整体现浇和分段现浇两种。采用整体现浇，结构受力明确，预应力的布置和施工比较简单，但使用的支架较多，投入费用较大；采用分段现浇法，可以实现支架的循环再利用，但因梁体分段，预应力的布置和张拉顺序较复杂，需作特殊设计和说明。

2. 悬臂浇筑法

悬臂浇筑法以移动式挂篮作为主要的施工设备，以已完成的墩顶段为起点，利用挂篮立模、浇筑混凝土、张拉预应力束，逐段对称地向两侧跨中合龙，从而形成整桥。该施工方法的优点是无须搭设支架，不需大型吊装设备，施工时的受力状态与成桥的受力较为接近，施工阶段张拉的预应力束可作为临时束和永久束同时使用，且施工不受地形限制，不妨碍桥下净空，不影响通航或既有线路的运行；但不足之处是在施工过程中存在多次体系转换，且由于分段较多，工期较长，结构的整体性能不如支架现浇，此外在施工过程中对梁体的变形要进行严格监测与控制，对施工技术水平的要求较高。西成高铁嘉陵江特大桥悬臂施工状态如图 3-3-14 所示。

3. 转体施工法

高速铁路跨越既有高速公路及铁路等线路时，为了不影响既有线的运行，常采用转体施工法（图 3-3-15、图 3-3-16）。连续梁转体施工通常是在偏离桥梁轴线位置先采取悬臂施工，至最大悬臂长度后，通过转动体系将两个半跨结构同时旋转到桥轴线位置，最后在跨中合龙。

图 3-3-14　西成线嘉陵江特大桥悬臂施工

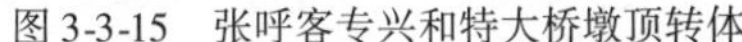

图 3-3-15　张呼客专兴和特大桥墩顶转体

图 3-3-16　昌赣客专连续梁墩底转体施工

转体施工的核心是转体结构设计。转体结构由下转盘、球铰、上转盘、滑道、转体牵引系统组成。下转盘为支承转体结构全部重量的基础,转体完成后,与上转盘共同形成基础;球铰是平动法施工的转动系统,而转动体系的核心是转动球铰,它是转体施工的关键结构;上转盘是转体的重要结构,其撑脚为转体时支撑结构转体平稳的保险腿;牵引系统提供结构转动的能力,通常由牵引索、千斤顶反力座等组成。根据转体结构设置的位置不同,可采用墩顶转体和墩底转体两种方式。

(1)墩底转体

墩底转体是在两个主墩桩基施工完毕后,在底层承台施工前预埋转体所用的下球铰,然后安装上球铰;随后施工转台和上转盘,注意牵引系统以及滑道撑脚的预埋施工;在撑脚与滑道间填塞钢板或布置砂箱,作用是稳定转体上下结构并有利于转动前的体系转换;然后施工桥墩,平行于铁路支架现浇梁部 T 形段,并做好墩梁间的固结措施抽去垫板使上部结构支承于球铰上,施加转动力矩转体就位,立即封堵上下转盘间缝隙;随后进行正常的连续梁合龙施工转体施工法的关键控制因素是转轴的设计、转体实施、转体过程中的质量和安全控制。

盘锦特大桥 128m 跨度连续梁采用移位支架现浇 + 转体后合龙的施工方案,转体系统平立面布置如图 3-3-17 所示。

(2)墩顶转体

当桥墩高度较大时,墩底转体中桥梁整体稳定性无法保证,此时宜采取墩顶转体。墩顶转体施工的基本流程是:当墩身混凝土浇筑完成后,在墩顶墩帽施作下转盘,搭设下球铰、滑道骨架支架,绑扎墩帽钢筋。为保证转体过程中的稳定和安全,防止转体过程中发

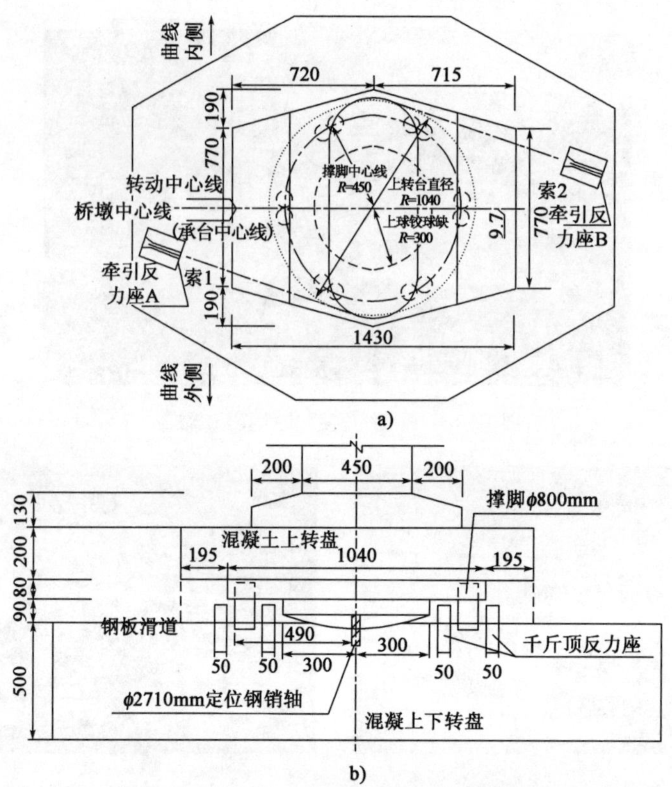

图 3-3-17　转体系统平面、转体立面图(尺寸单位:cm)

生结构倾斜,分别在转盘周围设置脚撑、砂箱和滑道。在滑道下部浇筑混凝土的同时,完成反力支座的钢筋绑扎及混凝土浇筑,梁体悬臂施工至最大悬臂状态。脱空砂箱将梁体的全部自重转移于球铰,然后进行称重和配重,利用埋设在上转盘的牵引索、转体连续作业千斤顶,克服上、下球铰之间及撑脚与下滑道之间的动摩擦力矩,使梁体转动到位。转体就位后调整线形,施工边跨现浇段,千斤顶落梁,完成体系转换,最后施工中跨合龙段,全桥贯通。新建张家口至呼和浩特铁路怀安站特大桥,采用(60+100+60)m悬臂现浇+墩顶转体预应力混凝土连续梁上跨京包铁路,主跨与既有京包双线铁路相交,呈61°夹角。转体系统见图3-3-18、图3-3-19。

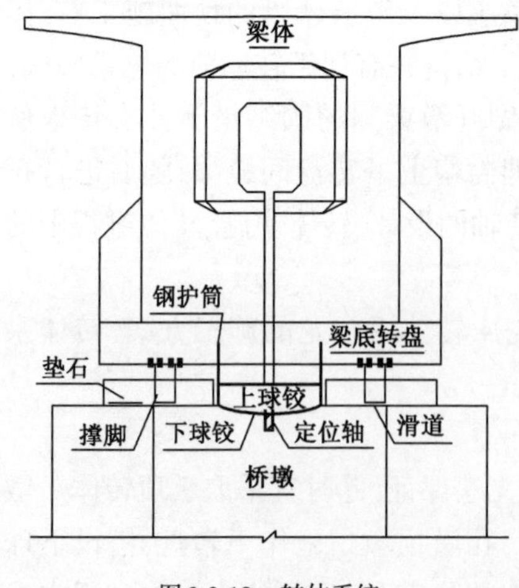

图 3-3-18　转体系统

连续梁转体施工需进行转体系统的设计,内容包括转体重量计算、整体稳定检算、牵引力计算等,并须对重要部位进行应力分析。

(1)转体重量

转体重量包括梁部T形段、支座、桥墩、上转盘、转台、球缺、撑脚重量,还包括墩梁临时连接措施重量以及其他施工临时荷载。

(2)转体系统横向偏心设置

对于曲线上的连续梁,如采取曲线梁布置,转体设计需要考虑横向不平衡弯矩的影响,将转动体系的重心调至转盘轴心位置,使转动体系处于完全平衡状态。设置横向预偏心时主要考虑曲梁自重引起的偏心。通过对曲线梁段每段偏心距的推导,可确定转体系统横向偏心的设置,即转动中心线(转台、上下球铰)和桥墩承台中心线的偏心。

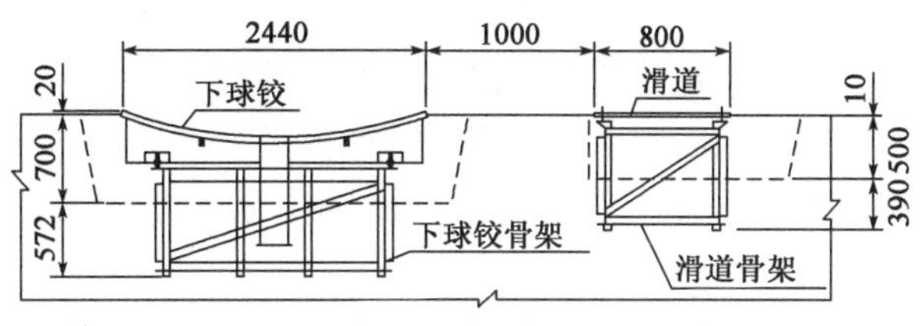

a)构造图

b)安装图

图 3-3-19　下球铰及滑道图(尺寸单位:mm)

(3)球铰球缺直径的确定

在转盘撑脚不受力的理想状态下,球缺承受全部转体重量。球缺直径选择的过小,转体前混凝土就可能破坏;球缺选择的过大,则给球铰的加工制造以及现场安装等带来困难。所以,应该通过计算确定合理的球缺大小。球缺直径的确定按照转体结构总重作用下球铰混凝土压应力小于容许压应力控制。

(4)转动体系的稳定计算

由于梁部 T 形段和桥墩受风面积大,转动过程中的风荷载有可能造成球铰以上部分的整体倾覆。所以,有必要对转体结构进行抗倾覆、抗滑动检算。稳定系数不得小于 1.2 的要求。

倾覆稳定系数计算公式为:

$$K_0 = \frac{s\sum P_i}{\sum P_i e_i + \sum T_i h_i} = \frac{s}{e} \tag{3-3-1}$$

式中:P_i——各竖直力(kN);

e_i——各竖直力 P_i 对检算截面中心的力臂(m);

T_i——各水平力(kN);

h_i——各水平力 T_i 对检算截面的力臂(m);

s——截面重心至检算倾覆轴的距离(m);

e——外力合力作用点至截面重心的距离。

滑动稳定系数计算公式为:

$$K_c = \frac{f\sum P_i}{\sum T_{ii}} \tag{3-3-2}$$

式中：f——摩擦系数。

计算结果，K_0、K_c 均满足临时施工荷载作用下不得小于1.2的要求。

(5)牵引力计算

牵引力计算应区分启动和转动两个阶段，启动时牵引力须克服上下球铰间、安全撑脚与滑道间的静摩阻。转动时则需考虑动摩阻。静摩擦系数、动摩擦系数根据润滑材料、承压力、滑动速度不同而不同，应通过实验确定。设计时，可按静摩阻系数0.1，动摩阻系数0.06计算，配置千斤顶。

假设转体系统完全平衡，此时球铰承受转体系统全部重量，则转动力按式(3-3-3)求算：

$$T = 2\mu VR_t/3d \tag{3-3-3}$$

式中：T——牵引力(kN)；

d——2只千斤顶反向对顶的距离(m)；

V——转体重量(kN)；

μ——摩阻系数，由实验确定；

R_t——球铰平面半径(m)。

转动时往往处于非平衡状态所谓非平衡状态，是指转体结构重心偏离转动中心，也就是存在偏心距 e。e 值计算时，须考虑连续梁超方、施工机具堆放、人群荷载等不平衡荷载。结构重心与转动重心的偏距 e 求得后，根据距离球铰中心和滑道重心的距离，分别求得球铰和对应组撑脚分配的转体重量，进而可以得出球铰的动、静摩阻矩。撑脚摩阻矩计算公式为：

$$M = \mu P_2 R_c \tag{3-3-4}$$

式中：M——撑脚摩阻矩(kN·m)；

R_c——撑脚摩阻力臂(m)；

P_2——撑脚分配的转体重量(kN)；

μ——摩阻系数，通过实验确定。

二、预应力混凝土连续刚构

连续刚构桥以其跨越能力大、施工方便、造价低等优势广泛应用于桥梁工程中，特别是随着高速铁路建设向山区快速延伸，高墩大跨径预应力混凝土连续刚构桥在我国得到迅速发展。连续刚构桥的墩梁刚性连接，墩与梁的弯矩分配决定于两者的相对刚度，且梁体的收缩、徐变及温度应力也与刚构墩柱的抗推刚度直接相关，既要满足全桥的纵向刚度要求，又要尽可能地优化梁体内力分布，因此，结构刚度是高速铁路高墩大跨预应力混凝土连续刚构桥设计的重要控制因素，选择合适的墩柱纵向刚度是其中的重要内容。目前，我国铁路连续刚构桥的最大跨度为南(平)龙(岩)铁路正线闽江特大桥，其主桥孔跨采用(118+216+138+83)m双线连续刚构梁。

新建高速铁路沪昆客运专线(长沙—昆明段)克地坝陵河特大桥，跨越坝陵河大峡谷和六盘水至黄果树公路，桥高约140m，桥梁全长525.7m桥址两岸岸坡地势陡峻，为U形河谷地貌，相对高差200~300m，自然坡度30°~66°，基岩多裸露，植被不发育。经综合比选，主桥采用(88+168+88)m预应力混凝土连续刚构，采用对称悬臂灌注法施工，主墩墩高分别为76m、103m，为目前已建成的350km/h时速高速铁路世界最大跨径的预应力混凝土连续刚构高墩铁路桥，主桥总体布置如图3-3-20所示。

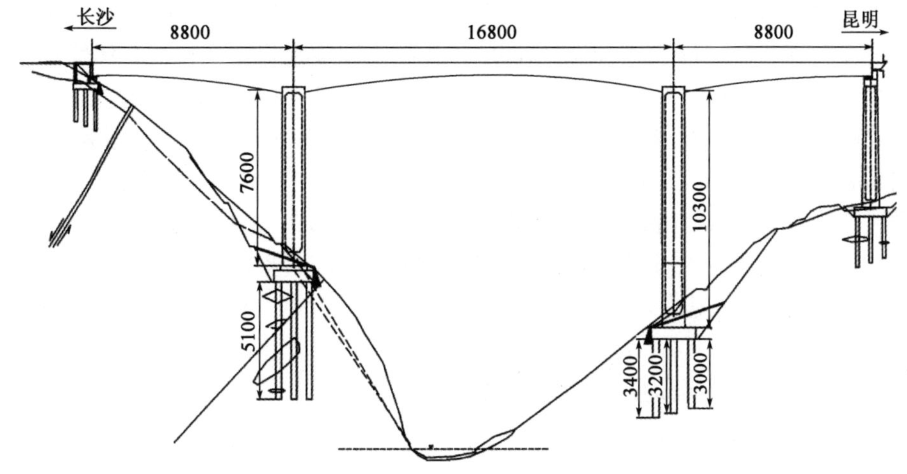

图3-3-20　克地坝陵河特大桥(尺寸单位:cm)

梁体为单箱单室直腹板变高度变截面箱梁，防护墙内侧净宽8.8m，桥面宽12m。中跨跨中18m梁段和边跨端部13.9m梁段为等高梁段，梁高为6m。中支点处梁高为12m，除0号段外其余梁段梁底下缘按二次抛物线变化。箱梁顶板宽12m，底板宽8m顶板厚62cm，边跨端块处顶板厚由62cm渐变至100cm。底板厚52～110cm，腹板厚50～110cm梁体在边跨支座处和主墩处设横隔板，全联共设6道横隔板，横隔板中部设有孔洞，以便人员通过梁体标准截面见图3-3-21。

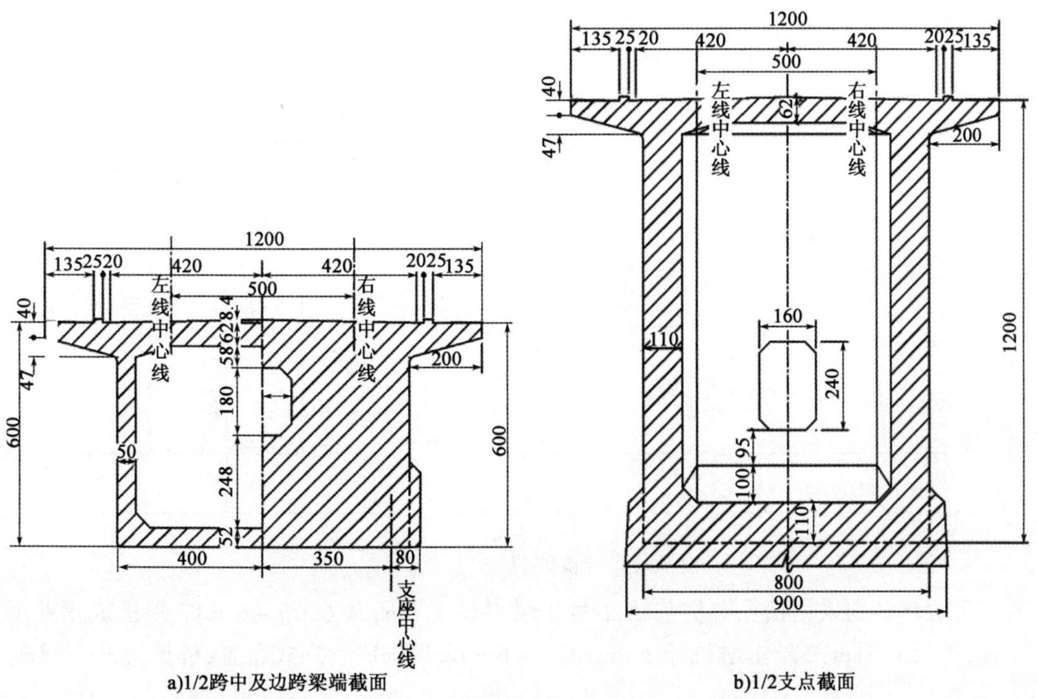

图3-3-21　梁体截面图(尺寸单位:cm)

连续刚构桥的墩梁刚性连接，墩与梁的弯矩分配决定于两者的相对刚度，且梁体的收缩、徐变及温度应力也与刚构墩柱的抗推刚度直接相关，既要满足全桥的纵向刚度要求，又要尽可能地优化梁体内力分布,因此结构刚度是高墩大跨预应力混凝土铁路桥设计的重要控制因素,选择合适的墩柱纵向刚度是其中的重要内容。由于本桥桥墩较高(超过100m),采用双薄壁墩的话,其纵向刚度相对于矩形空心墩较小,在纵向水平力作用下,纵向位移将增大,同时墩身截面需保持足够的整体抗弯刚度来保持全桥的整体稳定,势必设计会加大墩柱尺寸,这样将使圬工增大,且百米高的双薄壁墩施工的线形控制也较难。故经上述双薄壁墩、矩形空心墩综合对比,刚构主墩采用钢筋混凝土矩形空心墩。墩顶处横桥向宽 9m,壁厚为 1.1m;纵桥向宽 10m,壁厚为 1.3m。主墩纵桥向内外均不放坡,在墩顶和墩底分别设置 1.2m、6m 高的实体段。1 号主墩高 76m,横桥向外坡为 15∶1,横桥向内坡为 35∶1。为了将墩身质量合理地集中在结构下部,使其重心下移,有效增加其横向刚度,同时得到较好的外观效果,故 2 号主墩横桥向采用直线二次放坡。2 号主墩高 103m,墩顶以下 75m 范围横桥向外坡为 15∶1,下接直线二次放坡,横桥向外坡变为 10∶1,横桥向内坡为 35∶1。2 号主墩构造见图 3-3-22。

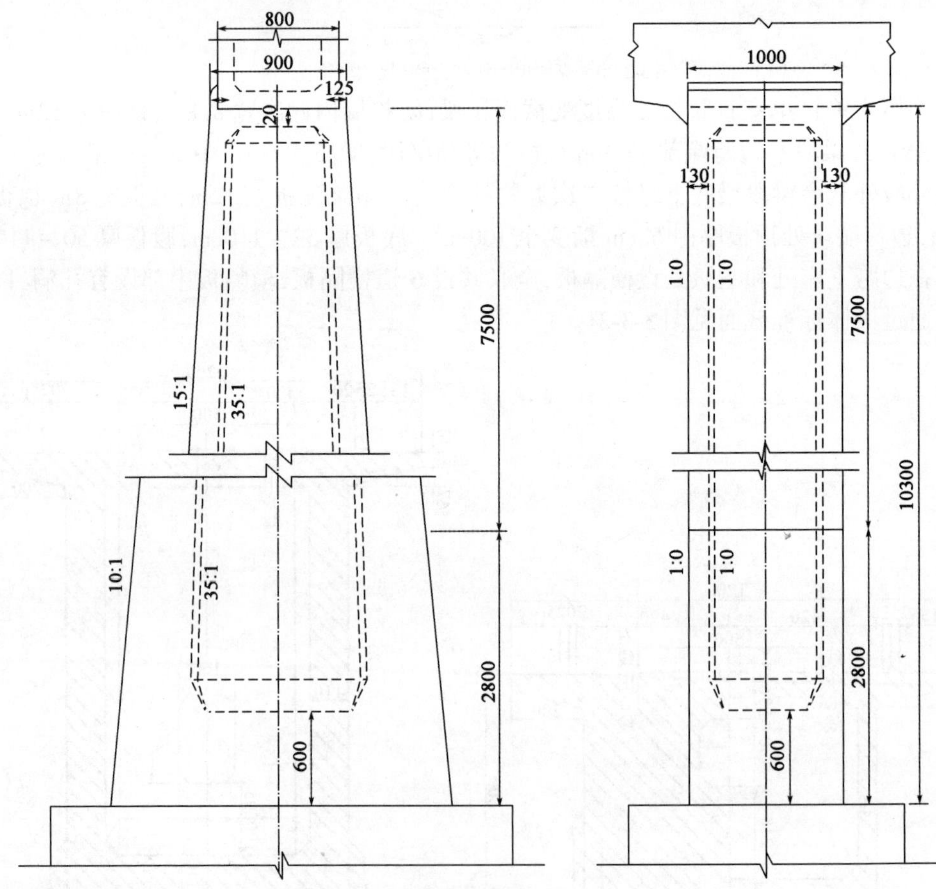

图 3-3-22　主墩 2 号构造(尺寸单位:cm)

主墩基础均采用钻孔群桩基础,1 号主墩桩径 2.5m,共 6 + 5 + 6 = 17 根桩成梅花形布置,桩长为 51m;2 号主墩桩径 2.8m,共 3 × 6 = 18 根桩成行列式布置,桩长为 30 ~ 34m。

三、连续钢桁梁桥

连续钢桁梁桥在普通铁路桥梁中较为常见。高速铁路桥梁中连续钢桁梁往往作为主桥边跨出现,以便与同样采用钢桁梁结构的主桥实现桥面平顺过渡。京广高铁郑州黄河公铁两用桥主桥第1联采用(120+5×168+120)m六塔连续钢桁结合梁斜拉桥,第2联采用5×120m连续钢桁结合梁桥。如京沪高铁南京大胜关长江大桥主桥由两联连续钢桁梁和一联钢桁拱桥组成(图3-3-23)。相同的是,郑州黄河大桥和大胜关长江大桥均采用三主桁结构,以提高桥梁横向刚度,保障线路平顺性。大胜关长江大桥连续钢桁梁由三片N形桁式主桁架组成,桁高16.0m,节间长度12.0m;每两片主桁中心距均为15.0m。

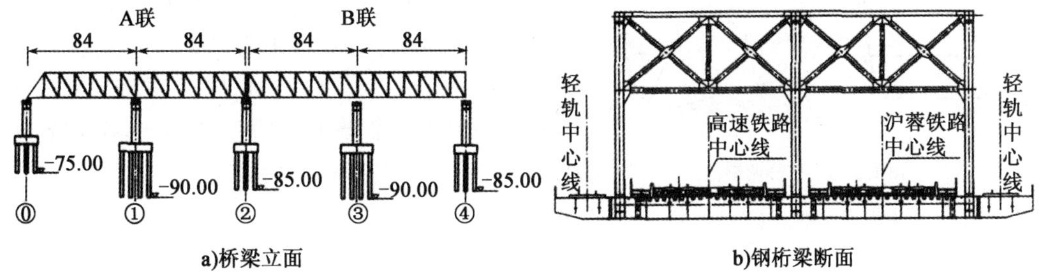

图3-3-23　南京大胜关长江大桥4×84m连续梁布置(尺寸单位:m)

1. 正交异性桥面板

常规钢桁梁桥,是由离散的纵横梁构件构成,其结构外轮廓尺寸大,总体刚度有余,而形成的桥面结构整体性差,动力性能不好,难以满足高速铁路的运行要求。为适应高速铁路的运行要求,该桥采用了整体性好、刚度与结构阻尼大的钢正交异性板,其上铺钢筋混凝土整体道砟桥面结构。采用正交异性钢板作为桥面,且与下弦杆相连接,主要是减少桥面参与主桁共同作用。研究表明,在下弦杆节间设置中间横肋,减小纵梁后,桥面结构参与主桁共同作用的程度大为降低。

正交异性板整体桥面系,由纵肋(梁)、横肋(梁)及其加劲的钢桥面板组成。桥面结构的横肋(梁)、桥面板与主桁的下弦杆焊接在一起,组成板桁组合结构。桥面板采用厚度16mm的Q370qE材质的钢材。U形纵肋间距为600mm,板厚6mm,顶宽300mm,底宽184mm,高260mm,Q370qE材质。在每条线路的轨道之下设置高500mm的倒T形纵梁,遇横梁、横肋的腹板时开孔穿越。

桥面板与主桁下弦杆沿桥纵向是焊接在一起的。为此,下弦杆的上水平板伸出竖板400mm,用坡口对焊接与桥面板焊连。遇主桁节点板处开槽穿越,开槽两侧需用熔透焊接;在节点板端部除熔透外还需加以超声波锤击,以提高抗疲劳性能。桥面板顺桥向每隔3.0m设一道倒T形横肋,横肋的高度与1.2m的主桁下弦杆相等,翼、腹板均和弦杆焊连。在主桁的节点处设2.0m高的横梁。

2. 预拱度设置

为保证列车过桥时桥上线路转角应尽可能小,使列车能比较平顺地通过桥梁,因此需要设置预拱度。对于大跨度高速铁路桥梁,预拱度的设置尤其重要。对于整体节点钢桁梁结构,一般是通过调整弦杆杆件长度来达到结构起拱的目的。对于简支钢桁梁,为了简化制造和安装工作,设计时是让下弦杆和腹杆的长度均保持不变,而只让上弦杆的理论长度伸长的方法进行设置。并且假定其预拱度曲线为圆形,上弦杆调整值都相同,然后试算得到合适的上弦杆拼接缝值;对于连续钢桁梁,中支点处需设置反向曲线使连续梁各跨预拱度匀顺衔接,其上弦杆调整值有正值或者负值的出现,并且为使厂设预拱度与理论拱度接近,部分杆件不伸长也不缩短。因此,对于连续钢桁梁来说,其上弦杆的调整值是不同的,并且预拱度曲线并没有一个解析解,只能通过试算得到合适的上弦杆调整值,要求厂设预拱度与理论预拱度值的差值在合理的可接受范围之内,因此连续钢桁梁结构杆件的调整值并不是一个唯一解。

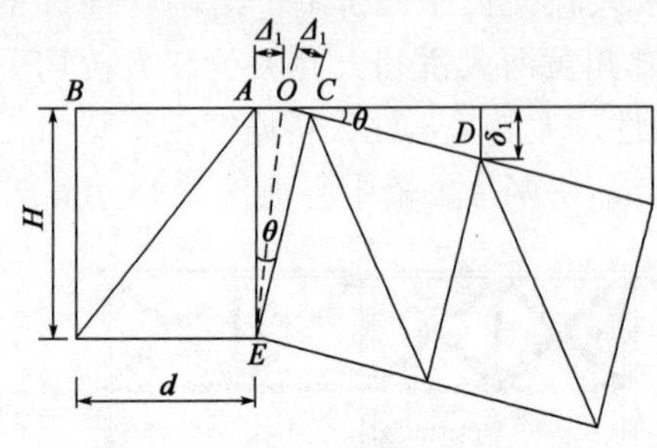

图 3-3-24　预拱度与上弦杆调整值几何关系

预拱度设置的几何法为采用简单的几何关系,建立上弦杆调整值与下弦节点挠度之间的关系。如图 3-3-24 所示,当节点中心两侧上弦杆的第一排螺栓孔的起线各增大 Δ 时,则梁端将下降。若将下降值累积在节点中心的一侧,B 端不降低,则 D 端下降值 δ 可按照几何关系求出。

由图 3-3-24 可得式(3-3-5):

$$\sin\theta = \frac{\delta_1}{OC + CD} \approx \frac{\delta_1}{CD} = \frac{\delta_1}{d} \tag{3-3-5}$$

式中:d——节间长度。

因角度 θ 值很小,所以,$\sin\theta \approx \theta$

故 θ 的求解式为:

$$\theta = \frac{\delta_1}{d} \tag{3-3-6}$$

由图形 $AECO$ 近似地得出:

$$2\Delta_1 \approx \theta \cdot AE = \theta \cdot H \tag{3-3-7}$$

则得出:

$$\theta = \frac{2\Delta_1}{H} \tag{3-3-8}$$

由式(3-3-6)、式(3-3-8)得式(3-3-9)

$$\delta_1 = \frac{2\Delta_1}{H} \cdot d \tag{3-3-9}$$

根据几何关系,下一个节点下降值为 $2\delta_1$,依此类推由此可建立任一上弦杆伸长值对下弦杆挠度值的影响矩阵。

采用非线性规划方程,目标函数为计算挠度值与理论挠度值的差值平方和最小,约束条件可为各点计算挠度值与理论挠度值的差值在合理范围内,未知量即为各上弦杆的伸长值。

目标函数和约束方程为:

$$\min R = \sum_{i=1}^{n} \left(\sum_{j=1}^{m} \delta_{ij}\Delta_j - f_i\right)^2$$

$$s.t. \left|\sum_{j=1}^{m} \delta_{ij}\Delta_j - f_i\right| \leqslant f_0 \tag{3-3-10}$$

式中：f_i——第 i 个弦杆节点理论预拱度；

δ_{ij}——第 i 个下弦杆在第 j 根上弦杆单位伸长量产生的竖向位移；

Δ_j——第 j 个上弦杆的伸长量；

f_0——理论预拱度与厂设预拱度的差值。

可以通过设置更多的约束方程以取得更好的结果，例如 Δ_j 为偶数；需调整杆件数尽可能少，且调整数值大小尽量统一；相邻杆件调整值的差值限定值；实际预拱度与理论预拱度差值限定值等。

3. 施工技术

高速铁路连续钢桁梁的施工可采用悬臂拼装、顶推、拖拉法等施工方法，其中以悬臂拼装施工最为常见。

在连续钢桁梁拼装时，除了按照设计、规范要求对钢桁梁进行进场前检查验收、做好钢桁梁的存放与保护、仔细地预拼、进行严格的高强螺栓进场试验、严格按照高强螺栓施拧工艺进行高强螺栓的施拧、进行钢桁梁拼装过程的施工监控以外，针对高速铁路三主桁连续钢桁梁悬拼中的中线偏位、三桁高差、钢桁梁竖向线形等的控制采取了一些关键技术。

(1) 严格按照桥梁施工规范要求选择冲钉直径，安装数量按照栓孔数量的 50% 进行控制，确保钢桁梁杆件的受力及钢桁梁线形满足设计要求。

(2) 由于温度对钢桁梁线形影响较大，尤其太阳照射对钢桁梁线形影响非常敏感，为控制钢桁梁线形，每拼装 1 个节间即进行 1 次测量，测量钢桁梁的水平偏位、竖向标高、三桁之间的高差等。每次测量必须在太阳没有出来之前气温较为稳定的时段进行。测量符合检验标准要求后方能允许高强螺栓的安装与施拧。

(3) 由于空间斜腹杆拼装时，杆件与节点板之间的公差控制非常严格，而在吊装杆件时的倾斜度很难达到公差要求，为使在杆件插入节点板时，确保喷铝摩擦面不受损坏，可采用斜腹杆安装导向装置，使杆件下放时，依靠导向装置缓慢下滑，避免了喷铝摩擦面的损坏，达到设计要求的摩擦系数。

(4) 由于中桁的重量和受力均比边桁大，在拼装过程中，只是临时用冲钉与普通螺栓连接，因此在悬臂拼装过程中，会出现中桁比边桁高程低的现象，根据现场实际情况，需根据需要设置高程调节装置，使三主桁高程保持一致。

(5) 由于钢桁梁拼装时，存在杆件的制造误差、现场拼装误差、现场存放临时设施的重量不对称偏差，导致钢桁梁拼装时，存在中线偏移现象，当中线偏移误差超过了检验标准允许误差或存在持续偏移趋势时，必须进行纠偏。可采用下弦杆前端横向对拉方法进行纠偏。先安装好上游、中桁、下游的下弦杆件，按照正常情况打入冲钉及普通螺栓，测量中桁的中线偏位情况。根据测量结果，中线若偏上游，则首先安装上游侧铁路桥面板，利用下游弦杆作为锚固点，在杆件前端设置牵引装置，将上游弦杆、桥面板及中桁一起往下游拉动，使中线往下游移动，同时记录中桁下弦杆位移量（因为考虑回弹，牵引位移量应大于要求纠偏位移量 1cm 左右）。将上游、中桁根部节点处，用废旧高强螺栓拧紧进行固定，然后安装下游侧桥面板，将桥面板与中桁、下游下弦连接成整体，完成纠偏工作。若中线偏下游，则反向进行纠偏。

(6) 因为钢桁梁无断面联结系，无上平联，在拼装时，为了保证线形，采用了拼装临时平联的方式。即在拼装钢桁梁时，同时拼装临时平联，在最前面的 5 个节间拼装，在主桁高强螺栓施拧完、铁路正交异性板焊接完成、断面形状稳定后，将后面的临时平联拆除至前端倒用。确保钢桁梁在拼装时的线形满足设计要求。

四、连续刚构加劲钢桁组合结构桥梁

高速铁路桥梁对刚度及变形控制较严格，混凝土大跨刚构（或连续梁）由于后期的徐变变形较大，制约了其跨度的发展及应用，目前在时速 350km 的高速铁路上，纯粹的混凝土连续刚构最大跨度的桥梁为广深港客专沙湾水道特大桥（主跨 2×168m）及武广客专流溪河特大桥（单孔 168m），超过 168m 的多采用加拱组合结构。

银西高铁漠谷河 2 号特大桥地处陕西省乾县境内，桥址位于渭北黄土台塬及沟壑区，地形起伏，地面相对高差近 60m，冲沟较发育。主桥桥高达 105m，桥下黄土深沟，设墩困难，主桥跨度主要受线路高程及地形控制。由于桥墩较高，满足刚构的设计条件，同时梁高不受限制，桥面以上的加劲部分主要作用是控制主梁的徐变变形。本桥上部结构的施工方法只能采用悬臂灌注法，该工法就决定了主梁尺寸不可能过小，因此加劲部分宜考虑柔性结构，以控制变形为主，分担荷载为次。虽然常见的梁拱组合结构中钢管混凝土拱的加劲效果较好；但是本桥桥墩太高，则拱结构高，拱肋内灌注混凝土施工难度较大，质量难以保证，且柔性吊杆张拉及调整复杂，耐久性较差，同时后期养护维修难度及工作量均较大。因此本桥考虑在预应力混凝土刚构跨中设加劲钢桁，减小桥面以上结构高度，降低施工难度，维修养护方便，同时景观效果较好，最终确定主桥采用（97＋2×180＋97）m 加劲钢桁连续刚构组合结构，主桥桥梁立面、主梁断面如图 3-3-25、图 3-3-26 所示。

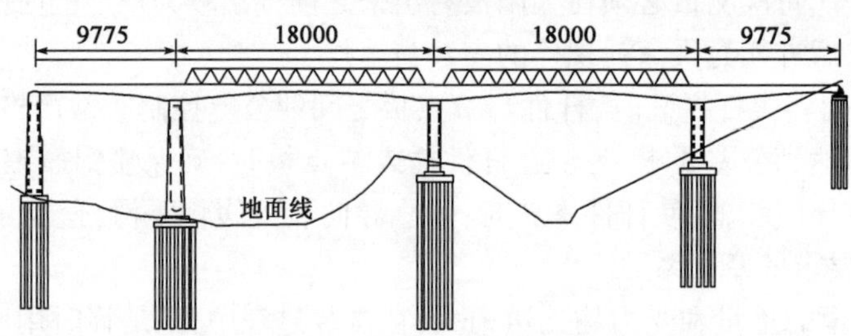

图 3-3-25　桥梁立面（尺寸单位：cm）

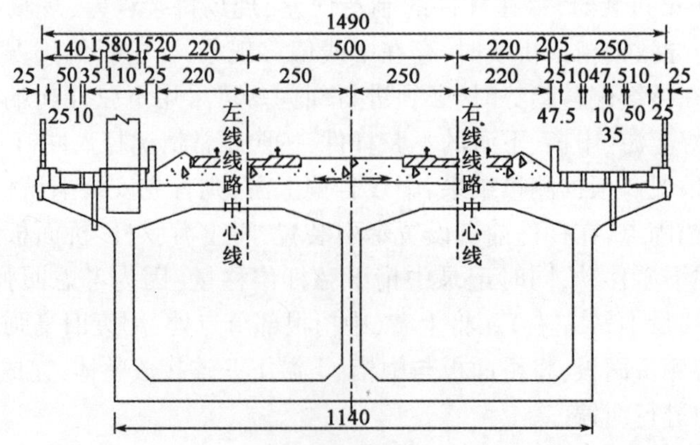

图 3-3-26　主梁断面（尺寸单位：cm）

1. 主梁

为了充分发挥钢桁的加劲作用，主梁设计时尽可能降低梁高，以节省梁部圬工量主梁采用单箱双室变高度箱形截面，边跨梁端27.75m及中跨40m范围内为等高度，梁高4.8m，中支点处梁高12.5m，梁高按1.6次抛物线变化。主梁顶面宽14.9m，底宽11.4m，顶板厚0.5～1.7m，底板厚0.45～2.5m，腹板厚0.45～1.5m箱内顶板处设150cm×50cm倒角，底板处设40cm×40cm倒角，如图3-3-26所示。

2. 加劲钢桁

本桥加桁的主要目的是控制主梁中跨后期徐变变形，与混凝土主梁相比，钢桁整体刚度较弱，且仅承受部分二期恒载和活载，因此，中支点处加桁对降低主梁负弯矩的贡献有限，且增加了结构受力的复杂程度，边跨梁高满足梁端转角要求，也无须设加劲桁，故加桁范围主要考虑在中跨布置设计中对不同桁长进行了计算。研究表明，加桁对降低徐变变形效果显著，桁长156m时徐变下挠不到未加桁时的一半；桁长从60m变化到156m，随着加桁长度的增加，徐变变形减小，但减小的幅度渐缓。同时，加桁对主梁跨中正弯矩降低较多，降幅近20%，对支点处负弯矩影响甚微，可减小3%左右。桁长从60m变化至156m，主梁内力变化较小；但对主梁控制截面的主应力影响较大，同样配束的情况下，桁长156m时，主应力最小。因此，本桥最终加桁长度选择中跨156m范围内。

本桥采用先梁后桁施工顺序，加劲桁架只承担部分二期恒载及列车活载，桁高影响加劲效果及钢桁受力桁高越高，刚度越大，对主梁的徐变变形控制越好，但是在主梁相同挠度下，钢桁上弦轴力越大，桁高降低，则相反。通过力学比选，加劲钢桁采用无竖杆三角形桁式，节间长度12m，上、下节点均采用整体节点形式，其中下节点埋入梁体80cm，采用PBL剪力键与梁体连接。弦杆采用焊接箱形截面，弦杆内宽为730mm，竖板高度880mm，板厚24～36mm，腹杆采用H形截面，截面高730mm，翼缘宽700mm，板厚16～24mm。主桁弦杆及腹杆的节点连接采用M27高强度螺栓。加劲钢桁只有上平纵联，斜杆及撑杆截面均为H形断面，采用N字形式。上平纵联与上弦节点连接采用M24高强度螺栓。

3. 节点构造

梁桁连接节点是本桥的设计难点，连接节点的可靠程度直接决定了加劲桁的效果，甚至影响整个结构的受力和安全。本桥下节点采用整体式节点，埋入梁体80cm，依靠PBL键及剪力钉与梁体连接，采用高强度螺栓与钢桁腹杆连接，如图3-3-27所示。在施工混凝土连续梁时，钢桁下节点预埋。

经过综合计算，PBL键孔径采用65mm，端节点采用48根，中间节点采用63根，孔距150mm×220(215)mm，计算结果不需要设横穿钢筋，为了连接可靠，设计中采用在孔中设25mm弯筋。并且在梁顶凸台内钢板上设22mm剪力钉以加强连接的牢固程度。钢桁与主梁连接构造见图3-3-28。

图3-3-27 下节点三维图

预埋节点处箱梁普通钢筋纵向通长，顶板横向钢筋和箍筋在节点板处截断焊接处理，钢筋端头采用L形下弯对称焊接，减小钢板的热效应。纵向两侧封头板上的预应力管道开孔也采用现场打孔，以防止梁体变形及施工误差导致钢束穿孔困难。节点构造如图3-3-29所示。

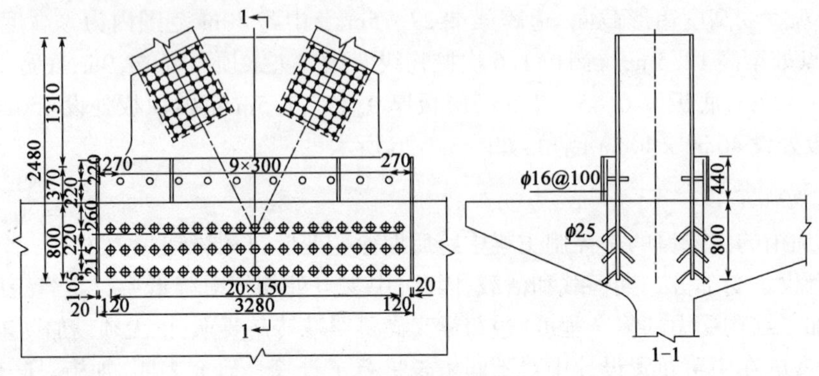

图3-3-28 钢桁与主梁连接构造（尺寸单位：mm）

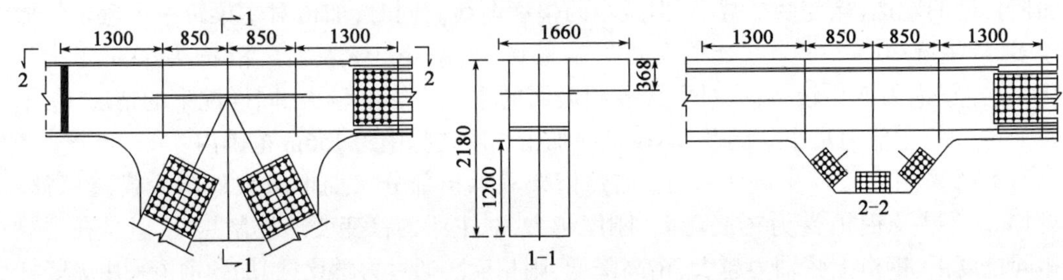

图3-3-29 钢桁上弦节点构造（尺寸单位：mm）

第三节　高速铁路拱桥

一、混凝土系杆拱桥

高速铁路系杆拱桥常见于当桥梁跨度较大时，简支梁和连续梁无法满足要求的情况。常见的混凝土系杆拱桥有单跨简支系杆拱桥和连续系杆拱桥。

1. 简支系杆拱桥

简支系杆拱桥一孔跨越，孔跨布置和施工方法均灵活多样，且美观性好，常见于城市周边区域的高速铁路桥梁。简支系杆拱内轴向力在拱脚处所产生的水平作用与系梁轴力在体系内部达到平衡，对墩台仅产生竖向作用，不产生水平推力，类似简支梁对墩台的作用。

高速铁路简支系杆拱桥考虑到线路平顺性和刚度的要求，主梁常采用预应力混凝土箱梁，通过梁体配置的预应力钢束作为系杆，平衡拱脚推力。常见的跨度布置有64m、96m、128m等类型，可与32m简支梁组合形成标准模数孔跨布局。简支系杆拱桥的施工，通常采取先梁后拱、先拱后梁两种施工方案。对于跨既有线拱桥，有时也采用先梁后拱+转体施工方案。

商合杭铁路西苕溪右线特大桥为满足单孔双向通航净宽要求，需要建设不小于140m

跨径桥梁。由于桥址处地势平坦,采用钢管混凝土系杆拱能有效降低建筑高度,减少引桥长度,节省工程投资。因此,主桥考虑采用 1 ~ 140m 简支系杆拱一跨跨越。结合现场条件和航道管理部门要求,采用先拱后梁施工方案,可避免施工期间对航道封航处理,满足施工期间通航要求。主桥立面布置如图 3-3-30 所示。

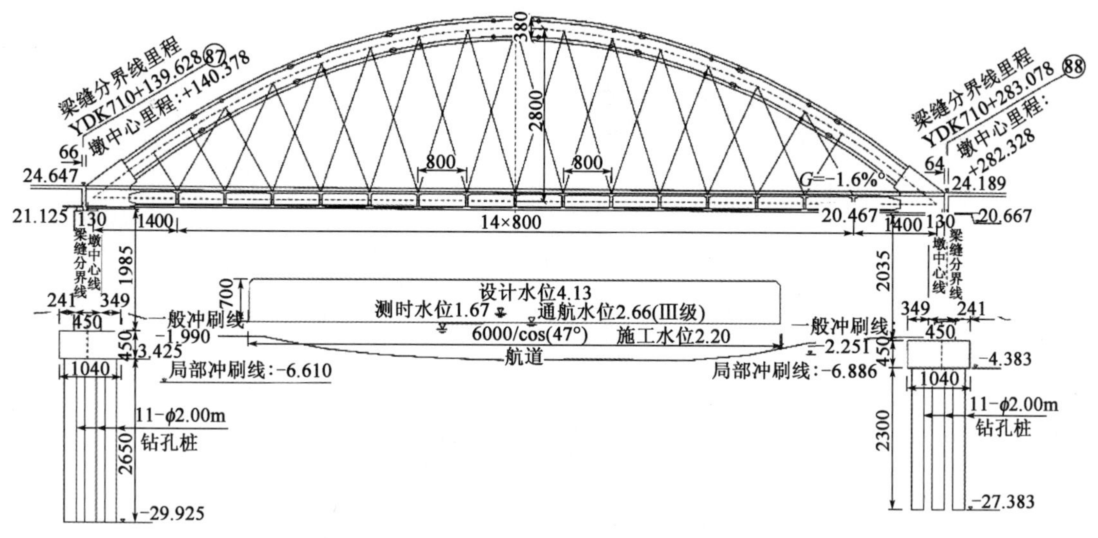

图 3-3-30　西苕溪右线特大桥主桥立面图(尺寸单位:cm,高程单位:m)

(1)拱肋设计

梁全长 142.6m,计算跨长为 140m,矢跨比为 1/5,拱肋平面内矢 28m 拱肋采用抛物线线形,方程为 $y=-0.005714286x^2+0.8x$,x 为拱顶至计算点处的距离。拱肋横截面采用哑铃形钢管混凝土截面,截面高度采用 3.8m,沿程等高布置,钢管直径为 1.2m,由厚 20mm 的钢板卷制而成,每榀拱肋的两钢管之间用 16mm 的腹板连接,在两腹板中焊接拉筋。主桥横截面及拱肋截面如图 3-3-31 所示。

上下钢管及腹腔均为钢-混组合结构,钢管及腹腔内均填充 C55 无收缩混凝土。采用由拱脚向拱顶分舱"连续顶升"的方法泵送施工。泵送顺序为:先上管,后下管,再腹腔。

(2)系梁设计

系梁按整体箱梁布置,采用单箱双室预应力混凝土箱形截面。由于该桥位于曲线段内,考虑到系杆拱施工便利性,线路曲线布置采用平分中矢布置形式,主梁采用"曲梁直做",需根据线路限界要求对桥面加宽,加宽后箱宽 12.4m,系梁截面如图 3-3-32 所示。梁高采用 2.8m,底板厚 30cm,顶板厚 30cm,边腹板厚 35cm,中腹板厚 30cm。底板在 2.8m 范围内上抬 0.50m 以减小风阻力。吊点处设横梁,横梁厚度为 0.4 ~ 0.6m。系梁两端底板上设进人孔,每个箱室均设检查孔,便于在箱内对吊杆等进行检查与换索。底板上设截水槽泄水孔,边腹板与中腹板上设通气孔。由于曲线布置影响,主桥与简支梁间的线路中心梁缝值达 66cm,采用简支梁侧顶板悬出处理,实现主桥与简支梁限界及附属工程顺接。

由于采用先拱后梁施工方案,为减少墩顶外推力,在系梁内设置系杆,于施工阶段分批张拉。全桥共设 16 根系杆,采用 19 - ϕ^j15.20mm 高强度低松弛预应力钢绞线,系杆穿过系梁横隔板及端部实体段时,在孔口增加软质防护垫片,以防张拉系杆时将系杆外皮拉坏。

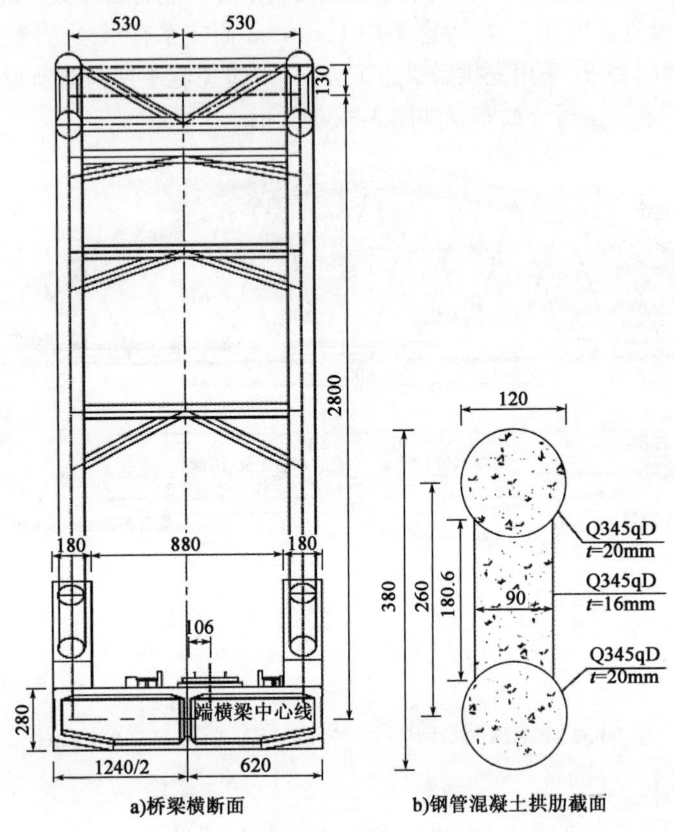

图 3-3-31　西茗溪右线特大桥主桥断面布置(尺寸单位:cm)

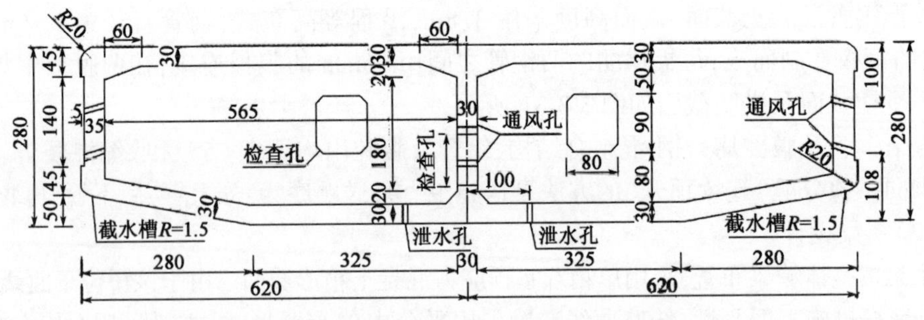

图 3-3-32　西茗溪右线特大桥主桥系梁截面(尺寸单位:cm)

(3)拱脚

拱脚位置处系梁顺桥向 7.3m 范围内设成实体段,横桥向宽度为 12.4m,截面渐变处设倒角或过渡段实体段内设横向预应力筋,分上下两排布置分批张拉完成拱脚混凝土分两次现浇。在现浇第一次混凝土前,将拱肋钢管加劲钢材等安放到位,二期恒载施工完成后浇筑第二次混凝土。由于高速铁路设计规范中,仅规定了梁端悬出长度 0.75m 梁端转角限值,考虑到拱脚区域预埋骨架设置构造要求,梁端悬出长度需按照大于 0.75m 设置。根据梁端转角对轨道平顺性影响,经过与轨道专业对接,该桥梁端转角按照其静活载梁端转角引起钢轨上拔和下压量小于 1mm 控制,综合考虑构造及梁端限值要求,本桥支座纵向中心线至梁端距离按照 1.3m 设计。

(4)吊杆

吊杆布置采用尼尔森体系,在吊杆平面内,吊杆水平夹角在57.166°~72.535°;横桥向水平夹角为90°。吊杆纵向间距为8m,横向间距10.8m,两交叉吊杆之间的横向中心距为0.34m,吊杆均采用127根7mm高强低松弛镀锌平行钢丝束,冷铸镦头锚,索体采用PES(FD)低应力防腐索体,并外包不锈钢防护。

(5)横撑

两拱肋之间共设7道横撑,拱顶处设"米"字撑+2个"一"字撑,拱顶至两拱脚间设6道K形横撑。横撑由600mm、500mm和360mm的圆形钢管组成,钢管内部不填混凝土,其外表面需作防腐处理。

(6)施工方案

主桥采用先拱后梁的施工工艺,总体思路为系梁实体段于桥位处现浇,本桥桥位现浇节段取16.8m,拱肋于河岸搭设支架,拼装工厂预制节段拱肋,待拱肋拼装完成后进行整体吊装到位采用挂篮浇筑预应力混凝土系梁,系梁浇筑过程中同步安装吊杆,根据拱脚推力,依次张拉预应力钢绞线系杆。主要施工步骤为:基础施工→墩柱施工→搭设支架,现浇拱脚混凝土,拱角与墩顶临时固结→于河岸拼装两钢管拱肋→拱肋钢管分别吊装至桥位,与拱脚预留拱肋钢管焊接→泵送拱肋上、下钢管管内混凝土并在达到90%设计强度后,分别张拉2根系杆,安装系杆支撑吊索→泵送拱肋腹板内混凝土,并在达到90%设计强度后,张拉2根系杆→安装挂篮,施工2(2′)号系梁梁段,安装张拉吊杆移动挂篮,依次施工3(3′)~7(7′)8号系梁梁段,安装并张拉箱梁上对应吊杆,待系梁混凝土强度达到95%后,在相应阶段张拉系杆→浇筑系梁合龙段混凝土,待其达到设计强度95%后,拆除挂篮及墩梁临时固结,张拉吊杆→拆除系杆支撑吊索,复查吊杆索力并调整至设计值→分批对称张拉系梁内全部剩余预应力索,预应力管道压浆→安装桥面二期恒载,复查吊杆索力并调整至设计值→施工钢管防锈及颜色的涂装→施工完成。

2. 连续梁-拱组合桥

连续梁-拱组合桥作为一种新型组合结构,整个体系桥梁主要由拱肋、系梁、吊杆、桥面系组成,连续梁拱克服了拱桥对地基要求较高和连续梁对材料要求较高的缺点,又改善了连续梁桥较大的弯矩和剪力的受力状况,最大限度地发挥了拱与混凝土连续梁的优势,具有动力稳定性好、结构刚度大、跨越能力大、施工方便、造型美观等显著优点,而且还具有显著的工程实用价值和经济效益。目前,中国高速铁路最大跨径连续梁拱组合桥为徐宿淮盐高铁盐城特大桥跨西塘河(100+200+100)m连续梁-拱组合桥,该工程预计2019年竣工通车,如图3-3-33所示。

图3-3-33 跨西塘河连续梁拱桥悬臂施工0号块施工

连续梁拱组合桥的受力特点可以概括为:梁拱共同受力,主梁承受弯矩和拉力,拱肋主要承受轴向压力,剪力主要由拱肋轴力的竖向分力承担,通过调整吊杆张拉力可以使主梁的受力状态处于最有利状态。根据连续梁拱的内力分布,梁拱组合结构可以增强结构的竖向刚度,减小弯矩和剪力峰值,从而减小梁体截面高度,使结构外形更加轻巧。

统计显示,高速铁路连续梁-拱组合桥梁拱肋多采用钢管混凝土结构,主要采用哑铃型截面、平行单管提篮内倾三肢桁架、钢箱双助平行拱等截面,而采用哑铃形等高度截面所占比重达 84.22%。拱肋矢跨比常设为 1∶5,少部分采用 1∶6、1∶4 等。拱轴线的线形直接影响主拱助截面内力的分布和大小,而截面内力的分布和大小又直接影响到成桥的运营和寿命。目前,高速铁路连续梁-拱组合桥梁的拱轴线方程均为二次抛物线。

连续梁拱桥施工方法主要有先梁后拱和先拱后梁两种方法。调查的高速铁路桥梁中,全部为先梁后拱的施工方法。在连续梁施工过程中,主要有满堂支架现浇、悬臂法施工、顶推施工、转体施工法和缆索吊装法等方法。支架法施工是在桥位处搭设支架,在支架上浇筑桥体混凝土。悬臂施工法,先施工桥墩,由桥墩向两侧先施工一段箱形梁,达到强度设计值时,挂篮悬臂向前伸出后再支模板浇筑梁段。转体施工法是在适当的位置使用简便的支架先将半桥预制完成,再以桥梁结构本身为转动体,将两个半桥转体到桥位轴线位置合龙成桥。拱助施工主要有支架安装、塔吊竖转、异位拼装等方法。

京沪高速铁路镇江京杭运河特大桥主桥采用(90 + 180 + 90)m 下承式连续梁拱组合结构、180m 一孔跨越运河的设计,不仅满足了通航要求,也避免了在水中设置深水墩,减少了桩基、承台的施工费用和施工期对航道的影响,如图 3-3-34 所示;钢管混凝土拱肋加强了中孔的整体竖向刚度和稳定性,使中跨主梁的结构高度得以减小,从而降低了跨中桥面高程,缩短了引桥长度,显著降低了造价;从景观上来看,该桥作为京沪高速铁路上的一个亮点,拱结构的采用在视觉上给人以跌宕起伏的韵律感,桥完全与青山绿水融合在一起,显得更加宏伟和壮观。

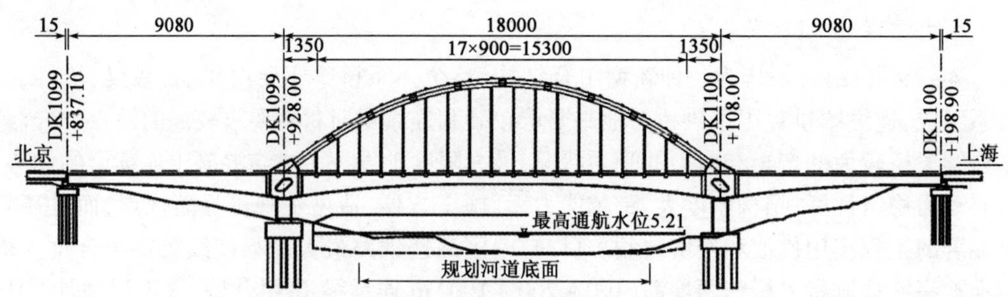

图 3-3-34　镇江京杭运河特大桥主桥立面布置(尺寸单位:cm)

(1)主梁构造

主梁为预应力混凝土结构,采用单箱双室变高度箱形截面,跨中及边跨支点处梁高 4.5m,中跨支点处梁高 10.0m,梁高按圆曲线变化。主梁顶宽 14.2m,中跨支点处局部顶宽 16.5m;顶板厚 0.42m,中跨支点处局部顶板厚 1.02m,边跨支点处局部顶板厚 0.72m;底宽 10.8m,中跨支点处局部底宽 13.8m;底板厚度 0.40 ~ 1.049m,中跨支点处局部底板厚 1.50m,边跨支点处局部底板厚 0.85m。腹板采用直腹板,腹板厚分 0.40m、0.55m、0.70m三种,中跨支点处局部腹板厚 1.30m,边跨支点处局部腹板厚 0.85m。中跨支点附近及跨中截面见图 3-3-35。

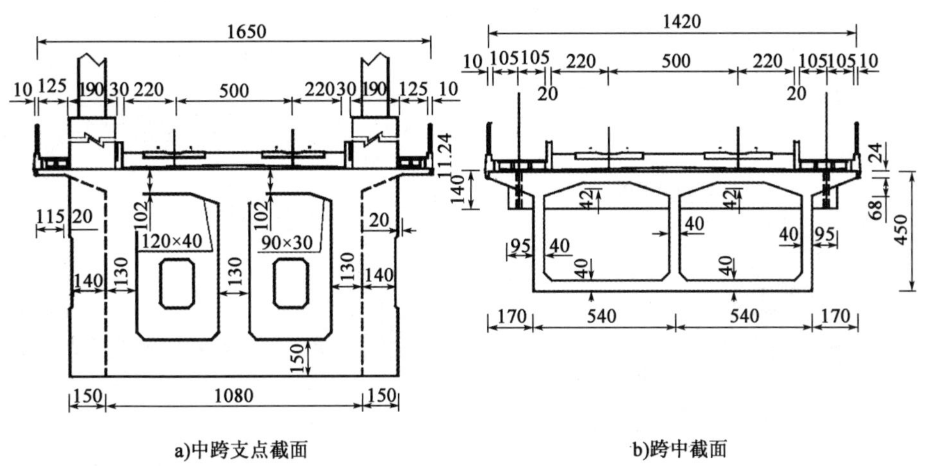

图 3-3-35　镇江京杭运河特大桥主桥截面布置(尺寸单位:cm)

主梁共设 6 道横隔板,边跨支点横隔板厚 1.6m,中跨支点横隔板厚 4.0m,中孔两道中间横隔板厚 0.4m,各横隔板均设进人孔。主梁于各吊杆处共设 18 道吊点横梁,吊点横梁高分 1.5m、1.4m 两种,横梁厚 0.4m。主梁共分 79 个梁段,梁拱结合部 0 号梁段长 17m,中孔合龙梁段长 3.0m,边孔直线梁段长 6.8m,其余梁段长分 3.0m、3.5m、4.0m、4.5m四种。主梁除 0 号梁段、边孔直线梁段在支架上施工外,其余梁段均采用挂篮悬臂浇筑,悬浇梁段最重达 3374kN。

(2)拱肋

拱肋计算跨度 $L=180.0$m,设计矢高 $f=36.0$m,矢跨比 $f/L=1:5$,拱轴线采用二次抛物线,设计拱轴线方程:$Y=-1/225x^2+0.8x$。拱肋于拱顶设置最大 0.126m 预拱度,施工矢高 $f=32.126$m,施工拱轴线方程:$Y=-0.004460x^2+0.802800x$。拱肋实际施工均采用施工拱轴线制作和拼装。

拱肋为钢管混凝土结构,采用等高度哑铃形截面,截面高度 3.1m。拱肋弦管直径 1.1m,由 $\delta=20$mm、24mm 厚的钢板卷制而成,弦管之间用 $\delta=16$mm 厚钢缀板连接,拱肋弦管及缀板内填充微膨胀混凝土,拱肋截面如图 3-3-36a)所示。两榀拱肋间横向中心距 11.9m。

拱肋钢管在工厂制作加工后,运至现场拼装,每榀拱肋划分为 14 运输节段,运输节段最大长度要小于 15.0m。每榀拱肋上下弦管分别设一处灌注混凝土隔仓板和 36 道加劲钢箍;腹板内设 3 处灌注混凝土隔仓板,沿拱轴线均匀设置加劲拉筋,加劲拉筋间距为 0.5m。

(3)横撑

两榀拱肋之间共设 9 道横撑,横撑均采用空间桁架撑,各横撑由 4 根 500×14mm 主钢管和 32 根 250×10mm 连接钢管组成,钢管内部不填混凝土,横撑截面见图 3-3-36b)。

(4)吊杆

吊杆顺桥向间距 9m,全桥共设 18 组双吊杆。吊杆采用 PES(FD)7-61 型低应力防腐拉索(平行钢丝束),外套复合不锈钢管,配套使用 LZM7-61 型冷铸镦头锚。吊杆上端穿过拱肋,锚于拱肋上缘张拉底座,下端锚于吊点横梁下缘固定底座。

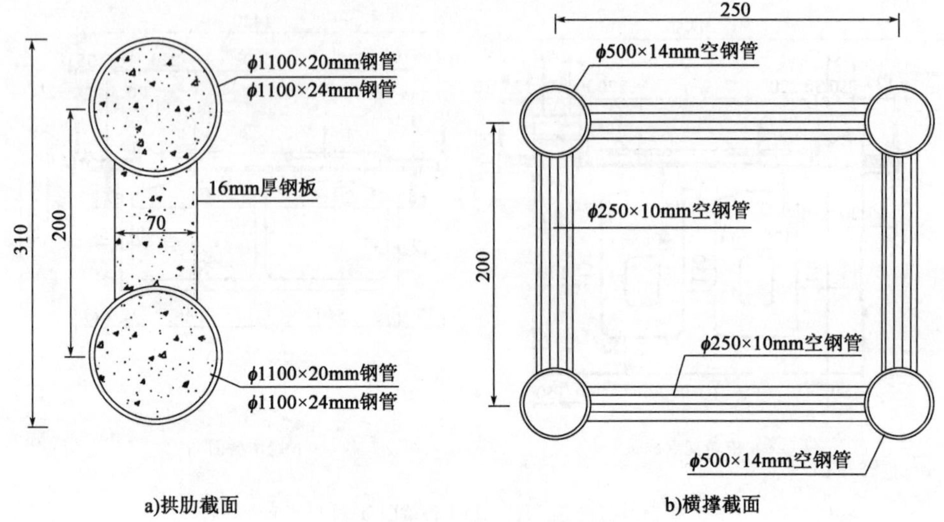

图 3-3-36　拱肋及横撑截面(尺寸单位:cm)

(5)施工方案

连续梁拱组合结构将部分恒载及活载通过吊杆传至拱肋,由拱肋直接传到主梁根部,拱肋产生的水平推力由主梁承担,主梁兼有系杆的作用。本桥为刚性连续梁柔性拱组合结构,主梁采用悬灌施工,梁体自重由主梁承担,二期恒载及活载由梁、拱共同承担,主梁为本桥主要承重结构。

成桥时,吊杆力总重为21400kN,占中跨二期恒载总重(33480kN)的63.9%;在全桥满布列车活载时,拱肋承担的竖向列车活载,占中跨范围总竖向列车活载的38.4%。

本桥采用"先梁后拱"施工方案,以连续梁桥面为工作面,矮支架拼装拱肋钢管后,将拱肋钢管竖向转体就位,施工受力二者相互利用,充分发挥了两种结构的优点。主要施工步骤:利用挂篮悬臂浇筑主梁→合龙主梁边孔,拆除临时支墩→合龙主梁中孔→以桥面为工作面,矮支架拼装钢管拱肋→利用桥面塔架及其他设备,使钢管拱肋竖向转体就位,合龙拱顶、固结拱脚→依次灌注拱肋上弦管、下弦管、缀板内混凝土→按指定次序张拉吊杆,调整吊杆力→施工桥面系,调整吊杆力到成桥设计索力,完成全桥施工。

3. 连续刚构-拱组合桥

连续刚构-拱组合结构,具有预应力混凝土连续刚构和系杆拱桥共同受力的特点。在桥梁需要较大跨越能力、连续刚构体系不能满足要求时,可设置连续刚构-拱组合体系。高速铁路连续刚构-拱组合桥的基本受力特点是主梁自重主要由连续刚构承受,二期恒载及活载由拱肋与主梁二者共同承受。拱作为以承受压力为主的构件,具有竖向刚度大的特点,形成组合结构以后,在竖向荷载作用下,一部分竖向力通过吊杆、拱肋直接传至主梁根部,因此使主梁跨中及根部弯矩得到显著减小。该类型桥梁对应于连续刚构桥的结构形式,常设置为连续刚构-拱组合、V形刚构-拱组合两种方式,施工常采用"先梁后拱"方式。

(1)连续刚构-拱组合桥

在商合杭高速铁路桥梁设计中,为了跨越亳州涡河、阜阳颍河等多处特殊工点,需要一种跨越能力大,效果美观且经济性较好的桥式。若采用连续梁拱桥加劲或者刚构连续梁等桥型方案，结构的温度跨长较大，钢轨会受到较大的应力，需要设置钢轨伸缩调节器，而这几处工点均位于平面曲线上，根据规范的要求不能设置钢轨伸缩调节器是为了减小桥梁结构的温度跨长并且降低造价，将本桥桥式拟定为连续刚构体系，结合目前国内铁路桥梁的设计成果，选取了(88 +168 +88)m 连续刚构-拱桥方案。

本方案采用单箱双室变高截面形式，桥面宽17.8m，箱宽14.4m，箱梁梁高变化采用2次抛物线，墩梁固结处梁高10m，跨中合龙段及边跨现浇段处梁高4.5m箱梁腹板厚度按50～150cm直线变化；箱梁底板厚度变化采用了2次抛物线，由根部的150cm渐变到跨中50cm；顶板厚度均采用45cm主梁采用C55混凝土。双薄壁墩墩中心间距8m，墩高16.5m，单肢墩为板形实心截面，壁厚2m，横桥向16.8m。

钢管混凝土拱轴线方程采用二次抛物线形式，横桥向采用两片等高拱加劲，拱肋采用哑铃形钢管混凝土，拱肋截面高3.0m，拱管1.2m，拱肋中心距15m钢管拱矢高34m，矢跨比为1/5。拱管内灌注C55补偿收缩混凝土。吊索采用平行钢丝束PES(FD)7-151，抗拉强度标准值为1670MPa，全桥共设23对吊索。为了保证拱肋的横向刚度和稳定性，拱肋间横向联结系采用密布一字形横撑，全桥横撑共11道。横撑采用ϕ1.2m、全高1.8m的圆端形截面，壁厚20mm全桥共设4道K形撑，K形撑的斜撑采用0.9m的圆形钢管截面。

方案立面及横断面见图3-3-37～图3-3-39。

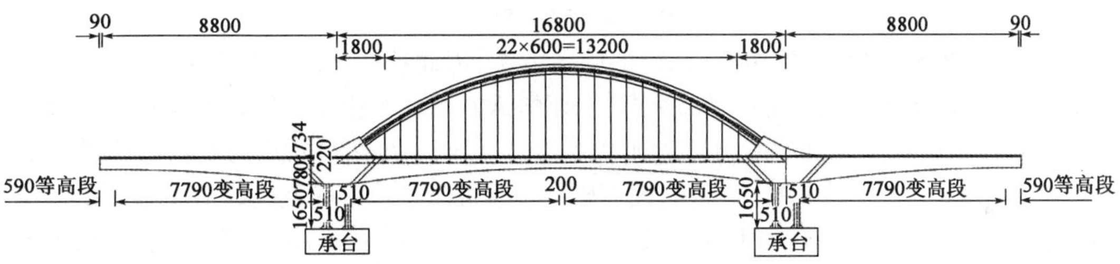

图3-3-37 连续刚构-拱桥立面(尺寸单位:cm)

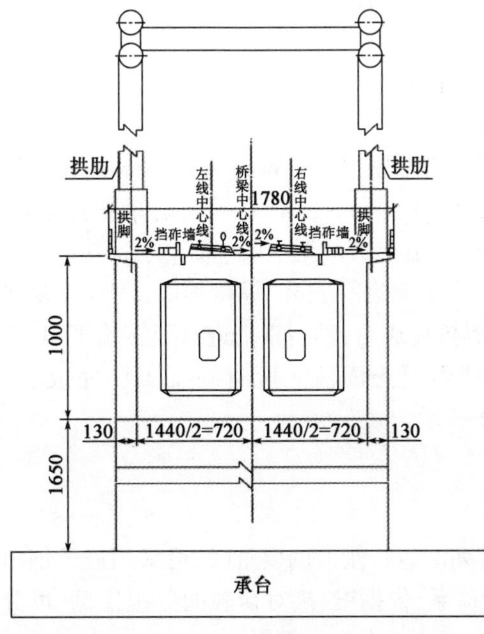

图3-3-38 墩梁固结处横断面(尺寸单位:cm)

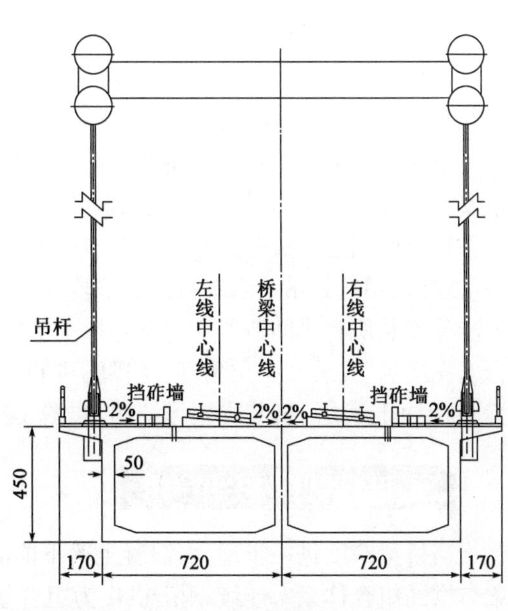

图3-3-39 主跨跨中合龙段处横断面(尺寸单位:cm)

(2)V形刚构-拱桥

V形刚构拱组合桥利用V形刚构的主跨斜腿与钢管混凝土拱的拱座连接形成,具有拱和V形连续刚构共同受力的特点,其结构性能已不同于一般的梁拱组合体系桥。上部结构以V形墩连续刚构为主体,配以钢管混凝土拱肋进行加劲,起到了减小主梁梁高、控制跨中下挠以及弱化高速行车时桥梁振动的作用。新建广州至珠海(含中山至江门)城际铁路工程中的小榄水道特大桥,为双线桥,线间距离4.4m,全长7686.57m,主跨采用(100+220+100)mV形刚构拱组合,是我国铁路客运专线首次采用的结构形式,是同类桥梁跨度最大的,全桥立面布置如图3-3-40所示。小榄水道特大桥主桥V形墩、主梁均采用单箱双室截面,V形墩支点处梁高7.8m,主跨跨中和边跨支座处梁高3.8m,V构内部最小梁高4.8m,拱肋采用N形桁架,拱肋中心横向间距12.2m,全桥共设15对吊杆。

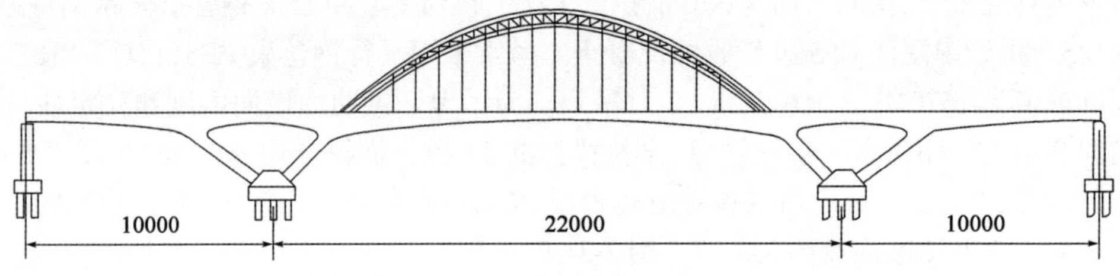

图3-3-40　小榄水道特大桥立面图(尺寸单位:cm)

小榄水道特大桥采用“先梁后拱”的施工方案,因此从全桥结构受力上来看,V形刚构拱组合桥的主梁自重主要由梁部承担,二期恒载及活载则由组合结构共同承担。分析表明,通过拱肋对V形连续刚构桥的加劲作用,V形刚构拱组合桥中跨在活载作用下的最大弯矩和最大挠度均减小约50%,使用阶段由于混凝土收缩徐变引起的主梁跨中下挠量仅为V形连续刚构桥跨中下挠量的12%,拱肋的加劲作用使结构的竖向刚度有显著提高,提高到V形连续刚构桥的2.56倍以上,可见通过桁架拱肋对V形连续刚构桥的加劲作用,组合结构桥梁中跨的受力状态有了很大改善,结构刚度有了很大提高,充分发挥了V形连续刚构和拱桥两者的优点。

该桥采用“先梁后拱”的施工方案。承台施工采用钢板桩围堰,V肢斜腿采用落地支墩与水平拉杆相结合的方法施工;主梁采用挂篮悬浇施工,拱肋属于钢管混凝土拱。拱肋拼装采用卧拼方案。拱肋分南北方向分别拼装,卧拼顺序为从拱脚到拱顶,先利用两岸塔吊安装拱脚段,然后在桥面上施工索塔及缆索吊装系统(图3-3-41),搭设钢管拼装支架,再将厂家已制造完成并编号的拱肋节段按起吊顺序用浮吊吊至平驳船上,将平驳船移至桥下就位,用缆索吊装系统将拱肋节段起吊至拼装支架进行安装,焊接加固,逐步重复以上步骤安装所有拱肋节段。待钢管拱全部安装焊接完成后,利用索塔进行竖转施工,竖转合龙完成后,安装及张拉吊杆,从拱脚进行钢管拱混凝土灌注。所有施工工序完成后,拆除桥面上索塔、拼装支架等结构,如图3-3-42所示。

二、连续钢桁-拱组合桥

当桥梁跨度进一步增大,混凝土梁不能满足列车运行刚度的要求时,可采用连续钢桁梁与拱的组合体系。连续钢桁-拱作为组合结构体系,依据梁、拱对荷载的分担比例,可分为刚性拱和柔性拱两种类型,前者主要以拱受力、后者主要以桁梁受力。

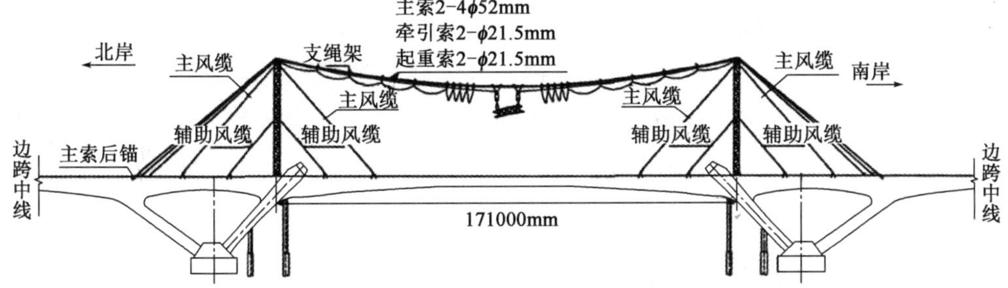

图 3-3-41　拱肋缆索吊装及竖转

图 3-3-42　拱肋缆索吊装及竖转

1. 连续钢桁拱桥

南京大胜关长江大桥是京沪高速铁路全线的控制性工程，也是沪汉蓉铁路与新建南京铁路枢纽的重要组成部分，同时搭载南京市双线地铁。四线铁路与南京双线地铁同桥过江，充分利用了越江桥位资源。本桥孔跨布置的关键在于通航孔能适应包括南京三桥在内的习惯性航路，同时还要适应航道的变化并兼顾河道形态，通航孔采用大跨度以满足通航要求。为使两桥间航路顺畅与平顺衔接，采用孔跨布置(108 + 192 + 336 + 336 + 192 + 108)m 的钢桁-拱桥方案。桥梁立面如图 3-3-43 所示。

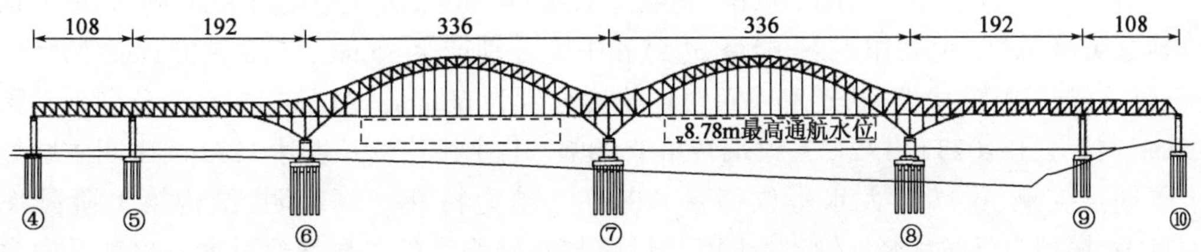

图 3-3-43　大胜关长江大桥立面(尺寸单位：m)

主跨拱圈矢高 84.0m，矢跨比 1/4，主跨跨中拱圈桁高 12m、拱脚处拱圈桁高 47.9m。拱圈桁架采用三角形桁式，与边跨钢桁梁相一致。平弦钢桁梁和拱圈桁架的标准节间距为 12m。边跨 108m + 192m，平弦部分桁高 16m，高跨比分别为 1/6.75、1/12。

布设3片主桁架，共同承载四线列车与两线轻轨列车荷载，可减小桥面横梁的承载跨度。3片主桁间距15.0m，主桁全宽30.0m。拱圈上、下弦杆平面，平弦主桁上弦杆平面，加劲弦杆平面均设置纵向联结系，保证截面的整体性与拱圈的稳定。竖杆平面设置横向联结系，增加截面的抗扭转刚度。边跨、主跨支点部位的特征断面，横向联结系布置见图3-3-44。为适应南京大胜关长江大桥的使用需求，针对60mm厚板杆件开发出了Q420qE结构钢。

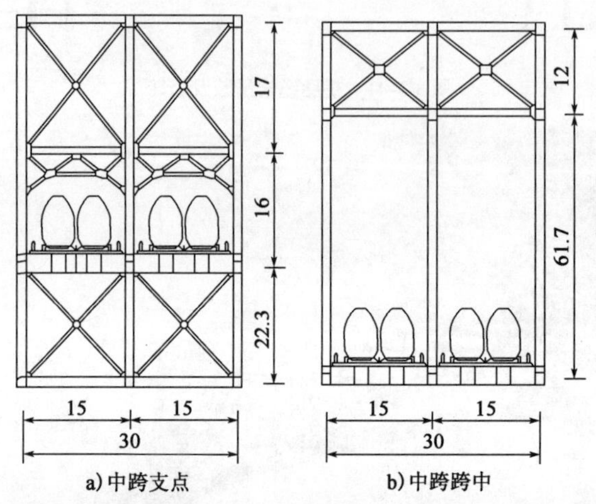

图3-3-44 钢桁拱拱圈横断面(尺寸单位:m)

铁路桥面置于下弦平面，四线铁路并行。3片主桁将桥面分隔，上游侧为双线沪汉蓉铁路、下游侧为双线京沪高速铁路。采用箱形下弦杆与正交异性板结合的整体桥面结构，除主桁节点处设置大横梁外，每节间中还设置3根小横梁，这些横梁也与主桁下弦杆相连，每线铁路下方仍设置2根纵梁，正交异性钢桥面板厚16mm，和伸过主桁内侧竖板的箱形弦杆的上水平板对接焊。正交异性板整体桥面由纵肋(梁)、横肋(梁)及其加劲的钢桥面板组成。桥面结构的横肋(梁)与桥面板，和主桁的下弦杆焊接在一起组成板桁组合结构。桥面板上铺混凝土道砟槽，承载道砟轨道结构。于是，形成了抑振质量大、结构阻尼大、较为平顺的轨道支承结构。

主墩采用46根2.8m的钻孔桩，最大桩长112m。承台平面尺寸为34m×76m，墩身为12m×40m圆端形空心墩，采用单箱双室截面。

结构分析表明，主桥(钢桁-拱桥)恒载近1000kN/m，最大支座反力175000kN，最大构件轴力95000kN。恒载作用下，端跨、边跨和中跨分别产生85mm，159mm，351mm的竖向挠度；活载作用下，端跨、边跨和中跨竖向挠度分别为68mm，179mm，157mm，分别为其跨度的1/1581、1/1073和1/2137，梁端转角1.93‰rad；主桥连续长度达1272m，中间主墩处设置固定支座，梁端最大水平位移±390mm。动力特性计算表明，结构第1阶频率0.37Hz，振型为反对称竖向，反映出因各桥墩与基础刚度的差异导致桥梁先出现纵向自振，也表明上部结构具有足够的刚度。

六跨连续钢桁-拱架设采用点、线、面结合施工方案。选择4号、10号墩为起始架设点，4号、10号墩旁各设4组临时支墩，钢梁起始3个节间采用提升站吊机在临时支墩上线、面组合拼装架设，其余节间钢梁采用60t架梁吊机半伸臂架设，直至192m边跨合龙。

6 号、8 号墩主跨钢梁采用 3 层吊索塔架辅助全伸臂架设，墩顶起始点 2 个节间由浮吊架设，其余节间由 70t 爬坡架梁吊机线、面组合架设。7 号墩采用墩旁托架与钢梁固结，辅助 3 层水平索双悬臂对称架设，墩顶起始点 2 个节间钢梁由浮吊架设，其余节间由 70t 爬坡架梁吊机线、面组合架设。六跨连续钢桁拱共设 4 个合龙口，两侧 192m 边跨、336m 主跨各 1 个，先合龙边跨，后合龙主跨，先拱桁合龙，后系杆合龙，如图 3-3-45 所示。

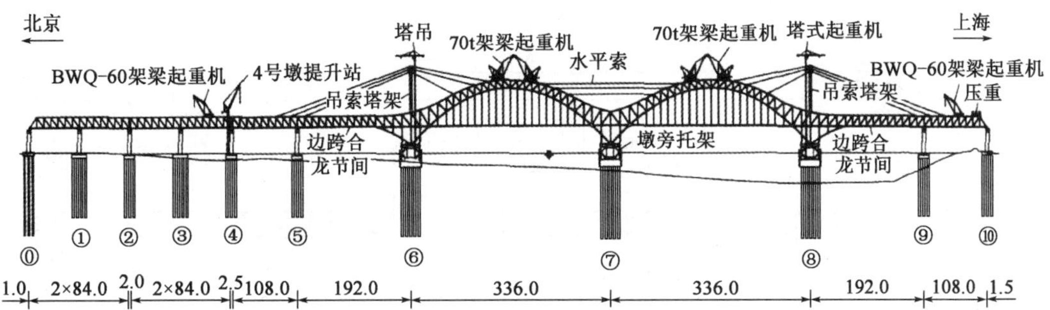

图 3-3-45 六跨连续钢桁-拱架设施工（尺寸单位：m）

针对三主桁结构特点，理论计算合龙口节点位移随温差荷载作用的变化量，实测温度变化规律及合龙口节点位移变化规律，主拱合龙采用以调索与钢梁预先纵移为主要手段，利用合龙顶拉设备、温差进行微调，实现大跨度钢桁-拱无应力状态下跨中合龙。通过调整索力使合龙口相对节点高差、转角一致，经过钢梁预先纵移使合龙口节点间距满足长圆孔打入长圆铰轴的要求，采用顶拉措施、温差微调合龙节点纵向位移，实现圆孔铰轴打入的要求，逐步打入冲钉并安装高强螺栓，完成精确合龙，如图 3-3-46 所示。

图 3-3-46 桥梁合龙照片

2. 连续钢桁-柔性拱、柔性吊杆

连续钢桁柔性拱桥的主要受力构件为连续钢桁梁，柔性拱作为钢桁梁提高跨度和刚度辅助受力构件。目前，国内高速铁路连续钢桁-柔性拱桥的最大跨度为沪通铁路天生港航道桥，桥梁跨度布置为（140 + 336 + 140）m。上层为 6 车道高速公路，下层为 4 线铁路，设计活载大，设计标准高。如果采用刚性梁柔性拱、刚性吊杆体系，拱的矢高大、起重机起吊高度巨大，拱的安装费用高；另外，吊杆长达 60m，由于长细比要求，吊杆截面尺寸大、自重大，不仅增加拱肋和梁的负担、增加工程造价，而且加大了吊杆风振破坏的风险，如果采用刚性拱柔性梁、柔性吊杆体系，由于刚性拱构造和安装均比较复杂，导致工程造价高。经过综合比选，最终确定采用刚性梁柔性拱柔性吊杆组合体系。

主梁采用三主桁双层板桁组合结构，主拱采用抛物线形的钢箱拱肋，拱肋与主桁的上弦杆采用柔性吊杆连接。主梁桁架节间长度为 14.0m，主桁宽度为 2 × 17.25m，中桁高 16.0m，边桁高 15.7m，中支点处下加劲腿高 16.0m。拱肋为箱形截面，边拱肋矢高 60m，中拱肋矢高 59.7m。桥梁立面及主桁标准横断面布置如图 3-3-47、图 3-3-48 所示。

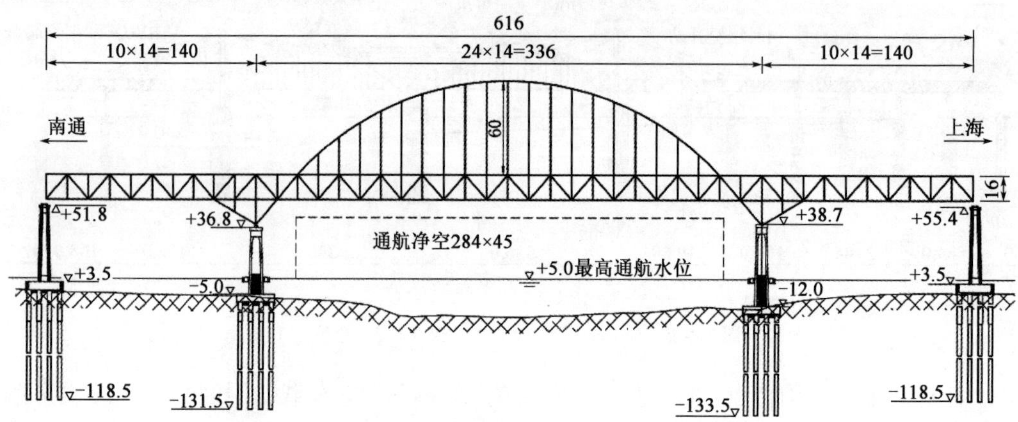

图 3-3-47　天生港航道桥立面布置(尺寸单位：m)

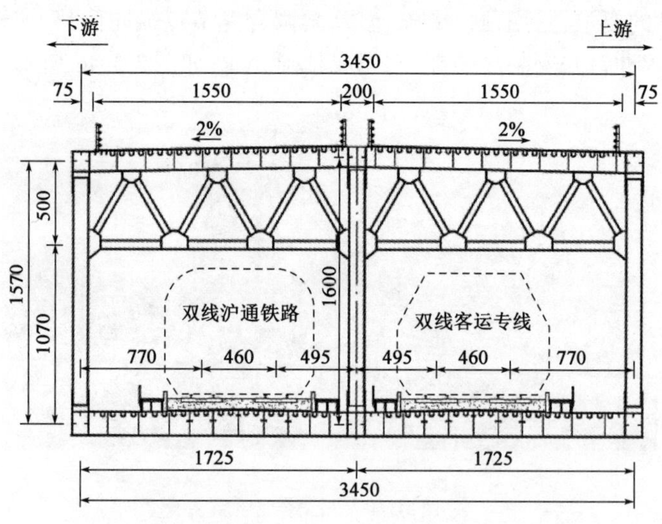

图 3-3-48　天生港航道桥主桁标准横断面布置(尺寸单位：cm)

采用刚性梁柔性拱、柔性吊杆的组合体系，简化了拱肋构造，避免了吊杆的风振破坏。针对这一桥型的特点，采用先梁后拱的施工法，即采用对称悬臂架设法首先完成刚性钢桁主梁的安装。然后安装拱肋，拱肋分成 2 个半拱，在上层桥面焊接成型，利用拱与梁之间的竖转铰、临时吊索塔架、临时拉索等辅助设施将拱肋竖转就位，并实现拱肋跨中合龙，最后在上层桥面张拉柔性吊杆，从而完成主体结构的安装。桥梁竖转施工如图 3-3-49 所示。

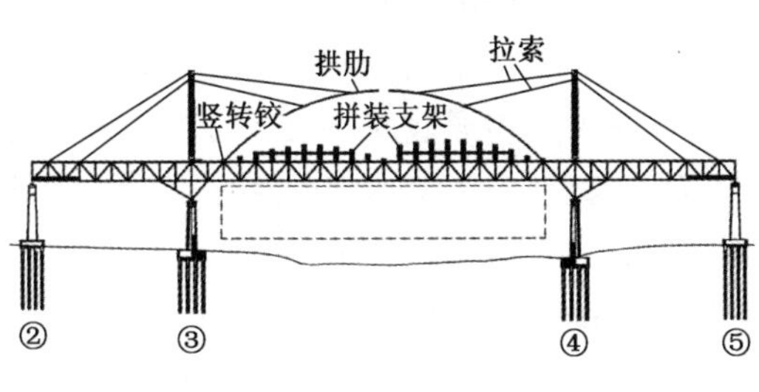

a)方案立面图

b)施工过程照片

图 3-3-49　天生港航道桥桥梁施工方案

3. 连续钢桁-柔性拱、刚性吊杆

对于跨度较小的钢桁梁柔性拱桥，也可采用刚性吊杆结构。银西高铁银川机场黄河特大桥主桥为简支钢桁梁和连续钢桁梁柔性拱，桥跨布置为 96m 简支钢桁梁 + 2 联 3 × 168m 钢桁梁柔性拱 + 96m 简支钢桁梁，为四联布置，主桥全长 1200m。钢桁梁柔性拱主梁采用下承式钢桁梁结构，桁高 12.8m、桁宽 13.8m，桥面采用正交异性钢桥面板，拱圈矢高 28m，矢跨比 1/4.71。桥梁立面、断面如图 3-3-50、图 3-3-51 所示。

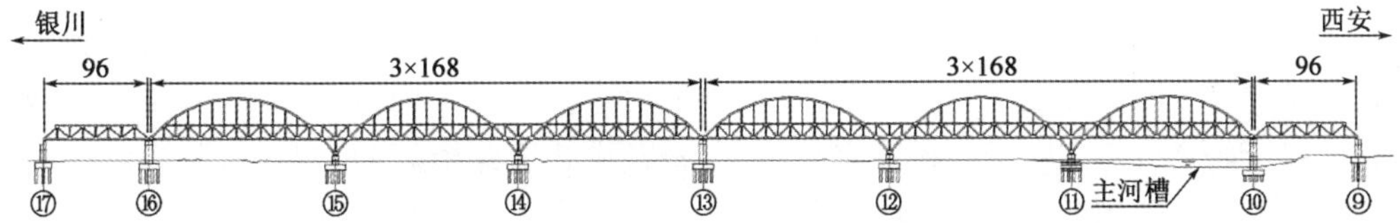

图 3-3-50　黄河机场特大桥主桥立面(尺寸单位:m)

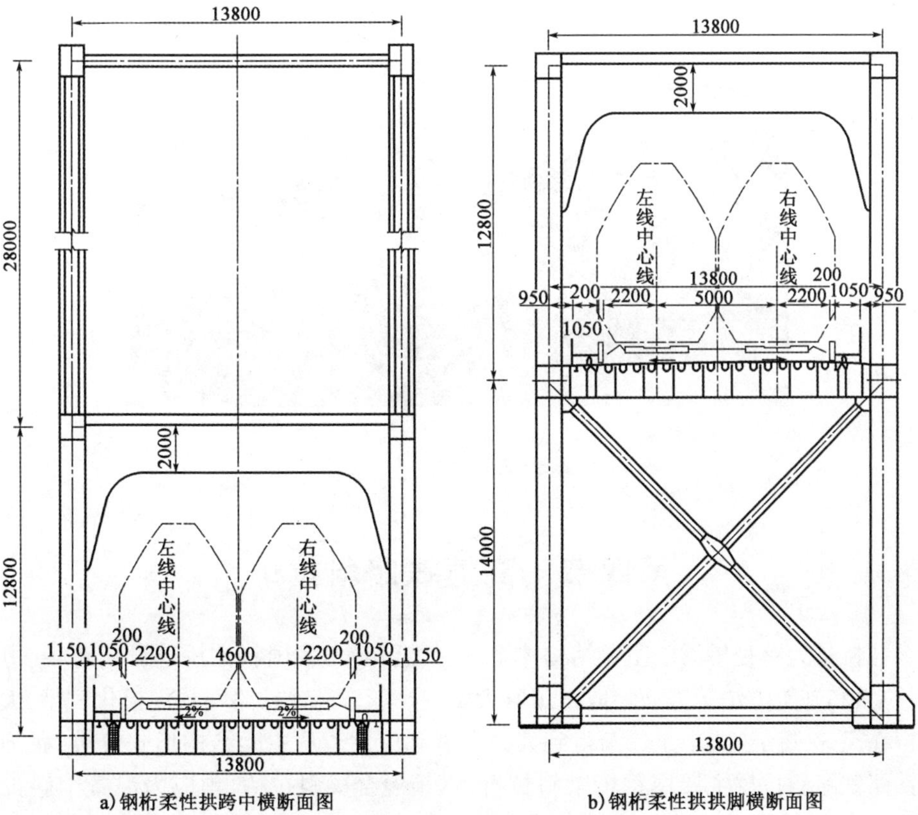

a)钢桁柔性拱跨中横断面图

b)钢桁柔性拱拱脚横断面图

图 3-3-51　桥面断面图(尺寸单位:cm)

3×168m 连续钢桁梁柔性拱主桁拱肋采用箱型截面,竖板及顶、底板均设置加劲肋,截面高 1.3m,内宽 1.0m,板厚 20～40mm。上弦采用箱形截面,竖板及顶、底板均设置加劲肋,截面高 1.1m,内宽 1.0m,板厚 20～36mm。下弦采用箱形截面,竖板及顶、底板均设置加劲肋,截面高 1.3m,内宽 1.0m,板厚 24～40mm。腹杆采用箱形截面及工字形两种截面,其中箱形杆件的竖板及顶、底板均设置加劲肋,端腹杆宽 1.3m,内高 1.0m,板厚 40mm;其余箱形截面宽 1.0m,内高 1.0m,板厚 20～36mm。其余腹杆均采用工字形截面,截面腹板外高 1.0m,翼缘板宽0.7m、0.8m、0.9m,板厚 20～40mm。吊杆:采用八角形截面,宽 0.8m,高 1.0m,板厚 16mm。主桁连接采用焊接整体节点,最大节点板厚 48mm,弦杆及拱肋与节点板在工厂焊接,相应于节点外四周拼接,箱形腹杆、工字形斜腹杆及吊杆与节点采用对拼式连接,工字形腹杆与节点采用插入式连接。杆件采用 M30 高强度螺栓(ϕ33mm 孔)。

桥面系由桥面板、横梁、纵向 U 形肋和 T 形肋组成。道砟与钢桥面板之间采用轻质垫层体系,其组成为 MMA(高性能甲基丙烯酸甲酯)防水体系及厚度为 4.8cm 的 C40 聚丙烯纤维网混凝土组成,聚丙烯纤维网的用量为 1.8kg/m^3,并按照聚丙烯纤维工艺要求和验收,混凝土为现浇或预制。

为了加快施工进度,桥梁施工改变以往先梁后拱的施工方案,采取拱梁同步施工技术,即在中跨中间搭设临时施工平台,在施工平台上拼装跨中钢桁梁,然后从跨中向两个悬臂拼装钢桁梁;待中跨桁梁拼装完成后,在悬臂拼装边跨桁梁的同时,拼装中跨拱肋及吊杆,如图 3-3-52 所示。

图 3-3-52　梁拱同步拼装

第四节　高速铁路斜拉桥

斜拉桥是大跨径桥梁的主要结构体系之一,近年来,我国斜拉桥建设从跨径、主梁结构、斜拉索和施工方法等方面均取得了巨大发展。随着高速铁路网的规模化成型,大跨径斜拉桥在高速铁路桥梁中也逐渐得到大力发展和应用。从主梁结构形式分类,我国当前高速铁路铁路斜拉桥主要由钢桁梁斜拉桥、钢箱混合梁斜拉桥、预应力混凝土斜拉桥等类型。

一、钢桁梁斜拉桥

主梁采用钢桁梁,一方面可提高桥梁竖向刚度,同时为公铁两用桥面布置提供了便利。该类型高速铁路斜拉桥以武广高铁武汉天兴洲长江大桥主桥、京广高铁郑州黄河大桥等最为代表。

1. 武汉天兴洲公铁两用长江大桥

武汉天兴洲公铁两用长江大桥在长江中游武汉的天兴洲江段跨越长江,它是南北方向的北京—武汉客运专线铁路和东西方向的上海—武汉—成都铁路在武汉的过江通道,同时也是武汉市中环线的过江通道,如图 3-3-53。该桥建设开创了中国高速铁路大跨径斜拉桥的诸多关键技术:它是世界上载荷最大的公铁两用桥,荷载集度达 351kN/m;是国内斜拉桥中最大斜拉索力斜拉索,单根索力达 12000kN;首次采用大吨位混合阻尼控制减隔振技术,有效改善了桥梁的受力;首次在钢桁梁桥中采用钢正交异形板与混凝土桥面板的新结构;首次采用锚墩定位技术施工巨型桥梁基础,深水基础采用 3.4m 的大直径钻孔灌注桩。

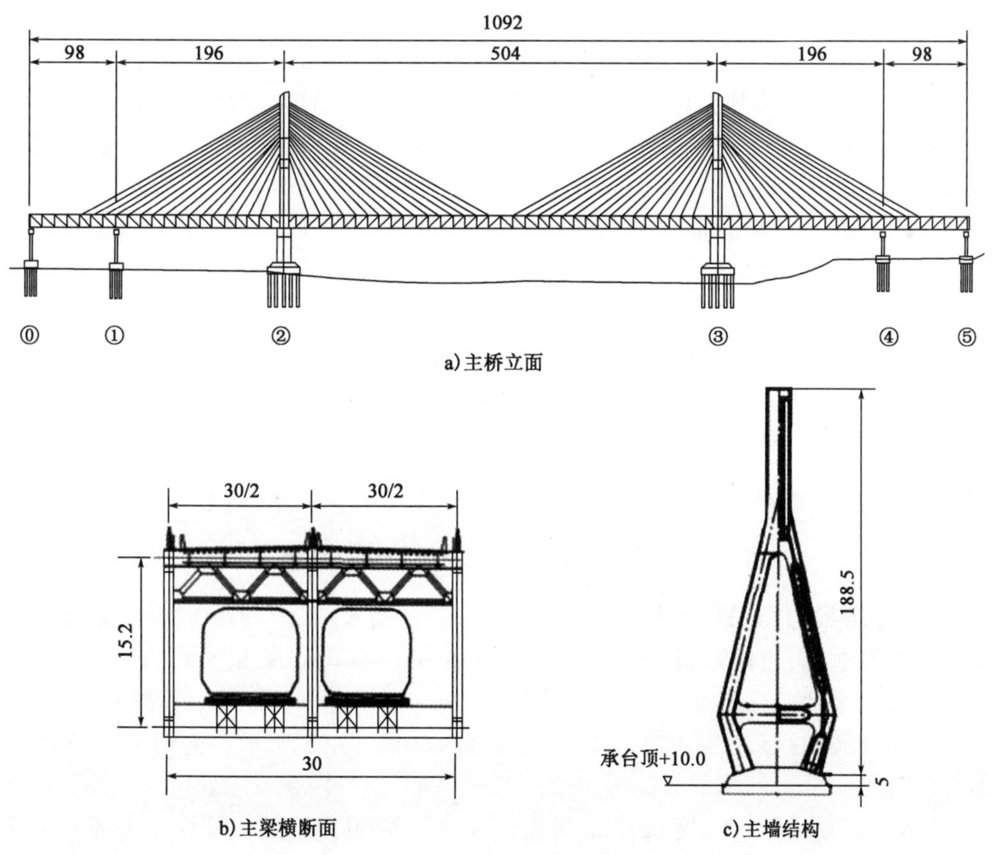

图 3-3-53 天兴洲大桥结构(尺寸单位:m)

(1)主桥结构

主桥设计为(98 + 196 + 504 + 196 + 98)m 跨径的斜拉桥,上层为六车道公路,下层为四线铁路。斜拉桥主梁为钢桁梁,N 形桁架,3 片主桁,桁宽 30m,桁高 14.5m,节间长度 14m,斜拉索锚固于主桁上弦节点。采用 3 片主桁方案重点解决了 4 线铁路荷载条件下主桁杆件过大的设计、施工难题,改善了铁路横梁的受力,可提高截面抗扭能力以及适应偏载能力,更好地满足客运列车高速运行。

(2)刚度标准

鉴于世界各国已建大跨径铁路斜拉桥和公铁两用斜拉桥的竖向挠跨比普遍大于 1/500,横向挠跨比大于 1/1300,长期运营情况良好。本桥根据车桥耦合振动分析,确定的刚度设计标准是:列车活载 + 公路活载时,跨中挠度与跨度比不大于 1/500;单独列车活载时不大于 1/550;横向挠跨比不大于 1/4000;梁端转角不大于 2‰。

(3)钢梁设计

斜拉桥主桁在安装及运营状态下,大部分杆件均处于受压状态,最大杆力约为 56MN。主桁弦杆均采用箱形截面。主桁斜杆根据受力大小分别采用箱形或 H 形截面。主桁采用焊接整体节点,节点外拼接。钢梁采用按中国标准生产的 Q370qE 钢。上层公路桥面在斜拉桥两端各 126m 范围采用钢筋混凝土桥面板,公路桥面的其余部分为钢正交异性板。铁路采用纵、横梁支承混凝土道砟槽板的有砟桥面。

2. 郑州黄河公路铁路两用大桥

郑州黄河公铁两用大桥为京广高速铁路和郑州—新乡城际公路跨越黄河的共用桥梁,桥位距下游京珠高速公路黄河大桥约为 6km。桥位处黄河大堤相距 10.5km,主河道宽 3.5km。铁路为双线客运专线,设计速度目标值 350km/h,铁路荷载为 ZK 活载;公路为一级,双向六车道设计速度 100km/h。主桥分两联布置,总长 1684m。第一联采用 120m + 5 × 168m + 120m 六塔单索面部分斜拉钢桁连续梁方案(亦称:部分斜拉桥或矮塔斜拉桥),第二联采用 5 × 120m 连续钢桁梁,如图 3-3-54 所示。

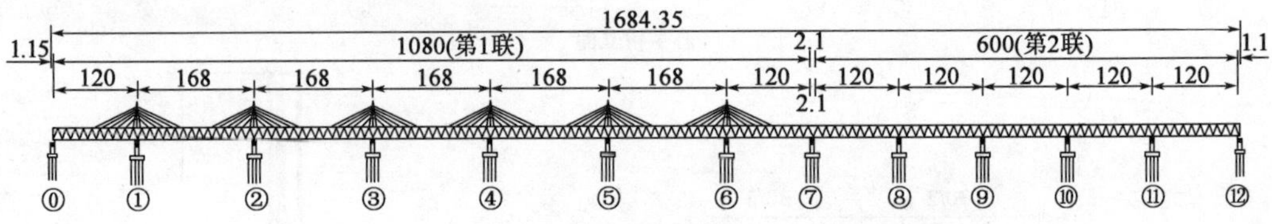

图 3-3-54　郑州黄河公铁两用桥主桥桥式布置(尺寸单位:m)

钢桁连续梁主桁采用无竖杆的三角形桁式,桁高 14m,节间距 12m。横向布置为 3 片桁,中桁垂直,边桁倾斜,倾斜角度 14.036°。下弦桁间距 8.5m,桁宽 17m,上弦桁间距 12m,桁宽 24m。上层公路桥面宽 32.5m。主桁上下弦杆均为箱型截面,其中边桁弦杆适应斜桁的形式,采用平行四边形截面,如图 3-3-55 所示。主桁采用整体节点形式。

公路桥面为混凝土板,宽 32.5m,桥面板在现场预制存放,使收缩徐变大部分完成后再架设。铁路桥面为正交异性整体钢桥面板。铁路道砟槽板采用预制板,与整体桥面采用剪力钉联结。

3 片主桁在中主桁布置桥塔,桥塔采用钢箱结构,塔梁固结。塔高 37m,每个主塔布置有 5 对拉索。主塔立面布置为“人”字形。

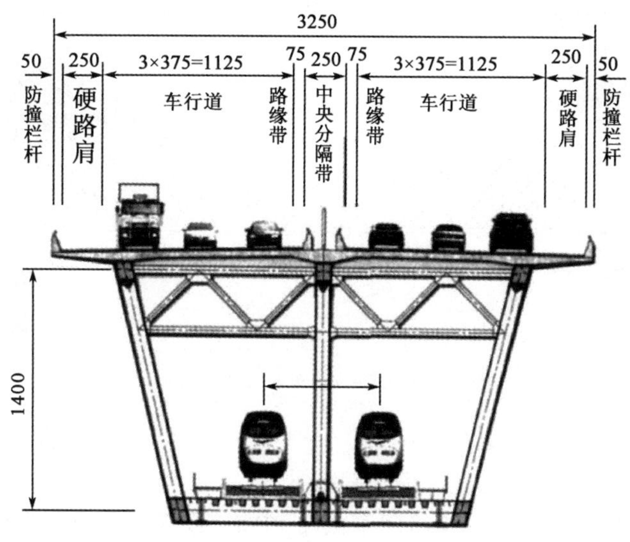

图 3-3-55　钢桁连续主桁示意图(尺寸单位:cm)

二、钢箱混合梁斜拉桥

箱梁截面周边呈封闭形,具有抗扭刚度大的特点。同时钢箱梁省去了钢桁梁大量的高强螺栓连接,钢箱梁节段之间采用焊接,施工周期相对较短。正在规划建设的甬舟铁路桃夭门大桥主桥为钢箱混合梁斜拉桥方案。宁波至舟山铁路位于浙江省东部沿海地区,西起宁波东站,东至舟山市本岛,简称甬舟铁路。桃夭门大桥位于舟山市册子岛与舟山本岛之间,跨越桃夭门水道,是甬舟铁路的重点工程。桥址区属海岛丘陵区,地势起伏变化大。陆域为基岩裸露、半裸露丘陵区,植被发育,一般分布有厚 1.5 ~2.5m 的第四系残坡积层,基岩为流纹质凝灰熔岩、晶屑玻屑熔结凝灰岩安山岩等,岩质较硬,属硬质岩。场地类别为Ⅱ类,基本地震动峰值加速度为 0.10g,基本地震动反应谱特征周期为 0.35s。

该桥线路等级为客运专线,速度目标值:250km/h,正线数目为双线,正线线间距:4.6m。由于推荐采用的桥位方案与既有的桃夭门公路大桥并行,公路桥为 7 跨连续双索面半漂浮体系混合式斜拉桥,为解决与高速公路桥对孔要求,桥跨布置为(48 +48 +50 +580 +50 +48 +48)m。通航论证要求铁路桥主跨一跨跨过通航水域,与桥址南侧 50.0m 处的既有桃夭门公路大桥对孔布置。根据桥位处特点,经综合比选,主桥推荐采用(48 +48 +48 +50 +580 +50 +48 +48 +48)m 钢箱混合梁斜拉桥(图 3-3-56),边、中跨比为 0.33,索塔采用钻石形塔身,包括上塔柱、中塔柱、下塔柱和下横梁,索塔总高度为 228m,主梁为钢箱混合梁,斜拉索在主梁上的标准索距为 10m,基础为钻孔灌注桩。

主桥采用主跨 580m 两塔钢箱混合梁斜拉桥结构,钢与混凝土分界点位于主梁中跨侧距桥塔 28.5m 处,除中跨 523m 采用钢箱梁外,其余均采用预应力混凝土箱梁、索塔位置设双向滑动支座的半漂浮体系,过渡墩和辅助墩采用纵(双)向活动支座,在索塔处设置横向抗风支座,以限制主梁的横向位移,在主塔处设纵向阻尼器纵向限位阻尼器在制动力、风荷载、地震荷载工况下锁定,在其他荷载工况下不发生作用。

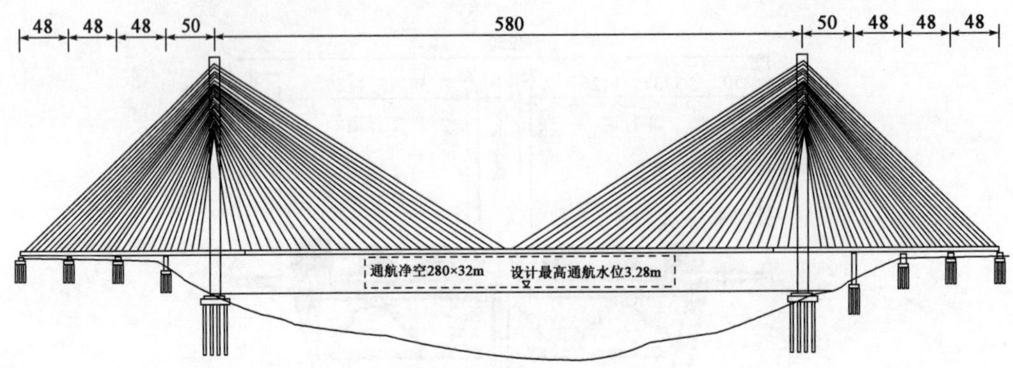

图 3-3-56　桥梁立面布置(尺寸单位:m)

1. 主梁

主梁采用气动性能较好的整体扁平钢箱梁,边跨采用混凝土箱梁,箱梁宽 26.4m(除风嘴),高 4.0m。混凝土箱梁为单箱四室截面,中室梁顶板、底板厚度均为 42cm,边室顶板、底板厚 35cm,直腹板厚 46cm。混凝土箱梁每 6~7m 布置 1 道厚 36cm 的横梁,与斜拉索位置对应设置。混凝土箱梁横截面见图 3-3-57a)。

中跨采用流线形扁平钢箱梁,截面外轮廓尺寸与混凝土箱梁相同。箱梁顶、底板均采用 U 形肋和横隔板垂直交叉的正交异性板结构体系,正交异性板既是纵横梁的上盖板,又是桥面荷载传递到箱梁上的构件。根据受力和刚度过渡要求,钢箱梁在不同区段采用了不同的板厚。顶板 U 形肋高 280mm,厚 8mm,间距 600mm;底板 U 形肋高 250mm,厚 6mm,间距 900mm 为加强桥面板刚度,减少桥面板变形对铺装层的不利影响,横隔板间距确定为 2.5m。钢箱梁横截面见图 3-3-57b)。

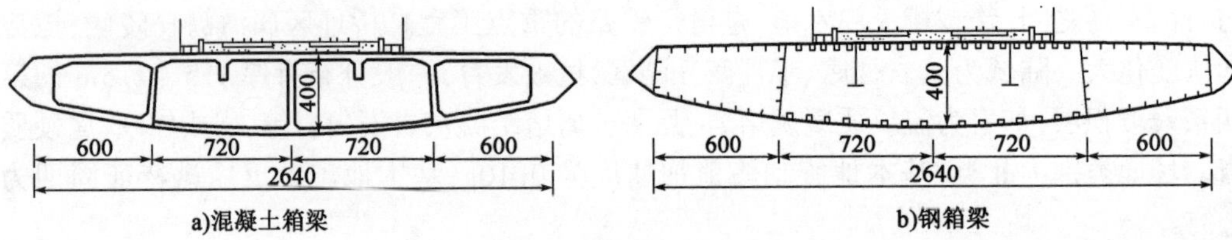

图 3-3-57　横截面(尺寸单位:cm)

钢箱梁标准节段长 10.0m,跨中合龙段长 5.0m,过渡段长 4.8m,钢-混结合段全长 13.8m,其中混凝土箱梁过渡段长 3.0m,混凝土实心段长 2.0m,钢-混过渡段长 4.0m,钢箱梁过渡段长 4.8m。

2. 施工方法

边跨及中跨 30m 长混凝土箱梁采用支架现浇,中跨钢箱梁采用节段吊装施工。施工步骤如下:采用常规方法施工下部结构及塔柱;采用支架现浇法施工混凝土箱梁;利用桥面起重机吊装施工钢箱梁节段;按设计顺序安装张拉斜拉索,直至全桥合龙;调整斜拉索索力,完成桥面附属工程施工;进行荷载试验,交付运营。

三、混凝土斜拉桥

斜拉桥结构总体属于柔性结构,以预应力混凝土作为斜拉桥主梁容易导致混凝土开裂等,因此高速铁路混凝土斜拉桥均以中等跨度为主。沪昆客运专线长沙枢纽西北联络线跨越武广高速铁路,桥梁结构采用(32 + 80 + 112)m 非对称独塔双索面斜拉桥,主梁采用预应力混凝土槽形梁,为克服小跨侧边支座负反力,在 80m 跨侧增加一孔 32m 辅助跨,主塔为钢筋混凝土矩形空心截面,槽形梁边箱与桥塔融为一体,边墩及辅助墩设纵向活动支座,横向设限位挡块。桥梁总体布置如图 3-3-58 所示。该大桥跨越武广高铁,为了最大限度地缩短跨线作业时间,采用转体施工方案,利用天窗时间转体到位。

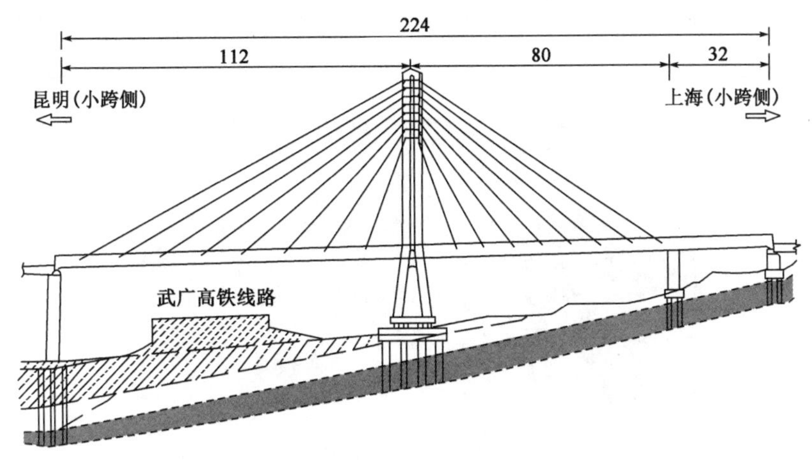

图 3-3-58　槽形梁斜拉桥立面图(尺寸单位:m)

1. 主梁

为避免桥面施工对武广高速铁路的影响,主梁采用预应力混凝土槽形梁结构形式,主梁全长 224m,转体长度 196m,跨武广高速铁路侧的大主跨梁高 3.5m,小主跨及边辅助跨梁高3.7m,塔梁固结处局部以 1/15 的坡率加高到4m。槽形梁为箱形截面,箱宽 2.1m,两箱中心距 8.7m,梁宽 10.8m,如图 3-3-59 所示。大主跨边箱顶底板厚度均为 45cm,腹板厚 30cm;小主跨边箱顶板厚 165cm。底板厚 75cm,腹板厚 55cm。斜拉索锚固于梁顶面以下 1.3m 处。

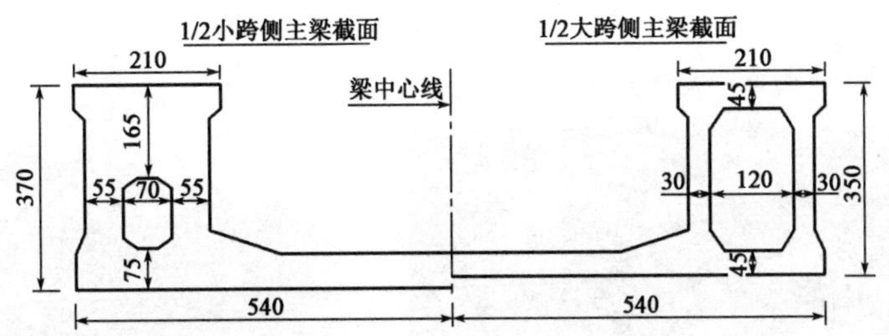

图 3-3-59　主梁横断面(尺寸单位:cm)

2. 下部结构

基础采用 12 根直径 2.2m 的钢筋混凝土钻孔桩,承台采用上小下大的 2 层圆形承台,下承台直径 21m,共厚 6.5m,根据转体受力,在上承台设置预应力。承台内设转盘及磨心结构,转体施工结束后固结于承台混凝土内。

边墩及辅助墩采用矩形实体墩和矩形空心墩 2 种,边辅助墩均采用矩形实体墩,空心墩截面采用壁厚 0.7m 的空心截面形式。

3. 转盘结构

转盘采用环道与球铰中心支撑相结合的平转结构。转动体系由球铰、上(下)转盘、环形滑道、支撑支腿、牵引反力座构成。球铰平面直径4m,球面半径8m,中心设定位轴套管。下转盘锚固于第1层承台上,上转盘埋设撑脚,支撑于下转盘承台顶面混凝土上预埋的环道上,撑脚下设走形板,走形板与预埋环道间隙10mm。转动体系采用牵引方案。转盘系统的球铰上、下球面板为5cm的钢板压制而成的球面,背部设置加筋肋条,防止在加工运输中变形,并便于球铰的定位,加强与周围混凝土的连接,转盘及主塔柱效果如图3-3-60所示。

图3-3-60　转盘及主塔柱效果

4. 施工方案

采用平行武广线路方向整体预制梁体,塔梁同步水平转体的施工方案。钻孔桩施工完成后立模浇筑下承台,按照设计施工转盘及上承台,临时固结球铰后,施工桥塔的下塔柱,再施工塔梁固结区及上塔柱。同时沿武广高速铁路一侧搭支架施工槽形梁(80+4)m的边跨和112m主跨,挂索并第一次调整索力。在武广高速铁路天窗时间,塔梁(边跨和主跨)转体到位后,固结上下承台球铰,随即择时浇筑2m边跨合龙段,然后进行桥面轨道设施施工,完成二期恒载后调整成桥索力。转体施工过程如图3-3-61所示。

图3-3-61　转体施工照片

第四章　高速铁路桥梁的动力分析

第一节　高速铁路桥梁的车-桥耦合振动分析

随着中国高速铁路的快速发展，高速动车组对桥梁的动力效应更加明显，桥梁的动力性能也因此越来越受到人们的广泛关注。关于高速列车作用下桥梁动力响应问题的研究，松浦章夫、朱光汉、Diana，Fryba 教授等建立了比较完善的力学模型和运动方程。在我国高速铁路桥梁的研究中，中国铁道科学研究院、西南交通大学、北京交通大学和中南大学等组成的课题组，对高速铁路桥梁在列车作用下的动力响应及共振特性进行了系统而深入的合作研究，同时开展了速度 200～250km/h、300～350km/h 的高速铁路桥梁动力性能试验研究。

现代高速铁路列车速度的不断提高及不同轨道结构（如各种无碴轨道结构）的广泛采用，使得机车车辆与桥上轨道结构之间的动态相互作用日益密切，车轮悬浮（轮轨瞬时脱离）、轨距动态扩大等现象使桥上轮轨关系日趋复杂化，而这些因素均直接影响到桥上列车脱轨安全性及运行平稳性。西南交通大学翟婉明课题组将机车车辆、轨道及桥梁视为一个相互作用的整体系统，建立了高速列车-轨道-桥梁动态相互作用的系统性分析方法。

一、高速列车-轨道-桥梁动态相互作用原理

高速列车通过桥梁时，会对桥梁结构产生动力冲击，使桥梁产生振动，而桥梁结构的振动又反过来对桥上运行的高速列车的安全性和舒适性造成影响。可见，机车车辆与桥梁结构相互作用、相互影响。显然，这种作用随着行车速度的提高愈益加强。

高速列车与桥梁结构的动态相互作用实质上是通过桥上轮轨动态相互作用来实现的。因为高速列车作用于桥梁的动荷载首先作用于钢轨，钢轨通过支点将作用力传至轨枕（或轨道板），再传递给梁体。这种动荷载（即轮轨动作用力）与轮轨关系密切相关，其大小、方向直接取决于轮轨接触几何状态（包括踏面形状、表面不平顺）和轮轨振动状况（轮轨接触点压缩变形量及相对运动速度）。高速行车条件下，强烈的轮轨动态作用将会引起轮轨垂向动荷载剧变（减载过大时甚至引起车轮悬浮）和横向动作用剧增（轮对蛇行时撞击钢轨），严重影响到桥上高速行车安全性与乘车舒适性，与此同时又对桥梁振动产生直接影响。因此，高速列车与桥梁的动态相互作用问题宜拓展为高速列车-轨道-桥梁动态相互作用问题，加以综合研究。

高速列车-轨道-桥梁动态相互作用原理如图 3-4-1 所示。高速列车、轨道、桥梁 3 个系统分别通过轮轨相互作用关系和桥-轨相互作用关系耦合成一个整体大系统，在系统激

扰作用下，产生动态耦合振动，从而引起各部件振动响应。在这一耦合系统中，轮轨动态相互作用关系作为连接高速列车与桥梁结构的“纽带”，使其起到核心作用。

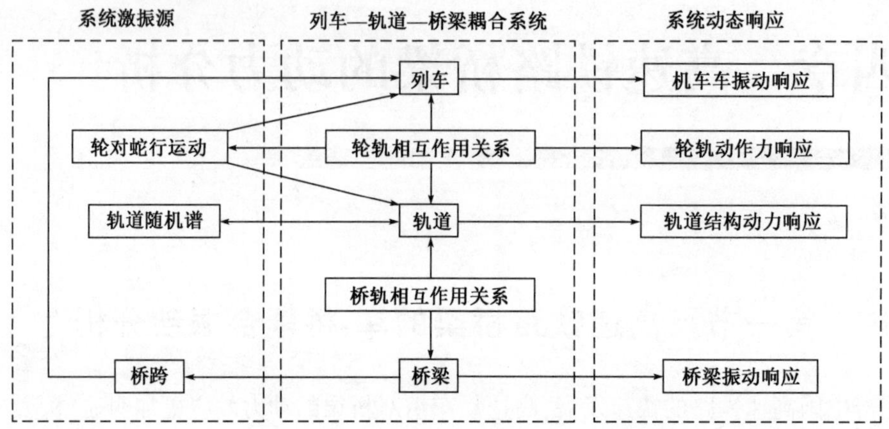

图 3-4-1　高速列车-轨道-桥梁动态相互作用原理框图

高速列车-轨道-桥梁耦合系统的激振源是车桥振动分析领域的重要问题，可从车、轨、桥 3 个方面归纳出 3 种不同类型的激振——桥跨布置、轨道随机不平顺（谱）和轮对蛇行运动。桥跨主要对移动的机车车辆产生激振，桥跨形式不同（跨距、等跨与不等跨等）将产生不同的激振效果；轨道谱表征线路几何状态，是系统的随机激扰源，可以通过轨面几何不平顺位移输入到耦合大系统之中；轮对蛇行运动是车轮和钢轨几何型面配合而出现的独特现象，是轮轨系统的自激振动，当运行速度很高时这种横向自激振动可能会对车、轨、桥系统横向振动产生较不利影响，因此应予以足够重视。

二、高速列车-轨道-桥梁动态相互作用模型

根据以上原理可以建立高速列车-轨道-桥梁动态相互作用模型。针对不同类型的高速列车、轨道结构和桥梁结构，具体模型将有所不同，但其基本构架是一致的，即完整考虑机车车辆、轨道、桥梁各部件结构并以轮轨作用关系和桥轨作用关系相互耦合。高速列车-板式轨道-简支箱梁桥动态相互作用模型见图 3-4-2（桥梁仅以 3 跨示意）。

该模型与经典的车桥振动模型不同之处主要有：①考虑了桥上轨道结构参振，如图示模型中的板式无砟轨道结构参振；②详细考虑了动态轮轨关系；③模型中考虑了桥梁两端的土路基轨道段，这样可以较为真实地反映高速列车进、出桥梁时的动态行为，而实践表明，列车快速通过桥头路桥过渡段时，因轨下基础支承刚度突变引起线路沉降不均从而对行车安全舒适性有较大影响，也使列车进桥初始状态与理想状态存在一定差异，进一步影响到第一、二跨车桥系统振动特性。

1. 高速列车模型

高速列车模型的基本单元是机车车辆模型，具体由列车编组确定。机车车辆采用多刚体系统动力学建模，完整考虑车体、转向架构架、轮对的沉浮、横移、点头、摇头和侧滚运动自由度，根据实际情况，采用线性或非线性刚度与阻尼描述一、二系悬挂特性。例如，高速列车一般均加装抗蛇行减振器，其阻尼特性呈饱和非线性，可采用图 3-4-3 所示模型予以描述。

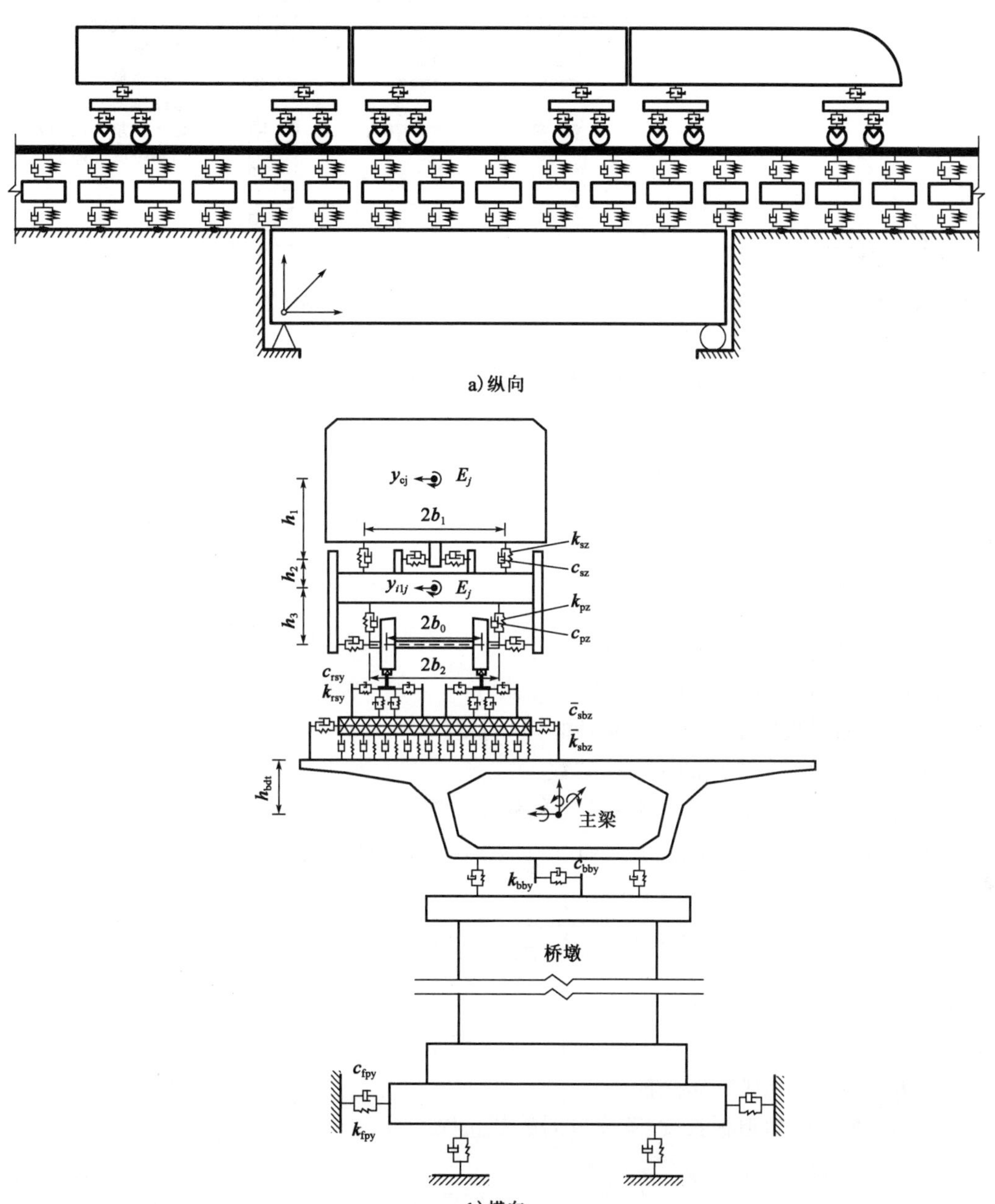

图 3-4-2　高速列车-轨道-桥梁动态相互作用模型

k-相关组件的刚度;c-阻尼;h-组件的结构高度

2. 轨道模型

对于常见有砟轨道结构,轨道模型采用连续弹性点支承 Euler 梁模型,轨下基础沿纵向被离散,离散以各轨枕支点为基元,每个支承单元采用双质量(轨枕和道床)三层(钢轨-轨枕-道床-路基/桥梁)弹簧-阻尼振动模型,如图 3-4-4 所示。相邻道床质量块之间引入了道床剪切刚度和剪切阻尼元件,以模拟道砟颗粒之间的摩擦嵌制效应。

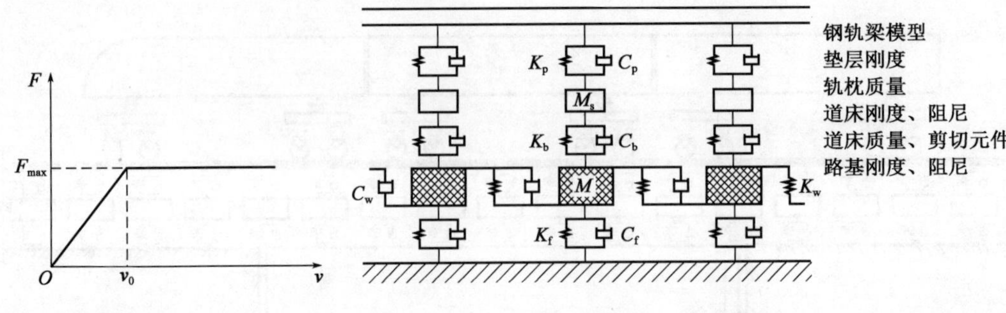

图 3-4-3　抗蛇行减振器的饱和非线性特性

图 3-4-4　轨道模型

对于图 3-4-4 所示桥上板式无砟轨道结构,不同之处在于轨道板模型,其垂向振动方程为:

$$\frac{\partial^4 w(x,y,z,t)}{\partial x^4}+2\frac{\partial^4 w(x,y,t)}{\partial x^2\partial y^2}+\frac{\partial^4 w(x,y,t)}{\partial y^4}+\frac{C}{D}\frac{\partial w(x,y,t)}{\partial t}+\frac{\overline{m}}{D}\frac{\partial^2 w(x,y,t)}{\partial t^2}$$

$$=\frac{1}{D}\sum_{i=1}^{N_p}P_i(t)\delta(x-x_{pi})\delta(y-y_{pi}) \tag{3-4-1}$$

式中:w——轨道板的垂向位移(m);

$\overline{m}$——轨道板的单位面积的质量(kg/m^2);

C、D——轨道板的阻尼(N·s/m)和弯曲刚度(N·m);

N_p——轨道板上作用的集中荷载数;

x_{pi}、y_{pi}——第 i 个集中荷载在轨道板上的作用位置(m)。

可以采用双向梁函数组合级数逼近方法来求解轨道板振动方程为:

$$w(x,y,t)=\sum_{m=1}^{N_x}\sum_{n=1}^{N_y}A_{mn}X_m(x)Y_n(y)T_{mn}(t) \tag{3-4-2}$$

式中:　A_{mn}——系数;

$X_m(x)$、$Y_n(y)$——与 x,y 两端边界条件相应的第 m 及第 n 阶梁振型函数(m);

$T_{mn}(t)$——正则振型坐标;

N_x、N_y——轨道板长度、宽度方向的截止模态数。

3. 桥梁模型

桥梁结构采用有限元模型,根据具体桥梁结构形式的不同,可以采用空间梁、杆单元、板单元及其他特殊单元分别进行有限元建模。

4. 轮轨作用关系模型

对桥上轮轨动态相互作用关系的描述采用了动态轮轨关系模型。动态轮轨关系是相对经典的车辆动力学理论中"钢轨静止不动"的假设而言的,经典的轮轨关系模型不考虑轨道结构振动及钢轨弹性变形对轮轨滚动接触几何关系和蠕滑力的影响。本模型详细考虑桥上钢轨的实际运动自由度,包括垂向、横向振动和扭转运动,如图 3-4-5 所示。

轮轨法向力的求解采用著名的赫兹非线性弹性接触理论,直接根据每一时刻轮轨接触点处的法向弹性压缩量确定:

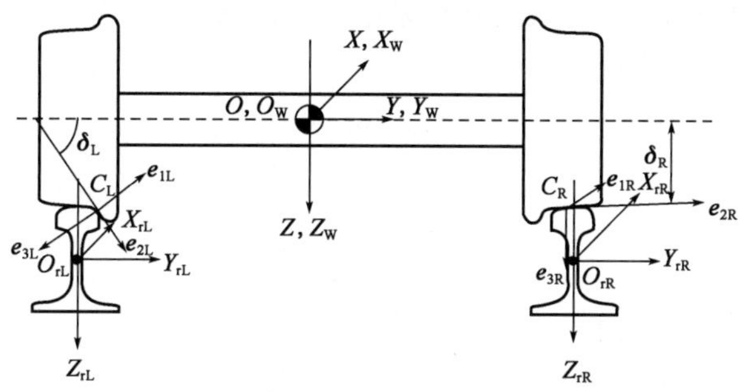

图 3-4-5　动态轮轨作用关系模型

$$N(t) = \left[\frac{1}{G}\delta Z_{\mathrm{N}}(t)\right]^{\frac{3}{2}} \tag{3-4-3}$$

式中：G——轮轨接触常数（$\mathrm{m/N^{2/3}}$）；

$\delta Z_{\mathrm{N}}(t)$——轮轨接触点处的法向弹性压缩量（m）。

关于轮轨切向蠕滑力的计算，首先按 Kalker 线性蠕滑理论计算：

$$\begin{cases} F_x = f_{11}\xi_x \\ F_y = -f_{22}\xi_y - f_{23}\xi_{\mathrm{sp}} \\ M_z = f_{23}\xi_y - f_{33}\xi_{\mathrm{sp}} \end{cases} \tag{3-4-4}$$

式中：F_x、F_y——纵向、横向蠕滑力（N）；

M_z——旋转蠕滑力矩（N·m）；

f_{11}、f_{22}——纵向、横向蠕滑系数（N）；

f_{23}——旋转/横向蠕滑系数（N·m）；

f_{33}——旋转蠕滑系数（$\mathrm{N\cdot m^2}$）；

ξ_x、ξ_y、ξ_{sp}——纵向（无量纲）、横向（无量纲）、自旋蠕滑率（1/m）：

$$\begin{cases} \xi_x = \dfrac{V_{\mathrm{w1}} - V_{\mathrm{r1}}}{V} \\ \xi_y = \dfrac{V_{\mathrm{w2}} - V_{\mathrm{r2}}}{V} \\ \xi_{\mathrm{sp}} = \dfrac{\Omega_{\mathrm{w3}} - \Omega_{\mathrm{r3}}}{V} \end{cases} \tag{3-4-5}$$

V_{w1}、V_{w2}、Ω_{w3}——车轮在轮轨接触点处的纵向振动速度（m/s）、横向振动速度（m/s）、旋转速度（rad/s）；

V_{r1}、V_{r2}、Ω_{r3}——钢轨在轮轨接触点处的纵向振动速度（m/s）、横向振动速度（m/s）、旋转速度（rad/s）；

V——轮对在钢轨上的名义前进速度（m/s）。

由于 Kalker 线性蠕滑理论只适用于小蠕滑率的情形，对于轮轨接触面主要由滑动区控制的大蠕滑情况，蠕滑率的继续增大，将不能使蠕滑力按同样比例增大，最后趋于库仑

(滑动)摩擦力这一饱和极限。为此,必须采用非线性修正。可以采用 Johnson-Ver-meulen 理论进行修正,其修正系数为:

$$\varepsilon = \frac{F_R'}{F_R} \tag{3-4-6}$$

$$F_R = \sqrt{F_x^2 + F_y^2} \tag{3-4-7}$$

$$F_R' = \begin{cases} fN\left[\dfrac{f_R}{fN} - \dfrac{1}{3}\left(\dfrac{F_R}{fN}\right)^2 + \dfrac{1}{27}\left(\dfrac{F_R}{fN}\right)^3\right] & (F_R \leqslant 3fN) \\ fN & (F_R > 3fN) \end{cases} \tag{3-4-8}$$

式中:f——轮轨间的摩擦系数。

则得修正后的蠕滑力/力矩为:

$$\begin{cases} F_x' = \varepsilon \cdot F_x \\ F_y' = \varepsilon \cdot F_y \\ M_z' = \varepsilon \cdot M_z \end{cases} \tag{3-4-9}$$

动态轮轨关系模型从本质上突破了经典轮轨关系中关于轮、轨刚性的假设和关于轮轨常接触的假设,避免了轮轨法向力和蠕滑力迭代求解的繁琐过程,可以考虑钢轨振动、轨距动态扩大、车轮悬浮等复杂因素,更加符合客观实际。

5. 桥轨作用关系模型

考虑桥上轨道结构参振后,桥梁与车辆的作用将具体到桥上钢轨与车辆轮对的作用(即轮轨关系),与此同时还需要考虑桥梁与桥上轨道之间的作用关系。对此可根据轨枕(轨道板)下道床(CA 砂浆)支承刚度和阻尼直接求解轨枕(轨道板)与梁体之间的作用力分布,从而将轨道结构与桥梁有机地联系起来。

三、高速铁路车桥耦合振动分析

以秦沈客运专线高速试验中"中华之星"高速试验列车通过双何特大桥的动力学试验结果为基础,利用高速列车-轨道-桥梁动态相互作用模型,分析车桥耦合振动特性。分析中"中华之星"高速试验列车采用 2 动 4 拖(2M + 4T)。动车定距 11.46m,固定轴距 3.0m;拖车定距 18.0m,固定轴距 2.56m。动车轴重 195kN,拖车轴重 130kN。试验列车通过双何桥的速度为 160 ~ 225km/h。主要试验速度下列车、轨道和桥梁关键动力响应指标的模型计算结果与现场实测结果见表 3-4-1。

理论模型计算结果与现场试验测量结果的比较 表 3-4-1

列车速度(km/h)		脱轨系数	轮重减载率	车体垂向平稳性指标	车体横向平稳性指标	钢轨支点反力(kN)	轨道板加速度(g)	桥梁跨中垂向位移(mm)	桥梁跨中垂向加速度(g)
160	计算	0.27	0.31	2.27	2.44	50.44	9.23	0.84	0.042
	试验	0.28	0.31	2.13	2.18	45.95	9.08	0.86	0.13

第三篇 桥梁工程

续上表

列车速度(km/h)		脱轨系数	轮重减载率	车体垂向平稳性指标	车体横向平稳性指标	钢轨支点反力(kN)	轨道板加速度(g)	桥梁跨中垂向位移(mm)	桥梁跨中垂向加速度(g)
180	计算	0.27	0.34	2.31	2.46	51.68	8.95	0.85	0.056
	试验	0.29	0.36	2.14	2.36	56.25	10.21	0.92	0.17
200	计算	0.26	0.38	2.37	2.48	52.67	9.82	0.86	0.078
	试验	0.32	0.33	2.34	2.36	57.04	10.96	1.02	0.18
220	计算	0.28	0.42	2.38	2.50	52.91	10.68	0.92	0.096
	试验	0.29	0.34	2.24	2.47	63.22	12.19	1.22	0.24

对比表明,理论计算得出的高速列车-轨道-桥梁系统主要动力响应指标,总体上与现场高速试验结果已较接近。由此说明高速列车-轨道-桥梁动态相互作用模型能够较好地反映高速列车与线桥结构的动态作用特征,可以用于综合评估高速列车通过桥梁时的安全性、舒适性及其对桥梁和轨道结构的动力作用性能。

第二节　多动力作用下高速铁路轨道-桥梁结构体系动力学

高速铁路轨道-桥梁结构体系正面临地理环境愈加多样、气候条件差异越发巨大等各种复杂运营环境的严峻挑战。随着高速铁路持续运营,在高速列车、地震、侧风及系统参数等多源随机因素作用下,高速列车-轨道-桥梁系统随机动力学问题日益突出,地震、侧风、列车、桥梁之间复杂气动和动力相互作用高速列车桥上行车时车桥系统呈现出极其复杂的动力学特性,如何确保桥上高速铁路在复杂运营环境下的结构服役安全及行车安全、减轻灾害造成的损失,是我国高速铁路可持续发展的重大现实和战略需求。余志武等围绕列车、地震和侧风等多动力作用下高速铁路轨道-桥梁系统动力学分析理论、试验技术、设计方法及减灾技术开展了系统研究。

一、基于概率密度演化理论的多动力作用下轨道-桥梁系统随机振动分析方法

综合运用 Cs 数论选点法和罗森布拉特变换法则,提出了多维多概率分布随机参数离散代表性点集选取规则的“多分布选点法”,提出了基于功率谱表达的轨道不平顺随机谐和函数,考察轮轨接触斑的随机分布特征,建立了轮轨随机接触斑的时变概率密度演化分布函数,提出了代表性瞬时轮轨随机接触斑均值点的快速定位方法,建立了轮轨随机接触状态的时变概率密度演化模型,如图 3-4-6、图 3-4-7 所示。

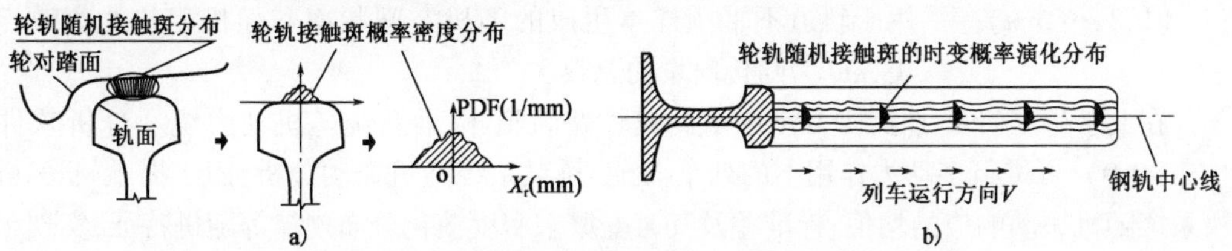

图 3-4-6　轮轨随机接触斑的概率密度分布模型

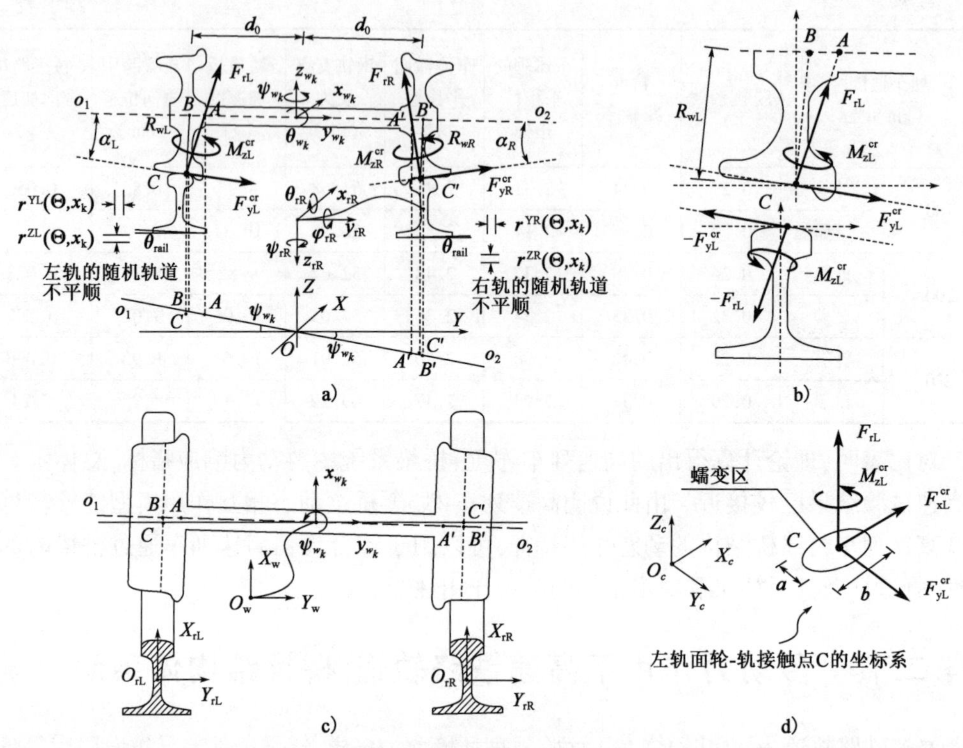

图 3-4-7　三维轮轨随机接触模型

注:各字母含义见参考文献[55]

二、基于概率密度演化理论的多动力作用下高速铁路轨道-桥梁系统随机振动分析方法

建立了基于概率密度演化理论的多动力作用下高速铁路轨道-桥梁系统随机动力学模型及其分析方法如图 3-4-8,其高速铁路列车-轨道-桥梁系统的概率密度演化方程为:

$$\frac{\partial p_{U\Theta}(u,\xi_q,t)}{\partial t}+\dot{u}(X,\dot{X},\ddot{X},\xi_q,t)\frac{\partial p_{U\Theta}(u,\xi_q,t)}{\partial t}=0 \tag{3-4-10}$$

式中:$p_{U\Theta}(u,\xi_q,t)$——概率密度函数;

u——列车-轨道-桥梁系统随机响应的状态向量;

X——沿轨道长度方向的坐标;

t——时间,$\Theta=(\xi_1,\xi_2,\cdots,\xi_{npt})$为代表轨道系统中轨道随机不平顺的随机变量空间;

$\xi_q=(1,2,\cdots,npt)$——用于轨道不平顺样本生成的随机空间频率和随机相位的离散点集,npt 为随机向量的总数。

在此基础上研发了多动力作用下高速铁路轨道-桥梁系统随机动力统一分析软件(图 3-4-9),可进行多动力作用下的列车-轨道-桥梁系统随机振动分析,用于揭示轨道-桥梁系统随机振动响应的均值、标准差及其时变概率密度演化分布规律等随机特征,实现了高速铁路轨道-桥梁系统动力分析理论从传统确定性分析方法向随机性分析方法的突破,为高速铁路轨道-桥梁系统的动力性能仿真计算提供了理论支持。

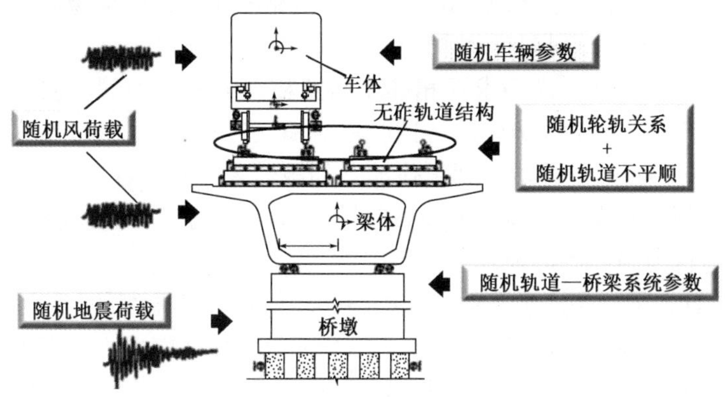

图 3-4-8　高速列车-轨道-桥梁系统随机振动模型

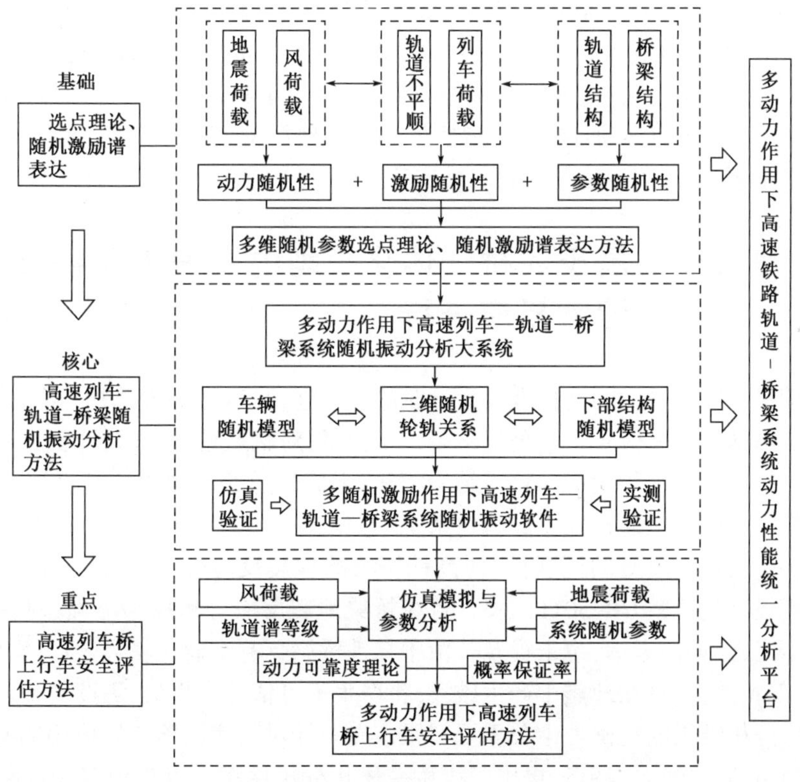

图 3-4-9　高速铁路轨道-桥梁系统动力性能统一分析平台

三、多动力作用下高速铁路轨道-桥梁系统试验平台和成套试验技术

依托中南大学的高速铁路建造技术国家工程试验室建设，研建高速铁路路基—轨道、振动台阵和风洞试验系统等先进试验装备，能再现列车、地震、侧风作用下研究该复杂系统动力行为的试验技术。

(1)通过 5 个动作器模拟 350km/h 列车条件下承轨台顶动力作用，研发了高速列车移动荷载作用试验模拟系统,能准确模拟轮轨接触状态以及不同轴重、不同速度高速列车作用下轨道结构的竖横向空间动力响应,可考虑相邻车厢相邻转向架不同轮对之间动荷载的叠加效应,突破了高速列车移动作用的足尺试验模拟难题。

(2)根据轨道-路基足尺模型求得相邻车厢的相邻转向架不同轮对经过轨道时单个扣件点的反力时程,结合 MTS 伺服加载试验机对输入时程曲线的要求,对扣件反力时程曲线进行 Fourier 变换,通过叠加得到了作动器加载输入时程曲线,研发了高速列车移动列车荷载作用高频实时模拟试验技术,制订了相应的试验方法,可实现高速列车作用下轨道结构综合动力行为的物理再现。

(3)研建了具有国际先进水平的高速铁路多功能台阵试验系统,该台阵由 3 个 4m × 4m 六自由度振动台组成,台阵间距在 6 ~ 25m 之间可调,可模拟一致激励、非一致激励、多维空间地震等强震特性。研发了高速铁路桥上安全行车控制系统及国内外首个地震下桥上安全行车试验系统,可实现地震下高速铁路桥上行车安全模拟,也可为现有大量的车—桥耦合振动理论、数值研究工作提供试验验证。

(4)研建了高速铁路风洞试验系统,低速试验段宽 12m、高 3.5m、长 18m,风速范围 0 ~ 20m/s,高速试验段宽 3m,高 3m,长 15m,最高风速 94m/s,可再现 350km/h 高速列车空气动力学性能。提出高、低速试验段错层布置,解决了移动车-桥试验的试验段长度问题。研发了 U 形滑道列车加速系统,解决了列车模型在风洞内加减速、触发、控制与安全防护等技术难题,实现了在风洞内列车模型移动。

第三节　基于线桥一体化模型的高速铁路桥梁地震反应分析

为了满足行车平顺度的高标准及运营时的安全性,高速铁路多采用“以桥代路”的全封闭模式。高铁桥梁一般长达几公里甚至几十公里,对轨道系统要求较高,目前纵连板式无砟轨道应用广泛。与传统有砟轨道结构相比,无砟轨道跨越梁缝纵连,结构整体性好,养护维修量少。由于纵连板式无砟轨道系统纵向刚度较大,增强了动力特性不同的各跨桥梁间下部结构地震反应的耦联性,使高铁桥梁的地震反应变得更加复杂。现行的《铁路工程抗震设计规范》(GB 50111—2016)在桥梁地震反应分析模型方面,对板式无砟轨道体系是否考虑、如何考虑,也未提及。由于高铁桥梁具有交通流量大、行车密度高、车速快、造价高等特点,一旦在地震中产生破坏,将产生不可估计的损失,因此与普通铁路相比其地震反应分析结果的精确性十分重要。张永亮等针对高速铁路广泛应用的 CRTS Ⅱ型板式无砟轨道体系的结造特点,提出了线桥一体化分析模型。以京沪高速铁路上自振特性不同的若干跨 32m 简支梁桥及大跨度连续梁桥为研究对象,采用线桥一体化模型分析 CRTS Ⅱ型无砟轨道体系对简支梁及连续梁桥弹性地震反应的影响,并与传统不考虑轨道约束体系的抗震计算模型进行比较。

一、线桥一体化分析模型

1. CRTS Ⅱ型无砟轨道结构特点

桥上 CRTS Ⅱ型板式无砟轨道由钢轨、弹性扣件、轨道板、砂浆调整层、连续底座板、

滑动层、侧向挡块等部分组成(图 3-4-10)。其主要特点如下:

(1)底座板、轨道板连续铺设,贯通全桥,不存在板缝。底座板与轨道板之间通过设置半刚性 CA 砂浆调整层传递纵向力。

(2)在底座板与每孔梁固定支座上方预设剪力齿槽,锚固螺栓以保证纵向联结可靠,将底座板纵向力直接传递桥墩上,其余部位设滑动层(两布一膜)以降低桥梁纵向伸缩对底座板产生的附加力。

(3)通过梁缝前后 3.1m 范围内梁面铺装硬质泡沫板,以减小梁端转角对无砟轨道结构的影响。

(4)台后路基上设置摩擦板、端刺及过渡板,将底座板传递过来的纵向力锚定在路基上,不影响其上部的轨道结构。

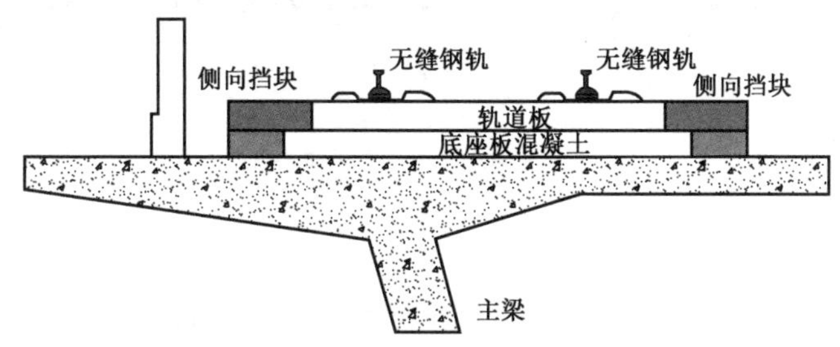

图 3-4-10　CRTS Ⅱ型板式无砟轨道横截面

2. 线桥一体化分析模型

根据 CRTS Ⅱ型无砟轨道体系的结构特点,提出高速铁路梁式桥的线桥一体化分析模型。在多遇地震作用下,该模型的基本假定为:

(1)底座板与主梁间仅通过剪力齿槽联结,忽略两者之间滑动层的摩擦效应。

(2)忽略轨道扣件的纵向阻力效应。

(3)桥梁支座采用钢支座或盆式橡胶支座,固定支座采用约束主从自由度的方法模拟,忽略活动支座的摩擦效应。

以上假定有两层含义:

(1)主要讨论多遇地震作用下桥梁的地震反应,由于多遇地震下地面振动加速度峰值较小,假定各部件间摩擦效应未发挥或发挥尚不充分。

(2)为简化分析,多遇地震下主要采用线弹性分析(若考虑上述部件间的摩擦,势必采用非线性分析,将增加计算代价)。

以多跨高速铁路桥梁为例,考虑轨道影响的线桥一体化分析模型可采取两种模型,如图 3-4-11所示。

模型 1:线桥一体化分析模型,考虑端刺构件的纵向约束效应;

模型 2:部分线桥一体化分析模型,不考虑端刺构件的纵向约束效应,即轨道端部边界纵向自由。

二、高速铁路连续梁地震反应分析

京沪高速铁路某大桥主桥为(80 + 128 + 80)m 双线连续箱梁桥,该桥主梁采用单箱单室截面,顶板宽 13.4m、底板宽 7.0m,梁高跨中处为 5.6m、中墩处为 9.6m,梁底按二次抛物线渐变。下部采用圆端形实体桥墩，纵、横向尺寸分别为4.5m、11.6m，基础采用24根ϕ1.5m的钻孔灌注桩，桩长73m。桥梁采用盆式橡胶支座，32号墩为制动墩。桥上二期恒载为210kN/m。

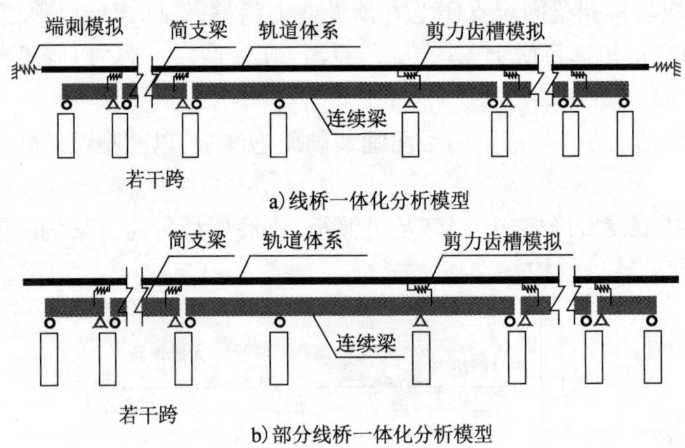

图3-4-11　线桥一体化模型

主桥两侧引桥为32m混凝土简支箱梁桥(本书考虑主桥两侧分别连接30孔32m简支箱梁桥)，主梁采用单箱单室截面，梁高3.08m。下部采用矩形重力式桥墩，纵、横向尺寸分别为2.5m、6.0m，墩高15.5m，基础采用12根ϕ1.25m钻孔灌注桩，桩长40m。桥上二期恒载为120kN/m。桥梁立面布置见图3-4-12。

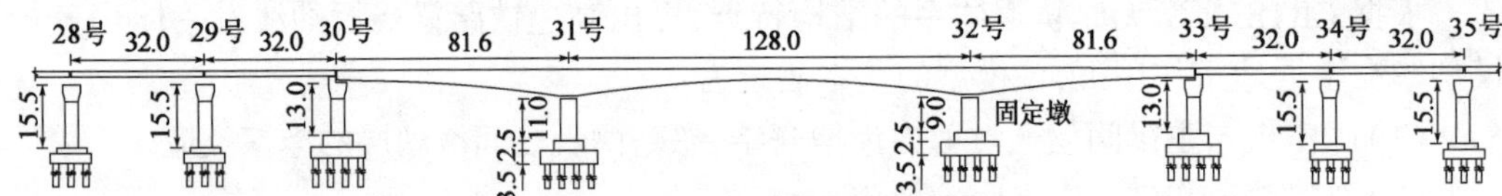

图3-4-12　桥梁立面布置(尺寸单位：m)

桥上轨道板及底座板混凝土强度等级分别为C60、C30，单线截面尺寸分别为2.55m×0.23m、2.95m×0.19m，钢轨单位质量为60kg/m。双线轴向等效刚度为8.28×10^{7}kN/m，等效质量为5.8t/m。

为了对比分析一体化模型的分析效果，分析该桥在模型1、模型2及模型3(传统不考虑无砟轨道的纵向约束效应的抗震计算模型)下的地震反应。

1. 自振特性

为分析连续梁桥与简支梁桥动力特性大小的相对关系对各桥墩间地震反应的耦联影响，首先采用传统抗震分析模型分别计算简支梁桥及连续梁桥的纵向自振周期，并根据分析结果适当调整连续梁桥32号制动墩的墩高，使之达到以下两种工况。工况1：连续梁桥的自振周期小于简支梁桥的自振周期，所有参数不变，连续梁32号制动墩高为9.0m。工况2：连续梁桥的自振周期大于简支梁桥的自振周期，仅将连续梁32号制动墩高调整为14.0m，其余参数不变。

针对两种工况，采用3种模型进行模态分析，探讨轨道约束体系对桥梁动力特性的影响。桥梁纵向一阶振型的自振周期见表3-4-2。

不同模型桥梁纵向一阶振型的自振周期　　表 3-4-2

工　况	分析模型	纵向一阶振型自振周期(s)	
		简支梁桥	连续梁桥
1	模型 1	0.689	
	模型 2	0.727	
	模型 3	0.747	0.653
2	模型 1	0.771	
	模型 2	0.774	
	模型 3	0.747	0.891

可以看出,对于自振特性不同的简支梁桥及大跨连续梁桥,轨道约束体系的存在增强了相邻桥跨间的纵向联系,使按传统模型分析得到的两个单独振动单元(简支梁桥、连续梁桥)变为一个整体振动单元。对于工况 1,考虑轨道约束体系的影响,简支梁桥的纵向一阶周期缩短了 8%,连续梁延长了 6%。对于工况 2,简支梁桥的纵向一阶周期延长了 3%,连续梁缩短了 16%。端刺的存在对桥梁动力特性的影响也很明显,缩短了桥梁纵向一阶周期。

2. 不同模型对桥梁地震反应的影响

为讨论连续梁桥与简支梁桥动力特性大小的相对关系对各桥墩间地震反应的藕联影响,对 2 种工况下 3 种模型分别进行多遇地震作用下的反应谱分析。基于《铁路桥梁抗震设计规范》(GB 50111—2006)反应谱曲线中给出的动力放大系数 β 曲线,场地类别取Ⅱ类,特征周期分区为二区,场地特征周期为 0.4s。多遇地震水平地震基本加速度 α = 0.07g。反应谱分析时,振型数采用前 300 阶,振型组合采用 CQC 方法。

工况 1 和 2 情况下,连续梁桥、简支梁桥各墩墩底截面的弯矩、剪力分析结果分别见图 3-4-13 ~ 图 3-4-16。

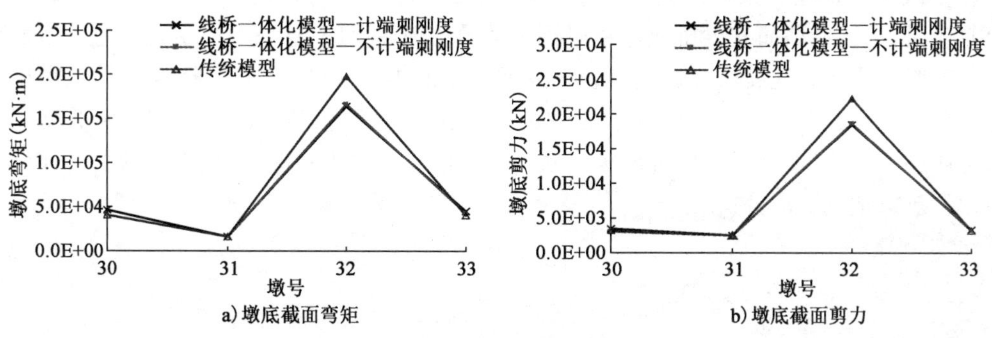

图 3-4-13　工况 1 下连续梁桥各墩墩底截面受力

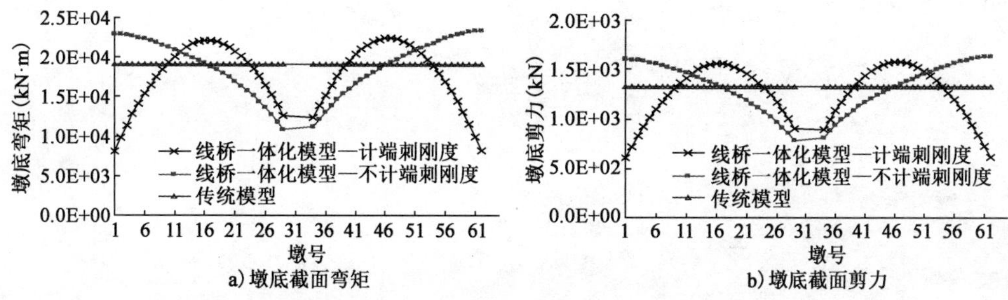

图 3-4-14　工况 1 下简支梁桥各墩墩底截面受力

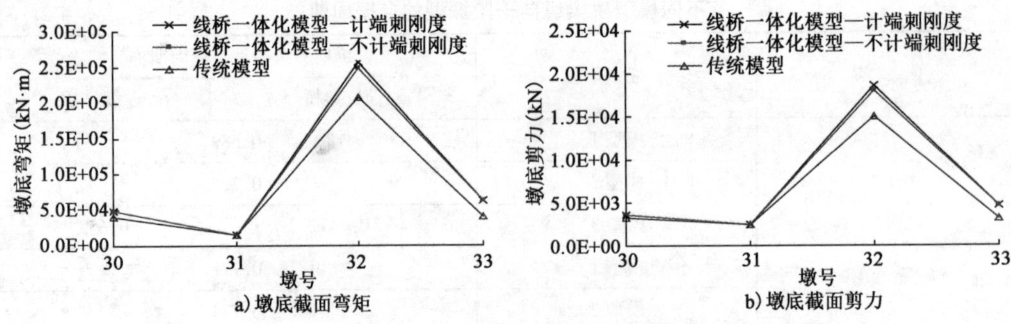

图 3-4-15　工况 2 下连续梁桥各墩墩底截面受力

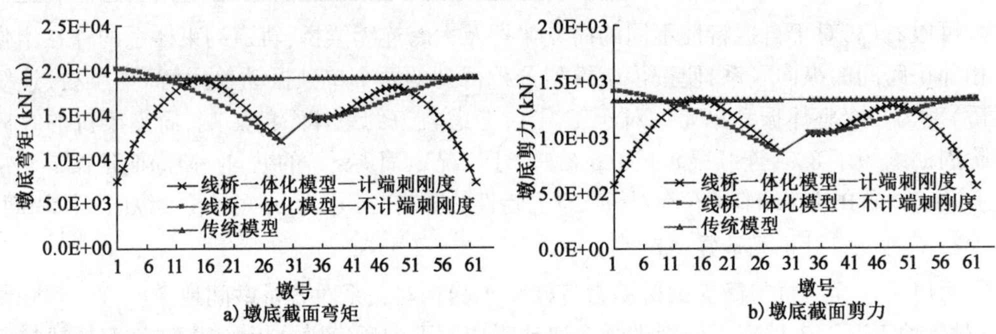

图 3-4-16　工况 2 下简支梁桥各墩墩底截面受力

结果表明,对于自振特性不同的简支梁桥及大跨径连续梁桥,轨道约束体系的存在增强了相邻桥跨间的纵向联系,轨道约束体系对桥梁纵向动力特性影响显著。CRTS Ⅱ型无砟轨道体系及端刺对高速铁路桥梁的地震反应影响较为复杂。连续梁桥与简支梁桥各墩的地震反应大小及分布规律与桥梁动力特性大小的相对关系有关。对于自振特性不同的若干跨 32m 简支箱梁桥及大跨径连续梁桥,不考虑 CRTS Ⅱ型无砟轨道体系的纵向约束效应时,可能低估简支梁桥或连续梁桥制动墩的地震反应,这一点应引起注意。端刺对高速铁路桥梁各墩地震反应影响显著。考虑端刺的纵向刚度,简支梁桥各墩的地震反应呈凸抛物线形分布。距离端刺越近的桥跨,其地震反应降低越多。对于 CRTS Ⅱ型无砟轨道体系的高速铁路桥梁,应合理考虑轨道体系的纵向约束效应,建议采用线桥一体化分析模型进行地震反应分析。

第五章　高速铁路桥梁的养护维修

第一节　高速铁路桥梁的运管体制

伴随着我国铁路桥梁建设技术的进步和高铁、客运专线大规模建设，一系列新技术、新工艺、新材料、新结构在桥梁建设中的应用，拓宽了铁路桥梁设计、施工的理念。一大批技术复杂、设计和施工难度大的大跨径组合结构、拱桥、斜拉桥、悬索桥相继建成通车，随之而来的是桥梁后期运营维护管理工作变得更加繁重和复杂，给运营期间的桥梁养护维修带来了新的挑战。目前，我国针对高速铁路桥梁的运营维护，制定了《高速铁路桥隧修理规则(试行)》，建立了高速铁路桥梁的养护维修机制。

一、高速铁路桥梁运管面临的挑战

桥梁工程结构是高速铁路的重要组成部分，所占比例大，结构复杂，修建困难。与普速线路和重载铁路相比，高速铁路对桥梁等线下基础结构状态的安全等级划分和维修标准要求更加严格。对于普速线路或重载铁路来说，较小的缺陷或病害，在高速铁路中可能会影响行车的安全性，这对我国高速铁路安全运营是极大的考验。因此，高速铁路桥梁等线下基础的养护维修标准要求更高、安全性卡控更严、确保高速铁路使用寿命更难。

1. 不间断运营的要求

高速铁路的运营特点是白天公交化运输，夜间停轮集中维修。为不影响高速列车安全准时运营，高速铁路桥隧严格执行“施工不行车，行车不施工”的天窗修制度。我国高速铁路正线、到发线天窗一般为垂直天窗，天窗时段一般设置在0:00—4:00，多为4h。由于天窗时间短，维修人员要行走到维修区间，所以有效养护维修时间更短，且天窗期内的养护维修作业施工不能对天窗点毕后线路的正常开通和安全运营造成任何障碍，因此，高速铁路不间断运营养护维修作业技术难度大，必须要创新养护维修技术、材料与机具。

2. 列车运营速度高，基础稳定性要求严

列车高速运行对线路稳定性要求极高，对桥梁结构长期变形限制严格，包括混凝土桥梁的长期徐变、墩台的变形变位、基础不均匀沉降等。我国高速铁路客流量大、行车密度大、线路里程长、地质条件复杂，高速列车高频周期疲劳荷载加剧了对桥梁工程结构的疲劳破坏，增加了桥梁钢结构疲劳裂纹以及螺栓断裂风险。如京沪高铁南京大胜关长江大桥主桥在通车两年多后，高强度螺栓中已经发现折断76套，占0.0038%。

3. 结构服役环境复杂

高速铁路需要跨越大江南北,延伸祖国各地。一方面,铁路工程的线下基础必须与土壤、地下水或河水接触,环境土和环境水中的硫酸盐、镁盐、碱等会对混凝土产生腐蚀作用,河流中的冰、泥沙也会对混凝土产生磨蚀作用;另一方面,铁路工程的露天服役特性决定了高速铁路工程结构必须经受恶劣气候环境(温度、湿度、风、霜、雨、雪)的腐蚀作用,沿海地区的结构会遭受盐雾的侵蚀,西南地区的结构会遭受酸雨的侵蚀,东北地区的结构会遭受冻融破坏的侵蚀。复杂的服役环境、列车高频疲劳荷载以及不同结构物的相互作用,导致高速铁路桥梁结构服役环境复杂多变,这些对高速铁路桥梁安全运营以及养护维修带来了极大的障碍。另外,大风、地震等极端条件也会对高速铁路桥梁结构造成多重意外伤害。

4. 维修作业空间受限

受天窗维修模式的限制,高速铁路桥梁等工程结构的养护维修必须在夜间作业,夜间光线不足是养护维修的一大难题。高速铁路大量高墩桥梁养护维修还需高空作业,必须同时做好安全保障工作。所以,夜间维修、高空作业和作业空间受限是高速铁路养护维修的难题。

二、桥梁养护维修技术管理和技术标准

1. 管理体系

高速铁路维修管理在充分考虑国情、路情的条件下,以实行属地化管理和“管(管理维护)、检(检测)、修(修理)”分开的管理体制为原则,体现“专业强化、管理集中、资源综合”和“精干高效”的养护维修理念。我国高速铁路桥梁维修工作遵循“预防为主、防治结合”的原则,强化设备检查,采取周期性保养和综合维修相结合的方式,预防病害发生,保持桥梁使用状态均衡完好,使列车能以规定的速度,安全、平稳和不间断地运行。

我国高速铁路工务设备由中国铁路总公司、铁路局、工务段(含高铁工务段,下同)、车间(工区)4 级机构负责维护管理,图 3-5-1 为高速铁路桥梁管理模式框图。桥梁车间的管辖营业长度宜在 300km 左右,且不超过 400km;路桥检查工区管辖营业长度 100km 左右;山区路段宜适当缩小管辖长度。

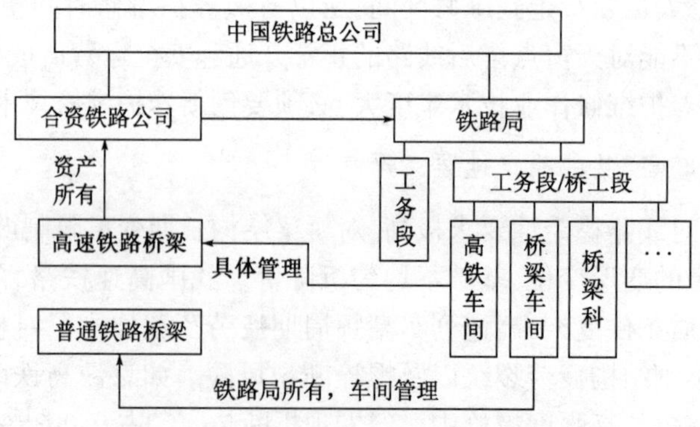

图 3-5-1　高速铁路和普通铁路桥梁管理模式框图

2. 工务设备信息管理

高速铁路桥梁等工务设备运营维护综合数据中心采用"总公司—铁路局—工务段"3级模式,可以是"总公司—工务段"2级,也可以是"总公司—铁路局"模式,以云平台形式形成"虚拟数据中心"。工务设备运营维护综合数据中心需要考虑铁路局、工务段的管理形式,在工务段管理统一的标准下,通过系统建设、升级、改造等方式,形成各铁路局和工务段的应用系统。

包含桥梁在内的高速铁路工务设备运营维护综合数据中心(图3-5-2),实现各类数据的有效管理和应用,体现检测—数据分析—维修全过程管理理念。系统对运营维护环节的动静态检测信息、监测信息、养护维修作业信息等进行采集、实时传输、存储和分析,实现对高速铁路工务管理、检测、维修流程的统一管理,并对各种信息进行智能综合分析,提出科学的设备养护维修建议,为工务设备养护维修的各级决策提供全方位的信息服务,实现对工务设备设施的动态管理和科学养护,达到提高维修效率、降低维护成本、保障高速列车安全运行的目标。

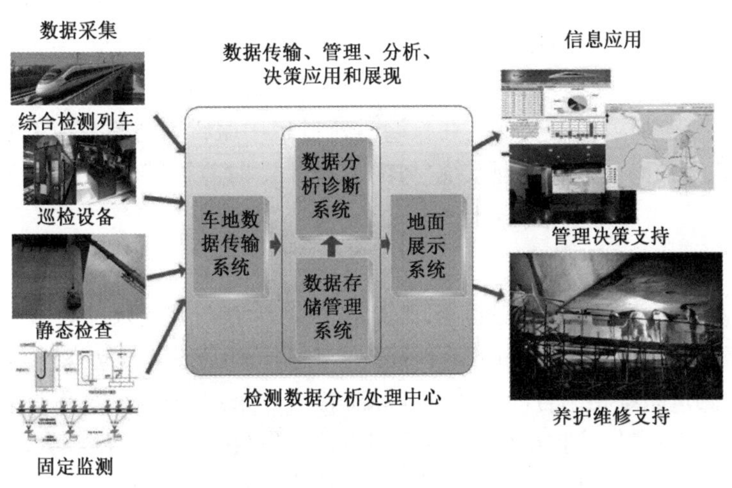

图3-5-2 高速铁路桥梁设备检测维修信息化管理体系框架

3. 技术标准

为做好高速铁路桥梁工程结构维修工作,提高维修技术水平,我国已经初步形成了高速铁路养护维修技术标准体系,涵盖了高速铁路桥梁检测评估和养护维修领域。我国高速铁路养护维修技术标准体现了继承性、适用性和先进性等特点,涉及高速铁路不同的结构物,如线路、桥隧、路基等;涵盖不同的运行速度,包括既有线提速200~250km/h和新建250km/h及以上的高速铁路;囊括高速铁路有砟轨道和高速铁路无砟轨道不同类型。我国高速铁路工务工程养护维修标准见表3-5-1。

我国高速铁路桥梁养护维修所遵循的技术标准 表3-5-1

序号	标准名称	标准号	备注
1	高速铁路桥梁运营性能检定规定(试行)	TG/GW 209—2014	检测评定
2	铁路工程沉降变形观测与评估技术规程	Q/CR 9230—2016	
3	铁路工务综合巡检系统暂行技术条件	TJ/GW 127—2014	
4	轨道检查车运用管理办法	TG/GW 217—2014	

续上表

序号	标准名称	标准号	备注
5	轨道检测系统暂行技术条件	TJ/GW 126—2014	检测评定
6	高速铁路工程动态验收技术规范	TB 10761—2013	
7	高速铁路桥隧建筑物修理规则	TG/GW 114—2011	养护维修
8	既有线提速200～250km/h线桥设备维修规则	铁运[2007]44号	
9	高速铁路无砟轨道维修规则	TG/GW 115—2012	
10	高速铁路有砟轨道维修规则	TG/GW 116—2013	

为细化和指导高速铁路养护维修作业，还编制了养护维修技术文件，如《高速铁路桥隧建筑物修理细则》《高速铁路工务修理案例》《高速铁路工务知识读本》《高速铁路工务技术》等，这些技术标准和技术文件有效指导了高速铁路工务工程的养护维修。

三、桥梁检测及养护维修技术

高速铁路桥梁维修技术体现了全过程闭路循环，即：综合检测车、专业检查车等动态检测设备发现问题—人工查看—信息处理—及时整治。针对长大连续梁桥、特殊结构梁桥等高速铁路工程结构物，为确保其在长期运营过程中服役状态良好，积极引入新技术、新理念，搭建状态预测与健康管理系统（PHM），安排适时养护维修，以延长高速铁路工程结构的耐久性。

1. 检测与监测技术的要求

按照"动态检查为主，动、静态检查相结合，结构检查与几何尺寸检查并重"的原则，按周期对线路进行动态检查。采用综合检测列车等检测设备进行动态监测；采用绝对测量系统和相对测量系统相结合的方法做好静态检查。采用先进技术，做好基础沉降和构筑物变形检测监控；做好防护栅栏、声屏障、上跨桥、公铁并行地段防护等安全防护设施检查。检查类别分为周期性检查、临时检查、水文观测、专项检查、检定试验等，各项检查必须建立相应责任制度，保证各项检查工作的落实。高速铁路桥梁检测类别与周期见表3-5-2。

高速铁路桥梁检测类别与周期 表3-5-2

序号	检测类别	检测项目	典型检测周期
1	水文观测	河床断面测量	每两年
2		季节性河流上的桥梁，洪水冲刷河床断面发生变化的	汛后测量1次
3	周期性检查	特殊结构（钢桁梁、拱、斜拉桥等）和重要桥梁设备	每季
4		对桥面及以上部位、隧道出入口、涵洞排水、桥涵限高防护架	每年
5		桥面以下结构、支座、隧道、涵洞	
6		桥隧周边环境	
7		桥隧防洪设施	春融及汛前
8	临时检查	遭受地震、洪水、台风、火灾及车船撞击等紧急情况	随时检查
9		发生突发性严重病害	

第三篇 桥梁工程

续上表

序号	检测类别	检 测 项 目	典型检测周期
10	专项检查	沉降量大的桥涵,测量基础沉降	运营后第一年每半年一次; 第二年后每年一次; 基础沉降稳定,五年后可不再测量
11		代表性的桥梁孔跨测量上拱度	开始运营后第一年,每半年观测一次 第二年起每年观测一次; 上拱度稳定五年后可不再测量
12	检定试验	运营中的特殊结构、技术复杂的桥梁	每10年检定
13		桥梁出现严重病害、自然灾害损伤、车船撞击,可能危及行车安全	及时检定
14	状态评定	每座桥梁建筑物按项目进行一次状态评定	每年秋季

2. 检测与监测方法

为确保高速铁路桥梁服役安全,高速铁路桥梁病害检测包括智能巡检和健康监测相结合的方法。智能巡检是通过结合日常人工巡检和定期检测工作,对桥梁部件或单元的损伤部位、类型和程度进行数据采集和巡检管理。日常人工巡检时,借助巡检移动设备APP,关联桥梁建筑信息模型(BIM)和桥梁病害库,随时随地调取巡检计划与任务,现场按管理单元快速定位桥梁损伤并实时录入,自动对桥梁单元的各类损伤进行记录、统计和智能分析。高速铁路桥梁PHM系统利用桥梁结构健康监测对结构的损伤位置和程度进行实时诊断,对桥梁的服役情况、可靠性、耐久性和承载能力进行智能评估,为大桥在特殊天气或桥梁运营状况严重异常时触发预警信号,为桥梁的维修、养护与管理决策提供依据和指导。

高速铁路大型结构桥梁养护维修PHM系统借助3S[客户端(C/S)、广域网(B/S)、移动互联网(M/S)]网络架构和BIM模型,基于车-线-桥-环境一体化监测和智能巡检,利用融合技术对多源数据开展历史趋势分析与相关性研究,实现桥梁病害的诊断与预测,对桥梁健康状态进行综合评估,通过实时监测进行RAMS(可靠性、可用性、可维护性和安全性)高铁管理,其整体架构见图3-5-3。

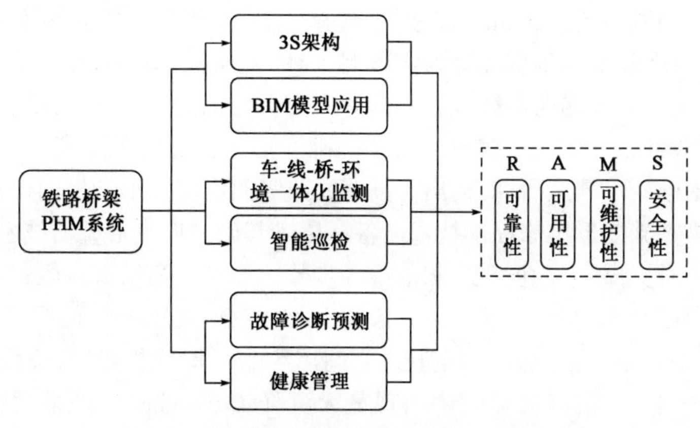

图3-5-3 高速铁路桥梁PHM系统整体架构

高速铁路 PHM 系统应用于京沪高铁南京大胜关长江大桥的管理养护维修(图 3-5-4),系统对所选取支座进行实时监测,得到支座位移变化的时间历程,并对支座纵向位移与钢桁拱、弦杆、正交钢桥面板、道砟槽整体温度进行相关性分析,利用最小二乘法对 4 种线性相关特性进行拟合,通过支座位移历史趋势分析从而确定支座的季节性变化范围,综合评判支座位移是否在合理范围。

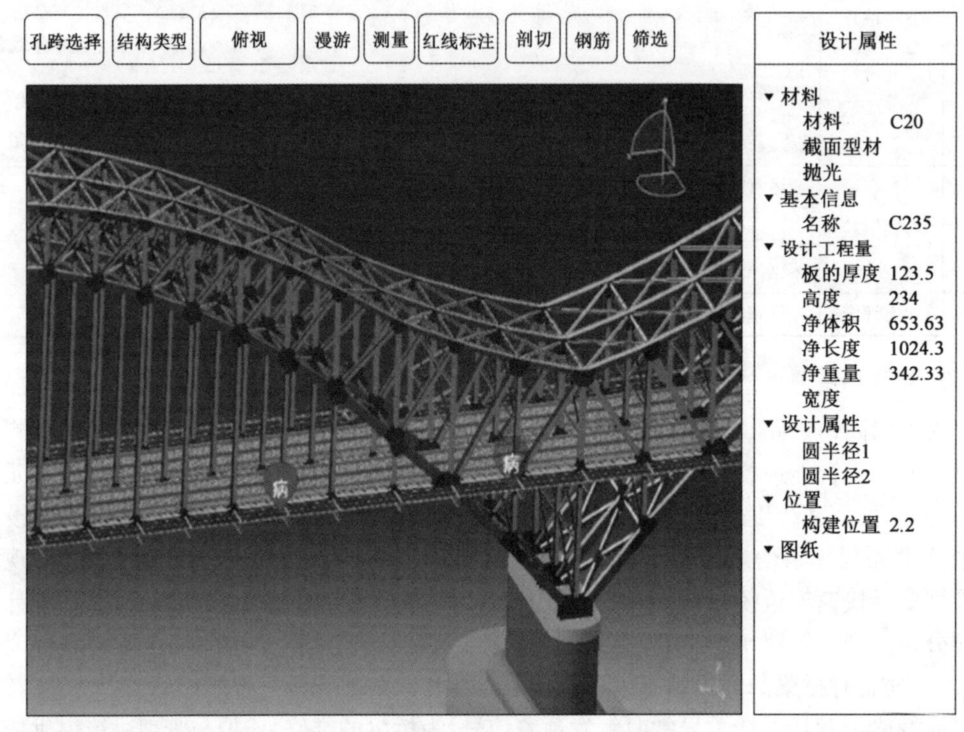

图 3-5-4 南京大胜关大桥 PHM 检测系统

3. 桥梁养护维修技术

(1)桥梁病害形式与特点。我国高速铁路桥梁主体结构服役性能优良,但由于认识不足、人为因素、客观条件变化等因素,高速铁路桥梁病害可分为两类:一是基础条件变化引起的结构变形变位;二是附属设施损伤引起的病害,如防水层、伸缩缝、支座等损伤。高速铁路对沉降要求十分严格,桥梁墩台工后沉降要求不超过 20mm,桥梁相邻墩台、路桥及路隧过渡段沉降差不超过 5mm。高速铁路桥梁基础沉降的原因是多方面的:一是受环境温度、地下水位下降及基础沉降等因素影响,局部桥梁桩基逐渐出现沉降,特别是竖向差异沉降;二是高铁沿线侧向堆载或者开挖等人工行为也会引起高速铁路桥梁基础变形。

(2)基础变形维修技术。高速铁路桥梁基础变形包括竖向沉降变形和横向位移。对高速铁路桥梁基础变形开展研究,提出了高速铁路竖向沉降变形和横向位移的检测技术,为高速铁路桥梁基础变形维修提供技术储备。桥梁基础竖向变形整治技术常常包括预顶升、顶升梁体、临时支撑、千斤顶泄压和落梁等步骤。如京沪高铁天津段,在运营中出现了地基沉降问题,利用 PLC 同步顶升系统,采用 16 个 600t 液压千斤顶对梁体进行同步顶升,按设计顶升 2cm 后,在梁底和承重基础之间用约 2cm 厚铁板垫实,确保接触点的承受力。京津城际铁路亦庄沉降区运营中出现最大沉降量 690mm,沉降量大于 300mm 的有 10.5km,较大差异沉降有 9 处,其中 2 处位于连续梁,5 处位于简支梁,2 处位于路基,最大差异沉降1‰;长波不平顺大于50mm的有12处,其中桥梁地段10处,路基地段2处,最大长坡不平顺150mm,短波不平顺大于6mm的有4处,其中桥梁地段2处,路基地段2处,最大短波不平顺10mm。在沉降整治时,连续梁采取注胶抬升方法,最大抬升量为43mm,简支梁采用顶镐抬升加垫钢板方法,最大抬升量为60mm。在抬梁过程中对梁体和无砟轨道结构应力以及梁体位移进行实时监测。

第二节 高速铁路桥梁的养护技术标准

一、技术要求

《高速铁路桥隧建筑物修理细则》对高速铁路桥梁的养护提出了包括荷载、建筑限界、孔径与净空、刚度、基础沉降、基础埋深、耐久性、抗震与防灾设施等方面的基本技术要求。

1. 荷载

列车竖向活载采用ZK活载,桥涵结构的检算荷载应按《高速铁路设计规范》(TB 10621—2014)办理。桥梁承载能力按《铁路桥梁检定规范》(铁运函〔2004〕120号)进行检算,以检定承载系数"K"表示(K为结构所能承受的活载相当于ZK活载的倍数),桥涵结构应满足$K \geqslant 1$。桥涵承载能力不足(即$K<1$时),应根据其技术状态确定采取加固、更换或改建措施。加固、更换或改建后的桥涵,其承载能力必须满足$K \geqslant 1$的要求。

2. 建筑限界

桥隧建筑限界应满足《铁路技术管理规程》的规定,建筑限界的基本尺寸及轮廓线如图3-5-5所示。曲线地段建筑限界应考虑因超高产生车体倾斜对曲线内侧的限界加宽。

3. 孔径与净空

运营中的行洪桥涵孔径应能正常通过1/100频率的检算洪水。技术复杂、修复困难或重要的特大、大桥应能安全通过1/300校验频率的洪水。对特大桥及大中桥,若观测洪水(包括调查洪水)频率小于1/100,但不小于1/300时,应将观测洪水频率作为检算洪水频率;频率小于1/300时,按1/300作为检算洪水频率。行洪桥涵孔径或桥下净空不足时,应有计划地进行扩孔、抬高或改建。扩孔、抬高或改建后均应符合《高速铁路设计规范》(TB 10621—2014)的有关规定。

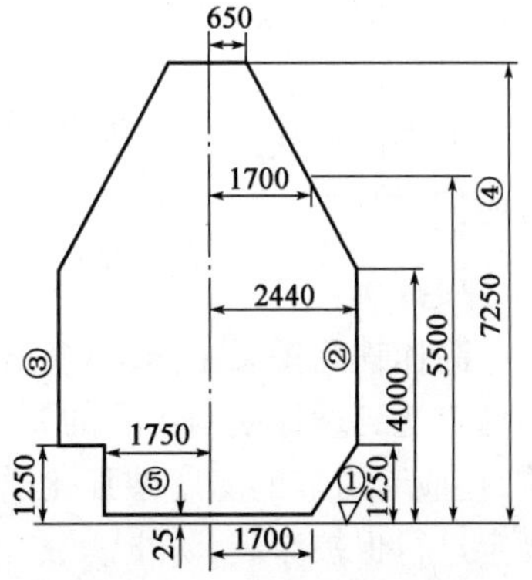

图3-5-5 高速铁路桥隧建筑限界
(尺寸单位:mm)
①-轨面;②-区间及站内正线(无站台)建筑限界;③-有站台时建筑限界;④-轨面以上最大高度;⑤-线路中心线至站台边缘的距离(正线不适用)

4. 刚度

桥涵设备应具有足够的刚度、良好的动力性能及耐久性,满足轨道稳定性、平顺性要求,满足高速列车安全运行和旅客乘坐舒适度的要求。高速铁路桥梁运营中的刚度需满足本篇第二章第二节要求。

5. 基础沉降

高速铁路桥梁墩台基础工后均匀沉降量和相邻墩台沉降量差应满足表3-2-6限值要求；对超静定结构除满足表3-2-6限值要求外，且还应根据沉降差对结构产生的附加应力的影响确定。同时，无砟轨道区段桥台、涵洞边墙、隧道洞口与路基交界处的工后沉降差不应大于5mm，工后沉降差造成的折角不应大于1/1000。工后沉降量超过限值时，应有计划进行整治、加固。

6. 基础埋深

高速铁路桥梁墩台明挖基础和沉井基础基底埋置深度应符合下列条件：

(1)位于河道非岩石地基上的桥跨不应采用明挖基础。

(2)冻胀、强冻胀土，在冻结线以下不小于0.25m处，同时满足冻胀力计算的要求；弱冻胀土，不小于冻结深度。

(3)无冲刷处，在地面下不小于2.0m处。

(4)有冲刷处，在墩台附近最大冲刷线以下应不小于下列安全值：

对一般桥梁，在检算洪水频率流量下，安全值为2m加冲刷总深度(自河床面算起的一般冲刷深度与局部冲刷深度之和)的10%；在校验洪水频率流量下，安全值为1.0m加冲刷总深度的5%。

对技术复杂、修复困难或重要的特大桥、大桥，在检算洪水频率流量下，安全值为3m加冲刷总深度的10%；在校验洪水频率流量下，安全值为1.5m加冲刷总深度的5%。

(5)对于不易冲刷磨损的岩石，墩台基础底应嵌入基本岩层深度不小于0.5m。如嵌入风化、破碎、易冲刷磨损岩层，按未嵌入岩层考虑。

高速铁路墩台桩基础和承台的埋置深度应符合下列条件：

(1)承台底面在土中时，承台板底面应在冻结线以下不小于0.25m处，或在最大冲刷线下不小于2m(桩入土中深度不明时)。

(2)承台底面在水中时，应位于最低冰层底面以下不小于0.25m处。

(3)钻(挖)孔灌注桩为柱桩时，桩底嵌入基本岩层深度不应小于0.5m。

(4)桩基在最大冲刷线下的埋置深度必须保证墩台稳定，满足承载力、刚度和沉降控制要求。

如果高速铁路的基础埋置深度不符合前述规定条件之一的墩台即为浅基墩台，应进行防护、加固。

7. 耐久性

高速铁路桥梁主体结构和构件应具有足够的耐久性。桥梁结构、栏杆、盖板等混凝土构件应达到设计使用年限的要求。对处于严重腐蚀环境(D4、L3、H4环境)中的混凝土结构，还应有可靠的防腐蚀强化措施。钢梁、钢拱肋、吊杆、钢栏杆、钢支架、支座钢件等应按规定进行保护涂装，防止锈蚀；混凝土墩身、托盘应设有护面钢筋；桥梁应有完善的防、排水系统，并便于清理。

8. 抗震与防灾设施

位于抗震设防烈度6度及以上地区的桥梁，均需按《铁路工程抗震设计规范》(GB 50111—2006)进行检算。在多遇地震、设计地震、罕遇地震下应分别满足抗震性能Ⅰ、Ⅱ、Ⅲ的设防目标。对抗震能力不足者应采取抗震措施。

抗震设防烈度6度及以上地区的桥梁，均应设置防落梁设施。跨越铁路的跨线桥、天桥、渡槽等，应按该处桥梁的抗震设防要求设防。在铁路线路下通行机动车辆的立交桥涵，其桥涵下净空高度不足5m时，应设置限高防护架。限高防护架的形式按部颁标准执行。

桥长超过3km时，应结合地面道路情况，在桥梁两侧每隔3km(单侧6km)左右交错设置可上下桥的救援疏散通道。救援疏散通道结构满足抗震设防要求。

二、技术标准

1. 桥面

高速铁路的桥面由轨道、作业通道、遮板、防护墙、梁缝伸缩装置、桥面防水层和泄水管等组成；有砟桥面还设有梁缝挡砟板和伸缩缝钢盖板等。

线路中心距作业通道栏杆内侧之间的距离宜为4.1m，对250km/h区段无砟桥面不应小于3.45m，有砟桥面不应小于3.75m。通道宽度不应小于0.8m。

桥面设防护墙，不设护轮轨，有砟轨道防护墙兼作挡砟墙。防护墙外侧桥面设置电缆槽，电缆槽盖板顶面平整，铺设稳固。在梁缝处应设纵横向限位装置，防止电缆槽盖板在梁缝处串动，影响人身安全。

有砟桥轨下枕底道砟厚度不应小于35cm，直线段和曲线内股不应大于45cm。超过偏差限值时应进行检算，如影响承载力或侵入限界时，必须进行调整。

有砟桥面伸缩缝钢盖板异型钢应采用不低于Q345B的耐候钢或异型铝合金型材，厚度不小于16mm，活动端应加工成约1∶4的斜坡，斜坡尖厚度约4mm；钢盖板长度与防护墙内侧净距一致，宽度应能保证与梁顶面的接触宽度不小于10cm，顶面与防水层的保护层顶面齐平，并应固定在梁体伸缩量小的一侧(简支梁应固定在固定支座一侧，桥头应固定在桥台胸墙一侧)。

作业通道栏杆高度不应小于1.0m，立柱和扶手的水平推力应能承受0.75kN/m均布荷载和1.0kN集中荷载的要求，栏杆与遮板连接锚固螺栓直径不应小于16mm。立柱垂直度不大于立柱高度的3‰；扶手高度应保持一致，10m长矢度不大于10mm。遮板顶部预埋钢板和U形螺栓外露部分应采用多元合金共渗加封闭层的防腐处理。

2. 桥面防排水

桥面应设有良好的防排水设施。根据轨道结构形式，桥面横向排水构造为六面坡三列排水，或四面坡两侧排水，或两面坡中间排水；排水坡度不小于2%，泄水管处应设有汇水坡，泄水管纵向间距宜在4.0m左右。

桥面排水管系统由泄水管、管盖、纵向排水管、横向排水管、竖向落水管、顺T形接头、三向接头、弯管接头和排水管支架等组成。水管和接头材质应符合《无压埋地排污、排水用硬聚氯乙烯(PVC-U)管材》(GB/T 20221—2006)和《建筑排水用硬聚氯乙烯(PVC-U)管材》(GB/T 5836.1—2006)要求，排水管支架采用金属材料。水管连接应牢固、不漏水，水管、支架均应连接牢固。

有砟轨道混凝土桥面防水层应设置保护层，保护层纵向每隔4m设置宽10mm深20mm的横向预裂缝，并用聚氨酯防水涂料填实。防护墙间宜铺设卷材类防水层，防护墙根部加铺卷材附加层，附加层沿防护墙弯起高度5cm，水平向宽度15cm。防水层上设厚度不小于6cm的纤维混凝土保护层,保护层与防护墙接缝应采用聚氨酯防水涂料封边,封边高度不小于8cm。防护墙外侧电缆槽应采用聚氨酯防水涂料防水层,防水层上设厚度4~6cm的纤维混凝土保护层。保护层与防护墙、电缆槽竖墙接缝应采用聚氨酯防水涂料封边,封边高度不小于8cm。

无砟轨道混凝土桥面的轨道底座板直接与混凝土桥面板相连的无砟轨道结构,在轨道底座板范围外的防护墙之间应铺设卷材类防水层,防护墙和底座板根部加铺卷材附加层,附加层沿防护墙弯起高度5cm,水平向宽度15cm。防水层上设厚度不小于6cm的纤维混凝土保护层,保护层与防护墙接缝应采用聚氨酯防水涂料封边,封边高度不小于8cm。轨道底座板与混凝土桥面板之间设有隔离层(滑动层)的无砟轨道结构,可采用底涂、喷涂聚脲防水涂料、脂肪族聚氨酯面层组成的喷涂聚脲防水层。底涂宜采用常温、低温、高温型环氧树脂或聚氨酯材料;聚脲防水涂料涂膜厚度应在1.6~2.0mm之间;脂肪族聚氨酯面层涂膜总厚度不应小于200μm。聚脲防水涂料涂膜宜采用深灰色,脂肪族聚氨酯面层宜采用中灰色。喷涂聚脲防水层上不设保护层。防护墙、侧向挡块根部应进行封边处理,封边高度不小于8cm;泄水管内壁涂刷聚脲防水涂料,深度不小于10cm。分次喷涂时,搭接长度不小于10cm。防护墙外侧电缆槽防水层铺设要求与有砟轨道桥面防水相同。

混凝土梁、框构桥及桥台顶面可能被积水渗入的处所,均应铺设防水层。若发现混凝土表面有湿润渗水、流锈水、白浆时,或无砟轨道桥面防水层出现起泡、脱皮、空鼓、开裂、掉块等病害时应查明原因及时修理,必要时予以更换或增设。防水层应采用耐久性好的新型材料,保护层应采用C40及以上纤维混凝土,厚度不小于6cm。修补防水层的标准不应低于既有的防水层标准。修补部位的防水层搭接宽度不小于20cm。

梁体防排水设施出现梁端伸缩装置渗漏水,防水橡胶带脱落、开裂、破损,伸缩装置长度不足或端部泄水,桥面过水孔堵塞,排水管系统破损、堵塞,箱室内积水等情况时,应及时处理。

3.钢结构保护涂装

对钢梁、钢-混凝土结合梁、钢箱拱肋、钢管拱肋、拱桥钢吊杆、钢桥面、支座钢件、防落梁装置、作业通道钢栏杆、钢立柱、疏散通道、吊篮、围栏、限高防护架等都应进行保护涂装,以防止钢结构锈蚀。

钢结构重新涂装的涂装体系应符合《铁路钢桥保护涂装》(TB/T 1527—2011)规定。在涂装底漆前,应将钢料表面的污泥、油垢、铁锈、旧漆皮和氧化皮彻底清除干净。清除方法:钢梁、钢-混凝土结合梁、钢箱拱肋、钢管拱、钢桥面、拱桥钢吊杆应采用喷砂、喷丸清理;防落梁装置、作业通道钢栏杆、钢立柱、疏散通道、吊篮、围栏、限高防护架等附属钢结构也可采用手工清理,严禁使用腐蚀性物质清理钢表面。

涂装对钢结构表面的清理等级根据使用的涂料品种、施工方法和构件部位的不同,清理的粗糙度应符合规则要求。

运营中钢梁保护涂装起泡、裂纹或脱落的面积达25%,点锈面积达5%,粉化劣化达4级且底漆已失效时,应进行整孔重新涂装。对于距离水面较近的桁梁下弦杆、纵横梁底面和钢箱梁底面、跨越受污染的河流的钢梁底部应增加涂装底漆一道、中间漆一道。

4.钢结构

高速铁路桥梁钢结构应满足刚度、强度和稳定性的要求。运营中根据钢结构形式,加强对各部联结节点、杆件、销栓、焊缝的检查养护,使其经常处于良好状态。对承载能力或刚度不足、结构不良的钢梁,应进行加固或改善,确保安全。钢结构应保持清洁、定期清扫污垢、尘土,冬季应及时清除冰雪。钢梁上的存水处所应设泄水孔,钻孔前须对杆件强度进行检算,箱梁杆件严禁开孔泄水。

对运营中的钢梁,禁止使用电焊加固或采用电焊联结主梁的方式增加检查和安全设施。相邻钢梁间及梁端与桥台挡砟墙间的净距,必须满足梁跨的正常伸缩。钢梁梁端伸缩装置应收放灵活、维修简便,调节范围内轨枕的间距允许偏差不应超出 ±5mm。

钢结构中高强度螺栓的更换,对于大型节点,同时更换的数量不得超过该节点螺栓总数的 8%,对于螺栓数少的节点则要逐个更换。在一个连接处(或节点)少量更换的螺栓、螺母及垫圈的材质、规格、强度等级应与原有者相同,不得混用。高强度螺栓拧紧后,为防止雨水及潮湿空气侵入板缝,节点板束四周的裂缝均应用混凝土封闭。高强度螺栓、螺母和垫圈的外露部分均应进行涂装防锈。

钢梁有下列状态之一时,应及时处理:

(1)下承式桁梁的端横梁与纵梁连接处下端裂纹长度≥50mm。

(2)受拉翼缘焊接盖板端部裂纹长度≥20mm。

(3)主梁、纵横梁受拉翼缘边裂纹长度≥5mm,焊缝处裂纹长度≥10mm。

(4)主桁节点板拼接接头高强螺栓失效率≥8%。

(5)纵梁受压翼缘板件断面削弱≥15%。

对焊缝及附近钢材上的裂纹,可根据裂纹性质、大小、数量及具体位置,采取相应的措施。

5. 支座和防落梁挡块

高速铁路桥梁一般应采用盆式橡胶支座、球形钢支座,大跨度梁也可采用铰轴滑板支座;墩台基础工后沉降大的桥梁应采用调高支座。

支座安装应稳固可靠,支座位置上下座板应水平安装,支座与梁底及垫石间必须密贴无缝隙,水平各层部件间应密贴无缝;活动支座滑动面应保持洁净滑润,保证梁跨自由伸缩、转动。支座安装允许偏差应满足规范要求。

支承垫石的高度应满足维修养护的需要,其高度不应小于 35cm。支座出现下列状态之一时,应及时处理:

(1)聚四氟乙烯板磨耗严重,凸出钢衬板高度不足 0.2mm。

(2)聚四氟乙烯板滑出,滑出长度超出不锈钢板边缘 10mm 以上。

(3)位移或转角超限,位移量超过设计值 10mm,转角超过设计值的 20%。

(4)锚栓缺少或剪断。

(5)橡胶密封圈脱落或外翻。

(6)下支座板与支承垫石间灌浆料、干硬性砂浆开裂。

(7)支承垫石开裂、积水、翻浆。

(8)钢件裂纹深度≥10mm,主要受力部位焊缝脱焊。

地震设防地段梁端或墩台顶应设置防落梁挡块,防落梁挡块应采用 Q235 焊接工字钢,高度不宜小于 50cm,挡块中心与支座中心一致,连接螺栓强度应满足抗震要求。防落梁挡块出现下列状态之一时,应及时处理:

(1)活动支座旁挡块与支承垫石顶死。

(2)活动支座旁挡块与墩台顶面顶死。

(3)墩顶相邻跨挡块连成整体,影响梁体自由伸缩。

(4)挡块与支承垫石之间的空隙大于40mm。

6. 混凝土梁及墩台

混凝土梁及墩台应满足强度、刚度、抗渗、耐久性和整体稳定性要求,并经常保持状态良好。混凝土梁及墩台恒载裂缝宽度限值见表3-5-3。

混凝土梁及墩台恒载裂缝宽度限值 表3-5-3

梁别	裂缝部位		最大裂缝限值(mm)
预应力混凝土梁	梁体	下缘竖向及腹板主拉应力方向	不允许
		纵向及斜向	0.2
		横隔板	0.3
钢筋混凝土梁、桥面板及框构	主筋附近竖向		0.25
	腹板竖向及斜向		0.3
墩台	顶帽		0.3
	墩台身	经常受侵蚀性环境水影响	有筋0.2,无筋0.30
		常年有水但无侵蚀性	有筋0.25,无筋0.35
		干沟或季节性有水河流	0.4
	有冻结作用部分		0.2

混凝土梁及墩台严重裂损,可采用修补、灌浆、表面封闭、加固等办法处理,并符合相应技术标准要求。墩台倾斜、下沉、冻害等病害,可采用地基加固、加深或扩大基础、台后换填、卸载等办法处理。混凝土梁及墩台如发现下列状态,应及时处理:

(1)混凝土保护层中性化深度大于25mm。

(2)钢筋混凝土梁裂缝流锈水。

(3)混凝土梁碱—集料反应导致梁体产生裂缝。

(4)混凝土梁及墩台恒载裂缝宽度大于表3-5-3规定的限值。

(5)预应力混凝土梁徐变上拱造成跨中道砟厚度不足30cm。

(6)预应力混凝土梁徐变上拱或基础沉降造成轨道扣件无余量可调整。

(7)相邻跨梁端或梁端与桥台胸墙间顶紧,或相邻跨作业通道栏杆、电缆槽道、遮板等顶紧,影响自由伸缩。

(8)意外事故造成梁体或墩台混凝土局部溃碎或钢筋变形、折断。

(9)寒冷地区,空心墩台内部积水。

(10)防排水设施失效,梁体表面泛白浆。

第三节 高速铁路桥梁的保养与维修制度

一、周期性保养

通过对桥隧建筑物的周期性保养,及时消灭超限和临近超限处所,保持桥隧设备状态经常均衡完好，确保行车安全平稳。周期性保养工作一般应以整座设备进行，长大桥隧设备也可分区段进行。保养周期应按不同设备类型的状态变化加以控制，钢桥(含混合桥钢梁、钢拱桥、钢箱拱、钢管混凝土拱，钢-混凝土结合梁等)半年，其他设备一年。在做好适时保养的同时，还应加强预防性的周期保养，使设备经常保持在合格状态。

1. 周期性保养的范围

(1)连接铁件补充、除锈、螺栓涂油。

(2)钢梁清洁和补充复紧少量高强螺栓，局部涂层修补。

(3)支座清洁、涂油，整修排水坡。

(4)补充、整理作业通道步行板，整修危及人身安全的检查设备。

(5)清除梁端石砟及梁缝止水带内的杂物。

(6)桥面各部位过水孔疏通。

(7)整修桥面栏杆等。

(8)防落梁挡块螺栓拧紧、复位，补充挡块。

(9)大跨度梁梁端伸缩装置连杆系统钢件整修，联动失灵调整。

(10)拱吊杆、斜拉桥拉索锚具防护，采用螺纹连接的刚性吊杆连接部位，定期添加黄油更换密封条或密封膏等。

(11)桥梁救援疏散通道栏杆整修，围墙墙体裂缝修补，排水管堵塞疏通。

(12)隧道进出口坡面危石及隧道衬砌掉块的清理。

(13)隧道排水系统疏通，侧沟修补等。

(14)涵洞清淤，倒虹吸盖板或拦污栅修复补充。

(15)各种标志、标识的刷新和修补。

2. 保养计划的编制与实施

保养计划的编制与实施，应通过设备的周期性检查，除对发现的超限处所及时整修消除外，还应对临近超限处所进行预防性周期保养，编制季度保养计划，经上级部门批准后实施，并将实施情况、班前安全质量预想防控布点及措施记录在保养日计划及完成表内。

3. 桥梁的保养质量评定

应由设备管理单位组织有关人员，结合春检和秋检，每半年对钢梁桥、每年对其他设备，进行一次保养质量评定。每座设备的保养质量评定是根据该设备各部分存在的问题，按照《高速铁路桥隧建筑物保养质量评定标准》的规定，根据扣分情况评定保养质量。每座设备扣分总和，除以该设备的长度(取整数)即为该设备的保养质量平均分(取小数点后一位)。保养质量每米长度平均分在5分及以下且无单项质量扣10分者为合格，否则为不合格。每次评定的情况，均应填写《高速铁路桥隧建筑物保养质量评定记录表》。设备管理单位应对保养质量和数量进行不定期的现场抽查核实。

二、综合维修

高速铁路桥梁的综合维修应全面推行预防修，按照年度维修计划分月组织实施。按照不同设备类型确定桥梁综合维修周期：钢梁桥(含混合桥钢梁、钢拱)3年，混凝土桥及救援疏散通道5年，隧道、涵洞等视设备状态而定，一般5~8年。

1. 综合维修工作范围

(1)钢结构局部维护性涂装、死角防锈、更换失效螺栓。

(2)混凝土梁裂缝、露筋修补、防水层局部修理、桥梁防排水设施局部整修,梁端伸缩装置整修。

(3)支座整治空吊翻浆,处理折断锚栓,整修防尘装置,钢质部分涂装,整修墩顶排水坡等。

(4)墩台裂缝缺损修补,顶面排水处理,基础防护整修等。

(5)桥面及作业通道栏杆的局部更换。

(6)涵洞裂缝整治,接缝渗漏处理、小量喷浆和压浆。

(7)涵洞排水设备的修理和部分增设。

(8)涵洞淤积清理疏通,进、出口铺砌整修等。

(9)桥梁防护设备及河调建筑物整修。

(10)各种防护设备的砌体勾缝修补。

(11)防护墙、作业通道、救援疏散通道、安全检查设备、抗震设施、空心墩检查梯等的局部整修。

(12)小桥、涵洞上下游各 30m 河道范围内的淤积清理,泥石流沟淤积物清理,拦导设施整修。

(13)桥涵限高防护架、桥墩防撞护栏的整治修补。

2. 综合维修计划编制与实施

桥梁综合维修年度计划,由设备管理单位编制《高速铁路桥隧建筑物综合维修年度计划表》,经铁路局批准后实施。其完成情况按月统计,逐级上报。桥梁设备的月度综合维修计划,按照设备管理单位下达的任务,根据综合维修的要求,以工作量调查结果为依据,编制《高速铁路桥隧建筑物综合维修月计划及完成表》,经批准后执行。承担综合维修的单位,按照批准后的综合维修计划,制订实施计划和措施,并根据计划进度要求,编制综合维修日计划,填写《高速铁路桥隧建筑物维修保养日计划及完成表》,并组织实施。综合维修作业应严格按照作业标准进行,实行质量控制,保证达到规定的质量要求。

3. 综合维修作业质量验收

综合维修作业质量的验收,要严格执行逐级验收制,分级把关,异体监督,控制综合维修质量。作业过程中,每天应在作业中及收工前进行质量自检、互检和回检,发现不符合标准的项目应及时返修达标。做到每项作业勤检细修一次达标,每次检查的情况都应填写在日计划及完成表内或施工记录上。每座设备综合维修作业全部完工后,应按《高速铁路桥隧建筑物修理作业验收标准》的有关规定进行质量验收评定。长大桥梁或混合桥可分孔或分段进行验收,每次维修验收时,应根据验收记录在《高速铁路桥隧建筑物综合维修验收证》内填写验收质量评定结果。综合维修作业质量评定分为合格、不合格两个等级。全部项目一次验收达到合格,可评为"合格",否则为"不合格"。若出现不合格处,经返修复验合格,评为"合格"。

三、大修管理

桥梁大修按照设备状态劣化等级、工程性质、复杂程度和工程量大小,可分为周期大修、重点大修和一般大修。整孔钢梁重新涂装或罩涂面漆等大修为周期大修；桥梁墩台大修、支座更换、桥涵基础加固、钢梁加固等为重点大修；其他病害整治的大修为一般大修。

1. 大修工作范围

桥梁的大修工作范围主要包括：

(1)整孔钢梁重新涂装或罩涂面漆；钢构件保护涂装，成批更换高强螺栓等。

(2)加固钢梁，更换、修理损伤杆件、斜拉索、吊索。

(3)抬梁、更换支座。

(4)支座的起顶整正、更换折断的支座锚栓。

(5)整孔混凝土梁裂缝注浆、封闭涂装、钢筋锈蚀整治。

(6)大面积修复无砟轨道桥面防水层。

(7)加固混凝土墩台及基础，桥旁救援疏散通道。

(8)混凝土梁横隔板加固、横隔板断裂修补、梁体、拱、立柱加固。

(9)修复或加固防护及河调建筑物。

(10)更换梁端伸缩装置、排水管、挡砟板。

(11)整治威胁桥梁安全的河道。

(12)整孔更换作业通道步行板、栏杆。

(13)恢复或加固桥涵限高防护架。

2. 计划编制

桥梁大修件名以每座建筑物为单位，将需要进行大修的各个工程项目，均安排在同一次大修件名内。设备管理单位应根据设备技术状态，每年设备检查后，提出次年的《高速铁路桥隧建筑物大修项目建议书》，报送铁路局和铁路公司审核。铁路公司会同铁路局，根据轻重缓急和投资能力，确定次年度大修任务计划。对病害原因复杂的大修项目，应对病害原因、程度、发展趋势和整治方案进行专家论证。

3. 设计文件

每件大修工程均应进行设计，编制设计文件。周期大修和一般大修件名可直接进行设计。重点桥隧大修工程可分两阶段进行设计，即先提出初步设计和概算，经铁路局和铁路公司审查确定后，再编制技术设计。大修设计文件应包括：

(1)说明书——建筑物的技术状态和病害情况、设计依据、工程范围、技术标准、设计方案、施工方法、质量要求、安全措施及其他注意事项。重点大修工程还应有详细的施工图及说明。

(2)设计图表——包括桥(隧)址地形平面图、工程总布置图、纵横断面图、各种结构细节、基础地质柱状图等图纸及工程数量表、主要说明等。

(3)预算——包括预算汇总表、单项工程预算表、材料数量和重量表、运输费用计算表、工程数量表和计算清单以及补充单价分析表、工费表等，计算费率按有关规定办理。

全年大修的设计文件应在当年的6月底前完成。在一季度至三季度内施工的件名，应在开工前60天提出。对个别临时变更或追加的件名，设计文件最迟应在开工前20天提出。在施工过程中，如需变更原设计和预算时，应根据变更性质及程度，按下列规定办理：

(1)凡改变主要施工方案或增减较大的工程项目时，应由提议单位提出变更理由，报设计单位签注意见后,由原批准单位审查同意,交原设计单位变更设计及预算。

(2)如为原设计方案基础上的零小变更或仅为工作量的增减,可不变更设计,由施工单位提出理由,连同增减工程项目及数量报原设计单位和批准单位审查同意后,方以施工。

(3)由于工费、料费价值变更而影响预算总价时,可不变更原设计的预算表,仅将每件工程的材料工费差价列成汇总表,进行总的一次性调整。

4. 施工管理

大修工程,必须有批准的设计、施工文件才能施工。大修原则上由专业施工单位施工,零小的一般大修或周期性大修工程,亦可由设备管理单位施工。大修工程的施工应视工程规模的大小、性质实施工程监理制度。工程的监理应严格执行原铁道部发布的《铁路建设工程监理规范》中的各项条款。大修施工应编制年度分季、季度分月计划。每日施工的工作内容、安全、质量、使用材料、施工方法以及施工中发现的主要问题及处理情况等,施工负责人应详细记载在《高速铁路桥隧建筑物大修施工日志簿》内。大修隐蔽工程应填写《高速铁路桥隧建筑物大修隐蔽工程检查记录表》或相应的专门施工记录,由监理或设备管理单位主管工程师签认。大修工程竣工后,大修施工单位应将施工记录和竣工图等资料整理齐全。技术复杂,采用新技术、新工艺的大修工程,应做好施工技术总结,交付验收。

5. 检查验收

大修施工单位应建立严格的检查制度,施工负责人应在每日作业中、收工前,对当日作业质量和安全情况进行全面检查;严格执行《铁路营业线施工安全管理办法》的规定。施工单位应加强经常性技术指导,至少每月进行一次检查,尤其是封锁施工时,主管领导必须亲自检查。慢行施工,应派专人对线路变化情况进行检查,及时对线路不良处所进行整修和保养,并做好记录。

大修验收以每件为单位,工程项目工作量较大的工程,亦可分项或分孔(个)进行验收,但全部工程竣工后,须再进行一次总的质量评定。桥隧大修工程的施工质量,以每件工程为单位综合评定,分为“合格”“不合格”两个等级。全部工作项目的质量达到合格则为“合格”,任何一项工作项目的质量未达到合格则为“不合格”,若不合格项目返工整修,经复验达到合格,评为“合格”。

本篇参考文献

[1] 陈良江,乔健. 中国高速铁路大跨度桥梁发展与实践[J]. 铁道经济研究,2010(6):46-50.

[2] 陈顺良,邵华平,陈伟庚,等. 铁路噪声对“小鸟天堂”鸟类影响的研究[J]. 铁路技术创新,2014(3):80-82.

[3] 陈新. 客运专线高架站咽喉区道岔梁结构设计与研究[J]. 铁道工程学报,2016,33(3):51-54.

[4] 戴公连,刘瑶,刘文硕. 大跨度连续梁桥与梁拱组合桥梁轨相互作用比较[J]. 中南大学学报(自然科学版),2017,48(1):233-238.

[5] 代宇,吴耀辉,宫占斌. 哈大铁路客运专线 900t 双门轮轨式提梁机的研制[J]. 铁道标准设计,2009(11):62-64.

[6] 戴公连,粟淼,刘文硕,等. 槽型断面梁斜拉桥塔梁墩固结区受力特性研究[J]. 湖南大学学报(自然科学版),2014,41(1):27-32.

[7] 丁德鹏.混凝土连续箱梁墩顶转体施工技术研究[J].铁道建筑技术,2017(3):56-59+92.
[8] 冯亚成.高速铁路桥梁支座系统[J].世界桥梁,2011(2):15-17+42.
[9] 冯沛.大跨度铁路连续钢桁梁桥预拱度设置研究[J].铁道标准设计,2016,60(4):62-64.
[10] 高宗余.跨长江黄河的高速铁路大跨度桥梁[J].中国工程科学,2009,11(1):17-21.
[11] 高宗余.郑州黄河公铁两用桥技术创新[J].桥梁建设,2010(5):3-6.
[12] 中华人民共和国建设部.铁路工程抗震设计规范:GB 50111—2006[S].北京:中国计划出版社,2006
[13] 龚俊虎,王华成,黄北平.V形刚构拱组合桥的梁拱组合效应分析[J].铁道工程学报,2010,27(6):61-64.
[14] 侯健,彭振华,张燕飞.沪通长江大桥天生港专用航道桥设计[J].桥梁建设,2015,45(6):53-57.
[15] 胡所亭.我国铁路列车荷载图式的研究与应用[J].铁道建筑,2015(10):26-30.
[16] 金福海,蔡德强.新广州站桥建合建结构设计探讨[J].铁道工程学报,2010,27(2):102-108.
[17] 金辉.京沪高铁南京大胜关长江大桥养护模式探讨[J].现代交通技术,2013,10(6):51-55.
[18] 康小英,高丽,文望青.高速铁路大跨度连续梁拱桥设计[J].铁道建筑技术,2009(S1):89-93.
[19] 李小珍,强士中.列车-桥梁耦合振动研究的现状与发展趋势[J].铁道学报,2002(5):112-120.
[20] 李俊龙,陈列,游励晖,等.沪昆高速铁路高墩大跨连续刚构桥设计研究[J].高速铁路技术,2017,8(3):73-76.
[21] 李桂林.商合杭铁路1~140m先拱后梁法平行系杆拱结构设计[J].铁道标准设计,2017,61(3):75-81.
[22] 刘培勇,江创华,覃艳明,等.900t跨线形轮胎式提梁机的研制[J].工程机械,2011,42(10):11-14.
[23] 刘文硕,戴公连,胡楠.高速铁路中小跨径连续梁的设计[J].铁道科学与工程学报,2010,7(2):45-51.
[24] 刘桂红,刘承虞,肖海珠.南京大胜关长江大桥2×84m连续钢桁梁设计[J].铁道勘察,2007(S1):27-29.
[25] 刘学文.京沪高铁南京大胜关长江大桥主桥施工技术综述[J].桥梁建设,2010(4):1-4.
[26] 刘辉,徐恭义.我国正在设计修建的特大跨度铁路桥梁及其技术特点[J].铁道工程学报,2007(9):22-26.
[27] 刘斌.甬舟铁路桃夭门大桥方案研究与设计[J].铁道标准设计,2017,61(5):77-81.
[28] 刘鹏辉,姚京川,尹京,等.时速200~250km高速铁路桥梁动力性能试验研究[J].土木工程学报,2013,46(3):96-102.
[29] 卢春房.高速铁路桥隧工程养修模式与关键技术[J].中国铁路,2017(7):1-8.
[30] 罗浩,马建林,周洪燕,等.沉降曲线预测方法-变形过程指数法[J].岩土力学,2009,30(S2):374-376.
[31] 孟鑫,刘鹏辉,姚京川,等.高速铁路32m简支箱梁动力特性试验分析[J].铁道建筑,2016(1):10-15.
[32] 米哲.高速铁路桥梁高性能混凝土配合比设计[J].铁道建筑技术,2014(S1):84-86.
[33] 倪燕平.铁路连续梁桥转体施工的创新与实践[J].铁道标准设计,2013(7):64-65.
[34] 宁贵霞,孔德艳,蔺鹏臻,等.双线铁路整体PC箱梁上拱度分析[J].铁道学报,2007(6):123-125.
[35] 尚海涛.平转法转体在铁路桥梁施工中的应用研究[J].铁道工程学报,2013,30(1):29-34.
[36] 史娣.武汉站桥建合建结构桥梁设计的关键技术研究[J].桥梁建设,2008(6):34-36.
[37] 施成,蔺鹏臻,刘应龙,等.一致激励下大跨度连续钢桁架柔性拱桥空间地震响应分析[J].铁道建筑,2017,57(11):38-40.
[38] 孙树礼.京沪高速铁路桥梁工程[J].铁道标准设计,2008(6):1-4.
[39] 国家铁路局.高速铁路设计规范:TB 10621—2014[S].北京:中国铁道出版社,2015.

[40] 田万俊,马建林. 黏性土地区高速铁路桥梁桩基础沉降计算方法研究[J]. 铁道标准设计,2013(4):55-59.
[41] 国家铁路局. 铁运〔2011〕131 号高速铁路桥隧建筑物修理规则(试行)[S]. 北京:中国铁道出版社,2011.
[42] 涂浩,杜海若,修志杰. 高速铁路桥梁基础工后沉降问题研究[J]. 铁道运营技术,2013,19(3):19-21+24.
[43] 王旭芳. 高速铁路桥梁支座设计要求及应用技术[J]. 高速铁路技术,2011,2(5):51-54.
[44] 王旭阳. 西成客运专线跨郑西客运专线桥式方案研究[J]. 铁道标准设计,2016,60(12):65-70.
[45] 王玉珏. 高速铁路大跨预应力混凝土连续梁设计[J]. 四川建筑,2014,34(1):133-134.
[46] 文望青,罗世东. 京沪高速铁路桥梁设计关键技术[J]. 铁道建筑技术,2009(2):30-39.
[47] 文强. 高速铁路连续刚构加劲钢桁组合结构桥梁设计研究[J]. 铁道标准设计,2017,61(10):85-90.
[48] 辛学忠,张玉玲. 铁路桥梁设计活载标准修订研究[J]. 铁道标准设计,2006(4):1-4.
[49] 许三平. 世界最长丹阳至昆山高速铁路大桥设计[J]. 高速铁路技术,2010(S1):211-216.
[50] 延力强. 高速铁路矮墩大跨连续刚构拱桥设计研究[J]. 铁道标准设计,2016,60(3):56-60.
[51] 杨梦纯. 郑州黄河公铁两用桥连续钢桁梁悬臂拼装关键技术[J]. 桥梁建设,2010(3):1-3.
[52] 杨宜谦,姚京川,孟鑫,等. 时速 300~350km 高速铁路桥梁动力性能试验研究[J]. 中国铁道科学,2013,34(3):14-19.
[53] 叶阳升,魏峰,胡所亭,等. 高速铁路跨度 40m 预制简支箱梁建造技术研究[J]. 中国铁路,2016(10):5-10.
[54] 易伦雄. 南京大胜关长江大桥大跨度钢桁拱桥设计研究[J]. 桥梁建设,2009(5):1-5.
[55] 余志武,何华武,蒋丽忠,等. 多动力作用下高速铁路轨道-桥梁结构体系动力学及关键技术研究[J]. 土木工程学报,2017,50(11):1-9.
[56] 翟婉明,王少林. 桥梁结构刚度对高速列车-轨道-桥梁耦合系统动力特性的影响[J]. 中国铁道科学,2012,33(1):19-26.
[57] 张楠,夏禾. 铁路桥梁在高速列车作用下的动力响应分析[J]. 工程力学,2005(3):144-151.
[58] 张双洋,赵人达,占玉林,等. 收缩徐变对高铁混凝土拱桥变形影响的模型试验研究[J]. 铁道学报,2016,38(12):102-110.
[59] 张运波,宋基军,陈伟. 高铁连续梁收缩徐变及长期挠度变化研究[J]. 铁道工程学报,2015,32(5):49-53.
[60] 章开东. 闽江特大桥高墩大跨刚构连续桥设计[J]. 城市道桥与防洪,2015(6):60-62+10.
[61] 张永亮,杨世杰,陈兴冲. 基于线桥一体化模型的高速铁路桥梁地震反应分析[J]. 桥梁建设,2016,46(4):23-28.
[62] 赵海元,高强. 利用剪切变形传递法分析基桩的竖向承载特性[J]. 岩土工程技术,2007(6):296-299.
[63] 郑健. 中国高速铁路桥梁建设关键技术[J]. 中国工程科学,2008,10(7):18-27.
[64] 邹力,吴兴序,彭声应. 京沪高速铁路桩端注浆群桩基础沉降计算研究[J]. 路基工程,2010(2):51-53.

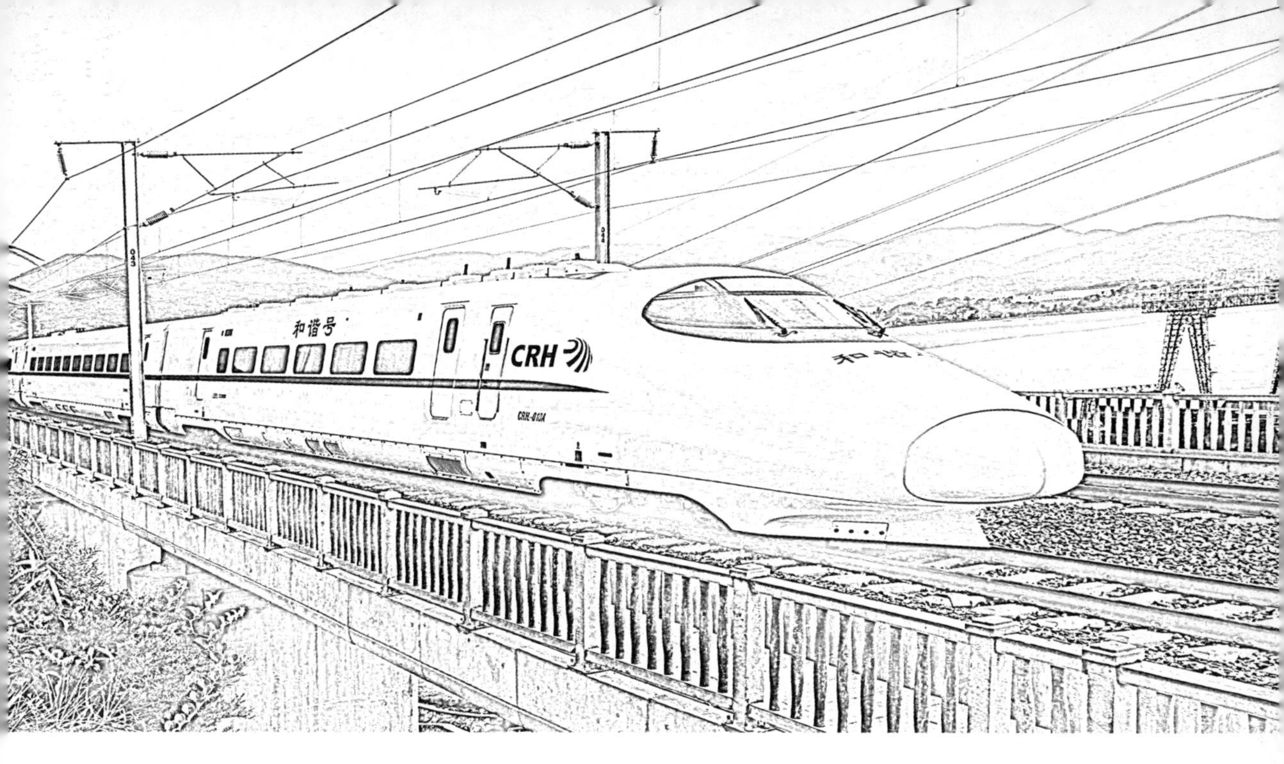

第四篇 隧道工程

随着中国高速铁路的崛起，作为支撑高速铁路基础设施的重点学科——高速铁路隧道工程也得到了快速发展。高速铁路隧道具有断面大、长隧道多、施工风险大和耐久性要求高等特点，往往成为控制全线工期的重、难点工程。

高速铁路隧道与普速铁路隧道最大区别就是当列车以高速通过隧道时，产生的空气动力学效应对行车、旅客舒适度、列车相关性能和洞口环境的不利影响十分明显，同时对防排水标准，防灾救援和耐久性等方面也有较高的要求。因此应制定合理的乘车舒适度标准，从如何缓解和消减高速列车进入隧道时诱发的空气动力学效应的影响出发，确定隧道净空有效面积、断面形式、洞口形式等主要技术标准，对应支护和衬砌设计参数、防排水、防灾救援、衬砌结构耐久性等标准，要结合重点国情和高速铁路隧道的特点制订。

中国高速铁路隧道的主要特点如下所述：

(1)高速铁路隧道分布区域及地质环境

中国国土面积大，高速铁路隧道在东北、华北、华东、中南、东南沿海、西南和西北地区均有分布，所通过地形及地质情况异常复杂。东北地区气候寒冷，隧道工程要重点考虑防冻害问题；西北地区黄土分布广泛，需重点解决大断面黄土隧道的施工技术问题；东南沿海地区地层岩性比较坚硬，需要解决火成岩的不均匀风化技术难题；中南地区江河较多，经常遇到长距离穿越江河的技术难题；西南地区隧道岩溶发育，需要攻克岩溶隧道的突泥突水等地质灾害问题。

(2)高速铁路隧道断面特征

高速铁路隧道的断面特点主要体现在其净空有效面积上，断面大小与相应的移动设备标准、乘车舒适度标准、防灾救援以及经济性有关，各国采用的标准相差比较大。日本新干线隧道双线隧道断面净空有效面积为64m^2。韩国高速铁路隧道断面净空有效面积为107m^2。德国高速铁路双线隧道断面净空有效面积为92m^2。中国高速铁路采用设计速度350km/h的双线隧道的断面净空有效面积为100m^2，设计速度250km/h的双线隧道的断面净空有效面积为92m^2。

(3)高速铁路隧道施工工法及支护形式

由于高速铁路的安全性要求极高，隧道的支护结构必须满足安全可靠和耐久性要求。中国高速铁路暗挖法施工的隧道均采用复合式衬砌，明挖法施工的隧道采用明洞式钢筋混凝土结构，盾构法施工的隧道采用管片式衬砌。隧道主要施工方法以矿山法为主。

(4)高速铁路隧道道床结构形式

为尽量减少高速铁路隧道的运营维护工作量，中国高速铁路隧道道床形式采用易于养护的无砟轨道为主。设计速度目标值为350km/h的高速铁路隧道，全部采用无砟轨道；设计速度目标值为250km/h且长度大于1km的高速铁路隧道，一般采用无砟轨道；其他隧道也可采用有砟轨道。

第一章　高速铁路隧道气动效应

随着列车技术性能的提升、线路运行条件的改善,列车运行速度的不断提高。铁路运输的高速化成为交通运输发展的必然趋势。而高速列车进出隧道所引起的一系列列车隧气动效应问题也越来越引起人们的重视。深入研究和解决列车车隧气动力学问题对于促进我国经济发展,保障我国铁路运输提供更为安全、快捷、舒适的服务,具有十分重要的意义。

高速列车进入隧道过程中,所引起的列车车厢内、隧道内的压力波动,隧道空间内的列车风速增加、负压增大,隧道出口微压波释放等一系列问题被统称为车隧气动效应。其主要体现在如下几个方面:

(1)由于瞬变压力(Pressure transient)造成旅客耳朵不适,乘车舒适度降低,并对铁路员工和车辆产生危害。

(2)高速列车进入隧道时,会在隧道出口产生微压波(Micro pressure wave),引起爆破噪声并危及洞口建筑物。

(3)行车阻力加大,引起对列车动力和总能量消耗的特殊要求。

(4)空气动力学噪声(和车速的6~8次方成正比)。

(5)主要产生于列车表面装置和特殊结构的特定位置,按其产生机理不同,大致可归纳为由于气流流经结构表面产生的噪声和紊流流动产生的噪声两类。

(6)列车风加剧,并在列车尾部形成较大负压,影响隧道内人员作业及水沟盖板安全。

(7)行车阻力加大,引起隧道内热量积聚和温度升高。

这些问题有些可以通过优化隧道设计参数、改变隧道出入口的形式来得以解决,但有些问题则需要通过列车性能的提高和优化得以解决。

第一节　压缩波和微压波的产生

高速列车进出隧道与低速列车穿越隧道非常重要的差异就是压缩波和微压波的产生。高速列车通过隧道时,就好比活塞在管道中向前推进。当列车以高速进入隧道时,在列车前面即产生压缩波,此波沿着隧道向前传播,在隧道出口洞门处,此压缩波即向进口反射成膨胀波,与此同时,一个脉冲波自隧道出口向周围地区辐射出去,从而产生了一个新的环境问题,即对附近居民造成影响。此脉冲波被称为微压波。微压波的压力与压缩波到达隧道出口时波前的压力梯度大致成正比。

在图4-1-1中,显示了列车进入隧道过程中,压缩波、微压波的产生过程。

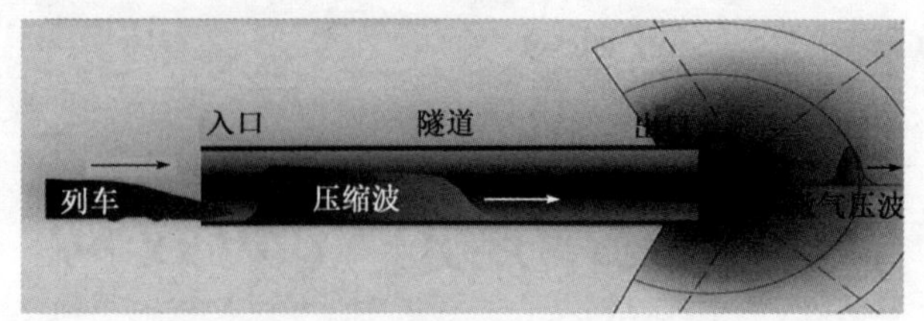

图 4-1-1　压缩波与微压波形成机理

列车进出隧道所产生的波动压力传播过程在隧道内是往复传播的。列车进入隧道产生的压缩波,在以声速传播到隧道出口时,一部分能量释放到隧道外成为微压波,令一部分能量转换为膨胀波,向隧道入口方向继续传播。

图 4-1-2 中描绘的是单列车穿越隧道过程中,隧道内压缩波、膨胀波的产生、传播规律。

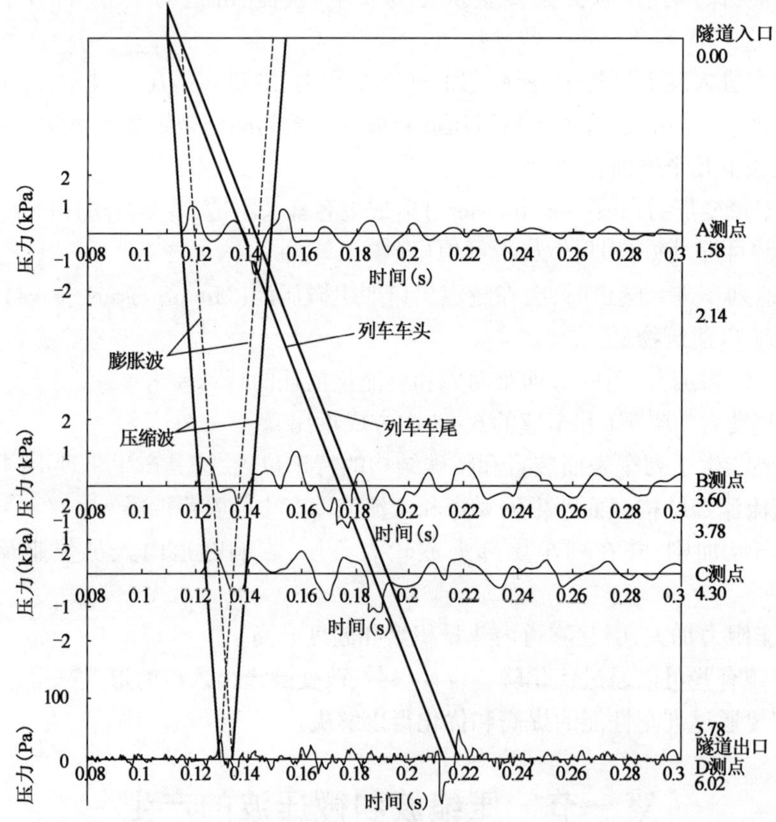

图 4-1-2　车隧气动效应产生传播过程曲线(试验测试曲线)

压缩波和微压波均为列车穿越隧道所产生的主要气动效应,压缩波为列车与隧道空间内的空气挤压作用直接产生的,称为原生波;而微压波是由压缩波到达隧道出口,再次向周围辐射二次诱发形成的,所以可以称为诱发波。

微压波现象的发展分三个阶段:

(1)列车进入隧道产生压缩波;

(2)压缩波通过隧道向前传播;

(3)微压波出隧道口后向外辐射。

对在第一阶段,压缩波波前的最大压力梯度由公式(4-1-1)进行计算:

$$\left(\frac{\mathrm{d}p}{\mathrm{d}t}\right)_{\mathrm{EN,max}} = \frac{1}{2}\rho\frac{V^3}{\tau d}\frac{1-(1-R)^2}{\left(1-\frac{V}{c}\right)\left[\frac{V}{c}+(1-R)^2\right]} \tag{4-1-1}$$

式中:V——列车进入隧道的速度;

R——列车与隧道横断面的面积比;

c——声音速度;

d——隧道水力直径;

ρ——空气密度;

τ——参数,表示压力上升的时间;

EN——脚注,表示隧道的进口。

第二阶段为压缩波在隧道内向前传播过程。

压缩波作为一种能量存在形式,在由隧道入口向隧道出口传播过程中,由于隧道壁和底板的作用,会对隧道出口微压波的强度造成一定的影响。研究表明,铺设碎石道床对隧道出口的微压波具有一定的减缓作用,而对于在长隧道中铺有较长板式道床时,列车突入隧道时形成的压缩波将会由于摩擦和热效应等形成的非线性效应而变得越来越陡,最终转变为弱冲击波,从而会增强隧道出口微压波的强度。

图4-1-3对列车运行速度为180km/h和200km/h两种速度下,轨道结构分别为板式道床和碎石道床时,隧道出口微压波峰值(在距离隧道出口20m处的实测值)与隧道的长度的关系进行了描述。

从图中可以看到,从隧道长度的影响来说:当采用板式道床时,长度在1.5km以下和13km以上的隧道出口受到微压波的影响将更小些,相反地,一些很长(如18km左右)的隧道出口的微压波相对要小得多;当采用碎石道床时,当长度在1km以下时,隧道长度对微压波的影响不明显,当隧道长度超出这一值时,由于碎石道床的吸音效果,其出口微压波的峰值将会随着隧道长度的增长而单调减小,从而可能比短隧道中的微压波峰值还要小得多。因而,当隧道比较长时(5~13km),采用碎石道床将能很有效地降低隧道出口的微压波效果。

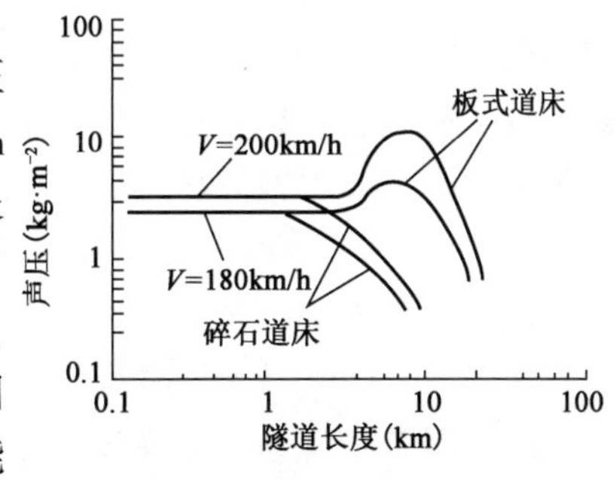

图4-1-3 隧道长度和微压波峰值的关系

对在第三阶段,为微压波的形成阶段,压缩波到达隧道出口,部分能量向隧道外空间辐射形成微压波,另一部分成为膨胀波,向隧道入口传播。

Yamamoto使用线性声学理论对微压波进行了研究。通过采用低频远场假设,得到了微压波强度$P(r,t)$的近似计算公式:

$$P(r,t) = \frac{2A}{\Omega cr}\left[\frac{\mathrm{d}p}{\mathrm{d}t}\right]_{\mathrm{EX}} \tag{4-1-2}$$

式中:A——隧道净空断面面积(m^2);

Ω——代表出口形状的一个立体角;

c——音速(m/s);

r——测点到隧道出口中心的距离(m);

t——测点到隧道出口中心的时间(s)；

$\left[\frac{dp}{dt}\right]_{EX}$——隧道出口处的最大压力梯度(Pa/s)。

公式(4-1-2)表明微压波的最大值 P_{max} 是与到达隧道出口处时入射压缩波最大压力梯度$[dp/dt]_{EX}$成正比,并以 $1/r$ 衰减。小智沢(Ozawa)把公式(4-1-2)推广用于近场和高频范围。

第二节　车隧气动效应研究方法

高速列车空气动力学研究,国内外都是从4个方面着手,即:理论分析、现车空气动力学试验研究、模型模拟试验研究(包括风洞、水洞、动模型等模拟试验)、流场数值模拟。

对列车进出隧道的空气动力学特征的分析,由于在分析过程中,列车周围的边界是变化的,研究方法有所不同,风洞、水洞试验的方法并不很适用。因此,对此方面的研究以动模型等模拟试验为主,结合三维流场数值模拟、现车空气动力学试验来进行研究。

一、模型试验

研究高速列车的试验方法主要有水槽式、发射式及小型列车模型试验装置。

1. 水槽法

水槽法是在20世纪60年代中期在美国兴起的。当时,美国的一些技术人员利用可压缩气体与自由表面流体的相似性,采用水作为工作流体来研究高速列车通过隧道的问题。这种方法的优点是高速运行的列车可以用很低的速度来模拟。后期由White和Pope所做的研究显示,如果放宽对水深的限制来增大雷诺数,并且用更大的列车模型,就可以得到更为满意的结果。Swarden和Wilson建立了气体为介质的模型,模型比例为1/50。以氟利昂为介质,马赫数可以达到0.36。在1979年,Dayman和Vardy用1/100的模型,以空气为介质,研究改变隧道设施,缓解压力变化。

西南交通大学高品贤等科研人员利用水槽模拟高速列车,采用了实时检测技术。采用该模型对500m/s的列车进行了模拟,得到的测试值与计算结果比较接近。

2. 小型列车模型实验装置

为了保证模型可靠实用,根据雷诺相似性,要求模型的尺寸不能小于1/36。同时,模型的速度与全尺寸列车的速度相同。根据这些限制条件,英国的C. W. Pope建造了1/25的小比例列车模型试验装置,模型的车速达到55m/s,模型的质量为10kg。如图4-1-4a)所示。利用该模型,对短隧道中压力波的传播、隧道入口处压力的升高、隧道中交叉隧道的影响等进行了模拟,测试结果与实测数据非常吻合,表明该设备是很好的试验设备。

与现场试验相比,该装置价格相对低廉,受外界气象条件影响小,不受隧道及车头形状限制等优点,并可模拟多种复杂情况。

中南大学研制了一套高速列车气动特性动模型试验系统,可以实现列车交会与过隧道等多种工况(图4-1-4b))。

3. 弹射式列车模型试验装置

弹射式列车模型试验装置又分为两类:橡皮筋弹射式和压缩空气弹射式。压缩空气

a)英国

b)中南大学

图 4-1-4　建成的小型列车模型试验台

弹射式试验装置具有体积小,实施方便,测试精度高,试验费用低等优点,成为各国所推崇的高速列车试验方法。

20 世纪 70 年代,日本的佐宗章弘、小沢智(S. Ozawa)建立了以压缩空气为动力的模型试验系统,发射速度可达到 100m/s。2001 年,西南交通大学建成了"211"工程标志性项目——高速列车模型试验系统(图 4-1-5)。该试验系统可以用于研究高速列车车隧气动效应规律的分析以及缓解气动效应措施的优化,列车模型发射速度可达到 50~100m/s,是研究车隧气动效应,保障我国高速铁路安全、健康发展的重要试验设施之一。

图 4-1-5　西南交通大学高速列车发射试验台

二、数值模拟

人们采用数值方法研究高速列车空气动力学问题主要经历了 3 个阶段。由于计算机计算能力的限制,最初主要采用一维特征线法研究列车进入隧道时所产生的压缩波。此后,日本学者饭田雅宣将高速列车和隧道均简化为轴对称问题进行分析计算。目前,已经具有高性能的计算机,能够满足大型流体分析、计算的需要,因此,在考虑车型、缓冲设施等多种情况下,采用三维数值计算是研究分析车隧气动效应问题的首选。

1. 一维模型

在隧道及列车的长度远大于隧道的水力直径时,就可以将列车进入隧道引起的流动近似看作是准一维流动,一维流动近似可满足实际工程应用的基本要求。

在 Yamamoto 使用的一维无黏流模型中,假定隧道和列车截面积为常数,忽略基本方程中的对流项。在该假定下,不必进行差分计算,可以得出一些简单的解析表达式。Woods 等人采用一维特征线法对列车进入隧道的过程进行了数值计算。隧道仍是等截面的管道,但考虑了非线性、壁面摩擦、传热等因素;在车头及车尾根据试验数据引入了压力损失系数。

Kage 等人对隧道压缩波进行了数值研究,将有效截面积,即隧道与列车截面积之差看成是空间和时间的二元函数,建立了相应的基本方程组,避免了移动边界处理。西南交通大学的余南阳、赵海鸿等学者对该方法的改进和程序化也开展了大量研究工作。

一维数值计算(特征线法)方法简单、易于操作。测试表明:对于研究隧道洞身的车隧气动特性,采用一维方法是可行的;在隧道的出入口处,流场状态复杂,结构形式多样,用一维分析不能完全满足精度要求。

2. 二维轴对称模型

1993 年,日本学者饭田雅宣将高速列车和隧道均简化为轴对称问题,应用柱坐标和欧拉方程,对高速列车通过隧道过程中的空气动力问题进行了假三维数值模拟计算研究,取得了一些有价值的研究成果,如图 4-1-6 所示。但是,由于对研究对象进行了简化,如:将问题简化为轴对称问题。同时,由于隧道出口微压波的产生强度是与散射角有关的。这样,对于单孔双线隧道问题就无法准确地进行研究。

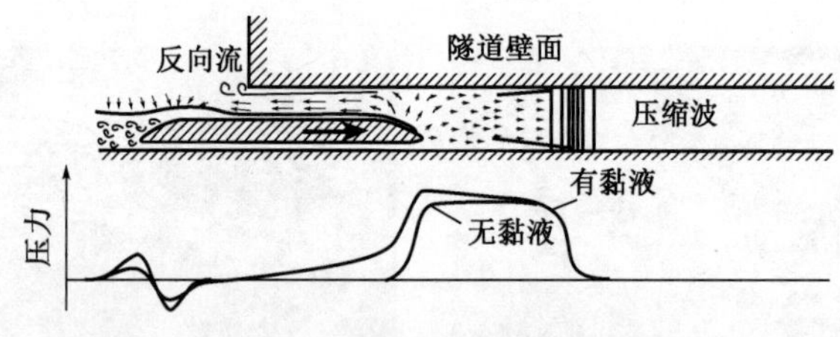

图 4-1-6 轴对称的假三维数值模拟计算结果(日)

3. 三维模型

法国学者 S. Aita 等将气体视为无黏性气体,应用欧拉方程,建立三维数值模型,求解无缓冲结构条件下单孔双线隧道的空气动力学问题,也取得了有参考价值的成果。

为了真实模拟车隧气动效应,需要求解 Navier-Stocks 方程。目前,许多学者都开始应用流体分析软件,并结合二次开发成果,对车隧空气动力学问题进行三维分析。

三、现场测试

现车试验要求试验者具有已建成的高速铁路,且具备进行现车试验的试验条件。另外,现车试验的费用比较高,试验的工况有限,但试验结果更为可靠。

目前国内外已经进行了大量的高速列车车隧气动特性的实测工作。得到了大量的第一手资料。国外的欧洲铁路联盟曾经进行了大量的实测工作。我国也在遂渝线的松林堡隧道和荆竹岭隧道针对车速为 200km/h 车速的车隧气动效应及缓冲设施的效果进行现场测试。随后又在石太、武广等线路开展现场实车测试，为我国高速铁路的发展提供了宝贵资料。

第三节　气动效应对乘客的影响——列车舒适度标准

压力的瞬变会对乘客产生影响，它主要作用于人的耳膜，特别是在列车以高速通过隧道时影响更大，使乘客有不舒适感。车头或车尾的进入或驶出隧道所产生波的叠加，对乘客的影响是有利还是不利，取决于列车的速度、隧道的阻塞比(β)等多种因素。

一、舒适度标准制订所要考虑的因素

影响旅客舒适度的压力指标包括瞬变压力、车辆密封指数等。

1. 压力舒适度评价指标——瞬变压力

在很多情况下，虽然压力波动的绝对值较大，但是它的上升时间较长，人们逐步适应外部压力的变化，也不会对乘客造成很多的影响。相反，虽然压力波动的绝对值相对较小，但是它的上升时间较短，人们必须很快适应外部压力的变化，这样也会对乘客造成很多的影响和伤害。

目前气压变化环境下人体舒适度评价有两种方法，一种是从压力变化幅值和压力变化率两个指标来进行评估；另一种是考核某一段时间内的压力变化幅值，这一段时间是根据人耳对外界气压变化幅值和压力变化自我调整所需时间来确定的。后一种方法不仅考虑了压力变化幅值和压力变化率，还考虑了人体生理的需要，被大多数国家采用。

压力变化最大值是指最大正压与最大负压之差，单位为 Pa；瞬变压力最大值是指一段时间内，压力差的最大值，单位为 Pa/ns(n 为常数)。目前在压力舒适度统计标准中，计算瞬变压力的时间段有 1s,3s,4s 等。

采用 3s 或 4s 的主要原因是：当外界压力增高时，鼻咽腔不会随着增高的压力自动传到中耳，于是在耳膜两边产生压差。在此情况下，可以通过吞咽、打哈欠或挤捏鼻子等动作人为开启耳咽管，以消除耳膜两边的不平衡压力，而完成这个动作的时间一般为 3～4s。因此，就以这个特定时间内压力单调变化值作为瞬变压力波动特征参数。

为了说明隧道长度对瞬变压力的影响，下面给出两种不同隧道长度时，车体的压力波动曲线，如图 4-1-7 所示。

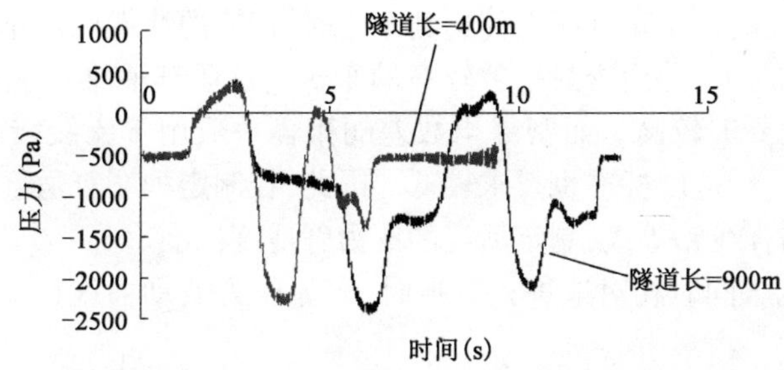

图 4-1-7　不同隧道长度情况下车体压力波动曲线(v=300km/h，阻塞比=0.13)

两条曲线对应的压力峰值及瞬变压力如表4-1-1所示。

隧道长度对车体压力波动影响对照表　　表4-1-1

工况参数			压力峰值(kPa)		瞬变压力峰值(kPa)	
隧道长度(m)	列车长度(m)	列车速度(km/h)	正压	负压	1s内	3s内
400	100	300	0.38	2.3	2.6	2.8
900			0.38	2.3	1.6	2.7

可以看出,虽然两种工况的压力曲线压力峰值基本一致,但是按照1s内的瞬变压力进行对比,曲线1(隧道长度=400m)要比曲线2(隧道长度=900m)大很多,乘客的压力舒适度状况也要差很多。从这一例子也说明,隧道长度对瞬变压力有很大影响。

在国际铁路联盟规范UIC(779-11)中,给出了隧道长度与瞬变压力峰值之间的相关曲线,如图4-1-8所示。

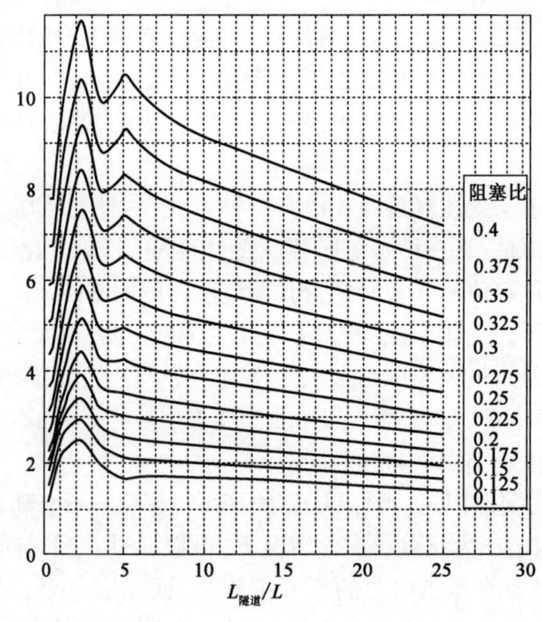

图4-1-8　高速列车瞬变压力峰值与隧道-车长、阻塞比相关曲线(单线隧道 $v=300$km/h)

2. 密封指数

列车的密封情况决定了车外压力传递到车内时,传输的快慢以及车厢内压力的大小。同时,在很多主干线路上,采用密封指数较高的车辆。这些车辆维护成本高,相应的票价较高,舒适度标准也要求较高。而密封指数差的车辆一般用于支线线路,车辆维护成本低,相应的票价较低,舒适度标准也要求较低。因此,在制定列车舒适度标准时,需要考虑列车的密封性,并结合线路等级,制定适当的压力舒适度标准。

图4-1-9是两列车同时相对地进入隧道时,车体压力波动曲线($v=300$km/h,隧道长度=978m,$\beta=0.13$)。

可以看出,在密封指数为5s和非密封列车两种工况下,车体上的压力差异明显。说明,提高车辆密封指数对降低车内压力波动效果明显。

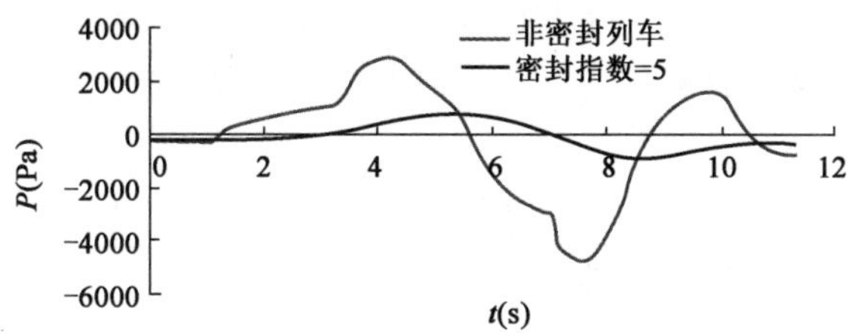

图 4-1-9　列车车体压力波动曲线($v=300,\beta=0.13$)

为了说明密封特性对列车舒适度的影响,下面对车内外压力传播规律进行分析。

当车辆完全不密封,即车内外空气质量交换完全无阻尼时,车外压力与车内压力相等。

当车辆完全密封,即车内外空气无质量交换、车体的刚度又较大时,则车外压力变化对车内无影响。在实际中,车辆一般都有一定的密封性,并随着时间的延续,车内外压力逐渐达到平衡,这个延续时间的长短则与车辆的密封特性有关。

为简单起见,可以假定车内压力的变化率与内外压差成正比,即采取基于线性假定的泄露模型,假定车内压力梯度与内外压差成正比,即:

$$\frac{\mathrm{d}P_i(t)}{\mathrm{d}t}=-C_0[P_i(t)-P_\mathrm{e}(t)] \tag{4-1-3}$$

式中:P_i——车内压力;

P_e——车外压力;

C_0——与车辆密封性有关的常数。

假定 $P_\mathrm{e}=\mathrm{const}$,以 $t=0$ 时 $P_i=0$ 作为边值条件,对式(4-1-3)积分得:

$$P_i=P_\mathrm{e}(1-\mathrm{e}^{-C_0t}) \tag{4-1-4}$$

由式(4-1-4)可知,根据这种模型,如果将车辆内部抽成真空,则车内的气压将呈指数规律逐渐上升最终同车外压力相等。这就是国外文献中广为采用的描述车内压力衰减的公式。其中$\tau=1/C_0$ 为一个具有时间量纲的常数,称为“密封指数”。

而实际上车辆的密封性通常是由充气试验来检验的。对式(4-1-4)进行积分时以 $t=0$ 时,$P_i-P_\mathrm{e}=P_0$ 作为边值条件,则得

$$P_i-P_\mathrm{e}=P_0(1-\mathrm{e}^{-\frac{t}{\tau}}) \tag{4-1-5}$$

$$\tau=\frac{t}{\ln\frac{(P_i-P_\mathrm{e})_f}{(P_i-P_\mathrm{e})_0}} \tag{4-1-6}$$

式中:　　t——车内压力泄露的时间;

$(P_i-P_\mathrm{e})_0$——初始车内外压差;

$(P_i-P_\mathrm{e})_f$——泄露后车内外压差。

由式(4-1-6),可以根据试验测试数据,分析计算车体的密封指数。

令$(P_i-P_\mathrm{e})_f=0.38(P_i-P_\mathrm{e})_0$,求得 $t_{0.38}=0.97\ \tau\approx\tau$从而得出$\tau$的物理意义:将车内外压差降低到初始值的38%所需要的泄露时间。原铁道部 2001 年颁布的《200km/h 及以上速度级列车密封设计级试验鉴定暂行规定》将车内压力从 3600Pa 降低到 1350Pa 所需泄露时间定义为密封指数。很容易证明,两种定义实质是一致的。

传统的非密封车辆的时间常数为$\tau = 0.4 \sim 0.8s$,而新一代的密封车厢的$\tau = 3.0 \sim 8.0s$,这说明现代建造及车辆密封技术有了很大提高。国外给出了车辆密封指数情况,如表 4-1-2 所示。

车辆的密封程度　　表 4-1-2

车辆类型	密封指数	车辆类型	密封指数
不密封车辆(例如用于支线)	$\tau < 1s$	密封很好(例如 ICE3,Transrapid)	$\tau < 10s$
最低密封性(例如 Eurocity)	$1s < \tau < 6s$	完全密封	$\tau < \infty$
密封较好(例如 ICE1,TGV)	$6 < \tau < 10s$		

二、国内外舒适度标准的汇总

目前,世界许多国家都制定了列车压力舒适度标准,通过实际列车运行实验以及车厢压力的模拟实验得到了许多结论,可以归纳出人们对压力舒适程度感觉的一般结论:

(1)对于同样的压力变化,人们的反映相差很大。

(2)同一个人对于同一个压力变化在不同时刻反应也不一样。这表明这些反应与人的健康,疲劳情况情绪,环境等因素有关。然而,这种差别要比不同人之间的差别要小得多。

(3)人们承受压力升高时会感到很不舒适,而在压力降低时不那么明显,这与人耳的生理结构有关。

(4)在车厢中所感觉到的由于快速压力变化所引起的不舒适水平主要与压力的幅度有关,而对人体舒适度更重要的是压力变化率。

(5)除了一个瞬时的压力特征之外,在一段长时间里,压力的连续或重复性也是非常重要的。列车行程中,隧道较少的不舒适程度要低于行程中有多条隧道的线路。因此,有多条隧道的线路的压力舒适度标准应该需要更严格的压力限制。

(6)有证据显示,人们对压力具有短期记忆性。在行程中,在记忆中严重的压力会很快被后期行程中的压力感觉所代替。

(7)对采用密封型列车也有一些应该关注,尽管舒适度水平有了大幅度提高,但是在该水平上人们对压力的极端情况也更为苛刻。也就是说,给旅客所提供的环境越舒适,他们对该条件下的任何恶劣情况的要求就越严格。

国内及国外压力舒适度标准如表 4-1-3、表 4-1-4 所示。

国外采用的压力波动临界值　　表 4-1-3

国家/机构	铁路类型	单双线	阈值				车速(km/h)	车辆	备注
			ΔP(kPa)	变化率(kPa/s)	[p](kPa/ns)				
			—	—	kPa	ns			
英国	城际铁路	双线	—	—	3.0	3	160 200	不密封	1986 前
					4.0	4			1986
	海峡道联络线	单线	—	—	2.0	4	225 ~ 300	不密封	—
		双线	—	—	3.5	4			

第四篇　隧道工程

续上表

国家/机构	铁路类型	单双线	阈值				车速(km/h)	车辆	备注
			ΔP(kPa)	变化率(kPa/s)	[p](kPa/ns)				
			—	—	kPa	n			
美国	地铁	—	—	0.41	0.7	1.7	80~100	不密封	—
日本	新干线	双线	1	0.2	—	—	210、240、270	密封	普通
				0.3~0.4					放宽
意大利	FS	—	1.5	0.5	—	—	高速	密封	—
韩国	—	单线	—	—	0.8	3	高速	—	—
		双线			1.25	3			
瑞士	Rail2000		—	—	1.5	4	—	—	—
ERRI C218/RPI	—	单线	—	—	3.0	4	—	不密封 $\tau<0.5$	—
		双线			4.5	4			

表中，P 为压力变化最大值；$[p]$ 为瞬变压力，即 $\Delta p/\Delta t$。

参照国外经验，中铁西南科学研究院，提出我国高速铁路舒适度准则。

我国高速铁路舒适度准则（建议） 表 4-1-4

铁路类型		隧道长度（占线路比例）		隧道密集程度（座/h）	瞬变压力（kPa/3s）
A（平原）	单线	<10%	AND	<4	2.0
B（平原）	双线	<10%	AND	<4	3.0
C（山丘）	单线	>25%	OR	>4	0.8
D（山丘）	双线	>25%	OR	>4	1.25

第四节 高速铁路限界

高速铁路限界是高速铁路的重要基础标准之一，它关系到机车车辆在线路上高速、安全的运行，也关系到与线路相邻的建筑物和人员的安全，并直接影响工程投资及铁路运输的效益。

现行铁路限界标准《标准轨距铁路机车车辆限界》（GB 146.1—1983）、《标准轴距铁路建筑限界》（GB 146.2—1983）中的基本建筑限界和桥、隧建筑限界是按列车最高速度 140km/h 等基本条件制定的，现我国拟建速度为 250km/h 的高速铁路，并且线、桥、隧等固定设备主要技术条件要按 350km/h 高速客运专线进行预留。

一、我国高速铁路限界的特点

高速铁路限界主要包括机车车辆限界、基本建筑限界、隧道建筑限界等。

(1)我国的高速铁路既要高起点，又要有特色，制定的限界应符合我国国情。

京沪高速客运专线全长 1320km，近期列车最高速度为 250km/h，远期为 350km/h。结合我国国情和运输特点，高速铁路上还要有从既有铁路上进入的中、低速旅客列车，在相当长的时期内高、中速客车共线混跑的运输方式不可避免。因此要求高速铁路的机车车辆限界不能小于现行的机车车辆限界;同时也要求进入高速铁路区段的中、低速旅客列车车厢的结构强度、气密性等设计标准,考虑因邻线高速列车产生的空气动力效应诱发的各类问题,并按车辆动力学的观点研究车辆动态包络限界。

(2)高速铁路建筑限界的制定要考虑高速列车带来的空气压力的波动、瞬变压力的影响以及空气阻力等空气动力学问题。

选用对各种荷载模式适应性较强的隧道衬砌轮廓形式和先进合理的施工工艺,是确定隧道建筑限界的重要因素,同时也要考虑运营保障体系中隧道防灾和沟、管、洞、槽等各种设备的合理配置和维修养护问题,牵引供电接触网的高度要求以及电化下锚问题等。为减小隧道内空气阻力,除考虑衬砌内轮廓合理形式,增加衬砌表面光滑度以外,隧道底部道床类型,各种沟、槽布置形式的合理制定,也是减小空气阻力、拟定限界底部轮廓尺寸的重要因素。

(3)在引进国外先进技术并制定相应的各类限界标准时,要考虑造价和成本,也要考虑设备和工程建设中的经济效益问题。使高速铁路限界标准符合技术先进、安全适用、经济合理的要求。

二、用车辆动力学的观点研究机车车辆限界

现行的机车车辆限界考虑了车辆的制造公差和车辆因磨耗及弹簧变形等静态偏移在内的限界,没有考虑车辆在高速运行条件下的动态偏移量,将因车辆的动态偏移量和线路等原因造成的车辆偏移均化作安全量在建筑限界内考虑,这就造成建筑限界偏大。

(1)车辆限界的制定应采用动态和静态分析相结合。

高速铁路的机车车辆限界应该以车辆的动态包络线为基准,除静态情况下要考虑的各种因素外,还要考虑车辆在高速运行情况下的振动、侧滚、摇摆等多种偏移因素最不利组合的一种轮廓线。这样制定的车辆限界,在同样车型的条件下应该比静态的限界要大。

根据广深准高速客车的试验资料,按现行《标准轨距铁路机车车辆限界》(GB 146.1—1983),一系弹簧(车轮与转向架间)的动挠度为10mm,但在试验中,列车速度达到170km/h时,直线上的最大动挠度达11.33~28.57mm,通过半径1400~1600m曲线时,动挠度最大达18.13~36.40mm。现行车辆限界中规定二系弹簧(转向架与车体间)动挠度为20mm,当列车速度达170km/h时,二系弹簧动挠度已达到26.14mm,在半径1400~1600m曲线上运行时实测值为37.61mm。大大超过限界中20mm的规定,如果车速达到250km/h以上时,机车车辆限界下部的动挠度显然要加大。

现行的机车车辆限界是适用于140km/h及以下的中、低速列车的标准,使用十多年来发现有些问题,如上部两肩过窄,顶部与周边的安全余量分配不够均衡,限制了电力机车受电弓的工作范围。机车车辆下部,因受站台及建筑物的限制,在距轨面350~1250mm高度范围内,限界宽度为2×1600mm,实际上成了机车车辆设计车体宽度的控制因素,使上部限界的最大宽度2×1700mm得不到充分利用。我国的机车车辆限界比日、法、德等国家的都大,由于上述原因,很难适用于高速铁路。

根据车辆动力学原理,车辆在高速运行中要产生振动,主要包含有自由振动,周期性的稳态强迫振动以及线路随机不平顺激发的随机振动等。其合成的振动形式又随线路结构、车辆结构、运行速度的不同而发生变化。拟定机车车辆动态包络限界时,要根据车辆

和线路的技术状态、振动和受力状态的最不利条件进行组合，进行各项振动偏移量的计算，将几种主要振型相互叠加，按各控制振点的振谱最不利组合形成的振动最大偏移量轮廓线，依此作为确定机车车辆动态限界的主要依据。

(2)采用多种研究手段相结合，拟定符合我国国情的机车车辆动态包络限界。

目前，有高速铁路的国家大多采用机车车辆系统动态仿真综合软件，在计算机上研究车辆制造和运行技术状况的各项参数，研究车辆的各种设备和构件的技术性能和可靠度等，也可以模拟出机车车辆在高速行驶条件下的动态包络线，也有部分国家是按静态限界加安全余量的办法考虑动态环境下的车辆轮廓包络限界的。我国在动态仿真综合软件的开发方面还有好多不足，有待于深入研究。

我国的铁路客车车体宽度介于 3004 ~ 3106mm 之间，对京沪高速铁路的车辆宽度，有关材料建议的宽度为 3104mm，车顶距轨面高度为 4050 ~ 4433mm；高速车最大宽度 3100mm，高度为 3850mm。国外高速铁路的车辆设计参数中，以日本的车体最宽，为 3380mm，英国的最小，为 2730mm。在研究机车车辆限界之前，应根据我国车辆制造的技术水平，成套设备和技术引进等情况，确定车辆的技术标准，拟定标准计算机车的类型，制定和提出合理的机车车辆限界。

对于机车车辆动态包络线的拟定办法各有不同，导致计算车辆振动偏移量的方法也有差别。因此，有必要让有关部门组织攻关，通过现场实测与模拟试验、数值模拟相结合的方法，拟定符合我国国情的机车车辆动态包络限界。

三、用空气动力学的观点研究建筑限界

现行铁路建筑限界标准是在机车车辆(静态)限界基础上，考虑各种因素用增加安全余量的办法确定的。在列车高速运行情况下，确定这个安全余量的概念与中、低速时有所不同，在线路、桥梁、特别是隧道内，因空气动力效应产生的一系列问题，成为制订建筑限界的控制因素，这主要有旅客及作业人员的安全避让距离、线间距、允许最大侧向风速、隧道内瞬变空气压力场的影响、列车风以及隧道阻塞比等。

列车进入隧道后与洞外不同，高速列车像个大活塞，使空气在一维空间内受到很大压缩，产生很大的压力瞬变，并迅速向车的前方和车厢内部传播，使旅客的耳朵很不舒服，双线隧道列车交会时，压力波动更大。

法国高速铁路有关的试验资料表明，当列车头部以 350km/h 的速度通过时，在线路一侧距车厢表面 2m 的位置上，模拟试验测得空气流的吸力为 100N；当车尾通过时，在距车厢 2.4m 的位置上测试，因涡流效应引起的空气流吸力增至约 150N。列车速度越高，产生的瞬变压力变化越大。根据德国有关资料，当运行速度为 300km/h 的两列客车交会时，相对速度 600km/h，在线间距为 5m 时，压力变化在 4.5 ~ 5.5kPa 之间，在隧道内将增大 2 倍。对这样大的压力瞬变，如不采取措施，旅客的耳膜很可能会被震破，过大的瞬变压力还能使列车车厢板面发生超应力或疲劳而引起结构的破坏，瞬变压力造成的冲击波也危及邻近建筑物和人员的安全。

据有关部门分析预测，京沪高速铁路采用中、高速车混跑，按高速 250km/h 与中速 160km/h 的两车交会时的压力波强度计算，即使两列车体均有较理想的流线形外表，交会时的压力波动值也在 2.8kPa 以上。因此，在研究线间距的同时，还要研究增加车厢的整体结构强度，增加车厢的气密性，尽量减小列车阻力，优化车头及尾部的流线形外表设计

等,使车厢内的压力波动值控制在0.5～1kPa。有关部门建议,京沪高速铁路用的车厢表面强度按±6kPa设计,以保证车体的结构安全可靠和车内旅客的舒适度。

影响压力瞬变强度的因素主要有五个:

①列车速度;②线间距;③列车头、尾部形状;④隧道断面积大小和形状;⑤隧道长度与列车长度的比值。

各国对于瞬变压力的标准不同。法国国铁用"耳膜舒适度"作瞬变压力标准,即变化不大于500Pa/s时旅客感到满意,并按500Pa/s的要求制定线间距和拟定隧道横断面积。英国铁路采用"听觉舒适度"标准是4s内允许客车车厢内气压变化不大于4kPa。美国"舒适度"标准是3s内变化不大于1242Pa等规定。我国在高速铁路论证中对此标准尚无定论。中国铁道科学研究院西南分院曾建议采用3s内变化不大于3kPa的标准。

列车在线路上高速运驶,带动了周围的空气随之运动,形成了压力很大的气流场。西欧称之为"绕流"或"滑流",日本则称"列车风"。根据国外资料显示,在离线路一定距离后,列车对周围产生的滑流应力逐渐衰减,一般在距线路3m以外,其应力最大值不再随列车速度增加而变化。

在隧道内则不同,除这种滑流效应外,因隧道内空间狭小,列车"活塞效应"与之组合,在列车通过隧道后相当长一段时间内,因滑流效应产生的空气压力变化仍然十分显著,这个紊乱的气流场不仅对建筑限界制定中各项安全参数有影响,对运营通风设计也是一个重要影响因素。

高速列车进入隧道后,会在隧道出口产生微气压波效应,引起空气压力变化和噪声,对洞口建筑物的安全产生影响,这方面的研究已在不少资料中有所阐述。对于这个问题在制定限界时应该考虑。在隧道内断面变化处,如电化下锚段的扩大断面范围内,组合气流场会对这段的洞内设备、悬挂物(如接触网)影响较大,应该采取结构安全措施,尽量少设或不设洞内的锚段关节扩大断面,以尽量减少空气阻力和气流场的变化。对解决微压波的问题,日本在隧道口一般修建了缓冲结构,意大利在1970年修建高速铁路时,因隧道断面较小(双线断面积53.5m^2),曾在洞口加接带孔的明洞。另外,也可采用两个单线隧道中间加横洞的办法或加大隧道横断面积等,都是解决因空气动力效应产生的各类问题的有效办法。

在研究建筑限界时,解决因空气动力效应引发的各类问题在世界上目前主要有两种途径:

一种是以日本新干线为代表,主要通过在隧道洞口修建缓冲棚,扩大洞口断面和提高列车车厢的密封性等来解决;

另一种是以德国NBS为代表,主要以加大隧道断面和线间距的办法来解决。在隧道内用减小阻塞比(列车横断面积/隧道横断面积)的办法效果显著。按德、法等国的试验资料,隧道阻塞比<0.15时,高速列车在隧道内因空气动力效应产生的问题基本上可以解决。隧道断面加大,阻塞比减小,但工程投资却提高了。根据我国国情,拟定合适的线间距和阻塞比,是建筑限界研究中的重要课题。

下面给出日本和德国的建筑限界,供参考。

日本高速铁路建筑限界见图4-1-10a)。

日本新干线是客运铁路,最高速度250～270km/h,车辆最宽为3380mm。新干线建筑限界(隧道、桥梁、跨线桥、站台雨棚的限界)的高度为6450mm,主要考虑接触导线高度、结构高度、支持零件高度和承力索对地绝缘距离。最大宽度为4400mm，主要考虑机车车辆限界的宽度、车辆横向最大偏移及留有足够的安全裕量。此外，日本新干线建筑限界中，有通过列车和无通过列车的站台建筑限界宽度分别为1800mm和1760mm，其建筑限界的曲线加宽只考虑车体几何偏移量一项。

德国高速铁路建筑限界见图4-1-10b)。

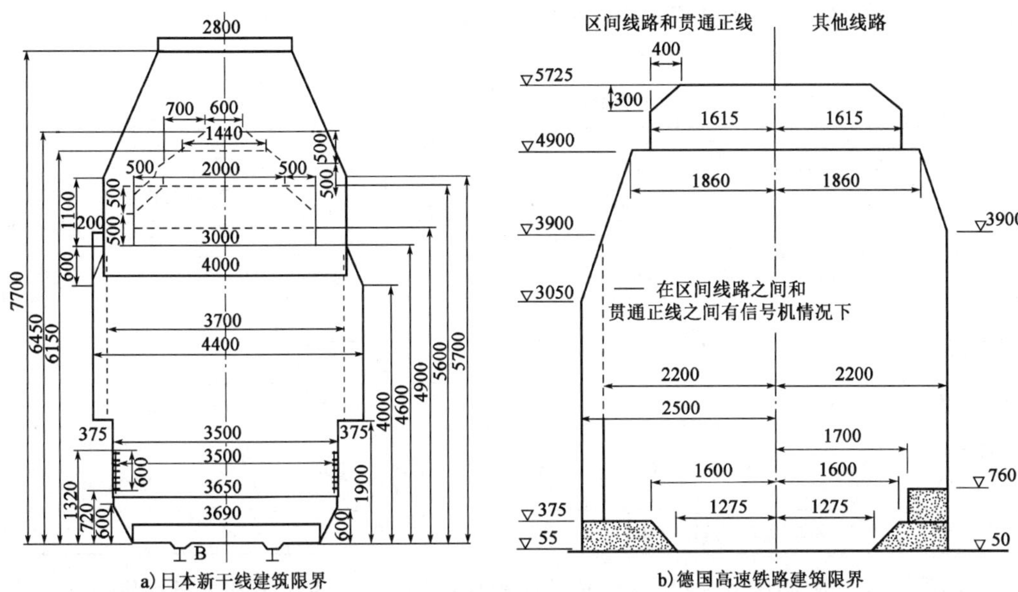

图4-1-10　日本新干线和德国高速铁路建筑限界(尺寸单位:mm)

德国高速铁路是客货混运，客车最高速度250km/h，货车是120km/h，车辆宽度为2.9m～3.0m。德国高速铁路的建筑限界高度为5725mm，在这一高度内，只考虑了安装接触导线的空间。在新建的单线或双线隧道内，对接触网悬挂装置的安装范围另有规定。在区间线路之间和贯通正线之间有信号机时，线路内侧的建筑限界的半宽为2200mm。而在线路的外侧，为保证安全，增加了一个附加空间，建筑限界的半宽值为2500mm。其他线路上，建筑限界的最大宽度均为4400mm。

德国铁路只有在曲线半径$R<250$m时，才进行建筑限界的几何偏移量加宽。由于超高引起车体倾斜的加宽量，则根据不同的超高值，将建筑限界各角点的水平和垂直距离列表备查。

通过对我国铁路现行的建筑限界、日本新干线建筑限界和德国高速铁路的新线建筑限界的基本尺寸的初步分析，可以看出，电气化铁路建筑限界的高度主要与接触网的悬挂方式、结构高度、导线高度、对地绝缘距离以及隧道、桥梁的断面尺寸有关；建筑限界的宽度，主要与机车车辆限界的宽度，机车车辆运行中横向振动偏移量，轨道状态及一定的安全裕量等因素有关。

四、隧道建筑限界研究中的几个问题

(1)最优阻塞比是解决空气动力效应问题的隧道最小断面和隧道工程最低造价的结合点，在此基础上制定的建筑限界应该是最合理的。

以双线隧道为例，德国的高速铁路新线隧道断面较大（直墙 $82m^2$，曲墙 $94m^2$），法国次之（$71m^2$），日本新干线隧道断面积为 $60.5 \sim 63.4m^2$，意大利的最小，为 $53.8m^2$。我国现行双线电化铁路隧道衬砌［专隧（93）0030］标准图，Ⅳ类围岩衬砌断面，内净空最大加宽时的面积为 $81.8m^2$（线间距 4m），如果内轮廓经过适当变化，线间距为 4.5m 时，内净空面积为 $85m^2$，按广深准高速列车车厢横断面面积估算（25Z 型空调车，$3104 \times 4050mm$），阻塞比为 $\beta = 0.147$，与德国高速铁路线间距 4.7m 时的隧道阻塞比相近（表 4-1-5）。

几个国家高速铁路隧道情况　　表 4-1-5

国家及线路名称	日本				法国		德国		意大利
	东海道	山阳	东北	上越	东南	大西洋	曼海姆—斯图加特	汉诺威—维尔茨堡	罗马—佛罗伦萨
线路长度（km）	515	554	496	270	426	284	99	327	236
设计速度（km/h）	210	260	260	260	270	300	300	250	250
线间距（m）	4.20	4.30	4.30	4.30	4.20	4.20	4.70	4.70	4.0
隧道宽度（m）	9.60	9.60	9.60	9.60	—	10.00	12.50	12.50	9.44
隧道横断面（m^2）	60.5	63.4	63.4	63.4	—	71.0	直墙 82 曲墙 94	直墙 82 曲墙 94	53.8
阻塞比	0.2 ~ 0.22	0.2 ~ 0.21	0.2	0.2	—	0.13 ~ 0.15	0.13	0.13	0.15

（2）线间距和阻塞比考虑过大，势必增加购地费用，加大基本建设投资。我们在研究建筑限界中，根据三种机车车辆动态限界，三种线间距（$a = 4.5, 4.6, 4.7m$），三种阻塞比（$\beta = 0.11, 0.13, 0.15$），所拟定的不同建筑限界，按Ⅳ类围岩双线高速铁路隧道复合衬砌断面计算，概算则按工程定额中平均单价 100 元/m^3 考虑，每公里隧道综合造价在线间距每增加 10cm 时大约增加 110 万元。高速铁路全线区间、车站内的直线线间距均是一致的，线间距每增加 10cm，工程投资更会增加很多。当然，线间距加大一些，车辆和有关设备的造价可能会有所降低。

（3）牵引供电接触网的"结构高度"（即承力索下锚点处距接触导线的垂直高度）是影响建筑限界高度值的重要因素。

世界上的高速铁路目前大都采用电力牵引，其接触网日本采用复式重型悬挂，法国采用单链式悬挂。我国目前通用的全补偿链形悬挂尚不适用于高速铁路，应压低结构高度，提高材料绝缘性能，减少接触网导线硬点，采用高强度接触线和承力索，改善受流技术，改进补偿机构（如并联下锚方式），以保证低净空、高速度条件下的安全、稳定受电。

（4）隧道内沟、管、洞、槽等附属构筑物与机车车辆限界间的安全距离，也是制定建筑限界的影响因素。各类电缆应该全部人沟（泄漏同轴除外）；行车信号指挥系统在高速铁路条件下，取消了用地面信号显示传递行车命令的方式而改为设在车内监控信号的自动控制列车速度系统，但高速线上有中速车的情况下隧道内仍要考虑设置信号机的位置。避车洞及各类设备洞要不要设置还有待研究。

在以往的限界研究中，一般很少考虑运营保障的各种要求，仅要求安全余量和设备的合理布置，如风压限界等均不考虑，隧道防灾和维修养护中的各种需要也考虑较少。如在现行隧道建筑限界中下部两侧向线路倾斜，造成隧道内设双侧水沟困难。在高速铁路区段，接触网维修作业和工务维修作业的方式不同，影响洞内附属构筑物（如梯车洞、作业通道等）设置也有所不同，另外消防设备的位置、照明及一些洞内有关设备（如运营通风射流风机位置）等，均应在制定隧道建筑限界时考虑。

五、我国高速铁路建筑限界

制定铁路建筑限界，首先必须确定铁路机车车辆限界。世界各国铁路采用了不同的机车车辆限界。我国、日本、美国和前苏联采用的是机车车辆的静态限界，而德国、法国等西欧各国则在国际联运中采用的是 UIC 规定的车辆动态限界。

我国高速铁路机车车辆限界，与《标准轨距铁路机车车辆限界》（GB 146.1—1983）中的机车车辆限界的基本尺寸大致相同，仅在局部进行了修改。其高度仍为 4800mm，不要考虑将来适应研制高速双层客车的高度要求。宽度仍为 3400mm，不要考虑座位布置能从 2＋2 排列方式改为 2＋3 的排列方式，使车体宽度有增加的余地，因此仍属于静态限界范畴。

基于上述原因，在高速铁路机车车辆限界的基础上，计算并考虑了车辆高速运行时，由于横摆、侧滚和随机振动而产生的横向和垂向偏移量；由于线路状态（如轨道的水平、轨距变化）引起的车辆偏移量；车辆各部件之间的游间及车体允许制造误差引起的横向位移量。将上述各种因素产生的偏移量，按最不利情况进行组合，得出高速车辆在曲线和直线上振动总偏移量，见图 4-1-11。再考虑接触网悬挂方式、导线高度、结构高度、绝缘距离等和一些未定因素（如：施工误差，车辆摇头、点头振动，列车交会时会车压力波等）的影响而留有的安全裕量。同时参考国外高速铁路建筑限界，从而确定了我国高速铁路建筑限界（包括站台建筑限界）的基本尺寸和轮廓图。

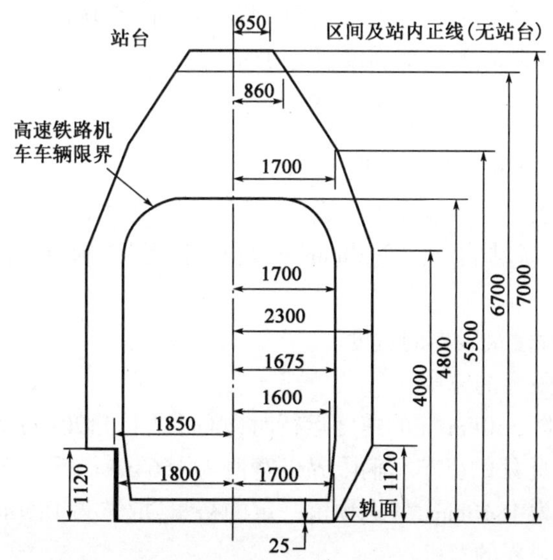

图 4-1-11　高速铁路建筑限界轮廓图（尺寸单位：mm）

1. 建筑限界的宽度

（1）建筑限界顶部宽度

参考德国的有关规定，建议我国高速铁路建筑限界的顶部宽 1300mm，即在德国隧道内一般链形悬挂安装范围 660mm 的两侧各加 300mm 的绝缘距离后取整。

(2)受电弓工作区的宽度

受电弓垂向的工作高度范围为 5300 ~ 5500mm。据了解高速铁路所采用的受电弓宽度与现有铁路一样,因此受电弓的工作区域的半宽仍采用 1700mm。

(3)建筑限界的最大宽度

根据理论计算所得的机车车辆曲线总偏移轮廓线上,各点距离线路中心线的最大距离为 2146.1mm。考虑线路的施工误差,线路大修引起的水平位移,列车交会时会车压力波和车辆的侧滚、摇头振动对车辆横向偏移的影响,安全裕量取 150mm。所以建筑限界的最大半宽为最大偏移距离与安全裕量之和,取整后为 2300mm。故建议我国高速铁路建筑限界的最大宽度为 4600mm。

(4)建筑限界底部的宽度

根据车辆总偏移轮廓线,建议建筑限界底部的半宽值为 1700mm。

2. 建筑限界的高度

(1)建筑限界的最大高度

根据"高速列车接触网和牵引供电系统技术条件"的研究结果,建筑限界的最大高度考虑高速铁路的接触导线高度 5300mm、接触网结构高度 1300mm、对隧道顶壁绝缘距离 300mm、接触网(承力索等)施工误差 50mm 及 50mm 的安全裕量,为 7000mm。

(2)利用承力索弛度的建筑限界高度

当高速铁路穿越其他建筑物时,在困难情况下,可利用接触网跨距中央承力索的弛度,将建筑限界的高度降低为 6700mm。

(3)建筑限界的底部高度

我国高速铁路采用的 18 号道岔,在侧向装有护轨,其轨面高度为基本轨轨面以上 12mm。因此,建议建筑限界的底部高度仍为 25mm。

3. 高速铁路站台建筑限界的主要尺寸

(1)高速铁路站台建筑限界的高度

为了利于旅客的上、下车,减少列车进站停留时间,高速铁路的站台暂采用与车底板高度一致的 1100mm 高站台,考虑 20mm 的轨道下沉量,确定站台建筑限界的高度为 1120mm。

(2)高速铁路站台建筑限界的宽度

①正线站台建筑限界的宽度

当列车在直线上以 350km/h 的速度运行时,轨面以上 1120mm 处的横向最大偏移量约为 151.7mm。由于此处的机车车辆限界半宽值为 1664mm,所以这点的横向总偏移,即距线路中心线的距离为 1816mm,考虑预留一定的裕量,取整为 1850mm。

②侧线站台建筑限界的宽度

高速铁路车站 18 号道岔的侧向过岔速度较低,列车进站时的横向偏移较小,故可较正线站台的建筑限界宽度取小,建议侧线站台建筑限界的宽度为 1800mm。

4. 高速铁路建筑限界的曲线加宽

(1)高速铁路建筑限界的曲线加宽计算公式

铁路建筑限界的基本尺寸,是为水平直道上的线路制定的。当列车通过曲线时,车体会产生几何偏移和超高倾斜,所以必须对曲线上的建筑限界进行加宽。由于我国高速铁路的车辆车体长度约为26.0m,转向架中心距为18.0m,因此建筑限界的曲线加宽仍采用《标准轨距铁路建筑限界》(GB 146.2—1983)中的加宽计算公式:

曲线内侧加宽

$$W1 = \frac{40500}{R} + \frac{H}{1500} \cdot h \tag{4-1-7}$$

曲线外侧加宽

$$W2 = \frac{44000}{R} \tag{4-1-8}$$

式中:R——曲线半径(m);

h——曲线外轨超高(mm);

H——建筑限界上计算点至轨面的高度(mm)。

我国高速铁路区间线路的最小曲线半径一般为7000m,困难时为5500m。由于采用的半径较大,车体在曲线上的几何偏移量很小,加宽已无意义,高速铁路引入既有车站时,最小曲线半径一般为1000m,个别情况下为600m。虽然车体中部和端部的偏移量较大,但是,由于列车速度较低,其振动偏移量小。而在确定高速铁路建筑限界的最大宽度时,已在各种横向偏移量按最不利组合后,又加上150mm的安全裕量。因此,在这种情况下也无必要再进行几何偏移量的加宽。

对于我国高速铁路曲线上的建筑限界,建议只采用因超高倾斜而加宽一项。

曲线内侧加宽量

$$W = \frac{H}{1500} \cdot h \tag{4-1-9}$$

式中,h 按远期单一高速运行时的超高取值。

(2)高速铁路建筑限界的曲线加宽方法

车辆由直线到曲线,或是从曲线向直线运行时,当车体不是全部位于直线上,而有部分在曲线上时,仍会发生几何偏移和超高倾斜,只是偏移量较小。因此,曲线上建筑限界的加宽范围,不仅仅是全部的圆曲线,也应包括缓和曲线和部分直线,加宽量应自直线到曲线逐步增加。

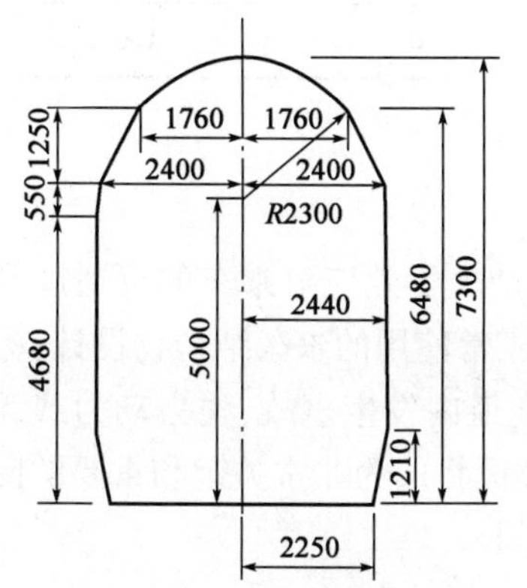

图4-1-12 200m/h客货共线电力牵引(尺寸单位:mm)

我国铁路采用的加宽方法是阶梯递减法。除圆曲线全部加宽外,还将缓和曲线分为两段。这种方法便于现场应用,故高速铁路曲线上建筑限界的加宽仍采用此方法:

①从圆缓点到缓中点外13.0m(车体长度之半)的缓和曲线处的范围内,曲线内侧采用圆曲线的加宽量加宽;

②从缓中点外13.0m的缓和曲线起到缓直点外22.0m(一侧转向架中心至另一侧车体端部)的直线处的范围内,采用圆曲线加宽量的一半进行加宽。

我国高速铁路隧道建筑限界分为200km/h客货共线,200km/h及以上客运专线,200km/h客货双层集装箱运输3种,如图4-1-12~图4-1-14所示。

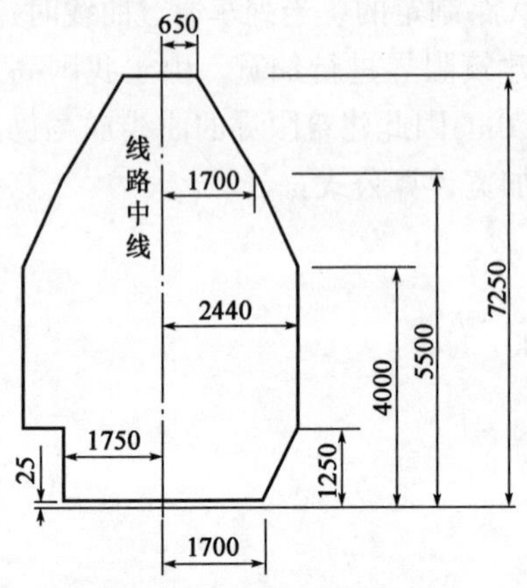

图 4-1-13　200km/h 及以上客运专线铁路 KH-200 桥隧建筑限界建筑接近限界基本尺寸及轮廓（尺寸单位:mm）

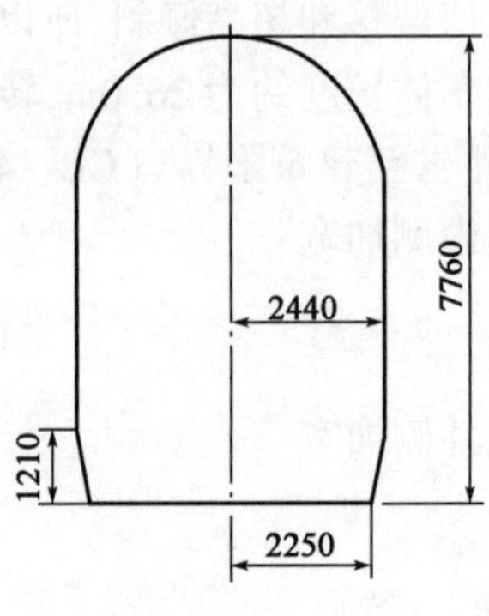

图 4-1-14　200km/h 客货共线电力牵引铁路双层集装箱运输受到建筑限界（尺寸单位:mm）

图 4-1-12 适用于设计行车速度为 200km/h 客货共线电力牵引铁路隧道,图 4-1-13 适用于设计行车速度为 200km/h 及以上的客运专线铁路隧道,图 4-1-14 适用于客车设计行车速度为 200km/h、货车行车速度为 200km/h、货车(含双层集装箱)设计行车速度为 120km/h 的客货共线电力牵引铁路隧道。

第五节　高速铁路隧道净空有效面积

高速铁路隧道净空有效面积,即隧道衬砌内轮廓轨顶面以上的净空断面积。根据我国不同的行车速度目标值和运行列车的限界,考虑空气动力学效应等各种情况,拟定的隧道净空有效面积标准见表 4-1-6。

我国高速铁路隧道净空有效面积标准(m^2)　　表 4-1-6

序　号	类　别	单　线	双　线
1	200km/h 客运专线兼顾普货运输	52(53.6)	80(85)
2	250km/h 高速铁路	58	92
3	300～350km/h 高速铁路	70	100

一、净空断面内各种功能空间的配置

前已述及,高速铁路隧道由于行车速度高引起的空气动力学效应对乘车的舒适度和周围环境有较大影响。一方面,隧道建筑物按满足 100 年正常使用的永久结构物设计;另一方面,客运专线上通行的列车全部为客车,列车一旦在隧道内发生事故、失去动力或无法及时将列车拉出洞外时,车上人员的紧急疏散、逃生和救援将成为非常关键和重要的问题。所以,高速铁路隧道净空断面设计时需要预留各种空间。

1. 安全空间

安全空间(或称安全区)是为铁路内部员工和特殊情况下养护人员预留的,安全区内

包括靠衬砌侧安放施工设施（宽 0.3m）或开关柜（宽 0.4m、长 1.3m）的空间，如图 4-1-15 所示。安全区是相对于危险区而言的。当行车速度大于 160km/h 时，危险区为线路中线至边缘 3.0m。行车速度小于等于 200km/h 时，人员可以在隧道内停留；行车速度大于 200km/h 时，一般情况下，人员不准在隧道内停留。

安全空间的配置应遵守下列规定：

（1）安全空间应设在距线路中线 3.0m 以外，单线隧道应设在有紧急出口一侧，两座平行单线隧道宜设在相邻侧，双线与多线隧道应在双侧设置；

（2）安全空间的尺寸，高度不应小于 2.2m，宽度不应小于 0.8m；

（3）安全空间的地面不应低于内轨顶面，地面与接触网设备带电部件间的距离不应小于 3.95m。

一般情况下，安全空间地面设计与水沟电缆槽盖板面齐平，允许有 3% 的横向排水坡。德国规范规定的安全空间宽度和高度与我国设计暂行规定相同，其地面与接触导线及支撑部件间的距离至少为 3.95m。在我国客运专线铁路隧道设计中，安全空间与隧道内水沟、电缆槽上部空间是共用的。我国客运专线设计行车速度均在 200km/h 及以上，除个别城际轨道交通线外，大部分设计行车速度为 250km/h 及以上。结合我国客运专线铁路养护维修体制，在运营期间，除特殊情况外，隧道内禁止人员进入。

2. 救援通道

在隧道内应设置贯通的救援通道，用于自救或外部救援。

救援空间的配置应遵守下列规定：

（1）隧道内应设置贯通的救援通道，如图 4-1-16 所示。

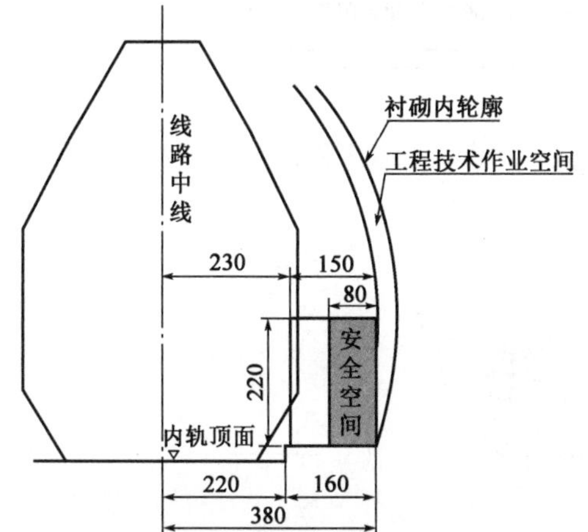

图 4-1-15　安全空间（尺寸单位：cm）

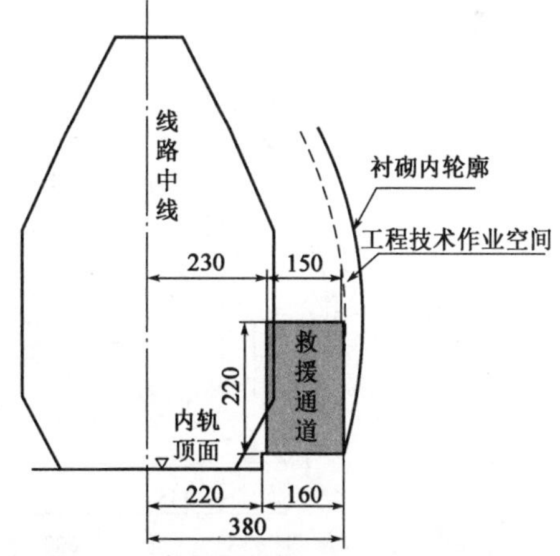

图 4-1-16　200km/h 及以上客运专隧道救援通道（尺寸单位：cm）

（2）救援通道应设在安全空间一侧，距线路中线不应小于 2.3m。

（3）救援通道走行面不应低于内轨顶面，地表必须平整。

（4）设计客车行车速度目标值为 200km/h 的客货共线铁路隧道救援通道宽度不宜小于 1.25m，设计客车行车速度目标值为 250km/h 的客运专线隧道救援通道宽度不宜小于 1.5m，在装设专业设施处宽度可适当减小，净高不应低于 2.2m。

救援通道可部分侵入建筑限界，因为救援通道是在列车停运的情况下才使用的。德国规范规定，救援通道的宽度一般情况下为1.25~1.6m，科隆—法兰克福高速铁路隧道救援通道宽为1.6m。

3. 技术作业空间

技术作业空间用于安放施工辅助设施，作为预留加强衬砌或安装隔声板等的空间。该空间内允许在有限的长度范围内设置一些设备，如接触导线张力调整器和接触导线以及接头的紧回装置等。

技术作业空间沿隧道衬砌内轮廓环向设置，其宽度为0.3m。隧道的施工误差不应占用技术作业空间。

二、断面形式

根据高速铁路隧道建筑限界和隧道内必须配置的各功能空间的要求，结合隧道空气动力学研究的有关成果，我国统一制定了200km/h、250km/h、350km/h不同行车速度条件下的隧道衬砌内轮廓，并编制了相应的双线隧道衬砌通用参考图。

1. 客货共线铁路隧道衬砌内轮廓

(1)单线隧道衬砌内轮廓：隧道一侧设置宽125cm的救援通道，另一侧设置宽125cm的水沟、电缆槽，当列车在隧道内停车时其上也可以作为救援通道使用。救援通道地面与内轨顶面齐平，其内轮廓形状如图4-1-17所示。隧道底部结构根据隧道长度和地质条件分别按有砟道床和无砟道床设计。隧道采用曲墙衬砌形式，Ⅱ级围岩设置钢筋混凝土底板，Ⅱ级以下围岩设置仰拱。水沟、电缆槽宽度分别为40cm、30cm。

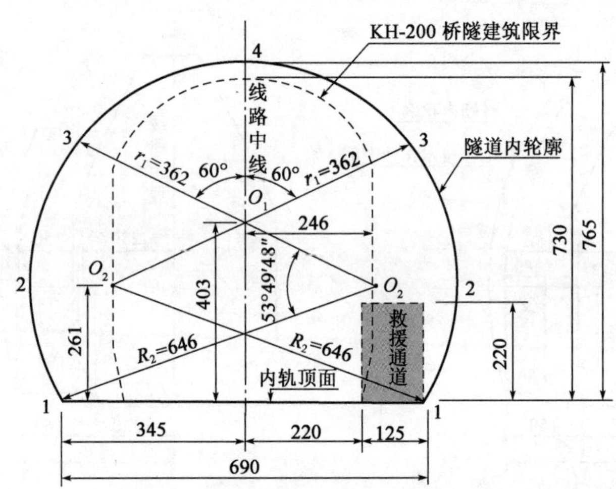

图4-1-17 200km/h客货共线铁路单线隧道内轮廓(尺寸单位:cm)

(2)双线隧道衬砌内轮廓：隧道两侧各设宽125cm的救援通道。救援通道底面高出内轨顶面30cm，其内轮廓形状如图4-1-18所示。隧道底部结构根据隧道长度和地质条件分别按有砟道床和无砟道床设计。隧道采用曲墙衬砌形式，Ⅱ级围岩设置钢筋混凝土底板，Ⅱ级以下围岩设置仰拱。隧道两侧各设置两槽一沟，电缆槽宽为25cm，水沟宽30cm，水沟和电缆槽总宽度135cm。两侧排水沟的功能主要是集水，间隔适当距离与中心排水沟(管)连通。在隧道中线处仰拱填充内设置中心排水沟(管)。短隧道水量不大时，也可不设中心排水沟(管)。

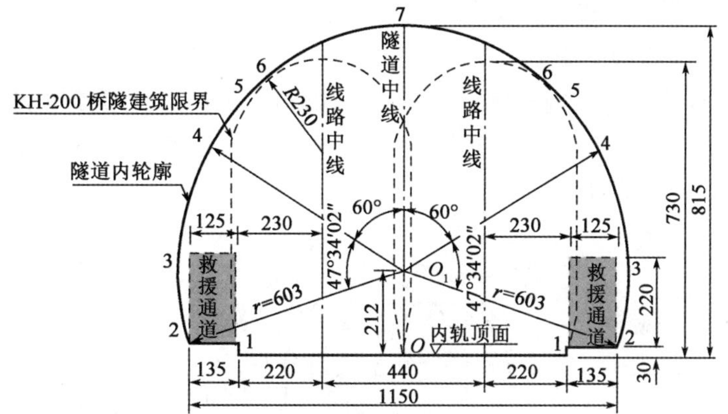

图 4-1-18　200km/h 客货共线铁路双线隧道内轮廓(尺寸单位:cm)

(3)客货共线铁路兼顾双层集装箱运输的隧道衬砌内轮廓

兼顾双层集装箱运输与否的出衬砌内轮廓,主要区别在于采用的建筑限界不同,水沟、电缆槽的布置则基本相同。其内轮廓形状如图 4-1-19、图 4-1-20 所示。

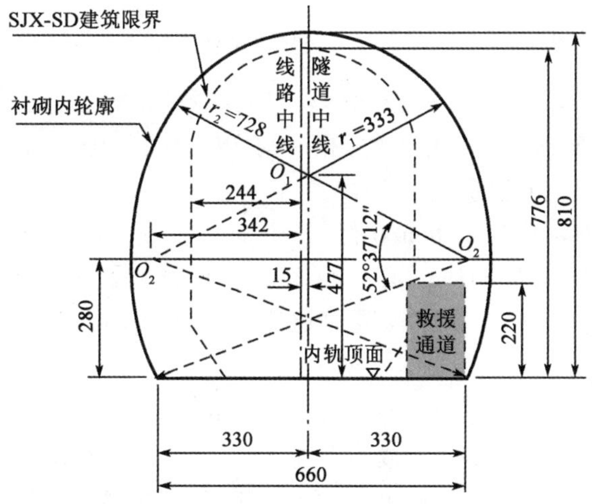

图 4-1-19　200km/h 客货共线铁路兼顾双箱运输的单线隧道内轮廓(尺寸单位:cm)

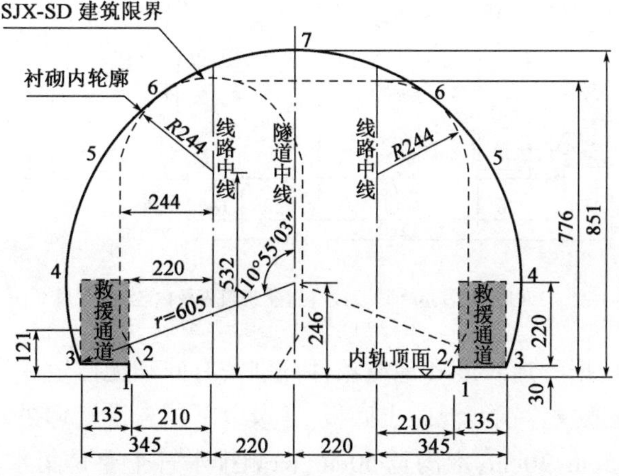

图 4-1-20　200km/h 客货共线铁路兼顾双箱运输的双线隧道内轮廓(尺寸单位:cm)

2.250km/h 铁路隧道衬砌内轮廓

(1)单线隧道衬砌内轮廓

250km/h 单线隧道衬砌内轮廓采用三心圆,隧道单侧设置救援通道宽度 1.5m,高度 2.2m,外侧距线路中线 2.3m,救援通道与内轨顶面齐平。250km/h 高速铁路单线隧道衬砌内轮廓形状如图 4-1-21 所示。

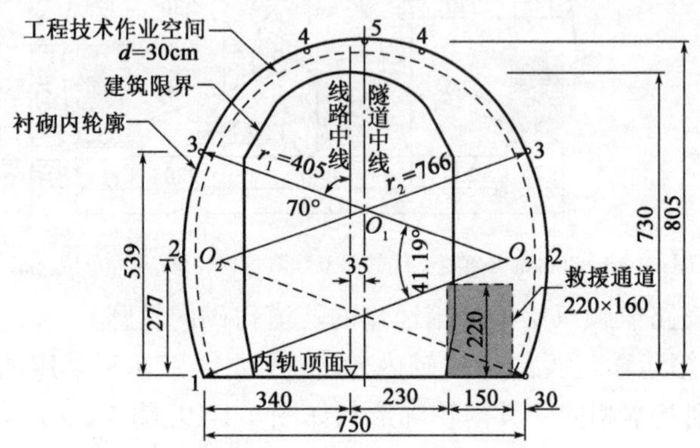

图 4-1-21　250km/h 高速铁路单线隧道建筑限界及内轮廓(尺寸单位:cm)

隧道内轮廓内考虑了 30cm 的技术作业空间。救援通道侧设置两槽一沟,电缆槽宽 40cm、30cm,水沟宽 50cm,另一侧设置一槽一沟,电缆槽宽 40cm,水沟宽 50cm。

(2)双线隧道衬砌内轮廓

双线隧道衬砌内轮廓按 250km/h 行车速度的客车和普通货车、双层集装箱运输条件拟定,采用单心圆,半径为 641cm,心间距 4.6m。隧道双侧设置救援通道,宽 1.5m、高 2.2m,外侧距线路中心线 2.3m,救援通道底面高出内轨顶面 30cm。其内轮廓形状如图 4-1-22 所示。

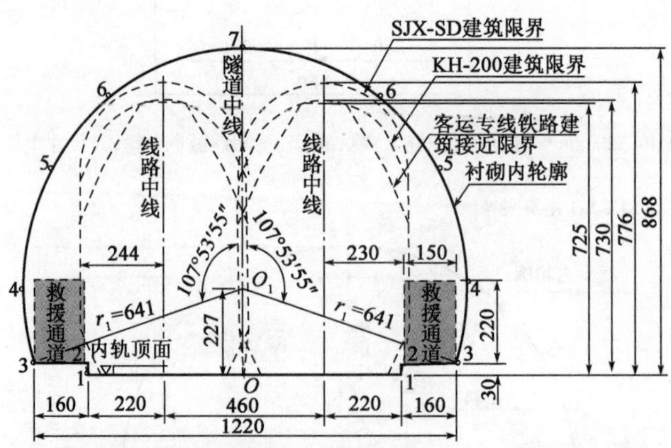

图 4-1-22　250km/h 客运专线双线隧道建筑限界及内轮廓(尺寸单位:cm)

隧道底部结构根据隧道长度和地质条件分别按有砟和无砟道床设计。隧道采用曲墙衬砌形式,Ⅱ围岩隧道设置钢筋混凝土底板,Ⅱ级以下围岩设置仰拱。隧道两侧各设置两槽一沟,电缆槽宽 35cm、30cm,水沟宽 50cm,两侧排水管主要是集水,间隔适当距离与中心排水沟(管)连通。在隧道中线处仰拱充填内设置中心排水沟(管)。

3. 300 ~ 350km/h 铁路隧道衬砌内轮廓

(1)单线隧道衬砌内轮廓

由于350km/h 单线隧道衬砌内轮廓净空有效面积达到70m²,救援通道及工程技术作业空间的布置相当自由,隧道两侧均可设置宽为1.5m 的救援通道。

(2)双线隧道衬砌内轮廓

双线隧道内轮廓采用单心圆,半径为665cm,线间距5.0m。隧道双侧设置救援通道宽1.5m、高2.2m,外侧距线路中线2.3m,救援通道底面高出内轨顶面30cm,其内轮廓形状如图4-1-23所示。隧道底部结构按无砟道床设计。隧道采用曲墙衬砌形式,Ⅱ级围岩设置钢筋混凝土底板,Ⅱ级以下围岩设置仰拱。隧道内轮廓内考虑了30cm 的技术作业空间。隧道两侧各设置两槽一沟,电缆槽宽分别为35cm、30cm,水沟宽30cm。两侧排水沟的功能主要是集水,间隔适当距离与中心排水沟(管)连通。在隧道中线处仰拱填充内设置中心排水沟(管)。

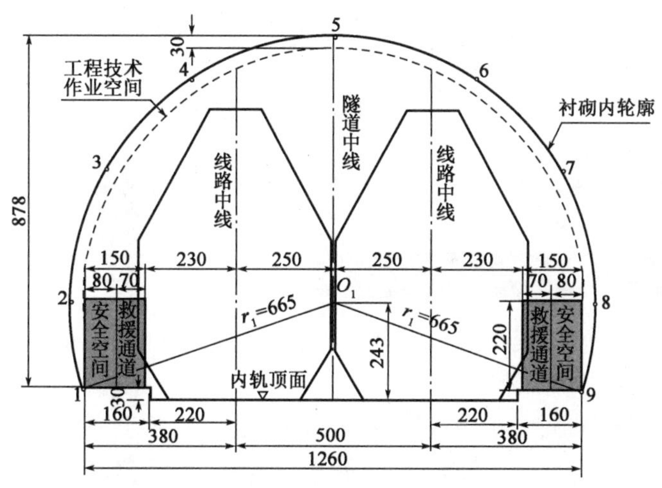

图4-1-23　350km/h 高速铁路双线隧道建筑限界及内轮廓(尺寸单位:cm)

4. 圆形隧道断面

采用隧道掘进机(或盾构)施工的隧道一般采用圆形断面,如广深港客运专线狮子洋隧道采用盾构法施工,隧道建筑限界及衬砌内轮廓形状如图4-1-24 所示。

狮子洋隧道位于广深港客运专线东涌站—虎门站区间,穿越珠江口狮子洋河段,是国内第一座水下高速铁路隧道,设计行车速度目标值为350km/h。

隧道采用双洞单线圆形结构,单线隧道净空有效面积采用66m²。根据隧道建筑限界要求,在综合考虑和合理布置隧道内各种管线、设备和沟槽后,盾构隧道内径确定为9.8m,外径10.8m,管片厚度50cm,采用"7 + 1"分块方式的通用楔形环钢筋混凝土单层管片衬砌。

隧道净空断面内考虑设置两个通信信号电缆槽,宽35cm、深58cm;一个电力电缆槽,宽30cm、深43cm;*DN*400 排水管和水喷雾 *DN*300 水管用管槽及消火栓箱的布置、变压器箱室空间等;救援通道宽150cm。

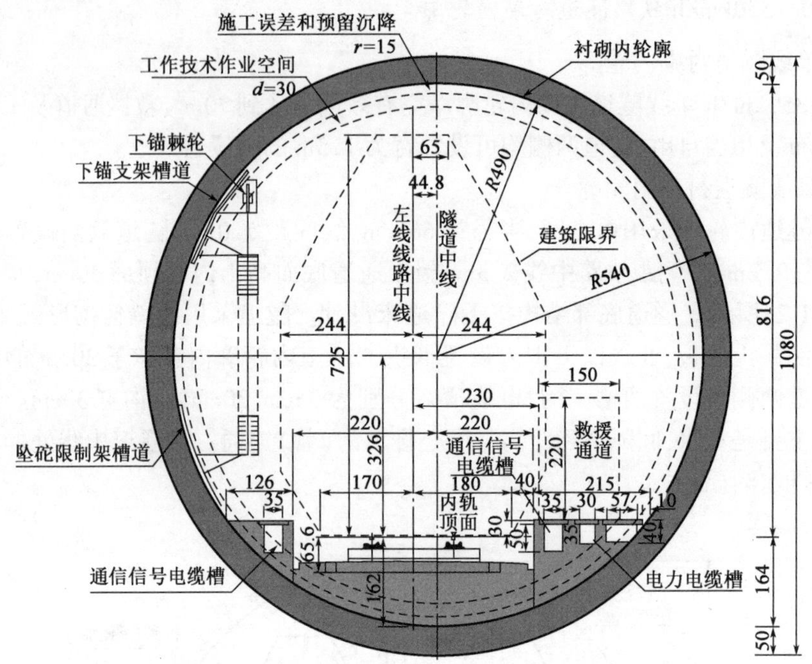

图 4-1-24　狮子洋隧道建筑限界及内轮廓(尺寸单位:cm)

三、单洞双线和双洞单线方案选择

高速铁路均设计为双线,隧道工程设计需作设一座双线隧道(单洞双线)和设两座单线隧道(双洞单线)的方案比较。

日本新干线上的隧道,考虑到空气动力学效应的影响,几乎全部采用单洞双线隧道断面,如新八甲田隧道(长度 26.455km)、岩手一户隧道(长度 25.81km)、饭山隧道(长度 22.2km)等。

在单洞双线和双洞单线方案比较中,采用一座双线隧道的横断面积要比两座单线隧道横断面积总和小,经济性较好。这是日本新干线隧道采用一座双线隧道方案的主要原因。

在欧洲,当隧道长度较短时,采用单洞双线隧道较为普遍。如德国高速铁路隧道在设计时,重点考虑高速列车进入隧道所诱发的空气动力学效应,很注意隧道横断面的形状和选择较大的净空有效面积。德国高速铁路隧道的净空有效面积是世界各国高速铁路隧道中较大的,客货共线铁路隧道净空有效面积达 $82m^2$,客运专线隧道净空有效面积为 $92m^2$。德国高速铁路隧道断面内设计有专门用于养护维修、防灾救援所需的空间。

在欧洲,当隧道长度大于 20km 时,考虑防灾救援等因素,一般采用两座单线隧道方案,其线间距一般为 30 ~ 50m,按 250 ~ 400m 距离设置横通道用作救援通道。如目前在建的瑞士圣哥达隧道(长 57km)和在建的西班牙 pajares 隧道(长 25km),均采用两座单线隧道方案。

一般地说,在满足空气动力学要求的前提下,双线断面要比单线断面更有利一些。两座单线隧道断面面积总和要比一座双线隧道断面面积大。图 4-1-25 和图 4-1-26 是荷兰高速铁路跨越水道方案必选实例。法国的比较结果是:在列车速度为 300km/h 的情况下,两座单线隧道的总断面面积为 $140m^2$,一座双线隧道的断面面积为 $100m^2$;在列车速度为 250km/h 的情况下,相应的断面面积分别为 $100m^2$ 和 $72m^2$。

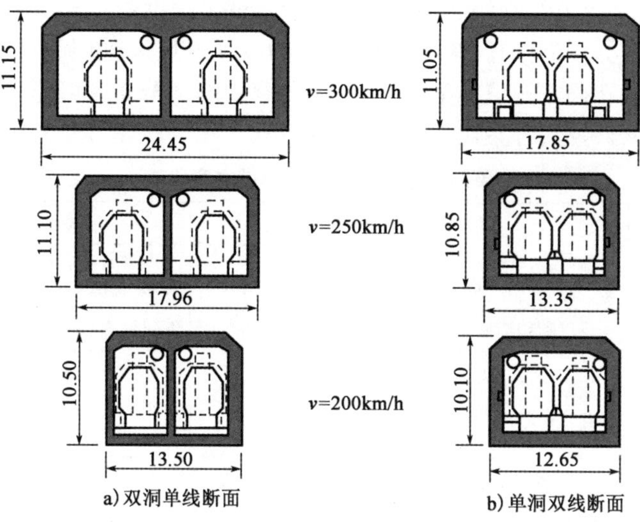

图 4-1-25 双洞单线和单洞双线断面比较(矩形断面)(尺寸单位:m)

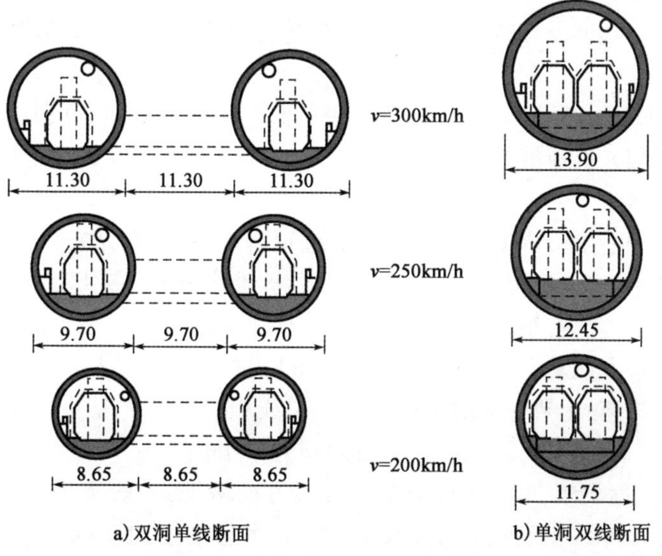

图 4-1-26 双洞单线和单洞双线断面比较(矩形断面)(尺寸单位:m)

在特长隧道方案设计时,选择两座单线隧道方案还是一座双线隧道方案,应从地质条件、建设工期、施工难度和方法、运营通风、防灾救援和人员疏散、工程投资等多方面综合考虑,对高速铁路隧道还要考虑列车在隧道内运行的空气动力学效应。

采用单洞双线隧道方案和双洞单线隧道方案各有其优缺点,对高速铁路隧道而言,采用单洞双线隧道方案,阻塞比较小,在满足洞内会车最不利条件的前提下,可有效地提高乘车舒适度;而采用双洞单线隧道方案十分有利于防灾救援,当一座隧道出现重大事故时,另一座可正常运营,且可利用其进行救援和旅客的疏散。

从地质条件看,在软弱破碎围岩地段,考虑施工难度和风险,宜选用跨度较小的双洞单线隧道方案,当地质条件好时,可选用单洞双线隧道方案。从施工方法看,当采用 TBM 或盾构施工时,考虑施工风险,采用直径较小的双洞单线隧道方案较为稳妥,施工风险相对较小。从运营通风看,双洞单线隧道方案可以充分利用列车活塞风改善隧道内的环境条件,而单洞双线隧道方案利用活塞风效果较差。就工程投资而言,双洞单线隧道方案通常较单洞双线隧道方案造价高 20% ~40%,特别在硬岩地段,单洞双线隧道方案具有明显的价格优势。故在确定隧道方案时,应结合线路的隧道分布和隧道两端引线等相关工程的具体情况,综合考虑,方案比较见表 4-1-7。

单洞双线和双洞单线隧道方案比较 表 4-1-7

比 较 项 目	单洞双线隧道方案	双洞单线隧道方案
施工难度及风险	断面大,在软弱围岩中发生坍塌的机会比较多,容易发生变形,风险较大	断面较小,发生坍塌、变形的机会相对较少,风险较小
运营通风	难以利用活塞风	可以充分利用活塞风
防灾救援	当隧道发生火灾时,消防灭火与救援难度大,线路将中断运营	当一座隧道内发生火灾时,可通过另一隧道帮助灭火,并利用横通道紧急疏散人员,仅中断一条线路运营
空气动力学影响	相对小	相对大
环境影响	相对小	相对大
工程投资	较低	高 20% ~40%

我国高速铁路隧道设计时选择“单洞双线隧道方案”还是“双洞单线隧道方案”,通常遵循下列原则:

(1)当隧道长度小于 10km 时,一般采用单洞双线隧道方案,可利用施工时的辅助坑道作为防灾救援和人员疏散的紧急出口。如郑西客运专线函谷关隧道(长 7851m)、秦东隧道(长 7684m)等。

(2)当隧道长度为 10 ~20km 时,应结合隧道两端引线、车站布点等相关工程情况进行系统的经济技术比选,也可结合防灾救援及养护维修考虑,采用双线隧道加贯通平导的方案进行比较。如霞浦隧道(长 13124m)采用双线隧道加贯通平导的设计方案,贯通平导对养护维修非常方便。武广客运专线大瑶山隧道群之大瑶山 1 号隧道(长 10081m),为全线最长的山岭隧道,主要考虑隧道群及两端引线相关工程情况并结合空气动力学因素的影响,也设计为双线隧道,断面净空有效面积为 100m^2。

(3)当隧道长度大于 20km 时,从防灾救援方面考虑,一般采用双洞单线隧道方案。如在建的石太客运专线太行山隧道(长 27839m)和已竣工通车的兰武二线乌鞘岭隧道(长 20050m)等。

第二章　高速铁路隧道缓冲结构设计

第一节　缓解空气动力效应的工程措施

列车在以高速通过隧道时会形成空气动力效应，对车厢中的乘客、隧道中的人员设备造成损害，同时对隧道出口区域的环境造成影响，而这种危害的强度受到多种因素的影响。根据作用机理的不同，车隧空气动力学问题主要有如下三方面的影响：

(1)穿越隧道形成的瞬变压力，降低列车的舒适度。

(2)列车在隧道中运行，形成活塞风，对隧道中的人员设备造成损害。

(3)列车进入隧道形成的压缩波在隧道出口以微压波形式向外部辐射，对隧道出口的建筑物造成震颤，形成环境噪声污染。

针对不同的方面，人们提出了不同的解决方案。

1. 扩大隧道断面，降低阻塞比

随着隧道的断面面积的扩大，列车进出隧道的空气动力效应的强度会随之降低，降低到一定程度以后，就不再需要特别的措施加以解决。这一观点在德国、法国等一些欧洲国家具有一定的代表性。对现有隧道削减微压波，最主要的解决方案还是选取较大的隧道断面，减低阻塞比(列车断面与隧道断面的比值)。根据各国高速铁路的分析，可以得到这样的结论，当阻塞比小于0.15时(德、法等国)，高速列车进洞所诱发的空气动力学问题基本上可以缓解。由此得出满足压力变动临界值3.0kPa/(3s)的阻塞比：车速为250km/h，阻塞比取0.14；车速为350km/h，阻塞比取0.11。

当然，解决气动效应最有效的方法是扩大隧道断面，但是这必然带来结社建设投资的增加。因此，深入研究设置缓冲设施的效果、合理选择隧道断面，才是设计的出路。

2. 改善车辆性能，提高列车的气密性

当列车高速出入隧道，前部空气被压缩，余下气体被推向后方，如同漏泄的活塞在汽缸中运动。前方形成的压力波扩张连续反射直至尾部。并在车体外部产生强大压力波，车体结构的漏泄使压力传至车内。当车辆驶离隧道时，车外气压减至大气压。由于列车速度高，通过隧道压力变化很短暂而又迅速，这种迅速变化的压力，加上隧道数多而密，旅客将感受到阵阵声浪冲击，对耳膜和人体造成压痛感觉，难以接受。减轻这种效应的有效办法是车辆具有高气密性。

然而车内换气必须连通大气，车辆活动部件密封性越高，如车门、车窗、过道、厕所间、盥洗室等就意味着高投资。严密的密封能引起空调冷凝水增多，引起车辆腐蚀和维修麻烦。选取合理的高速客车气密参数对保证旅客舒适和车辆精度要求至关重要。

ORE 专家指出高气密性将带来车辆设备的高投资,所以车辆气密性应有一定限度,应与旅客舒适范围允许的压力变化相结合。

专家指出要考虑下述五方面的问题:

(1)高速客车气密性变化特性;

(2)车体结构密封度;

(3)空调换气与密封;

(4)压力变化对旅客舒适度影响;

(5)密封经济性。

国外从隧道设计角度解决空气动力学问题有两种途径:

一种是以日本新干线为代表主要通过修建洞口缓冲棚和密封车辆来解决问题,另一种是以德国 NBS 为代表主要通过放大隧道净空断面来解决问题。

尽管如此,鉴于制造、维护密封车辆和修建洞口缓冲棚所引起的费用相当可观,还会带来运营的一些麻烦,在日本,仍然有人提出"是不是还是把隧道断面放大一些好"的议论。

根据计算,只要将在山阳新干线的隧道净空断面从目前 $A=63.4\mathrm{m}^2$,放大到 $82.4\mathrm{m}^2$(与德国 NBS 一致),阻塞比相应降至 0.153,最大压力变化值至少将降低至目前的 75%,即可满足 JNR/JR 的舒适度标准(发生列车交会时除外)。于是,有人将放大隧道断面同密封车辆两项措施作了经济比较,考虑车辆和隧道的寿命,得出的结论是:

对于东海道—山阳新干线,加大断面或多或少要上算些。对于东北和上越新干线,则还是密封车辆好。这种比较的结论,主要同隧道在线路中所占的比重以及线路运营的繁忙程度(即投入运营的车辆总数)有关,具体数据见表 4-2-1 和表 4-2-2。

新干线隧道数量和投入运营的车辆 表 4-2-1

线　路	隧道数量(座)	隧道总长(km)	隧道占线路比例(%)	车辆数(辆)
东海道—山阳	208	348.3	30	2724
东北	111	112.3	24	332
上越	22	106.7	39	368

密封车辆与增大隧道断面附加成本的比较 表 4-2-2

线　路	最大速度(km/h)	密封车辆(MYen)	增大隧道断面(MYen)
东海道—山阳	270	1.46×10^5	1.31×10^5
东北	240	1.78×10^4	4.21×10^4
上越	270	1.97×10^4	4.00×10^4

还应该提出的是,这里所进行的密封车辆只会提高车厢内的舒适度,对于隧道出口的微压波的治理问题是无关的。因此,在具体实施过程中还要考察各种措施的适用性。但是,这样为我们提出了一个范例,就是在具体的隧道设计中应该对各种措施进行分析,以期达到技术和经济的最优。

3. 设置隧道附属设施,综合降低气动效应

隧道附属设施包括隧道出入口的缓冲设施及通风竖井、双洞单线隧道之间的连通

道等。

隧道出入口的缓冲设施的种类很多:缓冲棚、无开口全封闭缓冲结构、有窗口的缓冲结构、开槽式缓冲结构、喇叭形缓冲结构等。

隧道出入口的缓冲设施的最初是以明洞的形式出现的。意大利于1970年开始修建高速铁路,隧道断面过小(双线53Smz)为了解决微压波问题,也曾经修建了带孔洞的隧道明洞,竟长达50m。在1975年山阳新干线在冈山和博多间进行试运行时出现微压波现象。鉴于新干线隧道已建成,隧道断面已不能扩大的情况,决定采用修建洞口缓冲结构的办法来解决问题。根据试验和现场测试结果表明,通过合理设置缓冲设施参数,可以将微压波峰值降至最高值的20%~30%。

在隧道内合理地设置通风竖井,可将因高速行车产生的瞬变压力幅值降低50%左右。当考虑修建竖井(或斜井)时,应尽可能利用施工中留下的竖井,因此在确定施工竖井的位置时,最好能兼顾到高速列车中降低瞬变压力的要求。

通过将隧道任何位置上由通风竖井引起的波的叠加的分析,发现竖井最有利的位置在下列区域里:

$$\frac{4M^2}{(1-M)^2} < \frac{X_S}{L} < \frac{2M}{1+M} \tag{4-2-1}$$

式中:X_S——竖井至隧道入口端的距离;

L——隧道长度;

M——列车马赫数。

研究还表明:不同隧道都具有各自最恰当的数量的竖井。对于单向运行的隧道,只要位置合理,一、二个即可。但对双线隧道,就需要更多的竖井。因为列车可能从任何一个方向通过,而竖井的位置对一个方向来说是理想的,而对另一方向可能是不理想的。至于两个竖井的最小间距,大致应等于两个竖井的长度。竖井的最大直径,以不超过隧道直径的35%为最佳。

在长隧道中设置多座竖井,不但能缓和列车通过时所发生的瞬变压力,而且也能降低行车的空气阻力。这是由于竖井的存在使列车前方压力较大的空气,不仅由隧道出口排出隧道,而且也由列车前方的竖井排出隧道;列车后方的负压不仅吸引空气由隧道进口流入隧道,而且也由列车后方的竖井流入隧道。于是列车前方与后方的空气压力差较无竖井的情况要小,因而在有竖井的隧道中列车的空气阻力也较无竖井的小。

4. 车厢内设置调压风机

列车进出隧道所引起的乘客不舒适主要是由于车厢内的压力变化,K. Akutsu等人提出用风机来调节压力,消除瞬变压力所造成的危害。实践证明,取得了很好的效果,并预计可以满足消除车速达300km/h的列车所引起的瞬变压力。

5. 其他可能的对策

(1)减小列车横断面面积和改善列车前端形状

如果列车的横断面积减小,列车进入隧道产生的压缩波的波前压力梯度下降。对列车车前压力梯度的理论分析表明:列车有一个细长的前端也能减小压力梯度。图4-2-1表示模型实验研究得出的列车前端细长度的影响。

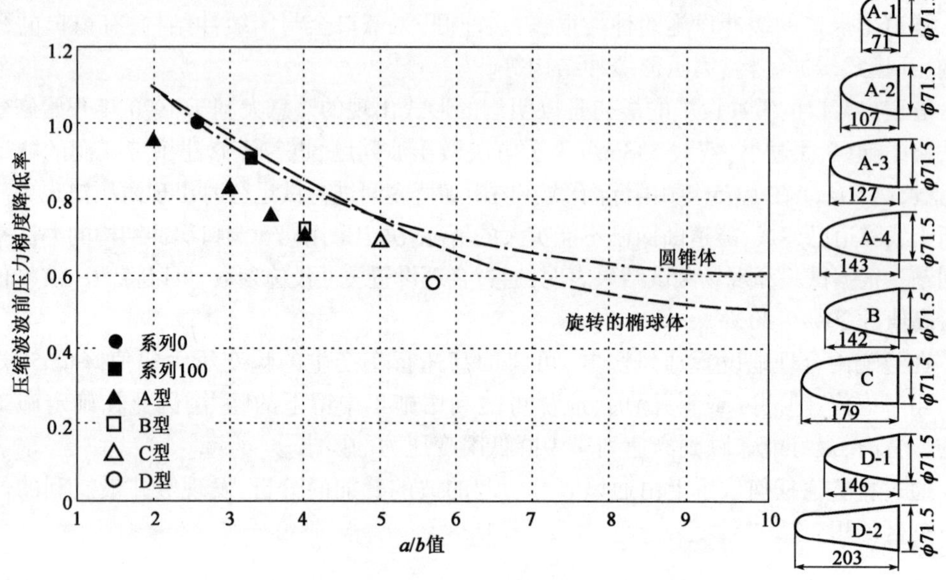

图 4-2-1　模型试验测试列车前端的细长现状对压力梯度的影响

(2)在隧道中密集喷水

为了研究在长的风管中由于部分反射和部分传播而导致入射压力波的强度降低,曾经用过喷洒水和水帘幕法。在隧道中,压缩波传播通过密集喷洒水滴使其波前的压力梯度下降也是可能的。为了调查这个方法的效果,1990 年 9 月、11 月在"新干线"隧道的一个竖井中进行了现场试验,图 4-2-2a)为现场试验布置示意图。压缩波从隧道中分流到竖井排出,传播通过了 30m 密集喷洒水滴的距离。

密集喷水装置有 60 个喷嘴,其操作情况由空气、水滴双相流的计算机模拟确定,图 4-2-2b)表示现场试验结果。

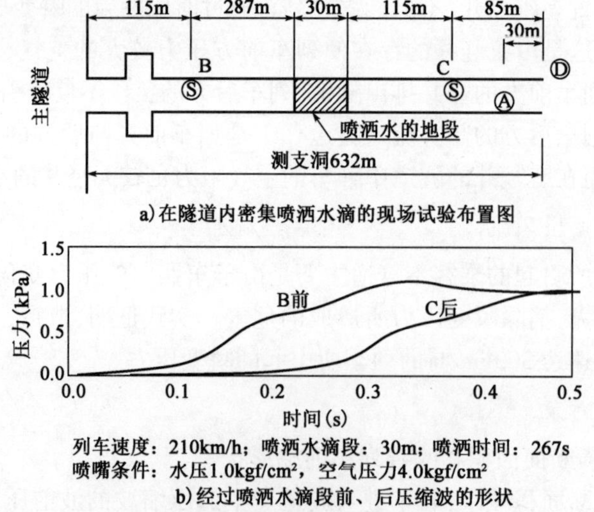

图 4-2-2　喷洒水滴试验结果

Ⓓ-数据记录器;Ⓢ-压力传感器;Ⓐ-风速表

(3)主动控制法

微压波可通过主动控制装置产生的负微压波来减弱。这种方法已进行了模型试验，也使用了类似用于隧道入口棚罩试验的装置。由装在模型隧道的出口附近的扬声器产生负微压波，此扬声器由微型计算机和扩大器组成的主动噪声控制系统所控制。在小型模型试验中，用此法能降低微压波，也具有一定的效果。

通过上述的分析可以看到，缓解气动效应的措施有很多，可以根据具体的工程状况，因地制宜，合理选择应对措施。由于修建缓冲设施具有实施简单，维护费用低，可以实现一劳永逸的目的，因此被广泛采用。下面主要对洞口缓冲设施缓解气动效应的相关问题进行分析。

第二节　缓冲结构物设计的影响因素

在隧道入口及洞深设置缓冲设施，是消减微压波的主要措施。缓冲设施的形式多种多样，通过数值计算和模型试验，合理选取缓冲结构的设计参数，可以有效缓解车隧气动效应。

一、缓冲结构设置基准

缓冲设施的设置不仅可以降低波前压力梯度，实现对隧道出口微压波的消减作用，同时可以实现对瞬变压力的降低，提高列车舒适性。如通过在洞身设置竖井，改变膨胀波反射时间及强度，实现降低压缩波和压力梯度的双重目的。

由于控制瞬变压力可以通过提高列车性能来实现，因此目前，在考察是否设置缓冲结构物时，主要根据隧道出口微压波峰值的大小来确定。缓冲结构物设置基准如表4-2-3所示。

缓冲设施设置基准　　表4-2-3

<table>
<tr><th colspan="2" rowspan="2">条　件</th><th colspan="4">微压波峰值 P_{max}</th></tr>
<tr><th>日本</th><th>DB</th><th colspan="2">京沪暂规</th></tr>
<tr><td rowspan="2">洞口有建筑物</td><td>建筑物无特殊环境要求</td><td>建筑物处 $P_{max}<20Pa$</td><td rowspan="4">最近住宅处 $P_{max}<20Pa$
距洞口50m处 $P_{max}<20Pa$</td><td colspan="2">建筑物处 $P_{max}<20Pa$</td></tr>
<tr><td>建筑物有特定环境要求</td><td>按要求</td><td colspan="2">按要求</td></tr>
<tr><td colspan="2" rowspan="2">洞口无建筑物
(或住宅距洞口大于50m)</td><td rowspan="2">距洞口20m处 $P_{max}<50Pa$</td><td>建筑物有特殊环境要求</td><td>距洞口20m处 $P_{max}<50Pa$</td></tr>
<tr><td>建筑物无特殊化境要求</td><td>不设</td></tr>
</table>

二、缓冲设施设置的决定因素——阻塞比β

国外从隧道设计角度解决空气动力学问题有两种途径：一种是以日本新干线为代表主要通过修建洞口缓冲棚和密封车辆来解决问题，另一种是以德国NBS为代表主要通过放大隧道净空断面来解决问题。

日本的东海道新干线、在山阳新干线，隧道的阻塞比较大($\beta = 0.2 \sim 0.22$)。为了解决高速列车气动效应问题，主要采取了修建洞口缓冲棚和密封车辆的措施。

根据对各国高速铁路的分析可以得出这样一个印象，当阻塞比$\beta < 0.15$(德、法等国)时，高速列车进洞所诱发的空气力学问题基本上可得以缓解。除了德国以外，法国TGV大西洋线($\beta = 0.13 \sim 0.15$)及意大利Direttisima线目前均没有采用特殊的密封车辆措施。

隧道阻塞比的降低、隧道断面的扩大必然带来修建费用的增加。但是初期投资费用的增加，却可以使线路运营费用降低。因此，具体方案的确定还要根据不同线路中隧道所占的比重以及线路运营的繁忙程度(即投入运营的车辆总数)综合分析。

总之，隧道阻塞比对线路的修建以及后期线路运行中，气动效应的强度都有着重要影响。

从直观感觉：隧道断面扩大，阻塞比降低，列车进入隧道所产生的气动效应强度降低；相反地，隧道断面缩小，阻塞比增大，列车进入隧道所产生的气动效应强度加强。因此，可以推断：阻塞比与列车进入隧道所产生的压缩波峰值有一定的相关性。

Dr. Gaillard根据敏感度分析得出结论，认为对于压力波动，诸因素中隧道横截面积是有最大影响的。

ORE曾经系统地研究了各种因素对压力波动的影响。结果也表明，隧道净空断面面积，即，隧道阻塞比是最主要的因素。根据计算分析，压力波动峰值与隧道阻塞比之间有下列关系：

$$P_{\max} = k\beta^{N}v^{2} \tag{4-2-2}$$

式中：k——条件常数；

β——阻塞比；

v——列车速度；

N——压力峰值对应的阻塞比幂指数系数，单一列车在隧道中运行时，$N = 1.3 \pm 0.25$。考虑会车时，$N = 2.16 \pm 0.06$。

为了验证阻塞比对压缩波峰值的影响，利用西南交通大学发射式高速列车模型试验系统，进行了试验研究。对两种阻塞比情况下，所采用列模型和隧道模型的材质一致，可以认为两种工况下条件常数相同。得到两种阻塞比情况下，压力峰值与车速、微压波峰值与车速的相关曲线如图4-2-3、图4-2-4所示。

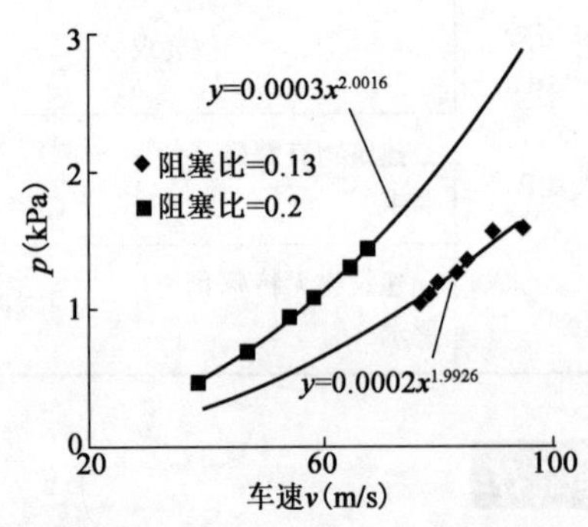

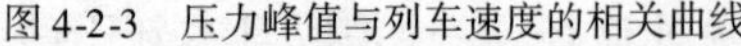

图4-2-3 压力峰值与列车速度的相关曲线

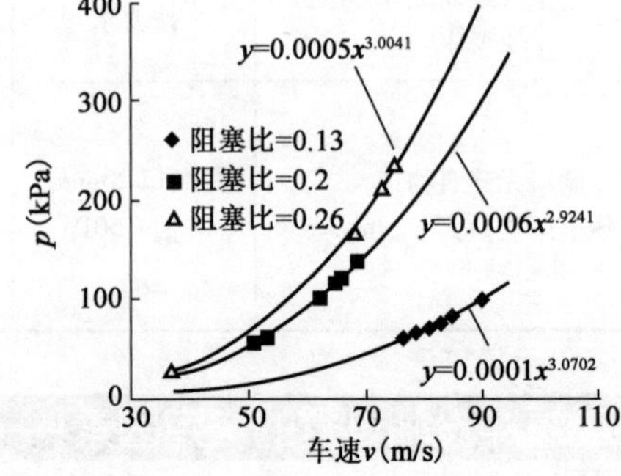

图4-2-4 微压波峰值与列车速度的相关曲线

通过对试验数据的整理分析，得出压力峰值对应的阻塞比幂指数系数$N = 1.1$，与前期的分析结果是一致的。

为了确定微气压波压力与列车速度、阻塞比之间的关系，参照模型试验得到的拟和方程对不同速度时微气压波压力与阻塞比的关系进行分析，得出阻塞比与微压波峰值曲线，如图4-2-5所示。

从微压波最大值与列车速度的关系曲线可以看出，微压波最大值与列车速度的三次幂成正比，这与已有的规律是一致的。从微气压波压力与阻塞比的拟合曲线(图4-2-5)可以看出，不同速度下，微气压波压力与阻塞比的关系服从幂次关系，幂指数接近于2.4。参照最大瞬变压力的方程，微压波的方程可表示为：

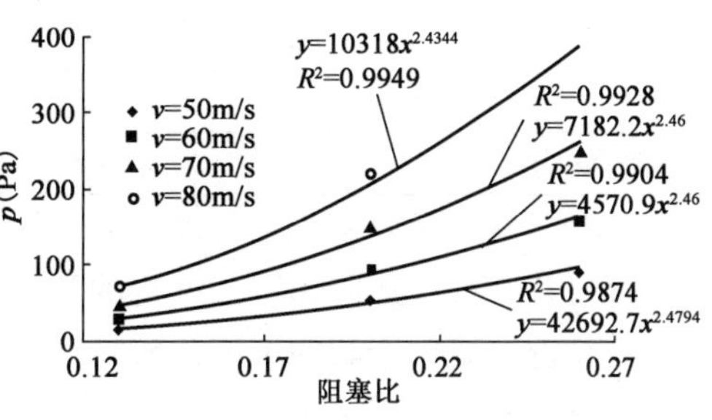

图4-2-5 微压波峰值与列车车速、阻塞比的关系曲线

$$P_{max}^{mic} = k\beta^{N^{mic}}v^3 \tag{4-2-3}$$

式中：P_{max}^{mic}——微压波最大压力；

N^{mic}——微压波对应的阻塞比幂指数。

微压波对应的阻塞比幂指数的确定还需要大量试验验证，根据本试验，并考虑可能的测试误差，初步确定 $N^{mic}=2.4\pm0.25$。

三、缓冲设施的形式

1. 隧道洞口缓冲设施

列车从顶部及两侧无边界限制的开放空间突然进入隧道时，列车前端的空气受到限制，在很短时间内被压缩，形成很高的压力梯度，是引发隧道出口微压波产生的主要原因。如果在隧道入口设置一个附属设施，使列车车前压力逐渐变化，缓解压缩波瞬变的程度，从而起到消减微压波的目的是设置缓冲设施的依据及出发点。

缓冲设施的形式多种多样，按面积的变化规律可以分为两类：面积渐变型及面积突变型。面积渐变型是指在整个缓冲设施长度范围内，缓冲设施的横截面面积是逐渐变化的，其入口面积一般大于隧道面积，出口面积一般与隧道面积是一致的，如喇叭形缓冲结构。突变型缓冲是指缓冲设施的横截面面积到隧道面积是突变的，其开始截面面积一般大于隧道面积，终止截面的面积一般也大于隧道面积，如断面扩大型缓冲结构。目前广泛采用的斜切式洞门，由于其横截面面积与隧道截面一致，通过设置开口实现泄压和列车周围空间面积的渐变，其结构形式可以划分为面积渐变型。具体数据见表4-2-4和表4-2-5。

压力梯度和微压波峰值计算结果汇总表 表4-2-4

($\beta=0.23$，$L_T=540$m，$v=200$km/h)

缓冲结构形式	喇叭形			方形			拱形		
缓冲设施长度	1D	2D	3D	1D	2D	3D	1D	2D	3D
最大压力梯度(kPa/s)	6.5	6.2	6.2	6.7	6.4	6.4	6.7	6.4	6.4
微压波峰值(Pa)	36.4	34.7	34.7	37.8	35.9	35.9	37.8	35.9	35.9

压力梯度和微压波峰值计算结果汇总表 表 4-2-5

($\beta = 0.23, L_T = 540\text{m}, v = 200\text{km/h}$)

缓冲结构形式	2D 拱形两侧开口			2D 拱形顶部开口		
开口率	0.25	0.33	0.4	0.25	0.33	0.4
最大压力梯度(kPa/s)	5.4	4.7	4.3	5.5	5.0	4.7
微压波峰值(Pa)	30.2	26.5	23.9	30.9	28.4	26.5

表中:D——隧道水力直径。

通过优化开口形阶梯缓冲结构的开口率会出现开口形阶梯缓冲结构优于喇叭形缓冲结构的情况。且由于其施工工艺较复杂,所以在实际工程中采用较少。

2. 隧道洞身缓冲设施

洞身缓冲设施形式包括竖井、横通道等。许多情况下,通风竖井为前期施工的遗留设施,可以在运营期间加以利用。并且其缓解气动效应的效果较为明显,在这里将重点介绍。

列车在进入带有通风竖井的隧道中时产生的压缩波如图 4-2-6a)所示,在图 4-2-6 中,P_i 表示列车进入波,P_r 表示反射波、P_t 表示压缩波。当波传播到竖井与隧道的联结处时,一部分波以膨胀波的形式被反射,另一部分波则仍然以两个压缩波向前传播;一个波沿着竖井向前传播,另一个波则继续向隧道前方传播,如图 4-2-6b)所示。当沿竖井向前传播的压缩波到达竖井的开口端时,压缩波以膨胀波的形式被反射回来,如图 4-2-6c)所示。这个反射波沿着竖井向下传递到竖井与隧道连接处,再以压缩波反射并且以两个膨胀波传递到隧道的两端,反射波又往回传递到竖井开口端,这个过程反复地进行下去。

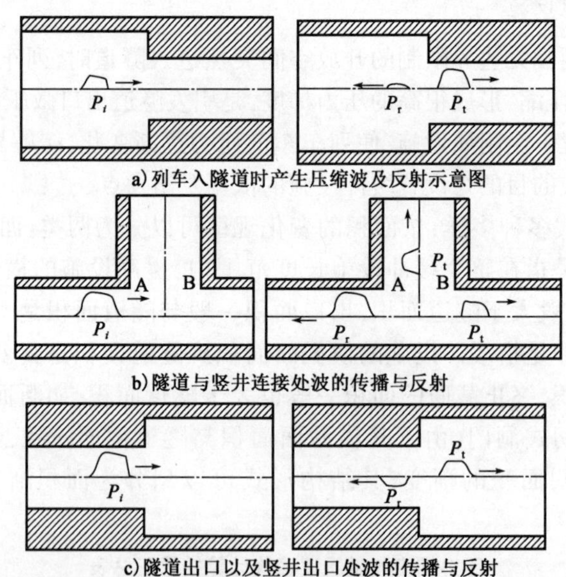

图 4-2-6 波在面积突变断面处的传播反射规律示意图

可以看出,设置竖井的基本原理是将列车进入隧道所产生的压缩波,通过设置竖井将部分能量释放到隧道外,使压缩波峰值降低,从而实现降低压力梯度及微压波峰值的目的;而在隧道入口设置缓冲设施则是通过加长压缩波产生所消耗的时间,使列车周围的约束空间逐渐缩小,实现压力梯度及微压波峰值降低的目的。

理论上说，竖井的面积越大，释放的能量越多，降低微压波的效果也越明显。但是应该注意的是：由于列车经过竖井下部进入隧道时，也是一个空间突然缩小的过程，与列车在隧道入口进入隧道的过程相似。竖井的面积过大，列车经过时就会产生很强的二次波，不能实现降低微压波的最终目的，因此必须合理选择竖井的面积。面积选取的基本原则是：使压缩波首波削减后的压力梯度与列车经过竖井所产生的二次波的压力梯度峰值基本一致，则说明竖井面积的选取是合适的。

为了说明竖井和隧道洞口缓冲设施降低压缩波及压力梯度的效果及原理，下面给出模型试验研究的实例。

隧道及缓冲设施模型总长度4.8m，其中隧道入口缓冲设施40cm。在隧道中部设置竖井，竖井距离隧道入口隧道292cm，竖井开口率为7%。试验中，设置了两个测点，在竖井前、后设置。试验台的配置情况如图4-2-7所示。缓冲设施段的横截面积与隧道一致，为顶部开窗型缓冲设施。

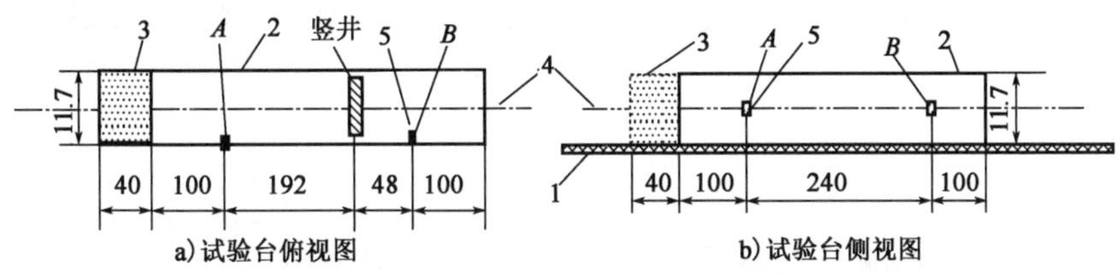

图4-2-7　模型试验布置图（尺寸单位：cm）

1-模型实验台；2-隧道模型；3-缓冲设施；4-定向钢丝绳；5-测点

根据研究表明，对微压波的压力与压缩波的波前梯度成正比，所以将以压缩波的波前梯度作为衡量降低微气压波效果的指标。

为了区分缓冲设施和竖井缓解气动效应的效果，试验分两种情况：

(1)隧道洞口不设置缓冲设施，只设置竖井(其他因素不变)

模型试验得到的测点 A，B 处的压力波动曲线如图4-2-8所示。

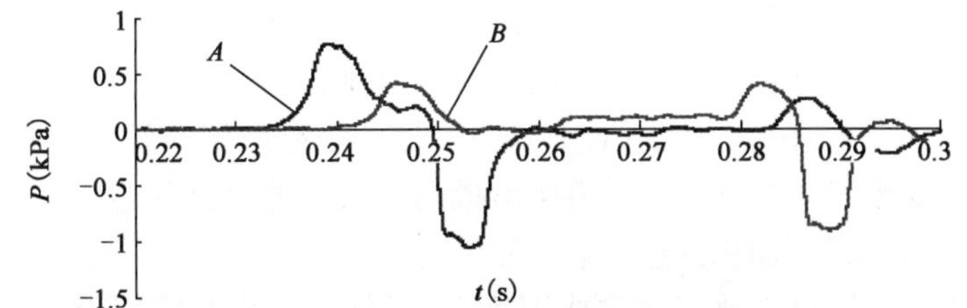

图4-2-8　模型试验测试的压缩波时程曲线(v = 212km/h)

从曲线中可以看出：B 处测点的压力出现两个压力峰值。B 处测点的第一个压力峰值是由列车进入隧道时的首波引起的，第二个压力峰值是由列车通过竖井所引起的压力峰值。第一峰值和第二峰值基本一致，证明竖井开口面积的选取是合适的。

(2)隧道同时设置缓冲设施和竖井(其他因素不变)

有竖井、无缓冲设施和同时设置竖井、洞口缓冲设施两种工况下，竖井降低首波压力峰值和压力梯度峰值效果如图4-2-9所示。

可见，有无洞口缓冲设施对减压竖井降低首波压力峰值和压力梯度峰值的降低率无明显影响。这说明缓冲设施的作用对于降低压缩波峰值无多大作用，而竖井降低压缩波峰值效果明显,在本试验中,可以降低 50% ~70%,且降低压缩波峰值及压力梯度的效果基本一致。

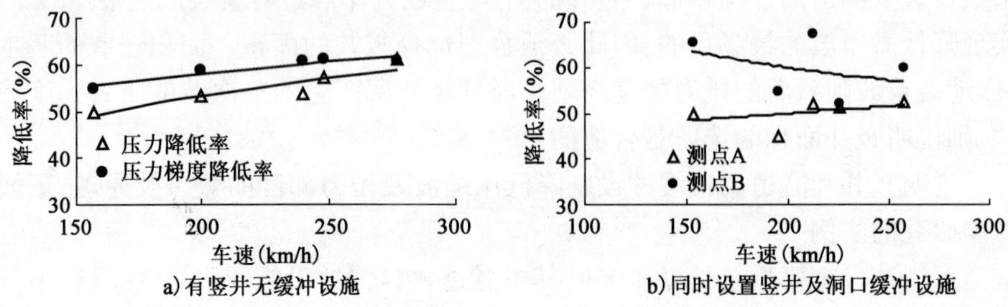

图 4-2-9　竖井降低首波压力峰值和压力梯度峰值效果比较

缓冲设施降低首波压力峰值的效果不明显,降低压力梯度峰值效果明显,如图 4-2-10 和图 4-2-11 所示。缓冲设施的设置延长了压缩波产生的时间,因此可以显著降低压力梯度。

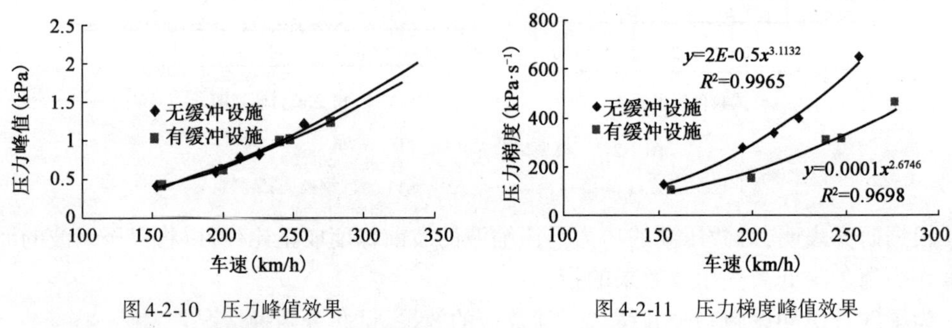

图 4-2-10　压力峰值效果　　　　图 4-2-11　压力梯度峰值效果

四、缓冲设施开口面积的选取

缓冲设施的开口面积包括竖井的开口面积、阶梯型洞口缓冲设施的开口面积、洞身横通道的开口面积等。通过对竖井缓解气动效应的机理说明,合理的开口面积是保证首波和二次波的压力梯度峰值基本一致;对于洞口阶梯型缓冲设施的设置也有控制列车进入缓冲设施的首播与由缓冲设施突入隧道所形成的二次波的控制问题(对于渐变型缓冲设施无此问题)。因此,开口面积的选取非常重要。

开口率是影响缓冲设施效率的重要因素,而最优开口率与缓冲设施的长度、开口形式、缓冲设施入口面积的大小、行车速度、阻塞比等都有一定的关系。在前面的表 4-1-12 中,给出了一些对比数据。

以缓冲设施的长度为 1 倍隧道水力直径为例,计算不同开口率降低压力梯度的效果如表 4-2-6所示。

缓冲设施开口面积对降低压力梯度效率的影响　　表 4-2-6

A_h/A_t		0.2	0.25	0.3	0.33	0.41	0.5	0.6
两侧开口	最大压力梯度(kPa/s)	6.78	6.70	6.34	6.37	6.45	6.49	6.99
	相对值	0.625	0.618	0.584	0.587	0.595	0.598	0.644
	微压波峰值(Pa)	38.1	37.6	35.6	35.8	36.3	36.5	39.3

续上表

A_h/A_t		0.2	0.25	0.3	0.33	0.41	0.5	0.6
顶部开口	最大压力梯度(kPa/s)	6.40	6.26	5.99	5.90	—	—	—
	相对值	0.59	0.577	0.552	0.544	—	—	—
	微压波峰值(Pa)	36.0	34.8	33.7	33.27	—	—	—

注:相对值为与不设置缓冲结构对比。A_h 为开口面积,A_t 为隧道断面面积。

由于影响缓冲设施开口率选取的因素较多,在具体工程应用中,应该结合线路及车辆运行参数,进行必要的计算和试验,以确定最优参数。

五、缓冲结构的入口面积 A_h

无论是阶梯型缓冲设施还是截面渐变型缓冲设施,缓冲设施入口面积的选取都非常重要。列车在从隧道外进入渐变型缓冲设施的时候,只有一次面积的突变。而列车从收到外的自由空间进入带阶梯式缓冲结构段时要经历隧道自由空间→缓冲设施,缓冲设施→隧道的两次面积突变过程,相应地会产生两个压力波峰值。

根据日本模型试验资料(备后隧道,长8900m,板式轨道,隧道面积 $A_t = 60.4m^2$),当 $A_h = 1.55A_t$ 时,两峰值相等。因此,对不开口的阶梯式缓冲结构取 $A_h = 1.55A_t$。为最佳值(图4-2-12)。通过三维数值仿真,对开口式缓冲结构也得出了类似结论。

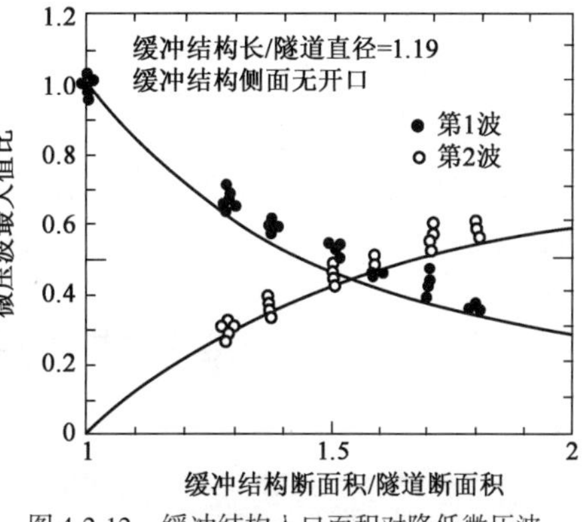

图4-2-12 缓冲结构入口面积对降低微压波效果影响(日本试验资料)

以方形结构为例,假定 $V = 350km/h$、$A_t = 100m^2$、开口面积 $A_h = 30m^2$、开窗率 $A_h/A_t = 0.3$,对不同断面积缓冲结构的效果进行了计算(表4-2-7)。

缓冲结构入口面积对压力梯度的影响　　表4-2-7

项　　目	无缓冲设施	A_h/A_t				
		1.3	1.4	1.5	1.6	1.7
压力梯度(kPa/s)	12.6	8.6	8.5	8.3	8.06	8.23
距离隧道出口20m处微压波(Pa)	118	80	81	77	75	77
微压波降低率(%)	0	32.9	33.7	35.2	37.1	35.2

注:计算隧道出口20m处微压波时,按 $P(r,t) = \frac{2S}{\Omega cr}\left[\frac{dp}{dt}\right]_{ex}$ 计算,取 $\Omega = \pi$。

结论:计算表明,$A_h = 1.6A_t$ 时效果最佳,这同日本备后隧道模型试验资料的结论基本一致。根据计算结果,当 $A_h = 1.1A_t$ 时,开窗的缓冲结构即有显著效果(同最佳效果相差11%左右)。在工程应用中,过大的缓冲设施入口面积会对施工及结构安全造成一定影响,因此,在实际工程中,要综合考虑多方面因素,选取合适的缓冲设施入口面积。

六、缓冲结构的长度

日本新干线采用如下经验公式计算阶梯型缓冲结构的长度 L_h:

$$L_h = d\left[\left(\frac{v}{v^*}\right)^3 - 1\right]_{d < L_h < 50\text{m}} \tag{4-2-4}$$

式中：L_h——缓冲结构长度；

d——隧道换算直径；

v——列车速度；

v^*——列车视在速度，即相应于无缓冲结构情况微压波峰值为允许值（例如，距离隧道出口 20m 处，$P_{max}=50\text{Pa}$）时的列车速度。

对于我国高速铁路的几种情况，提出的缓冲结构的设计长度如表 4-2-8 所示。

适用于碎石道床的缓冲结构长度 表 4-2-8

列车速度	200		250		300		350	
隧道净空面积 A_t（m^2）	52	80	52	80	70	100	70	100
缓冲结构计算长度 L（m）	—	—	2.6	—	7.9	5.3	18	15
缓冲结构设计长度 L（m）	—	—	d	—	d	d	20	20

注：d 为隧道水力直径。

上表仅适用于碎石道床的情况。对于板式道床，要考虑隧道长度增加时对微压波的激化作用。

第三节　缓冲结构的设计应用

一、喇叭形缓冲结构设计

在列车突入隧道时，列车前面的空气将受到压缩，而且只能沿隧道向前流动或者通过列车与隧道壁之间的环状空间向后流动。在列车头部要进洞之前，列车前端面与隧道洞口之间的有效流动面积逐渐减小，因此压力的升高不是瞬间产生的，而与车头形状和隧道断面积的大小有关。产生的压缩波以相对于当地气流的音速沿隧道传播，并将列车前方的隧道中空气压缩和加速。随着列车进一步移动入隧道中，环状空间的长度逐渐增长，列车和隧道壁的摩擦力使沿着环状空间形成压力梯度；因此列车前端的压力逐渐升高，以维持这一压力梯度，直到列车的全长都进入隧道为止。

模型试验对隧道入口未设缓冲结构（即图中无缓冲结构情况）和设置 1 倍及 2 倍长度喇叭形缓冲结构三种情况进行了测试，模型试验测点布置如图 4-2-13 所示，图 4-2-14 列出了这三种情况下的压力和压力梯度测试结果。

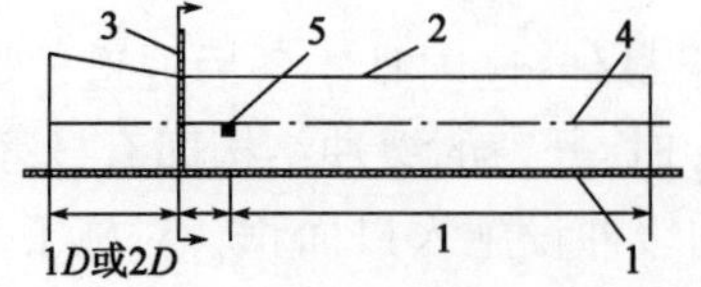

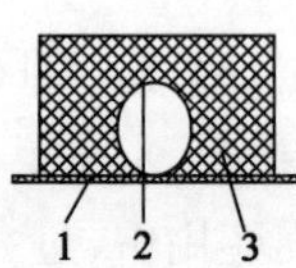

图 4-2-13　模型试验测点布置（$A_h/A_t=1.6$）

1-模型试验台；2-模型隧道；3-隧道前部挡板；4-定向钢丝绳；5-测点

图 4-2-14a）表示测点处测到的静止压力曲线，图 4-2-14b）为相对应的压力梯度曲线。由图中可以看出：

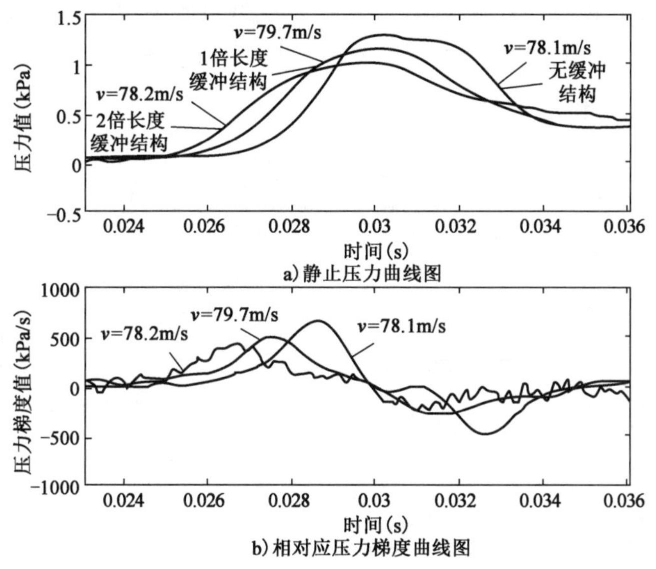

图 4-2-14　模型试验测量结果的比较

(1)测点处的压力首先经历了一个加速上升的过程(即压力梯度不断增大),然后又逐渐下降。峰值的大小,其中的最大压力梯度值越大,通常在隧道出口处产生微压波峰值也会越大。这个压力加速上升的过程基本决定了初始压缩波在隧道出口造成的微压波。

(2)有缓冲结构时,压力上升的时间和达到压力梯度最大值的时间相对于无缓冲结构时明显提前了。这主要是由于在隧道入口设置了缓冲结构后,列车前方的空气相应于无缓冲结构时受到压缩的时间也提前了。

(3)喇叭形缓冲结构对于最大压力值和最大压力梯度值均有比较明显的削减作用。在缓冲结构入口横断面积不变的情况下,缓冲结构越长,最大压力值和最大压力梯度值通常会越小,但是相对于缓冲结构长度增长的倍数而言,这种减弱效果增加的程度会变得越来越小。

喇叭形缓冲结构对于最大压力梯度值的消减作用明显大于最大压力值;2 倍长度缓冲结构的作用优于 1 倍缓冲结构。当采用 1 倍长度的喇叭形缓冲结构时,隧道入口处的压力梯度将减小到无缓冲结构时的 70% 左右,相当于将列车速度降低到当前速度的 89% 左右时的效果;采用 2 倍长度的喇叭形缓冲结构时,隧道入口处的压力梯度将减小到无缓冲结构时的 50% 左右,相当于将列车速度降低到当前速度的 79% 左右时的效果。

为了检验缓冲结构与面积变化率以及长度对减缓气动效应的效果,日本做了许多试验。在试验中,选取了两种母线形式、三种长度的隧道缓冲结构,如图 4-2-15 所示。

缓冲结构的长度分为三种。

①$L=70\text{mm}, L/d=1.11$;

②$L=140\text{mm}, L/d=2.22$;

③$L=210\text{mm}, L/d=3.33$;

同时,入口面积又分为三种:

①$D=77.2\text{mm}, (D/d)^2=1.5$;

②$D=89.0\text{mm}, (D/d)^2=2.0$;

③$D=99.6\text{mm}, (D/d)^2=2.5$。

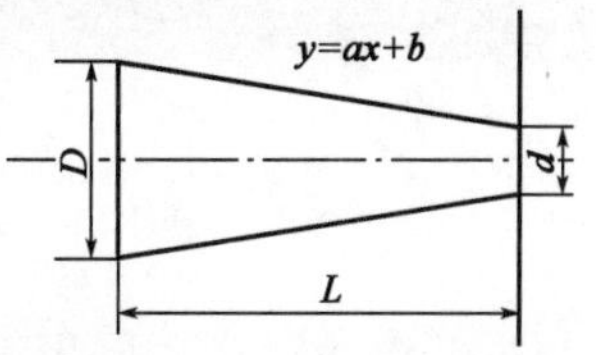

图 4-2-15　缓冲结构示意图

由此,得到试验测试曲线。如图 4-2-16 中的曲线标记号,*L*12 的意义为:第一个标记代表缓冲结构长度选项;第二个标记代表缓冲结构入口面积选项。

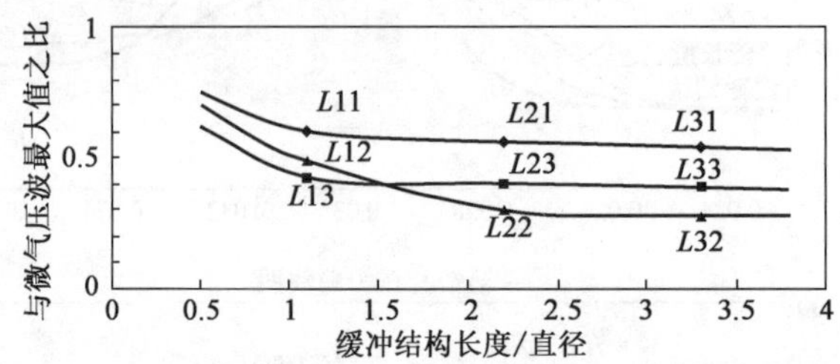

图 4-2-16　缓冲结构长度与微压波峰值之间的关系

从测试结果可以看出,直线为母线的缓冲结构形式可以将微气压波降低到 30% 左右。同时,缓冲结构的长度、入口面积对缓冲结构的效果有很大影响。

二、开窗形缓冲结构

(1)开窗形缓冲结构形式如图 4-2-17。

a)顶部开窗形缓冲结构

b)两侧开窗形缓冲结构

图 4-2-17　开窗形缓冲结构工程应用形式

根据开窗的形式不同可分为:两侧分别开 1 个窗、两侧分别开 2 个窗、顶部开 1 个窗等。

(2)拱形开窗缓冲结构的影响

对于开窗形缓冲结构,窗口形状为长方形,主要参数有:

①开口率,开口率 $=\dfrac{开口面积}{隧道面积}$。

②缓冲结构长度 L_h,一般取 $L_h = 1D$、$2D$、$3D$。

③隧道缓冲设施入口面积:

其中,D 为隧道等效直径,$D = 2\times$隧道水力直径 $=2\times\dfrac{隧道面积}{湿周}$。

经过大量的研究分析表明:隧道缓冲设施入口面积与隧道面积的比在1.5左右时,缓冲设施降低微压波的效果较好。

下面将结合遂渝铁路时速200km隧道洞口气动特性的研究,介绍缓冲的具体设计方法。

三、缓冲结构实际工程设计实例

遂渝铁路的修建项目,在国内首次采用模型试验和数值模拟方法,对200km/h时速列车进取隧道的隧道洞口微压波以及缓冲设施的优化进行细致的研究分析,提出缓冲设施的优化设计方案。通过缓冲设施的设置,在满足微气压波标准的情况下,减小了隧道断面尺寸,节省了建设投资,取得良好的经济和社会效益。

为得到遂渝线列车进入隧道洞内首波瞬变压力的分布规律,对隧道无缓冲结构的工况(采用"中华之星"机车,隧道长度为540m),进行数值计算和模型试验,模型试验的相似比为1/73,隧道净空断面及计算参数如表4-2-9、图4-2-18所示。

数值计算内容表 表4-2-9

项目	隧道断面(m^2)	机车	阻塞比	隧道长度(m)	列车速度(km/h)
无缓冲	48.6	中华之星	0.23	540	160/200/250

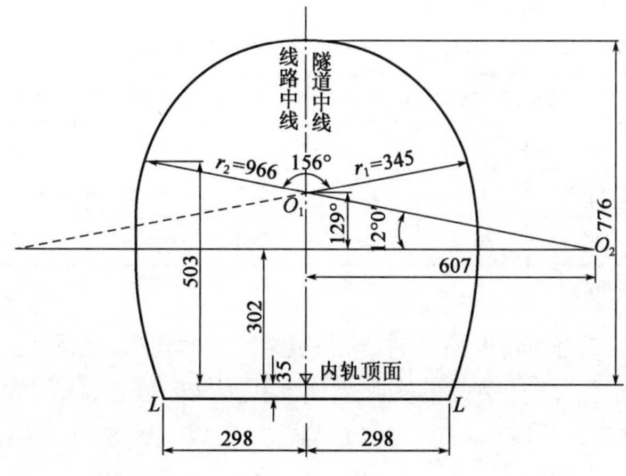

图4-2-18 遂渝线单线隧道衬砌净空限界图

采用数值分析软件,计算得到在不同速度时,隧道无缓冲设施时,列车进入隧道所产生的微压波峰值。试验和计算结果如表4-2-10所示。

模型试验和数值分析微压波峰值($\beta=0.23$)　　表 4-2-10

列车速度比较项目	160km/h	200km/h	250km/h
模型试验值	23	58.4	89.9
数值计算值	24.5	63.1	90.8

注:表中测点为距离隧道出口 20m 处微压波值。

为了研究加设各种缓冲结构后,遂渝线(速度 200km/h,$\beta=0.23$)对应微压波峰值情况,拟定缓冲设施模型试验工况及模型试验测试结果如表 4-2-11、表 4-2-12 所示。

模型试验内容表　　表 4-2-11

缓冲结构	喇叭形	方形	方形开口	拱形开口缓冲结构 两侧双开口
缓冲结构长度	1*D*/2*D*/3*D*	1*D*/2*D*	2*D*	1*D*
开口率	—	—	0.25	0.33
隧道断面(cm^2)	92			
阻塞比	0.26			
隧道长度(m)	3.54			
列车速度(km/h)	200			
试验组数	各 8 次			

微压波峰值试验结果汇总表($v=200$km/h,$\beta=0.23$)　　表 4-2-12

缓冲结构	喇 叭 形			方 形		方形开口	拱形开口
	1*D*	2*D*	3*D*	1*D*	2*D*	2*D*	1*D*
微压波峰值(Pa)	38.7	29.2	19.0	40.2	32.1	21.9	35.8
是否符合要求	√	√	√	√	√	√	√

注:测点距离隧道出口中心 20m,依据微压波无建筑物标准(<50Pa)判断是否符合要求。

对两侧开窗和顶部开窗时,不同开口率的缓冲结构的压力梯度的数值分析的结果见表 4-2-13。

压力梯度和微压波峰值计算结果汇总表($\beta=0.23,L_T=540$m,$v=200$km/h)　　表 4-2-13

缓冲结构	1*D* 拱形两侧开口			1*D* 拱形顶部开口			1*D* 拱形双开口
开口率(%)	25	33	40	25	33	40	33
最大压力梯度(kPa/s)	5.2	5.4	5.7	5.7	5.5	5.9	5.2
微压波峰值(Pa)	29.3	30.2	32.1	32.1	30.9	33.4	29.0

注:测点距离隧道出口中心 20m。

根据隧道出入口的地形、地质条件,在隧道出入口设置 1 倍隧道等效直径(即,二倍隧道水力直径)的长度。缓冲结构的实际断面面积为 72.85m^2,面积为遂渝线隧道截面面积的 1.5 倍,长度为 8m,开口率 0.33,开口形式见图 4-2-19,实际采用的隧道缓冲形式如图 4-2-20 所示。

由于工程设施的复杂性,缓冲设施的设置受多种因素的影响。在选择具体的缓冲结构形式时,需要首先根据工程条件,初步拟定缓冲设置的设置形式位置等参数,然后结合试验、软件气动性能分析和工程成本进行综合评价,确定最终设计方案。

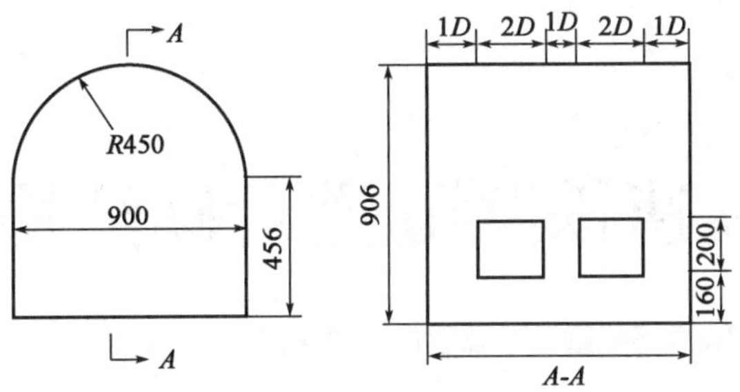

图 4-2-19　1*D* 拱形双开口缓冲结构图(尺寸单位:cm)

图 4-2-20　遂渝线隧道洞口缓冲结构实例

第三章　高速铁路隧道衬砌结构养护维修

第一节　隧道衬砌结构养护维修现状

隧道建筑物是铁路线路的重要组成部分。作为隧道主要承载结构的衬砌，应在设计基准期内经常保持其状态均衡完好，保证列车按规定的速度安全和不间断地运行，维持正常的使用功能。这也就是对隧道衬砌结构进行养护维修的目的。

隧道养护维修工作的基本原则是：为确保隧道的使用功能和运营安全，而对影响隧道建筑物安全性、耐久性的变异进行检查及调查，并采取维修、大修等适当的对策和措施。

一、国外高速铁路隧道衬砌养护维修现状

近年来，日本的高速铁路隧道相继发生了3次重大的衬砌混凝土掉块事故，引起了日本运输省的重视。1999年6月27日，山阳新干线福冈隧道发生衬砌混凝土剥落造成列车破损的重大事故；同年10月9日，山阳新干线北九州隧道的边墙上端发生混凝土剥落事故；11月28日，室兰干线礼文宾隧道发生重达2t的拱部衬砌混凝土剥落造成货物列车脱轨事故。

日本从20世纪80年代起，在高速铁路隧道、水工隧洞中引入健全度概念，对结构物的剩余寿命进行评估，获得了实质性进展，特别是将专家系统手法引入结构物健全度的评定，效果很好。美国则以结构损伤度的概念，进行结构物损伤的评估方法的研究，也取得了一定的进展。在欧洲，瑞士联邦铁路公司专门制定了隧道检查维修标准，隧道在使用过程中从普通的常规检查到定期的、不间断的检查，一直到实时的全过程跟踪监测，都有其相关的工作流程、反馈程序以及维修对策。但从整体上看，对地下结构物耐用期的研究，是相当不充分的。

从各国的研究现状看，研究主要集中在以下几个方面：

(1)维修管理的基本模式；

(2)隧道结构变异现象的分类及其标准化；

(3)结构变异的原因、变异现象和变异原因的因果关系；

(4)结构变异程度的分级及其判定；

(5)结构变异的防治措施(整治、对策)等。

二、我国铁路隧道养护维修方面的主要问题

我国已建成的铁路隧道总长度已逾4300km，管好、用好这些隧道，是养护维修工作的

重要任务。在隧道的设计阶段、施工阶段就考虑建成后的养护维修问题,为运营阶段的养护维修工作创造良好的条件,是非常重要的。特别是我国将建的超过1000km的高速铁路隧道,标准更高,养护维修更重要。目前,我国在隧道养护维修方面存在的主要问题有以下几点:

(1)将维修管理的理论和方法运用到隧道的养护维修中,亟待提高。在维修管理中需要建立一个新的概念,即结构物在设计基准期内,受到劣化外力作用(环境条件的变化等),要将劣化状态控制在容许水准以内为目标;同时,根据经济性,来设定材料规格、设计基准和施工工艺,并决定相应的维修管理基准的概念。

(2)缺乏早期发现变异现象的检查和检测方法,特别是铁路隧道由于洞内的运营条件差(潮湿、阴暗等),早期很难发现变异的前兆和变异现象。因此在日常检查中,充实、改进和完善检查、检测方法,是当务之急。

(3)对既有隧道功能状态的判定和评价方法有待提高。

(4)铁路隧道变异的整治方法落后。不仅与国外隧道工程的变异整治方法比,就是与国内其他隧道工程的整治方法比也是落后的。这当然与隧道工程自身的特点有关,但缺少对整治方法、材料及工艺的系统研究和整理也有极大关系。将一些成熟的、有效的和先进的整治方法标准化是十分必要的。

第二节　隧道衬砌结构物的劣化现象和原因

一、混凝土结构物的劣化现象和原因

隧道结构物多数是由混凝土或钢筋混凝土材料构成的,因此,掌握混凝土结构的劣化类型和对耐久性有影响的因素,对弄清隧道结构物的现象和原因非常重要,隧道劣化现象分类如图4-3-1,表4-3-1列举了混凝土结构的劣化原因。

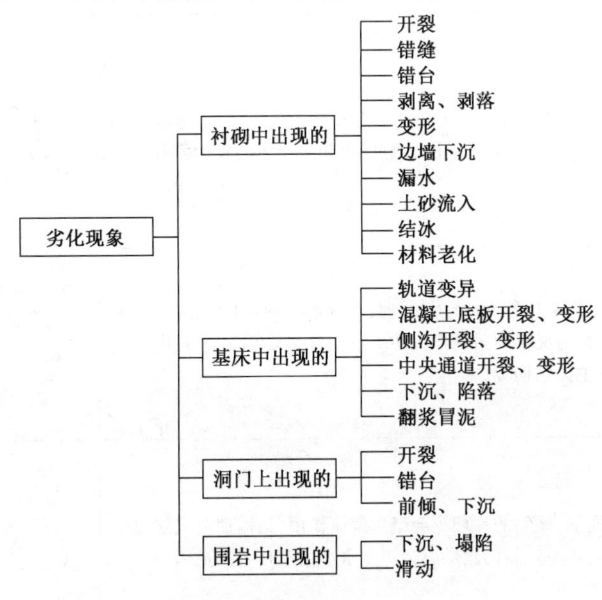

图4-3-1　隧道劣化现象分类

混凝土结构的劣化原因　　表 4-3-1

劣化现象及原因	混凝土			钢筋			结构物
	物理的	化学的	其他	物理的	化学的	其他	
劣化现象	冻害、磨耗崩塌、开裂压溃等	侵蚀、变质、成分溶出、膨胀劣化	生物腐蚀	屈服、破坏等	腐蚀	生物腐蚀	变形、破坏、钢筋混凝土的黏附破坏
外部原因	气象、盐类磨耗、放射线、荷载作用、火热	酸、盐等以及有害气体液体的溶解电流作用		荷载作用、火热	空气、水、有害气体等以及电流作用、气象、高应力	荷载作用、不均下沉、温度变化、钢筋腐蚀	
内部原因	混凝土性质、含水状态空气量、使用材料的质量、施工缺陷			钢筋种类、尺寸及性质,设计事项,保护层开裂(钢筋配置等),混凝土性质、设计、施工缺陷			混凝土及钢筋的性质、设计、施工

表 4-3-1 充分说明,混凝土结构物的劣化原因是多方面的,其表现也是多种多样的。因此,要研究结构物的耐久性,必须对其劣化现象、劣化原因进行适宜的分类和标准化,寻找其间的相互因果关系,才能使问题得到较好的解决。

二、隧道结构物的劣化现象和原因

隧道结构物是处于地下的混凝土或钢筋混凝土结构,其使用环境条件比地面结构恶劣得多,特别是地质环境条件更不容忽视,因此地下结构的劣化还具有一定的特殊性(表 4-3-2)。

隧道结构物劣化的原因和特征　　表 4-3-2

原因		概要	备考
外力	松弛土压	松弛土压,指围岩自然松弛,不能承受自重,而作为荷载作用在衬砌上,以垂直压力为主。因此,拱顶多沿纵向发生张开性的开裂	垂直压力 S.L C.L S.L
外力	突发性崩塌	隧道上部有比较大的空洞,空洞上部的岩块可能与围岩分离而掉落,视情况会对衬砌产生冲击。如衬砌强度不足,衬砌可能破坏,发生突然崩塌	集中荷载 S.L C.L S.L (展开图)
外力	偏压、坡面	在坡面下,倾斜的片理等会产生偏压作用,是蠕动造成隧道变异的原因之一。靠山侧拱肩会产生水平张口开裂以及错台	(偏压) S.L C.L S.L (展开图)

续上表

原因		概要	备考
外力	滑坡	滑坡黏土在地下水作用下强度降低，沿滑面产生滑动，隧道发生变异。因滑坡产生的变异，与隧道和滑面的位置有关，形态也各异	（展开图）S.L C.L S.L 滑面和隧道
	膨胀性土压	膨胀性土压产生的变异，在左右边墙或拱的两肩，易产生复杂的水平开裂，拱和墙的接缝处易产生错台	S.L C.L S.L （展开图）
	承载力不足	承载力不足，易产生纵向的或横向的不同下沉。前者多发生环形开裂，后者除有沿轴向的回转外，还有斜向开裂	（断面图）不同下沉引起的开裂
	水压、冻结力	水压、冻结力，与涌水关系密切。通常侧压是主要的，在边墙和拱肩多产生水平开裂	（侧压）S.L C.L S.L （展开图）
材质劣化	经常性劣化	主要指混凝土的碳化。混凝土的碳化，主要是混凝土中的强碱生成物氢氧化钙与大气中的二氧化碳反应，失去碱性而碳化	
	冻害	在寒冷地区的隧道，冻害是衬砌劣化的最主要的原因。冻害的发生机制有混凝土中水分的冻结和伴随的体积膨胀	
	盐害	此种变异主要是混凝土中的钢材腐蚀、海水和混凝土的反应产生的多孔质化	
	有害水	围岩中的地下水，如火山地带的强酸性水，对衬砌是有害水，是造成衬砌劣化原因之一	
	使用材料、施工方法	起因于使用材料和施工方法的变异，早期发生的较多。使用材料不当，会出现水泥异常膨胀；施工不当也会造成开裂	干燥收缩及外气与围岩温差引起的开裂
	钢材腐蚀	因钢材腐蚀造成体积膨胀，使混凝土沿钢筋开裂和使钢材断面减少，造成承载力的降低	
	碱—集料反应	因碱—集料反应的变异事例，到目前为止，还比较少	
	火灾	火灾时，混凝土处于高温状态，会使强度、弹性系数等力学性质劣化。表面发生爆裂现象，会发生剥落、开裂等	
	其他	通行车辆的排气等与漏水等化合会产生强酸性水	

续上表

原因		概要	备考
其他	背后空洞	背后空洞不仅是围岩松弛、土压增加的原因,也阻碍了被动土压的产生,是造成衬砌强度降低的原因之一	
	拱厚	设计厚度较小时,会造成变异	
	无仰拱	施工时没有设置仰拱,但施工后因某种原因使土压增大,造成无仰拱地段的变异	
	漏水	有的是因外力产生的变异引起的,有的是因衬砌自身引起的	

1. 劣化现象分类

既有隧道发生的劣化现象,根据劣化发生的地点,一般按图 4-3-1 分类。

隧道结构发生劣化现象后,发展到可能有碍正常使用的程度时,谓之"变异"。

2. 劣化原因及特征

既有隧道发生的劣化,有因外力造成的,有因材质劣化造成的,也有因漏水造成的。此外,设计、施工条件也会产生一定的影响。一般说,发生劣化时,表 4-3-2 所列劣化原因多数是交叉重复作用的。因此,即使进行详细的调查,有时也很难对劣化原因做出明确的判定。

3. 劣化原因分类

从表 4-3-2 可以看出,产生劣化的原因是多方面的,大体上分为外因(外力和环境等外部因素)和内因(材料和设计、施工等构造上的因素)两大类。

隧道的劣化多数是由多种因素产生的,应根据内因和外因的组合来推定劣化原因。为此,在正确地推定劣化原因时,要有隧道工程学的知识和经验,系统地理解各种现象的特征。

(1)外因分为外力引起的劣化和环境引起的劣化,如图 4-3-2 所示。

(2)劣化隧道一般都有内因。内因可按图 4-3-3 进行分类。这是促进外因造成劣化的重要因素,在原因推定上是不能忽视的。

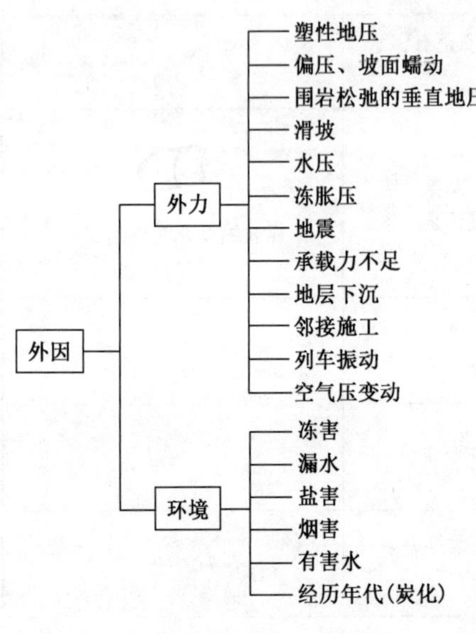

图 4-3-2 外因分类

4. 重要劣化原因分析

(1)山岭隧道是修筑在地层中的一种地下结构物,对土压等外力来说,是由围岩和支护结构双方共同承载的。同时采用与地下水相匹配的排水系统来保持隧道不受水压的作用是很重要的。

衬砌背后的空洞,对隧道来说是极为有害的。有外力作用时的隧道在被动区域的衬砌背后有空洞时,背后的围岩对变形不能提供反力,对外力来说,是易于产生变形的结构。空洞部分的围岩形状是凸凹不平的,被动区域和主动区域在衬砌背后与围岩是不均匀接触的,因此,会产生较大的应力。另外,空洞部分的围岩可以说是和毛洞状态一样的,围岩会因松弛而逐渐扩大。在没有充分的围岩支撑力的情况时,为不使隧道下沉,应设置仰拱等结构。

综上所述,要保持隧道内良好的排水条件,同时对衬砌背后的空洞进行回填,以防止外力作用而引起劣化。

(2)运营阶段外力的变化,对隧道结构物劣化影响显著。外力分类如下:

①施工阶段的外力在继续发展;

②在施工阶段或比较早期,外力有增加的趋势;

③外力间断地增大;

④外力加速地发展;

⑤外力间断地增减。

对外力的增加,如结构物的耐久性不充分时,或坡面不稳定,再加上围岩劣化、气象、地象等人为条件时,劣化将发展、扩大。因此,对隧道结构物的劣化,有无外力的增加和耐久性的降低是很重要的。

地压等外力产生的劣化、衬砌劣化产生的剥落、剥离等,在进行健全度判定和对策的设计、施工时,应根据洞内调查结果正确地掌握衬砌和道床的劣化现象,同时,根据资料调查和环境调查的结果和整理的量测结果等,确实地推定劣化原因。

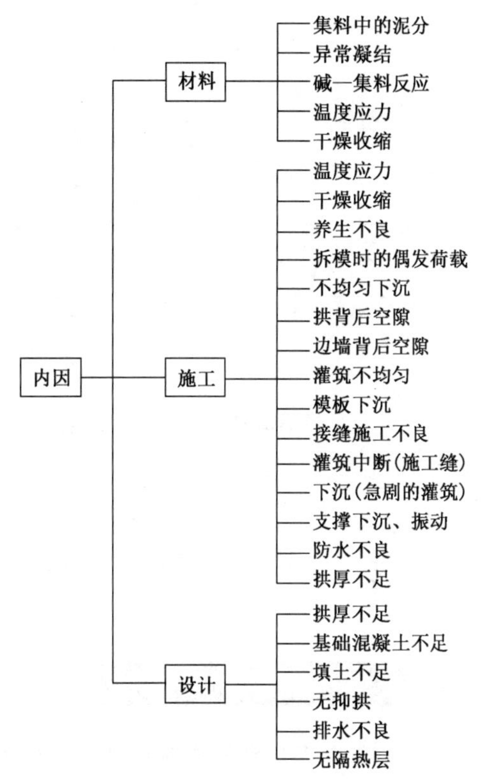

图 4-3-3　内因分类

关于衬砌开裂现象,从衬砌开裂推定劣化原因是最直接的方法。一般说,开裂是隧道最有代表性的现象。开裂一般按表 4-3-3 分为四类。在没有特殊的场合,这四类皆按开裂处理。

开裂的概念(按形态分类)　　表 4-3-3

部位	有台阶	无台阶
衬砌本体	错动	开裂
施工缝	错缝	离缝

图 4-3-4 和图 4-3-5 表示开裂发生原因的分类。开裂与隧道产生劣化的因素一样,大体分为外因和内因两种。实际产生的开裂都不是由单一因素引起的,而是几种因素综合作用的结果。也就是说,开裂有的在运营一开始就存在的,也有的是在运营开始后因外力等因素出现的,两者的划分是需要一些经验的。

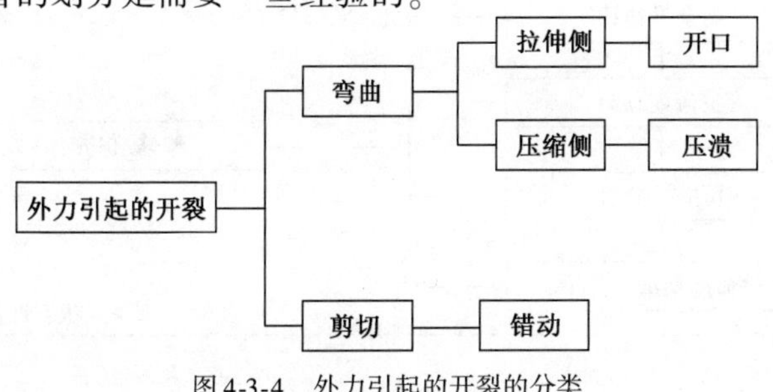

图 4-3-4　外力引起的开裂的分类

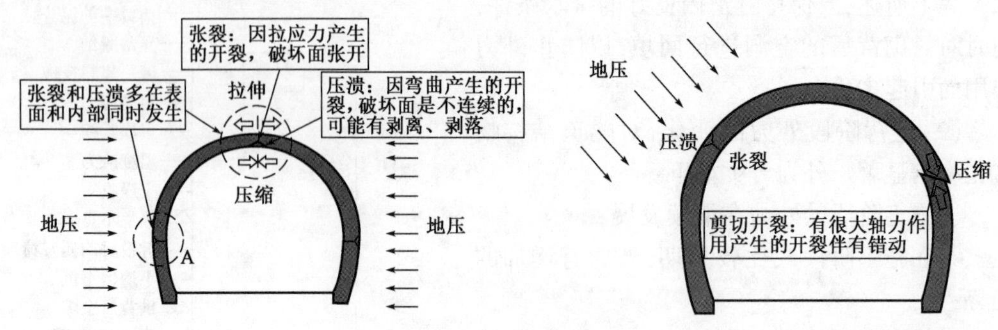

图 4-3-5　外力产生的开裂模式

为此，掌握不同因素产生的劣化的典型开裂形态进行综合判断，在查明开裂原因上是必要的。

第三节　高速铁路隧道状态检测

一、隧道结构状态检测

结构的状态检测是指利用现场无损传感技术，通过对结构现状检查观测和特性分析，达到检测了解结构损伤或退化的目的。通过长期的状态检测，可得到结构在其运行环境中劣化所导致的完成预期功能变化的适时信息。在详细分析结构状态检测的概念、系统组成和发展现状的基础上，结合隧道结构的具体特点，提出了隧道结构状态检测的定义，构建了一个集检测、诊断和状态评价为一体的隧道结构状态检测系统。隧道结构状态检测系统如图 4-3-6所示。

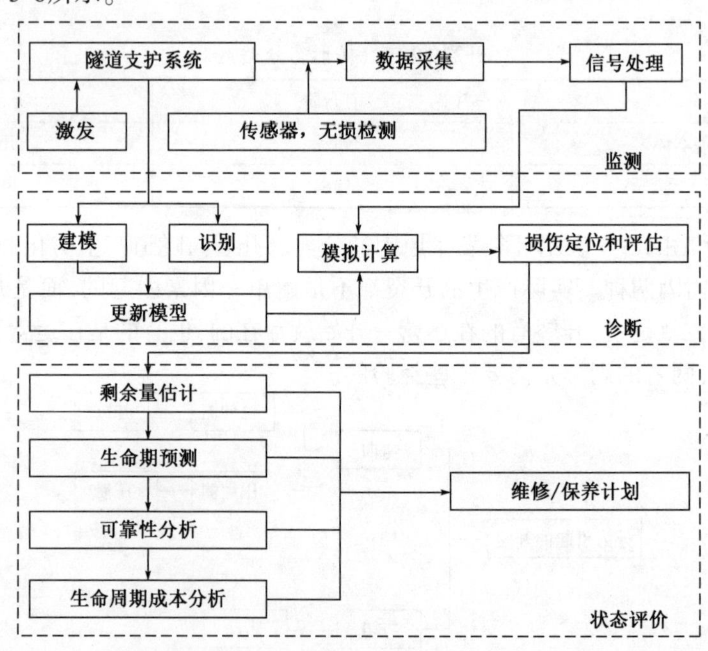

图 4-3-6　隧道结构状态检测系统组成

二、隧道状态检测的内容与方法

1. 隧道状态检测的重点

在进行隧道结构状态检测时，要综合考虑围岩与支护结构的变形以及其相互作用。

隧道结构病害在支护体系上（衬砌结构）主要体现为断面轮廓变形、衬砌开裂（会导致渗漏进一步恶化衬砌结构）、衬砌功能局部丧失（混凝土老化脱落、钢筋严重锈蚀）等。而对于围岩，主要体现为围岩变形、力学性能等方面。

从目前建成和在建隧道的病害情况看，隧道状态检测的重点是：

(1) 隧道衬砌厚度；

(2) 隧道衬砌材料缺陷，如模筑混凝土施工过程中出现蜂窝或空洞等；

(3) 隧道衬砌背后空洞，如在施工过程中由于塌方处理不当、回填不密实等原因造成衬砌与围岩接触不紧密或形成空洞等；

(4) 地下水渗漏造成对衬砌材料的物理和化学腐蚀；

(5) 隧道衬砌的开裂状态及其性质。

隧道状态检测就是利用传感器收集的隧道衬砌厚度、裂损部位、空洞空隙分析、混凝土结构完整性、力学强度、围岩变形等方面的信息，判断工程施工是否达到设计要求，诊断与评价既有衬砌与围岩的工作状态与安全性能，分析病害产生的原因，提出病害整治方案。

2. 隧道状态检测的方法

高速铁路隧道状态检测中最关心的是衬砌厚度、裂损部位、衬砌背后空洞空隙的分布、混凝土结构完整性、钢筋分布等方面的信息，用以判断工程施工是否达到设计要求，诊断与评价既有衬砌的工作状态与安全性能，分析病害产生的原因，提出病害的整治方案。

(1) 声波反射法

声波法检测混凝土内部缺陷分为穿透波法和反射波法。穿透波法是根据超声脉冲穿过混凝土时在缺陷区的声时、波形、波幅和频率等参数所发生的变化来判断缺陷的，这种方法要求被测物有一对相互平行的测试面。声波反射法则是根据超声脉冲在缺陷处产生反射现象来判断缺陷，这种检测方法较适用于只有一个测试面的洞室或隧道衬砌结构质量检测。声波反射法主要用于检测衬砌混凝土内部缺陷、衬砌厚度和衬砌混凝土与围岩结合情况。常用的检测方法有垂直反射法和等偏移距反射法等。

声波反射法主要采用波形对比分析和频谱分析两种基本方法，通过波形及频谱特征来确定衬砌混凝土的质量，判定混凝土的内部缺陷范围、衬砌体与围岩结合情况及衬砌厚度等。

(2) 冲击回波法

为了检测只存在单一测试面的结构混凝土的厚度及其内部缺陷，国际上从 20 世纪 80 年代中期开始研究一种新的无损检测方法——冲击回波法。该法利用一个短时的机械冲击（用一个小钢球或小锤轻敲混凝土表面）产生低频的应力波，应力波传播到结构内部，被缺陷和构件底面反射回来，这些反射波被安装在冲击点附近的传感器接收下来，并被送到一个内置高速数据采集及信号处理的便携式仪器，将所记录的信号进行时域或频域分析即可得出混凝土的厚度或缺陷的深度。冲击回波法已经成功地应用于检测 60cm 厚的隧道衬砌。用钢球产生的超声波和音速范围内的机械应力脉冲检测结构，用传感器记录观察到的多次反射波，并进行频率分析。根据频率分析结果，能够获得有关衬砌厚度的数据及特殊反射体的重叠。

冲击回波达到的检测深度依赖于要检测的材料结构、强度以及应力脉冲的频率，这些会受到所选球尺寸的影响，球的尺寸要适合给定的检测状态。

(3)地质雷达法

地质雷达是一种广泛应用于探测地下目标体的物理探测方法，应用领域涉及地质勘查、基础工程质量检测、灾害地质调查与考古调查、结构工程无损检测等。由于探地雷达检测技术采用了先进的连续透视扫描无损探伤技术，探测精度比传统检测方法高，且又是连续扫描，可连续获得隧道探测的结果。地质雷达能较好地对隧道衬砌的实际情况进行检测，是一种快速、高效、经济、简便的无损检测高新技术。地质雷达法近年来也被应用到隧道衬砌健康检测中，但是实际应用中有很多问题有待解决。

地质雷达数据处理的目标是压制随机的和规则的干扰，以最大可能的分辨率在地质雷达图像剖面上显示反射波，以提取反射波的各种有用参数(包括电磁波波速，振幅和波形等)来帮助解释介质的情况。

地质雷达依靠脉冲回波信号，其子波都由发射源控制。脉冲在介质中传播时，能量会发生球面衰减，也会因为介质对波的能量的吸收而减弱，在介质不均匀的情况下还发生散射、反射和透射，因此有必要通过数字处理以获得最佳雷达剖面图像。常用的数字处理技术有数字滤波(频率域滤波和时间域滤波)、偏移绕射处理等。

(4)其他检测方法

隧道断面轮廓和变形测绘法是一种间接检测方法，它通过检测隧道断面的变形情况反推隧道衬砌结构的工作状况，是一种辅助无损检测方法，在实际工程检测中也经常被采用。常用的断面轮廓仪是隧道激光断面仪。

隧道激光断面仪是建立在无合作目标激光测距技术和精密数字测角技术之上的。极坐标测量法与计算机技术紧密相结合，加上专门设计的图像处理软件，能迅速得到隧道断面图并与设计图进行对比，从而可以快速给出检测报告等文件。仪器利用激光的光时差原理来测定待测面的凹凸状况，进而确定待测面的轮廓。激光的光时差原理是指可以利用激光所走行程的时间差来反求测点到仪器的实际长度，即通过发光二极管发射激光到隧道衬砌面，由激光接收器接收反射光，利用时间差反算距离。测试时，系统控制激光传感器发射和接收激光束，该过程的光时差经模数转换器转换成数值信号后输出到计算机中存储，通过运行系统软件处理后即可得到实际的隧道断面轮廓。

另外还有机械振动法(结构动力学法、地震波反射法等)、射线技术法(γ 射线反向射线法、中子反向散射法)和其他电气和电子技术法(涡流法、电势法等)，光学技术法(红外线稳定记录法、多光谱分析法等)较少采用。

隧道状态检测的目的是要得到整个隧道衬砌状况完整的、可靠的数据。这些方法应用于验收新建隧道、长期监测已有隧道、检查隧道以及修复结果等。隧道中成功地采用无损检测方法的前提是这些方法必须满足交通隧道运营中的特殊要求，如不能干扰车辆的正常通行。为了满足这些要求，设备制造商既要适应其他领域现在采用的检测方法，又要能适应隧道中出现的特殊情况，同时研究新的、专门的检测方法。

隧道衬砌只是一侧暴露在外,另外隧道内各种设施可能对检测仪器的检测结果产生干扰,这些都会给检测工作增加困难。

3. 隧道状态检测的主要内容

根据隧道状态劣化评定标准(参见本章第四节"隧道衬砌结构状态评估"),隧道状态检测应包括隧道衬砌裂损状态、隧道结构的渗漏水状态、冻害状态和隧道衬砌材料劣化状态,并根据以上检测结果确定隧道劣化的等级,以便采取相应的整治措施。

4. 隧道状态检测的测点布置原则

在进行状态检测时,首先应根据隧道的结构特点和可能的破坏模式,确定结构的薄弱环节,以及隧道在特殊地段隧道结构的受力或受力变化,同时要考虑监测点的优化,确定出状态检测的内容和重点。

(1)隧道纵向测点布置原则

①围岩变化较大处。当隧道所处的地质条件有较大改变时,会引起隧道的差异沉降,使结构承受较大的荷载。

②水位较深处。在水位较深处,由于水压作用,易造成隧道周围含水量的变化,在外部荷载作用下,会改变结构的受力状态。

③联络通道处。联络通道处通常是受力较复杂、容易出现应力集中的地方。

④施工条件发生较大变化处。隧道施工方法的改变,会使隧道承受荷载、变形的能力发生变化。

⑤为了全面掌握隧道情况,每隔一定距离应设监测断面。

(2)横向测点布置原则

①拱腰部位;

②拱顶处;

③隧道底部。

5. 隧道状态检测的步骤

为满足能够长期有效地为施工和运营提供可靠的数据保障,隧道的状态检测可分为两个阶段实施。

(1)在施工阶段,包括埋设传感器并读取数据,据此分析隧道在施工阶段的受力变化特征。

(2)在隧道竣工后长时间内进行,通过通信网络把传感器数据传至中心控制系统,通过计算和分析来确定隧道受力特点和安全性能。因此,主动监测系统的数据采集器也应满足两个阶段的需要,即在施工阶段采用人工读数,但预留通信接口,以便在运营阶段并入监测系统中,自动采集数据。

6. 监测信息的收集和处理

结构状态检测系统主要包括传感器系统、数据采集、通信传输设备及计算机监控中心。传感器监测的实施信号采集装置送到监控中心,进行处理和分析,从而对结构物的状态进行评估。若出现异常,由监控中心发出预警信号,并由故障诊断模块分析查明异常原因,以便决策者对结构物的隐患及早预防和排除。

(1)数据采集系统

软件设计系统的应用软件采用模块化程序设计的方法,主控制器部分、数据存储器部分以及 A/D 转换部分采用 MCS-51C 语言开发，由 89C51 单片机执行程序；数据异步通信部分用面向对象的可视化语言 VB 编写，由 IBM-PC 上位机执行。各模块之间或者使用子程序调用，或者采用判别等待通信协议进行连接，使整个系统有机地连接成一体。数据通信程序设计串行通信程序包括单片机的通信程序与 PC 机的通信程序两方面。

(2)监测数据的处理

在数据处理和分析方面，可采用小波分析技术对监测系统反馈的数据进行处理，通过小波变换对聚集到的信号的细节进行频域处理。小波分析是数学理论中调和分析技术发展的最新成果，可以看作是一个传统 Fourier 变换的扩展。小波分析的优点在于利用一个可以伸缩和平移的视窗将聚焦到的信号的任意细节进行时域处理，提供多个水平细节以及对原始信号多尺度的近似，可以看到信号的全貌，同时又可以分析信号的细节，并且可以保留数据的瞬时特性。

第四节　隧道衬砌结构状态评估

高速铁路隧道在修建和运营过程中，由于受到环境、有害物质的侵蚀，车辆、风、地震、疲劳、人为因素等作用，以及衬砌结构自身性能的不断退化，导致结构各部分远没有达到设计年限前就产生不同程度的损伤和劣化。这些损伤如果不能及时得到检测和维修，轻则影响行车安全和缩短隧道结构使用寿命，重则导致隧道结构破坏和坍塌。因此，为保证隧道结构的安全性、适用性和耐久性，加强对隧道结构健康状况的监测和评估，应实施合理的养护维修工作。

我国铁路桥隧建筑物劣化评定标准给出了铁路隧道衬砌结构裂损、渗漏水、冻害以及衬砌材料劣化的类型、劣化等级和评定方法。它适用于评定铁路隧道劣化状态，并作为采取养护措施的依据。

一、隧道劣化等级划分

隧道劣化等级划分见表 4-3-4。

隧道劣化等级划分　　表 4-3-4

劣化等级		对结构功能和行车安全的影响	措施
A	AA(极严重)	结构功能严重劣化，危及行车安全	立即采取措施
	A1(严重)	结构功能严重劣化，进一步发展危及行车安全	尽快采取措施
B(较重)		劣化继续发展会升至 A 级	加强监测，必要时采取措施
C(中等)		影响较少	加强检查，正常维修
D(轻微)		无影响	正常保养及巡检

二、衬砌裂损劣化等级评定

隧道衬砌裂损劣化等级的评定见表 4-3-5。

隧道衬砌裂损劣化等级评定表 表 4-3-5

劣化等级		裂损类型		
		变形或移动	开裂、错动	压溃
A	AA(极严重)	滑坡滑动使衬砌移动加速;衬砌变形、移动、下沉发展迅速,威胁行车安全	开裂或错台长度 $L>10\text{m}$,宽度 $B>5\text{mm}$,且变形继续发展,拱部开裂呈块状,有可能掉落	拱顶压溃范围 $S>3\text{m}^2$;或衬砌剥落最大厚度大于衬砌厚度的 1/4,发生时会危及行车安全
	A1(严重)	变形或移动速度 $v>10\text{mm}$/年	开裂、错台长度 L 为 5~10m,但开裂或错台宽度 >5mm;开裂或错台使衬砌呈块状,在外力作用下有可能崩坍和剥落	压溃范围 $3\text{m}^2 \geq S \geq 1\text{m}^2$;或有可能掉块
B(较重)		变形或移动速度 v 为 3~10mm/年,而且有新的变化出现	开裂或错台长度 $L<5\text{m}$,且宽度在 3~5mm 之间;裂缝有发展,但速度不快	剥落规模小,但可能对列车造成威胁;拱顶压溃范围 $S<1\text{m}^2$,剥落块体厚度大于 3cm
C(中等)		有变形,但速度 $v<3\text{mm}$/年	开裂或错台长度 $L<5\text{m}$,且宽度 $a<3\text{mm}$	压溃范围很小
D(轻微)		有变形,但不发展,而且对使用无影响	一般龟裂或无发展状态	个别地方被压溃

三、衬砌渗漏水劣化等级评定

隧道衬砌渗漏水劣化等级的评定见表 4-3-6、表 4-3-7。

隧道衬砌腐蚀程度等级 表 4-3-6

腐蚀程度等级		pH 值	对混凝土的作用
A	AA(极严重)	—	—
	A1(严重)	<4.0	水泥被溶解,混凝土可能会出现崩裂
B(较重)		4.1~5.0	在短时间内混凝土表面凹凸不平
C(中等)		5.1~6.0	混凝土表面容易变酥、起毛
D(轻微)		6.1~7.9	视混凝土表面有轻微腐蚀现象

隧道衬砌渗漏水劣化等级的评定 表 4-3-7

渗漏水危害等级		隧道状态
A	AA(极严重)	水突然涌入隧道,淹没轨面,危及行车安全;电力牵引区段,拱部漏水直接传至接触网
	A1(严重)	隧道底部冒水、拱部滴水成线,严寒地区边墙淌水,造成严重翻浆冒泥、道床下沉,不能保持正常的轨道几何尺寸,危及行车安全
B(较重)		隧道滴水、淌水、涌水及排水不良引起洞内局部道床翻浆冒泥
C(中等)		漏水使道床状态恶化,钢轨腐蚀,养护周期缩短,继续发展,将来会升至 B 级
D(轻微)		有漏水,但对列车运行及旅客安全无威胁,并且不影响隧道的使用功能

四、衬砌冻害劣化等级定评

隧道衬砌冻害等级的评定见表4-3-8。

隧道衬砌冻害等级的评定　　表4-3-8

冻害等级		隧道状态
A	AA(极严重)	冻溜、冰柱、冰锥等不断发展，侵入限界，危及行车安全； 接触网及电力、通信、信号的架线上挂冰，危及行车安全和洞内作业人员安全； 道床结冰、覆盖轨面，严重影响行车
	A1(严重)	避车洞内结冰不能使用，严重影响洞内作业人员的安全； 冰楔和围岩冰胀的反复作用使衬砌变形、开裂并构成纵横交错的裂纹
B(较重)		冻融使衬砌破坏比较严重； 冻融使道床翻浆冒泥，轨道几何尺寸恶化
C(中等)		冻害造成衬砌变形、开裂，但裂纹未形成纵横交错； 冻融使衬砌破坏，但不十分严重； 冻害使洞内排水设施破坏； 冻融使线路的养护周期缩短
D(轻微)		有冻害，但对行车安全无影响，对隧道使用功能影响轻微

五、衬砌材料劣化等级评定

隧道衬砌材料劣化等级的评定见表4-3-9。

隧道衬砌材料劣化等级评定　　表4-3-9

劣化等级		模筑混凝土衬砌腐蚀劣化特征
A	AA(极严重)	衬砌材料劣化严重，经常发生剥落，危及行车安全； 衬砌厚度为原设计厚度的3/5，但混凝土强度大大降低
	A1(严重)	衬砌材料劣化，稍有外力或振动即会崩塌或剥落，对行车产生重大影响； 腐蚀深度10mm，面积达$0.3m^2$； 衬砌有效厚度为设计厚度的2/3左右
B(较重)		衬砌剥落，材质劣化，衬砌厚度减少，混凝土强度有一定的降低
C(中等)		衬砌有剥落，材质劣化，但发展较慢
D(轻微)		衬砌有起毛或麻面蜂窝现象，但不严重

第五节　隧道衬砌结构养护维修对策设计

隧道衬砌结构的养护维修与加固设计，是建立在隧道状态检测基础上的，通过对监测数据的分析，衬砌诊断和当前隧道健康状态的评估，采取相应的措施。对于拱顶开裂、边墙开裂、衬砌厚度偏薄、背后有空洞等进行结构治理，同时也要对问题段的围岩进行加固处理。

一、基本原则

对策设计时，应综合考虑劣化现象、地形及地质等环境条件、衬砌结构，以及由此推定的劣化原因和健全度的分级等，选择最合适的设计方法进行设计。

劣化对策设计时，应正确掌握劣化现象的表现方式、环境条件（地形、地质、气象、地震等）、结构条件（隧道结构形状、维修状况等）。在设计中，多以参考过去的事例并基于经验的判断来进行。

1. 衬砌补强设计原则

设计时，应考虑对策施工后确保列车运行的安全性，以及施工中的安全性、对策的施工性、耐久性及经济性等而进行规划。衬砌补强作业一般都是利用列车天窗时间进行，因此确保列车安全运行是前提条件。为此，应满足以下要求：

(1)不侵入建筑限界（确保对策施工后的限界富余）。

(2)确保轨道走行的安全性（轨道不能产生超过轨道整备基准的位移）。

(3)保持衬砌的稳定（不产生衬砌的剥落等）。

除满足上述要求外，还应考虑以下事项，进行设计规划：

(1)安全施工——在施工中，一边要确保列车安全运行，一边还要设置临时设备，通常是很困难的，为此，要仔细调查设置的条件进行设计。

(2)施工可操作性——利用天窗时间进行对策施工中，因隧道断面小，不能全部有足够的作业空间，而且照明条件也不好，架空线也需要保护等，施工条件限制很多，为此，要求对策具有良好的施工可操作性。

(3)充分的耐久性——隧道不能频繁地进行对策施工，因此要具有长期的耐久性。

(4)经济的施工方法。

(5)其他——设计时，除地压产生的劣化现象外，也要充分掌握隧道衬砌、排水、基床构造等，同时也要掌握衬砌的构造缺陷和劣化、漏水等状态，并反映到设计中。因此，在对策设计时，可根据本书提示的补强方法，并结合隧道现场的具体条件选择合适的方法。

必要时，为确认对策的补强效果，应进行量测。这一点也要在设计计划中体现。

2. 衬砌补强等级

在进行对策设计时，按4级进行补强等级的分级。此补强等级按劣化原因分别示于表4-3-10～表4-3-12。

①尽管结构没有缺陷（厚度、强度充分，背后没有空洞，施工缝没有结构上的缺陷），但劣化在发展的场合应将补强等级提高一级。

②产生压溃及剪切开裂的场合和产生极大轴力的场合，补强等级应提高一级。

a. 产生压溃及剪切开裂的场合（长度小于3m）；

b. 产生宽度大的拉伸开裂或错动3mm以上的场合；

c. 产生多数拉伸开裂并行的场合；

d. 根据应力测定，衬砌的轴力极大的场合。

③相当于以下场合的，应按补强等级Ⅳ级处理。

a. 净空位移呈加速度发展的场合；

b. 尽管有仰拱，但劣化仍在发展的场合；

c. 压溃及剪切开裂，长度大于3m的场合。

④限界富余非常小的场合，宜适当提高补强等级。

⑤路基有劣化时，宜提高补强等级。

(1)塑性地压的补强等级

因塑性地压发生劣化的场合如表4-3-10所示。首先根据劣化的发展性进行补强等级的分级，再根据衬砌结构和劣化现象预计的地压规模修正等级，最后决定补强等级。

补强等级分级(塑性地压)　　表4-3-10

补强等级	Ⅰ	Ⅱ	Ⅲ	Ⅳ
劣化的发展性(净空位移速度基准)	有(小于3mm/年)	稍大(3～9mm/年)	大(大于9mm年)	极大(大于2mm/月)

表4-3-10的适用条件如下：

①净空位移速度表示的数值系指一般断面的隧道、没有仰拱的隧道和没有任何结构缺陷的隧道。

②考虑劣化的发展性，补强等级应提高一级。

结构缺陷(衬砌构造)——尽管衬砌没有构造缺陷但有劣化在发展的场合，可能是地压大造成的，因此补强等级应提高一级。

劣化现象——压溃、剪切开裂、张开较大的拉伸开裂、错动等的存在，说明衬砌受到较大的断面力。同时，在素混凝土衬砌中，如果轴力小，可单独产生因弯曲产生的拉伸开裂，但轴力大和开裂开口小，会产生复数的开裂。为此，素混凝土衬砌发现复数的拉伸开裂，就说明有很高的轴力作用。

如上所述，预计衬砌有很大断面力产生的劣化现象的场合，就应考虑地压的规模较大，应把补强等级提高一级。

(2)偏压隧道结构的补强等级

偏压隧道结构产生的劣化多集中在拱部为中心的部位。因此，对拱部的稳定性评价是很重要的。为此，如表4-3-11所示，首先根据拱部的劣化程度(开裂的发展、变形、回转、移动)和发展性进行补强等级的分级，再考虑衬砌结构(特别是拱部的缺陷)坡面状况等进行修正。

补 强 等 级　　表4-3-11

补强等级	Ⅰ	Ⅱ	Ⅲ	Ⅳ
拱部的劣化现象	山侧肩部发生轴向开裂	山侧肩部以外部分发生轴向开裂	压溃或剪切开裂	拱部变形、断面轴回转或移动
劣化的发展性(净空位移速度基准)	有(小于3mm/年)		稍大(3～9mm/年)	大(大于9mm/年)

注：1. 尽管结构没有缺陷(厚度、强度充分，背后没有空洞，施工缝没有结构上的缺陷)，但劣化的发展的场合应将补强等级提高一级。

2. 产生压溃及剪切开裂的场合和产生极大轴力的场合，补强等级应提高一级。
- 产生压溃及剪切开裂的场合(长度小于3m)；
- 产生宽度大的拉伸开裂或错动(3mm以上)的场合；
- 产生多数拉伸开裂并行的场合；
- 根据应力测定，衬砌的轴力极大的场合。

3. 相当于以下场合的，应按补强等级Ⅳ级处理：
- 净空位移呈加速度发展的场合；
- 尽管有仰拱，但劣化仍在发展的场合；
- 压溃及剪切开裂，长度大于3m的场合。

4. 限界富余非常小的场合，宜适当提高补强等级。

5. 路基有劣化时，宜提高补强等级。

(3)围岩松弛垂直地压的补强等级

在这种场合,拱部的混凝土剥落是主要的。为此,如表4-3-12所示,首先根据拱部的劣化程度(特别是开裂的发展、崩落的可能性)和发展性进行补强等级的分级,再根据衬砌结构、上部围岩状况等进行修正。

补强等级(垂直地压)　　表4-3-12

补强等级	Ⅰ	Ⅱ	Ⅲ	Ⅳ
拱部的劣化现象	拱部发生轴向拉伸开裂	发生交叉拉伸开裂(轴向、纵向)	发生以下开裂: ・放射状开裂 ・块体开裂 ・压溃或剪切开裂	拱部劣化显著(有崩落的可能)
劣化的发展性(净空位移速度基准)	有(小于3mm/年)		稍大(3~9m/年)	大(大于9mm/年)

注:尽管结构没有缺陷但发现劣化的场合,因地压大,应与塑性地压同样考虑,将补强等级提高一些。反之,拱部构造缺陷显著的场合(厚度非常薄、背后有很大的空洞或接缝的缺陷显著等),因构造承载力小,只要劣化有很小的发展,就会降低拱部的稳定性,因此应同时采取补强构造缺陷的对策。另外,对于隧道上部的围岩松弛围岩内有空洞的场合,松弛地压可能增大,事前要把空洞填充好。如认为松弛和空洞有继续发展,应根据衬砌的状况按补强等级Ⅳ级处理,并采取加强围岩补强的对策。

3. 衬砌补强对策的选择

在进行对策设计时,不仅要考虑作用地压、隧道衬砌构造,还要充分理解各种对策的特性,并加以应用。

从补强效果、施工性、经济性等观点出发,下面以回填压注、锚杆补强、内衬及内表面补强作为标准的对策。

(1)回填压注

衬砌背后有空洞,因地压产生的衬砌变形,不能期待被动地压,衬砌易于变形,劣化程度也比较大。不管地压的状态如何,向衬砌背后回填压注是最有效的、最基本的对策。

(2)锚杆补强

锚杆补强对隧道壁面向净空侧的变形具有内压效果。同时与新建隧道的锚杆不同,为了积极发挥锚杆的作用,应加入预应力。

(3)内衬

内衬是在衬砌显著劣化、劣化损伤显著而全面改建又不可能的场合,用以代替与加强混凝土衬砌而采用的。

(4)内表面增强

采用碳纤维、玻璃纤维等板材张贴在衬砌内表面,或者张贴钢板,作为抗拉材料控制开裂的开口和衬砌的变形,防止衬砌掉块、剥落、剥离。在净空断面没有富余的场合也能采用。

二、养护维修对策设计

1. 回填压注设计

研究隧道劣化对策时,衬砌背后和围岩间有空洞时,应采用回填压注。编制回填压注计划时,应充分调查地形、地质、空洞的分布大小、衬砌的状况、涌水的状况及施工条件等。

隧道衬砌应与围岩密贴,能够承受均布荷载的同时,还能够产生充分的地层反力,这是极为重要的。但在目前的施工技术条件下,特别是在用传统的矿山法施工的条件下,衬砌背后和围岩间留有空洞的现象,常常是不可避免的。此空洞的存在,使衬砌受到不均匀的荷载作用,不能产生充分的地层反力,为此,作为基本的劣化对策,应采用回填压注。

在用喷锚构筑法施工中,因喷混凝土与围岩是密贴的,背后空隙较少,回填压注的必要性也小。但在采用喷锚构筑法初期,在二次衬砌与喷射混凝土之间,仍然可能留有空隙,应加以注意。

下列难以采用回填压注的情况应充分注意:

(1)涌水大的场合(要认真选择压注材料,同时研究采用排水孔等降低水位的措施)。

(2)衬砌厚度不足的场合(有效厚度 20cm 以下,与内衬、内表面补强等并用)。

(3)衬砌材质不良的场合(单轴抗压强度在 $9N/mm^2$ 以下,与内衬、内表面补强并用,必要时加以改建)。

(4)衬砌开裂或断面缺陷显著,压注材料有可能流入隧道的场合(有必要采取修复断面或其他防止流入的措施)。

(5)存在背后排水堵塞问题的场合(背后排水堵塞有可能诱发其他劣化的场合,应与降低水位的方法并用)。

在进行回填压注调查时,掌握背后空洞的有无及其大小是非常重要的。

回填压注的设计应基于调查获得的资料,确定压注范围、压注量和具有充填效果的压注材料、压注方法、压注管的配置等。同时,压注材料的选定应考虑地质、空隙的大小、涌水状况等,同时具有良好的施工性和经济性。

2. 锚杆补强设计

采用锚杆补强的目的是控制因塑性地压和偏压造成的劣化的发展,同时防止衬砌的掉块。其中前一个目的,是用锚杆把围岩连成一体,防止围岩强度的降低,从而控制劣化的发展。

在膨胀性围岩有很大地压作用的场合,可用灌浆锚索代替锚杆。

(1)如能用锚杆把周边围岩确实地锚固,就可以获得衬砌的加强效果。因此,在调查中确认围岩条件对获得确实的加强效果是很重要的。

(2)在编制锚杆补强计划时,要进行劣化调查,恰当评价劣化现象及程度。

(3)进行锚杆补强设计时,为了获得锚杆补强效果,应根据劣化程度、周边围岩状况、限界富余、隧道断面形状、尺寸等的调查结果,对锚杆材料、锚固材料、尺寸及其配置、拉拔力及预应力、对策范围等予以充分研究并分别进行设计。

3. 内衬补强设计

内衬原则上采用钢纤维混凝土。

设计时,应充分调查因地压造成的劣化现象、限界富余、衬砌状况及施工条件等。

内衬作为隧道的劣化对策应用较多,其目的是对付地压、衬砌劣化、涌水及冻害等。仅作为地压对策而采用内衬时,应注意下列事项:

(1)内衬作为隧道衬砌补强时,可采用在混凝土中掺加钢纤维,或与拱架补强共同使用,或采用钢筋混凝土。因隧道的净空断面受到限制,内衬的厚度通常都比较小(150mm以下),同时因作业空间狭小,内衬采用钢筋混凝土结构时,常常不能确保保护层的厚度。

因此,内衬原则上采用纤维混凝土。

纤维混凝土的纤维材料有钢纤维、玻璃纤维、尼龙和树脂纤维等,但若以含粗集料的混凝土补强,则一般都采用钢纤维。

钢纤维混凝土施工时,应参考《钢纤维混凝土设计施工指南》。

(2)编制计划时,应根据劣化调查,恰当地评价劣化现象和劣化程度,其次应注意调查限界富余量、衬砌状况和施工条件。

①限界富余量

作为地压对策的内衬厚度一般采用70～90mm,限界至少要有这样的富余。因此,要用断面测定等方法,确认断面的富余量。不能确保限界富余的场合,要从衬砌结构的稳定上详细研究凿除表面的可能性。

②衬砌状况

应调查衬砌厚度和衬砌表面的劣化状态、边墙底部的构造、漏水、冻结状态等,取得计划、设计所需的资料。同时,移设和防护隧道内各种设备有困难时,也要事前调查清楚。

③施工条件

选择内衬施工方法时,除要调查劣化程度和限界富余量外,还要调查作业距洞口的距离和作业时间等施工条件。

在内衬设计中,应根据劣化程度、限界富余、隧道断面形状、尺寸等,对材料、厚度及方法、对策范围、防止漏水等进行合理的设计。

纤维掺加率在1.5%以下的钢纤维混凝土中,其抗拉强度大致与混凝土相等。因此,钢纤维混凝土构件开裂发生的断面力,与混凝土比较并没有很大改善。在钢纤维混凝土构件中,因钢纤维能够在开裂发生后保持荷载的性能,起到分散开裂的效果,可以期待提高构件的承载力和变形性能。采用解析方法设计内衬时,应着重研究钢纤维混凝土的性能,即开裂发生后也能够保持荷载的性能。

4. 衬砌拱架补强设计

补强拱架一般与内衬同时使用。计划时,应充分调查劣化现象、限界富余、衬砌状况及施工条件等。补强拱架除抵抗地压外,还有防止劣化衬砌剥落和补强有效厚度小的衬砌的目的,同时也可作为回填压注时的防护措施。补强拱架单独使用的补强效果很小,与韧性的内衬并用则会增强其效果。在地压规模小的场合,也可以与能够防止剥落的金属网并用。在地压较大的场合也可与内衬并用。单独使用时,应调查衬砌的剥落状况。

设计补强拱架时,应充分研究以下条件进行设计:

(1)材料;

(2)尺寸及间距;

(3)对策范围;

(4)其他(结构细节)。

在补强拱架设计中,要根据劣化程度、限界富余、隧道断面形状、尺寸等,合理地设计材料、尺寸及间距、对策范围和底脚、楔紧、接头等结构细节。

单独采用补强拱架的场合以及地压规模小的场合,可采用计算方法设计补强拱架。

5. 衬砌内表面补强设计

内表面补强方法有采用碳纤维、尼龙纤维、玻璃纤维等纤维板黏着方法和钢板黏着方法。纤维板黏着方法中，作为隧道劣化对策，采用碳纤维板的比较多，采用尼龙纤维、玻璃纤维较少。

这两种黏着方法的特征和施工要点如下：

(1)纤维板黏着方法

①净空断面的确保

纤维板黏着方法如图4-3-7所示，是黏着非常薄的纤维板的方法，与其他补强方法比较，是净空断面减小最少的方法。

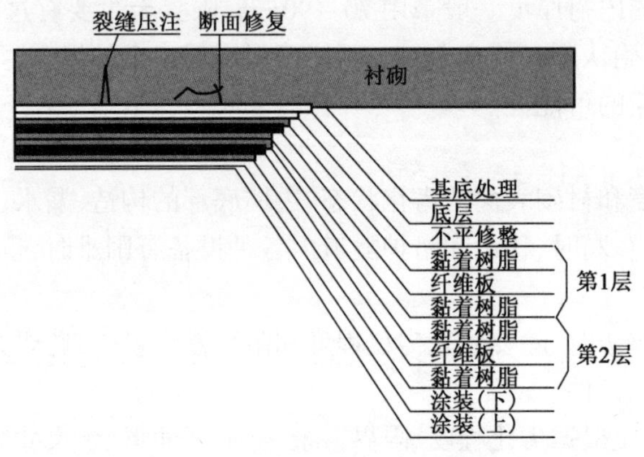

图4-3-7 纤维板黏着方法的断面

②补强效果

因在衬砌内表面黏着纤维板，可以承受内表面产生的拉应力。一般说，可以控制弯曲开裂的开口，同时有防止剥落的效果。

③施工性

a. 纤维板用含浸、黏着树脂的黏着作业是中心环节，施工比较容易。

b. 只用手工作业，不需要大型机械等，不受施工空间的制约。

c. 纤维板能够比较灵活地适应结构物的形状。

d. 可根据层数的增减调节补强量。

e. 轻，可搬性好，易于搬入，施工容易。

④耐久性、耐腐蚀性

不生锈，且因被树脂覆盖，能够防止衬砌劣化。

⑤施工要点

a. 受压力的场合，不能期待补强效果。

b. 含浸、黏着树脂是可燃物。

c. 衬砌混凝土劣化严重、混凝土强度小的场合，不能期待补强效果。

d. 含浸、黏着树脂的强度发展，需要时间，因此，要使施工过后在列车风压作用下不发生剥离现象，就要采取防止剥离的措施。同时，在施工环境寒冷的场合，黏着强度的发展也需要很长时间，更要引起注意。

e. 玻璃纤维、尼龙纤维没有导电性，碳纤维有导电性。

(2)钢板黏着方法

①净空断面的确保

钢板黏着方法如图 4-3-8 所示，是把钢板黏着在衬砌表面的方法。要确保钢板和衬砌间有数毫米的树脂厚度，安装时用锚栓固定。为此，与纤维板黏着方法比较，会损失一点净空断面，但与其他补强方法比较，净空断面也是减小比较少的方法。

②补强效果

衬砌内表面用钢板黏着，可承受内表面产生的拉应力，特别是能够控制弯曲开裂的开口，并有防止剥落的效果。

③耐久性、耐腐蚀性

因被钢板覆盖，能够抑制衬砌劣化。

④注意事项

a. 钢板比纤维板的重量大，施工性差。

b. 衬砌混凝土劣化显著、混凝土强度小的场合，不能期待补强效果。

c. 钢板会腐蚀，应定期涂装。

d. 钢板有导电性。

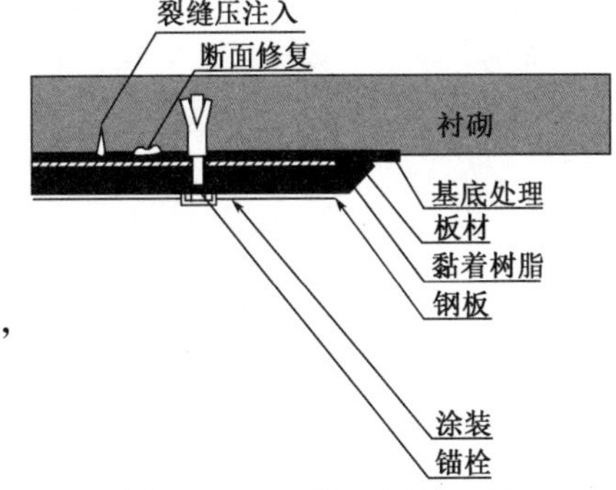

图 4-3-8　钢板黏着方法的断面

采用内表面补强方法时，应根据劣化调查和衬砌裂损劣化评定等级的要求，对劣化的衬砌表面状态、天窗时间等施工条件进行充分的调查。

为了发挥内表面补强对策效果，纤维板、钢板要满铺在衬砌的表面，与衬砌间应确实黏着。因此，在调查中，要切实掌握衬砌表面的污染和衬砌材料的劣化、开裂、漏水、结露等状态，以为设计取得必要的资料。

衬砌内表面补强因是采用环氧树脂黏着方法，掌握施工作业可能时间（天窗时间和搬入、搬出距离）和洞内气温是很重要的，同时也要调查通风条件、电缆等洞内设备等状况。

本篇参考文献

[1] 郭占月. 高速铁路隧道施工与维护[M]. 成都：西南交通大学出版社，2012.

[2] 李晓红. 隧道新奥法及其量测技术[M]. 北京：科学出版社，2002.

[3] 关宝树. 隧道工程施工要点集[M]. 北京：人民交通出版社，2003.

[4] 关宝树. 隧道工程维修管理要点集[M]. 北京：人民交通出版社，2004.

[5] 关宝树. 隧道工程设计要点集[M]. 北京：人民交通出版社，2011.

[6] 刘维宁. 铁路隧道[M]. 北京：中国铁道出版社，2011.

[7] 铁道部工程设计鉴定中心. 高速铁路隧道[M]. 北京：中国铁道出版社，2006.

[8] 高波. 高速铁路隧道设计[M]. 北京：中国铁道出版社，2010.

[9] 朱永全. 隧道工程[M]. 北京：中国铁道出版社，2005.

[10] 王英学，高波，赵文成，等. 车隧气动效应原理与方法[M]. 北京：中国铁道出版社，2017.

[11] 王英学，高波，朱丹，等. 高速铁路隧道空气动力效应控制技术[M]. 北京：科学出版社，2012.6.

[12] 赵坪锐，王讯，晋智斌，等. 铁路工程施工与维护[M]. 北京：科学出版社，2015.

[13] 赵勇. 中国高速铁路隧道[M]. 北京：中国铁道出版社，2016.

[14] 骆建军. 高海拔地区高速铁路隧道空气动力学特性[J]. 西南交通大学学报，2016，04（51）：607-614.

[15] 孙春华. 铁道标准设计. 艰险山区客运专线铁路隧道缓冲结构研究[J]. 2014（1）：1004-2954.

[16] 张雷，杨明智，张辉，等. 高速铁路隧道洞门对隧道空气动力效应的影响[J]. 铁道学报. 2013，11

(35),92-97.

[17] 赵汗青,薛雷平,向新桃,等.高速列车穿越隧道时压强时间导数的影响因素及其分析[J].力学季刊.2012(1):0254-0053.

[18] 梅元贵,高速铁路隧道空气动力学[M].北京:科学出版社,2009.

第五篇　站 房 工 程

近年来随着航空港、高速铁路、地铁、公共汽车一体化交通网络的发展，铁路客站的规模、客站内部的空间结构、信息服务及其城市交通衔接等诸多方面都发生了深刻变化。本卷简述了欧美、日本和中国铁路客站的发展历程，分析了铁路客站的发展新趋势；总结了高速铁路客站规划设计及总平面设计的原则和影响因素，针对高铁客站的建筑设计、结构设计、绿色环保设计新理念和新技术进行了深入探讨；在高铁客站的施工方面系统地总结了高铁客站地基基础、站房主体、大跨度和大空间屋盖以及绿色施工等方面的新技术和新工法。

第一章 铁路客站发展概况

最初,建造铁路的目的是为了运输货物,运送乘客是后来才产生的想法。早期的铁路被用来从矿山和采石场运送散装货物。19 世纪 40 年代,乘客运输的潜能被发掘出来,人们需要建设一个可以等车、有干净休息室、能够躲避风雨的车站,直到这时铁路客站的建设才逐渐开始。

铁路客站也称铁路旅客车站,但人们更多地称其为火车站。火车站是为旅客办理铁路客运业务,设有旅客候车和安全乘降设施的交通建筑。火车站与生活在城市中的普通民众生活密切相关,是人们最熟悉的公共建筑之一。高大的空间、长长的站台,随处可见欣喜相聚或依依送别的人群,火车站总能引发人们情感的记忆和无尽的遐想,无数文学艺术作品都描绘过火车站的场景,一些经典的画面令人难忘。

伴随着铁路客运事业的不断发展,铁路客站的建设也日趋成熟和完善。近些年来,随着空中、地面、地下综合交通网络的形成,以及航空港、铁路、地铁、公共汽车等一体化的发展趋势,铁路客站的规模、客站内部空间结构以及信息服务,及其与市内交通衔接等诸多方面都发生了深刻变化。

火车站的历史至今不足 200 年,它随着铁路的诞生而出现,随着人们科技的进步和社会经济的发展而演变,走过一段兴衰发展的曲折历程。

第一节 欧美铁路客站的发展历程

1825 年,英国斯托克顿到达灵顿的世界上第一条铁路开通,开启了世界范围内铁路建设先河,这一壮举距今已整整 190 周年。随着交通技术的不断进步,铁路由蒸汽机时代发展到电气化时代,欧洲铁路屡次刷新运行时速纪录,并成为世界高速铁路技术和高速铁路网络的主要集聚地区之一。在欧洲,法国、德国和意大利拥有最先进的高速铁路技术,而法国、西班牙和德国为拥有高速铁路里程前三的国家。

一、世界大战前欧美铁路客运站发展简述

随着英、法两国在工业革命中的杰出贡献,人类迎来历史上的第一次铁路建设高潮。1808 年英国创建了第一条铁路及客车,截至 1847 年英国完成了国内干线 9400km 的建设。而此时的客运站以候乘式为主。1825 年斯蒂文森修筑的第一条铁路运营时,并没有设计火车站,旅客从木制的站台上车。之后的铁路,为了给上下车的旅客提供方便,先是在站台上搭起了雨棚,再后来在站台边修建了候车室、餐厅、卫生间等设施,形成了最初的车站模式。客运站原本是简陋的通过式,站房很小,乘客在站台候车。成熟的候车室前期

仍留有初始的特点,但候车室增多,尽端式站场大棚便充当起候车室。1830 年利物浦 Crown 站到 1874 年伦敦利物浦街站见证了此衍变过程,其中最具代表性的为伦敦 Kings' Cross(图 5-1-1)、Paddington 及 Pancras3 客运站(图 5-1-2)。但也有极个别客运站出现了通过式的迹象。总体来讲该阶段空间模式呈等候式。第一个真正的铁路车站是 1830 年 9 月 15 日开通的英国利物浦-曼彻斯特城的车站,即现在的曼彻斯特,被保留作为科学博物馆。

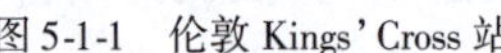

图 5-1-1　伦敦 Kings' Cross 站

图 5-1-2　伦敦 Pancras3 站

在建筑风格上,英国盛行浪漫主义仿哥特式,较朴素实用,但在欧洲影响并不大。而法国则大盛折衷主义之风,建筑配以华丽豪华的装饰,在欧洲产生的影响很大。如都灵 Porta Nuova 站(图 5-1-3),柏林 Anbatter Bahnbof 站(图 5-1-4)等,都追求豪华壮丽。

图 5-1-3　都灵 Porta Nuova 站

图 5-1-4　柏林 Anbatter Bahnbof 站

美国当时是一个新兴国家,其铁路车站的发展模式与欧洲有所不同。美国当年很多地方是在火车站周围发展城市,而不是在城市周围修建火车站。早期许多重要城市的车站都是较矮小的建筑,主要利用马车提供与城市内部的交通联系。

第二个高潮是铁路客运站的过渡性变形期,以候乘为主,又含有早期通过式特征。1864 年意大利的米兰中央车站(图 5-1-5)以及 1879 年法兰克福总站(图 5-1-6)为该时期的突出代表,车厅分上下行两组再各分 4 等,尽端式站场兼候车空间。此时广厅已有通过式特点:厅前段左右设票柜台,后段左右行李托运,紧接"检票口"。一些商业功能此时也出现在铁路客运站中,虽然空间、经营模式都较为简单,但是成了空间多样化的雏形。折中主义的风气虽然依旧盛行,但风格已简化。

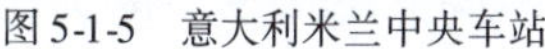

图 5-1-5 意大利米兰中央车站

图 5-1-6 法兰克福总站

在当时的美国，随着社会经济的快速发展，人们希望通过车站来展示他们的城市形象，于是早期那些矮小的建筑逐渐被高楼大厦取代。作为美国的首都，华盛顿修建了一座与其地位完全吻合的火车站——一个长 234m、宽 105m，用花岗岩建成的白色建筑物美国华盛顿联合车站，见图 5-1-7。

第三个高潮是通过式成熟时期。此时的铁路客运站大多采用地下站场与地上站楼叠合，代表性的为纽约宾夕法尼亚站（图 5-1-8）。车站四面临界设置四面入口，通过式大厅是车站的核心，厅内四边设票柜台等。由大厅再将乘客向下疏散至站台。广厅为下沉式，比街面低约 3m 多，而大部分空间及夹层在地面上，可惜此站已被城市规划局拆除。

图 5-1-7 华盛顿联合车站

图 5-1-8 宾夕法尼亚站

纵观二战前国外铁路客运站的发展趋势，可以总结为简单通过式到候乘式再到成熟通过式。建筑风格也由繁复的装饰性转变为朴素简洁的现代主义风格。人们更多的已经将重心放在对功能和空间的研究和探讨。

二、世界大战后欧美铁路技术及客运站的发展

二战后，各国经济复苏，城市建设的热潮在世界范围兴起。虽然铁路仍是重要的交通运输手段，但汽车制造、公路修建、航空运输也都在快速发展。相比之下，铁路建设稍显缓慢。城市交通进入了汽车时代，同时宣告着城市轨道交通进入了衰退期。直至现代主义流行的时期，铁路客运站一改规模庞大、装束繁琐的风格，向着简洁实用的方向发展。此时的铁路客运站，空间布局以一个流通区域为核心，其中分设售票、服务设施，并为乘客提供便捷的进出站通道。

随着城市交通的恶化，城市规模的扩大及交通技术的进步，各种形式的城市轨道交通不断被开发，成为城市交通的骨干，与原有的公共、私人交通一起承担城市的客运服务。

生产力的提高和城市繁荣,吸引了大量农村人口涌入城市,为了解决日益拥挤的交通问题,地铁、轻轨由此诞生。1965 年后,西方国家城市再次进入轨道交通时代。而轨道交通时代的初次出现,也迎来了人类社会发展的快速变化时期。欧美铁路建设发展如表 5-1-1 所示。

欧美铁路建设发展标志性事件 表 5-1-1

年份	国家	城市	事件
1830	英国	曼彻斯特	第一条铁路
1863	英国	伦敦	第一条地铁
1893	美国	波士顿	轻轨
1956	法国	巴黎	第一条胶轮地铁
1964	法国	巴黎	高速列车(TGV)
1972	美国	旧金山	第一条自动控制快线系统
1981	法国	巴黎	高速列车(LGV)
1992	西班牙	马德里	第一条高铁(AVE)
1994	英、法	英吉利海峡	英法海底隧道
2010	瑞典	斯德哥尔摩	第一条高铁
2014	波兰	华沙	高速铁路(EIP)
2015	美国	加利福尼亚州	加州高铁(在建)

由表 5-1-1 可以看出百年来国外铁路的建设发展。随着城市设计理论的丰富,城市基础建设和公共建筑的设计,也迎来了它们的春天。由于经济的快速发展及人口增加,城市扩张成为一个明显的发展态势。欧洲很多大型城市衍生了卫星城或扩充土地建设城市副中心,而连接城市的重要纽带便是铁路。1994 年 12 月,欧洲铁盟通过了在 2020 年前建成规划的泛欧高速铁路网,规划的目标是新建 10000km、可以满足列车以 250km/h 以上速度运行的高速铁路,改造 15000km 既有线路,形成 25000km 的高速铁路网,以连接欧洲所有的主要城市。随着欧洲一体化的发展和欧盟国家之间日益密切的经济合作,欧洲国家正在逐步地将各国的高速铁路线网连接起来。因此,高速铁路的发展不仅为本国城市群的紧密结合提供了有力的交通支撑,也为跨国城市群的协同发展起到了重要作用(图 5-1-9)。

20 世纪 50 年代至今,随着铁路技术的进步,西方发达国家改建和新建了大量铁路线。这些新的线路极大地提高了铁路的运输能力,因而列车接发频率以及正点率随之得到普遍提高。旅客不再需要像以往一样在站内长时间滞留,购票后便可及时上车。候车厅逐渐萎缩甚至消失,取而代之的是一个多功能大厅,旅客需要的绝大部分服务都可以在这个空间内完成。这种复合的多功能空间组织,使得客站内部的流线组织进一步简化,大大缩短了旅客在客站内的滞留时间,同时也极大地提高了客站空间的使用效率。荷兰的鹿特丹总站(图 5-1-10)以及伦敦滑铁卢车站(图 5-1-11)就是这一时期早期的成熟作品。

图 5-1-9 欧洲高速铁路网规划示意图

图 5-1-10 荷兰鹿特丹车站

图 5-1-11 伦敦滑铁卢客站

为了适应愈加高速化的轨道交通工具同时吸引更多的乘客，铁路客运站不断改善，形成了一些不同于以往的设计理念和空间模式。在空间模式上，铁路客运站需要考虑和各种新型交通模式的连接，因此在空间模式上做出了改变。立体化的空间模式代替了传统的尽端式车站，无论是“线上式”还是“线下式”的空间布局，铁路客运站都突破了以往水平式的空间布局模式，开始在立体上寻求空间的发展。内部空间也力图以更简单清晰的布局方式，使得快速通过式的乘车模式得以实现。在与城市的关系上，更多的考虑与城市的协同发展，利用本身的功能优势与城市相互促进，达成双赢。另外，以人为本的服务理念已经产生，从以前的追求纪念性空间转而去关注人的使用感受。建筑造型上力求为功能服务，追求高科技的建造方法。

第二节 日本铁路客站的发展历程

亚洲诸国因工业比较落后，铁路修建较晚，其中日本在前，印度次之，中国在后。1872年，日本建成了第一条营运铁路—新桥至横滨 30km 铁路。第二次世界大战后，60 年代开始，随着日本经济的腾飞，日本铁路迅速崛起。新干线是日本的高速铁路客运专线系统。新干线全长515.4km，是世界上第一条高铁，至今已经安全运营50余年，东京至大阪全线行驶最快仅需145min，最高运营速度为270km/h。于1964年10月1日东京奥运会前夕开始通车运营，第一条线路是连接东京与大阪之间的东海道新干线。这也是世界第一条载客运营的高速铁路系统，列车运行速度可达到300km/h。同时，日本新干线车体（图5-1-12）一经出现，即刻成为交通形象的新代表。新干线的建设不仅带动了日本土木建筑、原材料、机械制造等相关产业的发展，更重要的是促进了人流流动，加速和扩大了信息、知识和技术的传播，从而带动了地方经济发展，缩小了城乡差别。

图5-1-12　日本新干线车体

日本新干线的成功，给欧洲国家以巨大的冲击的同时，也促进了高速铁路在欧洲的发展。日本开发新干线时，正是欧美国家着力发展高速公路和航空运输业的时候，铁路运输在这些国家被视为“夕阳产业”而受到冷落。但是，随着石油危机和大气污染问题的发生，最节省能源的铁路运输再次受到关注，各国纷纷调整以汽车、航空为中心的交通运输政策，转而大力发展高速铁路。

日本最初建设的车站是横滨站、新桥站（图5-1-13）等，1872年建成，是平面简单的木结构建筑，其功能以候车室、行李房为主。其中新桥站由美国人设计，约1000m^{2}的规模，中央设有200m^{2}的门厅，左右设置候车室。目前在日本保存下来的是第二代站房，像日光站、门港司站、原宿站、奈良站等。图5-1-14为门港司站，由候车室、行李房组成，已被列入日本建筑文化财产保护名录。

图5-1-13　日本新桥站

图5-1-14　门港司站

19世纪中叶，日本近代建筑经过明治维新迅速将西方形式和技术移植到本国，实行全盘“欧化主义”，此时的车站建设也处于这一社会潮流中。初期日本的铁路主要是运送长距离的旅客，车站的设施以候车、行包、出站、旅客厕所为主；随着客流（主要是通勤客流）的增大、车次的增加，站房平面由候车型向流动型变化；并随着社会的进步，车站功能发生巨大的变化。这些变化在20世纪70年代集中地表现出来，日本的新干线建成的同时，产生了许多高速铁路客站，这些客站具有明显的时代特征：

（1）结合城市的再开发，与其他交通共同形成综合交通枢纽，方便乘客换乘。

(2)以人为本的服务理念得到广泛认可,为旅客提供各种服务。注重功能和细节,对交通弱者的关怀,无障碍设施的普及。

(3)大量采用了新型科技成果,自动售票、检票机、查询系统、指示系统、自动寄存等。

日本京都站1877年2月开业,当时是神户至京都铁路的终点站,曾经经历了四次更新改造,尤其在1997年第四代车站建成后,功能上发生了根本性的变化。

京都站是(图5-1-15～图5-1-18)日本重要旅游城市—京都市的中心车站。站内停靠“新干线”列车、普速列车、地铁,站外来自日本中南部各地的长途汽车,平均每天乘降旅客超过63万人次,被称为京都地区的大门。京都火车站是一个综合建筑体,包括酒店、百货、购物中心、电影院、博物馆、展览厅、地区政府办事处、停车场等。它像一个代表国际城市的主题公园,兼收了外国的设计因素:美国购物中心式的中庭、西方城市的传统公共空间以及日本的交通中心。京都火车站已经不是一个纯粹的火车站,它已是城市的大型开敞式露天舞台、大型活动的聚会中心、古城全景的观赏点、购物中心和空中城市。当然这里也是火车站和交通枢纽。

图5-1-15　第一代车站(1877年建成)

图5-1-16　第二代车站(1915年建成)

图5-1-17　第三代车站(1952年建成)

图5-1-18　第四代车站(1997年建成)

大阪站(图5-1-19)是一座位于日本大阪府大阪市北区,由西日本旅客铁道(JR西日本)所经营管理的铁路车站,也是日本关西地区最大都会大阪的代表车站。大阪站位于大阪的中心位置,站前的繁华区域广大。车站与大阪市营地下铁及阪神电铁、阪急电铁各自所经营的车站以复杂的通道与地下街系统邻接,形成一个超大型的交通枢纽。

名古屋站(图5-1-20)是日本名古屋市的中心火车站与重要的交通枢纽。该站拥有全世界最高的车站大厦“JR中央塔”,其白色双塔也是名古屋市的标志之一。名古屋站是一个由东海旅客铁道(JR东海)、日本货物铁道(JR货物)、名古屋临海高速铁道、名古屋市交通局(名古屋市营地铁)等单位所共用的铁路车站。并且其邻近名古屋铁道的名铁名古屋站、近畿日本铁道的近铁名古屋站,从而形成日本中部地方最大规模的交通转运系统。

图 5-1-19　日本大阪站

图 5-1-20　日本名古屋站

图 5-1-21　日本九州火车站

九州火车站(图 5-1-21)位于日本九州市,全部工程于 1998 年完成。九州火车站采用跨站式布置,是一个高效的城市内外交通换乘枢纽中心。该火车站的另一个特色表现在其职能组织的整体性方面,站前二层入口步行平台向城市延伸与车站配套设施相连接,从而形成完整的步行体系。

由于高速铁路旅客车站与地铁等交通工具的对接,车站已不仅仅是长途旅行者的车站,也是通勤、上学等日常生活的车站,是城市的一部分,京都站这一综合体的建成,对车站城市一体化进程影响深远、意义重大。

第三节　中国铁路客站的发展历程

伴随铁路建设的发展,我国铁路客站从无到有,并随着时代发展和科技进步而不断发展变化,铁路客站的发展经历了四个阶段。

一、中国传统型铁路客站

1888 年底,我国自办铁路中的第一个商埠站——天津老龙头火车站(图 5-1-22)开始动工,标志着我国站房建筑发展的开端。

19 世纪末至 20 世纪 20 年代,我国的铁路客站多为国外建筑师设计,基本上沿袭和照搬西方国家的模式。客站规模小,内部功能简单,外观为具有西方各国特色的古典主义风格的大杂烩,坡顶、钟楼和拱券是其主要构图元素。京汉铁路汉口大智门站、京奉铁路正阳门东站及京张铁路西直门站是典型代表。20 世纪 30 年代、40 年代,中国建筑师逐渐主导设计或参与其中,出现了外观中西合璧甚至完全模仿中国传统建筑式样的铁路客站,如南京下关站(今南京西站,图 5-1-23)和老杭州客站(图 5-1-24)以及济南站(图 5-1-25)。

图 5-1-22　天津老龙头车站

图 5-1-23　南京下关站

图 5-1-24　老杭州客站

图 5-1-25　济南站

总体而言，新中国成立前我国铁路建设客站数量少、功能简单、质量低，建筑形式多为线侧平式，外观、空间上多侧重装饰，实用性差。

二、建国初期功能单一的铁路客站

中华人民共和国成立后，我国铁路取得了长足发展。这一时期，我国新建和改建了北京站（图 5-1-26）、广州站（图 5-1-27）、韶山站、长沙站和南京站等一大批铁路客站。这时期的铁路客站内基本没有商业空间，站房候车厅的设计借鉴了前苏联铁路客站模式。

图 5-1-26　北京站

图 5-1-27　广州站

大型客站在建造形式上以体现新中国的时代特征为主，多采用对称、高大、庄严的形象，其杰出代表当属1959年9月建成的北京站，其功能流线、空间组织及具有民族色彩的建筑形象，在此后很长时期内对我国铁路站房设计存在着深远影响。

三、改革开放后综合型铁路客站

20世纪80年代以后，伴随着我国国民经济的快速发展，改革开放也为学术界汲取国外先进成果创造了有利条件，因此这一时期的客站建设，借鉴了发达国家的设计，并引进了不少国外设计理念和建筑形式，先后建成上海新客站（图5-1-28）、北京西客站（图5-1-29）、成都站、郑州站等一大批铁路客站。

图5-1-28　上海新客站

图5-1-29　北京西客站

这一时期大型客站的显著特征是高架候车室，综合服务建筑前后相连、紧密结合。高架候车厅的出现，使得铁路两侧双向进站成为可能。候车厅的修建不需要另外占用站前广场或城市用地，使其容量扩大并简化。同时客站一改过去单一的上下车功能，开始向满足旅客多种需求的多功能综合型方向发展，与六七十年代相比，具有了明显的市场经济特征。

同时，客站建筑也讲究美观先进的特点。1998年落成的杭州站，把铁路客站建筑放在铁路、城市和城市交通这个综合大系统内进行思考，真正做到将站场、站房和站前广场统筹规划、一体设计，杭州站的建成使该时期铁路客站的水平达到了一个新高度。但由于参照发达国家商业综合体的形式，车站建筑体量巨大，立面宏伟壮观，虽然满足了当时各地城市的时代风貌，但与当时中国的铁路运输特点不相适应。

四、现代交通枢纽型铁路客站

2003年以来，我国开始加快铁路客站建设，为了更好地指导新时期客站的建设，原铁道部提出了“以人为本，以流为主”的客站建设理念。在这一理念指导下，设计和建成了北京南站（图5-1-30）、武汉站、上海虹桥站（图5-1-31）、广州南站（图5-1-32）、西安北站、成都东站（图5-1-33）、南京南站（图5-1-34）、郑州东站（图5-1-35）杭州东站（图5-1-36）、兰州西站（图5-1-37）乌鲁木齐站（图5-1-38）和昆明南站（图5-1-39）等一批以客运专线为主的城市交通枢纽客站。在这些设计中，充分反映了铁路客站的巨大变革。我国代表性新建高铁客站见表5-1-2。

图 5-1-30　北京南站

图 5-1-31　上海虹桥站

图 5-1-32　广州南站

图 5-1-33　成都东站

图 5-1-34　南京南站

图 5-1-35　郑州东站

图 5-1-36　杭州东站

图 5-1-37　兰州西站

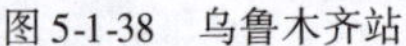

图 5-1-38　乌鲁木齐站

图 5-1-39　昆明南站

我国代表性新建高铁客站一览表　　表 5-1-2

序号	车站名称	建成时间	建筑面积（万 m^2）	特　色
1	北京南站	2008 年	31	北京南站是国内第一条高速铁路的始发站，是集国有铁路、地铁、市郊铁路和公交、出租等市政交通设施为一体的大型综合交通枢纽，是中国首座高标准现代化的客运专线大型客站。是中国高铁客站的开篇之作，也是我国铁路现代化建设和铁路技术创新的里程碑工程
2	武汉站	2009 年	37	我国第一个上部大型建筑与下部桥梁共同作用的新型结构火车站。车站首层为铁路桥梁结构，上层则为大跨度空间流线形金属钢结构。设计犹如一只展翅的大鸟，寓意千年鹤归、九省通衢及中部崛起
3	广州南站	2010 年	61.5	整体建筑包括主站房、无柱雨棚、高架车场（站台）、停车场等。主体结构共四层，包括地上三层和地下一层。车站屋顶安装了面积约 2000m^2 的太阳能电池板，将太阳能转为电能后，直接为车站供电
4	上海虹桥站	2010 年	23	铁路站房立体共分 5 层。站房采用线上高架候车结构，包括东西两个站房和高架站房，并在两侧设置站前高架和落客平台
5	厦门北站	2010 年	16.2	厦门北站新颖、流畅的外形，加以轻盈、富有张力的钢结构，巧妙体现了闽南民居“燕尾脊”的意象。整体形象充分代表厦门的精神与面貌，彰显地域特点。厦门北站的站房布局采用“上进下出”的格局，分成站层、站台层、高架层三个层面，与机场楼上出发层、楼下到达层的进出模式类似。是厦门市最主要的铁路枢纽车站以及福建省规模第二大的火车站
6	西安北站	2011 年	42.5	站房由地下两层和地上两层组成，从上到下依次为高架候车层、站台层、地下通道和地铁站。车站采用上进下出的设计思路，实现了进站和出站客流的互不干扰和立体分离
7	成都东站	2011 年	22	设计中融合了金沙文化以及青铜面具元素，共设有 5 层，主要包括高架候车层、站台层、出站层及两层地铁。成都东站是集铁路客运、长途及旅游客运、地铁、公交、出租以及社会停车等功能于一体的大型现代化综合交通枢纽
8	南京南站	2011 年	45.8	主站房由支撑钢柱、站台层劲性钢结构、候车层平面箱形桁架结构和屋盖钢网架组成，被誉为亚洲第一大高铁站

续上表

序号	车站名称	建成时间	建筑面积（万 m^2）	特　色
9	郑州东站	2012 年	41.18	车站采用“桥建合一”的结构形式，线下轨道层采用“钢骨混凝土柱 + 双向预应力混凝土箱型框架梁 + 现浇混凝土板”结构体系
10	深圳北站	2012 年	18.2	深圳北站工程有两大亮点。一是将公交、地铁、出租、长途客运、小汽车等城市交通形式全部整合进来，旅客在站内就可以享受“零换乘”的便捷。二是为了配合枢纽以步行人流换乘集散交通层为中心的流线组织，首次实现了“上进上出”的人流组织，这也是目前国内唯一人流组织采用“上进上出”的大型火车站
11	杭州东站	2013 年	34	杭州东站和上海虹桥站的设计规模相当，并列为全国最大的枢纽站点杭州东站是宁杭高铁、杭甬高铁、沪杭高铁、杭长高铁、杭黄铁路的始发终到站，是亚洲最大的铁路枢纽站点之一
12	兰州西站	2014 年	26	站房分为高架候车层、站台层、出站层三层，建筑总度高度 39.55m。功能格局为“南北地上进站、高架候车、地下出站”，旅客流线模式为“上进下出，南北方向进站，东西方向出站”。设计融入丝路飞天文化，建筑风格兼有中原传统文化和西域风情的特色
13	乌鲁木齐站	2016 年	11	乌鲁木齐站是新疆高铁综合交通枢纽标志性工程，也是“丝绸之路经济带”上的重要交通项目。乌鲁木齐站集中突出了以人为本的设计理念，乌鲁木齐站采用了”线上候车”的方式，车站布局 9 台 18 线，乌鲁木齐站站房建筑分为地上二层，地下一层
14	昆明南站	2016 年	33.47	昆明南站是西部地区大型综合性交通枢纽之一，是云南“八入滇、五出境”国际铁路通道的重要枢纽节点，是西南地区大型综合性交通枢纽，是西南地区建设规模最大的火车客运站，还是国家“一带一路”规划中辐射东南亚的重要基础设施

第四节　铁路客站建设新趋势

随着能源危机的到来，人们愈发意识到节约能耗、开发新型能源的重要性。铁路运输以其能源消耗低、运输效率高、环保、准时，以及全天候的优势重新得到了政府的青睐，铁路建设逐渐复兴。此时铁路的电气化和高速化已经成为现代铁路运输业的发展方向。

高铁科普作家高铁见闻曾这样说：“高铁肇始于日本、发展于欧洲、格局大变于中国”。自从日本的第一条时速超过 200km 的“新干线”高速铁路问世以来，很多发达国家都开始致力于发展高速铁路。法国的 TGV、德国的 CIE 都是欧洲高速铁路的代表，运行时速都在 250 ~ 350km，由此产生了新型的高速铁路车站。而中国高铁后来者居上，在最近 10 年间突飞猛进地发展，高铁建设频频刷新世界纪录，取得了举世瞩目的成就，而随之建设的高铁车站设计新颖、功能齐全、规模宏大，处于世界领先地位。

随着信息时代的全面到来，网络使得空间的障碍已经得到了消除。生活中，人们对时间的追求也同样充满着渴望。在全新的社会环境和科技手段下，产生了一批优秀的新型高速铁路客运站，呈现出以下几种特点：首先，出现了一批综合交通枢纽铁路客运站。以往轨道交通与其他交通方式的快速对接、轨道交通之间的相互衔接是设计师面临的问题。而综合交通枢纽铁路客运站的出现有效地解决了这一问题，不但地面交通的公交车、出租车和铁路在这里完成了快速换乘，地铁甚至航空运输也与铁路客运站实现了"零换乘"，即人们不出站便可完成对其他交通模式的换乘。即此，铁路客运站不再是单纯为铁路服务，成为真正意义上的城市综合交通枢纽。例如，德国柏林中央火车站，便是当前这一方面的优秀范例(图5-1-40)。

其次，在此基础上，铁路客运站还突破了它交通建筑的唯一属性。将内部的商业、办公功能无限地扩大，形成了城市综合体。在日本京都火车站内(图5-1-41)，我们可以看到，人们可以是因为出行目的，顺便享受客运站内部的商业设施；也可以是因为购物，更多地了解城市的客运站。大面积的非付费区让客运站成为城市公共空间的一部分，甚至成为城市广场的立体化延伸。现代的开敞、通透、自由的空间感受渐渐替代了传统客运站给人们留下的封闭、杂乱、无序的印象。全新的经营理念，先进的服务辅助设施、人性化细节设计给乘客带来了全新的铁路客运站体验。

图5-1-40　柏林中央火车站

图5-1-41　京都火车站内部

再者，由于欧洲历史的悠久性，整个城市十分注意历史建筑风貌的保护和城市个性的统一性。因此，在对于老火车站的改造和重新利用上，也有着独特的处理手法。其宗旨往往是城市通过铁路设施的现代化获取利润，同时铁路设施也要与城市协同发展，从而提供便捷、高速的交通服务，以适应现代人的生活方式和节奏。

最后，以人为本的服务功能更为突出。与半个世纪前通过巨大的空间和华美的装饰来彰显特色吸引旅客不同，现代铁路车站在功能上更加注重和关心旅客在使用上的感受。

高速铁路的出现，大大推动了铁路交通运输业的发展，并使铁路在交通运输体系中逐渐地占据了主导地位。近年来，随着我国高速铁路的快速发展，激发了大规模的高速铁路客站建设。回顾近年来世界及我国范围内高铁客站建设案例，我们可以清楚地看到，当代高速铁路客站正发生着深刻变革。与传统车站相比，新一代车站突显了规模大、标准高、大量采用新技术和使用新设施的特点。以功能性、系统性、技术性、先进性为指导原则，更新了设计理念。它从运送旅客的功能性"容器"逐渐转变为具有城市发展触媒、城市空间节点作用的鲜活有机整体。当下它正以更现代化的方式展现交通建筑的效率和动感，以更为开放的积极姿态融于城市的公共生活，以更具个性的形象体现城市的内在性格与精神特质，昭示一座城市乃至一个国家的风貌。高铁未来发展趋势主要体现在以下几点：

1. 先进的设计理念

设计理念是客站建设的灵魂，它不仅要面对现实、适应当前需要，而且要面向未来、具有前瞻性。新建铁路客站的设计要在“以人为本、服务运输、强本简末、系统优化、着眼发展”的新的建设理念指导下进行。因此，必须用先进的设计思路来实现。随着一批新型客站的建设，一大批国内外优秀的、富有经验的设计团队，带来了许多具有启发性的、高水平的新思路。建筑师们把这些新思路与中国的国情、路情和客站站房的使用需求相结合，积极探索出新一代中国客站的设计理念、建筑模式。

当前我国的新型客站设计一改传统铁路客站给人带来的封闭、拥挤、流线冗长、方向性不强的印象，在内部空间设计上成功借鉴了国外的优秀手法，塑造了现今开敞、通透、自由、高效的内部空间，尽最大努力为旅客提供方便，将最大、最好的公共空间让给旅客。提供给旅客更多选择的服务享受，更多开敞式的设计给乘客营造一种轻松、方便辨识的空间环境。同时，在内部装饰上，也由传统客站的繁复转变为现在的简洁、清晰，更重要的是室内装饰已经和外部设计一体化，成为室内空间一体化后的二次划分。室内外空间的界限也逐渐模糊，城市空间和站内空间也逐渐一体化。

2. 科学的建造手段

一个功能强大、系统完备的车站需要用先进的手段去实现。主要体现在以下两个方面：

（1）标准化管理思路。标准化管理是一种项目目标要素的集成管理，能够快速提高管理工作绩效。推行客站建设标准化管理，就是要通过标准化将客站建设经验加以总结、规范和推广，实现客站建设各阶段项目管理工作的有机衔接和客站目标要素的集成管理，整体提高客站建设管理水平，为又好又快推进大规模客站建设提供保障。

（2）实施信息化管理。信息化管理是现代建设项目管理的重要手段，主要在信息沟通、实时控制、计算机分析、问题处理等方面，对站房质量、安全、工期、投资、环保、稳定提供重要的平台。如在兰州西客站建设中，利用 BIM 技术，给各专业提供一个协作的平台，在初期便能够通过这个平台进行有效的沟通，所有的信息都能够在平台上得到完整的体现，这就大大减少了专业之间因协调不到位而产生的各种差错，实实在在地提高设计和施工效率。

3. 铁路客站融入城市综合体

从城市角度给铁路客站定位，环保、生态、节能、人性化和可持续发展等国际上最先进的建筑理念在新的客站设计中得到了充分体现，铁路客站正向城市交通枢纽的概念转化并融入城市综合体中。以往呆板单一的模式正在被各种适应未来的、功能合理的、设计新颖的模式所取代，各种不同形式的交通被组织到客站不同的层面，并融入城市交通、商业综合体中。例如台北火车站（图 5-1-42），位于台北火车站后方介于市民大道兴华阴街间的交九用地，开发完成后，可提供长途客运转运站用地，届时台北车站周边长途客运将转移至此，除改善当地交通问题外，更可带动客运公司上下车月台站区土地之开发，将使台北车站特定专用区之新风貌陆续展现。

图 5-1-42　台北火车站

4.“铁路＋物业”客站模式

新一代铁路客站应在继承的基础上结合新的需求创新发展。新观念带来新的设计思路,新视角开启新的建设模式。“铁路＋物业”的客站模式具有以下主要特征：

(1)建设理念上客运为根,服务为本。

(2)规划上符合城市发展的 TOD 模式。

(3)是兼具内外交通功能的城市综合体。

(4)是可持续发展的绿色车站。

5. 绿色施工

大型铁路站房均为集多种交通方式为一体、功能用房配套齐全的综合性巨型交通枢纽中心,能耗、水耗巨大,因此采用绿色施工技术是站房施工的必然选择。站房施工中积极贯彻“绿色建筑”“生态建筑”和“四节一环保”理念,从节地与室外环境、节能与能源利用、节水与水资源利用、室内环境质量控制等方面采用多项环保节能的绿色建筑技术措施成为必要举措。施工中考虑使用材料的可再循环利用,同时采用本地材料(混凝土、砂、石),及绿色施工组织方案,有计划地回收建筑废弃物,加强环保措施,避免施工对周围环境产生破坏成为必然。同时站房施工还采取了地源热泵技术、污水源热泵技术、屋面光伏发电技术、生态湿地污水处理技术等环保技术。

6. 预制装配化

对站房装饰装修材料进行数字化、定型化、预制化加工,形成装配式施工的铁路站房新工艺。通过数字化施工策划,生成高精度的电子文档直接交付厂家下单,取代现场测量或制作模板等传统下单方式,实现下单过程数字化,不仅可以大大缩短装饰装修工期、降低工程成本,还能实现真正意义上的绿色施工。

7. 铁路文化受到重视

新一批的新型铁路客站的形象已经被广泛承认。通透的建筑形象结合当地城市不同文化特点,成为铁路客运站形象设计的发展趋势。铁路客运站将从更高的层面上诠释一个城市的文脉特征,而不再是传统客站的趋同化设计。

8. 中国高铁建设对其他发展中国家的带动

“一带一路”建设成效显现,国际产能合作步伐加快,高铁、核电等中国装备走出去取得突破性进展。从 2013 年以来,“中国高铁”已是国家领导人出访的新外交名片,而随着国家主席习近平提出“一带一路”倡议，以及亚投行成立，建筑企业基础设施的互联互通越来越受到重视。中国高铁，也以前所未有的速度和广度出海，不断刷新着我们的认知。

2015 年，马来西亚陆路公共交通委员会主席赛哈密表示，马总理纳吉布和新加坡总理李显龙宣布两国合作兴建的新加坡—吉隆坡高速铁路计划（简称马新高铁），预定每小时会有一趟服务，并将合理制定票价。新马高铁计划落实将可以为马新两地居民，尤其是商业界人士，达致“一日生活圈”，当天即可往返两地，人口与房地产的双边互动，距离将被大幅拉近，时间与空间的生活形态，都将面临巨大的转变。目前马来西亚境内的车站已确定，共七个，分别为：吉隆坡、布城—万宜、芙蓉、爱极乐、麻坡、峇株巴辖和依斯干达公主城。而新加坡车站选址目前还在规划之中。

2016 年，媒体称为高铁“走出去”爆发元年，中国高铁出海已经渐趋成熟，中国高铁的版图已经扩展到了亚、欧、非、美等五大洲数十个国家，能够与日本等老牌铁路强国进行竞争，而在建筑企业工程合作上，中国企业也探索出了更加灵活、更加本土化的方式。

被称为“微笑之国”的泰国也开始建设高速铁路，中泰铁路是泰国第一条标准轨高速铁路。中泰铁路使用中国技术，一期工程连接首都曼谷与东北部的呵叻府，全长约 253km，设计最高速度 250km/h，沿线设有 6 个车站，目前正在建设中。

2017 年 4 月 13 日上午，一辆崭新的中国制造客运列车从蒙内铁路枢纽站——内罗毕南站始发，以平均约 110km/h 的速度向东南方向飞奔，经中途短暂停靠，于 5h 后安全、顺利抵达印度洋海滨城市蒙巴萨西站，标志着蒙内铁路正式通车。

蒙内铁路全长 483km，沿线设置站点 45 个，一期建设 33 个，含会让站 23 个，中间站 7 个，以及中心枢纽站内罗毕南站（目前为终点站，蒙内铁路将向前继续延伸），起始站蒙巴萨港口站和客运起始站蒙巴萨西站。内罗毕南站（图 5-1-43）是蒙内铁路的枢纽站，也是蒙内铁路的终点站，距肯雅塔国际机场只有 3km 的样子，距 Syokimau 火车站仅 1km 之遥。内罗毕南站临近内罗毕国家公园，登高眺望，目之所及，景色一流。主站房建筑面积约 15000m^2，为全线最大。

图 5-1-43　内罗毕南站

本站主体建筑的底部为两个“火车头”，上部为“一座桥梁”。有两重含义：一是寄予“火车架起了中肯两国友好合作的桥梁”，寓意“肯尼亚经济会在蒙内铁路的强力带动下加速发展”；二是蒙内铁路作为整个东非铁路网的起始段，将推动整个东非地区的经济发展，促进东非地区国家之间的互联互通和友好合作。

中国高铁建设速度和建设经验为其他发展中国家提供了重要的参考和借鉴，同时中国作为最大的发展中国家，也为世界其他发展中国家的高速铁路和客站建设做出巨大贡献。

第二章　铁路客站的规划与设计

第一节　铁路客站的规划

为适应全面建设小康社会的目标要求，铁路网要扩大规模，完善结构，提高质量，快速扩充运输能力，迅速提高装备水平。到2020年，全国铁路营业里程达到12万km以上，复线率和电化率分别达到50%和60%以上，主要繁忙干线实现客货分线，基本形成布局合理、结构清晰、功能完善、衔接顺畅的铁路网络，运输能力满足国民经济和社会发展需要，主要技术装备达到或接近国际先进水平。铁路规模及技术标准的提高、区域及城市经济发展、客站功能定位的改变，使铁路客站的规划条件及面临的问题越来越复杂。在这些条件及问题中，很多是以往铁路客站规划设计不易应对的，如客运专线、城际铁路、普速铁路等不同等级的铁路建设，使枢纽城市的客站规划面临客站数量和规模确定、新站选址、多客站分工等问题；区域及城市发展，要求铁路客站规划能成为引导城市旧区更新改造和新区发展的重要手段，并满足城市功能空间规划等要求；面对趋于复杂的规划条件和问题，不仅要对铁路行业功能、城市规划分析，更要站在更高层面、系统分析各种相关因素，按照“系统集成、整体最优”的原则，探索铁路客站的规划设计。

一、总体布局内容

1. 确定各组成部分的规模

高铁客站总体布局设计的首要内容是根据客站定位、引入线路情况和客流分析预测结果，确定衔接场地、站房建筑和客运车场各部分的适当规模。一般而言，客站等级越高、线路条数越多、客流量越大，各部分的规模需求就越大。

客流分析预测对各部分规模的确定以及恰当的布局设计非常重要，随着交通需要预测理论的不断完善和计算机仿真模拟技术的发展，不仅应预测最高聚集人数、日均旅客发送量、高峰小时乘降量等客流规模宏观数据；还应预测包括铁路、城市轨道交通、长途汽车、公交汽车、出租车、私人汽车、旅游车、摩托车、自行车、步行等不同交通方式和流线所集结和疏散的客流量分布情况，以及各种交通模式间换乘流线的客流量。详细的客流量数据和流线分布量数据，有助于更好地确定客站各部分的流通和换乘空间及设施的规模、位置和空间关系。

需要注意的是虽然大型、特大型城市中心的高速铁路客站客流量巨大，但也不应盲目扩大规模，因为规模过大将使各部分联系不紧凑，增加旅客走行距离和换乘困难。较合理的解决办法：一是在大城市采用多客站模式，各客站可按主次、线路、客流性质或方位进行分工，各分工客站之间设置城市轨道交通等大容量快速公共交通网络互相联系，如英国伦敦铁路枢纽分散设有接驳不同方向的铁路客站，中国上海铁路枢纽设有四主三辅个客站；二是将高铁客站控制在较小规模的同时，通过科学的运营管理控制和流线设计诱导人流有序、通畅、持续地流动，尽量减少人群滞留和拥堵的可能性。

2. 确定总体布局模式和衔接方式

根据城市规划、线路情况、客站规模、场地条件、与既有站关系等选择恰当的总体布局方案和模式，高铁客站总体上有三种布置方案：①完全利用既有站；②与既有站合并设置；③单独新建。完全利用既有站的高铁客站基本不改变原有格局；与既有站合并设置的高铁客站可选择与既有站水平并列接合的布局模式，或者竖向重叠接合的布局模式；单独新建的高铁客站可采用线侧式（平、上、下）、线端式（平、上、下）、线上式、线下式、复合式等布局模式。

二、总体布局影响因素

高速铁路客站尽管作业单一，车站功能和空间组织相对较简单，但要求必须通过便捷的换乘设施快速集散大量密集客流，车站的总体布局设计因此要考虑除铁路运营本身以外更多、更广泛的因素和客观条件。高速铁路客站的建设首先要解决规划层面的问题，即回答"需要建设哪种类型的车站"这一定位问题和"建在何处"这一选址问题。高速铁路客站的选址是一项复杂而慎重的工作，需要进行多专业和领域的综合比选，其基本原则是：

（1）有利于最广泛地吸引客流；

（2）考虑区间正线工程的合理性；

（3）选择工程条件较好的具体站位；

（4）充分利用既有铁路设施；

（5）站址与城市规划相结合；

（6）站区与城市交通结合；

（7）与城市景观相协调。

客站的定位和规划选址方案决定了高铁客站在枢纽内各车站间的分工、高铁站区在城市中的区位、高铁客站与既有站和普速列车旅客的关系等客站总体布局设计的基本前提条件。上海虹桥铁路客站与虹桥机场的紧密衔接，如图 5-2-1 所示。

图 5-2-1　上海虹桥铁路客站与虹桥机场的紧密衔接

三、总体布局核心原则

与普通铁路客运相比,高速铁路客运具有方便、迅速、舒适、安全、准点、大运能的优势。高铁客站设计的基本问题是如何充分发挥上述高速客运的优势,吸引旅客,提供安全、高效、舒适的客运服务,同时协调城市交通和各项功能,促进城市发展,实现客运网络节点交通价值和城市公共空间功能价值的平衡,因此高铁客站总体布局的基本原则主要是实现快速集散、便捷换乘和与客站周边及城市的协调发展。

(1)快速集散高速铁路客运以"高密度,短编组,大流量,通过式运营,公交化管理"为特点,以"更快、更安全、更舒适"为优势,总体布局必须满足这一高效运输模式的新要求,首要问题就是要"快",必须实现旅客的"随到随走,快进快出"。

(2)便捷换乘要实现"随到随走,快进快出",提高高铁客站作为城市交通枢纽的运营效率,必须使旅客能以最短的行程、最快的速度、最便捷省力的方式从高铁客车换乘到其他交通工具或步行出站。

(3)与客站周边及城市一体化开发高速铁路作为一种高效、快捷、环境友好的大众交通运输方式,大大缩短了城市间的时空距离,扩大了民众的生活空间,改变了城市间的时空结构和人们的生活方式。交通的便捷给高铁客站及其服务的城市带来大量的人流、信息流,使城市经济和社会活动更加活跃,高铁客站周边地区也成为城市发展中极具活力和潜力的地区。

同时高速铁路及客站也给城市带来一些负面影响,如高速铁路对城市的分割影响线路两侧的交通联系和城市环境质量,给城市带来噪音和振动干扰,对沿线生态环境的扰动,大面积拆迁市区等。因此采取措施在上述利弊间找到平衡,使高铁客站与城市共生发展。

四、总体布局基本要求

(1)根据上述高铁客站总体布局的内容和原则,有如下基本要求:根据线路情况、客流预测和客站定位等确定站场、站房、城市衔接场地等各组成部分合理的规模。

(2)综合各项因素选择恰当的布局模式。

(3)客站与城市道路和各种交通模式之间衔接便捷,流线简明通畅。

(4)合理布置客站与周边衔接设施,包括步行设施、停车位等汽车设施、公共汽车设施、自行车设施、城市轨道交通设施,服务通道等,方便乘客换乘,构筑一个与车站周边居住区、商业区、就业区等互相连接的便利、安全、易到达的网络。

(5)混合和集中利用土地并预留发展空间,创造节约紧凑、安全有序、步行友好、高品质的客站地区环境。

(6)统筹考虑、综合利用各组成部分的地下空间。

(7)与区域及城市规划和铁路枢纽的发展相协调。

五、基于铁路需求的客站规划要求

(1)铁路网快速建设及客流增长符合对铁路客站的规划要求。随着铁路枢纽地区的线路数量增加,以大城市为依托的铁路枢纽不断完善,满足客流乘降及中转,铁路客流的增长，客站功能、服务能力的改变，这对客站规划提出了新要求，在客站区位上应当适应客流分布变化。

(2)铁路技术进步以及运营模式的改变符合对客站规划提出的要求。客站规划设计应更加注重考虑方便到达、方便换乘、方便购票、快速通过、快速上车等因素，客站规划应该能够适应多模式、多层次的网络布局和运营模式。

(3)铁路枢纽总图布置对客站规划提出的要求。枢纽总图布置要方便枢纽内旅客乘降、中转和货物到发、编组、中转，结合目前我国大城市市区“退二进三”(第二产业从市区搬迁到郊区产业园、市区主要发展第三产业)的规划原则。另一方面，客站规划模式也会对枢纽总图布置提出要求，如多客站模式也有利于分散单个客站的客流量，控制单个客站的规模，更有利于实现流线清晰、短捷，换乘方便、快捷，并有利于分散城市交通压力。如北京枢纽的客站规划结构由“四主两辅”组成，四个主要客运站为北京站、北京西站、北京南站、北京北站，两个辅助客站为北京东站和丰台站(图5-2-2)。

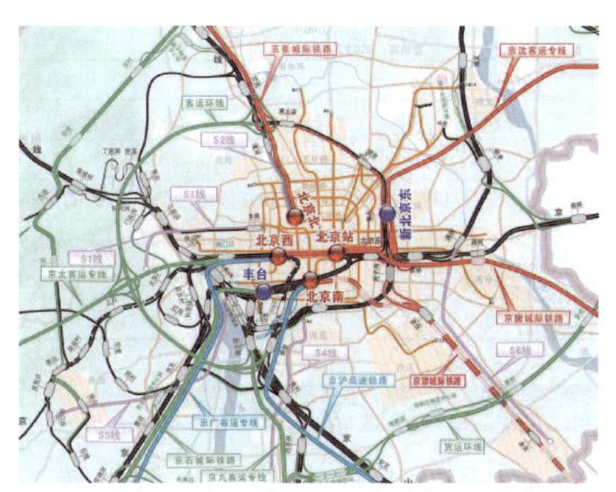

图5-2-2　北京枢纽“四主两辅”的客站规划结构图

(4)铁路客流旅程时间控制对铁路客站的规划要求。“安全、快速、方便、舒适”是铁路客流出行的基本要求。

六、基于区域和城市经济发展的客站规划要求

(1)区域发展对铁路客站规划的要求。大型铁路客站及其所延伸城际轨道交通、长途客运等交通系统使其具有了服务都市带的能力。

(2)城市发展对铁路客站规划的要求。铁路客站规划首先应与城市规模相适应。铁路客站的区位在宏观上还应与城市空间发展战略相协调、引导城市功能空间的合理分布，铁路客站特别是大型铁路客站的建设和改造，将改善客站周边地区的可达性，使相关地区形成某种“超前引力”并逐步产生“聚集效应”，在这种作用下，客站带来的商机和旺盛的人气有利于带动周边地区的更新和发展，形成具有吸引力的城市区域。

(3)城市形象对铁路客站规划的要求。对城市而言，铁路客站在一定程度上是反映城市形象的重要载体，是体现城市进步的建筑物，是城市重要的“门户”。如南京站(图5-2-3)位于金陵古城城北，前临玄武湖、后枕小红山，所在区位景观环境优美，其规划设计非常注重与城市形象相融合，将站房设计、广场景观设计与玄武湖景观资源融为一

体，使客站成为了南京城市形象的重要元素。

图 5-2-3　南京站及周边环境

(4)城市功能空间对铁路客站规划的要求。

铁路客站不仅要满足交通功能，还要满足城市功能空间所具有的交流功能、景观功能、防灾功能、服务功能等要求（表 5-2-1）。

铁路客站的功能空间组成　　表 5-2-1

<table>
<tr><td rowspan="7">铁路客站功能</td><td>功　能</td><td>特　性</td><td>空　间</td></tr>
<tr><td>交通节点的功能</td><td>集结、转换各种交通</td><td rowspan="2">交通空间</td></tr>
<tr><td>城市道路节点功能</td><td>形成城市道路节点</td></tr>
<tr><td>交流功能</td><td>形成休闲、娱乐、交流的中心</td><td rowspan="4">环境空间</td></tr>
<tr><td>景观功能</td><td>作为城市景观的重要组成部分</td></tr>
<tr><td>服务功能</td><td>提供各种商业服务和信息服务</td></tr>
<tr><td>防灾功能</td><td>作为防灾、避难、紧急活动的节点</td></tr>
</table>

七、基于城市综合交通体系的客站规划要求

(1)城市综合交通体系要求铁路客站由“终端”向“枢纽”转变。城市轨道交通以其大运量、快速、准时、环保等优势将逐步成为我国各大城市主要的公共交通手段，也成为大型铁路旅客车站人流集散的主要解决手段。武广高铁沿线一些大中城市都纷纷规划和建设了轨道交通项目，铁路车站往往需要对高铁与城市轨道交通这两类技术复杂、规模庞大、投资巨大的工程项目在规划设计阶段进行有效整合，做到客流的配合准确、流线的衔接顺扬、工程实施合理，使铁路与城市轨道交通在未来的运营中最大限度地方便旅客和乘客，发挥出最大的效益。这些车站有的是同期建设，有的为远期建设预留条件。

(2)公共交通发展对铁路客站规划的要求。城市公共交通方式主要包括公交车、出租车，社会车私家车和自行车等。与铁路客站的接一般体现在站前交通广场上，也可以将衔接的位置转移到高架 4 车道层或地下层，与旅客的进出站更加贴近。现代铁路车站应坚持公交（包含城市轨道交通）优先的原则。在交通广场优先考虑公交车的流线设计以及上下客的位置，并占用较好的道路资源，应把公交车与小汽车的进站通路有效的分开，以提高各自的运行效率。要尽量做到人车分流，明确地划分出旅客上下客的位置区域，并且贴近大量旅客的进出区域。对于城市外部交通，新型高速铁路车站也不应排斥，而应积极与公路车站，港口、机场，口岸等结合，促进大交通网格局的形成，各种交通形式相互竞争相互补充，实现双赢的局面，武广高铁车站也在这方面进行了尝试。

(3)“多式联运”对铁路客站规划的要求。“多式联运”即多方式联合运输。综合交通体系内的多方式联合运输，航空—铁路—公路航空港—相互协调。

八、基于城市综合体发展的客站规划要求

(1)综合体建筑与综合体铁路客站。我国铁路客站经历了从单一到综合功能、从线侧式到线上(线下)式布局、从平面型到立体型站前广场等阶段的演变发展,在优化内部流线、提高土地效益、分流城市交通、融合城市功能等方面较好地适应了城市的发展需要。

(2)铁路客站"一体化"设计的基本要素。由于综合体铁路客站具备大型建筑的典型功能与空间特点,铁路客站的"一体化"是客站功能与城市功能更为紧密的联系与接纳,两者在空间形态上多层次、立体化的渗透与融合。我国沈阳新北站(图 5-2-4)在国内首创的综合楼站型,其候车与旅馆、餐厅、商场、游艺等设施的面积比例几近 50%。这一形式被各地延用,表明了它的市场需求。

(3)桥-建合一综合结构体系的建立和推广应用。近年来发展起来的桥-建合一等综合结构体系,是结构创新的典型成果。

图 5-2-4　沈阳新北站综合体

九、铁路客站规划案例

将铁路客站作为城市综合交通枢纽的认识正在逐步强化,将铁路客站建成新型城市综合交通枢纽是我国铁路科学发展的需要。遵循铁路客站的规划设计原则,借鉴国外铁路客站的规划经验,把我国铁路客站打造成为新型城市综合交通枢纽,是发展的趋势,如北京南站、上海虹桥站、新广州站、武汉站、兰州西站。

1. 北京南站

北京南站(图 5-2-5)的设计根据北京市城市总体规划的要求,引入市郊铁路和地铁,同步配套建设周边城市道路系统,使其成为集铁路、地铁、市郊铁路和公交、出租车等市政交通设施为一体的大型综合交通枢纽。

2. 郑州站

郑州站(图 5-2-6)地处京广、陇海两大铁路干线及郑开城际铁路、郑焦城际铁路、郑机城际铁路等的交汇处,扼守中原腹地,位居河南省郑州市的中心,占地面积近 3000 亩(200 万 m^2),站房面积 12.4 万 m^2,过联络线连接郑西高铁、京广高铁、郑徐高铁及郑开城际铁路、郑焦城际铁路、郑机城际铁路等中原城市群城际轨道交通网系统,同时郑州地铁 1 号线、地铁 10 号线在此接驳换乘。

图 5-2-5 北京南站平面布置图

图 5-2-6 郑州站

3. 上海虹桥站

上海虹桥站（图 5-2-7）东起外环线、西至华翔路、北临北翟路、南到沪青平公路，是京沪高速铁路的终点站、沪杭客运专线的起点站，成为上海第一大站。在城市轨道交通方面，新的交通枢纽汇集地铁线，还预留了两条地铁轨道。在城市高速铁路方面，将实现自浦东至虹桥的磁悬浮线路贯通。加之配套的公路系统及虹桥航空港，成功地将铁路（包括地铁、市内及城际磁悬浮铁路、市郊铁路）、高速公路和航空三种交通式融合在一起，成为世界上交通转换中心新的成功典范。

4. 杭州站

杭州站（图 5-2-8）是国家“四纵四横”铁路客运专线——沿海快速铁路通道上一个重要客站，也是杭州铁路枢纽的主客站之一。车站将采用巨型空间木行架支撑网架结构体系。客运用房总建筑面积超过 5 万 m^2，采取高架候车形式，旅客“上进下出”，将车站功能空间划分为高架候车层、站台层、广场层三个层面。杭州站铁路设施一次性建成，设立到发线 14 条，旅客基本站台 2 座、中间站台 4 座，旅客地道、天桥各 1 座，站台上设等长无站台柱雨棚。交通换乘设施均尽量靠近站房布置，缩短旅客换乘距离。杭州站还汇集城市快速公交系统、轨道交通和各类车辆等多种交通方式，形成一个大型的综合客运交通枢纽。

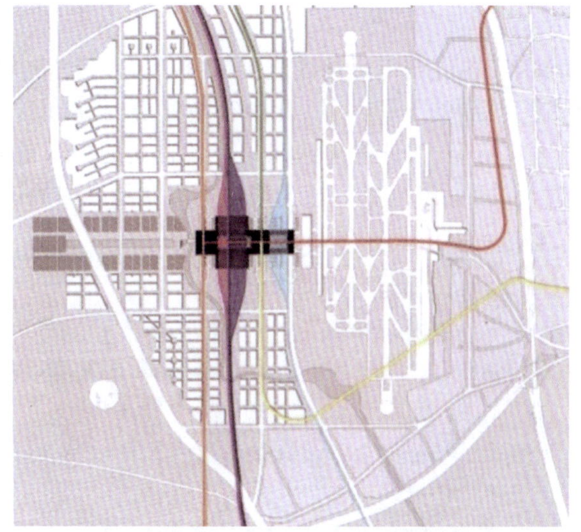

图 5-2-7 上海虹桥站平面布置

图 5-2-8 杭州站

5. 新广州站

新广州站(图 5-2-9)周边现有东新、广珠西线、南大干线、广明等高等级公路,规划的三纵四横道路网将新广州站与各高等级公路及其他城市道路连接。新广州站将客运专线、城际铁路、地铁以及公路等交通方式紧密衔接,实现零距离换乘,成为珠江三角洲乃至整个华南地区的客运中心。

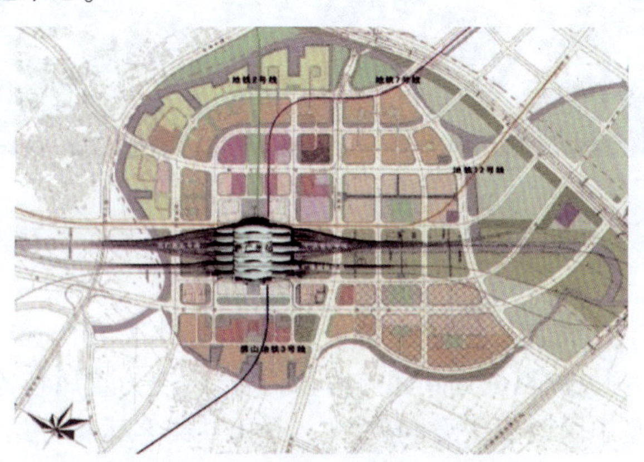

图 5-2-9 新广州站平面布置图

6. 武汉站

武汉站(图 5-2-10)东广场的城市三环线连接 10 多条高速公路,城市交通构成路网框架,形成向外联系的快速、便捷的干道系统;配合车站建设,武汉市将轨道交通线引入车站,实现各城区及周边客流安全、快速进出武汉站。各种交通方式的有机衔接,便捷顺畅的内在功用演绎出新时代的“九省通衢”,成为华中地区乃至全国的铁路客运中心。

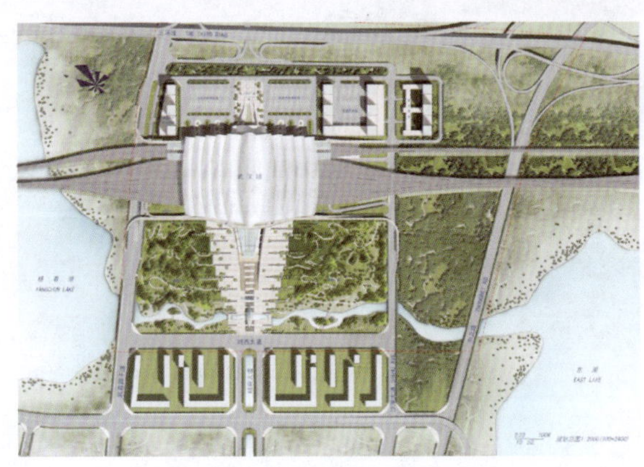

图 5-2-10　武汉站平面布置图

7. 南京站

南京火车站如图 5-2-11 所示,前临玄武湖,后枕小红山,景观环境优美,是中国唯一临湖依山的火车站,被誉为“中国最美火车站”。占地总面积 120 万 m^2,总建筑面积约 10 万 m^2,有南北两个站房,站房建筑包括地上三层和地下三层,并设置站前高架和落客平台。设有 16 股道,建有站台 16 座,有长 500m 和 450m 两种,途径铁路包括京沪铁路、沪宁高铁、宁合高速铁路、宁启铁路及宁铜铁路等。

图 5-2-11　南京火车站南广场周边环境

8. 西安站

西安站(图 5-2-12),即西安火车站,原名长安站,始建于 1934 年 12 月,于 1935 年 6 月正式运营,隶属中国铁路西安局集团有限公司管辖,现为直属特等站,是西安三大火车站之一。西安站是中国西部铁路枢纽之一,全国铁路客运特等站。西安铁路枢纽是全国八大铁路枢纽之一,是我国路网中联通西北、西南的重要交通枢纽。途经西安站的铁路线有:陇海铁路、西康铁路、宁西铁路、西户铁路、西侯铁路、包西铁路,西平铁路。日均办理各类旅客列车约250列。

图 5-2-12　西安火车站改造规划图

9. 兰州西站

兰州西站(图5-2-13)位于兰州市七里河区,处于兰州市的物理中心地带,枢纽区北侧为城市主干道西津西路,南侧为城市快速路南山路。交通枢纽区涵盖了铁路站房、地铁站点、公交车场、社会车场、出租车场、旅游大巴车场等多种交通方式,也包含了市民休闲、商业、办公、酒店等多种开发功能等,兰州西站交通枢纽是集各类交通设施及开发于一体的大型、综合交通枢纽。随着枢纽区的建设,该区域将成为兰州市发展的新的城市核心区。

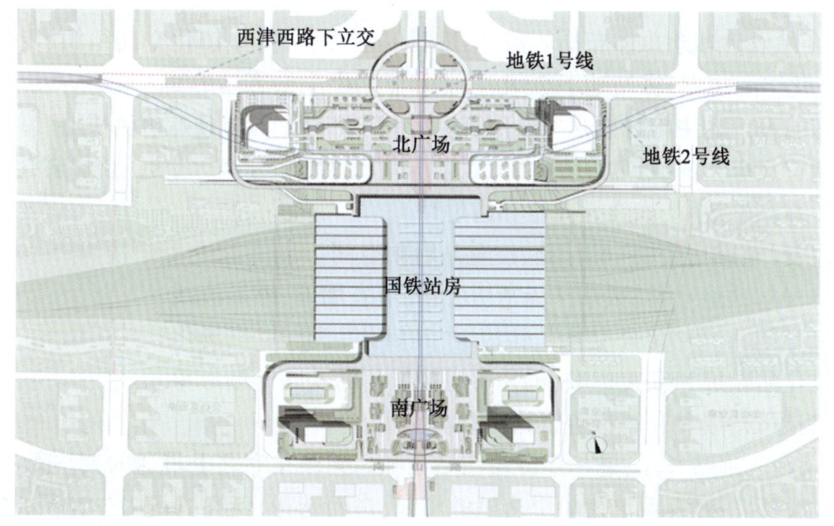

图 5-2-13　兰州西站平面布置图

第二节　铁路客站的总平面设计

在过去很长一段时间的车站总体布局中,广场、站房、站场三部分相对独立,平面上平行排布。例如1959年建成的我国第一代铁路车站的代表北京站就这种布局的典型。后来,这三者的关系由平面化逐步向立体化发展。首先,因站场的规模加大,设计师为了解决进站检票后流线过长问题,尝试把站房架到站场之上,于是诞生了线上式站房。1987年建成的我国第二代铁路车站的代表上海站,就率先采用了"南北开口、高架候车"的创新布局。今天,我们在武广高铁的一些车站中可以发现,广场、站房、站场这三部分从空间形态、使用功能上，已不再像以往那样可以截然区分，而是趋于互相融合，成为一个满足旅客乘降和换乘的综合体。如2009年建成的武汉站和2010年建成的广州南站，不仅站房架到了站场之上，交通换乘广场也移到了站场之下，而出站广场下方还设置有地铁车站，这种叠合式立体布局正是我国第三代铁路客站的布局创新点之一。即我们所谓解决所有交通换乘问题的"同一屋檐下"理念，使舟车劳顿的旅客避免日晒雨淋四处寻换乘目标之苦。

一、铁路客站的功能定位与总体布局要求

1. 铁路客站功能定位

铁路客站设计理论最核心的内容是对功能的研究。铁路客站的功能定位是进行功能设计的前提。铁路客站设计贯彻"以人为本，以流为主"的原则，逐渐将客站的功能定位从"服务运输、经济适用"向"服务社会、先进适用"转化，铁路客站也应逐步从以往"单一的客运作业场所"和"城市大门"向"综合交通枢纽"转变，与整个城市、整个区域的交通规划融为一体。功能布局从"单一性"向"复合性"转化；流线模式从"等候式"向"通过式"过渡；运营方式从"管理型"向"服务型"转变；复合功能带来一体化的空间布局模式；注重铁路客站功能的适应性研究。

2. 铁路客站总体布局的发展趋势

随着客站设计理念总体布局的提升，发展的趋势变为：立体化空间组织、复合化空间使用、人性化空间规划、客站地下空间的统筹利用、中小型客站的简单化。

(1)客站设计的主导思想从"便于客运管理"转变为"以方便旅客为中心"。

(2)定位从单一的铁路客运"城市大门"向多元的"综合客运交通枢纽"转化。

(3)提高车站效率，如强导向性和通过性。

(4)改变"重站房轻雨"的传统，注重站台雨空间。

(5)站房与铁路站场、城市广场密切融合，节省用地、缩短流线。

(6)借鉴创新，车次"公交化"、售检票"地铁化"、服务"机场化"。

(7)文化品位成为审美标准，倡导有地域特色的铁路车站形象。

(8)打造可持续发展的绿色铁路车站。

如武汉站的进站大厅，是一个覆盖在站台和高架候车室之上贯通的大空间，旅客进入大厅就可以一目了然地看清楚整个客站的布局，进而选择自己的行进方向(图5-2-14)。

图5-2-14 武汉站内部空间透视图

3. 铁路客站总体布局的特点

从车站总体布局的以上逐步演化变革中,可以看到社会需求的变化和设计理念的更新,反映出时代的进步。今天在满足城市总体规划的要求下,高铁车站的总体布局应结合建设的实际情况,将车站站场、广场及其各组成部分合理布局,共同创造一个环境优美、配套齐全、可持续发展时代特色鲜明的城市综合客运枢组的典范,突出新时代交通建筑的效率特点。

4. 铁路客站总体布局的模式

按照广场、站房和站场相互之间的位置关系,铁路客站总体布局模式可分为平面布局模式,站房与站场立体布局模式,广场立体布局与站房、站场立体布局的组合模式和综合式立体布局模式。相对于平面布局模式,后四种模式属于立体布局模式。

二、客站广场的功能组织与布局

车站广场是铁路与城市的联系节点,是铁路与城市公共交通体系换乘的主要场所。不仅具有解决人流、车流集散的重要的交通功能,同时还兼有景观、环境、综合开发等多重功能;站房是旅客办理乘降业务、候车和通过的空间,是为旅客提供旅行乘车服务的功能核心;站场客运设施包括站台、站台雨棚和天桥、地道等。站台和站台雨棚方便旅客有序登车和下车疏解,跨线设施作为旅客通道将站台和站房紧密联系在一起。客站广场是联结客站与城市的纽带,是铁路与城市公共交通体系换乘的主要场所。它是客站的三大组成部分之一,与站房、站场在使用功能上有密切的关系,是铁路客站建筑设计中的一个重要环节。客站广场的功能主要有三种:交通功能、环境功能和城市轨道交通换乘结点功能。其中,客站广场最重要的交通功能设计具体包括广场交通与城市交通的衔接;广场上各种场地规划的布局,如车行通道、停车场和乘降站点、步行活动场地的布置、人行通道的布置,广场建筑的规划布局等。

交通广场一般划分为人行区和车行区。传统车站的交通广场位于站房屋檐滴水线以外,步行区一侧联系铁路站房各个出入口,另一侧联系各种城市交通场地,如与社会车停车区、公交停车区、出租车停车区等直接沟通。在武广高铁中小型中间站中,步行区一般设计成单层平面式。武广高铁大型车站都采用立体车站广场,常用的手法有设置高架车道、地面停车场和地下停地车场等。如广州南站、长沙南站、武汉站等都采用了多层的立体车站广场。高架车道使车辆可以将旅客直接送到站房入口,地面或地下停地车场使旅客一出站就可以搭乘出租车、公交车或地铁等,为旅客出行创造了便捷的条件。

根据我国国情,武广高铁车车站广场都考虑了满足季节性或节假日高峰客流的使用需要,或预留设置临时候车设施的条件。

1. 客站广场功能的布局原则

以公交优先,人车分流、流停分离,流线互不交叉,应对旅客季节性出行行为原则的布局原则。

2. 客站广场功能布局模式

一种是平面布局模式。例如淮安站广场(图 5-2-15)和兰州西站广场(图 5-2-16)。

图 5-2-15　淮安站广场

图 5-2-16　兰州西站广场

另一种是立体布局模式。苏州站(图 5-2-17)站前广场成功采用了立交方式组织交通,站前广场的空间组合模式转向立体。

图 5-2-17　苏州站站前广场

三、客站站房的功能组织与布局

站房是客站建筑的主体,站房中设有为旅客使用的公共区和客站运营管理工作所需要非公共区,如售票室、行包房等。站房内可供旅客使用的房间及设备分为已检票区(如绿色通道)和进站通廊;非付费区,如进站广厅、售票厅、行包托取厅、旅客服务设施、出站厅等。候车空间则可根据客流情况确定。非公共区的各类房间和设备也应根据客站的规模、性质等具体要求配置。

1. 站房功能布局的原则

首先随着铁路客运专线的列车运行速度和列车的接发频率都将大大提高，铁路旅客运输能力和运输质量将会大幅提升，铁路客运正逐步向高速化、公交化发展。其次随着城市交通体系的快速发展、城市交通容量的不断扩大，旅客能更迅速地集散和换乘，在站停留的时间也将会大大缩短，候车空间的容量、形式和内容也应有相应的变化。最后随着经济社会的发展，人民生活水平的提高，社会活动节奏的加快，将进一步增强旅客的时间价值观念，出行需求、方式和出行习惯也在逐渐发生变化。这些都将极大地促进铁路站房的功能布局模式的发展与变化。

我国铁路客站站房功能布局模式大约可分为以下几个阶段：

(1)分散等候式空间模式。

(2)集中等候式空间和高架候车模式。

(3)快速通过式空间模式。

2. 站房功能空间组成

功能空间组成分为交通功能空间和辅助功能空间。

(1)交通功能空间：交通功能空间可分为出站空间、入站空间和内部使用空间三个部分。

(2)辅助功能空间：辅助功能空间主要包括管理区和服务区。

四、客站站场的功能组织与布局

铁路站场是铁路客站设计的基础，包括列车到发线路、供旅客乘降和行包装卸使用的站台、站台雨篷及各种跨线设施(如天桥、地道)等，其主要功能是完成旅客的乘降、换乘以及列车的停靠和驶离。

(1)站场功能发展趋势与布局的特点：在当代铁路客站设计中，由于站台和到发线数量较过去成倍增加，为了满足旅客便捷的乘降和换乘，站场、站房以及广场这三部分的设置在平面位置和空间关系上逐步趋于重叠和融合，形成综合交通枢纽。

(2)站场功能的布局要点：①向"通过式"转变；②向立体化转变。

五、客站辅助房屋的布置

铁路车场占地较大，尤其是多场并列的咽喉区地块，往往出现一些铁路夹心地，如不合理利用，将产生的较大浪费。铁路站场及线路区间在城区范围内架空布置不仅可以解决站区视线景观障碍和两侧交通联系问题，也可以为提高铁路夹心地利用率提供条件。

广州南站(图5-2-18)东西广场之间的铁路用地主要为绿化隔离带，为充分利用土地，在绿化隔离带内设置了铁路生产配套房屋。牵引变电站、220kV变电站合建于车站南咽喉区；污水处理厂、垃圾处理站设置北咽喉铁路夹心地中。为车站服务的空调冷却塔则根据建筑方案设置在两侧夹心地内。

图 5-2-18　广州南站

六、客站绿色系统的布置

绿化系统是自然生态重要的组成部分,对隔离噪音、改善铁路周边居民生活、美化城市环境、创造一个优美的城市公共空间起着不容忽视的作用。成功的规划城市应是绿色的。绿化规划可以用一系列不同形态的公园,从袖珍花园、带状公园,到市民广场等,为社区提供具有亲和力和环保特色的开放空间网络。图 5-2-19 为兰州西站绿化系统鸟瞰图。

图 5-2-19　兰州西站绿化系统鸟瞰图

第三节　铁路客站的建筑设计

铁路客站建筑设计,需要分析站房、广场、站场共同组成的空间形态要素,并对结构、材料、审美、内部空间、环境、景观等深入研究。在此基础上,结合我国丰富多样的文化特性、千差万别的地理气候特点,以及公众对地域文化性形象的审美期待,就铁路客站空间形态设计在地域性和文化性表达方面进行了更深入的思考与研究。

一、铁路客站的空间形态设计

1. 铁路客站空间形态设计的发展特征及关键要素

(1)铁路客站空间形态系统要素的变化

站房组合模式及其变化。比如,西安北站采取的超长出挑屋面,形成与廊道交通带区域强有力的凹凸层次对比(图 5-2-20);深圳北站采用封闭围合廊道交通带的手法,形成一个颇有新意的隧道穿越效果的形态变化(图 5-2-21)。

图 5-2-20　西安北站正立面图

图 5-2-21　深圳北站透视图

(2)站房与站台雨篷组合关系的变化

站房与站台雨篷一体化趋势是站房与站台雨篷在空间组合关系上最重要的变化,即将站房和站台雨篷从整体空间形态、空间结构、甚至功能组织方面,进行整体化设计。北京南站就是已建成的“站篷一体化”优秀案例,而广州南站、武汉站、深圳北站等,更加深刻的诠释了“站篷一体化”空间形态(图 5-2-22 ~ 图 5-2-24)。

图 5-2-22　广州南站鸟瞰图

图 5-2-23　武汉站鸟瞰图

图 5-2-24　深圳北站鸟瞰图

(3)站前广场组合模式及其变化

由于需求和客流的等因素,对站前广场的设计不同,在空间形态上也有所差异。比如深圳北站前部的曲线造型形成一个动感十足的“屋顶”广场，杭州东站倾斜的塑性支撑柱带来的颇具震撼力的空间限定等(图5-2-25、图5-2-26)。上海虹桥枢纽站，其广场部分被尽量压缩。而前面提到的深圳福田站，站房、站场均置于地下，站前广场已经完全失去了本身的立足点，成为在尺度上可以任意伸缩的景观式广场，甚至可以完全消失，被其他建筑占据。

图5-2-25　深圳北站透视图

图5-2-26　杭州东站透视图

(4)站场组合模式及其变化

即站台雨篷及支撑柱与线路的空间形态关系、站房与站台雨篷的组织关系以及站台本身的空间形态变化。

2. 铁路客站建筑的审美取向与空间形态设计

在铁路客站空间形态设计中，不可避免地要受到当代审美需求的影响，从对两者平衡关系的把握中寻求创新。

(1)在铁路客站建筑审美的总体趋向与空间形态创作方面。比如，对称性作为一种古典审美构图原则，几乎出现在所有铁路客站空间形态的设计中，这种取向通过制约形成秩序，不仅能够达到高亢雄浑的交响曲般的审美感染力，而且完全可以融入一些更新颖的造型风格，达到审美表现上的综合平衡。如上海南站圆环对称下的高技术风格，杭州东站未来主义和新塑形主义的有效融合等(图5-2-27、图5-2-28)。

图5-2-27　圆环对称的上海南站

图5-2-28　杭州东站

(2)在铁路客站交通建筑特性与当代审美的结合方面。“建筑的性格特征很大程度是其功能的自然流露”。因为功能是建筑最真实的要素之一,形式则更容易成为外力强加的产物,如果形式表现出功能的特点,更容易使一种建筑类型区别于另外一种,这样的原理更适用于铁路客站。

(3)在当代文化审美对象的选取与表现方面。合理把握创作题材的选取与处理,选择适宜的审美对象,形成建筑空间形态与审美表征的有效逻辑关联,对铁路客站空间形态的地域性文化性的创作极为重要。

(4)在整体性审美方面。“格式塔”心理学,铁路客站建筑设计中有重要影响。因此,针对铁路客站所承担的功能、结构、文化形态等复杂要求,“格式塔”心理学的简单化视觉心理倾向、图—底关系、连续性、邻近与类似、经验性影响以及对比关注等原理,是杭州东等客站空间形态成功塑造的重要因素之一(图5-2-29)。

图5-2-29　杭州东站鸟瞰图

3. 内部空间形态与环境

铁路客站的内部空间形态设计最核心的原则就是“以人为本”,在此前提下,还要结合建筑本身的结构形态来展开形式表现,尽量以形式与功能的直接逻辑关系作为内部空间形态设计的出发点。

4. 铁路客站的城市景观设计

(1)立足于城市视野的景观营造。比如兼顾地方特色和广场预设功能的可变装置,设置与站房规模和谐统一的广场雕塑等,将其看作城市公共—交流性与铁路客站功能—系统性的融和器(图5-2-30)。

(2)立足于铁路客站空间形态的景观营造。比如广州铁路新客站地区公共绿地和广场景观设计图(图5-2-31)。

二、铁路客站的文化表现

建筑是人类文明的载体,不仅满足人们生活的需求,同时也承载着人们的精神寄托,满足人们对美的欣赏,站房建筑应以建筑语言综合体现人文特色与文化底蕴。

人文特色本身是一庞杂的概念,建筑的人文特色主要表现在当地的历史轨迹、文化传承、传统习俗等,也包含在一个民族、一个地区人们长期生活积淀形成的观念意识和生活方式,以及由此形成的城市肌理和建筑环境中。

图 5-2-30　上海南站

图 5-2-31　广州铁路新客站地区公共绿地和广场景观设计

车站建筑要体现地域人文特色，首先应从人文环境的历史性、文化性、社会性 3 个属性入手，调研、收集资料加以分析整理，归纳出若干特征，结合一个独特的总体立意，实现由形式到意境、由意境到文化蕴意的升华，并在设计中加以体现；尊重城市和地段已形成的整体布局和肌理，在站房体型、体量、空间布局、建筑形式乃至材料和色彩等方面进行针对性设计，使站房建筑形象与城市空间融为一体。

在具有重大历史价值的人文环境中，地域传统建筑的现代构成表达的手法是同原有城市风进行协调的一种有效手法，容易唤起人们对历史的怀念，同时也能体现民族性和地方特色。

1. 铁路客站设计中的文化性表现

任何建筑文化最终都要通过一定的形式表现出来，这种表现形式是特定文化内在精神“物化”的结果，主要表现为人们关于建筑的价值观念、审美观念、设计思想和方法以及由此而导致的建筑形式和风格。

（1）整体性——与城市文脉的衔接与融合。

（2）时代性——体现文化的时代特征。

（3）地域性——注重地域文化特征。

如兰州西站（图 5-2-32），兰州属黄河流域上游，是唯一的黄河穿城而过的省会城市，依山傍水，山静水动，具有独特而美丽的城市景观。将建筑立面的中部塑造成仿佛被河水冲刷出来的山体形态，虚实对比强烈，随着黄河水的波动，巨大山体被河水雕琢出来的弧

图 5-2-32　兰州西站

形空间，优美、俊秀，充分传达出兰州城市山水交融的美丽意境，充分展现了兰州西站“黄河故水”的地域特征。

2. 铁路客站文化性表达的探索与实践

当前，我国铁路客站创作空前繁荣，文化性表达的方法很多、手法丰富，多途径地探索了我国铁路客站文化性表达的创作之路。近年来，一批新型铁路客站无论从方案构思，还是与城市关系的处理，以及整体造型、细部表达、材料与色彩等诸多方面，都很好地把握了铁路客站的性格特征及时代精神，同时结合国情反映了所在城市的地域文化特色。

(1)与城市肌理有机协调

城市肌理是历史长期浸润和积淀形成的，与城市的产生和发展相依相存，休戚相关。例如苏州新站方案的设计(图5-2-33)，由于它是在现有的基础上扩建，空间有限，可以用“小”来形容。而这个“小”字也恰恰是苏州的特色。为此，该方案首先把“大”屋顶变“小”，将整体的大屋顶变成一片小屋顶的聚落，使之与苏州城市肌理巧妙契合。

图5-2-33　苏州站

(2)注重建筑整体造型表达

现代铁路客站整体造型设计中的文化表达，一方面，是“外部形象反映真实结构”的基本建筑理念在铁路客站造型上恰当而独特的表现，另一方面，则是对地域特征、人文特色、时代风貌等文化因素的综合体现。

近年来，涌现了拉萨站、北京南站、武汉站、西安北站等一批以整体造型恰当地反映所在地域文化的优秀案例。以拉萨站(图5-2-34)为例，自古以来，西藏建筑长于利用地形地势，使建筑与大地景观融为一体，拉萨火车站的造型处理，正是借鉴了藏族建筑造型的处理手法，利用铁路站台的长度使建筑尽量地在水平面度伸展，且利用竖条窗和墙板的组合，形成前后错动、高低起伏的阵列形状，使之如同从大地中涌动生长出来一般自然生动。

北京南站造型设计的整体构思起源于椭圆形态的保留和天坛概念的引申，天坛采用三重檐圆形平面的建筑形式，是古代建筑的最高型制。设计利用现代技术手段实现“天坛”的屋面形象，把圆形平面的三重檐运用到椭圆平面上，最高的屋檐变成弧形屋盖，与高架进站厅功能对应，车站两翼的雨篷，恰好可以通过两重屋檐的变化形成。在这里“天坛”成为设计的隐喻载体，使北京南站成为极具文化性和时代感的地标性建筑(图5-2-35)。

图 5-2-34　拉萨站主入口

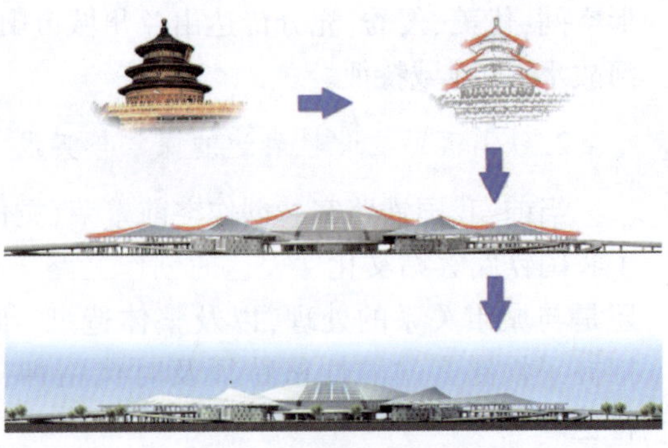

图 5-2-35　北京南站造型设计构思

武汉站设计方案构思新颖，其造型结合武汉独具的特色，建筑外观富有多层寓意。其中立面水波状的屋顶寓意“千湖之省”的省会——江城武汉；建筑中部突出的大厅屋顶象征着地处华中的湖北武汉“中部崛起”，反映出武汉蒸蒸日上的经济发展形势。周围环绕的屋檐，其造型取自中国传统建筑重檐意象，九片屋檐、同心排列，象征着武汉“九省通衢”的重要地理位置，同时突出了武汉作为我国铁路客站四大客运中心之一沟通全国，辐射周边的重要交通地位（图 5-2-36）。

图 5-2-36　武汉站

西安北站的造型方案设计构思独具匠心，如图 5-2-37 所示，设计以既要合理解决好交通建筑的大跨度通用性问题、又能体现出西安厚重的文化底蕴，立面以唐代大殿进行实体要素转换，车站屋顶、进站大厅、高架层分别源自唐代宫殿出檐深远的庑殿顶、结构外露的屋身、浑厚有力的台基。屋顶为大跨度轻钢折板网架结构，构成优美的唐代屋顶形式的曲线，巨大的出檐既表现了唐代建筑的恢宏气势，也有十分实用的防雨防晒功能，屋顶曲线还构成了梭形的采光通风带。总体来看，此方案实现了外观美与建筑结构、使用功能的完美结合。

图 5-2-37　西安北站设计方案

三、铁路客站的结构美学

结构形态与建筑之间的关系是相互依存的，作为建筑的"依靠"，一方面，结构形态在基础层面上为建筑提供了技术支撑，承担和化解了外力作用；另一方面，结构形态也形成了建筑最基本的原始轮廓。如果说空间是建筑的目的，结构则是实现建筑空间和形象的必要实体手段。所以建筑空间的塑造和结构的限制两者之间是相辅相成的。纵观建筑发展的主流，建筑和结构的关系一直是相互促进或相互制约的关系。人类自从产生建筑开始，建筑和结构就难分彼此。到十九世纪，工业革命带来结构技术的成熟，进而导致学科的细化，建筑和结构开始有了明确分工。再到二十世纪现代建筑的兴起，结构和建筑又开始表面上"貌合神离"。直至近现代建筑，由于新技术和材料的不断运用，结构日趋实现了建筑功能的多元化，结构的自由也给建筑艺术表现带来了越来越多的可能性。科学技术所带来的新型结构形态对于建筑艺术的外在表现作用有了新的意义，结构形态的作用随着建筑创作的多元化已经上升为一种建筑造型艺术。

结构美学成就现代交通建筑风格车站作为交通建筑，建筑功能及形式具有突出的特点。在内外装修上应该大力提倡简洁、实用的风格。建筑造型要素简约，无大量装饰性构件，造型简洁的车站可以降低产品造价和安装的难度，从而达到降低总造价的目的。室内外装修，应该注重功能性而不是装饰性。针对车站大空间的特点，常常以体现结构体系的美感为室内空间风格的主旋律，外露的钢结构构件与精致的节点，清水饰面混凝土梁柱，排列有序的设备管线，都是体现这种工业化、现代化建筑风格的常用手段，功能装饰一体化的构件作为建筑造型的语言，在满足建筑功能的前提下达到丰富的美学效果，同时也节约了大量的资源。同时，水平与垂直交通设施，也是构成其室内设计的重要元素。总之，只有从功能出发，例如，满足室内空间坚固耐久、防尘易清洁、吸音降噪、明亮清新等一系列交通建筑的功能要求，才更能创造出具有整体风格的和具有创造性的室内空间效果，不宜追求各种虚假装饰和堆砌的艺术风格、也应避免各专业缺乏空间效果的统筹考虑而依赖后期用高档材料简单覆盖。福建泉州火车站如图 5-2-38 所示。

图 5-2-38 福建泉州火车站

第四节 铁路客站的结构设计

铁路客站结构体系的选型和计算、设计，不仅关系到客站的安全性，而且关系到客站的经济性。在保证安全的前提下，尽可能追求经济合理的结构体系。

铁路客站结构可以分为基础部分、主体结构部分和楼、屋盖结构部分。主体结构又分为站房的主体结构和雨棚的主体结构，屋盖结构也可以分为站房的屋盖结构和雨棚的屋盖结构。基础部分根据不同的地质条件,可以选择相应的基础形式和地基处理方法。由于铁路客站对大空间的需求,主体结构采用的结构体系主要有钢筋混凝土框架结构体系、钢框架体系和钢混组合框架体系等。屋盖结构采用的结构体系,主要是大跨度空间结构。武汉站和广州南站是国内首次采用站桥合一形式的特大型铁路客站,创造了国内首个梁桥式的站桥合一客站结构形式。这种结构形式是在概念分析和初步研究的基础上,提出了整体结构体系与结构分体系的结构思想,其最大特点是在保证传统的铁路桥梁和大跨楼屋面结构基本特性的基础上,把铁路桥梁、大跨楼屋面结构这些特异性的结构形式有机地结合起来,从而形成各结构分体系既相对独立又相互协调的梁桥式站桥合一整体结构体系。在这种梁桥式站桥合一客站结构设计研究中,结构师们针对站桥合一的特殊性以及对建筑方案本身的特点,力求用结构语言去表达建筑的创作思维,同时展现结构的逻辑之美。由于站桥合一式铁路客站建筑本身的特殊性和结构的复杂性,设计研究团队就有关结构体系、抗震、列车振动、高速列车风、大跨建筑的舒适度及防恐等一系列新的课题进行了详尽理论分析和试验研究。

一、大跨度空间结构的分类

近年来,我国空间结构蓬勃发展,建筑造型新颖、形式和种类繁多而独特,按传统的空间结构形式和分类方法,即将空间结构划分为薄壳结构、网架结构、网壳结构、悬索结构和膜结构共5类。

采用按板壳单元、梁单元、杆单元、索单元和膜单元共5种单元组成来分类各种形式的空间结构可避免传统分类方法的局限性,具有鲜明的开拓性,如表5-2-2所示,其中双层薄壳、多面体空间框架结构、索穹顶-网壳、张弦气肋梁和预应力装配弓式结构是近年来首次提出的新形式。

具有代表性的铁路客站主站房屋盖结构工程 表5-2-2

序号	工程名称	结构形式	平面形状及尺寸
1	上海南站	梁系结构	扁圆锥形直径294m,内压环直径26m,内柱(18根)环直径150m,外柱(36根)环直径226m
2	北京南站	梁与立体桁架系结构	椭圆190m×350m×2.0m(中跨),190m×350m×3.0m(两侧),矢高40m
3	新武汉站	拱与网壳结构	(36+116+36)m×(4×65)m,矢高59m
4	广州新站	张弦梁(拱)与张弦网壳结构	222m×468m,内部柱网32m×68m
5	天津新西站	单层网壳结构	114m×400m,矢高37m
6	成都东站	平面与立体桁架结构	(27+150+27)m×380m×(4~6.5)m
7	西安北站	网结构	150.5m×480m
8	杭州东站	立体桁架结构	285m×516m×(3.5~4.4)m

铁路的提速和高速铁路与城际铁路的快速发展,一大批大跨度、大柱网的大型铁路客站建筑在国内大量兴建。大型铁道客站是集铁路、城市轨道交通、公交、出租车、社会车等多种交通方式于一体的综合交通枢纽,地上建筑与地下建筑结合、房屋建筑与桥梁建筑合一,结构复杂,且层数多,上部形态各异的大跨度空间结构与下部结构有机结合,协同工作,这也是大型客站建设设计与施工中应特别关注的科技问题。

近年来，我国已建成有代表性的铁路客站主站房屋盖结构工程见表5-2-2，其结构形式有梁系结构、立体桁架结构、拱结构、张弦梁(拱)结构、单层与多层网壳结构、张弦网壳结构、网架结构以及各种组合的空间结构，跨度大、结构形体新颖，为所在城市建设一地标式建筑。例如2009年底建成通车的新武汉站主站房，平面尺寸188m×260m，采用拱与网壳组合的空间结构屋盖，结构主体由间距为65m的三跨(36m+116m+36m)大拱、拱上V形支撑、变厚度双层网壳组成(图5-2-39)。再如天津新西站主站房屋盖，平面尺寸114m×400m，采用了变高度变宽度矩形截面钢管两向斜交斜放单层柱面网壳结构，两端自由悬挑跨度为16m(图5-2-40)。

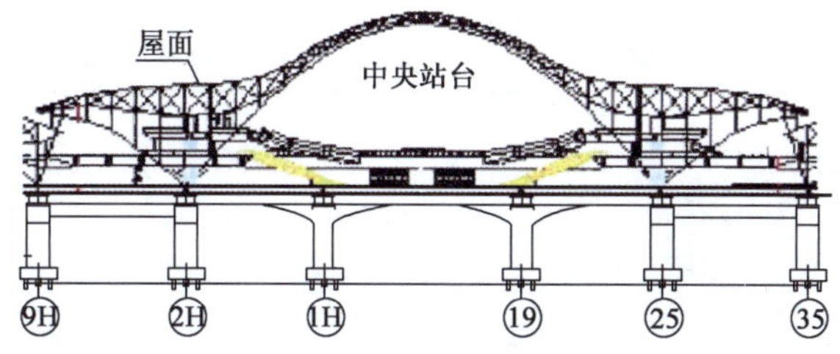

图5-2-39　新武汉站结构剖面图

图5-2-40　天津新西站内景

为方便旅客，体现以人为本的新理念，新建铁路客站站台大都采用无站台柱雨篷，雨篷横向跨度要求不小于21.5m，支承柱可设在两股铁道中间。因此，形态各异的大、中、小跨度空间结构都可适用于站台雨篷屋盖结构。表5-2-3给出具有代表性的铁路客站无站台柱雨篷结构工程。北京南站雨篷采用了具有特色的悬垂工字梁结构，结构主体主要是最大跨度(顺轨向)达66m的悬垂工字梁系，为抵抗风吸力，设反向斜拉索，支承在间距(横轨向)41.2m的A字形柱上(图5-2-41)。深圳北站雨篷采用一种新型的弦支柱面网壳，这是一种单元尺寸为14.0m×21.5m多跨多波连续的单环弦支圆柱面单层网壳结构，支承在四角锥柱帽斜杆的上端，柱网尺寸为顺轨向28m，横轨向43m(图5-2-42)。

具有代表性的铁路客站无站台柱雨篷结构工程　　表5-2-3

序号	工程名称	结构形式	平面形状及尺寸
1	北京北站雨篷	张弦立体桁架	118m×680m
2	北京南站雨篷	悬垂工字梁结构	两块月牙形平面126.6m×322.6m

续上表

序号	工程名称	结构形式	平面形状及尺寸
3	天津站雨篷	张弦梁(拱)结构	横轨向 48.5m + 2 × 41m + 42m + 39.5m；顺轨向柱距 18 ~ 24m，矢高 4.5m
4	武汉新站雨篷	双层网壳结构	两块曲边四边形平面 144m × 358m
5	广州新站雨篷	张弦梁(拱)结构	顺轨向柱距 32m；横轨向柱距 50 ~ 58m；总覆盖面积 140000m²
6	深圳北站雨篷	弦支网壳结构	顺轨向柱距 28m；横轨向柱距 43m；总覆盖面积 68000m²
7	青岛站雨篷	单层网壳结构	(44 + 39 × 2) m × 472m

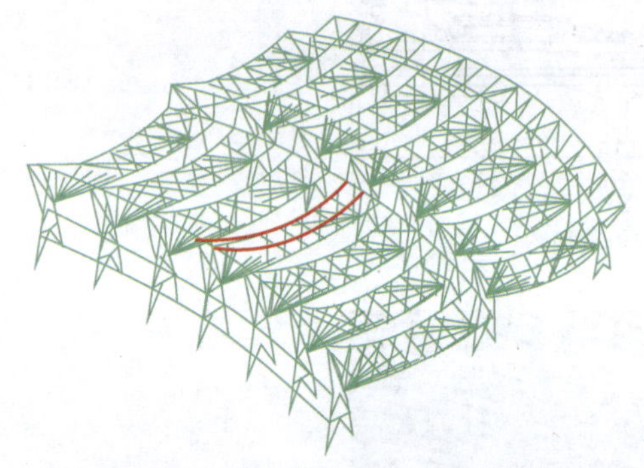

图 5-2-41　北京南站无站台柱雨篷结构

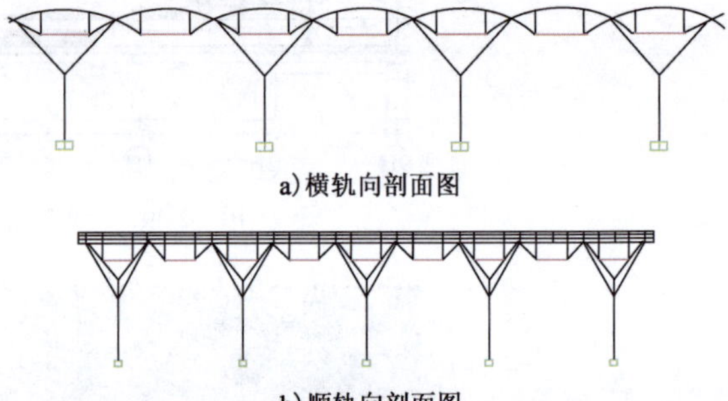

图 5-2-42　深圳北站无站台柱雨篷结构局部剖面图

二、铁路客站大跨度空间结构选型

铁路客站与体育馆、会展中心等公共建筑不同，其独特的结构形式(如大多数铁路客站采用"桥建合一"结构)、复杂的施工条件，决定了大跨度空间结构应用于铁路建筑时，会受较多制约，站房和雨棚屋盖体系的选型即是典型。站房、雨棚的结构形式涵盖了管桁架、网架、网壳、索拱、张弦梁及其组合形成的结构形式等多种大跨度结构体系，结构选型在大跨度屋盖的设计中尤为重要。

大跨度结构的选型涉及建筑、结构、力学、美学、经济学、施工方法等多个方面，通常要考虑以下因素：

(1) 结构的功能适应性

结构选型应首先考虑结构形式对建筑功能的适应性，选取不同的结构形式，建筑物所能取得的结构使用空间大小不同。候车室的主要功能是给旅客提供宽敞、舒适的候车空间，雨棚的主要功能是遮雨和形成通透、流畅的站台环境，结构选型首先应该保证这些使用功能的实现。目前铁路客站中普遍采用的大跨度屋盖、无站台柱雨棚设计即是对功能适用性的诠释。

(2) 结构的受力合理性

结构受力的合理性是指结构体系传力明确、结构抗风抗震安全、应力分布合理、破坏机理合理等，用于大型铁路站房、雨棚结构设计时，还要注意结构超长带来的温度缝设置以及雨棚结构体系防连续倒塌等问题。

各种结构体系有各自的受力特征，网架结构整体刚度大，稳定性好，安全储备高；网壳结构杆件内力分布较均匀,可以充分发挥材料的强度,并具有丰富的建筑造型;管桁架具有截面各向等强度、承载力高、抗扭刚度大等特点。结构选型要综合比较各种结构体系的优劣,并综合考虑经济、美观、施工可行等因素,选择最合理的方案。

(3)结构的经济有效性

大跨度结构的经济指标指结构的全寿命周期费用,不仅包括结构的建造成本,如用钢、结构安装等费用,还包括维护成本和改造成本。在有些客站中,结构的经济指标还包括预期灾害损失和加固费用。结构选型应该综合考虑这些经济指标,并选出最为经济有效的方案。

(4)结构的施工可行性

选择结构形式要结合结构施工工艺因素考虑工程的具体施工条件,不同的施工工艺材料消耗、劳动力、工期、造价等技术经济指标均不相同。同时,大型枢纽客站施工往往涉及下穿的地铁施工或既有运营铁路,钢结构施工吊装施工空间有限、材料运输受到场地影响、工期紧张等因素都应该在结构选型时考虑。

(5)结构的美学效应

结构的美学效应是指建筑视觉美和结构技术美的和谐统一。近几年在铁路客站屋盖结构选型上,有许多用结构来体现建筑视觉美的案例,如武汉站站房采用拱支双向网壳体系,站房中部最大拱跨为 116m,矢高为 45m,外形似飞翔的黄鹤,切合了“千年鹤归”的寓意;西安北站站房屋盖由 11 个 4 坡的坡屋面单元体形成折板网格结构,体现了“唐风汉韵”的文化内涵等。

三、大跨度空间结构在铁路客站中的应用

1. 在兰州西客站中的应用

站房主体结构由下到上为轨道层结构、高架层结构、高架夹层结构及屋面结构,共三层。铁路主站房东西两侧为站台雨棚,两侧站台雨棚关于中部站台对称布置。图 5-2-43、图 5-2-44 为站房和雨棚的剖面示意图。

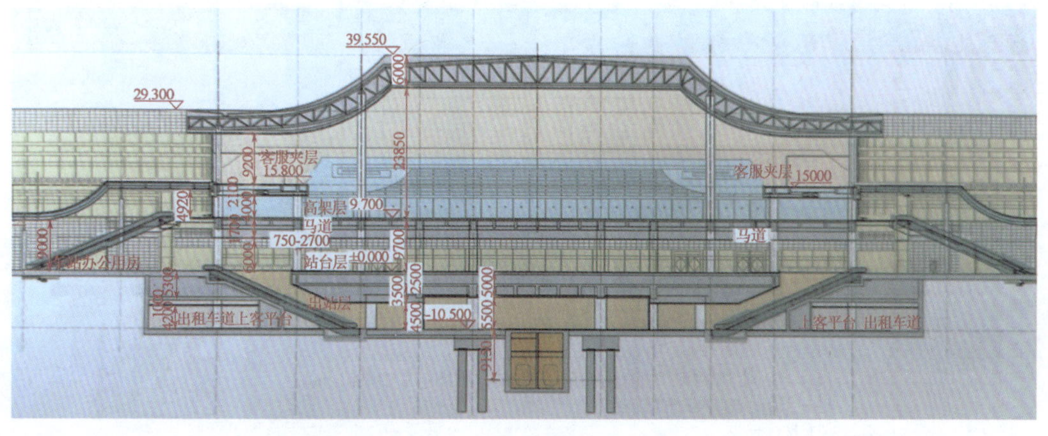

图 5-2-43　站房横剖面图(尺寸单位:mm,高程单位:m)

站房屋盖结构横轨方向长 370m,顺轨向宽 228m,屋盖呈“几”字形,矢高 10.8m,屋盖最高建筑标高为 39.550m。站房屋盖主结构采用正交空间管桁架结构体系。

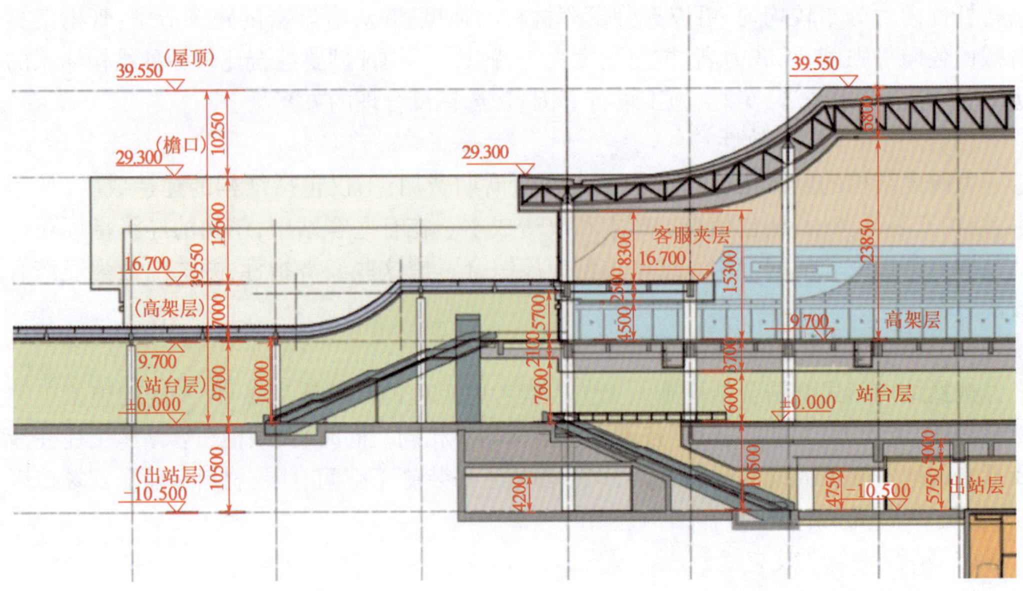

图 5-2-44　站房及雨棚剖面图(局部)(尺寸单位:mm,高程单位:m)

2. 北京南站的应用

北京南站站房汲取天坛的建筑元素,采用三重跌落式椭圆造型,建筑效果别具一格(图 5-2-45)。

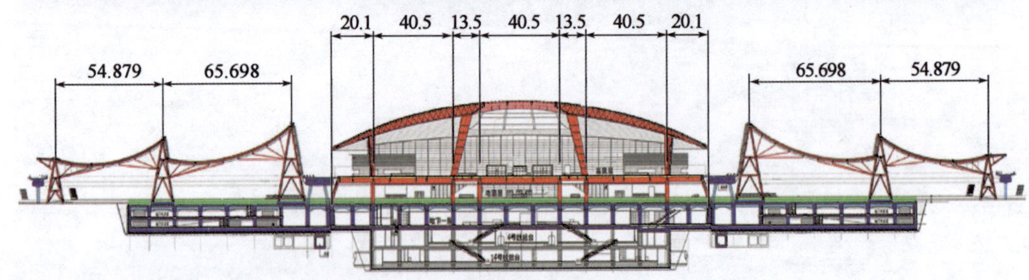

图 5-2-45　北京南站建筑剖面示意图(尺寸单位:m)

(1)桥-建合一结构体系

桥-建合一是为了适应站台轨道层跨越地下地铁层,同时又支承候车层及屋顶的功能需要,而将桥梁与房屋建筑结构组合一体的综合结构体系。这种结构形式既有效地利用了股道上下空间,又营造出宽敞的候车、换乘环境,是站房集成化布置的必然选择。

在北京南站设计中，主要研究了两种桥-建合一结构体系，一种是下部桥梁结构采用桥墩与箱梁结构体系，上部结构柱直接嵌固在桥墩顶且与铁路箱梁完全分开，其桥墩和箱梁的尺寸均较大。另一种是桥梁结构采用框架结构，上下部分结构形成整体框架结构体系。经方案比选论证，最终采用了整体框架结构体系。其站台轨道层既为铁路桥梁结构，又为房屋框架结构。为考虑各部分结构之间的相互影响，采用整体结构模型进行分析。站台轨道层结构按照相关铁路规范进行检算，并满足房屋建筑规范的要求。

(2)屋盖结构

大跨度空间结构的设计应首先根据建筑形体选取合理的结构方案，充分发挥空间结构的三维受力特性，在保证结构安全和满足建筑功能的前提下，力求结构设计的先进性和经济性。

主站房屋面平面呈椭圆形，椭圆长轴350m、短轴190m，屋面结构高度为40m；基本柱网横向为三跨，跨度为(40.5+67.5+40.50)m，两侧各悬挑19m；纵向柱距为20.6m，共17榀横向刚架。通过方案比较研究，屋盖采用实腹结构与空腹结构相结合的结构体系，即中间跨为实腹梁，两侧采用桁架结构。其中实腹梁高为2m，桁架高为3m。

(3)高架候车层结构

高架候车层结构位于站台层正上方，为实现无站台柱的效果，结构柱设置在列车轨道间。应根据建筑功能需要和柱距大小，并结合工程的具体情况，确定合理的楼盖结构形式，在满足结构安全的前提下，注意其经济性。

对高架候车层研究了多种结构形式：预应力混凝土框架结构形式、钢桁架梁与钢管混凝土柱组成的框架结构形式和实腹式钢梁与钢管混凝土柱组成的框架结构形式。结合工程实际情况，经方案研究比较，最终采用了大跨度钢框架结构形式，结构布置如图5-2-46所示。结构层高9.5m，结构平面呈椭圆形，最大柱网达20.6m×40.5m。框架柱在满足线间距的前提下，采用矩形钢管混凝土柱，标准断面为箱形1600mm×1200mm×60mm×60mm，柱内灌C50微膨胀混凝土。框架梁采用焊接H型钢梁，顺股道方向断面H2900mm×1000mm×45mm×75mm，垂直股道断面H1600mm×800mm×30mm×50mm。为减少结构温度作用，设计采用双支柱的形式将高架层分为相互独立的三部分。

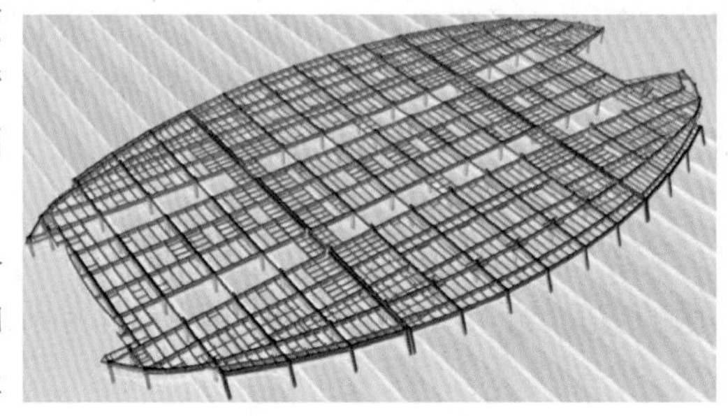

图5-2-46　北京南站高架层钢框架模型示意图

(4)站台轨道层结构

站台轨道层是实现铁路客站功能的关键部位，既承担车场轨道、站台、上部高架候车室荷载，又要满足地下出站厅及地铁等使用功能，在满足结构安全的前提下，应尽可能满足建筑使用功能的要求，采用合理的结构形式。

站台轨道层位于地面层，总长约400m，总宽约348m。通过设置变形缝，结构被分成3个区共9个结构单元，其中Ⅱ-2区的桥-建合一结构最为典型。作为上部结构的基础以及列车荷载的直接承受结构，轨道层的纵横向刚度直接影响整个站房结构的受力性能。为了增加站房结构整体性且满足列车通过要求，Ⅱ-2区结构顺轨向采用(2×10.5+11×13.5+2×10.5)m连续刚架，垂直轨道方向采用6×20.6m连续刚架结构，形成纵向长192m、横向长125m整体空间框架结构体系，结构模型如图5-2-47所示。

(5)对大跨度楼盖振动及舒适度的控制

大跨度楼盖结构在其自振频率与旅客步行频率接近时，人行激励振动的影响可能较大；同时，作为桥建合一结构，列车荷载引起的振动也不可忽视。两种振动不仅影响结构受力，而且影响到大跨度楼盖竖向振动舒适度。由于高架候车层作为旅客的主要候车场所，其舒适度问题应严格控制。

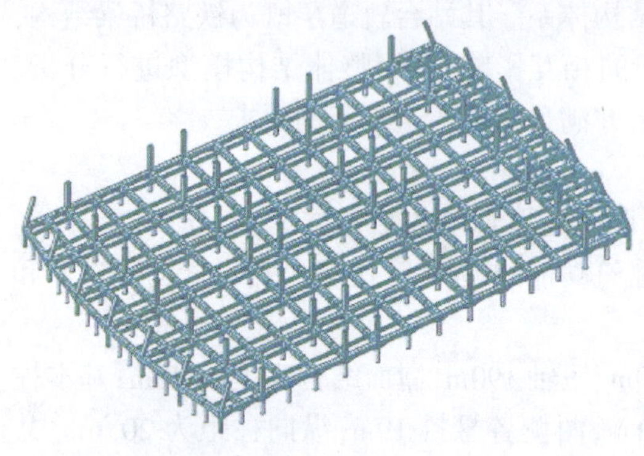

图 5-2-47　Ⅱ-2 区轨道层结构与上下结构柱结构模型

在人行激振下，北京南站高架候车层 40.5m 跨主梁的最大竖向位移值为 88.75mm，小于 101mm 的限值；最大应力值为 181.6MPa，小于 295MPa 的限值，满足要求；列车荷载引起振动分析表明，其 40.5m 跨的主梁振幅很小，满足结构的振动安全性要求。

参照《城市人行天桥与人行地道技术规范》(CJJ 69—1995)中的规定，天桥上部结构竖向自振频率不应小于 3Hz，而北京南站 40.5m 跨楼盖第一模态竖向振动频率只有 2.3Hz，不能满足规范要求。但是，楼盖振动对人的舒适度影响主要体现在其振动峰值加速度方面，参照国际相关标准，铁路客站的振动峰值加速度限值应小于 0.015g。即使候车大厅内人数超过 100 人同时按 2.3Hz 同一激振频率激振时，40.5m 主梁的跨中竖向加速度幅值接近或略超过 0.015g。考虑实际中所有人完全按同一频率行走的可能性太小，因此可认为满足舒适度要求。至于列车荷载，引起振动的加速度幅值远小于 0.015g 的限值，满足舒适性的要求。

(6)站台雨棚结构

无站台柱雨棚将结构柱设置在线路中间，采用大跨度空间结构覆盖整个车场，能提供开敞的空间，给人以视觉享受。因此，站台雨篷的空间结构设计和主站房建筑外观同样重要。

结合雨棚的形状曲线，顺轨道方向布置向下悬垂的工字钢梁，悬垂曲线为圆弧形。工字钢间距约 6.8m，最大跨度约 66m，截面尺寸为 600mm × 350mm × 10mm × 20mm。当雨篷受到向下荷载作用时，工字钢梁像悬索一样承担荷载。当雨篷受到向上荷载作用时，工字钢梁以拱的形态来承担荷载。为了使工字钢梁能最有效地发挥其拱形作用。在工字钢梁和 A 型框架柱之间安装了斜拉索，将每根工字钢梁分成 12 段，以减小计算长度，确保其在拱平面内的稳定性。以图 5-2-48 所示 D、E 悬垂梁为例，其特征屈曲分析结果表明，施加斜拉索后，悬垂梁有效长度系数减少至 0.165，构件稳定性满足要求。

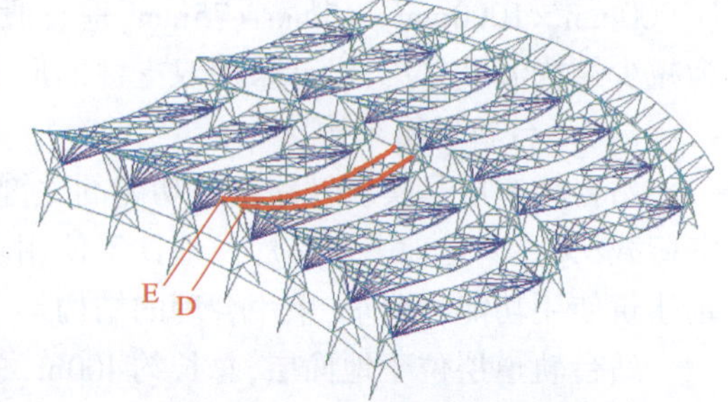

图 5-2-48　特征屈曲分析结果

3. 在武汉站的应用

(1)站房屋盖结构

根据“千年鹤归”的黄鹤文化寓意，武汉站屋面形状形似飞翔的黄鹤，屋盖结构采用拱支网壳结构体系(图 5-2-49)。站房屋盖结构为双向正交桁架组成的双层网壳,中央站房支承结构由五榀主拱、半拱形曲梁和斜立柱组成,网壳与拱之间以 V 形撑连接。五榀拱间距 64.5m,站房中心最大拱跨 116m,矢高 45m;前后端部拱跨 81.4m,矢高 44.2m。中央站房屋盖与支撑结构组成"W"形断面(图 5-2-50),它壳状的几何外形保证了其刚度,以抵抗整体弯曲。屋面网壳与主拱、半拱形曲梁组成了"拱-壳"组合体系。

(2)站台轨道层结构

武汉站站台轨道层位于地面以上 10.250m标高处,是一个高架的桥-建合一结构。为了使通行列车对结构的振动影响降到最低,设计时尽量使站房、雨棚支座坐落在桥墩上,桥墩为直径 5.3 ~ 6.0m 的钢筋混凝土柱,桥墩刚度可以保证其对上部结构的嵌固(图 5-2-51)。根据建筑造型,桥梁柱网轴线采用平行复制弧线、而不是同心圆弧线的布置方式,以此简化结构类型,便于杆件的标准化生产。桥梁跨度顺轨向(5 ×36m +34m +48m +34m +5 ×36m),横轨向 21.5m。

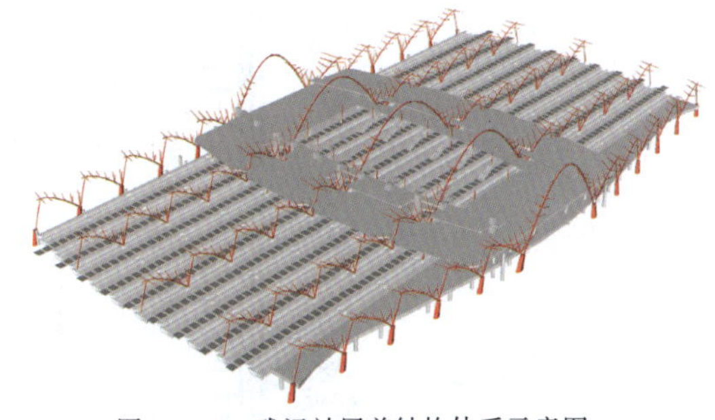

图 5-2-49　武汉站屋盖结构体系示意图

(3)站台雨棚结构

武汉站雨棚结构为异型单元式树枝状支撑网壳结构体系(图 5-2-52),异型单元式树枝状结构单元由半拱曲形梁、斜立柱及 V 形撑组成。曲梁跨越跨度 36m,沿横轨向间距 64.5m。半拱形曲梁与相邻支撑单元的斜立柱共用一个桥墩。在斜立柱中上部位,斜立柱穿过雨篷屋面结构,沿轨道方向,每片雨篷及中央站房屋面之间不传递屋面温度应力,每片结构单元与相邻单元间自然构成结构伸缩缝。

4. 在广州南站中的应用

广州南站结构设计理念及结构体系:广州南结是武汉至广州客运专线上最大的铁路客站,也是华南地区核心的交通根强,与武汉结类似,其客站形式采用了站-桥合一的形式,结构设计上仍然采用梁桥式的站-桥合一整体结构,由于其下跨越的地铁跨度更大,地震烈度更高,为了满足上部建筑结构设计需要,高架站台层在传统的线形桥梁的基础上采用了纵横梁体系;同时根据建筑方案和室内空间要求,屋面结构大量采用索-拱、索-壳以及张弦结构。

广州南站结构最主要的特点就是采用了梁桥式的站-桥合一的站房结构,同时根据需要,高架站台层采用了纵横梁体系。这是一种桥梁结构和建筑结构(通常是框架结构)两种结构类型相结合的空间组合结构,一方面两种结构之间连成一个有机的整体,密切相关,相互影响,另一方面两种结构构件之间相对独立,保持各自的特性。这种梁桥式"站-桥合一站房结构"的主要结构特征为:

①在站房结构中间层架设轨道桥梁,轨道桥梁放在桥上,桥墩直接立在地面上。

②上层(候车大厅楼面、局部夹层、雨棚、屋面等)的支承结构(混凝土柱、钢柱、雨钢斜撑等),生根于下部的桥或轨道桥梁上。

③车站中桥梁的盖梁、柱、基础为桥梁结构和房建结构共有,形成空间体系,不同性质的荷载由不同的结构体系共同承担,但桥梁结构和房建结构自身荷载的传递路径基本保持不变。

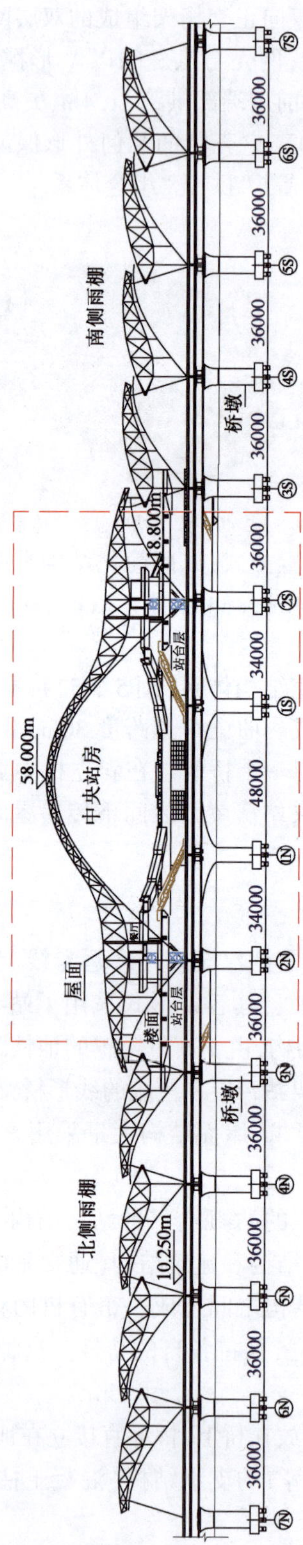

图5-2-50 武汉站顺轨向剖面示意图（矩形虚线框表示中央站房范围，尺寸单位：mm）

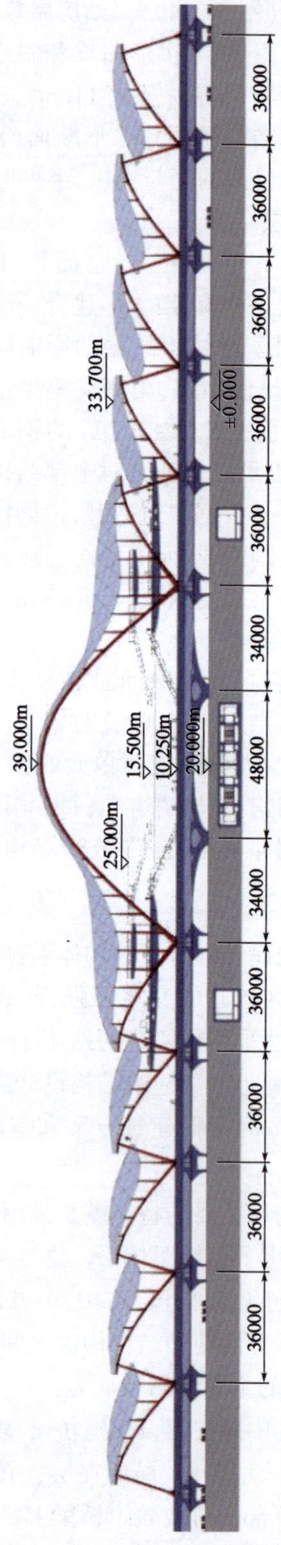

图5-2-51 武汉站站房柱与桥墩连接示意图（尺寸单位：mm）

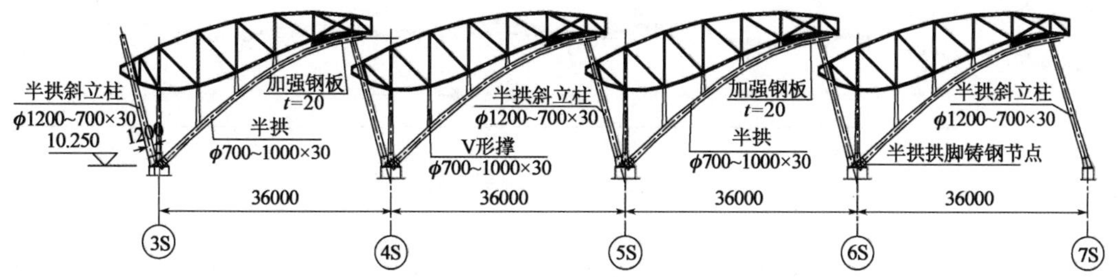

图 5-2-52　武汉站雨篷结构横轨剖面图(尺寸单位:mm)

(1)站房屋盖结构

广州南站主站房屋盖由于建筑造型复杂,柱网尺寸大,采用了索-壳结构和索-拱(张弦梁)结构组成的复杂空间结构体系,以结构美体现了轻盈简洁的"南国芭蕉"建筑形态。索-壳结构和索-拱结构均为自平衡结构体系,自重轻,能跨越较大跨度。站房中央采光带跨度为 34 ~ 60m,悬挑檐口跨度达 100m 左右,采用索-壳结构体系,网格边长约为 3 ~ 4m(图 5-2-53)。屋盖其余部分采用索-拱(局部为张弦梁)结构,跨度为约 68 ~ 100m。

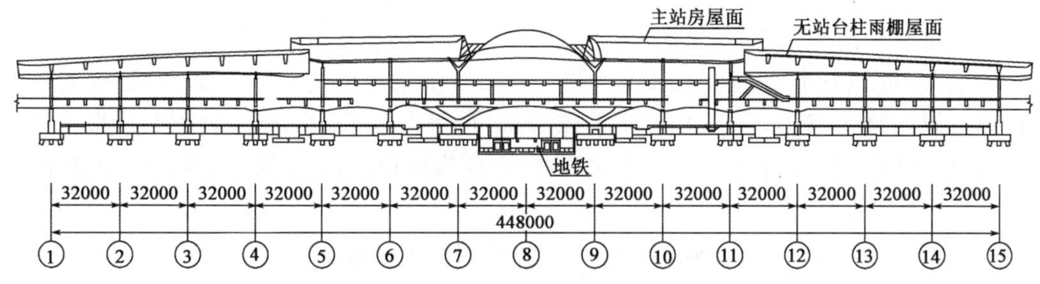

图 5-2-53　广州南站顺轨向剖面示意图(尺寸单位:mm)

(2)广州南站站台雨棚结构

广州南站雨棚主要结构形式为索拱,单榀索拱跨度为 50 ~ 68m,支撑在站台的 Y 形柱上。Y 形柱沿纵向柱距为 32m,通过梯形桁架连接。拱间距为 16m,每个拱包括两根直径 650mm 的钢管。沿垂直轨道方向,拱的大跨比逐渐降低,结构形式也由索-拱逐渐变化为张弦梁,如图 5-2-54、图 5-2-55 所示。

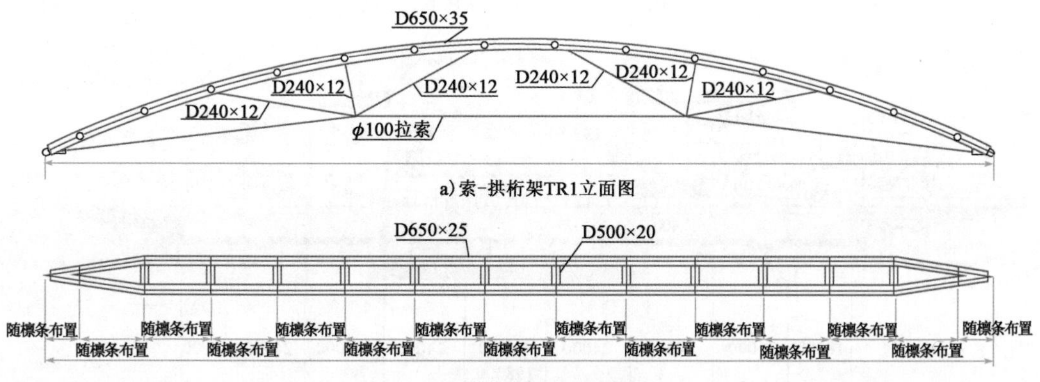

图 5-2-54　广州南站雨棚索-拱结构示意图

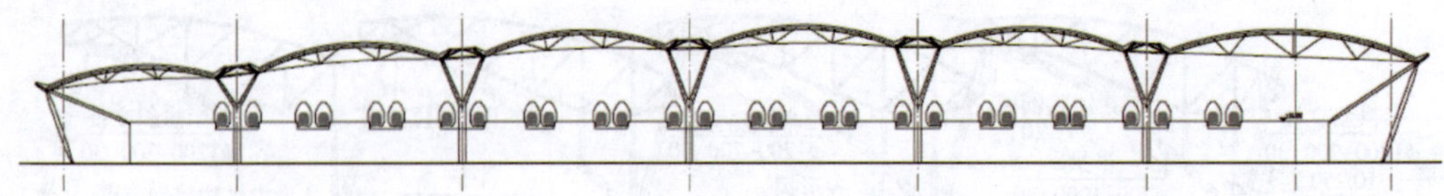

图 5-2-55　广州南站雨棚钢结构剖面图

(3)地下结构

主站房设有一层地下室,埋深4.5m左右,采用现浇钢筋混凝土框架结构,基础为桩筏基础。地下室被地铁分为左右两个区域,每个区域长为359m,宽为178m,层高为3.9m,柱网主要为8m×8m,结构不分缝,通过后浇带等其他措施来解决混凝土的伸缩和沉降问题。地铁在主站房地下正中穿过,与高铁的轨道方向垂直,地铁与地下室及其上的主站房结构完全脱开,对主站房结构受力不产生影响。

5.在上海虹桥站中的应用

为实现"平直方正厚重"的建筑形态(图5-2-56、图5-2-57),站房屋盖结构采用大跨的三角形立体桁架与钢管混凝土柱刚性连接,同时有效地提高了上部结构的侧向刚度。屋面结构分上下两层,中间高,两侧低。中央屋面结构标高40.0m,两侧屋面标高30.0m。中央屋面层结构为4.2m高的空间三角桁架,横向跨度72.0m。两侧屋面层结构采用1.4m×1.4m钢管混凝土柱与高度为3.0m的钢桁架组成的框架体系,框架横向跨度45.0m,纵向跨度43.0m+46.0m,局部12.0m。屋盖高差部分做成巨型桁架,巨型桁架的上弦为三角形管桁架,管桁架支承中央屋面;下弦为单根钢管,钢管与对应位置的柱间桁架一起支承侧边屋面。

图 5-2-56　上海虹桥站鸟瞰效果图

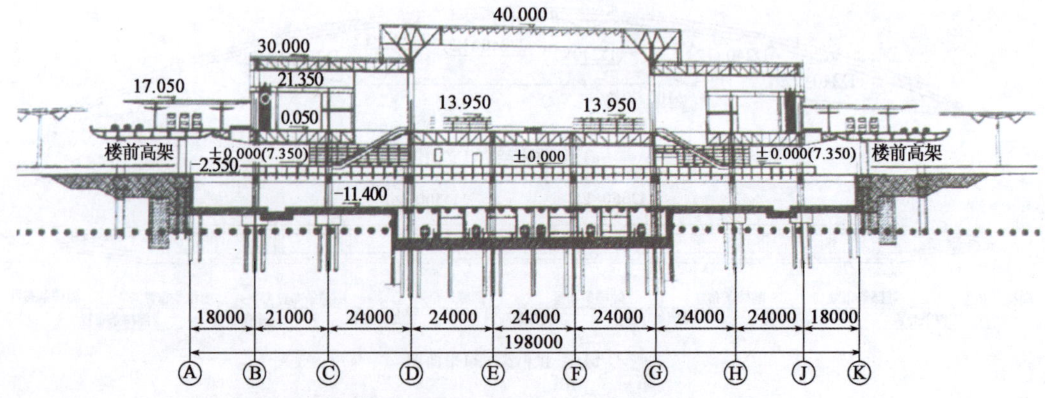

图 5-2-57　上海虹桥站顺轨向剖面示意图(尺寸单位:mm,标高单位:m)

6. 在西安北站中的应用

西安北站“唐风汉韵”的建筑造型(图 5-2-58、图 5-2-59)既具有浓郁地域文化底蕴,又充分体现了时代精神。站房屋盖由 11 个单元体组成,每个单元的基本形态为 4 坡屋面。屋盖顺轨方向跨度为(42 +66.5 +42)m,垂直轨道方向跨度为 43m,局部 47m;屋盖四周悬挑长度均为 21m。屋盖支撑柱顶采用倒四角锥的斜撑,有效地减小了屋盖网格结构的跨度,如图 5-2-59 所示。屋盖采用刚度较好且自重较轻的空间网格结构,不仅满足了建筑造型的需要,而且减轻了屋盖双向大跨度悬挑引起的水平和竖向地震作用对下部结构影响,取得了较好的经济效益。

图 5-2-58　西安北站建筑鸟瞰效果图

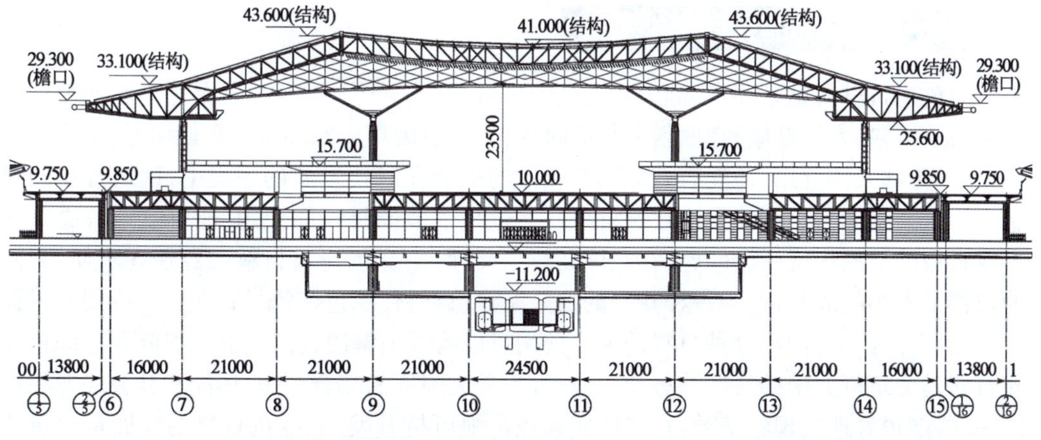

图 5-2-59　西安北站屋盖结构顺轨向剖面示意图(尺寸单位:mm,标高单位:m)

7. 在杭州东站中的应用

屋盖采用双向正交管桁架组成的空间格构与格构柱的板柱结构体系拟合建筑外形,实现了建筑主体圆润流畅的“钱塘潮涌”建筑造型(图 5-2-60、图 5-2-61)。屋盖平面尺寸顺轨向 285m,垂直于轨道方向 516m。在顺轨方向,屋盖结构正面最外侧部分最大跨度约 118m,其余部分最大跨度约 84m,钢管桁架的结构高度从跨中区域的 3.5 ~4.4m 逐渐变为两侧端部的 7.2m 左右。在垂直轨道方向,屋盖结构跨度为 43 ~68m。

图 5-2-60　杭州东站建筑鸟瞰效果图

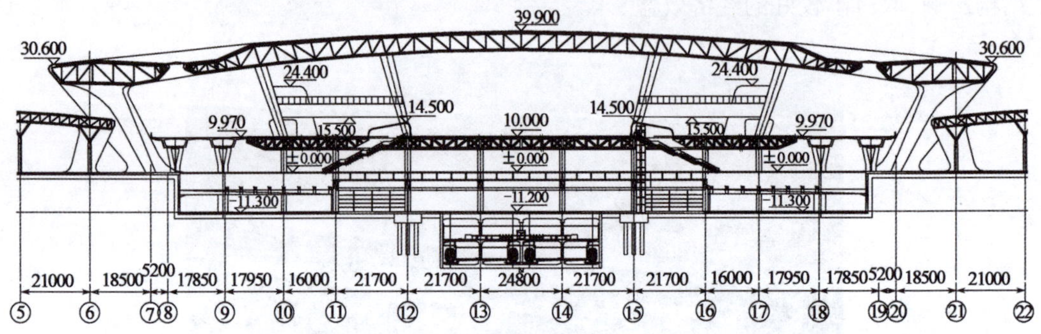

图 5-2-61　杭州东站结构顺轨向剖面示意图(尺寸单位:mm,标高单位:m)

第五节　铁路客站的绿色环保

一、铁路车站的绿色节能材料

绿色建筑材料是指环保、健康和安全的材料,对其进行评价的指标是是否对环境保护有利、是否影响人体健康、在原料采集的时候,是否会破坏生态环境。在使用时,不会影响环境、资源和人体健康,还能有效地调节人体的机能在时代发展的进程中,建筑行业的绿色节能材料将成为很有前景的建筑材料。通过绿色节能材料的使用,能有效地解决建筑行业日益凸显的环境污染问题,在我国夏热冬暖地区,绿色建筑材料已经在逐步使用,同时取得了不小的成效,作为一种新型的功能型建筑材料,绿色建筑材料在建筑应用的过程中,得到了广泛的普及,这种材料的大力使用可以有效地解决建筑节能环保问题。绿色建筑材料是建筑行业中的发展趋势,它是对资源最大限度的综合利用,还能和社会的发展相统一,既能很好地实现经济效益,又能实现经济地可持续发展,绿色材料的发展是建筑节能的主要依据,建筑节能的发展和生态环境的联系更是密切。在我国夏热冬暖地区,绿色建筑材料的使用能很好地解决除湿、防热等问题,实现自然通风,收获一种理想的效果,符合建筑节能的需求。绿色建筑材料在大限度降低环境污染的同时,能带来很好的社会效益和经济效益。

旅客站内客流量较大,进出频率高,乘客旅客经验参差不一。针对旅客站人流量大,站内噪声大、空间封闭等特点,在站内装修材料的选择上首先要满足耐磨、耐腐蚀、易清洗以及防滑、防水、防火、吸声等,对安全性有较高要求。铁路客站还应保证建材设备的无害化。建材、设备是车站建筑空间最原始的建构单元,切断建材、设备的污染源就意味着建筑空间的无害化。绿色铁路客站采用低装修和绿色材料来实现室内空气品质的无害化。

因此,在铁路车站中,采用绿色建筑材料,使其满足建筑节能的需要,是势在必得的,让我们一起来认识一下在建筑节能环保中,一些绿色材料的应用。

1. 采用节能的建筑围护结构

现在许多城市建筑采用的大面积玻璃幕墙,是对能源的极大浪费。绿色能源建筑要力求低能耗,需要控制透明围护结构的使用面积。透明围护的外侧可设置遮阳(卷帘、百叶窗等),减少室内的太阳辐射量。在创造舒适空间的同时,又能大限度节能,构造节能又环保的建筑体系。

2. 通风、采暖节能技术的应用

在城市建设的应用中,要注意考虑到节能、环保、资源综合利用等问题。可采用节能的自然通风、空调和采暖设备,降低能耗。利用自然通风的原理设置风冷系统,改善室内温湿环境,减少空调设备的开机时间,实现自然通风。

3. 外墙保温及饰面系统的应用

外墙保温材料是无机材料和有机材料的复合材料,具有一定的节能作用。而屋顶绿化可以降低建筑物的温度,增加城市绿化面积。而在外墙保护和饰面系统中,维护结构的系统应用最为广泛。主体结构多固定在外墙上,中间部分多采用保温板,外墙的部分可更好地美化墙体。

4. 隔热水泥模板外墙的应用

在应用时,隔热水泥模板外墙有很好的绝缘效果。在现场浇筑时,这种模板在施工过程中成为施工外墙不可或缺的组成部分,其墙体加固和保温隔热的作用良好,因此,它也是一种应用良好的新型材料。

5. 抑菌材料的应用

许多传统的建筑材料易产生细菌,而抑菌材料就比较环保,它具有一定的抗菌元素,可以杀菌、抑制微生物的生长和繁殖,还具有自清洁功能,这样就有利于达到长期卫生、安全的目的。

6. 建筑保温绝热板的使用

保温绝热板材料由两个部分构成:夹心层、两面,其主要应用于屋面上。保温绝热板的应用较为广泛:民用住宅、商业建筑都有所应用。这种施工材料的保温效果和节能性良好,工艺简单,施工成本低、污染也小,能够起到保护环境的作用,因此其多应用于建筑工程的施工中。

二、铁路车站的节能技术

铁路站房作为交通型的公共建筑,其空间复杂,人流量大,除具备普通公共建筑的特点外,同时还具有大空间、窗墙比大、人员流动量大、照明系统复杂等自身特点,而这些特点在一定程度上增加了室内的空调采暖负荷,进一步增加了对电能、天然气、水等能源的消耗,客站能源消耗巨大,同时也具有巨大的节能潜力。

较普通公共建筑而言,铁路客站建筑具有层数少、层高大和面积大的特点,相对而言客站建筑的围护结构面积比例较大,其对室内环境影响显著,在节能方面应更加重视。随着计算机技术的发展,站房设计过程中可综合采用多种软件进行能耗预测,围护结构优化、气流组织、采光、遮阳的模拟计算,采取相应的节能措施,并验证既有设计。

一般常用的计算软件包括 DeST 逐时动态能耗模拟计算软件、CONTAMW 自然通风模拟计算软件、Ecotect 生态建筑模拟计算软件、CFD 模拟计算软件(Phoenics)等。

1. 一般研究方法

(1)围护结构优化设计

通过搭建 DeST 全年逐时负荷预测模型,分析室内人员密度、室内灯光、设备等的合理取值、模型的合理简化方法;研究建筑能耗随外墙传热系数、外窗传热系数、外窗遗阳系数、天窗传热系数、天窗遮阳系数的变化关系,从而确定圆护结构热工参数的优化组合;根据《公共建筑节能设计标准》(GB 50189—2015)的要求判断围护结构设计是否满足节能标准要求,并利用参考建筑法对工程的能耗水平进行权衡判断。多区城网络模型和 DesT 能耗模拟相结合的分析方法,计算室内无组织风量,并评价对建筑能耗的影响。

(2)自然通风设计

根据建筑特点,分析可能的通风路径;搭建自然通风模型,分析在确保一定室内外温差(5℃)的前提下,室内各房间的换气次数以及满足要求的开窗面积;根据具体开口位置和开口面积,计算设计工况下室内空气温度,并预测自然通风全年运行的节能水平。

天然采光设计根据建筑特点,确认各区域满足室内采光要求所允许的室内照度值搭建采光分析模型,分析在全年最不利的气象条件下,室内照度分布值,从而确定适明图护结构可见光透射率的限值;计算典型工况下室内天然采光照度分布,计算全年天然采光满足率,并预测天然采光的节能水平。

2. 国内七座较具代表性的光伏火车站

(1)青岛火车站——最独特的欧式火车站

青岛火车站(图 5-2-62)始建于 1899 年,是一座饱经沧桑的百年老站,经过改扩建后,成为我国唯一的一座欧式铁路车站,其拥有当时国内最大跨度的站台无柱风雨棚和最大的地下候车室。壮观的德式钟楼和站房,集豪华与环保设计于一身的大型客站,能容纳 3000 人的地下候车室,人性化多功能服务区,以及太阳能发电的无柱风雨棚,众多科技元素与唯美的设计让新青岛站成为了岛城又一道亮丽的景观。

图 5-2-62 青岛火车站

(2)杭州东站——新时代的钱江潮

杭州东站(图 5-2-63)是全国九大省会城市巨型车站建设工程的“收官之作”,该车站于 2013 年 7 月 1 日投入使用,总建筑面积达 113 万 m^2,站内汇集高铁、普铁、专线、地铁、磁浮、公交、水上巴士等多种交通方式和配套服务设施于一体并可实现立体无缝交通换乘，是亚洲超大型交通枢纽之一。作为老站原址改扩建，在全国已建成的大型高铁站中，是最晚设计、最晚建成的，这也使得它有可能在设计上采用更新的理念和技术，屋顶采光系统和屋顶光伏发电系统的设置，能充分体现最新的环保理念，同时也使之成为我国已并网的最大单体光电建筑之一。站在杭州火车东站站房屋顶，一块块光伏组件像大型地砖一样整齐划一排列着，铺设面积比 11 个足球场还要大，原本白色的建筑屋面，超过 80% 被蓝色覆盖，一眼望去颇为壮观。

图 5-2-63　杭州东站

(3)武汉火车站——中国最美的火车站

武汉火车站(图 5-2-64)是“中国百年百项杰出土木工程”“第十届中国土木工程詹天佑奖”“中国建筑协会鲁班奖”三项大奖的“大满贯”得主，成为中国铁路车站“最美”窗口。武汉火车站同时也是唯一一个获得国际大奖的武汉建筑，标志着武汉的城市建筑到达了一个新的高度。武汉站整体的“千年鹤归”造型突显湖北特色，寓意充满灵性的千年黄鹤惊叹家乡变化翩然而归。建筑中部突出的 60m 高大屋顶，预示着武汉是湖北也是中部省份崛起的关键地点。九片屋檐同心排列，又象征着武汉九省通衢的重要地理位置，正是在这翩翩起舞的九片屋檐上，整齐地排列着一排排太阳能硅晶板，向火车站站体提供清洁的电能。“建筑思路与城市文化高度融合，是城市地标性建筑中成功的案例”，这样一座大型公共建筑不仅要承担实用功能，也可发挥创意之都的优势，也让这座光电建筑成为一张城市名片。

图 5-2-64　武汉火车站

(4)上海虹桥站——绿色铁路建设中的东方之珠

上海虹桥站(图 5-2-65)是继武汉火车站之后，年发送客流量仅次于北京南站的又一超大型综合客运站，在当时也是我国装机量最大的单体建筑光伏发电一体化电站，是原铁道部为建设绿色枢纽站场、进一步提升铁路客运站的社会形象又一重要铁路站场光伏发电项目。它的建成对优化能源结构、减少温室气体排放、发展低碳经济、加快绿色铁路建设具有非常重要的示范意义。

图 5-2-65　上海虹桥站

(5)北京南站——亚洲第一站

北京南站(图 5-2-66)既是我国第一座城际铁路、客运专线铁路、普速铁路、城市轨道交通的综合站房，同时作为奥运工程中的重要标志建筑，也是中国第一座高标准现代化的客运专线大型客站、客流量名列世界第三，被誉为“亚洲第一站”。在这样的车站采用太阳能发电系统，其环保、节能、绿色奥运等概念的示范效应是不言而喻的，正是它的落成，就此拉开了我国建设绿色枢纽站场、提升铁路客运站的社会形象的大幕。

图 5-2-66　北京南站

(6)南京南站——铁路之上的宫殿

在南京南站(图 5-2-67)的设计中，全方位地尝试融入更多的传统文化精髓和南京城市的地域特色，尝试从使用者的角度体会超大体量的交通建筑可以带来的空间震撼和不同以往的使用感受。将这些理念和对当地历史文脉的尊重贯穿始终，将双重屋檐、柱廊、斗拱、城砖、窗花这些传统建筑造型元素融入方案，力求给南京这座历史悠久的六朝古都带来一个新的时代经典和城市标志。南京南站以 10.67MW 的总装机量，超过杭州东站(10MW)，虹桥站(6.5MW)，武汉站(2.2MW)，2013 年 7 月正式并网后，便成为全球最大的单体并网发电的光电建筑。落成后的南京南站，人们无不被其传统文化、现代科技、时代气息所感染，无不被其恢宏的气势所折服，将其誉为“铁路之上的宫殿”真是再贴切不过了。

图 5-2-67　南京南站

(7)呼和浩特东站——草原穹庐展翅之鹰

呼和浩特东站(图 5-2-68)一座采用世界最先进技术建造的最具民族元素的光伏火车站,一个联通京津冀地区和山西、陕西以及蒙古国的重要交通枢纽,一个完全契合了中国和谐发展要求的建筑理念新建的呼和浩特东站,其主体的圆形穹顶造型源自草原上最具代表性的蒙古包,这使它成为了独一无二的建筑,成为草原上的一个绿色传奇。作为内蒙古 60 年大庆的献礼工程和原铁道部的重点项目,呼和浩特火车东站设计主题以"草原穹庐、展翅雄鹰、白云故乡、青色之城"作为造型立意,综合考虑功能性、系统性、前瞻性、文化性和经济性,将现代交通建筑、绿色建筑与地域文化特色有机融合。840 块非晶硅光伏电池组件与站台风雨棚紧密结合在一起,宛如草原雄鹰绚丽的羽翼,与建筑外形设计契合的天衣无缝,无疑这是一个光电建筑与民族特色文化完美融合的又一代表作。

图 5-2-68　呼和浩特东站

国内代表性的光伏火车站主要数据见表 5-2-4。

国内代表性的光伏火车站　　表 5-2-4

名　称	应用类型	电池类型	建成时间	安装面积	装机功率	年发电量
青岛	采光风雨棚	非晶硅薄膜	2008.10	2200m^2	103kWp	67MWh
杭州	建筑屋面和风雨棚	单晶硅和非晶硅薄膜	2013.06	7.9 万 m^2	10MWp	10GWh
武汉	建筑屋面和风雨棚	单晶硅	2009.12	1.52 万 m^2	2.2MWp	2GWh
上海虹桥	风雨棚	晶硅	2010.07	6.1 万 m^2	6.688MWp	6.3GWh
北京南站	采用屋面一体化	化合物薄膜	2008.07	7000m^2	240kWp	223.6MWh
南京南站	建筑屋面和风雨棚	晶硅	2011.06	8.2 万 m^2	10.67MWp	9.23GWh
呼号浩特东站	风雨棚	非晶硅	2010.12	2169m^2	100.8kWp	120MWh

三、铁路车站的声学技术

建筑声学是研究建筑环境中声音的传播，声音的评价和控制的学科，是建筑物理的组成部分，研究室内声波传输的物理条件和声学处理方法，以保证室内具有良好听闻条件；研究控制建筑物内部和外部一定空间内的噪声干扰和危害。

室内声学的研究方法有几何声学方法、统计声学方法和波动声学方法。当室内几何尺寸比声波波长大得多时，可用几何声学方法研究早期反射声分布以加强直达声，提高声场的均匀性，避免音质缺陷；统计声学方法是从能量的角度，研究在连续声源激发下声能密度的增长、稳定和衰减过程（即混响过程），并给混响时间以确切的定义，使主观评价标准和声学客观量结合起来，为室内声学设计提供科学依据；当室内几何尺寸与声波波长可比时，易出现共振现象，可用波动声学方法研究室内声的简正振动方式和产生条件，以提高小空间内声场的均匀性和频谱特性。

车站的声学设计部分是站房建筑设计中的一个重要的组成部分，主要的设计目标是通过与建筑设计及室内装修设计相配合，为站房创造一个优良的声环境，满足车站在使用中的声学要求，保证在车站候车期间的旅客之间能够自由地交流，并且保证列车信息及时准确地传达给旅客。

铁路交通噪声会对客运站及其周围的环境产生污染。针对车站的特点，提出针对性的噪声控制方法。通过对目前车站声环境的实测和调研分析，工程设计将采取被动控制（即常规的隔声、吸声、减噪、减振和混响时间控制等传统方法）与主动控制相结合的办法，进行火车站的噪声控制设计。武汉站声学设计过程中运用 Ecotect 计算机分析软件，对车站各空间如中央大厅、候车厅及餐厅、贵宾室、出站广厅和售票厅等分别建模进行计算机模拟分析，计算其主要声学特性指标、模拟绘出直观的声线、声粒子走向图形，使噪声控制措施和处理方法得到验证和直观评价。对既美观大方又有扩散和吸声作用的新型吊顶装饰材料，如微穿孔管帘，在波型屋面和出站广厅等空间的适应性进行 Ecotect 计算机模拟分析，证明其合理性。

四、铁路车站的消防技术

随着国家城镇化的推进与产业结构的调整，城市的公共交通越来越引起重视，因此大型的交通枢纽建筑，特别是铁路建筑也在中国各地开始兴建。此类建筑具有平面面积大，空间开敞且互相连通，人流流线组织复杂等特点。因此，如何既让建筑更加人性化并兼具美观，又让建筑本身拥有较高的消防安全性能，成为了此类建筑的基本要求。大型交通枢纽类建筑特性大型的铁路建筑，作为一种特别的公共建筑类型，区别于一般商业或办公类的公共建筑，具有一些独有的建筑特性。

（1）建筑体量均较为庞大，人员聚集区域空间宽敞，楼层较高。

（2）建筑运营时间长，且为了保证建筑的持续有效安全运行，对建筑连续运行的要求较高。

（3）人员密度大，来源多样，且流线复杂，以火车站为例，有进、出站流线，后勤流线，乘务流线等，因此对此类建筑的人员公共安全提出了较高的要求。

主要研究问题与性能化设计内容大型铁路交通枢纽客站一般为建筑高度超过 24m

的非单层公共建筑,按现行规范于高层建筑,但其疏散流线却有别于高层建筑的竖向形式,更接近一般建筑的水平流线因火车站建筑类型及使用性质特殊。

1. 主要研究问题

针对铁路旅客站的功能需求及对应的特定空间形式研究防火设计存在的问题:

(1)大空间区域设计理念,按相互贯通设计理念设计的大空间区域难以完全依据规范进行防火分区划分,故防火分区面积大是项目核心问题。

(2)防烟分区设置与防排烟设计。

(3)疏散设计。

(4)消防措施设置。

(5)钢结构防火保护。

(6)外部消防救援。

2. 消防设计难点

基于上述特点,此类建筑的消防设计存在下列的困难:

(1)防火分区划分困难。根据《建筑设计防火规范》(GB 50016—2014)中对于建筑内部利用防火门,防火墙的要求,会人为导致建筑内部的高大空间的阻断,既不利于人员的自由流动,视觉上也打断了建筑的通透性。若大面积的利用防火卷帘,由于跨度的原因,也会带来很多问题。

(2)排烟量计算困难。针对大空间包括进出站厅,行包库等区域,若采用《规范》中要求的进行排烟设计,排烟量十分巨大,在实际设计过程中,难以实现。

(3)灭火系统保护困难。长距离水幕保护,供水难以保证。

(4)疏散设计困难。大空间区域,为了满足使用的要求,一般进深和面积都较大,长度也较长。这样就给疏散设计带来一定的困难,楼梯间与消防电梯也无法过多设置。

3. 难点解决办法

(1)性能化设计

①合理划分防火分区。

②设置防火单元控制火灾蔓延。

③设置“防火舱”限制火灾烟气蔓延扩大。

④有限引入“燃烧岛”。

⑤采用分阶段引导人员疏散策略。

(2)安全性评估

①“燃料岛”有效控制火势。

②消防安全达到现行规范要求的同等水平。

③“内外分区”有效控制烟气蔓延扩散。

④轨道梁结构的利用起到了蓄烟作用。

4. 消防化设计评估范围及内容

对于新火车站各建筑空间的公共人流区域(不含地铁部分)均应采用性能化设计手段开展性能化设计分析工作。内容涵盖防火分区设置及分隔方式、疏散设计以及烟气控制自动报警与灭火系统、结构保护等方面。则复核评估内容如下:

(1)对设计参照的相关规范及标准进行确认。

(2)对总体消防设计安全目标、消防策略方案进行评价。

(3)对性能化设计分析方法及参数的选择进行复核。

(4)对设计火灾、火灾场景合理性进行确认。

(5)针对每一个火灾场景及问题对其分析方法(软件),假设条件进行合理性分析,对初步模拟(烟气发展、人员疏散)结果进行评估。

(6)对火灾探测系统、灭火系统的选择的合理性进行评估。

(7)对排烟系统的设计合理性进行评估。

(8)对结构屋架钢结构防火设计合理性进行评价。

第三章　高铁客站施工关键技术

随着国家基础建设的大力投资,铁路客运专线建设步伐加快,人民生活水平的不断提高,对出行的快速、便捷、舒适等要求越来越高。这就决定了高速铁路的一个重要组成部分——高速铁路客站,必须具备一定的规模和体量,必须和地铁、长途汽车站、城市公交等各种交通方式无缝衔接。铁路客运站房工程陆续开始新建或扩建,新技术、新工艺、新标准也在不断地推广应用。施工管理与施工技术的积累对车站工程施工工期的实现、工程质量的保证,成本控制利益最大化影响越来越大。

当前我国高铁客站建设主要面临3个难题:

(1)建设规模大,开工项目多

2017年是实施"十三五"铁路规划承上启下的一年。新修编并于2016年7月得到国家批复的《中长期铁路网规划》明确指出,到2020年,全国铁路网规模达到15万km,其中高速铁路3万km,覆盖80%以上的大城市。这是国家根据经济社会发展新形势、新要求,对未来铁路发展蓝图作出的重大调整和顶层设计,明确提出了"十三五"铁路建设发展的阶段性目标。既有的设计资源、建设模式已无法适应当前大规模高铁客站的快速分展。

(2)建设理念新,技术难题多

与以往铁路客站相比,高铁客站建设必须体现"以人为本"和"可持续发展"的理念,这给铁路客站的空间结构、节能环保、环境控制、消防安全等带来了一系列技术难题。既有的设计理念、技术储备已无法适应高铁客站发展的新要求。

(3)牵涉范围广,协调难度大

高铁客站建设受铁路网规划和城市规划的双重制约,与城市交通、市政设施等工程关系紧密。再加上受我国现有条块分割的行政管理体制影响,客站建设无论在前期规划设计阶段,还是在后期工程实施阶段,接口多、协调难度大。既有的工程管理水平和能力已无法适应高铁客站的建设需求。

铁路客运站房工程施工特点和难点如下所述:

(1)工程规模宏大,工程体量巨大

新建的铁路客运站房都充分考虑到未来发展的需要,站房设计规模、功能布局比较超前。铁路站房的设计都与当地市政交通、城市轨道交通有机的结合,并将城市交通干线通过高架桥形式通过站区构成一座立体的交通枢纽,铁路站房都将成为当地地标性大型公用建筑,因而工程规模都比较庞大。

(2)工程结构复杂,多种结构形式集于一体

铁路旅客车站设计中充分考虑铁路客运站与既有铁路、高速铁路、城市地铁、公共汽车、航空等各种交通方式的有机衔接,成为一个综合交通体系的枢纽。站房结构的设计与

地铁换乘结构、高架桥结构同时考虑,同时施工,因此,工程结构较为复杂。铁路客运站房功能上要求大空间、大跨度结构形式,也使钢结构得到广泛应用。

(3)设备安装工程系统繁多,配合协调难度大

目前的大型客运车站都是为客运专线配套建设的大型交通枢纽工程,引进许多先进管理设施,站内设备安装系统种类数目繁多。在施工中各专业各系统有机配合,协调安排是后期施工的一大难点。

(4)程施工工期紧张

高铁站房工程由于结构复杂,许多新技术、新工艺、新材料得到广泛应用,因此造成施工难度大、问题多,施工需要各种专业相互协调,相互配合;而且站房的设计具有唯一性,由于设计的要求高,致使初步设计方案需要进行多次论证,造成站房的开工日期落后于客运专线的开工日期。

(5)施工现场标准要求高,工业集成化程度高

高速铁路客运站房作为一个城市的标志性工程,代表一个城市的窗口,无论是在方案确定阶段还是在施工建设阶段都受到社会各界的广泛关注,由于工程本身体量大,工期要求紧,施工中所投入的机械设备和劳动力资源都非常庞大,合理的临时设施规划布置特别市场内交通道路的规划显得尤为重要,既要"统一、美观、醒目",又要布局合理减少拆改,坚固实用保持耐久、适当放大保证需要,合理经济减少投入。

第一节　深基坑施工处理技术

近20年来,随着我国经济建设的高速发展,各地尤其是沿海经济较发达城市兴建了大量的各类建筑。大规模的高层建筑地下室、地下商场、高铁客站的建设和大规模的市政工程如地下停车场、大型地铁车站、地下变电站、大型排水及污水处理系统等的施工都涉及深基坑工程。由于功能要求日益复杂、支护体系种类繁多、各种施工工艺的联合使用,其复杂程度对深基坑工程的理论研究、设计与施工均提出了诸多挑战性问题。

我国基坑工程领域的工程技术人员面临这些挑战,开展了基坑工程相关的理论、设计、施工装备和施工技术研究,发展出了一系列支护技术如水泥土重力式围护墙、土钉和复合土钉、钢板桩、灌注桩排桩、SMW工法、地下连续墙、土层锚杆、钢支撑和混凝土支撑等,为各类基坑工程的支护提供了有效的技术手段。伴随着一系列规模庞大、复杂度大、难度高的基坑工程顺利实施,我国深基坑工程的设计和施工技术水平取得了长足的进步。

在高速铁路客站的建设过程中,由于大规模的车站与其他配套设施的共同新建,整个交通枢纽的规模更为庞大,这就涉及基坑工程问题。基坑工程通常具有如下3个重要特点:

(1)与自然地质及环境条件密切相关,施工风险性高,在设计及施工中必须全面考虑气象、工程地质、水文地质条件及其在施工过程中的变化,并充分了解基坑开挖与地质条件及周围环境的关系及互相影响,特别是软土地区的深大基坑,还要注意基坑开挖中的时空效应规律。

(2)与主体结构地下空间的施工密切相关,任何基坑设计在满足基坑安全及周围环境保护的前提下,要满足施工的易操作和工期要求。

(3)技术综合性强且涉及范围广,基坑工程涉及设计、施工、监理、管理、监测、降水

等诸多方面的工作与学科，是一项内容丰富、综合性很强的应用技术。

结合基坑工程技术的新进展重点介绍了若干技术，包括深基坑支护技术、逆作法技术、复杂地质超深地下连续墙技术、深大基坑降水施工技术。

一、深基坑支护技术

基坑为房屋建筑、市政工程或地下建筑物在施工时需开挖的地坑。为保证基坑施工、主体地下结构的安全和周围环境不受损害而采取的支护结构、降水和土方开挖与回填，包括勘察、设计、施工和监测等，称为基坑工程，它是地下工程施工中内容丰富而富于变化的领域，是一项风险工程，是一门综合性很强的新型学科，它涉及工程地质、土力学、基础工程、结构力学、原位测试技术、施工技术、土与结构相互作用以及环境岩土工程等多学科问题。

基坑工程采用的围护墙、支撑（或土层锚杆）、围檩、防渗帷幕等结构体系总称为支护结构（图 5-3-1）。基坑支护工程包含挡土、支护、降水、挖土等许多紧密联系的环节，如其中某一环节失效，将会导致整个工程的失败。基坑工程事故发生率较高，占基坑总数的 1/4 以上，而这些工程事故主要表现为支护结构产生较大位移、支护结构破坏、基坑塌方及大面积滑坡、基坑周围道路开裂和塌陷、与基坑相邻的地下设施（管线、电缆）变位以致破坏，邻近的建筑物开裂甚至倒塌等。

a)

b)

图 5-3-1　于家堡车站基坑支护

1. 深基坑工程的特点

（1）基坑工程是与众多因素相关的综合技术，如场地勘察，基坑设计、施工、监测，现场管理，邻近场地施工的相互影响等。

（2）建筑趋向高层化，基坑工程正向大深度、大面积方向发展，有的长度和宽度多达百余米，给支撑系统带来较大的难度。

（3）随着旧城改造的推进，基坑工程经常在已建或在建的、密集的或紧靠重要市政设施的建筑群中施工，场地狭窄，邻近常有必须保护的永久性建筑和市政公用设施，不能放坡开挖，对基坑稳定和位移控制的要求很严。相邻场地的基坑施工，其打桩、降水、挖土等各施工环节都会产生相互影响与制约，增加协调工作的难度。

（4）工程地质条件越来越差，城市建设不像水电站、核电站等重要设施那样，可以在广阔地域中选择优越的建设场地，只能根据城市规划需要，随遇而安。因此地质条件往往较差。在某些沿海经济开发区较尤为突出。在土质软弱、高水位及其他复杂条件下开挖基坑,很容易产生土体滑移、基坑失稳、桩体变位、坑底隆起、支挡结构严重漏水、流土以致破损等病害,对周围边建筑物、地下构筑物及管线的安全造成很大威胁。

(5)基坑工程施工周期长,从开挖到完成地面以下的全部隐蔽工程,常需经历多次降雨、周边堆载、振动等,对基坑稳定性不利。

(6)基坑支护形式具有多样性,同时也各有其适用范围和优缺点,相同的地质条件可以采用几种不同的支护结构型式,可以从各方面相互比较,从中选取最合适的作为基坑支护。

(7)基坑工程事故多,无论地质条件的优劣、基坑的深浅,都经常发生事故,给国家造成巨大的经济损失,影响居民安定生活。

2. 基坑支护类型

基坑支护包括两个主要的功能:一是挡土,二是止水。

目前工程所采用的支护结构形式多样,通常可分为桩(墙)式支护体系和重力式支护体系两大类;根据不同的工程类型和具体情况这两类又可派生出各种支护结构形式,且其分类方法也有多种。因为支护结构分挡土(挡水)及支撑拉结两部分,而挡土部分因地质水文情况不同又分透水部分及止水部分。

3. 基坑支护方案优选

众多深基坑支护工程事故发生的原因,其中最主要的还是基坑工程结构选型不合理,考虑的因素不够全面。基坑支护围护及撑锚方法较多,为达到同一目的,可以有多种方法,而每一种方法都有其独特的优点,速度快、经济省、噪声小、用电用水量小等。

选择支护结构类型的基本依据如下:

(1)基坑的尺寸,基坑场地的形状、深度和宽度等。

(2)基坑支护结构所受的荷载:侧向荷载、竖向荷载、地震荷载、风载、地面超载等。

(3)工程地质及水文地质条件:勘探资料内容及测试方法;地下水情况及分布、地表水位、承压水层、承压气体等。

(4)环境条件:基坑周围的地区性质;基坑周围建筑物状况;基坑周围公用设施分布及地下构筑物、管线状况;基坑周围交通状况及道路状况;基坑周围水域(河流)状况;基坑所处地区特殊状况及对基坑施工的特殊要求等。

(5)建筑物的基础结构及上部结构对支护结构的要求。

(6)基坑开挖及排水等方法。

(7)对基坑支护结构施工(噪声、振动、地面污染)的要求。

(8)基坑场地周围已有基坑支护结构形式或类似基坑支护结构的形式,在施工中的总结成功、失败原因、教训。

(9)现已应用的各种支护技术的特点与适用范围。

(10)相应基坑支护设计规程规范指南等。支护结构类型方案的选择必须遵循支护结构设计原则,更重要的是根据具体情况和具体解决的原则,使方案的选择具有创造性与灵活性。所以方案的选择应从支护工程的总体考虑。

4. 典型工程案例

杭州东站站房项目位于杭州市江干区新风东路以东、天城路以南、东宁路以西、新塘路以北所围合的区域。设计为15台30线，另预留磁浮3台4线。总建筑面积为155569m²，建筑高度为39.3m。地上2层（站台层、高架层、商业夹层），地下3层（出站通道、地铁站厅层、地铁站台层）。合同总价约28亿元。站房东、西面与站前广场相连，南、北面与站场线路及地下出租车通道相连。站房全景如图5-3-2所示，支护平面如图5-3-3所示。

图5-3-2　杭州东站全景

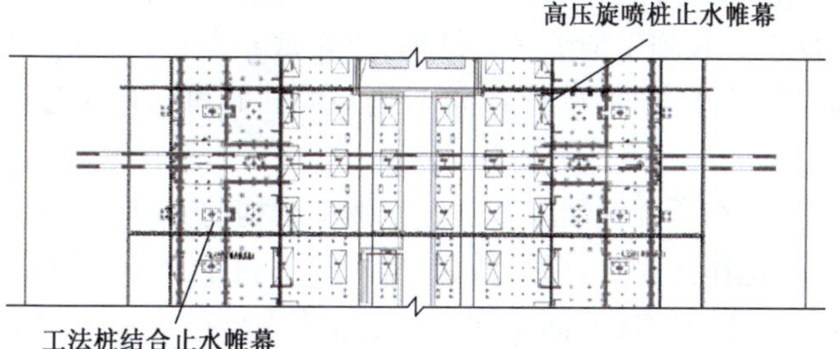

图5-3-3　支护平面

经分析，采用站房整体支护的SMW工法桩复合土钉墙的方式无法满足设计要求，因此必须进行适当调整。最后，支护设计方案采用了西侧工法桩密插并加预应力锚索，东侧高压旋喷桩止水结合大放坡的支护形式。

站房基坑支护底部存在大小不一的国铁桩基承台，承台底标高－16.200m（绝对标高－5.950m）～－17.200m（绝对标高－6.950m），比基坑底部低3.2～4.2m，如直接开挖势必导致基坑失稳。为确保基坑稳定，严防大面积开挖，且考虑施工便捷与资源回收，此部分基坑采用12m拉森钢板桩支护形式。为尽早打开站房施工作业面，加快推进站房工程建设，站房轨道层钢结构吊装拟提前穿插施工。部分深承台坑边需通行150t履带式起重机，此时吊装区域基础承台、底板均未施工完成，且道路两侧与承台边有2～3m的高差。为满足大型履带式起重机通行要求，对国铁承台两侧的道路进行加固。加固利用承台两侧钢板桩使用28mm的钢筋对拉，然后硬化处理。

杭州东站还需综合考虑站房总体围护形式的配合、地铁基坑已有围护结构和盾构线路等影响，难度极大。东站站房临近既有铁路线基坑围护选择的SMW工法桩加预应力锚索的复合支护形式经实践验证，安全可靠，施工效率较高，费用较低，不影响后续结构施工，特别是工法桩拔除后不影响日后地铁盾构穿越，因此是较为理想的一种围护形式。

二、逆作法施工技术

随着国内施工建设不断发展,大中城市中心区城市用地越来越紧张,在城市中心区高层建筑与地下轨道、市政管线密集分布区域的旧楼改造或新建工程深基坑的安全性及其基坑工程施工对周围环境的影响成为这类建筑施工的瓶颈问题;而逆作法施工正是妥善解决这类问题的有效施工方法。逆作法是随着国内城市化进程与老城区改造逐渐发展起来的深基坑支护与地下施工的新技术,在高层建筑多层地下室和其他多层地下结构施工中,解决城市高楼密集区内进行基坑作业的安全问题、缩短工程工期、降低施工临时支护成本与最大化单位土地的经济利益等方面具有明显的效果,因此逆作法在高铁客站建筑施工中得到越来越广泛的应用。

逆作法作为一种较为新型的施工工法,其核心理念是指地面(或地下某层)以下各层地下室采用自上而下的施工顺序,借助地下室楼板结构与竖向支撑结构形成框架结构的水平刚度和抗压强度对基坑产生支护作用,保证基坑的土方开挖。逆作法的工艺原理是:先沿建筑物地下室边轴线或周围(地下连续墙等只用作支护结构)施工地下连续墙、支护桩或其他支护结构,并在建筑物内部的相应位置设置中间支撑柱和桩等竖向结构;然后施工地面(或地下某层)的梁板结构,与先前施工的竖向结构形成稳定的框架结构作为基坑围护结构的第1道水平支撑体系,随后向下进行第1层土方开挖、施作地下室结构;如此重复,逐层向下开挖土方和施工地下各层结构,直至底板封底。同时,由于首层结构已完成,为上部结构施工创造了条件,因此在向下施工的同时可以向上逐层进行地上结构的施工。

逆作法施工根据工程所处地层地质条件与围护结构的支撑方式总体分为全逆作法和半逆作法两大类。全逆作法是自首先浇筑的楼板向下自上至下进行逐层开挖土方、施作楼板结构,同时以首先浇筑的楼板同步向上进行上部结构(或部分地下结构)施工;上部结构施工层数则根据竖向结构的布置和承载力、地下结构状况、上部结构荷载等综合确定。半逆作法则只是自首先浇筑的楼板向下,自上至下进行逐层开挖土方、施作楼板结构,待地下结构全部完成后再施工上部结构;在软土地层中使用较多。此外,基于上述两种逆作法并结合不同工程特点还有部分逆作法、盆状开挖逆作法、分层逆作法等。

除上述几种逆作法施工工艺外,还有部分顺作、部分逆作法;土方盆状开挖逆作法;土方抽条开挖逆作法以及考虑时空效应的逆作法等。其关键与辅助施工技术主要有降水、竖向支撑桩柱施工技术、地下连续墙施工技术、逆作结构防水技术、土体加固、土方开挖方法、与周边建(构)筑物隔离技术、监测技术与信息化施工等。逆作法的核心技术指标主要为地下逆作层数与深度、竖向支撑桩柱垂直度;此外,地下连续墙埋深、土体加固技术以及降水等关键与辅助施工技术也形成了其各单项核心技术指标。

1. 逆作法施工关键技术

(1)降水与止水技术

基于施工需求的逆作法基坑地下水控制不仅仅要满足基坑干槽作业的降水或止水,更多是在综合考虑环境与施工友好协作的地下水控制,包括抽排疏干降水、抽排控制性降水、止水帷幕等。

当地下结构处于富水地层中,且地层的渗透性较好,应首选降低地下水位法达到稳定围岩、提高支护安全的目的。逆作法地下工程降水主要有明沟加集水井、轻型井点、喷射井点、电渗井点、管井井点等。通常采用的方法是管井降水,其优点是排水量大、降水深度大、降水范围大等,对于砂砾层等渗透系数很大且透水层厚度大的场地最为适宜;适用的土层渗透系数为 10 ~ 250m/d、降低水位深度可大于 15m,还可用于降低承压水。明沟加集水井等其他几种降水方法常作为辅助性手段用于逆作法地下工程施工中。

逆作法施工中,多采取基坑外围降水、坑内疏干(减压)结合的方式控制地下水位。当采用的降水方案不能满足要求或地下水降水受到政策限制时,应在开挖前进行帷幕止水等地下水截渗,主要方法有地下连续墙、高压旋喷桩止水、SMW 工法桩止水、帷幕注浆止水等。帷幕止水主要用于逆作施工中,尤其是地下连续墙在逆作法施工中可做止水、围护、结构外墙等多种功能,使用较为广泛。地下连续墙土壤的适应范围很广,在软弱的冲积层、中硬地层、密实的砂砾层以及岩石的地基中都可施工;墙体刚度大,用于基坑开挖时,可承受很大的土压力,极少发生地基沉降或塌方事故。高压喷射注浆法可分别采用单管法、二管法和三管法,加固体形状可分为圆柱状、扇形块状、壁状和板状,适用于处理淤泥、淤泥质土、流塑、软塑或可塑黏性土、粉土、砂土、黄土、素填土和碎石土等地基。SMW 工法是在水泥土搅拌桩内插入工字钢或其他种类的劲性材料,从而增加水泥土桩抗弯、抗剪能力,并具备较好抗渗能力的基坑围护施工方法;施工周期短,工程造价低、抗渗能力较强。

(2)土体加固技术

逆作法基坑多临近既有建(构)筑物,因此局部的土层加固是确保基坑自身及临近建筑安全的主要措施。土体加固技术主要是通过改良土体自身结构以提高土体自身强度与稳定性,是逆作法中经常采用的辅助施工技术。目前采用的土体加固技术主要有注浆法、旋喷注浆法、冷冻法等。

注浆法一般从地面对土体进行垂直预注浆加固,主要有静压注浆、劈裂注浆以及化学注浆,分别适用于砂卵石、砂层以及淤泥质土层等不同孔隙率的地层;从注浆方式上分深孔前进式和后退式注浆技术。在注浆材料方面,除一般水泥浆、改性水玻璃浆液外,还有一些膨胀性的浆液,如 TGRM 浆液、无收缩浆液、WSS 浆液以及超细水泥浆、MS 浆液等。

旋喷桩法就是利用钻机把带有喷嘴的注浆管钻入(或置入)至土层预定的深度后,以 20 ~ 40MPa 的压力把浆液或水从喷嘴中喷射出来,破坏土体原有结构并使之与浆液搅拌混合,并按一定的浆土比例和质量大小,有规律地重新排列,混合凝结成加固体,从而达到加固土体的目的。高压旋喷桩法根据施工方法分为单管法、二重管法、三重管法和多重管法,其加固形状可分为柱状、壁状和块状。高压喷射注浆法除能强化地基之外,还有防水防渗的作用,可用于深基坑地下工程的支挡和护底、筑造地下防水帷幕。

(3)土方地下水平运输与垂直提升

与明挖法基坑马道运输的土方运输方式不同,逆作法工程土方需解决地下水平运输与垂直运输提升问题,土方运输是施工效率的关键。逆作法作业中,土方开挖则以机械开挖为主、人工配合为辅,地下土方水平运输主要有推土机、手扶三轮车等,特殊条件下也可结合结构预留洞口设置马道解决部分土方运输问题。

垂直运输多通过预留取土口进行垂直提升;提升设备主要为设置于洞口或竖井的提升架与电动葫芦、抓斗,根据竖井或洞口条件也可利用伸缩臂抓斗、长臂挖机进行土方垂直提升,伸缩臂抓斗作业效率最高。需要指出,大型基坑逆作法工程中有不少采用主楼顺作、裙楼逆作或是部分逆作法施工,因此,这类工程可充分利用顺作基坑部分设置马道进行土方运输,或者利用已施作的顺作基坑垂直提升土方。

(4)近接建(构)筑物隔离与保护技术

地下空间结构施工不可避免地与房屋、厂房及其基础等建筑物与道路、管道、地铁、铁路等构筑物临近、旁穿或下穿、上穿等,即近接建(构)筑物。为确保地下空间工程自身的施工安全与近接建(构)筑物的安全,一般采取隔离或保护等方式进行科学处置。近接建(构)筑物的施工首先应详细调查工程条件、地质条件、既有结构物现况与安全要求,在调查的基础上进行分析与预测、制订防护措施与实施方案;施工过程中通过监控量测反馈指导施工而确保既有结构物的安全。

近接建(构)筑物的施工措施主要有隔离、悬吊保护、基础加固、临时支顶等。隔离措施主要是在新建地下空间结构与既有结构净距的空间范围内进行土注浆加固或设置隔离桩、旋喷桩等。悬吊保护主要用于逆作法基坑工程范围内或暗挖下穿的管线所采取的临时保护措施。基础加固主要用于暗挖法中暗挖下穿房屋、桥梁等建筑物基础时所采取的注浆加固、基础托换等措施。

(5)地下连续墙施工技术

地下连续墙是逆作法基坑中最为常用的围护结构,往往兼作地下室结构外墙并起到基坑止水结构的作用。地下连续墙施工的成槽、接头处理、加工与吊装钢筋笼和混凝土浇筑构成了其施工过程的关键技术环节。成槽施工的设备选型与泥浆质量控制技术是重点,针对土层或岩层应采用不同设备;泥浆多以带有泥浆循环系统以及废浆处理系统的泥浆系统进行泥浆质量的全过程控制。槽段接头处理以柔性圆形锁口管和十字(或井字)钢板为主,十字(或井字)钢板因其防渗性能更优应用越来越广泛。通过钢筋笼制作平台、精细放样、安装钢筋笼定位垫板等措施确保了钢筋笼及有关逆作法数量多且形式复杂的预埋件的加工与安装精度,作为结构外墙时,其楼板钢筋接驳器预埋的定位精度与成品保护显得尤为重要。此外,槽段接头多采用高压旋喷桩的止水封堵、超长钢筋笼双机抬吊的吊装技术以及成槽垂直度的超声波检测等,从不同角度保证了地下连续墙施工质量。

(6)中间支承柱、桩施工逆作法

地下结构的竖向桩、柱作为地下室结构的一部分,将上部结构的荷载传给地下室底板;施工过程中,竖向中间支承桩、柱还需承受地上和地下各层结构的自重和施工荷载。因此,逆法工程的竖向支承桩、柱需在结构施工前完成,无法与楼板结构同步施工;尤其是逆作范围(地下室结构)支承柱的施工与桩施工相结合,即在工程桩施工的同时安装支承柱。逆作竖向支承桩、柱施工主要有先桩后柱、桩柱一体化施工两种方式;目前以桩柱一体化施工为主。围绕桩柱一体化施工从高精度超声波检测控制桩孔垂直度、柱体垂直度实时监测仪器与纠偏以及桩柱混凝土连续浇筑技术等取得许多突破,确保了中间支承柱的垂直度与施工质量。

(7)监测技术

地下工程施工监测是地下空间工程施工的重要组成部分,通过施工监测随时修正设计与施工参数,以确保安全。监测的项目与内容一般包括地表沉降、周围建(构)筑物变形、管线沉降、基坑围护结构倾斜变形、隧道拱顶沉降与收敛变形、隆起变形、竖向支撑应力等;不同监测项目采用的仪器主要有轴力计、应力计、水准仪、全站仪、测斜仪等。监测实施过程中，不同监测点的原件安装、保护等做法也逐渐完善。

在采用半逆作法修建地铁车站的施工过程中，由于地层条件、周围环境及盖挖施作车站结构的特点，车站结构周围地层的沉降和变形存在较大的差异；另外，由于频繁的"卸载—加载"作用，使车站结构不断发生内力的重分布，出现明显的差异沉降，从而对车站结构后续施工和使用带来安全隐患。

2. 地下层与地铁交叉部分半逆作施工的主要技术难点

(1)工程结构跨度大，工序转换多，地层与结构受力转换复杂，地层变形及结构差异沉降控制难度大。

(2)中桩直径大，总长度长，定位及沉降控制难度较大。

(3)地铁车站周围建(构)筑物林立，交通繁忙，地下构筑物及管线密集。施工过程中环境风险控制要求很高。

(4)站区地层结构复杂，中桩(柱)成桩工艺要求高，桩基施工质量控制难度大，由此对控制结构差异沉降带来较大影响。

3. 典型工程案例

兰州地铁2号线位于兰州西站出站层城市通廊的地下、呈南北走向，区间段总长421m，区间标准段宽度11.4～13.6m，基坑周长约785m，面积约为5517.7m^2。基坑支护采用钻孔灌注桩加两道支撑。主体结构为框架，框架柱沿南北向设置，围护墙体厚度为0.7m，墙体中部设置中梁、中板，结构顶板设置南北向框架梁，地铁顶板同时是站房底板。地铁施工现场(图5-3-4、图5-3-5)。

图5-3-4　地铁施工现场

图5-3-5　开挖施工

兰州地铁2号线预留工程基坑支护形式较为复杂，施工工序多，因受到结构自身特点、施工空间、施工工期的限制，无法全面与站房结构同时施工。故采取前期工程桩及第一道支撑与站房基础底板同时施工，后期在站房结构完成后进行第二道支撑及地铁主体结构施工的半逆作施工方法，分四个阶段实施。

(1)第1阶段

地铁围护桩位于地铁结构墙体两侧，分布于站房Z8—Z9轴范围内，围护桩施工同站房工程桩施工同步开展，施工时先进行站房8轴和9轴工程桩的施工，待工程桩施工完成后进行地铁围护桩的施工。

(2)第2阶段

地铁围护桩施工完成后进行冠梁及第一道混凝土支撑的施工，冠梁及支撑施工由北向南进行，与站房基础底板结构施工同步进行。

(3)第3阶段

地铁围护桩冠梁及第一道混凝土支撑的施工完成后即停止地铁的施工，待站房混凝土结构全部施工完成后开始地铁的施工，站房地下一层模板支撑拆除完成后即可开始施工。

(4)第4阶段

站房内地铁施工完成后，即进行站房北侧地铁的施工，此部分地铁的施工同北侧下沉广场施工同步进行，施工时采用大开挖放台放坡开挖的方式。

地铁半逆作法施工技术在兰州西站及地铁工程中得到了全面推广应用，合理的施工组织安排解决了站房结构工程与地铁结构工程、地铁结构工程与站房装修工程几者之间的矛盾和冲突，优化了劳动力资源和施工机械资源的配置及使用，确保了站房与地铁的整体节点目标的实现。

三、复杂地质超深地连续墙施工技术

针对高铁站房地质复杂、"深、大、近、难"的特点，采用地下连续墙施工技术应用较为广泛，在地下连续墙就是应用挖槽设备，沿着深基坑工程的周围，在泥浆护壁的情况下，开挖出一条长而深的沟槽，并向槽内浇筑适当材料，形成一道墙体，然后把若干段墙体连接成为一个整体即连续的地下墙体。

地下连续墙被公认为是深基坑工程中最佳的挡土止水结构之一，具有整体刚度大、支护结构变形小、墙身抗渗性能好、适用范围广、可作为地下室外墙等显著优点。地下连续墙作为深基础形式与深基坑围护结构的设计施工技术已经非常成熟。但随着城市地下空间开发利用朝着大深度方向发展，地下连续墙亦有越做越深、越做越厚的趋势，且穿越的地层也越来越错综复杂。一般50m以上深度的地下连续墙可称为超深地下连续墙。复杂地层下的超深地下连续墙施工难度大，主要反映在如下3个方面：①超深地下连续墙往往是上部为软土地层，下部需穿越硬土层，如密实砂土甚至需进入基岩，如采用常规液压抓斗成槽则在硬土层及基岩中成槽，掘进困难且工效低，且抓斗齿易损坏、更换频繁；②超深地下连续墙如采用常规锁口管接头，起拔难度大，巨大的顶拔力因管身材料焊接加工质量或导墙后座强度不够导致锁口管拔断或埋管的风险机率将大为增加；③超深地下连续墙槽壁稳定与垂直度控制技术难度增加。

地下连续墙施工工艺流程如下：

地层注浆→导墙施工→测量放线→泥浆调配，旋挖钻机引孔→成槽机抓取孔间土层→泥浆调配，冲击钻钻至孔底→方形钻头修孔成槽→验槽、清孔→钢筋笼制作安装→二次清孔→混凝土灌注。

1.地下连续墙的特点

(1)利用机械设备施工，施工进度快、准确度高、工作振动小，产生噪声低，特别适于建筑密集的城市，或者夜间施工，对周围环境产生的不利影响较小。

(2)使用钢筋混凝土或者素混凝土，提高了墙体强度和整体性，加大了墙体刚度和承载力，减少了结构和地基的变形，既能用于超深支护结构，也能用于主体结构。

(3)能适应各种开挖的地层，除了熔岩地质以外，在软弱地层，在重要建筑物附近，都能够安全施工;特别是靠近或接近地下管线的施工,沉降和变化相对容易控制。

(4)采用触变泥浆施工,主要用于密封和保护孔壁,使施工过程安全、可靠。周边的地基和基础不会产生沉降,施工质量和安全有保证。

(5)基坑开挖时不需要放坡,土方工程量少了很多,浇筑混凝土时不再需要支撑模板和进行混凝土养护,而且还可以在低温下进行施工,减少了施工成本,并且缩短施工工期。

(6)地下连续墙整体性好,墙体厚度和钢筋保护层厚度大,所以地下连续墙具有很好的耐久性和抗渗性。

(7)使用逆作法,与上部主体结构同时施工,具有挡土、防渗、承重的功能,形成深基础多层次地下施工的有效方法,有利于施工安全,加快施工进度,降低工程造价。

2. 地下连续墙需要改善的方面

地下连续墙也像其他建筑技术和结构形式一样,有其自身的缺点,需要继续改善,主要是:

(1)地下连续墙接头控制很难,是施工中的薄弱环节。

(2)保证了墙面的垂直度,但表面粗糙,需要进一步加工处理或者加施工衬壁。

(3)施工工艺、所选槽机、施工的地下槽、浇筑混凝土、泥浆处理每一个环节,需要妥善处理,不能留有遗漏。

(4)泥浆制作和处理占用土地面积,容易使施工现场泥泞,造成污染;弃土和废弃泥浆需要外运,增加工程费用,同时也污染环境。

(5)地质条件和施工的适应性问题。从理论上讲,地下连续墙可以用于各种地层,但较适应黏土层,如果是复杂的地质条件,施工难度和工程造价增加。

(6)槽壁坍塌问题。施工中地下水位快速上升,护壁泥浆液面快速下降,如果泥浆的性质有问题或者变质,加之施工管理不当,或者存在软弱疏松砂性夹层等情况,槽壁容易发生坍塌。轻则墙体混凝土超方,结构尺寸出界,重则相邻地面沉降甚至坍塌,造成毗邻建筑和地下管线的危害。

3. 典型工程案例

于家堡站地处天津市滨海新区,站房建筑面积 87943m^2,地下三层、地上一层。主要功能建筑位于地下,其中地铁车站位于地下三层,城际车站位于地下二层,候车大厅位于地下一层,只有贝壳形穹顶位于地上。基坑开挖深度 21m,地铁车站基坑深度 29.5m。在北方沿海地区,土层中淤泥层普遍存在,砂层超厚,地下潜水和承压水非常丰富,同时于家堡火车站处于城市闹市区,周围建筑物密集,对基坑安全等级要求很高。综合多方面因素,基坑围护结构采用 T 形地下连续墙,深度超过 60m,17m 淤泥层、40m 厚砂层,施工地质情况复杂(图 5-3-6、图 5-3-7)。

(1)地表土加固

采用直径 600mm 间距 400mm 的双轴水泥搅拌桩对导墙下方淤泥层进行双侧单排桩加固,深度为穿过淤泥层以下 0.5m。

(2)地连墙导墙施工

导墙断面采用"][" 形混凝土结构,分三步施工。首先是底板,底板施工完毕后,进行导墙墙体的施工,墙体强度达到 70% 后,进行导墙侧的土方回填,最后进行导墙顶板的施工。

图 5-3-6　于家堡车站

图 5-3-7　于家堡车站施工

(3)首开幅成槽

T 形地下连续墙幅宽 4m,成槽机一抓宽度 2.8m,为保证成槽机的抓斗两侧的受力均衡,首开幅地连墙采用四抓成槽,开挖宽度 6600mm,每侧超挖约 1300mm。

(4)相邻幅成槽

首开幅地连墙混凝土浇筑完毕拔出接头箱后,成槽机第一抓成槽首先在相邻槽段的远端,第一抓完成后再进行 T 形突出段第二抓的施工,最后抓除靠近首开幅一侧的土方,这样的成槽顺序能够保证抓斗在成槽过程中出现偏移的情况,可以保证成槽垂直度。

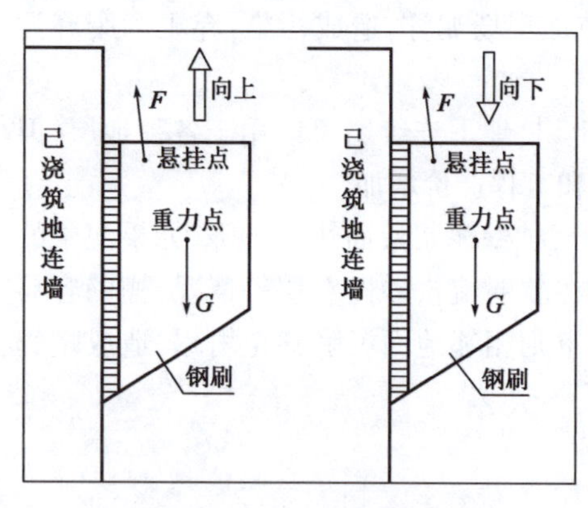

图 5-3-8　接头偏心吊刷示意图

(5)槽后刷壁

在进行成槽时,现场配置可和成槽机抓斗连接的专用铲刀,对槽段端部工字钢板侧壁上的泥皮、土渣、绕流物等进行铲除。在清除绕流及附着物后再采用刷壁器进行刷壁,以去掉接头钢板上的泥皮。刷壁器采用偏心吊刷(图 5-3-8),以保证钢刷面与接头面紧密接触从而达到清刷效果。后续槽段挖至设计标高后,用偏心吊刷清刷先行幅接头面上的沉渣或泥皮,上下刷壁的次数应不少于 10 次,直到刷壁器的毛刷面上无泥为止,确保接头工字钢和混凝土接合紧密,防止地下连续墙接头处渗漏水的发生。

(6)筋笼吊装

为防止钢筋笼在吊装过程中变形,要对钢筋笼进行加固(图 5-3-9)。

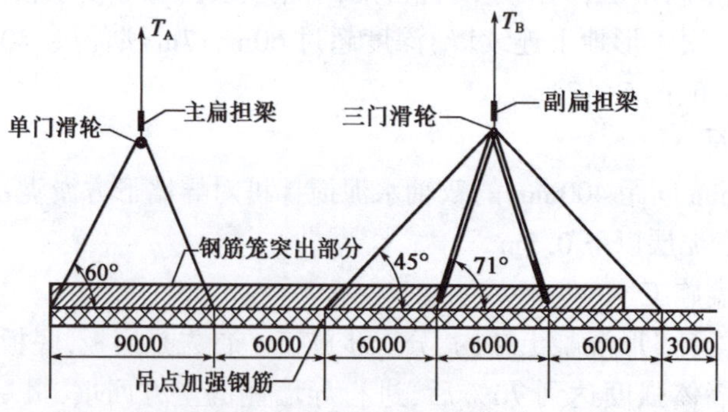

图 5-3-9　标准配筋段钢筋笼吊点布置示意图(尺寸单位:mm)

(7)混凝土浇筑

按设计要求安放好工字钢两侧 $\phi30$ 的钢筋或钢管,防止混凝土从接头工字钢板两侧绕流;在加工钢筋笼时,在工字钢板两侧,沿笼体通长设置薄铁皮,浇筑混凝土时,利用混凝土的流动性,使铁皮受挤压后紧贴槽壁,封堵接头钢板与槽壁间空隙,使混凝土不能从两侧绕流。

于家堡站工程规模宏大,基坑超大超深,承压水非常大、水量丰富,地质条件复杂。60m 深地下连续墙施工技术解决了地下连续墙在淤泥、砂层较厚的复杂地质条件下成槽的施工难题、成槽过程中偏移和垂直度的施工难题、地下连续墙施工过程中由于上幅地下连续墙绕流引起的成槽困难的施工难题、不同刚度钢筋笼制作和吊装的难题。

四、深大基坑降水施工

近年来,随着城市高速发展及高速铁路的大量建设,深基坑工程也越来越多,绝大多数基坑的开挖必然受到地下水的影响。为了防止渗透破坏并减小围护结构侧压力,基坑开挖往往采取一定的降水措施。总结很多基坑工程事故,对地下水的长期抽取而引起地表沉降是其主要原因。在基坑工程设计中,基坑的降水、排水和止水是一项非常重要的工作。因此,在基坑降水开挖过程中,为了防止管涌、流沙、坑底隆起等影响基坑稳定性和正常施工的问题,在开挖过程中必须做好基坑地下水的控制即基坑降水的控制。

1.基坑降水目的

(1)有效降低坑内地下水位,加固基坑内和坑底下的土体,提高坑内土体抗力,从而减少坑底隆起和围护结构的变形量,防止坑外地表过量沉降。

(2)有效减少坑内被开挖土体的含水量,减少土体在开挖过程中发生纵向滑坡的风险,便于挖掘机挖土、土方外运和坑内施工作业。

(3)有效降低下部承压含水层的水位,防止基坑底板发生管涌、突涌等不良现象,确保基坑底板的稳定性。

2.降水运行原则

地下水属于宝贵的国家资源,近年来由于地下水过度开采已导致我国多个地区地面大面积沉降加大。因此,基坑降水也需要避免盲目过分抽水,减少水资源浪费。结合土方开挖方案,为确保降水运行安全,满足基坑开挖施工的要求,降水运行施工应满足以下原则:分层降水、按需降水、动态调整。

(1)分层降水对于潜水,疏干井分层降水是指根据基坑分步开挖方案,制订分层降水方案,确保观测井水位保持在每道土方开挖面下 0.5 ~ 1m。在试抽水期间,若坑外水位变化不大,建议可适当加大降水运行力度,将疏干观测井水头直接降至基底标高,从而提高降水运行效率,减少土质含水率,方便土方开挖外运;对于承压水,减压降水应根据不同的承压水层,分层降低承压水头,降低水位控制标高应严格遵行承压水降低水位和土方开挖深度的线性关系曲线。确保地下水位不超降或降深不到位。从而减少减压降水对坑外环境的影响。

(2)按需降水对于面积较大的基坑,土方开挖一般都是分段、分区域进行。结合基坑止水帷幕以及开挖方法的具体情况,调整降水井分步区域和运行数量,根据需要进行降水。

(3)动态调整降水运行施工是一个动态不断变化的过程，由于土方开挖以及其他专业施工，相互交叉的影响，所以降水运行必须相应地进行调整。及时调整降水方案，满足现场施工要求。

3. 基坑工程中降水方案的设计及选择要求

降水方案应该满足下列要求：

(1)基坑施工期间，地下水位保持在基坑底以下0.5~1.5m；

(2)不引起坑底隆起；

(3)周边建筑物和地下管线能正常使用；

(4)基坑边坡的稳定性。

4. 典型工程案例

珠海站为广珠城际快速轨道交通工程的终到站，站房地上建筑面积19488.32m^2，地下建筑面积70612.80m^2。车站为高架站，车站下设二层地下室，地下室基坑总面积约38000m^2，基坑底面标高为-11.2m，局部承台深度14.20m。基坑外管线分布较多，围护体系为地下连续墙，深度达26~30m。在深基坑施工过程中，降水施工的难点是避免深基坑降水施工过程对周边建筑物的破坏(图5-3-10)。

图5-3-10　珠海站

基坑周边围护体为地下连续墙，北侧地下墙为26m，南侧及两侧地下连续墙深度为30m，两道钢筋混凝土内支撑(图5-3-11)。

图5-3-11　钢筋混凝土内支撑布置图

承压含水层最浅埋深为15.0m左右，开挖面已接近承压含水层，承压水的突涌风险非常大。通过比选研究对于坑内浅层潜水，采用深井疏干降水措施；对于坑内承压水，采用坑内降水，降水井深不超过地下连续墙。

对坑内承压水“按需减压”降水，在基坑北侧外按 30m 间距布置 14 口回灌井，井深 22m。当坑外承压水位变化幅度超过 2m 时，回灌井宜启用，并合理控制承压水水位，将减压降水对环境的影响控制到最低程度。

降水井施工要点如下：

（1）成井材料的要求见表 5-3-1。

成井材料要求 表 5-3-1

序号	材料名称	应用部位		
		减压井；观测井	疏干井	回灌井
1	井管	ϕ273mm 钢管，壁厚≥4mm	ϕ273mm 钢管，壁厚≥3mm	ϕ273mm 钢管，壁厚≥4mm
2	滤管	桥式过滤器，壁厚≥4mm，管径 273mm，孔隙率≥15%	缠丝过滤器，壁厚≥3mm，管径 273mm，缠丝间距 1.5～2.0mm	双层缠丝过滤器，壁厚≥4mm，管径 273～350mm，缠丝间距 1.5～2.0mm
3	沉淀管	ϕ273mm 钢管，壁厚≥4mm，高度 1m，底口用等壁厚钢板焊接	ϕ273mm 钢管，壁厚≥3mm，高度 1m，底口用等壁厚钢板焊接	ϕ273mm 钢管，壁厚≥4mm，高度 1m，底口用 4mm 厚钢板焊接
4	包网	40 目单层尼龙网	40 目单层尼龙网	—
5	填砾	标准级配砾料砂	建筑粗砂	标准级配石英砂
6	止水	填砾上方 5.00m 内采用优质 ϕ50mm 黏土球封堵	—	填砾上方 10.00m 内采用优质 ϕ50mm 黏土球封堵；黏土球上方 7.00m 内浇筑混凝土 C30

（2）成井工艺流程。准备工作→钻机进场→定位安装→开孔→下护口管→钻进→终孔后冲孔换浆→下井管→稀释泥浆→填砂→止水封孔→洗井→下泵试抽。

（3）回灌工艺。回灌过程中要通过大水泵或者加压水泵增加回灌压力，如图 5-3-12 所示。

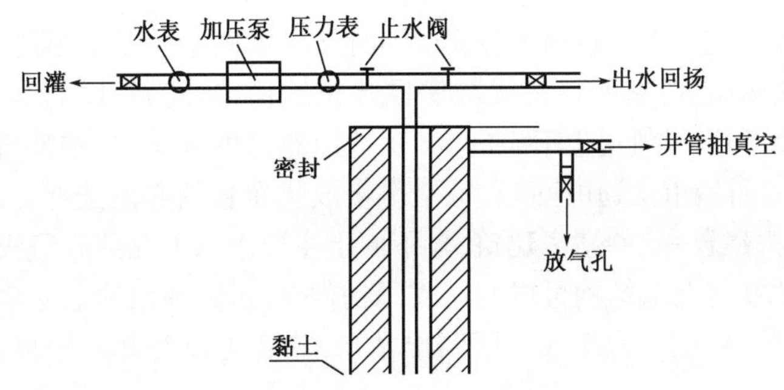

图 5-3-12 回灌加压示意图

（4）降水井运行。在降水正式运行前先试运行，期间要测定静止水位，验证降水效果。

同时验证电路系统是否正常,确保降水持续进行。

(5)基坑内外水位的监测。降水运行期间,同时进行人工监测和自动监测。采用水位探头和MT515数据采集仪全自动采集数据,实时监控地下水水位系统。

(6)基坑回灌措施

地下连续墙无法隔断承压含水层,为了减缓因基坑内承压降水对坑外的影响,在基坑外布置回灌井,适当抬高基坑外水位,减少土体的固结沉降。

施工中,针对特殊含水层,采用缠丝过滤器对坑内含水率很高的淤泥土进行有效的疏干,保证基坑开挖安全;在基坑开挖期间实施自动远程监控系统,实时观测、全自动采集数据;采用人工回灌技术,减少基坑开挖过程中对周围环境的影响,减小地面沉降量,使基坑周围地面沉降得到有效控制。

第二节 站房主体结构施工

目前铁路站房总体布局按站房和铁路站场的位置关系,分为线上式站房、线侧式站房、地下站房、桥上站房等。其中大中型站房多采用线上式站房布局方式,站房位于站台及线路之上,一般为高架式站房,这种站房形式最大的特点是高架候车厅位于轨道正上方,多应用于大型、特大型站房,例如北京南站(图5-3-13)、成都东站、郑州东站的站房等;同时也有采用地下站房布局方式,地下站房是指车站站房位于地下的车站,轨道层在地面而候车大厅在地下,天津于家堡站、深圳福田站采用了这种地下车站设计;随着复杂的综合型车站的出现,上述几种站房形式也可能互相组合,同时还可能与车站广场共同组合,产生新型的复合式站房。如新广州站,是线上式和线下式站房的复合体,它采用框架桥形式的高架站场,将站房、站场、站台雨篷融合为有机的整体,为车站布局带来了极大的灵活性。

图5-3-13 北京南站站房立体布局

为了适应站台轨道层跨越地下地铁层,同时又支承候车层及屋顶的功能需要,"桥建合一"结构体系应运而生,它是将桥梁与房屋建筑结构组合为一体的综合结构体。这种结构形式既有效地利用了轨道上下空间,又营造出宽敞的候车、换乘环境,同时也解决了铁路站房及轨道阻碍城市交通的问题,是站房集成化布置的必然选择。新时期的站房建筑,特别是采用"桥建合一"的站房建筑,自下向上主要由以下几部分组成。

(1)地铁层地铁与上部结构可以共用支承构件,也可以在结构上完全独立。

(2)地下一层一般设置为换乘大厅和出站口,旅客可以在此零距离换乘其他交通工具或直接出站。

(3)地面层(承轨层)也称站台层,列车在此层穿过站房。

(4)高架层(候车大厅)旅客集散的主要区域,进站口也设在此层。通过高架车道,旅客可直达此层。另外,许多站房在高架层上另设局部高架夹层,用于生产和商业。

(5)屋面层多为钢桁架结构或钢网架结构,上部为金属屋面或采光屋面。

一、"桥建合一"施工技术

"桥建合一"站房结构是指用建筑构件取代桥梁构件来直接承受列车动荷载作用,突破了"列车动荷载由桥涵结构承受"的传统观念,从而实现了真正意义上的"建筑里面跑火车"的一种纯框架结构。站房结构承轨层为下建上桥的结构形式,即:下部为建筑框架结构与上部桥梁结构结合构成的承轨结构和站台面结构;列车在承轨结构上运行,而承轨结构将列车运行的动荷载通过盆式橡胶支座作用在框架梁上,在平面上与框架梁可以产生水平方向的滑动,从而大大减少了由于列车运行产生的动载对站房结构的影响(图 5-3-14),具有代表性的工程有成都东站、郑州东站、南京南站等。

a)轨道层轴测

b)轨道层断面

图 5-3-14　站房承轨结构

"桥建合一"结构承轨层预应力施工技术是结构施工的关键所在。因钢筋密集,在施工前运用 BIM 技术对该部位进行节点优化及施工模拟,解决了复杂梁柱节点钢骨、预应力筋、非预应力筋密集交叉布置的难题;同时轨道层钢筋连接也是技术难点,承轨层钢筋多为直径 32mm、36mm、40mm 的 HRB400 钢筋,接头采取滚轧直螺纹套筒机械连接的方式。考虑到承轨体系要经常承受动荷载,根据《钢筋机械连接技术规程》(JGJ 107—2016)的规定,对承轨体系中拟采用的机械连接接头进行了 200 万次抗疲劳试验和型式检验,满足要求后再进行施工;轨道层预应力钢筋张拉前采用施工模拟仿真及应力状态计算分析,确定双向预应力张拉次序及张拉应力应变控制值后,再根据混凝土龄期实施张拉,从而保证了预应力张拉质量及安全。

为了及时掌握轨道梁结构的变形情况,及时消除安全隐患,在运营期间,对结构采取适宜的变形监测是非常必要的。在施工完的承轨层上采用光纤光栅传感技术对轨道桥在列车运行荷载及温度作用下监测,通过数据分析,保证铁路运营安全。

典型工程案例分析如下:

成都东站轨道层设计采用桥建合一的结构形式,即下部建筑框架结构与上部桥梁结构结合构成承轨结构和站台面结构。成都东站主站房承轨结构中上部桥梁为 13 联双线连续承轨梁,跨度组合分别为(21 + 24 + 21)m 三孔连续梁(共 8 联)、(2 × 21 + 24 + 2 × 21)m 五孔连续梁(共 5 联);下部建筑为钢筋混凝土梁和钢管混凝土柱(图 5-3-15)。

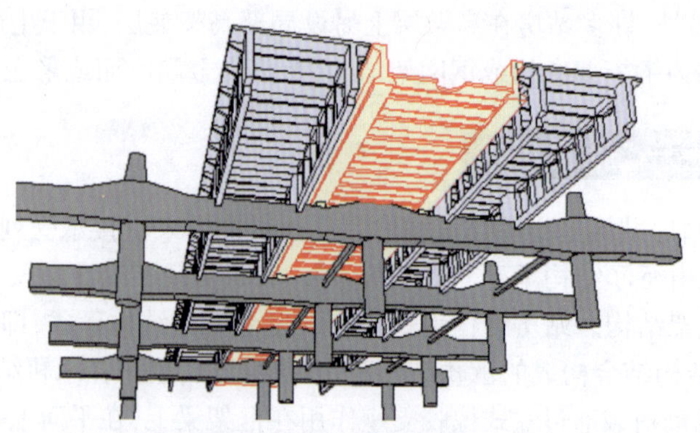

图 5-3-15　站台层桥建合一结构形式

轨道层桥建合一结构梁体面板以下采用满堂支架施工。两榀边梁之间以及承轨层桥面板以下区域,采用一次投入模板支架体系。边梁和中梁采用后张法施加预应力。承轨体系钢筋采取滚轧直螺纹套筒机械连接的方式。下部钢管柱吊装完成后浇筑自密实混凝土,大梁为大体积混凝土,施工中采用分层浇筑叠合法施工。

由于承轨层边梁截面、体量较大,在施工承轨层时,先完成地下一层 -3.6m 结构板以下支架加固体系。梁体采用满堂支架法施工。为提高效率,底模板、侧模板定尺加工后,用塔式起重机或汽车转运到场地,现场拼装。在搭设支架铺设底模板时考虑起拱,起拱高度为跨度的 2/1000。

根据设计要求,承轨层体系钢筋接头采用焊接连接。钢筋直径大于 ϕ22mm 时采取滚轧直螺纹套筒机械连接的方式。考虑到承轨体系要经常承受动荷载,根据《钢筋机械连接通用技术规程》(JGJ 107—2016)的规定,对承轨体系中采用的机械连接接头进行200 万次抗疲劳试验和型式检验。

梁体纵向顶板金属波纹管内径 90mm、外径 97mm,梁体纵向腹板金属波纹管内径 80mm、外径 87mm。波纹管在梁底模及一侧侧模安装完毕、梁主筋及箍筋绑扎完毕后进行预埋,预埋完毕后绑扎梁拉钩及腰筋。

边梁在面板之上采用钢模板,挡梁与边梁之间采用 50mm 厚苯板。穿对拉螺杆前,在梁侧模上画出螺杆位置,避开波纹管,以免钻头打穿波纹管。根据端部管道现场确定端模孔眼并放线开孔,将波纹管逐根插入端模各自的孔内后,进行端模安装就位,并按要求连接固定模板体系。合模后,端模管道孔眼应清除干净。

梁体纵向顶板束采用 12ϕ15.2mm 高强度低松弛钢绞线,梁体纵向腹板束采用 9ϕ15.2mm 高强度低松弛钢绞线,采用相应的 OVM15 群锚锚固。

预应力筋的下料长度考虑设计曲线长度、张拉端外伸预留长度、弹性回缩值、张拉设备、钢材品种和施工方法等因素。钢绞线穿索采用人工穿束的方式。钢绞线穿束时应编束号,并在钢绞线上标明。

(1)混凝土浇筑。边梁截面尺寸较大,需按照大体积混凝土工艺施工。实施中必须组织好混凝土的浇筑顺序、上下层接茬控制时间,卡控混凝土的入模温度,加强施工中的振捣,做到“快插慢拔”、均匀布置振捣点,振点间距控制在 300~400mm,每个振点的深度报插到下一层尚未初凝混凝土中约 50mm,振捣混凝土要做避免漏振和过振,做到混凝土表面水分不显著下沉、不出现气泡、表面泛出灰浆即可。

（2）泌水处理。由于大体积混凝土施工中容易出现泌水现象，因此在浇筑完成后应及时将泌水排出，同时在混凝土浇筑后4～8h内将浮浆清掉。

（3）养护和测温。大体积混凝土施工后应加强养护和测温工作，检测其表面温度和内部温度以及大气温度，根据不同的温差及时采取相应的防护保温措施，避免因表面过热或失水太快而出现干缩裂缝，影响混凝土的质量。

成都东站桥建合一型结构承轨层施工中，通过采用高大模板支架、大直径钢筋连接、大体积混凝土浇筑等工艺及相应的控制措施，保证了承轨层的施工质量。

二、站房主体结构逆作法施工技术

大型铁路站房按照正常的施工工序，往往多是由下向上，先完成基础，然后完成混凝土结构，最后完成屋面钢结构的施工方法。施工遵循"先土建后安装、先围护后装修、先粗装修后精装修、装修与设备安装配合交叉、各专业按分区组织流水作业"的基本建设规律。由于大型站房多采用大跨度钢结构屋盖体系，且体量巨大，单根构件重量大，采用一般的施工方法，难以完成屋顶钢结构的吊装，或者成本巨大。

因此"逆作托换法"或叫"半逆法"就应运而生。"逆作托换施工"是在地下室底板施工、竖向钢柱及外侧混凝土柱施工完成后，开始进行高架层和屋面层大跨度钢结构的吊装，中间采用临时钢柱支撑，然后施工承轨层结构，全部结构完成后进行托换并拆除临时支撑钢柱，在施工顺序上改变了常规的顺作施工顺序，在空间上保证了屋盖层、高架层、站台承轨层的同步施工；在时间上比顺作施工大大缩短施工工期，在工程成本上节约了顺作施工吊装中临时工装支撑费用；但是逆作托换技术在铁路站房施工中尚属创新应用，施工时需对方案可行性、整体结构稳定性、施工质量控制进行详细研究。

典型工程案例分析如下：

成都东站是国内六大枢纽客站之一，也是中西部最大的铁路客运站之一和西南最大的综合交通枢纽。成都东站总建筑面积22万m^2，其中客运用房为10700m^2，地铁2号线站房投资概算2.4亿元，投资估算38亿元，建设总规模14台26线，占地大约87万m^2（1306亩），其中，达成场区6台11线，城际场区8台15线，是成都铁路枢纽城际动车和高速动车的主要始发终到站。成都东站站房主体结构采用逆作法施工，先行吊装钢结构屋盖，最后进行地铁上方轨道层及高架层合龙施工。逆作法施工示意如图5-3-16所示。

图5-3-16 逆作法施工示意

由于改变施工顺序，钢结构屋盖系统在施工过程中受力状态发生改变，结构体系必须确保稳定。因此结构体系的稳定性研究就显得尤为重要。通过建立计算模型，采用有限元分析设计软件MIDAS对卸载后自重荷载下的屋盖位移和杆件、钢管混凝土柱强度进行计算分析。通过临时支撑的安装及卸载工况分析，确定临时支撑的形式及设置要求；屋盖主体结构吊装需设置临时支撑塔架，通过合理设置临时支撑，以便节点和构件就位；制定合理的卸载方案，保证屋盖内力和位移的变化幅值控制在合理的范围内，使其不发生强度破坏或失稳。

逆作法施工特点是竖向受力支撑构件先施工，再施工上面结构，最后施工下部结构。站房钢结构施工利用柱和临时支撑能独立施工至顶，利用高架层结构桁架连接稳定，再托起屋面结构，形成整体空间稳定结构，后进行高架层楼层板及承轨层施工。

钢结构在分段吊装时，采用临时支撑和定位支架上支撑作为结构的主体承重受力体，支撑为平面结构体系，当安装全部完成后，必须进行结构体系的转换；托换方法是通过设置在支架或支撑顶部的可调节支撑装置（螺旋式千斤顶），按多次循环、微量下降的原则，实现荷载的平稳转移。

三、站房外幕墙施工技术

随着中国经济的快速发展，中国铁路建设进入了跨越式高速发展时期，铁路站房的设计也随之进入了一个全新阶段，在原铁道部“功能性、系统性、先进性、文化性、经济性”五性原则的总体指导下，建筑师拥有了更多的空间来展示和发挥，就站房的形体和立面设计而言，玻璃幕墙的表现力是毋庸置疑的，建筑幕墙在新一代铁路站房工程中也得到了广泛应用，它不仅实现了建筑外围护结构中墙体与门窗的合二为一，而且把建筑围护结构的使用功能与装饰功能巧妙地融为一体，使建筑更具现代感和装饰艺术性，提高了现代铁路站房的建筑表现力。铁路站房外幕墙多具有大空间和大跨度的特点，因此在幕墙的选择上应考虑幕墙结构的稳定性及抗震性能，多采用钢桁架体系、预应力钢拉索体系等，幕墙结构体系应与站房自身结构体系相适应，同时幕墙应考虑节能要求，采用 Low－E 玻璃、节能铝型材或双层幕墙等；结构柱或结构剪力墙部位的幕墙多采用石材幕墙或铝板幕墙（图 5-3-17、图 5-3-18）。

图 5-3-17　杭州东站幕墙

图 5-3-18　武汉站幕墙

四、铁路站房玻璃幕墙的特点

通过新型铁路站房的幕墙新技术来浅要阐述铁路站房玻璃幕墙的一些特点。

1. 大空间和大跨度

与机场、体育场馆等其他公共工程建筑一样，铁路站房的一个显著特点就是和其功能相适应的大空间和大跨度，因此，在设计站房的外维护幕墙时，选择合适的支承形式，做到既满足建筑的形体需求和立面效果，同时解决大空间和大跨度的结构受力关系是设计者在设计阶段必须着重考虑的问题之一。

2. 幕墙的节能

大面积玻璃的应用可能产生较大的能量损失,设计时,必须通过一定的工艺和选用适当的材料来降低能量的传递的基本途径为对流、传导和辐射,针对玻璃幕墙这个特定的传热环境,能量损失的主要形式为传导和辐射,幕墙设计采用热断桥铝型材和中空玻璃能够较好抑制热传导,而设计采用低辐射(Low-E)玻璃、遮阳百叶和遮阳帘能很好地抑制热辐射。扬州站、泰州站、盐城站的玻璃幕墙面板均采用了钢化中空低辐射(Low-E)玻璃,经过运营检验证明幕墙的隔热效果明显。

3. 抑制光污染

按照国际通行的分类方法,光污染一般分为强照射和强反射引起的白亮污染、过度照明引起的人工白昼和光强颜色剧烈变换引起的彩光污染等,玻璃幕墙可能造成的光污染属于白亮污染。

五、玻璃幕墙施工技术

1. 抑制光污染的主要途径

(1)减少幕墙的反射面积;

(2)减少玻璃面板的反射率。

幕墙面板玻璃选用透明玻璃、柔和的本体染色玻璃、高透的 Low-E 玻璃,由于这些玻璃的低反射特性,可以在一定程度上降低传统镀膜玻璃产生的光污染现象。这种方法由于无法改变玻璃对空气的折射比,所以只能在全反射入射角范围以外抑制太阳光的反射。安装在室外的遮阳百叶除了很好的节能效果外,由于大大减少了玻璃的直接反射面,所以遮阳百叶也是减少玻璃幕墙光污染的一个有效途径。

2. 典型工程案例分析

新建太原南站幕墙工程为构筑清新的建筑形式,凸显出太原市作为历史名城深厚的文化底蕴和独特气质,运用了石材幕墙、组合幕墙、横明竖隐玻璃幕墙、全隐框玻璃幕墙、全玻璃幕墙、铝板幕墙 6 种形式,表达了现代新型建筑工程外立面凹凸有致、多线角、多层次的追求。其中东、西站房外墙又以双层仿青砖窗花式组合幕墙形式最为新颖,面积 $7800m^2$,由室外和室内双层幕墙组成,外观上根据古代窗花设计,采用仿青砖的济南青石材和玻璃组合成凹凸窗花形式,既保证了墙体的厚重感,又解决了建筑采光与遮阳的问题,还使人联想到山西传统民居的建筑细节,极好地体现了“唐风晋韵”效果。双层组合式幕墙在增强视觉效果的同时,很好地起到保温隔热、隔声降噪的效果,并且节材经济(图 5-3-19)。

(1)施工工艺流程

测量放线→钢龙骨安装→玻璃板块安装→石材加工及安装→保温材料安装→背后铝塑板封修→打胶。

(2)施工步骤

①测量放线严格按图纸对幕墙钢结构立柱进行标高、垂直和水平的测量,还要对装饰槽钢的直线度进行复合。使用水平仪对钢结构每层标高进行测量,要求最大误差不能超过 10mm,使用经纬仪测量每条轴线立柱的垂直度,用钢卷尺测量轴线之间的距离,保证

水平误差小于 10mm，总体误差小于 20mm。使用钢丝绳拉通线保证每根装饰槽钢自身进出直线度误差小于 5mm，整体误差小于 10mm，上下装饰槽钢整体进出误差小于 10mm。

图 5-3-19　太原南站幕墙

②钢龙骨加工钢龙骨加工长度为 4420mm，长度误差小于 3mm，固定挂件的角钢角码下料长度 120mm，竖龙骨与角钢角码焊接为上、下 4 点焊，焊缝长度≥40mm，焊缝高度≥4mm。两角钢间距误差≤1.5mm。按图纸横料尺寸打孔，孔径大于安装螺杆直径 1.5mm。

③石材盒子加工对于花纹过大、射线过多、厚度偏差大于 1mm 的石材不允许使用。对于所有的石材盒子尺寸按 ±1mm 控制，石材盒子加工成型角度误差小于 20°，机磨面均匀。

④玻璃边框加工铝型材加工要求尺寸误差小于 1mm，45°倒角精确。先用电钻预先在型材上定位钻孔，无拼角错位，再用拉铆钉连接。穿好工厂定制的三元乙丙胶条后固定玻璃，再拼下方框料。使用黑色耐候胶在玻璃外侧拖 3mm 宽缝固定玻璃，胶缝平滑顺直，无起皱、起鼓现象，玻璃无黑边露出。待胶干透后方能运输。

⑤铝塑板加工用 50cm × 50cm × 5cm 作加工台基，使用优质木芯板作台面保证平整度，保证裁板方向一致，以免产生色差。加工使用圆盘锯切割，注意预留锯缝损耗。

⑥钢龙骨安装要求安装垂直偏差≤3mm，竖料整体进出尺寸与图纸保持一致，竖料间距误差小于 2mm。横向角钢标高与图纸高度保持一致，间距误差≤1.5mm。

⑦玻璃板块安装安装每块玻璃标高位置准确，进出面及垂直度误差小于 1mm。

⑧铝塑板安装要求两块相连的板块之间不能有错边出现，铝塑板垂直方向误差小于 2mm，水平方向误差小于 1mm。

⑨石材盒子安装要求石材盒子与装饰槽钢接触部位留 10mm 胶缝，石材盒子之间 3mm 胶缝，石材盒子与玻璃之间 8mm 胶缝，胶缝误差在 1.5mm 内。石材盒子上下之间要求错边不超过 1mm，竖向垂直。同一层石材盒子要求在同一水平线上。

图 5-3-20　石材盒子的安装

⑩打胶要求石材盒子之间水平胶缝为 3mm，石材盒子与玻璃之间胶缝为 8mm，胶缝统一宽度，略带凹形。铝塑板胶缝为密缝，用接近铝塑板颜色的灰色中性硅酮耐候密封胶勾缝，如图 5-3-20 所示。

双层仿青砖窗花式组合幕墙全部施工完毕后，进行了抗风压性、水密性、气密性、热工性、空气隔声性能、平面内变形性能检测，均满足设计要求。双层仿青砖窗花式组合幕墙装饰效果极佳，施工过程便捷，保温、隔声性能优越，以及经济性和安全性良好，今后将会更多地应用到车站、办公楼等高层、大面积、节能和低碳的建筑幕墙中，其发展前景十分广阔，尤其适合寒冷地带大型建筑工程外立面围护结构。

第三节　大跨度和大空间钢结构施工技术

随着高速铁路和客运专线的快速发展，新建设的铁路站房日益大型化、立体化。当站房楼盖跨度增大到30m以上时，常规采用的预应力混凝土梁变得不够经济合理，此时工程设计中常采用大跨度和大空间钢桁架作为主要的水平承重构件，以及直径较大的钢管混凝土柱作为竖向承重构件。大跨度建筑形式多样，空间组合灵活，受力特征合理，造型表现优美，因而受到建筑师的喜爱，得以在大型公共建筑物中广泛应用。

高铁客站多采用大型钢结构，其施工方法主要分为以下几种：高空散装、分单元安装、整体吊装法、整体提升法、整体顶升法、滑移法、现场拼装法等。新技术、新工艺的不断发展为我国高铁建设作出巨大贡献。

1. 高空散装法

此法又称单件安装法，是指结构小拼单元或散件（单根杆件及单个节点）直接在设计位置进行拼装的方法，施工时有满堂支架和悬挑法两种，后者国外施工多用，并曾用于混凝土薄壳的施工。前者广泛应用于网架、网壳的施工，尤其适宜螺栓球节点网架的施工。高空散装法单件重量轻，垂直运输无需大型起重设备，但需要搭设拼装胎架，占用大量材料。主要有以下几种新工艺。

高空散装法主要技术问题：

（1）应根据结构具体情况，确定合理的拼装顺序，可从脊线开始，或从中间向两端施工，以便于控制标高和减小积累误差。

（2）控制好标高和轴线位置，拼装过程中随时测量调整，保证结构总拼后的各项偏差指标符合标准。

（3）悬挑法施工时必须保证已施工部分的刚度和稳定性。拼装胎架要求有足够的强度、刚度，沉降量稳定，避免因支架变形而影响拼装精度。高空散装法在螺栓球节点网架、网壳施工中为常用方法，早期的网架有相当数量采用此法施工，目前在工程中亦多采用此方法。

2. 分单元安装

分单元安装是指将结构根据自身形式分成段、条、块状单元，分别由起重机械吊装至高空设计位置就位搁置，然后再拼装成整体的安装方法。例如桁架结构跨度较大，无法一次整体吊装时，需将其分成若干段；网架等结构可沿长跨方向分成若干条状区段或沿纵横两个方向划分为矩形块状单元。这种方法的特点是大部分焊接、拼装工作在地面进行，有利于控制质量，并可省去大量拼装支架，分段分单元后的构件重量与起重设备起重能力相适应，但结构分段后需要考虑临时加固措施，后拼杆件、单元接头处仍然需要搭设拼装胎架。

分单元安装法主要技术问题：

(1)构单元的划分,要根据起重机的负荷能力和结构形式的特点来确定。

(2)当网架等结构划分为条装单元时,受力状态在吊装过程中近似为平面结构体系,其挠度值必然较设计值大,因此条装单元合拢时应调整结构的标高。

(3)单元拼装的尺寸、定位要求准确,以保证高空总拼时节点吻合并减小偏差,一般可以采用预拼装的办法进行尺寸控制。

3. 整体吊装法

整体吊装法是在地面的胎架上将结构整体拼装制作完毕后,采用起重设备进行吊装就位的施工方法。平面结构如桁架等在中等跨度时经常采用此种施工方法,拼装可以在场地外进行。网架等结构形式施工时,若采用场地外拼装,吊装时需要用多台起重机负重长距离行走,适用于履带式起重机、轨道式塔式起重机吊装。一般可就地与柱错位总拼,高空平移就位。整体吊装法最大限度地减少了高空作业,但建筑物地面以上的结构往往须待吊装完成后施工,不能平行施工,对工期会有一定的影响,而且对起重设备的性能要求相对较高。

整体吊装法吊装网架等结构的主要技术问题:

(1)用履带式起重机、轨道式塔式起重机吊装时,空中移位是通过起重机械移位实现的。若用拔杆吊装时,则是通过放松每根拔杆同侧的滑轮组,引起两侧滑轮组受力状态的不平衡而实现移动或转动。

(2)当采用多台履带式起重机吊装时,应考虑多机抬吊的同步控制问题。由于提升过程中速度不一致引起升差,而导致起重设备、结构本身的不均匀受力。当采用多根拔杆吊装时,产生提升差值后会对卷扬机的功率产生影响,设备选择要考虑滑轮组的不均匀系数和起重折减系数。

多根拔杆整体吊升结构时,保持拔杆顶端偏斜值最小,是顺利吊装网架的关键之一,为此缆风绳的初拉力应适当加大。整体吊装法吊装桁架等平面结构时,施工工艺较简单,类似于单层工业厂房屋盖的吊装,当跨度较大时,仍可采用多机抬调的方法。大型铁路站房的钢结构屋盖施工一般可采取分块吊装、整体或局部整体提升、顶升、整体滑移或分段累积滑移等方案进行。

4. 整体提升法

整体提升法是在结构柱上安装提升设备提升结构构件。根据结构类型不同,分为单独提升法、升滑结合法和升梁法。单独提升法是结构在地面拼装后,利用安装在柱子上的提升设备将其整体提升到设计标高就位、固定,既可以利用结构柱,也可以设置临时的专用提升柱。升滑结合法是结构柱用滑模施工,提升利用滑模施工的液压千斤顶或升板机,一面提升结构、一面滑升模板浇筑柱混凝土,被提升的结构也可以作为滑模施工的操作平台。升梁法是用于结构有圈梁或主梁的情况,利用提升设备提升圈梁、主梁,同时支承结构抬升至设计标高。整体提升法可以将结构的一些附属部分施工,如采暖通风、电器管线等置于地面或最有利的高度进行,从而降低安装费用。

整体提升法的主要技术问题:

提升设备一般可采用电动螺杆千斤顶、液压滑模千斤顶等,布置应遵循以下原则:

(1)提升点的选择应使提升时的受力情况尽量与设计受力情况接近;每个提升设备所承受的荷载尽可能接近,以便利于同步提升;提升设备的负荷能力应按额定能力乘以折减系数。

(2)提升过程中各吊点间的同步差异,将影响升板机等提升设备和结构的受力状况,在提升过程中应随时观测各点的提升差异并及时调整。

(3)当提升结构柱为钢筋混凝土结构时,稳定问题一般不必验算,当结构为格构式钢柱或临时提升柱时,应考虑提升过程中的稳定验算,必要时应采取措施加固。

5. 整体顶升法

整体顶升法与整体提升法类似,但顶升法是千斤顶安放在结构下面,通过楔块、垫块等一步步顶升结构;提升法的提升设备安置在结构上面,通过吊杆、钢绞线等拉着结构上升,两者的作用原理相反。

整体顶升法的主要技术问题:

(1)顶升过程与提升过程有所不同,采用提升法,只要提升设备安装垂直,结构基本能够保证较垂直的上升,但顶升法顶升过程中若无导向措施,则易发生结构的偏转,因此顶升法设置导轨较为重要。

(2)同提升法一样,顶升的不同步会造成杆件内力和柱顶压力的变化,引起结构的偏移,因此操作上严格控制各顶升点的同步上升,尽量减少升差。

(3)柱子采用双肢或四肢格构式柱时,能够较好的适合顶升法施工。柱肢之间的缀板是保证柱整体稳定的连接构件,应该在顶升前安上,随着结构的上升,随时把有妨碍的缀板卸去,待结构通过后立即安上,同时应该验算柱在施工荷载作用下的承载力,如稳定承载力不足时,应采取临时加固措施。

6. 高空滑移法

高空滑移法是指将某个平面单元或分为条段的结构单元在事先设置的滑轨上滑移到设计位置拼接成整体的安装方法,此平面单元可以是在地面拼装后吊装置滑移起始位置,也可以是分段、小拼单元甚至散件在高空拼装平台上拼成滑移单元,拼装胎架一般设在建筑物的一端,以便于滑移。

高空滑移法作为大跨度空间钢结构常用的施工技术具有施工作业面小、吊装就位准确性高、结构成型质量高等综合技术优势。根据滑移过程方式的不同,可以分为单条滑移法和逐条累积滑移法。前者是指将待滑移单元一条一条的分别从拼装胎架的一端滑移到另一端就位安装,各条之间分别在高空再进行连接,即逐条逐单元滑移。后者是指先将一个单元滑移一段距离后(能空出第二单元的拼装位置即可),再连接好第二条单元后,两段单元一起滑移一段距离(滑至空出第三单元的拼装位置),在连接第三条单元,三段又一起滑移一段距离,如此循环操作直至接上最后一条单元为止。当结构的纵向尺寸较长时,也可以以上两种方式结合使用。如平面桁架采用滑移法,由于单幅桁架稳定性差,可先采用累积滑移法,将若干桁架组成一个稳定性较好的滑移单元,再一次滑移到设计位置。

结合大跨度和大空间钢结构施工技术的新进展重点介绍了钢结构屋盖滑移施工技术、钢结构屋盖吊装施工技术、钢结构屋盖提升施工技术、钢结构现场拼装技术、高大模架施工技术。

一、钢结构屋盖滑移施工技术

滑移法作为大跨度结构安装施工方法,在铁路客运站房建设中,钢桁架、网架采用滑移法进行安装，尤其是大跨度、大面积网架，由于施工条件复杂，工程量大，造型复杂，多采用满堂支架高空原位安装法进行施工。

钢结构滑移施工按滑移对象的不同可分为胎架滑移法、结构主体滑移法以及结构主体、胎架整体滑移法。胎架滑移法是指在结构的拼装胎架下设置滑移装置，每次拼装完一个单元后，滑移至下一位置组拼；结构主体滑移法是指拼装胎架位置固定不动（一般位于建筑物端头），每次主体结构滑移拼装完毕后依次滑至设计位置；结构主体、胎架整体滑移法是指在拼装胎架下设置滑移装置，每次结构滑移单元拼装好后，将滑移单元与胎架整体沿轨道滑移至设计位置。

1. 滑移过程要求

(1)滑移前对胎架体系的稳定性和液压滑移系统的可靠性进行认真检查确认，由于滑移胎架高，滑移过程中需密切注意胎架体系的稳定性。

(2)滑移过程中，注意观测设备系统的压力、荷载变化情况等，并认真做好记录。

(3)滑移过程中，测量人员应通过钢卷尺配合测量各滑移点位移的准确数值。

(4)滑移过程中应注意滑移轨道、液压泵源系统、计算机同步控制系统、传感检测系统等的工作状态。

设计采用平面或单曲网架结构形式的钢屋盖，或者广义单曲面的屋盖，首选考虑累积滑移方案。钢结构滑移施工技术是十分成熟的工艺，利用结构柱或临时立柱设置滑移轨道实现滑移，经过转换将受力体系从轨道转移到结构柱，然后卸下轨道、临时柱等。特别是对大型起重机械使用场地限制苛刻的项目，累积滑移方案优点明显。钢结构屋盖的拼装没有嵌补杆件，焊接一次到位，而且作用区域小、拼装设备小，对钢结构拼装、安装质量、安全和成本控制非常有利。改建的大中型站房工程，涉及既有铁路线正常运营和转线问题，采用滑移方案，对钢结构施工的安全更有保障，近年来施工的铁路站房屋盖钢结构多采用滑移施工技术，如福州南站、南京南站、西宁站、珠海站、厦门西站等。

2. 典型工程案例

福州南站站房采用钢骨混凝土柱和混凝土梁形成框架结构。屋盖采用钢结构屋盖，支撑于钢骨混凝土柱柱顶滑动支座或埋件上，其两侧为平屋面，屋面标高为 29.5m，中间部分为坡屋面，屋脊标高为 51.5m，檐口标高为 39.5m（图 5-3-21）。

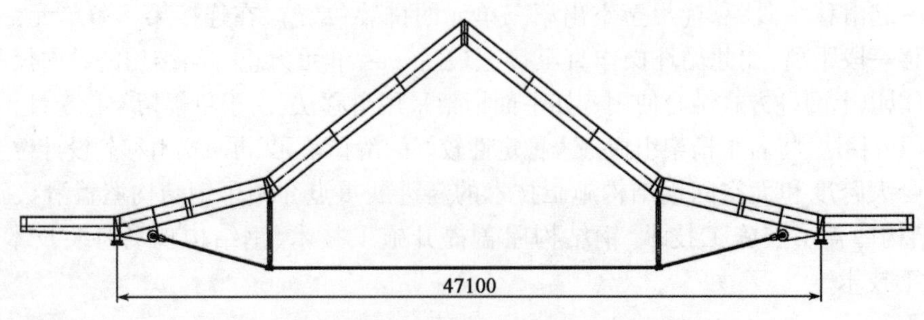

图 5-3-21　站房钢屋架立面图（尺寸单位：mm）

由于现场的场地条件有限，屋面钢结构平面为矩形，纵向较长，各工种交叉施工的影响较多，大型履带式起重机不能就近直接吊装，采用累积和整体液压滑移安装方案。

(1)滑移轨道铺设要求

滑移轨道在整个水平滑移中起承重导向和径向限制桁架水平位移的作用。要求轨道中心线与桁架支座中心线重合，以减少滑移单元自重对滑移轨道(梁)的偏心弯矩。

(2)滑移轨道支撑加固措施

滑移轨道采用43kg/m的标准钢轨道，轨道梁采用HW600mm × 300mm × 12mm × 20mm的型钢梁，轨道中心线与轨道梁中心线重合布置，轨道与轨道梁之间用20mm厚的压板焊接固定。为增强滑移轨道侧向稳定性，单根轨道设置两根轨道梁，滑移轨道梁底部用ϕ630mm钢管柱支撑，柱间设置ϕ203mm钢管的斜撑；为增强整个滑移结构在滑移过程中的侧向稳定，防止结构在滑移过程中侧向倾斜，在滑移轨道梁两侧设置钢支撑，支撑用ϕ203mm钢管。

(3)移耳板安装

根据桁架支座形式及受力特点，可直接将滑移顶推点设置在桁架支座上，爬行器与支座连接如图5-3-22所示。要求构件支座前端与轨道上表面接触处需设置一定坡度，并打磨光滑，防止因轨道接口不平出现卡轨等现象。

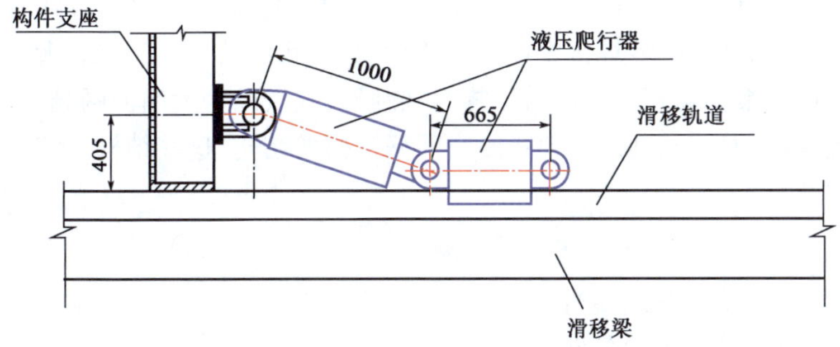

图5-3-22　滑移爬行器设置示意图(尺寸单位：mm)

(4)滑移同步控制

每条滑移轨道上各设置1台液压爬行器，每台爬行器各由1台主泵控制。爬行器以相等的速度升缸顶推桁架结构。通过计算的统一指令，实现两滑道的同步滑移。

(5)滑移施工

首先进行滑移系统调试，待系统检测无误后开始正式滑移，开始滑移时，液压爬行器伸缸压力逐渐上调，依次为所需压力的20%，40%，在一切都正常的情况下，可继续加载到60%，80%，90%，100%。钢屋盖即将移动时暂停滑移推进，保持推进系统压力。对液压爬行器及设备系统、结构系统进行全面检查，在确认整体结构的稳定性及安全性绝无问题的情况下，才能继续滑移。

(6)滑移到位卸载施工

站房桁架滑移到位后，采用6只50t级的千斤顶进行卸载。

累积加整体液压滑移安装技术具有工艺设备体积小、自重轻、承载能力大，自动化程度高，操作方便灵活，安全可靠性好的优势。福州南站站房屋盖采用该项施工技术，实现了在狭小空间或起重设备难以进入的施工场地进行大体量构件的累积滑移安装(图5-3-23)。

图 5-3-23　实施效果图

二、钢结构屋盖吊装施工技术

设计采用大断面结构、空间桁架结构时，结构柱呈现非直线布置时，或者网架传力体系非常复杂时，一般采用整体或分单元吊装施工。吊装法是钢结构最常采用的施工方案，其特点是将钢屋盖结构划分成较大的施工段，利用大吨位起重设备在轨道层上行走来满足屋盖及柱、梁等其他钢结构构件的安装需要。采用大吨位机械设备的目的是尽量减少结构分段、减少现场高空拼装焊接作业量。北京南站、武汉站、西安北站、太原南站钢屋盖施工都采用了该方案。北京南站屋盖结构为椭圆形，武汉站为大曲面网壳，太原南站设计为放射伞状支撑柱，厦门站则采用大跨度空间钢管桁架结构，这些结构的特殊性决定了施工方案的不同。

1. 采用吊装施工方案需要解决以下问题

(1)大型设备的吊装路线要清晰。

(2)具备二次拼装的场地条件。

(3)临时支撑柱提前设计施工。

(4)吊装工况、卸载工况要经过验算符合要求。

(5)确定大型起重设备的行走路线和结构加固措施等。

2. 典型工程案例

兰州西站建筑总高度 39.35m，外立面屋盖采用正交空间管桁架钢结构，顺轨方向的主要跨距为 27m、66m、27m，垂直轨道方向的跨距基本以 20 ~ 32m 跨为主。主结构结合建筑表皮沿"几"字形布置主桁架，"几"字中间部分凸起近 10m，凸起部分跨度最大为 66m，桁架与钢管柱连接采用跨度 2m、高度 3m 的倒置三角管桁架。施工难点是结构规模大，造型复杂，本身就给工程的施工带来了很多不确定因素。

利用 BIM 技术建立空间模型，模拟空间连接形式，进行精确定位；使用 MIDAS 有限元软件等计算仿真软件进行计算分析放样。现场施工采用将大跨度的钢桁架从平面分割成若干条状或块状单元，分别用起重机械吊装至高空设计位置进行拼装，连接成整体后，进行卸载。

(1)结构全过程计算机信息化施工技术

屋盖钢桁架顺轨方向跨度达到 120m，桁架体系负责由上万个杆件构成，因此对杆件加工精度要求高，高空各组件拼装精确定位要求高。在钢桁架加工生产前，采用 MIDAS

有限元软件计算分析和计算机仿真技术,对分块吊装单元吊装形变、支撑变形、安装变形和卸载进行了仿真。利用 xsteel 软件对构件加工、分块吊装、整体卸荷等施工全过程进行三维模拟,实现了建设项目设计与施工过程模拟与分析的数字化。施工中利用 BIM 技术,首先进行建立站房钢桁架三维空间模型,模拟钢桁架空间体系排布,从而确定每根杆件空间定位、加工尺寸及各杆件连接处切口形式。依据三维模型中杆件数据进行加工、分段拼装,从而保证钢桁架体系高空精确对接(图 5-3-24)。

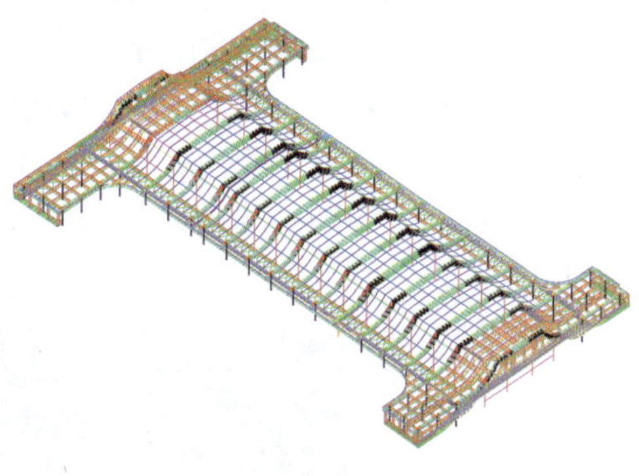

图 5-3-24　钢桁架空间模拟图

(2)安装临时支撑技术

为保证结构分段就位,需设置临时支撑架。按分段的重量进行计算,以此确定本工程的临时支架采用格构柱体系。同时根据吊装时支架受力的不同,进行每支临时支架的合理设计,并对钢结构吊装工况进行验算。利用计算机模拟技术,对施工过程中的分块吊装单元吊装变形、支撑变形、安装变形和卸载进行仿真模拟,确保安装位置及精度准确(图 5-3-25)。

图 5-3-25　临时支撑桁架示意图

(3)结构分段吊装施工技术

站房主桁架采用 400t 履带式起重机分别立于站房东西两侧同时进行大跨度钢桁架吊装,依据 400t 履带式起重机工况图,同时考虑吊装设备、行走路线等多方面的要求,合理利用大型履带式起重机的吊装性能,在起重能力、回转半径等因素允许的条件下,节点和构件吊装尽量采用较大的单元形式进行吊装,减少吊装定位次数,保证吊装质量和吊装进度,减少各段之间高空连接点(图 5-3-26)。

图 5-3-26　钢桁架单元体分段吊装

(4)结构安装后的卸载技术

采用整体分级卸载方案，遵循卸载过程中结构构件的受力与变形协调、均衡、变化过程缓和、结构多次循环微量下降并便于现场施工操作来实现。主要采取对支撑顶部的胎架模板割除的办法进行，根据支撑位置的卸载位移量控制每次割除的高度 ΔH(每次割除量控制在 5 ~ 10mm)，直至完成某一步的割除后结构不再产生向下的位移后拆除支撑，同时在支撑卸载过程中注意监测变形控制点的位移量(图 5-3-27)。

图 5-3-27　钢桁架卸载后完成

(5)低温钢结构焊接施工技术

钢桁架钢材主要为 Q345C、Q345GJC，钢板、节点强度要求高，且钢结构焊接施工时正值兰州严寒季节，因此钢结构高海拔低温焊接施工提出了更高的要求与标准。低温条件下焊缝金属因热量流失快，在冷却时收缩使焊接区钢材产生应力不均导致构件变形，所以焊接选用低温抗裂性强的全位置焊条，如低氢型焊条、高韧性焊条或氧化铁型焊条等；焊接时采用电加热、火焰加热器等方法进行构件预热，焊接完成采用后热消氢处理保证焊接区温度平稳冷却，减小不均匀应力的产生。

兰州西站应用的大跨度几字形屋面钢桁架散拼高空安装施工技术，解决了大跨度钢桁架高空拼装作业的问题。确保屋面钢桁架一次拼装成型，减少高空钢结构焊接量，取得了较好的社会经济效益。

三、钢结构屋盖提升施工技术

不论网架结构还是桁架结构理论上都可以采用提升的方案，一般分为整体提升或分块提升、高空拼装的方案。需要考虑的要点是：①提升承力构件尽量利用结构柱；②提升单元能够形成稳定的单元体，并且结构的变形满足设计要求；③提升工况与设计工况的受力需基本吻合，如有偏差必须采取加固措施处理；④具备拼装、提升场地。提升作业时要控制同步提升，监测结构变形等。

天津西站设计为采用箱形构件的拱形结构，施工采用分段提升方案。厦门站设计为大跨度空间钢管桁架，施工采用桁架整体提升方案。于家堡站为不规则贝壳形，中部架空大堂部分钢结构采用地下拼装、整体提升、高空合龙的施工方式。网架结构采用分块提升或整体提升的比较多，如滨海站、南宁站、沈阳站、普者黑站等。

典型工程案例分析

南宁东站位于广西南宁市，为南广高铁、广西沿海城际铁路与柳南城际铁路的交汇点，是广西建设体量和旅客运输能力最大的大型高铁车站，总建筑面积 267471m^2（图 5-3-28）。东站钢结构工程由站房钢结构和雨篷钢结构 2 部分组成，总用钢量约 20845t。车站站房为钢筋混凝土框架结构，站房屋盖采用钢管网架结构。网格单元主要为正交正放四角锥单元，整体钢结构屋面平面最大尺寸为 210m×438m，典型网格尺寸为 4.8m×4.2m，高 3.6～7m。按伸缩缝将整个钢屋盖分为 A、B、C、三个提升区域（图 5-3-29）。A、C 区网架分别重约 1700t，B 区网架总重约 2500t。提升高度在 20～40m。

a)

b)

图 5-3-28　南宁东站效果图

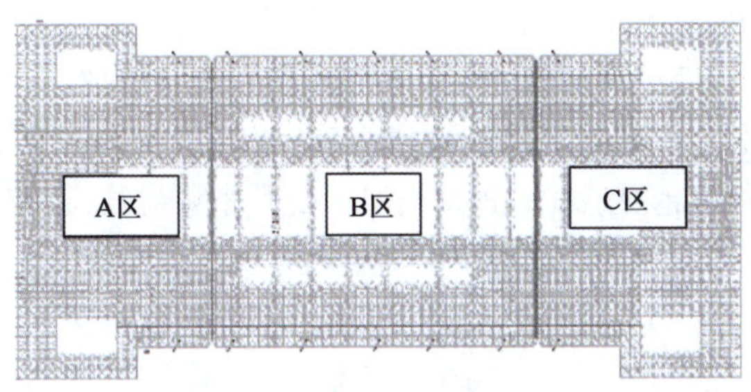

图 5-3-29　钢屋盖提升分区

南宁东站钢屋盖提升采用分单元累积提升和跨中预应力索张拉技术如图 5-3-30 所示。对钢屋盖进行全过程施工模拟分析，优化卸载工序，减小钢管混凝土柱在施工中的过度变形，提高施工质量，满足设计要求。

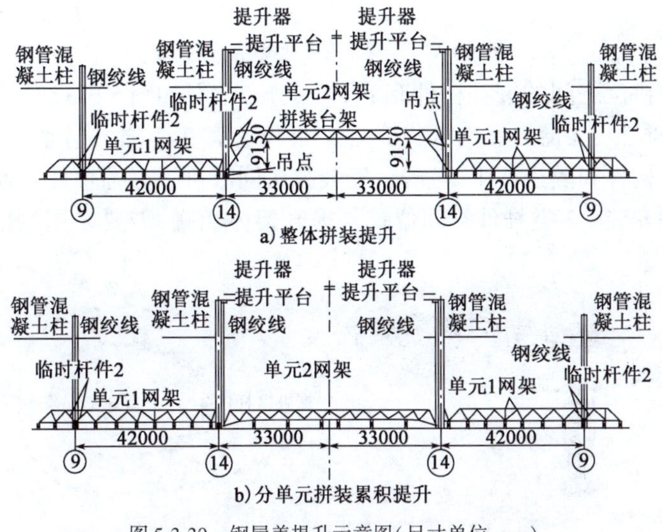

图 5-3-30　钢屋盖提升示意图（尺寸单位：mm）

通过采用水平预张索先中间后两端的卸载工序，满足了分单元累积提升的技术要求。采用此施工工艺，网架跨中部分也在地面500m高度拼装，可减小临时措施量约100t；可降低工人的高空作业，安全性较好，人工成本也大大降低；可加快施工进度，至少缩短1个月的时间，满足了施工工期的要求。

四、钢结构现场拼装技术

铁路站房钢结构工程现场作业量非常大，焊接变形量的控制取决于理论加经验以及变形调整的技术措施。钢结构拼装不仅仅是构件连接为一个整体或单元的过程，更重要的是把加工制作的误差和土建施工的误差能够做零和调整，并尽量避免累积误差的出现。利用信息化技术和扫描视像处理技术能够将现场施工误差直接反馈到钢结构加工厂，是提前进行的做零和误差调整手段。杆件拼装、单元体拼装和焊接的顺序也是质量控制的关键，补段、焊接缝的设置对变形控制是必要的，需要时间数据的支持来确定。钢结构对温度的敏感性是施工方案必须考虑的，长细比大的构件尤其明显，施工过程中钢结构构件、单元体、整体的温度变形都要采取预控措施；并且对钢结构、混凝土复合板结构要在年累积温差较大的地区重点考虑温度变形对装饰装修层的影响，合理设置变形缝。

典型工程案例分析：

天津于家堡站，屋盖设计采用螺旋状贝壳结构，坐落在椭圆形环形钢箱梁上。贝壳中部采用提升工艺，外围区域采用单元吊装散拼方案，提升区和散拼区最后由嵌补杆件连接（图5-3-31）。施工过程跨越夏、秋季，钢结构温度变形非常明显，通过分隔缝留置、拼装时间控制、焊接顺序等措施尽量释放和控制温度变形。

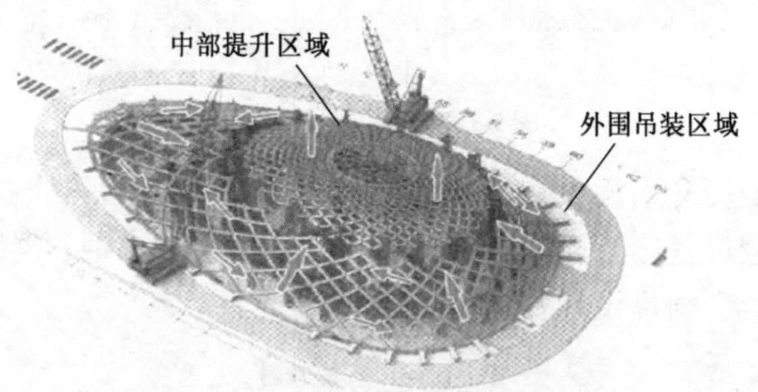

图5-3-31 天津于家堡站现场拼装示意

提升区与散拼区之间的嵌补杆件有121个，分布情况如图5-3-32所示，其中1类杆件35根，2类杆件86根，天窗环梁内部提升塔架群位置有2个嵌补分块。1类杆件构件两端分别与提升区构件和散拼区牛腿连接，安装方法同散拼区嵌补杆件一致，采用高空定位马板固定的方法安装。2类杆件空间位置与提升架体相碰，需要采用“托拆吊”的安装方法进行嵌补。

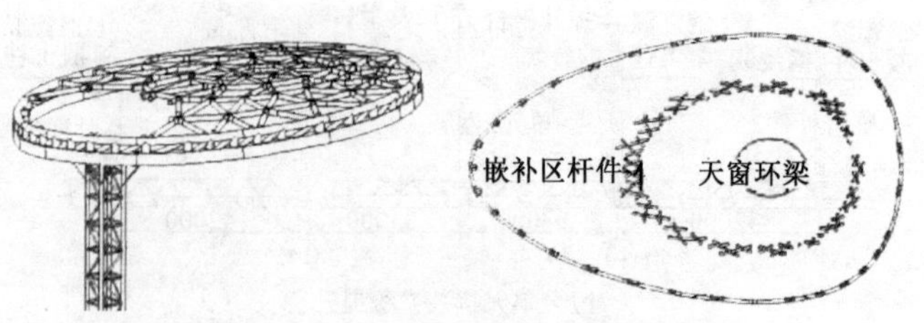

图5-3-32 贝壳形单层网壳结构嵌补杆件分布

第五篇 站房工程

五、高大模架工程施工技术

由于中国高速铁路中的站房结构形式趋于大型化和复杂化,超限、超重、高净空、大跨度模板支撑系统层出不穷,尤其是在站房结构中土建的高大模架工程体系已十分普遍。高大支模架属于超过一定规模的危险性较大的分部分项工程范围,是施工安全风险控制的重点环节。但在实际施工中,由于施工人员意识淡薄、现场的不确定因素多、高大模架体系计算有误、施工单位过程管理不到位、搭设构造不符合规范等原因,导致高大支模架坍塌事故频发,给施工企业带来了很大的经济和社会损失。为了保证高大支模架施工的安全,必须充分发挥技术管理在高大支模架施工全过程中的服务、指导和支撑作用。

高大支模架发生的坍塌事故,以及模板脚手架工程中发生的坠落事故,其根本的防治在于:“以人为本,安全第一,预防为主,综合治理,与时俱进,科学管理,安全发展”。主要要做好以下4个方面的工作:

(1)牢固树立以人为本的思想,全面做好高大模架工程施工的安全技术工作。任何一项建筑工程都是由建筑施工人员亲手建造的,因此在高大模板脚手架的设计与制作中,在高大模板脚手架施工方案的设计与实施中以及在整个工程的建造过程中,都要紧紧围绕一个中心,即:以人为本、安全第一、综合治理,努力做好各项施工安全技术工作。

(2)提高对建筑施工安全和施工中安全技术的认识,提高对高大模板与脚手架重要性和重要意义的认识。为预防事故的发生,做到安全施工,就要在施工之前和施工之中对施工安全有高度的认识,对施工中的安全技术有充分的控制。为此,一方面,要对建筑施工中每一项分部工程的施工技术和安全技术深入了解;另一方面,要高度重视所使用的模板脚手架。

(3)强化安全管理,消除安全隐患。在建筑高大模板与脚手架工程施工中发生的安全事故,大都是由于疏于管理发生的,所以,为了使任何一项建筑工程能够顺利建造,在全过程中不发生任何安全事故,就要在施工全过程中实施全方位的安全管理,尤其要强化施工安全组织管理,强化施工安全队伍管理和强化施工安全人员管理。在强化管理过程中,要进行素质教育,进行安全施工和安全技术教育,要进行专业培训,全面提高施工企业和施工队伍的科学管理水平,把安全事故的隐患,消除在萌芽之中。

(4)安全责任到位,杜绝安全隐患。为要做到施工安全,在强化安全管理的同时,要建立健全并落实安全施工的责任制。对于建筑工程的总承包者、分承包者以及班组长和专职安全员这四方都要建立和健全安全责任制和安全责任奖罚制。要用法规制度和经济手段落实其各个方面的安全责任,要做到事事有安全,时时有安全;层层讲安全,层层检查安全;横向一查到边,纵向一查到底。只有把安全责任落实到人才能杜绝事故隐患的发生。

盘扣式脚手架支撑体系和高支模体系施工技术介绍如下。

1.盘扣式脚手架支撑体系

盘扣式脚手架是立杆每隔一定距离焊有圆盘,水平杆件采用杆端扣接头卡入连接盘,用楔形插销连接,立杆的接长采用套管承插连接。一般与可调底座、可调托撑等多种辅助件配套使用。

(1)其主要特点如下

①安全可靠。立杆上的圆盘与水平杆上的接头楔紧,接头传力可靠;立杆与立杆之间承插后同轴心传力;受水平杆定尺长度的控制,立杆的垂直度得到保证,使架体受力以轴心受压为主;架体的每个单个近似格构柱,因而承载力高,不易发生失稳破坏。

②搭拆快,易管理。水平杆与立杆连接,无需特殊工具,只用 1 把铁锤敲机楔性插销即可完成搭设与拆除,功效提高 2 ~ 3 倍,真正实现省工、省力、省时。全部杆件均系列化、标注化,便于储藏、运输和堆放,既保证了现场文明施工,又避免了材料的丢失、损坏。

③节省材料,绿色环保。由于采用低合金结构为主要材料,在经过表面热浸镀锌处理后与其他支撑体系相比在同等荷载情况下,材料可以节省 1/3 左右,节省相应的运输费、搭拆人工费、管理费、材料损耗费用等。

(2)盘扣式脚手架支撑体系控制要点

①承重支撑水平力的传递和整体稳定主要以自身结构体系为主,局部架体之间断开处通过普通钢管、扣件将架体连成整体。当地基高差较大时可利用立杆 0.5m 节点位差配合可调底座进行调整。

②可调顶托伸出顶层水平杆的悬臂长度严禁超过 650mm,且丝杆外露长度严禁超过 400mm,可调顶托插入立杆长度不得小于 150mm,可调底托调节丝杆外露长度不应大于 300mm,作为扫地杆的最底层水平杆离地高度不应大于 550mm。

③严格按照施工流程作业,平面方向先采用 4 根立杆组合一个塔式稳定体安装水平横杆后再向周边扩展,垂直方向搭完一层以后再搭设次层,以此类推。

④水平调整。在场地四周作水平标记,拉通线找平。第一步支撑组立完成后,以水平尺控制,确保每个可调底座达到同一水平位置。

⑤杆件组合。各杆件采用插销结合,结合后再以榔头敲实。

⑥支撑安装应自一端向另一端延伸,自下而上按步搭设,并逐层改变搭设方向,不得从两端向中间进行,以免结合处错位,难于连接。

(3)典型工程案例分析

大连北站混凝土结构大跨度、大截面混凝土构件较多,其中地下一层出站通廊框架梁最大截面尺寸为 3.7m × 3.0m,结构最大跨距为 28.5 × 24m;轨道层楼板厚度 0.5m,结构层高为 8.65m。

顶板模板支撑体系可选用碗扣式脚手架和盘扣式脚手架两种方案。在采用建模处理、理论计算和对施工现场各种不利条件分析的情况下,选用承载能力较好、具有自锁功能、组拼形式灵活、杆件通用性强的的盘扣式脚手架支撑体系(图 5-3-33)。

①新型脚手架的预压试验

架体搭设使用前,选择具有代表性、完整跨梁体下脚手架进行承重堆载试验,检验架体的安全稳定性能。

②预压验算

支架在预压施工过程中容易发生失稳事故,因此预压前需对支架的承载力、刚度和稳定性进行验算。

图 5-3-33　支架节点图

③预压检测

加载前，选择有代表性支撑架立柱，在其顶端和底部设置观测点，用于检测立柱在加载后的变形。加载分 3 级实施，依次为单元预压荷载值的 60%、80%、100%。

(4)场架体配置

针对结构构件截面尺寸及施工荷载情况，在保证架体承载力和施工安全的前提下，对地下通廊、轨道层顶板分别设计架体形式(图 5-3-34、图 5-3-35)。

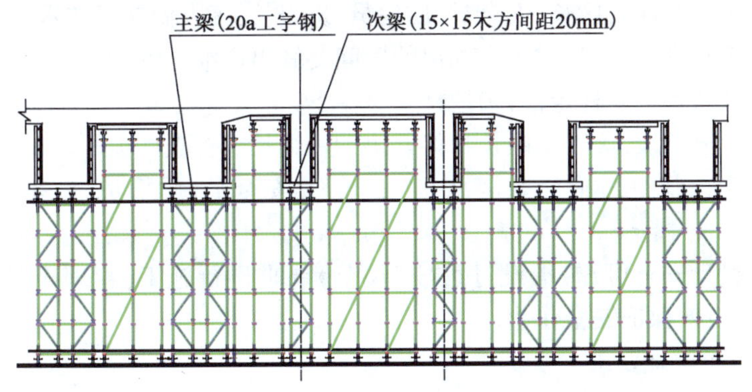

图 5-3-34　纵向板下架体立面节点

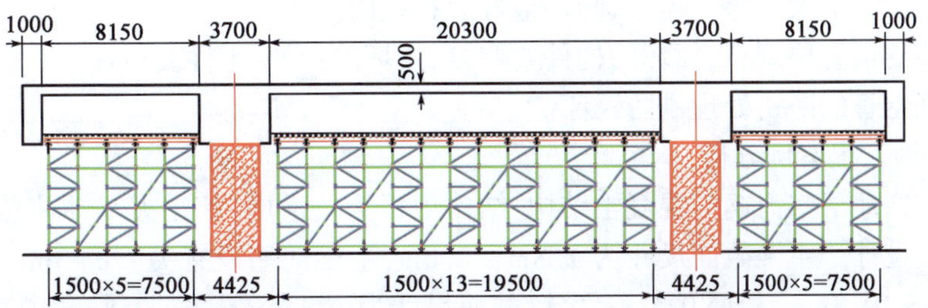

图 5-3-35　横向架体立面布置图(单位尺寸:mm)

盘扣式脚手架支撑体系可以加大立杆间距，节约材料、减少现场搭设工程量、加快搭设速度。社会经济效益显著。

2. 轨道层厚大梁板高支模体系施工技术

在站房施工过程中使用的高大模板支撑体系，其中构造主要包括立杆、纵横扫地杆及纵向水平杆、剪刀撑、扣件等组成。高大模板支撑体系还包含与结构柱连接件构造和临时脚于板铺设要求，在施工中，防护栏杆及安全网设置对高大模板支撑起着重要作用。

高支模体系检查与验收：检查由项目部总工程师组织安全和质量、工区长、班组长自检。符合要求按程序上报公司有关部门复查，不符合要求安全和质量、工区长督促班组整改。高支模验收，按检查程序检查高支模体系符合要求和相关规范规定，则可以组织验收。

工艺要求及验收要求：高支模支撑架必须报监理工程师验收并达到合格标准后，方可进行梁板模板的安装。梁板模板安装程序及要求应符合支撑设计的要求。模板高支撑架拆除，根据施工经验，模板高支撑体系的拆除在梁板混凝土浇筑至少2周后进行。模板拆除前，应先做同条件养护试件的强度试验，根据混凝土强度试验报告对照结构构件的跨度确定模板及其支架拆除的范围、时间，并填写模板拆除申请表报监理工程师审批。

(1)模板及支架拆除条件

①对于梁、板底模跨度小于8m的，应在混凝土强度达到设计强度标准值的75%以上时才可拆除，跨度大于8m的，应在混凝土强度达到设计强度的100%后才可拆除。

②拆除施工顺序：松梁底顶托→拆除梁底模→拆除梁侧模→拆除板底模→清运模板→拆除支架→材料清运→楼地清理。

(2)安全技术措施

①搭设过程中的技术指导。

②项目总工程师向工区长、安全员、质检员、班组长、工人做施工技术交底。

③项目总工程师、工区长对工人提出的疑问要做出详细的解答。

④施工工区长参与立杆定位，扫地杆安装。

⑤支撑架上升阶段，施工工区长督促并协助班组长检查立杆步距。

⑥项目总工程师组织施工安全总监、工区长、安全员、质检员、施工班长进行纠偏检查。

⑦支撑架设计安全可靠，搭设过程按《规范》要求进行施工，管理人员勤检查、勤纠正、多督促才能有效保证安全作业。

(3)日常维护管理要求

①使用完毕的脚手架架料、零件要及时回收，分类整理，分类存放。堆放地点要场地平坦，排水良好，下设支垫。钢管、扣件最好放在室内。

②弯曲的钢管要调直，损坏的构件要修复，损坏的扣件、零件要更换。

③做好钢管的防锈处理刷防锈漆。

(4)典型工程案例分析

北京南站地下室为钢筋混凝土结构，结构顶板为轨道层，承受火车动荷载作用，结构按照桥梁板设计。主梁截面尺寸为1.8m×2.0m，主梁两端设有夹腋高3m，最大柱网尺寸20.6mm×10.3mm，板厚0.5m。次梁截面尺寸为1.8m×1.7m、0.8m×1.6m、1.2m×1.6m等。

针对北京南站结构特点，工程概况、施工方法、理论验算、市场材料考察等方面进行综合分析、方案比较，经过精心设计、结构计算，采用碗扣架高支模支撑体系。

①模板体系

高支模板系统对支撑体系要求较高，根据工程特点选择稳定性、强度都较好的碗扣式脚手架进行搭设。考虑到所需物资巨大，周转料费用较高，经过严格的理论计算，最终选择了强度和刚度比常规木方高出一百多倍的新型材料——S150 型铝合金工字梁做龙骨，增大了立杆间距，减少了周转料投入。

②夹腋梁节点控制

夹腋梁中有直径为 1800mm 的圆柱，夹腋梁混凝土自重较大，支设不牢，容易跑模漏浆，模板节点控制为难点。经过尺寸计算，在夹腋处特制了夹腋柱箍，既保证夹腋角度也解决了跑模漏浆问题。

③整体稳定性的控制

为确保支撑体系的稳定，模板支撑与柱之间设置两道柱箍连接杆。每根柱设置两道 ϕ48mm 钢管柱箍，间距 3m，最下一道柱箍距底板高度不小于 3m，与支撑立杆用扣件连接牢固。

为保证支撑体系整体结构不变形，在施工流水段外侧设置连续纵向剪刀撑，每 4 根立杆布置一道，且在外侧立面整个长度和高度上连续设置，斜杆与水平面夹角为 45°～60°。每个区格内的模板支架设置两道水平剪刀撑，其两端与中间每隔 4 根立杆，从顶层开始向下每隔 2 步设置一道水平剪刀撑，水平剪刀撑与水平杆夹角为 45°～60°。

由于碗扣架立杆必须保证 300mm 为模数支设，但每个流水段之间、梁与板立杆之间的间距不够模数，采用 ϕ48mm 钢管进行水平连接，使整个施工区域形成整体性连接，保证了碗扣架整体稳定性。

④荷载试验及材料检验

为保证此方案顺利实施，在施工前进行堆载试验。选出 9m×9m 区域计算出荷载后，按方案要求进行模板的支设，支设后加 1.2 倍计算荷载进行试验。试验中对支撑系统进行沉降观测及侧向稳定观察，实测最大沉降为 19mm，平均沉降值为 12mm，沉降量在计算允许范围内。

通过材料考察、方案论证和优化、工程试验及实施，保证了施工质量，达到了预期的效果。

第四节　绿色施工技术

十八大以来，党中央、国务院特别重视我国经济的绿色发展，于 2015 年 3 月首次把绿色化的发展要求与新型工业化、城镇化、信息化和农业现代化并列提出；十八届五次会议提出的五大发展理念中又把绿色发展理念列入重要位置；十九大再次为未来中国推进生态文明建设和绿色发展指明了方向。工程建设行业面对新形势和许多不绿色的情况，必须走绿色发展之路，推进绿色建造，实现新的突破。

大型铁路站房为集多种交通方式一体、功能用房配套齐全的综合性巨型交通枢纽中心，能耗、水耗巨大，因此采用绿色施工技术是站房施工的必然选择。站房施工中贯彻“绿色建筑”“生态建筑”和“四节一环保”理念，从节地与室外环境、节能与能源利用、节水与水资源利用、室内环境质量控制等方面采用多项环保节能的绿色建筑技术措施。施工中考虑了使用材料的可再循环利用，同时采用本地材料（混凝土、砂、石），及绿色施工组织方案，有计划地回收建筑废弃物，加强环保措施，避免了施工对周围环境产生破坏。同时站房施工还采取了地源热泵技术、污水源热泵技术、屋面光伏发电技术、生态湿地污水处理技术等。

绿色施工是在保证质量和安全等基本要求的前提下，以人为本，通过科学管理和技术进步，最大限度地节约资源，减少对环境负面影响的工程施工活动。绿色施工技术是指符合可持续发展要求，使施工过程实现绿色施工目标的具体施工技术，其可以是对传统施工技术的绿色化改进，亦可以是新研发的专项施工技术。《建筑业10项新技术》中的绿色施工技术是建筑业发展绿色生产，资源节约利用的技术优选，突出了与“四节一环保”要求相关的施工技术。

1. 封闭降水技术和施工现场水收集综合利用技术

封闭降水及水收集综合利用技术包括基坑施工封闭降水技术和施工现场水收集综合利用技术。基坑施工封闭降水技术是指为满足基坑施工需求，在坑底和侧壁采用截水措施，在基坑周边形成止水帷幕，阻截基坑侧壁及基坑底面的地下水流入基坑，在基坑降水过程中对基坑以外地下水位不产生影响的降水方法。我国沿海地区宜采用地下连续墙或护坡桩 + 搅拌桩止水帷幕的地下水封闭措施；内陆地区宜采用护坡桩 + 旋喷桩止水帷幕的地下水封闭措施；河流阶地地区宜采用双排或三排搅拌桩对基坑进行封闭，同时兼作支护的地下水封闭措施。

施工现场水收集综合利用技术包括基坑施工降水回收利用技术、雨水回收利用技术、现场生产和生活废水回收利用技术。经过处理或水质达到要求的水体可用于绿化、结构养护用水以及混凝土试件养护用水等。施工现场用水至少应有20%来源于雨水和生产废水等的回收。

2. 建筑垃圾减量化与资源化利用技术

建筑垃圾减量化是指在施工过程中采用绿色施工新技术、精细化施工和标准化施工等措施，减少建筑垃圾排放。建筑垃圾资源化利用是指建筑垃圾就近处置、回收直接利用或加工处理后再利用。

建筑垃圾减量化和资源化要从垃圾产生之前做起，从方案、预案的制订到精心组织实施是一个完整的链条，包括：①建筑垃圾分类收集和堆放；②碎石类、粉类建筑垃圾进行级配分离后用作基坑肥槽、路基的回填材料；③采用移动式快速加工机械，将废旧砖瓦和混凝土就地分拣、粉碎、分级，变为可再生集料。建筑垃圾产生量应不高于350t/万 m^2；建筑垃圾回收利用率达到80%以上。

3. 施工现场太阳能、空气能利用技术

施工现场太阳能、空气能利用技术包括太阳能光伏发电照明技术、太阳能热水利用技术和空气能热水技术等3项技术。太阳能光伏发电照明技术是利用太阳能电池组件将太阳光能直接转化为电能储存并用于施工现场照明系统的技术。照明灯具负载应为直流负载，灯具选用以工作电压为12V的LED灯为主。生活区安装太阳能发电电池，保证道路照明使用率达90%以上。

太阳能热水利用技术是利用太阳能热水器将太阳能转换为热能从而应用于施工现场的技术。空气能热水技术是运用热泵工作原理，吸收空气中的低能热量，经过中间介质的热交换，并压缩成高温气体，通过管道循环系统对水加热的技术，具有高效节能的特点，比常规电热水器的热效率高380% ~600%，制造相同的热水量，比电辅助太阳能热水器利用能效高，耗电只有电热水器的1/4。同时，空气能热水器利用空气能，不需要阳光，因此放在室内或室外均可，温度在0℃以上，即可24h承压运行；根据额定制热量、额定功率、额定电流、最大输入电流、电源电压、额定出水温度、额定使用水压、热水循环水量、循环泵扬程、水泵输出功率、产水量、*COP*值、运行噪声选配空气能(源)热泵热水器。

4. 施工扬尘控制技术

施工扬尘控制技术主要包括施工现场道路、塔式起重机、脚手架等部位自动喷淋降尘和雾炮降尘技术、施工现场车辆自动冲洗技术。自动喷淋降尘系统由蓄水系统、自动控制系统、语音报警系统、变频水泵、主管、三通阀、支管、微雾喷头连接而成，主要安装在临时施工道路、脚手架和塔式起重机上。雾炮降尘系统主要有电机、高压风机、水平旋转装置、仰角控制装置、导流筒、雾化喷嘴、高压泵、储水箱等装置，其特点是风力强劲、射程高(远)、穿透性好，可实现精量喷雾，雾粒细小，能快速将尘埃抑制降尘，效率高，速度快，覆盖面积大(图5-3-36)。

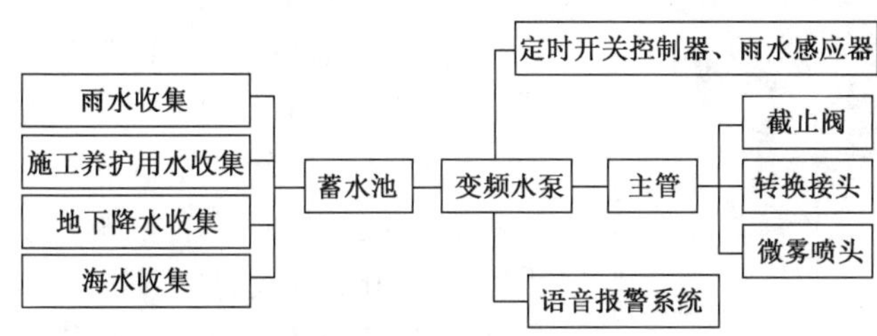

图5-3-36　自动喷淋系统示意图

施工现场车辆自动冲洗系统由供水系统、循环用水处理系统、冲洗系统、承重系统、自动控制系统组成。采用红外、位置传感器启动自动清洗及运行指示的智能化控制技术。

地基与基础工程施工阶段施工现场PM_{10}/h平均浓度不宜大于150μg/m^{3}或工程所在区域的PM_{10}/h平均浓度的120%；结构工程及装饰装修与机电安装工程施工阶段施工现场PM_{10}/h平均浓度不宜大于60μg/m^{3}或工程所在区域的PM_{10}/h平均浓度的120%。

5. 施工噪声控制技术

施工噪声控制技术是指通过选用低噪声设备、先进施工工艺或采用隔声屏、隔声罩等措施有效降低施工现场及施工过程噪声的控制技术。施工现场应优先选用低噪声机械设备，优先选用能够减少或避免噪声的先进施工工艺。当噪声较大时，可采用隔声屏、隔声罩、隔声棚、隔声门、隔声窗等隔声设施降低施工现场噪声。如设置封闭的木工用房，降低电锯加工时噪声对施工现场的影响。隔声屏是通过遮挡和吸声减少噪声的排放；可模块化生产，装配式施工，选择多种色彩和造型进行组合、搭配与周围环境协调。隔声罩是把噪声较大的机械设备(搅拌机、混凝土输送泵、电锯等)封闭起来，有效阻隔噪声的外传。要求高的隔声罩可做成双层壳，内层较外层薄一些；两层的间距一般是610mm，填以多孔吸声材料。罩的内侧附加吸声材料，以吸收声音并减弱空腔内的噪声。要减少罩内混响声和防止固体声的传递；尽可能减少在罩壁上开孔；在罩壁的构件相接处的缝隙采取密封措施以减少漏声；应采取适当的通风散热措施。

6. 绿色施工在线监测评价技术

绿色施工在线监测及量化评价技术是通过在施工现场安装智能仪表并借助通信设备和计算机软件，随时随地以数字化的方式对施工现场能耗、水耗、施工噪声、施工扬尘、大型施工设备安全运行状况等各项绿色施工指标数据进行实时监测、记录、统计、分析、评价和预警的监测系统和评价体系。目标是通过单项指标评价判定各项指标是否符合绿色施工要求及其绿色程度,通过综合指标评价整个工程项目的绿色程度;根据评价结果对绿色施工方案和绿色施工技术进行改进、优化,降低对周围环境的影响,真正实现绿色施工。

7. 工具式定型化临时设施技术

工具式定型化临时设施包括标准化箱式房、定型化临边洞口防护、加工棚,构件化PVC绿色围墙、预制装配式马道、可重复使用临时道路等。根据标准化、模块化、通用化原则设计临时设施,按照标准尺寸和符合要求的材质制作和使用,达到节能环保、组合安装,安全、拆卸可周转、经济美观的效果。

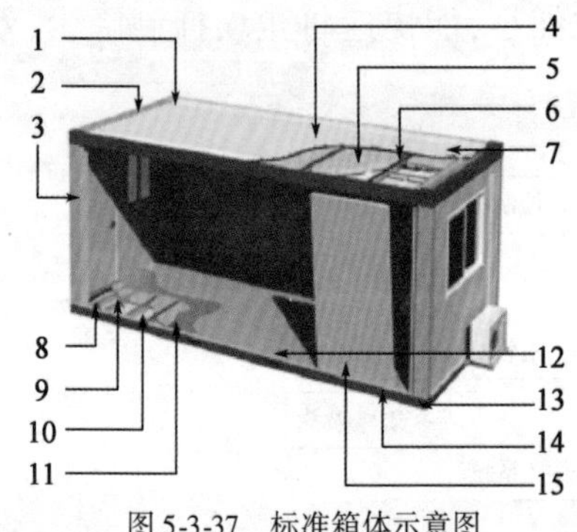

图5-3-37　标准箱体示意图

1-屋面角件;2-顶梁;3-立柱;4-彩钢屋面瓦;5-玻璃丝保温棉;6-屋面檩条;7-彩钢吊顶板;8-地板檩条;9-玻璃丝保温棉;10-水泥板;11-封底钢板;12-橡胶地板;13-地面角件;14-底梁;15-墙板

标准化箱式施工现场用房包括办公室用房,会议室、接待室、资料室、活动室、阅读室、卫生间。标准化箱式附属用房,包括食堂、门卫房、设备房、试验用房。按照标准尺寸和符合要求的材质制作和使用(图5-3-37)。

定型化可周转的基坑、楼层临边防护、水平洞口防护,可选用网片式、格栅式或组装式。楼梯扶手栏杆采用工具式短钢管接头,立杆采用膨胀螺栓与结构固定,内插钢管栏杆,使用结束后可拆卸周转重复使用。可周转定型化加工棚包括混凝土基础、立柱、桁架主梁、斜撑等构件。构件化PVC绿色围墙的基础采用现浇混凝土,支架采用轻型薄壁钢型材,墙体采用工厂化生产的PVC板,现场采用装配式施工方法。预制装配式马道的立杆采用法兰连接;梯段长度根据地下室楼层高度确定,每主体结构层高度内两步楼梯,并保证楼板所在平面的休息平台高于楼板200mm;梯段与休息平台固定采用螺栓连接,梯段与休息平台随主体结构完成逐步拆除。装配式临时道路可采用预制混凝土道路板、装配式钢板、新型材料等,便于拆装、移位,可重复利用,如图5-3-38所示。

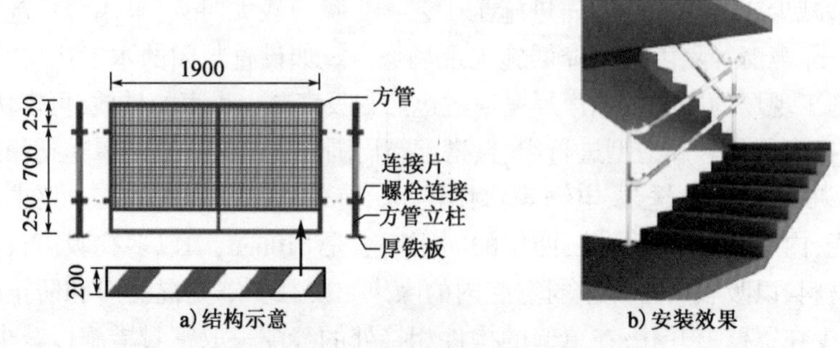

图5-3-38　不同形式定型化防护栏

8. 垃圾管道垂直运输技术

垃圾管道垂直运输技术是指在建筑物内部或外墙外部设置封闭的大直径管道,将楼层内的建筑垃圾沿着管道靠重力自由下落,通过减速门对垃圾进行减速,落入专用垃圾箱内进行处理,降低现场扬尘与噪声,利于回收利用。垃圾运输管道主要由楼层垃圾入口、主管道、减速门、垃圾出口、专用垃圾箱、管道与结构连接件等主要构件组成,可将该管道直接固定到施工建筑的梁、柱、墙体等主要构件上,安装灵活,可多次周转使用。通过在管道入口内设置可自由转动的挡板,垃圾运输管道楼层垃圾入口、垃圾出口及专用垃圾箱设置自动喷洒降尘系统进行扬尘控制。

9. 透水混凝土与植生混凝土应用技术

透水混凝土是由一系列相连通的孔隙和混凝土实体部分骨架构成的具有透气和透水性的多孔混凝土,主要由胶结材和粗集料构成,有时会加入少量的细集料。从内部结构来看,主要靠包裹在粗集料表面的胶结材浆体将集料颗粒胶结在一起,形成集料颗粒之间为点接触的多孔结构。透水混凝土适用于严寒以外的地区;城市广场、住宅小区、公园休闲广场和园路、景观道路及停车场等;在"海绵城市"建设工程中,可与人工湿地、下凹式绿地、雨水收集等组成"渗、滞、蓄、净、用、排"的雨水生态管理系统。

透水混凝土路面的铺装施工整平使用液压振动整平辊和抹光机等,对不同的拌合物和工程铺装要求,应选择适当的振动整平方式并施加合适的振动能,过振会降低孔隙率,施加振动能不足,可能导致颗粒黏结不牢固而影响到耐久性。根据透水混凝土铺装的断面结构,其路面可分为直渗型、导向渗透型和雨水收集型 3 种结构(图 5-3-39)。

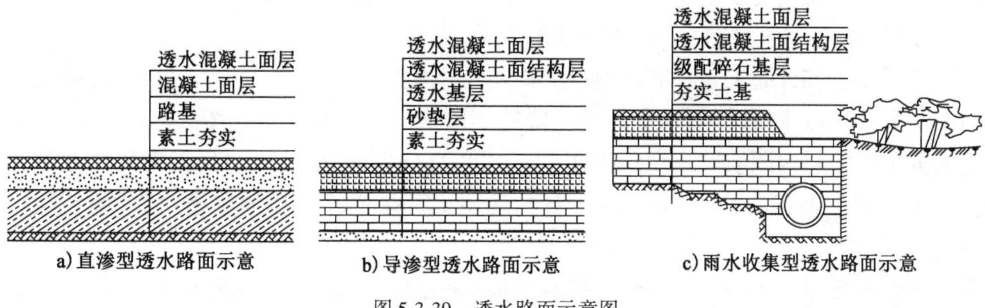

图 5-3-39　透水路面示意图

植生混凝土是多孔混凝土之一,是以水泥为胶结材,大粒径的石子为集料制备的,能使植物根系生长于其孔隙的大孔混凝土。其与透水混凝土有相同的制备原理,但由于集料的粒径更大,胶结材用量较少,所以形成孔隙率和孔径更大,便于灌入植物种子和肥料,利于植物根系的生长。制备时需注意浆体黏度要合适,保证将集料均匀包裹,不发生流浆离析或因干硬不能充分黏结的问题。根据用途可分为普通植生混凝土和轻型植生混凝土。植生混凝土的主要技术可分为植生混凝土的制备技术、内部碱环境的改造技术、植物生长基质的配制及填充技术、植被种植技术、植生喷灌系统和植生混凝土的施工技术等。植生地坪的植生混凝土可在现场直接铺设浇筑施工,也可预制成多孔砌块后到现场用铺砌方法施工。

10. 混凝土楼地面一次成型技术

混凝土楼地面一次成型工艺是在混凝土浇筑完成后,用 ϕ150mm 钢管压滚压平提浆,刮杠调整平整度,或采用激光自动整平、机械提浆方法,在混凝土地面初凝前铺撒耐磨混合料(精钢砂、钢纤维等),利用磨光机磨平,最后进行修饰工序。地面一次成型施工工艺与传统施工工艺相比具有避免地面空鼓、起砂、开裂等质量通病,增加了楼层净空尺寸,提高地面的耐磨性和缩短工期等优势,同时省去了传统地面施工中的找平层,在节省建材，降低成本方面效果显著。

其工艺流程主要包括：基层处理→找标高、弹水平线→冲筋（作灰饼）→细石混凝土找平层、找坡层→面层抹平压光→第二遍压光、铺撒耐磨混合料→第三遍压光→表面修饰及养护→施工缝处理→切割分隔缝（图 5-3-40）。

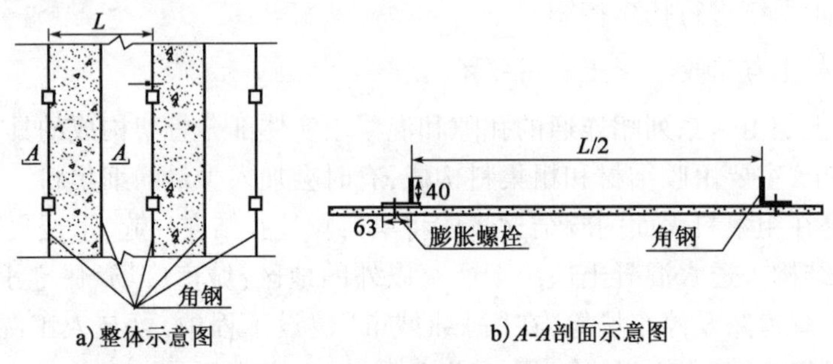

图 5-3-40　雨水收集型透水路面示意图

11. 建筑物墙体免抹灰技术

建筑物墙体免抹灰技术是指通过采用新型模板体系、新型墙体材料或采用预制墙体，使墙体表面允许偏差、观感质量达到免抹灰或直接装修的质量水平。现浇混凝土墙体、砌筑墙体及装配式墙体通过现浇、新型砌筑、整体装配等方式使外观质量及平整度达到准清水混凝土墙、新型砌筑免抹灰墙、装饰墙的效果。

现浇混凝土墙体是通过材料配制、细部设计、模板选择及安拆，混凝土拌制、浇筑、养护、成品保护等诸多技术措施，使现浇混凝土墙达到准清水免抹灰效果如图 5-3-41 所示。对非承重的围护墙体和内隔墙可采用免抹灰的新型砌筑技术，采用粘接砂浆砌砌块尺寸偏差控制为 1.5 ~ 2mm，砌筑灰缝为 2 ~ 3mm。对内隔墙也可采用高质量预制板材，现场装配式施工，刮腻子找平。

免抹灰砌筑墙体利用新型砌筑材料尺寸偏差小的优点，在砌筑阶段进行严格的垂直度、平整度控制，结构基础的尺寸偏差控制、墙体与结构尺寸的复核、对存在偏差在规范允许偏差范围内进行微调、对构造柱（芯柱）尺寸等前期控制手段，使其允许偏差控制在 4 ~ 5mm 内。目前常用的免抹灰砌块有大孔轻集料连锁砌块和轻质蒸压加气混凝土砌块等（图 5-3-42）。

图 5-3-41　现浇清水墙体实景

图 5-3-42　免抹灰砌筑墙体实景

装配式建筑墙体采用建筑、装修一体化标准化设计、工厂化生产，采用 RF 等信息化技术,装修随主体施工同步进行,墙体无需抹灰(图5-3-43)。其验收标准依据《混凝土结构工程施工质量验收规范》(GB 50204—2015)中的装配式结构分项工程。

图5-3-43　装配式免抹灰实景

本篇参考文献

[1] 卢春房.中国高铁技术发展展望:更快、智能、绿色[J].科技导报,2018,36(6):1.

[2] 卢春房.中国高速铁路的技术特点[J].科技导报,2015,33(18):13-19.

[3] 卢春房.依法建设　规范管理　推进"十二五"铁路建设再创新辉煌——在全路建设工作会议上的讲话(摘要)[J].中国铁路,2011(1):15-22.

[4] 卢春房.深入持久推进标准化管理　夺取"十一五"铁路建设全面胜利——在2010年全路建设工作会议上的讲话(摘要)[J].中国铁路,2010(2):9-15.

[5] 窦静雅,谢晓东,吴卫平,等.铁路客站多元化经营管理机制研究探讨[J].铁道经济研究,2013(4):12-16.

[6] 杨林山.我国大型铁路客站候车空间组织模式的发展趋势及设计对策[D].成都:西南交通大学,2005.

[7] 郑键.创新建设理念建造一批百年不朽的铁路客站[J].中国铁路,2007(9).

[8] 郑健.当代中国铁路旅客车站设计综述[J].建筑学报,2009(4):1-6.

[9] 郑健,沈中伟,蔡申夫.中国当代铁路客站设计理论探索[M].北京:人民交通出版社,2009.

[10] 盛辉.站房工程[M].湖北:湖北科学技术出版社,2015.

[11] 卢春房.站房工程(高速铁路建设典型案例)[M].辽宁:辽宁大学出版社,2015.

[12] 郑健.铁路旅客车站细部设计[M].北京:人民交通出版社,2010.

[13] 郑健.铁路旅客车站设计集锦Ⅵ[M].北京:中国铁道出版社,2009.

[14] 李迎九.新时期铁路客站建设管理初探[J].上海铁道科技,2011,2:1-3.

[15] 张佳.上海南站交通枢纽换乘的空间导向研究[D].同济大学,2007.

[16] 向传林.城市铁路客运枢纽站前空间秩序研究[D].重庆大学,2007.

[17] 卢春房.铁路建设项目开工标准化实践与创新[J].铁道工程学报,2016,33(8):1-7.

[18] 杜洪涛.城市综合交通枢纽的规划与设计研究——以广州铁路新客站为例[J].城市规划,2006(7).

[19] 姚振平.邵国贵,林正.北京西客站交通拥堵分析与整治建议[J].道路交通与安全,2003(3).

[20] 刘其斌.马桂贞.铁路车站及枢纽[M].中国铁道出版社,1997.

[21] 石博.大型高速铁路客运站与站前广场一体化趋势研究[D].中南大学,2011.

[22] 王磊.客站综合体—谈大型城市铁路客站设计的发展方向[D].成都:西南交通大学,2004.

[23] 何尚. 世界铁路发展的第三次浪潮[J]. 中国报道,2010(12):46-47.
[24] 王麟书. 关于我国铁路客站站房建设思考[J]. 中国铁路,2005(11):27-29-5.
[25] 郑健. 中国高铁客站的创新与实践[J]. 铁道经济研究,2010(6):1-3.
[26] 韩志伟. 新型铁路客站设计建设的实践与探索[J]. 铁道经济研究,2007(6):23-30.
[27] 铁道部工程设计鉴定中心,中铁二院工程集团有限责任公司. 2011 中国铁路客站技术交流会论文集[C]. 北京:中国铁道出版社,2012.
[28] 铁路客站建设总指挥部. 2010 铁路客站建设管理研讨会论文集[C]. 北京:人民交通出版社,2011.
[29] 铁道部工程设计鉴定中心,中铁第四勘察设计院集团有限公司. 2007 中国铁路客站技术国际交流会论文集[C]. 北京:中国铁道出版社,2008.
[30] 伍东. 铁路客运站规划设计理念及总体布局研究[J]. 铁道勘察,2014(1):52-55,59.
[31] 王麟书. 关于我国铁路客站站房建设的思考[J]. 中国铁路,2005(11):5,27-29.
[32] 郑东炜. 铁路客站照明设计研究[J]. 电气应用,2015(2):36-39.
[33] 廖美. 高速铁路大型客站照明系统的节能研究[D]. 武汉:华中科技大学,2011.
[34] 石磊. 大型铁路客运站商业空间设计初探[J]. 铁道科学与工程学报,2010,7(5):97-102.
[35] 李传成. 交通枢纽与城市一体化趋势——特大型铁路旅客站设计分析[J]. 华中建筑,2004,22(1):32-41.
[36] 张莉. 铁路客运枢纽站前广场发展趋势[J]. 山西建筑,2011,37(16):28-29.
[37] 宋歌,刘燕,朱丹丹,等. 铁路客站用能现状及其影响因素分析[J]. 暖通空调,2013,43(4):85-90.
[38] 刘振娟,党立. 基于地域文化的铁路客站建筑设计与思考[J]. 铁道经济研究,2013(1):16-19.
[39] 王凯夫. 中国铁路客站商业开发的模式探讨[J]. 铁道经济研究,2013(6):36-42,56.
[40] 钟承霞. 论城市铁路客站的一体化设计理念[J]. 浙江建筑,2001(6):5-7.
[41] 雷持平. 新时期铁路客站的地域性创作[J]. 浙江建筑,2012,29(8):5-7,18.
[42] 郑健. 中国铁路发展规划与建设实践[J]. 城市交通,2010,8(1):14-19.
[43] 尉斐. 城市公共交通枢纽站前广场空间形态设计研究[D]. 北京:北京交通大学,2011.
[44] 罗飞. 高速铁路综合交通枢纽地区城市空间形态设计研究[D]. 天津:天津大学,2010.
[45] 刘畅. 基于视觉的大型铁路客站文化性评价因子研究[D]. 成都:西南交通大学,2012.
[46] 韩志伟. 新型铁路客站设计建设的实践与探索[J]. 铁道经济研究,2007(6):23-30.
[47] 胡小勇,张光辉,谢伟平. 高速列车作用下简支梁的动力响应分析[J]. 武汉理工大学学报,2010(7):125-128.
[48] 蔡金墀,邹启泰. 北京西客站工程实施施工监理的作法和经验[J]. 建筑技术,1995(11):698-9-705.
[49] 崔志杰,周国云,何丰宇. 北京西客站地铁车站的设计与施工[J]. 建筑技术,1995(12):737-41-22.
[50] 周国云,何丰宇. 北京西客站预埋地铁车站综合施工技术[J]. 施工技术,1995(4):33-6.
[51] 宋继文. 北京西客站北站房主体结构工程施工组织总设计[J]. 施工技术,1996(3):1-3.
[52] 孙钧. 市区基坑开挖施工的环境土工问题[J]. 地下空间,1999(4):257-66-338.
[53] 周诗伟. 深圳铁路新客站钢骨混凝土柱施工[J]. 铁道标准设计,2001(9):43-4.
[54] 孙俊岭. 城市轻轨站桥合一结构设计中的几个问题[J]. 建筑结构,2003(10):62-5.
[55] 孙凯,许振刚,刘庭金,等. 深基坑的施工监测及其数值模拟分析[J]. 岩石力学与工程学报,2004(2):293-8.
[56] 韩志伟. 新型铁路客站的设计与建设[J]. 铁道经济研究,2005(6):20-2-5.
[57] 罗汉斌. 新型铁路站房中玻璃幕墙的实践及发展[J]. 铁道工程学报,2008(10):87-91.
[58] 谢婧昕. 浅析新型铁路客运站空间模式的发展趋势[D]. 天津大学,2009.
[59] 徐福江,盛平,柯长华. 逆作法施工对广州新客站主站房结构设计的影响[J]. 建筑结构,2009(12):52-4.

[60] 周军. 北京南站玻璃幕墙综合施工技术[J]. 工业建筑,2009(S1):1101-4.
[61] 陈岚. 高速铁路客站总体布局研究[D]. 北京交通大学,2010.
[62] 苏洁,张顶立,高自友,等. 盖挖逆作法施工地铁车站结构变形及其控制[J]. 中国铁道科学,2010(1):59-65.
[63] 王宏,戴立先,刘家华,等. 武汉火车站中央站房大型胎架滑移技术[J]. 施工技术,2010(7):13-5.
[64] 王小波. 钢结构施工过程健康监测技术研究与应用[D]. 浙江大学,2010.
[65] 张广平. 动荷载下钢筋接头直螺纹连接研究[J]. 铁道建筑技术,2010(4):81-3.
[66] 郑健. 高速铁路客站发展需求与实现路径[J]. 科技进步与对策,2010(19):120-2.
[67] 城市轨道交通结构设计与施工(交通版)[J]. 岩土力学,2011(4):1254.
[68] 韩君. 太原南站站房双层仿青砖窗花式组合幕墙施工技术[J]. 施工技术,2011(20):13-6.
[69] 吕铭. 成都东客站西站房钢结构逆作换撑施工技术[J]. 施工技术,2011(20):24-7.
[70] 闻松盛. 高大模板支撑体系的施工技术[J]. 建筑施工,2012(2):137-8+43.
[71] 吴永红. 哈尔滨西客站混凝土结构冬期施工技术[J]. 施工技术,2012(10):14-7.
[72] 张开臣,徐刚,钱英欣,等. 广州新客站主站房逆作法施工及预应力混凝土张拉全过程模拟分析[J]. 工业建筑,2012(8):93-6.
[73] 蔡琨,阎建海,李芳. 微型钢管桩复合土钉墙支护体系的应用[J]. 施工技术,2013(S2):21-4.
[74] 郭振伟,郭丹丹. 铁路客站绿色施工评价体系构建方法研究[J]. 城市发展研究,2013(5):5-8-16.
[75] 李然. 北京南站机电安装工程施工安全风险管理[D];北京工业大学,2013.
[76] 李世超. 高大模板支撑体系的施工技术[J]. 广东建材,2013(11):54-7.
[77] 王巍伟,唐小凡. 既有线施工安全防护措施分析[J]. 施工技术,2013(S1):353-6.
[78] 常波,杨庭,梅献忠,等. 杭州东站枢纽站房金属屋面工程施工技术[J]. 中国建筑防水,2014(7):5-10.
[79] 尹韶哲. 铁路客运站房施工管理综述[J]. 建设科技,2014(7):106-9.
[80] 甄利贤. 大型高速铁路车站客运安全风险分析[D]. 西南交通大学,2014.
[81] 时炜,温晓龙. 承插型盘扣式脚手架在高大模板支撑中的应用[J]. 建筑施工,2015(9):1091-3.
[82] 周雪平. 盘扣式脚手架在现浇箱梁中的应用[J]. 公路交通科技(应用技术版),2015(6):240-1.
[83] 黄红喜. 大跨度空间钢结构施工过程研究分析[D]. 青岛理工大学,2016.
[84] 曲丽香. 地下连续墙施工关键技术研究[D]. 青岛理工大学,2016.
[85] 周燕峰. 大跨度空间钢结构整体提升施工技术研究与应用[D]. 天津大学,2016.
[86] 2017 年中国铁路建设展望[J]. 铁道学报,2017(3):128.
[87] 屈耀辉,李奋,庄德华,等. 湿陷性黄土区高铁路基沉降控制综合技术研究[J]. 重庆交通大学学报(自然科学版),2017(3):54-9+64.
[88] 赵涛,李国良,梁庆国,等. 钢管桩加固饱和黄土隧道软基的试验研究[J]. 现代隧道技术,2017(3):73-8.
[89] 毛志兵. 中建总公司绿色建筑技术综述[J]. 施工技术,2006(10):1-4.
[90] 张希黔,林琳,王军. 绿色建筑与绿色施工现状及展望[J]. 施工技术,2011(8):1-7.
[91] 杨姝,鲍学英,王起才,等. 绿色铁路客站施工管理评价模型构建[J]. 铁道科学与工程学报,2016(8):1636-41.
[92] 叶凌,程志军. 我国绿色建筑标准发展现状及展望[J]. 建筑科学,2016(12):6-12.
[93] 李聪,姜娟,姜龙华,等. 浅谈绿色施工技术管理[J]. 施工技术,2017(S2):1323-5.
[94] 周顺华. 城市轨道交通结构设计与施工[M]. 北京:人民交通出版社,2011.
[95] 梁敦维. 屋面工程施工技术[M]. 山西:山西科学技术出版社,2009.
[96] 王宏. 大跨度钢结构施工技术[M]. 北京:中国建筑工业出版社,2015.
[97] 唐兴荣. 高层建筑转换层结构设计与施工[M]. 北京:中国建筑工业出版社,2012.

[98] 黄志刚.论大型铁路客站的交通区位性能[M].北京:经济科学出版社,2011.

[99] 甄精莲,段仲源,贾瑞晨.深基坑支护技术综述[J].工业建筑,2006(S1):691-4-713.

[100] 顾伟华,沈西华,叶圣元,等.杭州东站站房工程临近既有线超深地下连续墙施工安全技术措施[J].施工技术,2017(10):20-1+4.

[101] SAM KUBBA. Green Design and the Construction Process[J]. Handbook of Green Building Design and Construction,2012:105-14.

[102] 陈鹏."零仰坡"进洞法与盖挖法在环保型隧道施工中的应用[J].铁道建筑技术,2009(6):75-78. (CHEN Peng. Application of Two Tunnel Boring Projects Based on Environmental Friendly Views[J]. RailwayConstruction Technology,2009(6): 75-78. in Chinese).

[103] 单彩杰,冯大阔.《建筑业10项新技术(2017版)》绿色施工技术综述[J].建筑技术,2018(3):270-5.

[104] 韩君.太原南站站房双层仿青砖窗花式组合幕墙施工技术[J].施工技术,2011(20):13-6.

[105] PeterHyatt. Greatglassbuildings50 modernclassics[M]. Baker& TaylorBooks,2004.

[106] 杨煜,曹少卫.铁路站房施工技术发展与展望[J].施工技术,2018(6):109-13-54.

[107] 杨建国,柴春明,刘以文,等.现代特大型高速铁路客运站建设综合施工技术[J].施工技术,2015(S2):464-9.

[108] 甄精莲,段仲源,贾瑞晨.深基坑支护技术综述[J].工业建筑,2006(S1):691-4-713.

[109] 张晋勋,廖秋林.深基坑逆作法施工技术应用现状与展望[J].施工技术,2014(7):1-4-25.

[110] 王卫东,徐中华.基坑工程技术新进展与展望[J].施工技术,2018(6):53-65.

[111] 董月英,魏建华,李象范."半逆作法"施工的深基坑工程的设计应用探讨[J].岩土工程学报,2010(S1):229-33.

[112] 王峰.铁路客站建设与管理[M].北京:科学出版社,2018.

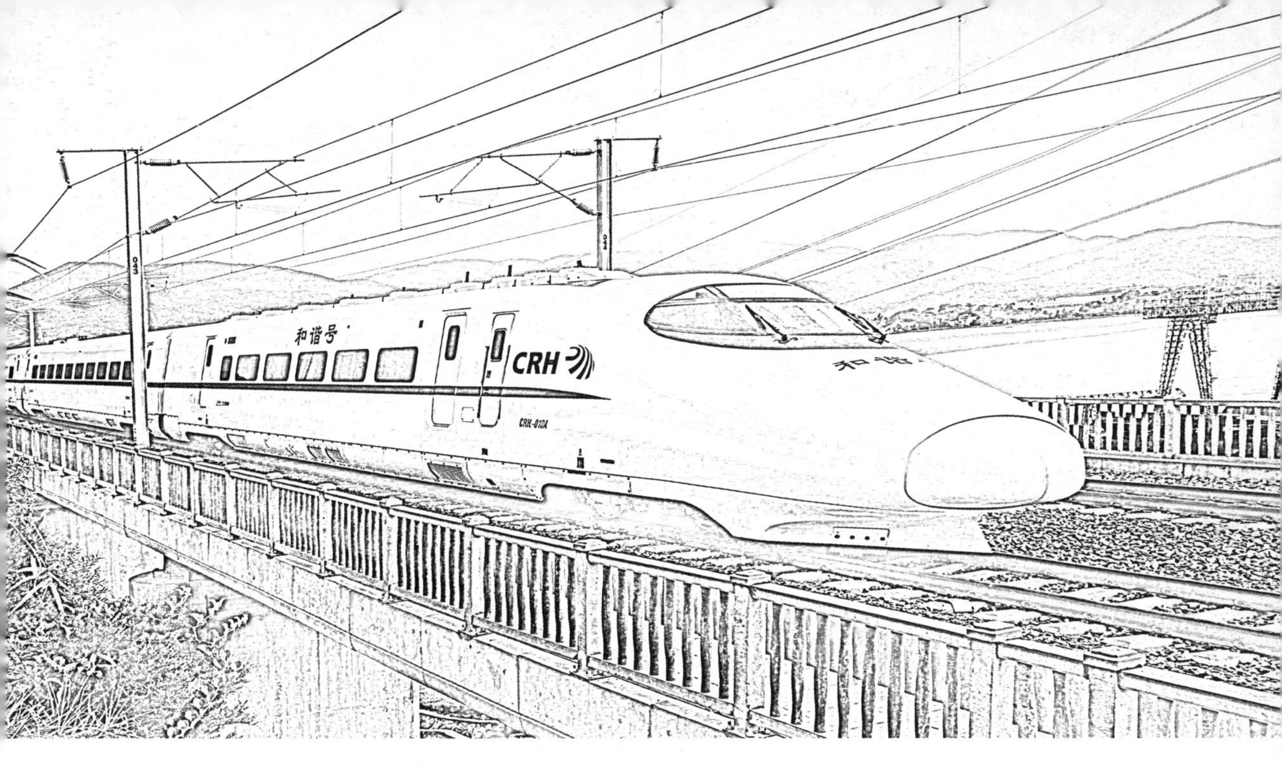

第六篇　京津城际铁路工程实践

重点介绍京津城际铁路关键技术问题的试验研究、论证、技术攻关及工程建设的验证,高速铁路路基、桥梁、无砟轨道、环保等站前工程的修建技术,以及对区域地面沉降地区铺设无砟轨道的工程应对措施等研究。以京津城际铁路为依托,完善了客运专线系统站前工程技术标准体系,为大规模客运专线运营设备的系统配套起到有效的指导示范作用。这些技术成果已经推广至其他客运专线和京沪高速铁路建设使用,并结合工程条件,可进一步优化完善。

第一章　项目概况

第一节　自然特征

京津城际铁路连接北京、天津两大直辖市，沿线人口众多，经济发达，旅游资源丰富。跨越多条主要城市干道、高速公路、铁路。

线路经过地区为冲洪积平原（起点 ~ DK57 + 550）和冲积平原（DK57 + 550 ~ 天津站），地形平坦开阔，河渠纵横。

沿途经过河流属海河水系，主要河流有永定河、护城河、凉水河、凤河、减河、岔河、旱河、官沟、通大边沟、龙河、北京排污河、北运河、永定新河、新开河等。

线路经过区属暖温带亚湿润气候区，按对铁路工程影响的气候分区为温暖地区。土壤最大冻结深度北京地区为 0.8m，天津地区为 0.7m。地震动峰值加速度值北京地区 0.2g，天津地区 0.15g。

沿线为软土、松软土地基，主要为黏性土、粉土、砂类土及碎石类土，局部夹淤泥质黏土、淤泥质粉质黏土。软土主要分布于永乐至天津段，软土层厚一般在 0.5 ~6m。松软地基分布于亦庄—天津之间，地表下 1.5 ~18m 范围内，最深达 23m。

沿线北京及天津部分地区由于连年大规模的抽取第四系松散堆积层中的地下水，导致地层压密，引起大面积地面沉降，形成了多个沉降中心。北京亦庄、天津武清较为严重。年最大沉降达 12cm。

第二节　铁路主要技术标准

(1)铁路等级：客运专线；

(2)正线数目：双线；

(3)限制坡度：一般 12‰，困难 20‰；

(4)最小曲线半径：一般 7000m，困难 5500m，北京、天津市区按设计速度计算确定；

(5)线间距：5m，北京、天津市区按设计速度确定；

(6)牵引种类：电力；

(7)到发线有效长度：不小于 650m；

(8)列车运行控制方式：自动控制；

(9)行车指挥方式：调度集中。

第三节　主要工程内容

京津城际铁路起于北京南站，沿既有京山铁路向东，跨北京二环、三环、四环，于五环始与京津高速公路第二通道并行至天津市域，到武清后沿京山铁路通道至天津站，线路经由北京崇文、丰台、朝阳、通州，天津武清、北辰、河北、河东共八区。线路全长115.2km(不含北京南站，终点为天津站中心)，其中北京市范围49.2km，天津市范围66.0km。

1. 轨道

除天津站和车站到发线采用有砟轨道外，正线采用无砟轨道，长113.6km，道岔区采用轨枕埋入式无砟轨道、板式无砟轨道，其他地段采用Ⅱ型板式无砟轨道。

2. 桥涵

共31座，长100.3km，占线路长度的86.1%。其中特大桥5座，长99.56km详见表6-1-1。

特大桥长度表　　表6-1-1

编　号	中心里程	桥梁名称	全长(m)	缺口里程	
				起	讫
1	DK11 +646.88	北京环线	15595.93	DK3 +808.4	DK19 +444.85
2	DK32 +236.52	凉水河	21563.10	DK21 +454.97	DK43 +018.07
3	DK63 +660.97	杨村	35812.18	DK45 +754.91	DK81 +228.08
4	DK94 +770.44	永定新河	21133.55	DK84 +210.22	DK105 +337.2
5	DK111 +409.3	新开河	5370.78	DK108 +723.91	DK114 +094.69

全线桥梁最大跨度为跨北京四环、五环桥跨，分别采用(60 +128 +60)m加劲拱连续梁桥和(80 +128 +80)m连续梁桥。

全线桥梁桥跨一般采用32m梁。跨越道路时部分采用大跨度连续梁：主跨有48m、56m、64m、70m、80m、100m、128m。

桥梁按照施工后沉降2cm控制设计，桥梁基础采用桩基，桩径一般为1m，桩长平均50m左右，大跨桥桩径一般采用1.5m，最长桩长70m。

桥台采用一字式桥台，桥墩采用双线圆端形桥墩、双线矩形桥墩。

本线处于区域性地面沉降地段，支座采用与速度目标值相适应的可调高盆式橡胶支座。

为确保主体结构寿命周期100年，全线桥梁进行了耐久性设计。

全线桥梁进行了景观设计。

3. 路基

全线路基地段长度16.25km，土石方总量为219.1万m^3。

路基边坡分别采用了骨架护坡和扶壁式挡土墙形式，全线共设置8km扶壁式挡土墙。

路基基底处理一般采用桩板结构：下部为CFG桩或管桩，其上设碎石垫层，垫层上设置50cm厚钢筋混凝土板，然后填筑路基土方。

4. 站场

车站共5座，分别为北京南、亦庄、永乐、武清、天津。

北京、天津枢纽客站的引入方案在总图规划布局的基础上按照客运分工，从方便旅客运输出发，根据客流性质、客运量、既有设备能力及运营要求，结合城市规划条件，进行了综合研究、比选，确定本线在北京端引入北京南站，与地铁4、14号线实现“零换乘”，方便旅客乘降；亦庄站与轻轨L2线、市郊S6线及规划的机场线相接，形成区域综合交通枢纽，并经百子湾与既有线沟通，可实现枢纽内既有客站的多点乘降，极大方便了区域旅客的出行；在天津端引入天津站，与地铁2、3、9号线形成区域综合交通枢纽，同时和津秦客运专线、既有京山铁路沟通，并经南仓联络线引入天津西站，实现天津市区和滨海新区的多点乘降。沿线按照地区城市规划，在较大的旅客集散点永乐、武清设置了城际客站，可以有效带动沿线的经济发展。

(1)北京南站：采用13台24线，自南向北分别为城际车场、高速车场、普速车场，城际车场为4台7线，高速车场为6台12线，普速车场为3台5线。北京地铁4号线、14号线均引入北京南站中心。可以实现旅客乘降的“零换乘”功能。

(2)亦庄站：采用横列式站型，正线不靠站台，设到发线2条，预留2条。正线之间线间距5.0m，正线与到发线之间线间距为6.5m。两端咽喉区各设置1处单渡线，正线上道岔均采用60kg/m钢轨18号高速道岔，满足直通列车不限速通过的要求。

站房为线下桥式站房。车站设旅客站台2座，站台长450m、宽8.0m，站台面至相邻到发线轨面距离1.25m。北京端预留至北京铁路枢纽和机场联络线的出线条件，咽喉道岔相应预留。车站北侧为在建北京至天津高速公路第二通道。

亦庄轻轨L2线地下垂直引入亦庄站、规划市郊S6线平行引入亦庄车站，构成综合交通枢纽，方便旅客换乘。

(3)永乐站：为预留车站，土建工程近期实施。

永乐站采用横列式两台夹四线站型，正线不靠站台，两正线外侧各设到发线1条。正线线间距5.0m，正线与到发线之间线间距6.5m。两端咽喉区各设置1处单渡线，正线上道岔均采用18号高速道岔。

(4)武清站：采用横列式两台夹四线站型，正线不靠站台，两正线外侧各设到发线1条。正线之间线间距5.0m，正线与到发线之间线间距6.5m。两端咽喉区各设置1处单渡线，正线上道岔均采用18号高速道岔。

站房位于线路左侧，车站设旅客站台2座，站台长450m、宽8.0m，站台面至相邻到发线轨面距离1.25m，站中心设旅客地道1座，宽12.0m。

(5)天津站：站区布置自北而南依次为城际车场、高速车场、普速车场，车站总规模为10台18线，其中城际车场为4台7线，高速车场为3台6线，普速车场为3台5线；下九股货运车场改建为动车组存车场；既有机务段和下九股机务折返所拆除，在西咽喉京山线南侧设置机务折返所1座。京津城际与津秦客运专线车场间在东西两端各设1条联络线，满足跨线列车运行。天津地铁2号、3号、9号线均引入天津站，形成客运综合交通枢纽，满足旅客快速疏散的要求。

5. 信息系统

全线配备运营调度系统、防灾安全监控系统、客运服务系统、设备监控系统等信息系统。

6. 通信、信号、电力、牵引供电系统

四电工程建设采用四电系统集成方式,对于通信、信号、电力及牵引供电系统间的设备协调匹配及四电与基础工程的接口进行了精细化的研究和处理。

牵引供电系统采用AT供电方式,受电电压220kV,全线共设置牵引变电所2座,分别为亦庄、武清牵引变电所。车站采用微机联锁设备,列控系统采用CTCS3D(ETCS-1+CTCS2)的列控系统。

7. 综合接地

为满足列车控制和人身安全要求,全线设置了综合接地系统,无砟轨道及邻近铁路的接触网柱、站台、房屋、声屏障、挡墙均纳入综合接地系统,实现等电位连接,可以保证列车的安全运行。

8. 环境保护及减震降噪

京津城际铁路全线共设置声屏障24921m,其中路基地段声屏障3546m、桥梁地段声屏障21375m。全线声屏障均采用插板式结构,充分考虑了美化环境和环保降噪要求。

9. 建设经过

本工程由原铁道部、天津市、北京市、中国海洋石油总公司共同投资。2003年开始研究;2004年9月国家发改委批复了项目建议书,同年12月批复了可行性研究报告。2005年12月18日,原铁道部批准了全线开工报告,自此本工程全线开工建设。

2008年2月开始联调联试,5月试运营,8月1日正式开通运营。

在项目建设过程中,先后完成了路基、桥梁、轨道基础工程的多项试验研究、技术攻关,取得了桥梁、路基沉降控制、桥梁徐变、无砟轨道、精密测量控制及工艺、工装、设备、材料等多项技术成果,积累了高标准客运专线建设的经验。

第二章　站前工程关键技术研究与试验成果

京津城际铁路是《中长期铁路网规划》环渤海地区城际客运系统的主干线，为国内最早开工建设和最早建成的第一条时速 350km 高速铁路，是其他客运专线建设的示范工程，同时也是京沪高速铁路的独立工程试验段，2008 年北京奥运会前正式开通运营。为了更好地为京沪高速铁路建设提供试验、示范作用，京津城际铁路按照“世界一流”的技术标准、工程质量组织建设。建设过程中充分吸取秦沈客运专线基础工程建设的经验、第六次大提速的设备运行试验成果及国外高速铁路的建设经验，对基础工程建设组织进行了技术攻关。

本线全部为软土、松软土地基，地基承载力低，地基处理难度大，工后沉降控制技术及工程措施要求高；长区段铺设无砟轨道和无砟道岔，国内无成熟的经验；全线桥梁工程占线路长度 80% 以上，孔跨类型多，大跨度桥跨多，最大跨度达 128m，铺设无砟轨道徐变控制难度大，针对上述技术难点，为满足高速铁路基础工程的稳固性、运行线路的平顺性，确保高速列车运行的安全和舒适，先后开展了软土、松软土地区控制工后沉降技术的研究、桥梁梁跨形式研究、桥梁景观研究、桥梁可调高支座的研究、900t 桥梁制、运、架技术和设备的研究、桥梁徐变控制研究、无砟轨道的技术攻关、精密控制测量技术的研究、区域地面沉降地区监测及工程应对措施的研究，通过试验研究、技术攻关，掌握了软土、松软土地区路基设计和施工技术、桥梁设计和施工技术、无砟轨道设计、制造、施工、评估、检验技术、一次铺设无缝线路和高速道岔施工技术，建立了精测网并应用沉降变形计算和观测评估技术，掌握了环境保护和减振降噪技术及区域地面沉降监测和变形规律。

同时，充分借鉴了秦沈客运专线的经验教训，并应用于京津城际铁路，如线路坡长的选择，取消了短的坡段，最小坡长由秦沈客运专线的 400m 调整为 900m；考虑不同结构的刚度顺接，借鉴秦沈客运专线结构顺接刚度频繁变化的教训，结合京津城际铁路沿线道路密集、地质条件差、路基地基处理难度大、用地紧张、考虑高平顺性等特点，刚度变化频繁区段采用了长区段的桥梁方式；消除了路基病害，加强了路基结构工程及施工、工艺、监测过程控制。

第一节　路基设计和施工技术

为满足高速铁路的运行要求，无砟轨道结构对于路基变形控制要求较高。京津城际铁路路基通过采用强化的基床结构、桩板结构复合地基和过渡结构，加强路基填料和压实质量控制，实施沉降观测与评估等技术措施，充分考虑并有效控制了深厚压缩层地基地区路基变形对轨道平顺性的影响。对站后系统接触网柱、雨棚、过轨、接地等设施的工程预留进行了接口处的精细化处理,实现了系统统一。

通过建立完善的路基变形监测系统,加强变形监测与评估,开展信息化施工,决策无砟轨道铺设时机。通过观测与评估,路基地段工后沉降达到了预期目标,路基地段沉降控制措施合理、可靠。

一、强化基床结构

路基基床由表层和底层组成。表层厚度与无砟轨道的混凝土支承层总厚度为0.7m,底层厚度2.3m。

路基基床表层填筑级配碎石,为防止冻害,提高基床表层渗水性能,级配碎石材料规格在满足《客运专线基床表层级配碎石暂行技术条件》的基础上,加强了细颗粒含量控制。级配碎石细颗粒含量不大于5.0%,填筑压实后不大于7.0%。

基床表层级配碎石压实标准同时满足地基系数 $K_{30} \geqslant 190$MPa/m,变形模量 $E_{v2} \geqslant$ 120MPa,动态变形模量 $E_{vd} \geqslant 50$MPa,孔隙率 $n < 18\%$。

为加强排水效果,对于路基面防排水进行了多次研究论证,优化了防排水措施。在区间无砟轨道混凝土支承层至路肩电缆沟之间、基床底层上部、站场范围内有砟轨道站线下部均铺设沥青混凝土防排水结构。

基床底层均采用A、B组填料。

以上措施保证了路基基床强度,提高了路基基床抗变形性能。

二、复合地基加固

路基沉降控制采用了CFG桩、预制管桩桩板复合地基结构,CFG桩桩径0.4m,桩顶设置0.15m厚碎石垫层,其上设置0.5m厚钢筋混凝土板。对于路堤高度大于5m地段,在路基面两侧设置扶壁式挡土墙;因预留线路等原因不设挡土墙时,路基边坡附近桩间距适当拉大,并在站台及路基边坡区域桩顶设置碎石垫层夹铺土工格栅。

为加速工前沉降,路基地段均结合填土进行了超载预压。

三、过渡段

过渡段的设置主要保证不同结构物变形的协调与纵向刚度的平顺性,施工的方便程度和质量保证的可靠程度,不同结构物防排水及防冻要求等。通过对京津城际过渡段的研究,掌握了过渡段的综合要求,满足了不同结构刚度顺接的要求。

1. 路堤与桥台过渡段

(1)不设置无砟轨道端刺时路桥过渡段

路基与桥梁连接处设置过渡段(图6-2-1)。

①路桥过渡段长度 $L \geqslant 4H$,且≥20.0m。

②过渡段范围内路基基床表层填筑的级配碎石内掺加3%~5%(重量比)32.5级普通硅酸盐水泥。

③过渡段采用如图所示形式,正梯形部分分层填筑水泥稳定级配碎石(掺加3%~5%水泥),倒梯形部分分层填筑A、B组填料,并加强压实控制。

④碎石的级配范围符合相关规定。

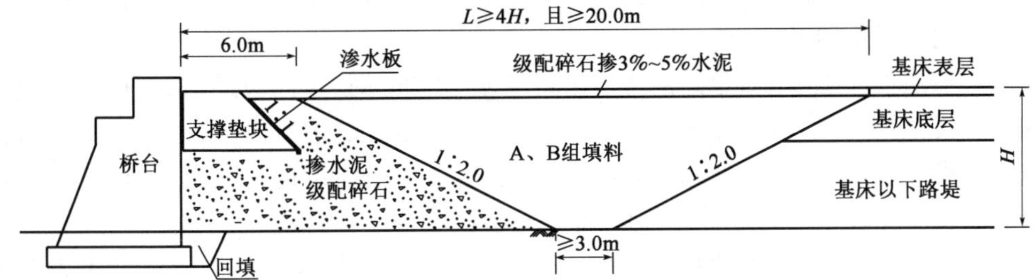

图 6-2-1　路堤与桥台过渡段设置方式示意图

⑤过渡段路堤与其连接的路堤按一整体同时施工，并将过渡段与连接路堤的碾压面，按大致相同的高度进行填筑。

(2)设置端刺时路桥过渡段

由于Ⅱ型板式无砟轨道要求在顶面无覆土且长度超过 40m 的框构桥、刚构连续梁桥、高架桥及特大桥两端路基上设置摩擦板、过渡段及端刺，对于该区域路基填料提出了新的要求，根据摩擦板长度不同，填料技术要求各自不同。

①摩擦板长度 50m 及以下的摩擦板、过渡板及端刺以下路基填筑级配碎石掺加 3%～5%水泥。

②摩擦板长度 100m 的路桥连接处过渡段设置方式与不设置端刺时一致，摩擦板、过渡板下填筑 A、B 组填料，端刺以下路基采用 1∶2 坡度渐变方式填筑级配碎石掺加 3%～5%水泥。

2. 路堤与横向结构物过渡段

路堤与横向结构物过渡段如图 6-2-2、图 6-2-3 所示。

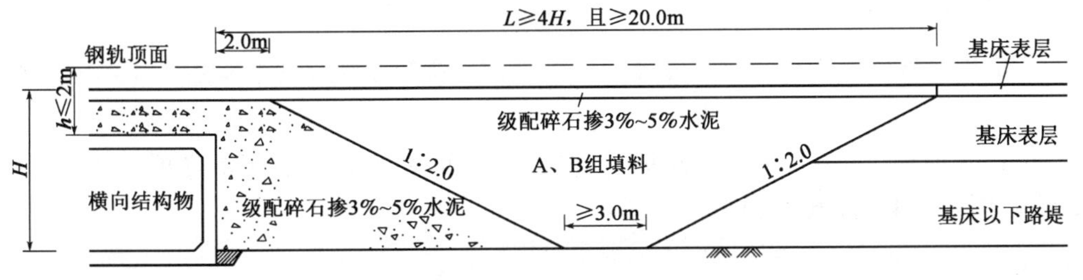

图 6-2-2　路堤与横向结构物过渡段设置方式 1

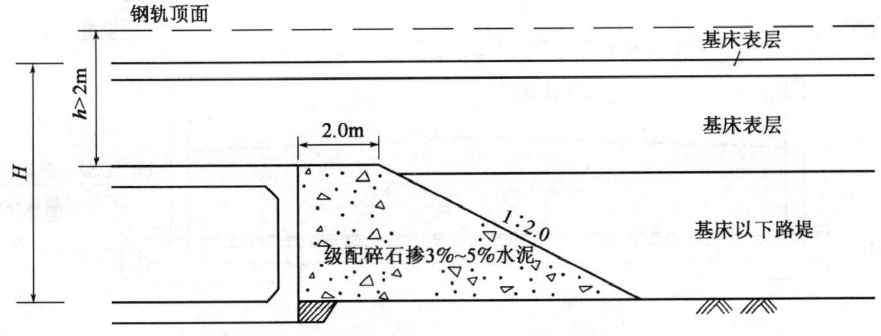

图 6-2-3　路堤与横向结构物过渡段设置方式 2

(1)路堤与横向结构物(立交框构、箱涵等)过渡段根据横向结构物顶面距离钢轨顶面高度不同采用不同形式。

(2)当横向结构物顶面距离钢轨顶面高度 $h \leqslant 2.0$m 时,过渡段采用如图方式 1 所示形式。过渡段长度 $L \geqslant 4H$,且 ≥20.0m。横向结构物顶面及过渡段范围内路基基床表层填筑的级配碎石内掺加 3% ~5% 水泥。基床表层以下横向结构物顶面及两侧正梯形部分分层填筑水泥稳定级配碎石;倒梯形部分分层填筑 A、B 组填料。

(3)当涵洞顶面距离钢轨顶面高度 $h > 2.0$m 时,过渡段采用如图所示方式 2 形式。正梯形部分分层填筑掺入 3% ~5% 水泥的级配碎石。

四、路基填料与压实

为减小路基本体变形,本线基床以下路堤填料均采用 A、B 组填料,其压实标准满足表 6-2-1。

基床以下路堤压实标准 表 6-2-1

填　料	压实标准	砂类土及细砾土	碎石类及粗砾土
A、B 组填料	地基系数 K_{30}(MPa/m)	≥110	≥130
	变形模量 E_{v2}(MPa)	≥45	≥45
	压实系数 K	—	—
	孔隙率 n(%)	≤31	≤31

五、沉降观测与评估

为准确掌握路基变形情况及发展趋势并为铺轨提供决策依据,本线加强了沉降观测与评估工作。

进行了观测断面的布置,在路基中预埋了剖面沉降管,并设置了沉降板、钢钎等观测设备,如图 6-2-4 ~图 6-2-7 所示。

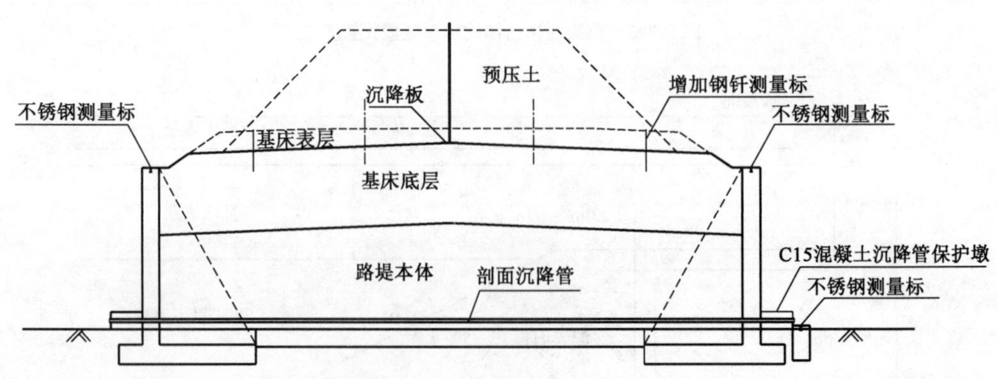

图 6-2-4　观测断面布置一

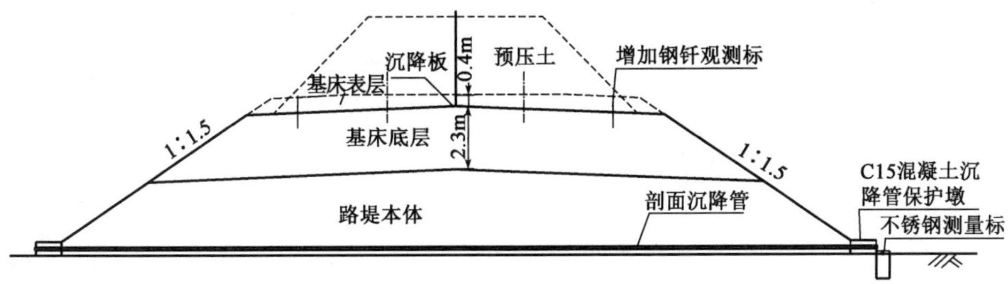

图 6-2-5　观测断面布置二

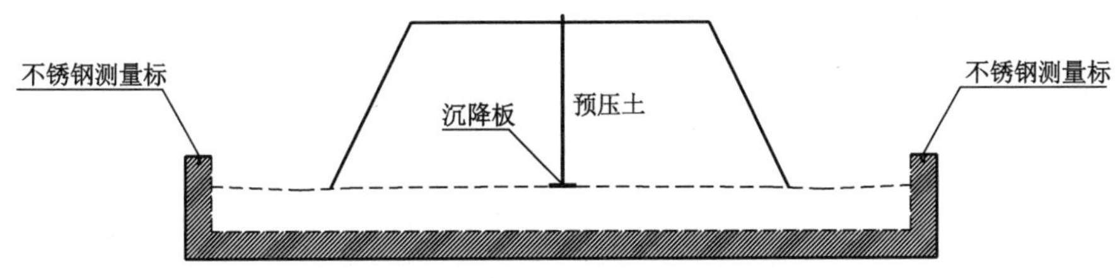

图 6-2-6　观测断面布置三

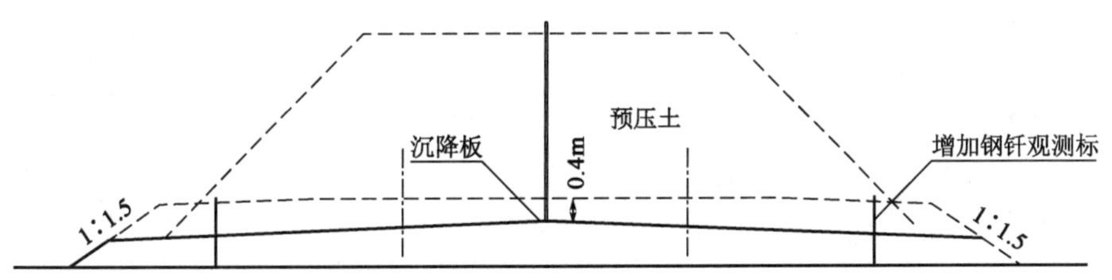

图 6-2-7　观测断面布置四

施工期间一般每填筑一层进行一次观测，如果两次填筑时间间隔较长时，每天至少观测一次。路堤填筑完成后前 3 个月每 5 天观测 1 次，3 个月后每 7 ~ 15 天观测一次，半年后 1 个月观测 1 次，以后根据观测情况调整观测周期。

京津城际路基完成预压土填筑后，根据工期需要，一般 2 ~ 3 个月后开展沉降预测评估工作，每周进行一次沉降评估会议，分段进行评估，对于沉降不能稳定地段及时开展专题对策研究。

沉降预测分析一般选取横剖管对应左右路肩、线路中心 3 个位置的观测数据分别采用修正双曲线法、修正指数法和双曲线法等进行沉降预测；沉降板观测数据一般采用双曲线法、指数法等进行沉降预测。如 2007 年 7 月 12 日进行 DK82 + 600 ~ DK83 + 252 段路基沉降评估，该段预压土填筑完成时间 2007 年 1 月 8 日，评估时预压时间已经 6 个月，沉降预测主要依据 2007 年 2 月 2 日 ~ 7 月 7 日共 5 个月的观测数据。以 DK83 + 022 断面为例，根据左路肩位置、线路中心、右路肩位置剖面管数据采用双曲线法预测的工后沉降值分别为 12.6mm、12.36mm、12.85mm，根据线路中心沉降板观测数据采用双曲线法预测的工后沉降值为 10.64mm，如图 6-2-8 ~ 图 6-2-10 所示。

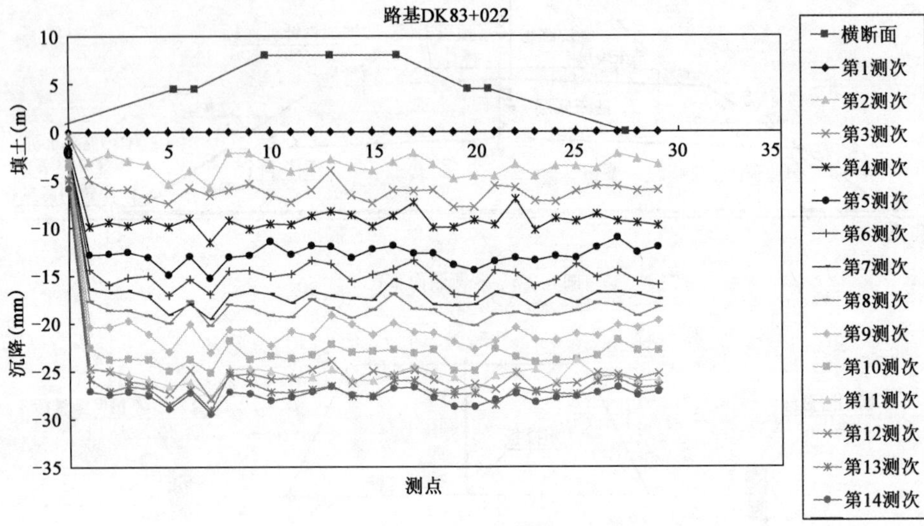

图 6-2-8　DK83 +022 横断面沉降曲线

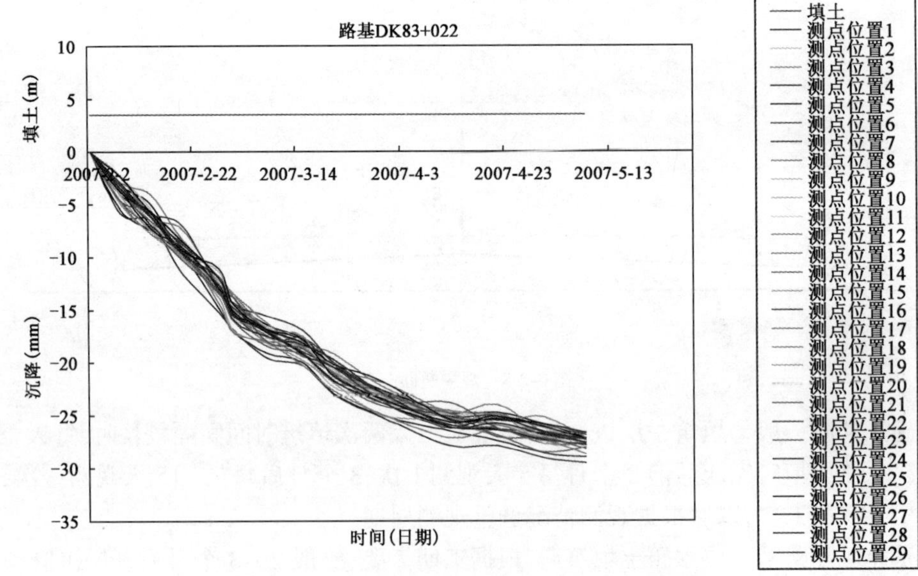

图 6-2-9　DK83 +022 横断面各点填土—时间—沉降曲线

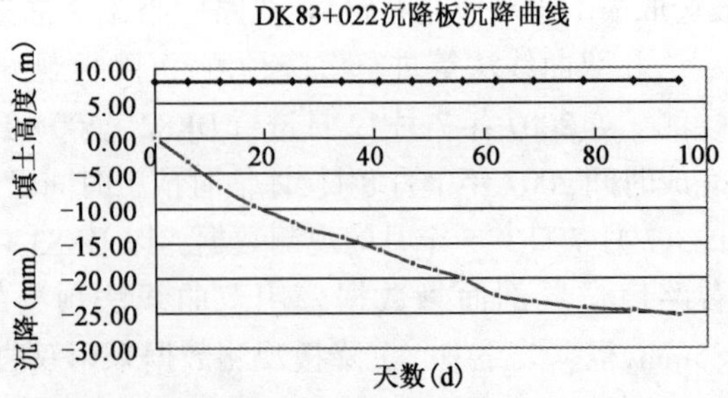

图 6-2-10　DK83 +022 沉降板填土—时间—沉降曲线

第六篇　京津城际铁路工程实践

通过沉降观测与评估,京津城际路基实际沉降与理论沉降基本一致,满足了铺设无砟轨道的要求,验证了沉降控制理论的有效性。

六、研究与试验

为进一步查明路基沉降发生、发展规律,验证沉降控制效果,在路基结构内埋设了观测元件,进行了以下几个方面的研究:

(1)分层沉降规律、压缩层厚度。

(2)桩土应力分担。

(3)路基沉降在横断面方向的分布。

(4)不同边界条件下的沉降。

根据研究内容和工程设计参数,选择了 DK84 +050、DK84 +150、DK84 +200 三个断面,进行线路中心和坡脚的分层沉降、不同深度和地层的孔隙水压力、钢筋混凝土板上下和桩上及桩间土压力、基底横断面沉降、坡脚水平位移等相关测试工作。

根据研究结论,沉降控制达到了预期目的,理论计算与实测沉降发生情况吻合程度较好。

实测 DK84 +050 断面荷载—时间—沉降曲线如图 6-2-11 所示。

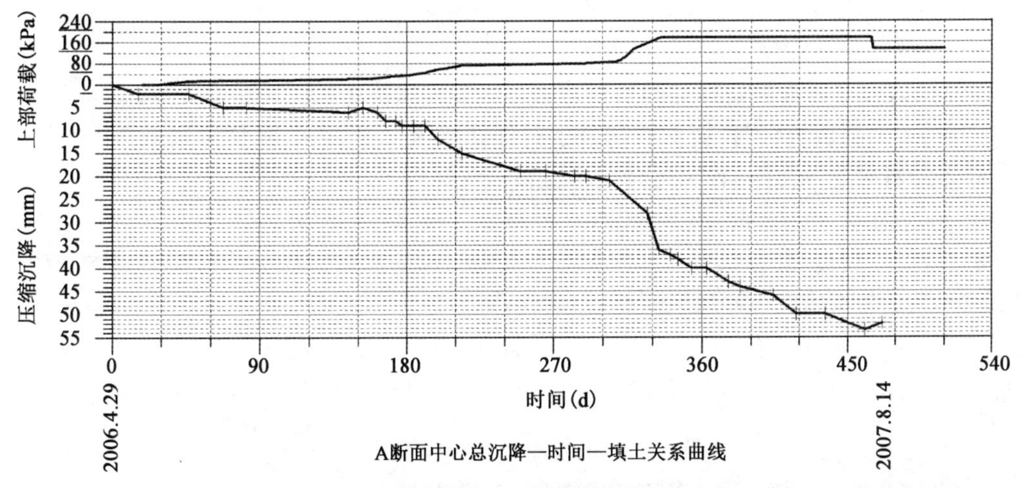

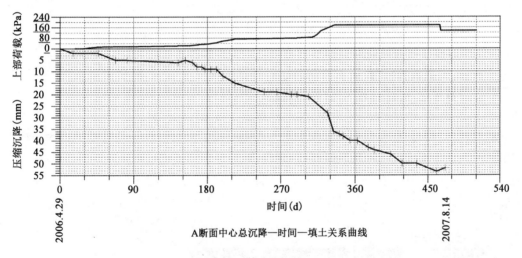

图 6-2-11　实测断面荷载—时间—沉降曲线(DK84 +050)

通过研究,掌握了分层沉降规律,桩土应力分担的取值,路基沉降在横断面方向的分布及不同边界条件下的沉降特征,验证了控制工后沉降理论。

七、路基与站后系统接口技术

无砟轨道路基基床强度要求较高,为避免路基成型后站后工程施工破坏路基,降低路基技术条件,与路基有关的站后工程与站前工程同步开展设计、同步进行施工,共同研究路基预留方式。京津城际铁路专门完成了“接地预留设计图”、“电缆槽及过轨设计图”,并与路基工程同步出图,同时实施,保证了系统性。站场区段部分桩基布置满足了房建工程预留要求。充分做到了系统最优。

第二节　桥梁设计与施工技术

全线桥上采用板式无砟轨道,对桥梁结构提出了更高的要求,不仅要满足结构的强度、刚度,基础的沉降也是安全运营的主要因素。本线充分吸取了秦沈客运专线建设中的经验,同时对秦沈线中桥梁工程存在的不足之处加以改进。通过常用梁跨的经济技术比较,确定了京津城际铁路常用梁跨以32m简支梁为主,24m简支梁为辅的原则,研究了针对32m整孔箱梁的制造、运架技术;借鉴秦沈客运专线的经验教训,通过路桥经济技术比较,充分考虑本线位于京津两大直辖市之间,村庄密集人口众多、道路交通发达、地下管网纵横、土地资源珍贵、处区域地面沉降地区等因素,大幅度提高了京津城际铁路的桥梁比例,桥梁比例达到86.1%,详情见表6-2-2。

全桥指标表(单位:元/m)　　　表6-2-2

跨　度	预制架设	移动模架	满布支架	军用梁支架	先简后连
32m简支梁	46857	49287	51533	52225	—
24m简支梁	47914	49740	52583	53122	—
2×32m	—	50875	53429	53934	53815
2×40m	—	50907	52830	53579	—
3×24m	—	55455	58432	58898	58570

开展了多项试验研究,软土地基桥涵基础试验研究:通过实际桥涵基础沉降变形测试,验证计算理论和方法,找出适合软土、松软土、黏性土地段桥涵基础沉降的计算办法,提出控制桥涵基础沉降的措施和方法;大跨梁施工技术控制研究:通过研究使主梁及主拱结构的线型达到理想的状态,并且使主梁和主拱结构的内力或应力与理想的内力或应力状态一致,为桥梁安全、顺利建成提供技术保障。

更新理念,做到以人为本,首次提出全线桥梁景观理念,优化了桥梁外形,使桥梁整体赋有时代气息;重视桥梁耐久性要求,全线桥梁采用高性能混凝土,主体结构确保百年寿命期。

一、常用跨度简支梁和连续梁的技术经济比较

全线桥涵占线路长度的86.1%。全部为软土、松软土地基,处于环渤海地震带的中心位置,部分地段由于抽取地下水造成区域性地面沉降。为保证运营的安全、维修的便捷,进行了综合的分析,详细的技术经济比较。

常用跨度梁跨和墩台采用时速350km客运专线标准。在基础选择时,对每种梁型的基础都进行了全面的方案优化,包括桩径比选和严格的沉降控制计算。在满足桥梁下部结构强度、刚度、位移和沉降要求的情况下,力争使每种梁型的基础结构形式为最优。在这种前提下,选择了标准跨度(24m和32m)的预应力混凝土简支箱梁、预应力混凝土连续箱梁(2×32m、3×24m、2×40m),结合京津城际轨道交通的工程地质、工期、施工方法等多种因素,全面进行综合技术经济比较。

以天津段特大桥为例:对于简支梁,当采用同一种施工方法时,32m、24m简支梁经济

指标是接近的，随施工方法的不同，32m 梁较 24m 梁全桥指标低 0.34% ~1.67%。

对同一跨度简支梁，4 种施工方法指标由低到高依次是：预制架设、移动模架、满布支架、军便梁支架。其中移动模架比预制架设高 5.2%，满堂支架比预制架设高 9.4%，军便梁支架施工与满布支架施工的全桥指标相差不大，前者比后者高约 2%。各种方法下全桥指标见表 6-2-3。

各种施工方法下全桥指标(单位：元/m)　　表 6-2-3

跨　度	移动模架	满布支架	军用梁支架	先简后连
2×32m	50226	52493	53285	53038
2×40m	51605	52896	54278	—
3×24m	55614	58312	59058	58650

当采用同一种施工方法时，全桥指标由低到高依次是：2×32m、2×40m、3×24m（其中，2×40m 连续梁不能采用先简支后连续施工）。

对 2×32m、3×24m 连续梁，4 种施工方法指标由低到高依次是：移动模架、满布支架、先简支后连续、军便梁支架。

对 2×40m 连续梁，3 种施工方法指标由低到高依次是：移动模架、满布支架、军便梁支架。

在同一条客运专线铁路的建设中，简支或连续梁施工方法应分段集中采用。一般情况下，在同一段落内，主要采用的梁型和施工方法应该是单一的。

结合梁跨比较结果，并结合运架设备、施工组织模式，在京津城际铁路常用梁跨采用了以 32m 简支梁为主，24m 简支梁为辅梁跨形式，采用集中预制、架桥机架设的方法，对于个别控制工点采用了移动模架造桥机和支架现浇施工方案。在实际工程中取得了较好的效果，也为其他客运专线梁跨选型提供了依据。

二、900t 整孔箱梁设计、制造、运输、架设技术

在秦沈客运专线采用预制架设 600t—24m 整孔箱梁的基础上，结合国内工业技术水平的提高，京津城际铁路开发了 900t—32m 整孔箱梁设计、制造、运输、架设技术。在桥梁设计、施工工艺、运架设备上较秦沈客运专线都有了质的飞跃。

通过静力、动力检算和模型试验，整孔简支箱梁、大跨特殊桥梁的各项技术指标均能满足时速 350km 高速列车安全平稳运行和旅客乘坐舒适性要求。研制了 450t 提梁机、900t 架桥机、900t 运梁车、900t 移动模架造桥机等，其施工效率、安全性、可靠性满足建设要求。

1. 整孔箱梁设计

预应力混凝土简支箱梁采用斜腹板形式，腹板斜率既是影响箱梁结构受力的重要因素，又会对桥梁的美观产生直接影响。通过计算分析，确定合理腹板斜率的横截面。该截面形式既简化截面配筋、满足了受力要求，而且受力合理、节省材料、经济适用、外形更加美观。

简支箱梁采用等高度单箱单室截面，桥面宽度防撞墙内侧净宽 9.4m，桥上人行道栏杆内侧净宽 13.2m，桥梁建筑总宽 13.8m。32m 跨度时，梁高为 3.05m。

梁体变形限值，在 ZK 活载作用下，32m 多跨简支箱梁梁体竖向挠度限值为 $L/1500$，

梁端竖向折角不大于1‰,无砟轨道铺设后,无砟桥面的徐变上拱值不大于10mm。

2. 整孔箱梁制造

大规模采用整孔32m简支梁整孔箱梁,在我国铁路建设史尚属首次采用,开创了时速350km客运专线简支梁制造的先例。由于采用无砟轨道技术,预制梁技术标准提高,对梁体的长期变形控制要求严格;采用高性能混凝土,强调结构的耐久性,梁体的使用寿命为100年;大量采用新技术、新工艺、新设备,对原材料、成品梁的要求进一步提高;在建场、制梁、移运等工序多、要求高、难度大等不利条件下,摸索出整套制梁技术,为今后的客运专线建设积累了宝贵的经验。

预制梁重点技术主要体现在:①采用高性能混凝土条件下合理施工,工艺方法的选择及配合比设计;②混凝土养护过程中的温度控制;③精确的预应力施工质量控制;④施工质量的过程检查与控制;⑤有效控制梁体的早期开裂;⑥梁体长期变形控制;⑦成品外观质量控制。

箱梁预制,主要采用了高性能混凝土、自动温控蒸汽养护、裂纹和徐变控制等关键技术,以确保箱梁预制质量及进度。由于箱梁自重比较大,梁场的生产台座、存移梁基础均采用桩基础加固。

钢筋绑扎,在专门制作的胎具上进行,胎具可以控制各钢筋的间距,同时具有足够的强度、刚度以及稳定性来保证钢筋在绑扎及吊运过程中不会发生变形和扭曲。一孔梁的钢筋骨架分成底腹板以及顶板两部分来进行绑扎,待安装模型时依次吊入。

模板采用整体钢模板,具有良好刚度及平整度。每侧外模下面预铺两条横移钢轨,外模拆卸后,放在横移小车上,可以自由移送到下一个生产台座,进行下一片梁的生产。内模分成顶板及两侧腹板三部分,各部分采用液压杆件连接,可自动收缩和伸张。

预制箱梁采用高性能混凝土,混凝土由搅拌站搅拌,通过混凝土输送泵输送灌注。混凝土的振捣采用附着式振动器与插入式振捣棒相结合的方式。为控制混凝土的入模温度,在搅拌站配备制冰及加热设备,保证夏天能用冰水降温,冬天用热水搅拌,以控制混凝土的入模温度保持在5~30℃。

预制箱梁的张拉分预张拉、初张拉、终张拉三个阶段进行。预张拉为在混凝土强度达到设计值的50%时进行,目的在于控制混凝土的早期裂纹;初张拉在梁体混凝土强度达到设计值的80%和模板拆除后,按要求进行;终张拉在梁体混凝土强度及弹性模量达到设计值后、龄期不少于10d时进行。预应力采用两端两侧同步张拉,并符合张拉顺序。预施力过程中应保持两端的伸长量基本一致。

预制梁终张拉完成后,在48h内进行管道真空压浆。

3. 整孔箱梁运输与架设

(1)450t提梁机

450t提梁机用于20m、24m、32m预制双线整孔预应力箱梁的提梁作业。两机联合作业,可实现重载直线走行和箱梁横移。梁体吊装稳定性好:两台提梁机相互配合,满足梁体同步吊运、横向调整,实现提梁三维运动,保证落梁的准确性。吊装梁体采用四点起吊、三点平衡,梁体受力状态好。

(2)900t运架设备

本线采用的运架设备有北京市万桥机械有限公司研发的900t型运架桥设备,运架

24m、32m 双线箱梁;铁道建筑设计研究院和北戴河通联路桥机械有限公司联合开发的 TLJ900 运架桥设备,运架 24m、32m 双线箱梁。

本线采用了多套国内自主研发的运架设备,在施工中得到了很好的验证。

三、大跨度特殊桥梁设计建造技术

为了满足跨越城市道路、高等级公路、河流的需要,京津城际铁路采用了 40 联大跨度连续梁,其中主跨 64m 及以上的就有 22 联,最大跨度连续梁为跨北京四环采用的(60 + 128 + 60)m 加劲拱连续梁桥及跨北京五环采用的(80 + 128 + 80)m 预应力混凝土连续梁桥,国内客运专线首次采用。桥梁工程的难点体现在如何有效地控制大跨度连续梁的变形,给设计、施工提出了新的课题。在京津城际铁路工程实践中,积累了设计、施工经验,为今后客运专线大跨梁设计、施工建造提供了技术储备。

1. 大跨梁设计

(1)跨四环(60 + 128 + 60)m 加劲拱连续梁

跨越四环主桥采用了(60 + 128 + 60)m 连续梁拱组合结构。主桥桥型布置如图 6-2-12 所示。

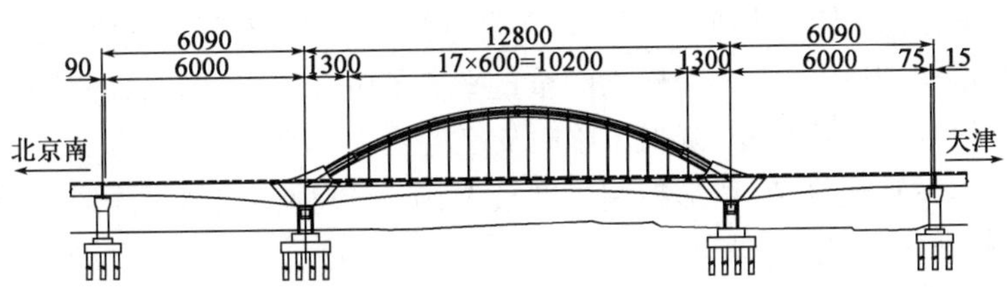

图 6-2-12　桥型布置图(尺寸单位:cm)

①主梁构造

主梁为预应力混凝土结构,采用单箱双室变高度箱形截面。跨中及边支点处梁高 3.5m,中支点处梁高 7.0m,梁高按二次抛物线变化,箱梁顶板宽 18.0m,通过边跨长 9.75m变宽段,渐变到梁端顶板宽 13.4m;底板宽 12.2m,中支点附近局部底宽 14.6m。

②拱肋构造

拱肋采用钢管混凝土结构,计算跨度 $L = 128\text{m}$,矢跨比 1/6,拱轴线为二次抛物线。拱肋采用等高度哑铃形截面,截面高度 3.0m,拱肋钢管直径 1.0m,内部填充 C55 无收缩混凝土。

③吊杆

全桥共设 18 对吊杆,吊杆顺桥向间距 6m。锚具采用 LZM7-109 冷铸镦头锚。拱肋下缘设置钢锚箱,箱梁外侧翼缘板下设置梯形锚固块,用于吊杆锚固。吊杆在下端张拉,锚固形式考虑了更换吊杆的需要。

④车桥耦合动力仿真分析

由于该种桥梁结构首次在时速 350km 的无砟轨道客运专线上采用,对本桥进行了车桥耦合动力仿真分析,结论如下:

a. 在所分析的列车类型与相应速度范围内,该桥动力性能均能满足指标要求。

b. 该桥由于桥梁跨度较大,自重大,结构竖向基频较低,其一阶理论共振速度范围在

150km/h 左右,在报告分析的速度范围内,均未出现明显的共振现象(1 次共振),桥梁的动力响应随着速度的增长而增加。

c. 该桥在日本 500 系动力分散式车组、法国 TGV 动力分散式车组、德国 ICE3 高速列车、国产 300km/h 动力分散式车组作用下,当速度在 250 ~ 350km/h 时,高速列车运行舒适性能达到“优良”以上;当速度为 375 ~ 420km/h 时,高速列车运行舒适性能达到“良”或“合格”的标准。

⑤施工方法

本桥采用“先梁后拱”的施工方法,利用挂篮悬臂浇筑主梁,主梁合拢体系转换完成后,在桥面搭设临时支墩和支架,利用汽车吊拼装钢管拱肋。钢管拱肋在工厂进行制作和试拼,焊接成大段后运至工地,在支架上拼装调整线形后完成大段焊接及拱肋合拢。张拉主梁后期纵向钢索,泵送拱肋下管、上管、腹腔内混凝土,按指定次序张拉吊杆,调整吊杆力,施工桥面系,完成全桥施工。最大限度避免了对桥下交通的干扰。

由于连续梁拱体系边中跨比例偏小,如果按普通连续梁的施工顺序施工,当施工到中跨最大悬臂时,中墩临时固结构造必须承受巨大的向中跨的不平衡弯矩,再加上中跨净空控制,支墩设计非常困难。采用施工顺序为:边跨合龙后张拉边跨底板钢束,然后拆除边跨现浇段支架(边支座先不安装),使边跨悬空,再悬臂浇注中跨其余梁段,中跨合龙,张拉部分底板钢束,在边支座处顶梁,调整内力和线形到位后,安装边支座,最后张拉中孔其他底板钢束。这样,利用边孔梁端横梁的重量平衡了中孔不对称的悬浇梁段,大大减小了施工过程中产生的不平衡弯矩,降低了临时支墩的受力程度。

由于该桥体系转换复杂,线形控制难度较大,施工过程中加强了线形及梁拱各部分应力状态的监测。

(2)跨五环(80 + 128 + 80)m 连续梁

跨五环路主桥采用(80 + 128 + 80)m 预应力混凝土连续梁跨越,联长为 290.9m,如图 6-2-13所示。

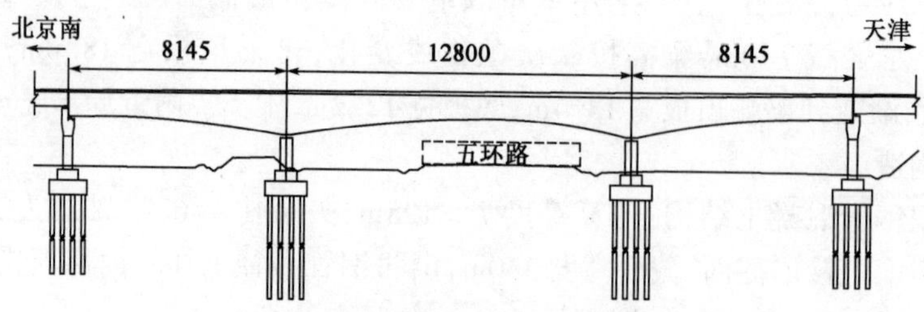

图 6-2-13 立面图(尺寸单位:cm)

连续梁具有整体性好、刚度大、梁缝少、变形小、轨道平顺度高等优点,有利于高速行车,是非常适合于客运专线的一种桥梁结构形式。该桥是京津城际铁路中跨度最大的预应力混凝土连续梁。

本桥采用挂篮悬臂灌筑施工方法,2007 年 2 月调整为悬臂施工结合支架现浇施工,即悬臂施工至主梁 4 号段后,搭建施工平台,剩余梁段采用支架上现浇。

①主梁构造

主桥采用预应力混凝土连续箱梁结构,计算跨度为(80.6 + 128 + 80.6)m,桥面板宽 13.4m,桥梁建筑总宽 13.8m。中支点梁高 9.6m,边支点及跨中梁高 5.6m。本梁采用三向预应力体系。

②挠度计算及预拱度

桥上铺设无砟轨道,对于桥梁结构的竖向位移、梁端转角等较有砟轨道桥梁有更高的要求,本梁活载作用下的中跨跨中最大竖向挠度为4.94cm,边跨为1.95cm,满足规范限值1/1000。梁端下挠转角为0.91‰,反弯转角为0.71‰,均小于规范限值1.0‰。梁体的刚度较大且平顺度高,有利于高速行车。

无砟轨道桥面,需要设置预拱度以保证梁体有更好的平顺度,采用恒载与1/2静活载所产生的挠度之和,反向设置预拱度。同时,施工中加强监测。

③主梁车桥耦合动力分析

采用空间有限元方法建立全桥动力分析模型进行车桥耦合动力响应分析计算,考虑了桥墩与基础刚度的影响,对该桥梁结构采用不同动车组作用下的车桥空间耦合振动进行了分析,主要结论如下:

a.在所分析的列车类型与相应速度范围内,动力性能均满足规范指标要求。

b.由于桥梁跨度较大、自重大,结构竖向基频较低,因此,在分析的速度范围内,均未出现明显的共振现象,桥梁的动力响应随着速度的增长而增加。

c.动力分析表明,跨五环预应力混凝土连续梁具有较好的动力刚度,可满足高速列车的行车要求。

④施工方法

本梁采用悬臂灌注结合支架现浇的施工方法。客运专线大跨度梁,梁高较高,截面较大,混凝土体量大,如果节段划分较大,则相应的挂篮重量也相应较大,悬臂施工较为不利。故本梁节段长采用2.5~3.5m,最大悬浇段重量控制在1800kN以内。

由于本梁施工方法突破常规,而且是0~2号段悬臂施工完成后,才调整为支架现浇施工,钢束调整余地极为有限,梁体各项指标较悬臂施工方案均有不同程度的恶化,故此,二期恒载分两批施工。

2. 大跨梁施工技术

跨四环采用的(60+128+60)m预应力混凝土系杆拱连续梁和跨五环采用的(80+128+80)m预应力混凝土连续梁,主梁采用悬臂或部分现浇施工,施工工序和体系转换较多,各阶段相互影响,又有差异。为了使主梁及主拱结构的线形达到设计理想的线形,并且使主梁和主拱结构的内力与设计内力状态一致,确保结构的线形达到理想的线形,保证桥梁安全、顺利建成提供技术保障,预测无砟轨道铺设时机,为此开展了施工控制研究。

(1)进行前期计算分析和跟踪计算分析

采用与设计相同的结构参数对四环、五环主桥进行施工过程中的有限元模拟,并进行结果对比。梁部结构施工开始后,调整结构实际参数进行主桥施工过程中的跟踪计算分析。按照施工方案对主桥进行计算分析,计算各施工阶段梁体线形的理想状态。

(2)施工监控

提交线形监控方案,布置线形监控测点。提交梁部各节段的立模高程。混凝土浇筑后、张拉预应力后,对梁体高程测点进行测量,并进行实时误差分析,与理论状态相对比。为减少成桥后梁面混凝土平整度的调整工作,预测浇筑即将完成时的梁面高程。对下一施工阶段挂篮变形、混凝土浇筑、预应力张拉和挂篮移动引起的结构变形进行预测。

(3)结构参数的采集

①进行孔道摩阻试验,分析摩阻系数,指导施工和调整计算。

②根据梁部实际截面尺寸，确定混凝土的超重情况。

③按照实际情况，考虑钢筋对梁段重量和截面特性的影响。

④采集梁体温度数据，对应力和线形测试结果修正。

⑤调查每个阶段施工临时荷载重量及位置。

⑥钢绞线弹模与混凝土弹模按照现场试验结果取值。

⑦挂篮及支架变形，参考挂篮及支架预压试验及前面阶段变形取值。

(4)误差控制标准

成桥后的线形与设计成桥线形各点的误差能够满足《高速铁路桥涵工程施工质量验收标准》中的相关规定，依据这一目标，制订误差控制标准。

①挂篮定位高程与预报高程之差控制在0.5cm以内。

②纵向预应力钢束张拉完后，如梁端测点高程与预报高程之差超过±0.5cm，需分析误差原因，确定下一步调整措施。

③给出梁面混凝土即将浇筑完毕时的梁面的高程，施工时根据此高程浇注混凝土和控制梁面高程。

(5)各阶段预告高程及误差分析

施工控制中误差分析是线形控制的难点，由于影响线型控制的因素较多，结构刚度、混凝土超方、挂篮变形、预应力张拉、临时荷载、日照等诸多因素。只有增加测试工况，增加测试内容获取较多的测量数据，来进行误差分析，调整计算，使线形偏差控制在理想状态。

(6)施工控制成果

从四环、五环主桥线形控制对照分析及成桥后高程测量结果，可以得出结论如下：

①梁体线形与理论线形接近，梁底面高程变化平顺，满足规范要求。

②梁体在施工过程中的位移与理论计算结果基本一致，说明监控计算采用参数符合实际情况。

③根据实测数据对梁体变形进行评估，确定满足无砟轨道铺设要求。

通过施工控制，积累了设计、施工经验。为今后客运专线同类桥梁的建设提供参考和实验数据，做好技术储备工作，提升我国客运专线和高速铁路的建设水平，也为今后的桥梁设计施工提供可靠的依据；为桥梁日后运营安全监测创造条件，为桥梁养护工作提供依据。

四、完善了简支箱梁移动模架和满堂支架设计建造技术

1.移动模架

移动模架系统是桥梁施工的先进工法，施工时无需在桥下设置模板支架，采用两个支撑在牛腿上的钢结构主梁支撑模板系统，两主梁通过牛腿支架支撑在桥墩柱或承台上。行式移动模架造桥机主要由牛腿、推进小车、主梁、鼻梁、横梁、外模及内模系统组成。每一部分都配有相应的液压或机械系统。

移动模架的优点是在桥位上现浇施工，可免去大型运输和吊装设备，桥梁整体性好；具有工厂化预制生产的特点，可提高机械的利用率及生产效率；移动模架主梁采用箱形钢结构，承受载荷能力强，抗弯刚度大，可事先根据梁体自重计算出预留的拱度，便于梁体线

形和高程控制，施工的梁体整体性好，不易出现裂缝；移动模架操作系统为标准化作业，无需传统的碗扣支架，使用辅助设备少，施工周期快，质量易于控制。

移动模架适用于河道或高墩身使用支架或其他施工方法经济性不好的情况下建造桥梁上部简支梁、连续梁，不限制桥下的净空。适合地面为软弱土层，支架地基处理困难且投资费用高的桥梁地段。

本线跨越永定新河 14 孔 40m 简支梁及跨新开河部分 32m 简支梁施工采用了移动模架造桥机。

2. 满堂支架现浇施工

新开河特大桥位于天津市区，32m、24m 简支梁采用满堂支架现浇施工，碗扣式支架。

进行了支架荷载检算，考虑施工人员和施工材料，机具行走运输和堆放荷载。确定采用主梁部分立杆按纵向步距 0.6m、横向步距 0.6m，水平横杆高 1.2m 设置；翼缘板部分立杆按纵向步距 0.9m，横向步距 1.2m，水平横杆高 1.2m 设置。为加强支架整体稳定性，按桥轴线纵横向方向设置 ϕ50mm 钢管剪刀撑。

地基加固，支架基础采用地表碾压夯实后，填筑灰土或山皮土分层碾压。处理后地基垂直桥纵向按横向方向布置一层 15cm × 15cm 的方木，再于上面沿垂直桥横向方向纵向按立杆间距布置一层 15cm × 15cm 方木。

支架预压，在梁体底模方木上或底模板上采用不少于 1.2 倍梁体自重的沙袋或钢材进行支架预压，消除支架的非弹性变形、基础沉降变形，并获得弹性变形值，为模板支立标高提供数据。

对桥梁的基础、墩台和梁部施工工序和工艺进行验证，特别是对大吨位箱梁实践了梁部预制的施工工艺和移动模架现浇、满堂支架现浇等施工方法。通过监测表明，桥梁坐标、各部高程都能得到有效而精确的控制。

五、沉降控制与评估

桥梁基础沉降控制是确保无砟轨道安全的关键所在，能否有效控制桥梁基础的沉降是铺设无砟轨道的关键。京津城际铁路充分吸收了秦沈客运专线桥梁沉降计算理论及沉降研究成果，结合本线的实际情况，提出了适合本线沉降控制标准。沉降控制效果良好，墩台沉降均控制在允许范围之内，通过沉降预测评估，均能满足铺设无砟轨道技术条件。

1. 桥梁基础沉降控制

结合京津城际铁路实际情况，对软土、松软土、黏性土地段桥涵基础沉降的控制方法进行研究：

(1)开展桥涵基础沉降计算分析研究，根据不同规范的沉降计算方法进行对比分析。

(2)结合工程进展，进行实际桥涵基础沉降变形测试，验证计算理论和方法，找出适合软土、松软土、黏性土地段桥涵基础沉降的计算办法。

(3)根据计算与实际测试数据的对比分析，研究提出控制桥涵基础沉降的措施和方法。

通过理论计算和实际观测成果进行对比分析，验证目前采用的基础沉降计算方法的合理性。对类似地层情况下的桥梁基础提供可供参考的优化基础设计的技术数据，根据试验测试与理论分析结果总结出一套类似地层条件下桥涵基础控制沉降的方法，包括沉降随荷载和时间的关系公式，为本线及今后建设的其他项目提供技术支持和保障。

2. 桥梁沉降评估

依据《客运专线铁路无砟轨道铺设条件评估技术指南》并结合本线采用板式无砟轨道系统的特点，在无砟轨道施工前对桥梁工程的沉降状态进行分析和计算，提出桥梁工程满足工后沉降要求的无砟轨道铺设时机。

首先编制沉降观测的观测路线、精度、频次、观测标志埋设、数据录入格式等技术条件要求，由各观测单位执行、监理单位检查督促、第三方进行平行观测核查，咨询单位每月组织一次例行检查，其次是形成沉降评估例会制度，每周由建设单位组织咨询、设计、监理和沉降观测等单位对沉降观测、评估情况进行总结评定。

预测分析采用曲线回归法，其中要求相关系数不小于 0.92、沉降测量值应不小于预测总沉降的 75%，同时要求两次沉降评估的预测沉降差值小于 8mm。

对于单一墩台的观测数据分以下 4 个阶段进行归纳、分析：架梁之前、架梁后至铺设二期恒载前、铺设二期恒载后至钢轨锁定前、钢轨锁定以后，依据对上述 4 个阶段沉降计算结果和分析时间—沉降曲线从而得出桥梁的沉降预测分析意见。

对于一座桥不仅要控制每个墩台的沉降，同时也要控制相邻桥墩的不均匀沉降，需要对一定范围内条件相同的桥墩沉降进行曲线回归计算分析，从而得出全桥的整体预测分析报告，准确合理的预测总沉降和工后沉降，提出无砟轨道的铺设时机。经过计算得到如下结论：简支梁架设 3 个月以后，可进行第一次的沉降预测，一般能够得出较为合理和准确的架梁后至二期恒载施工前这一阶段的沉降趋于稳定分析意见，即预测总沉降为 5 ~ 10mm，工后沉降 2 ~ 5mm。

通过对单墩在各加载阶段沉降实测值与设计值对比吻合情况，也验证了采用的沉降计算理论是较为合理和准确的。

六、耐久性设计

以生命周期的理念进行设计，桥梁主体结构使用寿命 100 年，附属结构寿命满足 30 年。

采取以下具体措施确保结构的耐久性：全线桥梁结构均采用高性能混凝土，提高结构的强度、延长使用寿命；进行结构耐久性设计，统一考虑合理的结构布局和构造细节，预防结构的碱集料反应，控制徐变上拱限值、加强桥面防排水系统、结构有足够的混凝土保护层、易出现裂纹部位的钢筋加强、抗震构造的合理性。部分地段的地下水及地表水对混凝土具有弱硫酸盐—强硫酸盐侵蚀，采取相应的防腐措施。对杂散电流采取接地处理，防止电流对钢筋的腐蚀。

七、景观设计

铁路桥梁景观设计国外开展较早，已经形成了一门系统的、成熟的科学，有完善的理论体系支持。我国以往的铁路中，对整体景观设计注重的较少，只是在个别重点工点上开展过景观设计。为将京津城际铁路与周围环境有机结合，提升桥梁整体建筑效果，专门进行了桥梁景观的研究，全线桥梁均进行了景观设计，在工程实际中得到了充分的体现，取得了较好的效果。

景观设计充分考虑桥梁的整体景观效果,使之与周边环境相协调,在细节上下功夫,突出体现时代风貌。

为了突出桥梁的整体景观效果,主体结构尽量做到简洁、明快,没有冗余感,在城市范围,桥梁取消了墩顶吊篮,采用升降检查设备代替。为了不影响桥梁的整体效果,在桥墩上开槽,使沿墩的排水管设置在槽内。尽量采用等高度梁,保持桥梁线型协调,桥梁遮板采用流线形外观。

梁部外轮廓采用斜腹板,转角处采用圆弧平缓过渡,使桥梁视觉流畅;为了桥梁线形均匀过渡,在以 32m 简支梁为主的前提下,用于调跨的 24m 简支梁与 32m 简支梁等高。大跨度桥梁由于体量大,重点表现在力学与美学相结合上,客运专线桥梁行车速度快,对桥梁结构的可靠性要求很高,综合考虑结构的安全性、经济性、施工性、美观性及前瞻性等因素,既不一味强调力学,也不追求新奇独特。如北京环线特大桥跨四环主路采用的(60 + 128 + 60)m 加劲拱连续梁结构,就是本线工点景观设计的典范,梁与拱有机结合,与周边建筑相呼应,体现出建筑协调之美,采用的结构形式,有效降低了桥梁结构的高度。提高了桥下净空,也使在四环主路上行驶车辆内的人没有压抑感。

针对市区内不同工点的具体情况,在墩台设计中充分考虑景观与环境协调。全线采用了两种常用跨度的墩形,分别为双线圆端形桥墩、双线矩形桥墩。矩形桥墩在墩形外观上采用圆弧线过渡,重点突出墩形的曲线美,该墩形在北京市区范围内采用,墩形景观效果十分突出。对于重点桥梁工点的墩形,结合桥跨结构形式、周边环境均进行了景观设计。如跨北京二环、三环、四环、五环分别采用了不同形式的墩形。

桥梁栏杆景观设计,作为桥梁栏杆这种属于可触摸的桥梁附属构件,其造型将影响着桥梁的整体景观。结合桥梁所处自然环境,开发了不同材质、不同式样的桥梁栏杆。栏杆的色彩选择是桥梁景观设计的重要环节,它对主体结构与附属结构的协调一致起着重要的作用。桥梁的自然主体色调为天然混凝土灰色调,是一种构筑物的标准色彩。作为附属的桥梁栏杆的色调应以鲜亮、明快的色调为主,栏杆的视觉效果主要表现在白天,在颜色的选择上做到与周围的环境相协调。

八、可调高支座

全线位于区域沉降地区,为了解决今后运营阶段桥梁基础可能出现的不均匀沉降发生,研制了适应本线的可调高支座。铁路桥梁上的可调高支座国内首次采用。

本线桥梁采用整孔箱梁,梁体刚度大,对支点不均匀沉降要求高,尤其是桥上无砟轨道在桥梁发生不均匀下沉时将影响轨道的平顺性,而本线桥梁大部分位于软土及松软土地段,存在受区域地面沉降影响的问题,为了有效解决发生桥梁不均匀沉降问题,研究开发了适用于 350km/h 客运专线可调高系列盆式橡胶支座。

本线首次采用的可调高系列盆式橡胶支座,是国内自主开发的新型支座产品,较普通盆式橡胶支座在技术标准、主要材料、使用功能上有较大的改进,增加了可调高功能。

调高支座的主要特点体现在,适应范围广,主要适用于软土沉降地区、无砟轨道铁路对支点不均匀沉降要求严格的桥梁;调高次数多,TGPZ 系列调高支座采用填塞钢垫板方式调高,调高次数不受限制,比其他内部填充固化物的调高支座调高次数多;设计调高量大,支座的最大设计调高量为 60mm,可以通过加高垫石后循环使用;支座重量轻;调高操作简单、方便、快捷、可靠,TGPZ 系列盆式橡胶支座自带的油腔可取代传统调高时的大型顶梁千斤顶,只需将油泵等设备置于桥面上,避免了大型千斤顶的运输、转场困难问题;可调高盆式橡胶支座经济性好,同时后期调高费用较低。

可调高盆式橡胶支座在京津城际铁路上采用,充分考虑了实际工程需要。

九、站后接口协调

更新理念,对站后工程接口提前研究,进行系统优化。根据站后要求在站前工程施工中提前预留站后施工条件,在梁体、墩台内进行综合接地系统预留,设置接地钢筋,预留接地端子;梁上预留电缆上桥通道,在桥上预留电缆过轨条件。避免了站后工程施工时对线下工程的损坏,减少了不必要浪费,节省了工程投资。

第三节　无砟轨道设计和施工技术

在吸取秦沈客运专线长枕埋入式和板式无砟轨道工程实践经验的基础上,积极引进、消化、吸收、再创新国外先进技术,针对我国国情、路情及京津城际实际情况开展了系统技术攻关,形成了国内Ⅱ型板式无砟轨道技术,完善了国内无砟轨道技术,为京沪高速铁路建设打下了坚实的基础。

通过本线的建设,初步构建了以列车荷载、温度影响和基础变形为主线,充分考虑裂纹控制与耐久性(使用寿命60年)、刚度控制与动力特性、站前站后接口与经济性等控制条件的、统一的无砟轨道技术理论体系及关键参数;形成了Ⅱ型板式无砟轨道轨道几何计算、轨道板布板及预制件结构设计、不同地段轨道系统力学计算及结构设计、不同轨道系统间过渡段等技术体系,全面掌握了无砟轨道建造技术、施工设备制造技术,实现了材料、制造工艺及工装的国产化,为我国客运专线的建设提供了强有力的技术保障,同时也提高了我国相关工业的技术水平,并初步实现了产业化。

京津城际铁路Ⅱ型板式无砟轨道具有工厂制造精确度高、现场工程量小、定位精度高、平顺性好、美观、可修复性强、取消伸缩调节器等多项优点。

Ⅱ型板式无砟轨道轨道板横向设置预应力,纵向通过精轧螺纹钢筋连接成整体,先张长线台座法生产,采用数控磨床加工承轨槽,高性能沥青水泥砂浆填充,并使用高精度、快速便捷的测量系统。其关键技术包括布板设计、轨道板力学计算、不同地段轨道系统力学计算及结构设计、不同轨道系统间过渡段设计、与站后工程的接口技术、原材料技术标准、制造工艺等。

1. 布板系统

与其他轨道系统显著区别在于Ⅱ型板式无砟轨道采用布板系统计算每块轨道板上相关数据,并采用数控机床对每块轨道板的每个承轨槽进行精密加工(精度0.1mm),从而获得高精度的轨道几何尺寸,保证列车高速运行的安全性、平稳性和舒适性。

借助布板系统,可以计算每块轨道板制造、打磨、放样和铺设各工序所需的全部几何数据。从而确定了每块轨道板的唯一性,施工时必须按照布板数据逐一铺设;得出Ⅱ型轨道板铺设平面图、整体或局部坐标系中研磨机数据、路基和桥梁断面数据以及轨道板铺设和精调数据等成果。

采用上述成果制造的轨道板减少轨道板铺设时的工作量,在工期紧张的情况下显现出了明显的优越性，为工期紧张的客运专线建设提供新的解决方案，这一点在京津城际铁路的建设中已经得到了验证。

2. Ⅱ型轨道板结构优化

在引进国外先进技术基础上，通过技术攻关，成功研究确定了以“弹性地基梁-板理论”为基础的、考虑温度影响、基础变形、耐久性的无砟轨道主体结构的理论计算体系，研究确定了轨道板的详细结构。

3. 掌握路基地段Ⅱ型板式无砟轨道设计、建造技术

本线为软土、松软土地基，并处于区域地面沉降地段，通过大量的分析计算、论证、试验、验证，取得了路基地段铺设Ⅱ型板式无砟轨道设计、建造技术。

4. 掌握桥梁地段Ⅱ型板式无砟轨道设计建造技术

针对本线以桥梁为主的线下工程开展了系统技术攻关，解决了长桥上无砟轨道结构设计、施工工艺及工装等一系列技术难题。

桥梁地段Ⅱ型板式无砟轨道连续板结构为超静定结构，采用《混凝土、钢筋混凝土和预应力混凝土承重结构》规定的二阶理论计算，即考虑断面应力大幅提高时，采用变形后承重结构的平衡状态计算，其主要计算及结构设计内容包括不同工况的底座板检算、单线活载下底座板拉应力计算、温度活载下底座板和钢轨拉应力计算、台后路基与桥梁整体计算以及作为拉带的底座板配筋、桥梁与底座板连接、侧向挡块结构、摩擦板和端刺技术等。

通过详细的力学计算分析，完成了全线桥梁地段连续板结构的优化工作，连续铺设的轨道板和底座板最长达35km，铺设的桥梁最大跨度为(80 + 128 + 80)m，实现了取消钢轨伸缩调节器、简化轨道板制造及提高施工工效的目标。

桥上Ⅱ型板式无砟轨道结构采用了两布一膜滑动层、硬泡沫塑料板、粘合剂、限位挡板等特殊轨道部件。在引进技术基础上，根据国内原材料技术指标，通过大量的试验研究，成功研制了达到国外同类标准的轨道部件，实现了材料的国产化，降低了工程造价。为高速铁路客运专线的建设起到了良好的示范作用，为京沪高速铁路的建设做了有效的技术储备。

5. 掌握岔区无砟轨道设计建造技术

在广泛吸取国内外岔区无砟轨道技术经验的基础上，通过大量的技术论证和比较分析，本线岔区采用两种岔区无砟轨道结构形式：轨枕埋入式无砟轨道和Ⅱ型板式无砟轨道，并已铺设于京津城际铁路。

通过岔区无砟轨道的设计施工，全面掌握了大号码道岔的运输、组装、铺设技术，为岔区无砟轨道结构的再创新及客运专线岔区无砟轨道的设计建造积累了大量的技术和实践经验。

6. 掌握过渡段结构设计施工技术

本线轨道工程含有多种结构之间的过渡段：路桥过渡段、无砟有砟过渡段、岔区轨枕埋入式无砟轨道与Ⅱ型板式无砟轨道过渡段。通过系统技术攻关，全面系统地掌握了不同线下工程结构物过渡段结构设计及施工技术。

7. 细化与线下工程的接口技术

为确保高速铁路客运专线安全运营，对无砟轨道与线下工程接口技术进行了充分研

究，确定了不同地段无砟轨道与线下工程的连接方案以及路基、桥梁变形控制的通用技术标准。做到了无砟轨道桥梁梁缝两侧钢轨支承点间的相对竖向位移不应大于1mm的要求；解决了由于桥梁活动支座纵向水平位移引起的梁缝两侧钢轨支承点间的相对竖向位移的问题。

8. 研究与站后工程接口的技术方案

（1）无砟轨道与无绝缘轨道电路的适应性研究

针对无砟轨道与无绝缘轨道电路的适应性问题，分别开展了轨道板单元绝缘处理方案及绝缘性能检测研究、厂内200m试验段多种绝缘方案的轨道电路参数测试、200m实体工程轨道电路参数测试等多阶段试验研究，确定了绝缘处理方案，满足了客运专线无绝缘轨道电路的要求。

（2）无砟轨道综合接地技术

为预防接触网高压线故障时，可能会感应产生很高的跨步电压和接触电位对无砟轨道混凝土、人身和设备安全造成影响，确定了无砟轨道综合接地的通用主要技术要求：

预制轨道板中设置4根纵向接地钢筋，接地钢筋利用轨道板内的结构钢筋，钢筋直径不小于16mm，4根纵向接地钢筋在轨道板一端通过一根横向钢筋（直径不小于16mm）或扁钢（截面不小于200mm^2）连接。

相邻两块轨道板之间通过热镀锌扁钢相互连接成长度100m左右的接地段，每个接地段中部适当位置与沿线接地端子连接，纳入综合接地系统。

接地端子采用不锈钢制造，轨道板间连接导线采用截面为50mm^{2}铜绞线电缆或截面200mm^{2}热镀锌扁钢。

（3）信号系统轨旁设备及安装

通过研究确定了不同轨旁设备的安装方案，并已在轨道工程中预留工程条件，保证了工程建设的需要。

9. 深化减振降噪技术措施

根据本线经由地区的区域情况，开展了特殊地段无砟轨道减振降噪技术的研究，完成了LZ型吸音板（磷酸盐水泥基珍珠膨胀岩吸音板）结构设计建造，起到了建筑和降噪的作用。

10. 沥青水泥砂浆的研制及施工设备国产化

在实验研究的技术上，实现了沥青水泥砂浆及其施工设备的国产化，掌握了沥青水泥砂浆的材料配比、生产工艺、施工要求，开发了打磨机、沥青砂浆搅拌车、轨道板运铺设备，研发了轨道精调施工系统。

无砟轨道对保持轨道平顺性具有很好的优势，取消了大跨度桥梁上需设置的钢轨伸缩调节器，改善了线路运行条件，减少了养护维修工作量，缩短了“天窗”的时间，对开行跨线列车提供了有利的条件。

第四节　跨区间无缝线路设计施工技术

无缝线路取消了钢轨接头，平顺性大大提高，减少了钢轨的维修工作量，同时减振降噪效果明显。全线一次铺设跨区间无缝线路，采用100m定尺钢轨，在铺轨基地内焊轨成500m长轨运至现场铺设、焊接。在长轨铺设装备应用、铺设施工技术水平、钢轨焊接技术等方面进行了实践,积累了丰富的经验,掌握了时速350km/h高速道岔的运输、道岔组件验收、初安装、初次精测、精调、混凝土浇筑、二次精测、应力释放和设备安装联调等施工技术。

全线正线采用U71Mn(k)厂制100m定尺长的60kg/m新钢轨,100m定尺长钢轨较25m标准轨减少3/4焊接接头,焊接工作量大大减少,有效保证了钢轨的质量和平顺度,为长轨条铺设后的打磨工作提供较好的条件。

在武清设置焊轨基地,将100m定尺长钢轨焊成500m,利用自主研发的WZ500型无砟轨道铺轨机组将500m长的轨条自武清向天津和北京方向运输、铺设,正线线路钢轨接头全部采用移动闪光焊焊接,岔区钢轨接头采用铝热焊焊接。进行了大量的焊接实验,掌握了复杂条件下钢轨焊接及铺设及运输技术。

开展了大号码道岔的运输、安装、铺设的研究,并进行实型试验,积累了道岔的施工经验,掌握了时速350km/h高速道岔的运输、道岔组件验收、初安装、初次精测、精调、混凝土浇筑、二次精测、应力释放和设备安装联调等技术。

第五节　精密测量控制技术及应用

本线无砟轨道测量技术在国内首次采用,没有现成的规程规范可以参考,各阶段测量方法不同,为此对无砟轨道各阶段测量方法和控制精度进行研究,并结合工程实施总结优化,项目实施过程中重点对如下技术难点进行攻关:

(1)满足II型板式无砟轨道施工坐标系的建立。

(2)基岩点和深埋水准点的设计和埋设。

(3)使用精密星历处理GPS观测数据。

(4)GPS控制网、导线网、轨道设标网的布设形式、观测方法、精度指标和数据处理方法及相关软件研究。

(5)强制归心装置的研制。

通过现场施工检验,平面高程控制测量分级布设,分级合理,制定的各项测量指标及测量方法满足了铺设无砟轨道的综合要求。京津城际铁路精密测量控制技术为后续其他线路无砟轨道测量积累了丰富的经验。

一、测量方法研究

1. 桩点埋设

结合沿线地质资料研究确定了基岩点、深埋点和加密水准点点位埋设深度、间距及方法,按如下进行分级:基岩点:分别在北京南站、天津布设了基岩点;深埋水准点:全线共布设深埋点28点,平均间距4km;普通水准点与导线点共用。对平面控制点点位埋设深度、间距及方法进行研究,按如下进行分级:GPS基准站采用强制归心标,全线布设5个;埋设加密GPS点:全线选埋加密GPS点对77对;导线点:精密导线点选埋440个;轨道设标网点:60m左右一对;轨道基准网点:6.5m一个。

2. 平面测量

(1)GPS基准网点

25km左右布设一个,对GPS基准网点测量方式、平差处理方式及平差精度进行分析论证。

(2) GPS 加密网

2km 左右布设一对，结合 GPS 基准网点研究结果对 GPS 加密网点测量方式、平差处理方式及平差精度进行分析论证。

(3) 精密导线网

250 ~ 350m 布设一个，经过理论分析和论证，精密导线网按如下精度进行控制：线路导线的测角中误差不大于 1.41″；测距相对中误差不大于 1/100000，附合在 GPS 加密网上，坐标闭合差按不大于 1/59000(对应投影变形控制不大于 1/100000)、角度闭合差按不大于 $2.82\sqrt{n}$ 进行控制，相邻点相对中误差 ≤ ±5mm，按严密平差法对精密导线进行平差处理。

(4) 轨道设标网

结合沿线特点，对轨道设标网点进行深入研究，对其布设方式、方法以及观测方法、平差软件等进行重点研究，最终确定京津城际铁路轨道设标网按以下方式进行布设：60m 左右布设一对，桥梁地段布设于桥梁固定一端防撞墙外侧，路基地段布设于接触网底座上。轨道设标网内部测量方式及其与精密导线点间联测方式如图 6-2-14 所示。

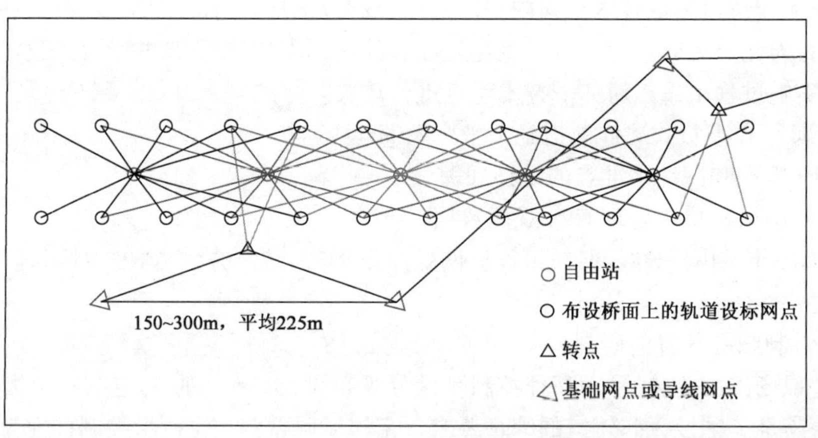

图 6-2-14　轨道设标网联测图

(5) 轨道基准网

6.5m 左右一个，轨道设标网点测量方式采用自由设站方式对轨道基准网点进行测设。

3. 高程测量

高程分四级进行布设，通过理论分析，各级指标按如下精度进行控制：

(1) 基岩点与深埋水准点

基岩点与深埋水准点的施测按照国家一等水准测量进行。往返测高差不符值限差、闭合或附合路线闭合差限差应 ≤ $\pm 1.8\sqrt{l}$，每公里水准测量的偶然中误差应 ≤ ±0.45mm。

(2) 加密水准点

加密水准点按照国家二等水准测量精度要求进行施测。往返测高差不符值限差、闭合或附合路线闭合差限差应 ≤ $\pm 4\sqrt{l}$，每公里水准测量的偶然中误差应 ≤ ±1.0mm，全中误差 ≤ ±2.0mm。

(3)轨道设标网

按照国家二等水准测量精度要求进行施测，往返测高差不符值限差按照0.5mm要求，闭合或附合路线闭合差限差应≤ $\pm4\sqrt{l}$。

(4)轨道基准网

按照国家二等水准测量精度要求进行施测，往返测高差不符值限差按照0.1mm要求，闭合或附合路线闭合差限差应≤ $\pm4\sqrt{l}$。

(5)研发地面点向高架桥梁上引测高程的三角高程测量方式

由于全线大部分为桥梁，桥梁高平均10m，采用精密水准测量实施难度很大，研发了不量仪器高、棱镜高的三角高程测量方法与二等水准测量相结合的方法解决了高程传递问题。水准线路分段布设，每条线路长2km左右。

二、成果运用

1.基岩点及深埋水准点

建立的基岩点和深埋水准点为京津城际铁路无砟轨道施工提供了稳定的高程基准。通过实践检验，沿线布设的浅埋水准点和用于线下工程形变监测的水准基点，由于埋设较浅，而且又分布在施工沿线，受施工以及其他因素干扰，不均匀沉降较为明显，而基岩点和深埋水准点则很好地解决了这一问题，通过定期与邻近基岩点和深埋水准点联测，确保全线高程资料的顺利衔接，确保了沉降变形观测的顺利实施，确保了沉降变形资料的可靠性。

京津城际铁路中基岩水准点和深埋点按照国家一等水准进行施测，分别于2006年底和2007年6月份进行了两次测量，从图6-2-15可以看出，除SBM04、SBM05的高程成果变化较大外，其他高程水准点均相对稳定，SBM04、SBM05两个深埋水准点变化相对较大是因为该两点施工完成刚刚结束，即开始进行一等水准测量，深埋水准标头还没有完全稳定，故导致该两点高程变化相对较大。相邻点高差除SBM04外，其余点相邻点高差均满足二等限差要求。

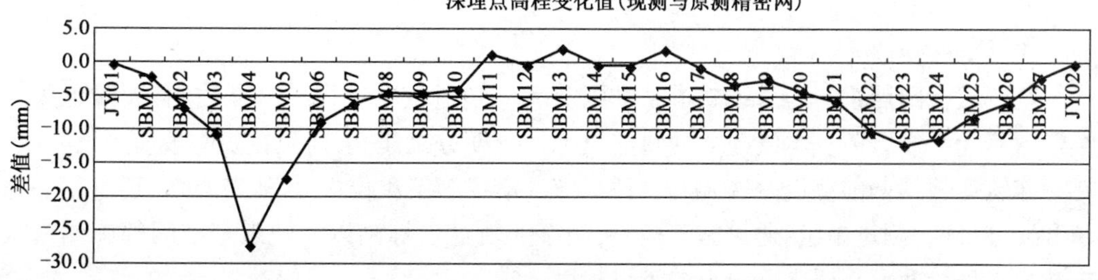

图6-2-15 深埋点高程变化

而沿线埋深4.0m的加密水准点则变化较大，不均匀沉降现象严重，相互间满足二等限差要求的很少。最终以深埋点高程为基准，对沿线浅埋水准点进行平差处理，调整沿线浅埋点高程成果。以深埋水准点为起算数据对浅埋点高程进行调整后，浅埋点高程与原施测高程仍有出入，高差较差基本都离散在限差外面，比较结果见图6-2-16。由此可见基岩水准点和深埋水准点是非常重要的，不设置深埋水准点，架梁、无砟轨道铺设工程将无法进行，而基岩水准点和深埋水准点则很好地解决了该问题。为其他线路提供了丰富的实施经验。京沪高速铁路、哈大及京石、石武客运专线等均借鉴了京津城际铁路基岩点和深埋点埋设的宝贵经验。进行了基岩点和深埋点的布设。

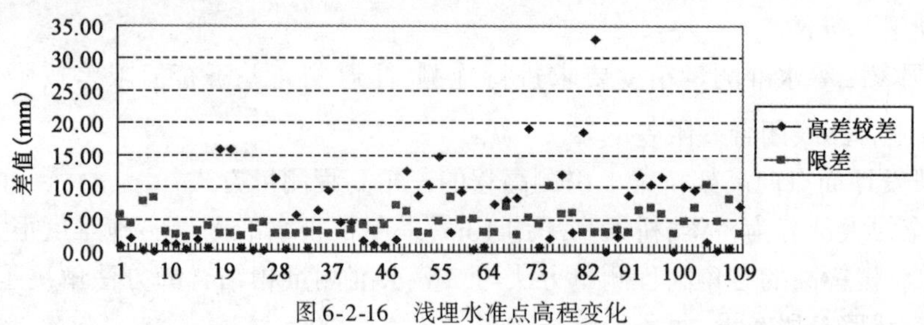

图 6-2-16　浅埋水准点高程变化

2. GPS 基准站

建立的 GPS 基准站，为京津城际铁路工程建设提供了稳定可靠的坐标基准，确保了不同阶段施工周期要求。项目中研发的采用 IGS 精密星历和精密基线解算软件进行基准网测量模式得到广泛认可，并相继在京沪高速铁路、哈大以及京石、石武等线路上进行了应用，积累了丰富的实践经验。

3. GPS 加密网及精密导线网

建立的 GPS 加密网及精密导线网为桥梁墩台及路基施工提供坐标基准，为后续无砟轨道轨道设标网提供控制基准。通过施工检验，制订的加密 GPS 网及精密导线网的数据处理方法及指标满足后续基础施工及架梁的精度要求。通过设标网联测检验，其精度指标满足设标网起算精度要求。

4. 加密水准点

加密水准点主要为线下施工及梁面施工提供高程基准，通过施工检验，制订的各级高程控制网施测标准和精度满足各阶段施工要求。对铺设Ⅱ型板式无砟轨道是适宜的。由于加密水准点均在施工沿线附近，受施工干扰较大，所以其稳定性稍差，在施工使用过程中，为确保全线高程的顺利衔接，定期对加密水准点进行维护，与附近基岩点和深埋点联测，检核其稳定性。

5. 轨道设标网点

轨道设标网点主要为后续轨道基准网及无砟轨道板精调提供基准控制，同时也为后续运营养护维修服务。本线建立的轨道设标网分期分批建立，而且在底座板前测设一次，在无砟轨道板精调前测设一次，测设资料复杂，沿线施工单位多，施工节点多，通过精心组织和安排，优化测量施组，通过施工检验，制订的轨道设标网以及轨道基准网的施测方式方法满足后续Ⅱ型板式无砟轨道的铺设精度要求。

精测网的建设满足了无砟轨道施工的综合要求，工程完工后，也作为运营期间工程监测控制网，控制线路的高平顺度，确保线路安全运营。

第六节　环境保护及减振降噪技术

通过秦沈客运专线声屏障的建设与测试，解决了声屏障与桥梁、路基的接口要求，解决了声屏障的有效控制范围与附加长度,并在本工程中得以借鉴。

完成了桥上和路基地段声屏障动力仿真分析,根据声屏障实际结构,建立声屏障结构有限元模型,通过模态分析计算了声屏障结构的固有振动频率和模态,并进行了单元声屏障结构应力分析,包括声屏障端部和中间部位结构单元的瞬态动力学分析、含伸缩缝的声屏障结构单元的瞬态动力学分析,得出了350km/h运行条件下插板式声屏障是安全的。

通过京津城际铁路插板式声屏障研究与实施,解决了列车脉动力计算、桥梁插板式声屏障与遮板连接、桥梁伸缩缝处声屏障连接、路基声屏障基础与路基的接口、声屏障施工精度等一系列问题。为京沪高速铁路采用插板式声屏障提供了技术依据。

一、设置原则

(1)以人为本、创建资源节约型、环境友好型和谐社会作为声屏障实施指导思想。声屏障综合考虑北京城市总体规划,五环以内预留声屏障设置条件;天津市范围内结合武清区详细规划,在建敏感建筑声屏障一次建成,三年规划期的敏感建筑预留声屏障安装条件。

(2)本着引进、消化、吸收、再创新的理念,吸取德国科隆至法兰克福高速铁路声屏障受列车脉动力影响而破坏的经验教训,借鉴国外先进技术,结合实际进行脉动力计算及材料抗疲劳性能检算。

(3)声屏障形式、色彩与路基边坡防护、桥梁结构形式及色彩、周围景观等协调。

二、敏感点分析、环保措施

沿线主要环境保护目标为学校、医院、敬老院及集中居民住宅共13处,敏感点类型有平房、多层楼房,根据敏感点与铁路相对位置不同共设置了5种高度的声屏障,全线设置2.15m高声屏障19149m、3.15m高声屏障2226m、3.5m高声屏障814m、4m高声屏障430m、5m高声屏障950m。

(1)DK88+933~DK90+046高架桥路段,列车运行速度350km/h,铁路两侧为新建六层住宅区,经声学计算,该段声屏障设置高度为遮板顶面以上3.15m,设置高度超过车窗底部,车窗底部以上部分设置为透明材料。目前国内、国外均无高速铁路上设置透明声屏障的先例,为此,消化吸收国外先进技术及研究成果,并结合京津城际铁路实际,进行动力仿真模拟,解决了声屏障安装的技术难题。

(2)琉璃井小区位于北京市区,为12层建筑,位于路基段,降噪目标及景观要求高。声屏障设置高度5m,采用混凝土、铝合金及透明材料组合措施,声屏障上部为弧形,降低了整体高度。既满足了降噪要求,又考虑了车内乘客的视觉效果及与周围景观相协调。

(3)前进村位于时速350km路基段,为城郊结合部平房住宅,综合考虑降噪效果、景观要求及脉动力影响后,采用了投资最小的混凝土材料、直立式声屏障结构。

(4)从源头上采取减振降噪措施。全线铺设跨区间无缝长钢轨、重型钢轨,采用新型动车组及轨道形式,减少车轮踏面的凹凸不平及线路的平顺,达到减振降噪目的。

(5)在满足结构要求、使用功能的情况下,对声屏障景观进行了专门研究分析,从车内外视觉可达性、环境适宜性等景观要素考虑,声屏障高于车窗底部以上部分及铁路跨越城市道路、公路路口等路段、桥梁伸缩缝处采用透明材料,透明材料采取了防鸟撞、防眩目、防破碎脱落、抗老化措施;铝合金材料表面喷涂颜色自下而上由深变浅周围环境、建筑物相协调。

三、关键技术及应用效果

(1)高速铁路声屏障的关键技术在于解决声屏障能够抵抗列车运行产生的脉动力,在工程使用年限内保证安全可靠、不破损。为解决这一关键性技术问题,首先要解决脉动力的计算方法。

通过与国外公司开展联合攻关,掌握了声屏障脉动力计算方法,与国内高等院校联合,结合京津城际工况,对列车以不同时速运行时产生的脉动力进行了计算机仿真模拟,并对比国外实测值、国外标准规定、模拟结论,验证脉动力取值及声屏障在脉动力作用下所产生的应力、变形计算结论正确可靠。

(2)在确定脉动力影响大小的前提下,解决了声屏障与桥梁、路基、综合接地等工程接口问题,提出了声屏障材料性能要求、结构件使用材质、连接及安装方式。

(3)应用效果

通过计算机动力仿真模拟,在速度350km/h列车运行脉动力及风荷载作用下,京津城际铁路工程声屏障安全可靠。

第七节　综合接地技术

吸取秦沈客运专线实践经验,充分借鉴国外高速铁路的运营实际,结合我国轨道电路及无砟轨道应用需求,掌握了高速铁路综合接地技术,形成了综合接地技术标准体系,为京沪高速铁路建设做好了扎实的技术准备(图6-2-17)。

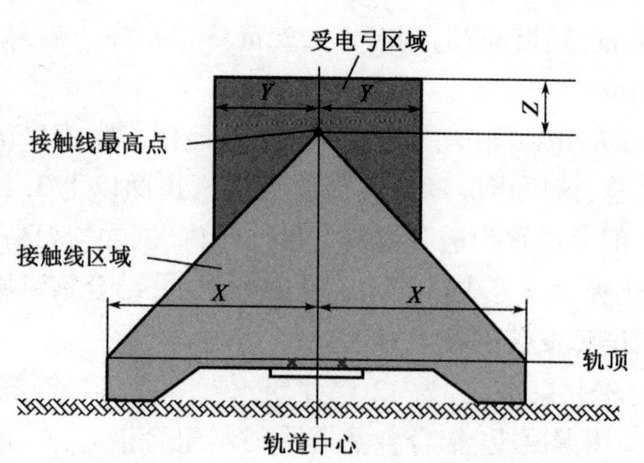

图6-2-17　接触线和受电弓区域示意图

1.确定综合接地主要技术原则

(1)综合接地系统主要实现对维护人员的人身防护及保证轨旁设备的正常工作。防护内容主要包括:防止电气化干扰,保证牵引回流、雷电过电压防护和金属结构物的接地连接等。综合接地的核心思想是等电位连接。

(2)距接触网带电体5m范围以内的金属结构和设备均应接地。

(3)距铁路两侧20m范围以内需要接地的铁路设备、设施应接入综合接地系统。

(4)接触网和受电弓区域内裸露导体应纳入综合接地系统。

(5)距上、下行线中心 5m($X=5$m)范围内接触线区域的所有裸露导体应纳入综合接地系统;在 $Y=2$m、$Z=9$m 受电弓区域内的所有裸露导体应纳入综合接地系统。

(6)综合接地系统的接地电阻值应不大于 1Ω。

(7)为防止对预应力钢筋的影响,预应力钢筋不应接入综合接地系统。

(8)无砟轨道的纵向接地钢筋原则上按每 100m 与综合贯通地线单点 T 形连接,每 100m 左右纵向接地钢筋应断开一次。

(9)不能与铁路综合接地系统等电位连接的第三方设施(如路外公共建筑物、公共电力系统、金属管线等)及不同的接地系统,应采取可靠的隔离或绝缘等措施。

2. 试验验证成果

参照欧洲标准的做法,明确了具体的综合接地实施方案,并以此为基础,统一了全路各条客运专线综合接地的实施方案。通过京津城际铁路的具体实施,主要解决了以下几方面问题:

(1)桥梁梁体、桥墩、承台和桩各部的接地钢筋选择和连接工艺要求,桥梁各部预设接地端子和测试端子的材质、规格和连接方式。经过现场测试验证,桥梁地段综合接地系统测试端子的接地电阻值均小于 1Ω,约为 0.5~0.6Ω,路基地段贯通地线敷设长度约 200m 时其接地电阻值也小于 1Ω,达到了预期效果。

(2)路基地段接地端子设置方式和刚性结构接地方式。

(3)桥梁、路基和站内贯通地线的敷设工艺和连接工艺要求。

(4)统筹考虑了无砟轨道板接地措施,验证结果满足了信号传输的要求。

(5)沿线铁路设施包括接触网支柱、金属声屏障、金属栅栏、信号等弱电轨旁设备接地。

(6)建筑物防雷接地、站台人身防护以及与综合接地连接。

(7)确定了综合接地人身防护与确保轨道电路正常工作的解决方案。

(8)交流电气化铁路接地与地铁直流接地同站房防护。

(9)综合接地有关的施工工艺、验收标准。

第八节　区域地面沉降预测与分析研究

由于抽取地下水的原因,京津城际铁路部分段落处于区域地面沉降地区。为确保区域地面沉降情况下铺设无砟轨道和运营安全,需要深入研究区域沉降的形成机理、发展趋势、应对措施。通过对本线区域沉降现状的研究分析,结合沿线用水情况,预测了区域地面沉降发展的趋势,提出了控制沉降措施和工程应对建议。

经原铁道部组织数次专家论证,认为京津城际铁路区域地面沉降研究结论可行,工程应对措施基本适宜,同时建议与北京、天津有关部门做好控制地下水开采的综合措施。

根据研究成果,京津城际铁路分别采用了可修复较强的Ⅱ型板式无砟轨道,可调高支座和调高扣件,建立了精密控制工程测量网,保证了区域沉降条件下铺设无砟轨道安全。京沪高速铁路穿越数处区域地面沉降地区,京津城际铁路的区域地面沉降综合应对措施为京沪高速铁路提供了较好的示范作用。

一、研究内容

1. 调查了解沿线区域地面沉降发展历史、现状

根据京津两市多年的水准观测资料，北京及天津由于连年大规模的抽取第四系松散堆积层中的地下水，导致地层压密，引起了大面积地面沉降，形成了多个沉降中心。

(1)沿线区域地面沉降发展历史

北京地面沉降形成于20世纪50—60年代，快速发展是从70年代开始的，到1983年形成了东郊八里庄、大郊亭、来广营等多个沉降中心，最大累计沉降量为590mm，年平均沉降速率为31mm。

天津市地面沉降的历史演变大致可分为3个大的阶段：1923—1958年为地面沉降的初期阶段，平均沉降速率为10～20mm/a。1959—1985年为地面沉降发展阶段，最高沉降速率达100mm/a以上。1986年至今，市区地面沉降已控制在10～15mm/a。近年随着区县经济的发展，在北辰城区、武清杨村等产生了新的沉降中心。

(2)沿线区域地面沉降现状

北京段主要受两个沉降区影响：东八里庄—大郊亭沉降区和大兴榆垡—礼贤沉降区。京津城际北京段沿线1955—1999年累计地面沉降量为100～200mm。天津段由北向南依次穿越武清区和天津市区及近郊两个沉降漏斗区，沿线1985—2003年累计地面沉降量在200～1200mm之间，年均沉降速率在10～70mm/a之间，不均匀沉降较严重。

2. 区域地面沉降发展趋势的预测

(1)沿线区域地面沉降层位分析

研究表明北京段表层100m以内土体(第一压缩层组)是地面沉降的主要贡献层。地表以下100～280m为中更新统沉积层，土体密实度较高，土体固结性好，压缩性较低，且地下水目前开采量相对较小，相应时段内沉降量显然小得多。

监测资料显示，1985年以前，天津段地面沉降产生的层位主要是第2含水组地层，占总沉降量的40%～50%；1985年以后，引起沉降的主要层位已发生了变化，主要沉降层位已由第2含水组地层转移到4组以下含水层，其沉降量占总量的60%～70%。武清城市规划区内主要开采第2组以下深层地下水，目前杨村镇第3含水组以下是主要开采层，也是引起沉降的主要层位。

(2)地面沉降趋势预测

影响地面沉降的主要因素是地层土体的性质和地下水位变化。土体的性质是产生地面沉降的内因，地下水位的变化是产生地面沉降的外因，是地面沉降的诱发因素。

根据北京市地面沉降研究成果和对区内地面沉降速率进行的分析和预测，结合北京段地层的岩性和分布特征、地下水开发利用前景，划分为非沉降区(＜1mm/a)、较慢沉降区(1～5mm/a)、较快沉降区(5～10mm/a)和快速沉降区(＞10mm/a)。其中快速沉降区主要分布于北京平原的南部大兴区和北部的顺义、昌平区，京津城际铁路北京段主要位于较快沉降区、较慢沉降区和非沉降区内。

根据天津市多年地下水开采量和地面沉降观测资料，采用数值模拟、多元回归等方法，对工程沿线天津段地面沉降发展趋势进行了预测。假设工程沿线地下水开采维持现状，地面沉降维持现有沉降速率，则工程沿线10年累计沉降量为50～400mm不等，不均

匀沉降将明显加剧。当假定对不同沉降区要采取不同的减采方案时,到2020年工程沿线的地面沉降速率降为9~13mm,在保证工程沿线沉降速率减缓的同时,不均匀沉降明显改善。

3. 根据沉降情况,分析了区域地面沉降的成因

根据相关研究资料综合分析,过量开采地下水是工程沿线地面沉降的主要原因。而因构造活动引起的地面沉降的基本年速率约为1.3~2.0mm/a。

(1)地面沉降的发展和变化与地下水开采的发展历史相一致。

(2)地面沉降速率与地下水位关系密切。

(3)地下水开采量与地面沉降量之间具有良好的相关关系。

二、区域地面沉降研究结论

(1)京津城际铁路在北京段主要受两个地面沉降区的影响,北段主要受八里庄—大郊亭沉降区影响,南段主要受榆垡—礼贤沉降区影响。

京津城际铁路在天津段由南向北依次穿越天津市区及近郊和武清区两个沉降漏斗区,地面高程在1.5~6.5m之间,起伏较大。据地面水准测量成果,工程沿线1985—2003年累计地面沉降量在200~1200mm之间,1997—2003年均沉降速率在10~70mm/a之间。1993—2003年10年间,工程沿线地面高程损失最大达875.9mm,最小92.2mm。

(2)根据工程沿线所处的构造部位、地层结构、地下流体开采等特点,引起该工程沿线地面沉降的主要因素有:构造活动引起的沉降;过量开采地下水引起的沉降和开采地热流体引起的沉降。其中过量开采地下水是工程沿线地面沉降的主要原因。

(3)地面沉降的层位分析结果表明,北京市永定河冲洪积扇中下部地区地面沉降主要是第四系上更新统第一含水组(底板埋深小于80m)和第四系中更新统第二含水组(底板埋深小于140m)地层,开采段中黏性土的压缩变形,尤其第四系上更新统第一含水组取水段位中黏性土的压缩变形对地面沉降起着控制作用。

1985年以前,引起天津市区地面沉降的层位主要是第二含水组地层,占总沉降量的40%~50%,1985年以后,随着天津市区开采量的不断减少,特别是第二含水组减少的幅度更大,主要沉降层位已由第二含水组地层转移到四组以下含水层,其沉降量占总量的60%~70%,因此,开采深部地层水已成为天津市区产生沉降的主要原因。近年来,天津市武清城市规划区内主要开采第二组以下深层地下水,各含水组水位持续下降,1998—2000年年均水位降幅1~3m,目前杨村镇第三含水组以下是主要开采层,也是引起沉降的主要层位。

(4)根据分析预测结果,北京段研究区内地面沉降发展较快地区分布在王村—大鲁店—高家营一带和渠头—柴厂屯地区,地面沉降将以5~10mm/a的速度发展,地面沉降发展较慢地区分布在铁匠营—十八里店—王村一带和小杜社—牛堡屯—德仁务地区,地面沉降将以0~5mm/a的速度发展。

假设天津段工程沿线地下水开采维持现状,地面沉降维持现有沉降速率,10年累计沉降量为50~400mm不等,不均匀沉降将明显加剧,对工程本身将产生不可逆的影响。预测结果表明,对于不同沉降区要采取不同的地下水减采方案,保证工程沿线在沉降速率减缓的同时,不均匀沉降明显改善。

（5）京津城际铁路桥梁比例大，不均匀沉降能引起墩台基础下沉以及路基的不均匀沉降，从而破坏桥梁的稳定性；局部地区不均匀地面沉降可能造成的地形波浪式起伏会对高速行驶的列车产生影响。天津段 DK87+000 至 DK90+000 及 DK104+000 至 DK106+000 范围内存在明显的不均匀沉降区。由此可见，这两段的不均匀地面沉降是影响城际铁路正常运行的最大隐患所在地。因此，必须在城际铁路的建设与运行中给予高度的重视。

（6）工程沿线两侧 100～200m 之内的浅层地下水的开采将对工程产生影响，距工程越近影响越大，如果在工程两侧几米之内有浅层井，水位下降 10m 时，引起的沉降初步估算将达 438mm，因此，工程沿线两侧 100～200m 范围内，不应有浅层地下水开采井。

（7）在预测沉降较大地段，桥梁应用简支结构和可调高支座；轨道应研制调高量较大的扣件系统，选择可修复性较强的轨道结构。

（8）通过采取工程应对综合措施，区域沉降地区铁路能够铺设无砟轨道，且保证运输安全。

三、工程应对措施

1. 采用调高量较大的扣件系统

通过采用调高量较大的扣件系统，可以对出现的部分沉降地段用扣件调整。京津城际铁路采用的扣件系统调高量为 -4/+26mm，特殊情况下调高量可达 56mm，最大限度地通过调整扣件高度方法保持拟合坡段范围轨面平顺性，满足列车高速运营及舒适的要求。

2. 选择了可修复性较强的轨道结构

经过对国外高速铁路无砟轨道技术的深刻分析，选择了可修复性较强的Ⅱ板式无砟轨道结构，适应了区域沉降的要求。

（1）扣件系统破坏

根据德国高速铁路工程经验，扣件系统破坏后，可以在原承轨台间安装新型扣件，保证轨道的正常运营。

（2）轨道板下砂浆垫层调整

路基不均匀沉降较大超出扣件调整能力时，可结合线路纵坡调整，将局部段落纵向连接的轨道板解体，通过补充注入砂浆垫层的方法修复或圆顺轨面高程。

（3）轨道板破坏

当轨道板破坏无法修复时，可以将破坏的轨道板拆除，替换成新轨道板。

3. 选择了适宜的桥梁结构

（1）梁型选择上尽量选用简支结构。经过比较全线采用了以 32m 简支箱梁为主的桥跨形式，仅在跨越道路时采用了大跨连续梁；尽量不采用对不均匀沉降敏感的刚构桥。本线采用的简支梁有 20m、24m、32m、40m；连续梁有（80+128+80）m、（60+100+60）m、（48+80+48）m、（40+64+40）m、（32+48+32）m 等。

由于区域沉降表现为宏观整体沉降，而整体沉降不会对采用的桥梁结构造成破坏。沉降速率相对较大地区桥梁结构大部分采用以 32m 为主的简支结构。因为桥墩的沉降差对简支梁结构受力基本没有影响，只须满足轨道变形要求即可，对于连续梁而言，区域沉降不会造成较大差异的不均匀沉降,可能产生均匀沉降或较小的转动。根据预测的沉降情况,对桥梁情况进行力学分析。京津城际铁路沉降区域桥梁选用最大跨度为100m,年不均匀沉降不大于2mm,从桥梁的受力分析上看,桥梁本身结构安全可靠。

(2)桥梁基础采用合理的桩基布置形式、桩长。桩尖位于稳定土层,严格控制工后沉降满足规范及控制相邻墩台的不均匀沉降不超过5mm的要求。同时基础设计适当提高安全储备。

(3)采用可调高支座

针对京津城际铁路的情况,研发了调高量较大的支座。运营中一旦发生较大的不均匀沉降,可调高支座可以发挥其调高功能,采用的TGPZ系列调高支座,不加高支承垫石的前提下,可实现调高60mm。

4.建立了工程和地面沉降综合监测网

根据无砟轨道铺设要求,同时考虑区域沉降的特征,全线建立了精密工程控制测量网,加强施工和运营中的沉降观测,实时监控地下水位变化、地面高程变化、地表变形情况、铁路工程不均匀变形、纵横向轨道平整度、变形等指标,为预警预报、防灾减灾提供基础依据,以便及时采取有效的处理措施。

5.控制地下水的开采量

与北京、天津两市有关部门就控制地下水开采问题共同研究,按规划严格控制地下水的开采量,封停工程沿线地下水严重超采区的地下水井或压缩地下水开采量,使其达到合理开发利用的目的。在地下水比较集中开采的村镇,加强地下水资源的管理,大力提倡节约用水,尽量减少地下水的开采量。

四、取得效果

京津城际铁路已运行十年,实际运行效果看,京津城际铁路采取的沉降应对工程措施是适宜的,能够保证区域沉降条件下无砟轨道的安全。

主题词索引